SPSS를 활용한  제6판
심리연구 분석

SPSS를 활용한 심리연구 분석

제6판

Nicola Brace, Richard Kemp, Rosemary Snelgar 지음

이주일, 문혜진, 정현선, 조영일, 최윤영, 한태영 옮김

Σ 시그마프레스

SPSS를 활용한 심리연구 분석, 제6판

발행일 | 2018년 9월 5일 1쇄 발행

지은이 | Nicola Brace, Richard Kemp, Rosemary Snelgar
옮긴이 | 이주일, 문혜진, 정현선, 조영일, 최윤영, 한태영
발행인 | 강학경
발행처 | ㈜ 시그마프레스
디자인 | 고유진
편   집 | 이지선

등록번호 | 제10-2642호
주소 | 서울특별시 영등포구 양평로 22길 21 선유도코오롱디지털타워 A401~403호
전자우편 | sigma@spress.co.kr
홈페이지 | http://www.sigmapress.co.kr
전화 | (02)323-4845, (02)2062-5184~8
팩스 | (02)323-4197

ISBN | 979-11-6226-106-4

SPSS for Psychologists: And Everybody Else, 6th Edition

First published in English by Palgrave Macmillan, a division of Macmillan Publishers Limited under the title SPSS for Psychologists by Nicola Brace, Rosemary Snelgar, Richard Kemp. This edition has been translated and published under license from Palgrave Macmillan. The authors have asserted their rights to be identified as the author of this Work.

* 책값은 뒤표지에 있습니다.
* 이 도서의 국립중앙도서관 출판예정도서목록(CIP)은 서지정보유통지원시스템 홈페이지 (http://seoji.nl.go.kr)와 국가자료공동목록시스템(http://www.nl.go.kr/kolisnet)에서 이용하실 수 있습니다.(CIP제어번호 : CIP2018025003)

역자 서문

심리학을 처음 접하게 되는 학생이나 일반인들에게 심리학 강의를 듣고 난 후 소감을 물어보면 자주 듣는 이야기가 "심리학은 재미있는 학문인 줄 알았는데 너무 어려워요!"라는 것이다. 고등학교를 졸업하고 심리학과를 선택해서 처음으로 심리학 관련 과목을 듣게 되는 심리학과 초년생들도 마찬가지 의견을 피력하곤 한다.

이렇게 '재미있는 학문으로서의 심리학이라기보다는 어려운 학문으로서의 심리학'이라는 생각을 모든 사람이 가지게 되는 이유는 무엇일까? 아마도 이유의 상당 부분은 심리학을 연구하는 연구방법론에 기인하는 것이라고 생각된다. 과학적으로 사람의 마음을 이해하고, 행동을 설명하고, 예측하기 위해 심리학에서 사용하는 방법은 가설을 세우고, 데이터를 구해서, 이 데이터를 일정한 규칙에 따라 분석한 다음, 역시 체계적이고 논리적인 순서에 따라 제시하는 것이다. 그러다 보니 통계의 개념을 이해해야 하고, 통계분석 방법을 알아야 하며, 데이터를 정리하고 분석하게 해주는 통계분석 패키지를 알아야 하는 것이다. 또한 가설을 어떻게 세우고 실험 설계는 어떻게 하며 데이터는 어떻게 모아야 하는지를 알아야 한다. 이 모든 것을 어느 정도는 알고 난 후에야 비로소 평소 재미있게 생각했던 문제를 연구할 수 있다. 따라서 설사 심리학을 전공하는 학생이라 할지라도 이 정도까지 따라오기가 힘들고, 도중에 심리학의 재미마저 잃어버리게 되는 것이다.

더욱이 대부분의 심리학과 커리큘럼은 이 과정을 여럿으로 분리해서 별도로 가르치게 되는 경우가 많다. 예컨대 실험 설계, 심리통계, 심리측정, 통계분석 실습과 같이 세 강좌 내지는 네 강좌로 나누어 심리학 연구 방법을 학습하게 된다. 실제로 연구를 수행하려면 이들이 모두 통합되어 활용되어야 하는 것이지만 이들을 전부 각각 배우다 보니 이들이 제각기 노는 것처럼 보이게 된다. 설사 이 모든 과목을 전부 수강한 학생이라 하더라도 막상 연구를 하려고 하면 어떻게 해야 할지 방향도 잡지 못하고, 자신이 수집한 데이터 분석을 하려면 무엇을 어디부터 분석해야 할지 감조차 잡지 못하는 경우도 생기게 된다. 이렇게 된 이유에는 학생들의 불성실도 한몫하지만 더 큰 이유는 교수 방법 탓이라고 생각된다.

이 책은 심리학에서 실제로 이루어지는 연구사례를 제시해주고, 제시된 연구사례가 채택한 연구 방법에 따라 어떻게 연구 설계가 달리 이루어졌는지를 보여준다. 또한 채택된 연구 설계에 따라 각기 다른 통계분석법이 선택되고 분석되는 과정을 이해하고 실습할 수 있도록 구성하였다. 물론 SPSS를 이용하여 통계분석을 하는 방법을 익히는 것이 주목적이므로 통계학이나 실험 설계에 대한 내용은 간단히 언급하고 있다. 또한 컴퓨터를 거의 다루어보지 못한 사람들도 내용을 따라가면서 쉽게 SPSS 사용요령을 익힐 수 있도록 쉽게 구성되어 있다. 즉 이런 분석을 하는 이유, 분석 과정, 분석 결과 나오는 출력 결과에 대한 설명 등을 초심자도 알아볼 수 있을 정도로 쉽게 구성하였으며, 통계학에 대해 익숙한 사람들에게도 자신의 데이터에 대한 추가 분석 시 요구되는 사항들을 체계적으로 찾아볼 수 있도록 구성되었다. 또한 이번 개정판에서는 단순한 초급 이상의 고급분석을 하고자 하는 사람들의 욕구도 충족시킬 수 있도록 여러 고급 통계분석법들이 추가되었다.

역자들 나름대로 용어 사용에 신중을 기하려고 하였으나 학계에서 일반적으로 사용되고 있는 용어를 선택하지 못한 경우도 있으리라 생각된다. 가급적 원문에 충실하게 번역하되, 독자들이 이해하는 데 혼란을 줄 것 같은 영어식 표현의 일부는 완전히 다른 문체로 의역을 하기도 하였다. 그래도 여전히 나타나는 어색한 문체나 정확하지 않게 사용된 용어들은 전적으로 역자들의 역량 부족으로 인해 나타난 결과임을 밝혀두고, 이해하기에 괴로운 부분이 있다면 독자들도 수동적으로 역자의 해석에만 의존하지 말고, 능동적으로 문장을 해석하고 이해하려고 하기 바란다. 각 역자들이 담당한 부분은 다음과 같다. 제1, 2장 및 서문 등은 이주일, 제3, 4, 7장은 정현선, 제5, 6장은 한태영, 제8, 9장은 문혜진, 제10, 11장은 최윤영, 제12, 13장은 조영일이 담당하였다.

벌써 이 책의 원저는 제6판까지 발간되었고, 한글로 된 첫 번째 두 번째 번역본이 출간된 후 지난번 제5판 번역부터는 번역진을 다양화하여 개정판 번역을 출간하기 시작하였는데, 번역진을 다양화한 후 이번에 두 번째 번역서가 나오게 되었다. 이번에도 여러 번역진이 참가하여 이전 번역본보다 더 훌륭한 개정판이 나오게 되어 초판과 두 번째 개정판에 이어 계속 번역에 참여했던 역자로서 매우 다행이며 또한 기쁘게 생각한다. 마지막으로 이 책의 초판 출간에 이어 개정판, 제5판 그리고 이번 제6판의 출판을 흔쾌히 허락해주신 (주)시그마프레스의 강학경 사장님께 감사드리며, 책의 편집과 교정에 힘써준 편집부 여러분께 감사드린다. 이 책을 읽게 될 독자 여러분의 연구에 많은 진전이 있길 바라며 많은 도움이 되었으면 하는 마음을 담아본다.

2018년 9월 1일
대표역자 이주일

저자 서문

이 책을 사용하는 방법

이 책은 독자들이 스스로 SPSS 프로그램을 사용하여 심리연구 데이터를 분석하는 것을 도와주기 위해 설계되었다. 제1장에 있는 첫 번째 절의 몇몇 부분을 제외하고, 나머지는 SPSS가 설치되어 있는 컴퓨터 앞에 앉아서 이 책을 읽기를 권한다.

제1장에서는 연구 설계와 관련된 몇 가지 이슈를 되새겨볼 것이고, 제2장에서는 SPSS에서 데이터를 입력하는 방법을 보여줄 것이다. 그런 다음 제3장과 제4장에서는 데이터를 탐색해보고, 불순물을 청소하고 관리하는 방법을 보여준다. 제5장부터 제12장에서는 SPSS를 활용하여 다양한 통계기법을 다루는 방법을 배우게 될 것이다. 각 장들의 배열 순서는 많은 대학의 심리학과에서 학부생들에게 통계학을 가르치는 방식을 반영하도록 설계되었지만, 각 장은 독립적으로 제시될 수 있는 것들로서, 이들을 꼭 순서대로 읽을 필요는 없다. 여러분이 만일 데이터 입력 절차에 익숙하다면 필요로 하는 분석법을 택하는 데 도움을 주는 참고서로 이 책을 활용할 수 있을 것이다. 여러분이 가장 적절한 통계기법을 선택하도록 도와주기 위해, 우리는 제1장에 각 검증기법에 대해 간략한 기술을 하였다. 제5~8장에 걸쳐 다루어지는 통계기법은 대부분의 학부 심리학 연구방법론 과목에서 배우는 내용들일 것이지만, 제9~12장에 걸쳐 다루어지는 내용들은 약간 고급 과정이라고 할 수 있다. 이 뒷장들에서 다루어지는 통계 절차들은 특히 최종 학년에 들어 진행하는 연구논문을 준비하는 학생이나 대학원 과정 또는 연구자들에게 도움이 될 것이다.

분석 방법을 다루는 각 장 내에서 우리는 각 기법을 간략히 기술하고, 분석 방법을 보여준 다음, 활용 가능한 선택사항을 설명하고 적합한 그래프와 기술통계치를 산출하는 방법을 가르쳐줄 것이다. 마지막으로 각 장은 SPSS에서 생성된 결과물을 해석하는 방법을 설명하면서 끝나게 될 것이다.

제13장은 보다 경험 있는 SPSS 사용자들에게 아주 도움이 될 만한 SPSS의 몇몇 고급정보를 제공해줄 뿐만 아니라 파일을 인쇄하는 방법과 같은 유용한 정보를 제시한다.

자, 이제 약간 좀 더 상세하게 각 장에서 다루는 내용을 설명해보겠다.

제1장

첫 번째 장에서는 심리학 연구와 통계분석에서 사용되는 기본 개념과 용어에 대한 간략한 개요와 SPSS에 대해 소개한다. 여기서 우리는 몇 가지 기본적인 데이터 수집 방법과 양적 연구에서 수집되는 데이터 유형을 기술한다. 그리고 데이터 분석법을 소개하고, SPSS를 이용하여 데이터를 분석할 때 여러분이 활용하게 될 창과 기능 단추를 설명한다. 마지막으로 SPSS를 시작하고 종결하는 방법을 알려줄 것이다.

제2~4장

제2장에서는 데이터를 받아들이기 위해 SPSS를 설정하는 방법, 데이터 파일을 만들어내고 저장하는 방법을 보여준다. 제3장에서 여러분은 몇 가지 간단한 기술통계치를 계산하기 위해 입력한 데이터를 검토하는 방법을 배우고, 데이터를 그래프로 표현하기 위해 SPSS를 활용하는 방법을 배우게 된다. 제4장에서는 데이터를 관리하기 위해 사용하게 되는 몇 가지 유용한 기능이 소개된다. 우리는 데이터 파일을 분리하거나 집단 참가자들을 함께 모으는 방법을 보여주고 기존의 변인들을 재부호화하거나 새로운 변인을 계산하는 방법 등을 보여주게 될 것이다.

제5~8장

제5장에서는 표본 평균이 이미 알고 있는 모집단 평균과 차이가 있는지, 두 집단의 참가자로부터 얻은 점수들 간에 차이가 있는지, 또는 두 가지 다른 조건하에서 얻은 동일 참가자들의 점수들 간에 차이가 존재하는지를 결정하는 데 활용될 수 있는 몇 가지 간단한 추론통계 검증을 다루게 될 것이다. 제6장과 제7장은 연합관계에 대한 통계적 검증에 집중할 것이고, 제8장은 여러 변인이 관련된, 보다 복잡한 실험 설계에서 얻은 데이터를 분석하는 데 활용되는 통계 절차들을 기술한다.

제9~12장

제9장부터 제12장에서는 보다 복잡한 설계로 이루어진 실험에 적절한 검증 방법 또는 조사나 설문지와 같은 비실험적 방법을 활용하여 얻은 데이터에 적합한 검증 방법을 살펴볼 것이다.

일반적으로 제5~12장의 각 장은 서로 연관된 검증 방법의 가족으로 이루어졌고, 이 검증 방법들을 각기 고유 영역으로 나누어 설명하였다. 이때 간략한 설명을 덧붙여주면서 각 통계검증 방법을 소개하였다. 이런 설명들은 통계학 책에서 다루어지는 내용들을 대체하려고 제시한 것은 아니다. 그보다는 각 검증 방법을 언제, 어떻게 사용할지에 대해 독자들의 기억을 환기시켜주려는 목적에서 제공하는 것들이다. 또한 독자들에게 구체적인 시범을 보여주기 위해 각 검증법을 이용하여 분석할 수 있는 전형적인 연구사례나 또는 실제 연구사례의 견본들을 포함시켰다. 그런 다음

SPSS를 이용하여 검증을 수행하는 방법에 대해 아주 세분화된 단계별 지시사항을 제공하였다. 앞 부분에 제시되는 장들에서는 검증을 수행하는 데 요구되는 각 단계별로 컴퓨터상의 화면과 상세한 설명문을 제시하였다. 뒤에 제시되는 장들에서는 독자들이 SPSS를 이용하여 작업하는 데 보다 친숙해질 것이라 가정하고, 친숙해진 이후에 사용할 수 있는 보다 간단한 사용 방법들을 제시하였다. 각 장에는 SPSS가 생성해내는 분석 결과의 견본을 첨부하여 독자들이 분석 결과를 이해하는 데 도움이 되도록 하였다. 마지막으로 분석한 결과를 보고할 때 주의해야 할 사항들을 포함시켰다. 통계검증 방법을 시연해보기 위해 이 책에서 사용하는 데이터는 이 책의 부록에 제시하였으며, 독자들은 Palgrave 웹사이트(he.palgrave.com/psychology/brace)에서 다운로드받을 수도 있다.

제13장

마지막 장은 독자에게 명령문(syntax)을 소개하고, SPSS를 통제하는 데 이 언어를 사용하는 것이 독자의 효율성을 증진시킬 수 있다는 것을 보여주고자 한다. 특히 광범위하며 훨씬 복잡한 데이터 파일을 사용할 때의 효율성을 보여주고자 한다. 그 외에 몇 가지 옵션 사항들을 소개하고자 한다. 즉 파일을 인쇄하는 법, 스프레드시트를 송출하고 불러들이는 방법, SPSS 출력물을 다른 문서들과 병합하는 방법 등을 소개한다. 이 장에서는 또한 광대한 SPSS 도움 기능에 접근하는 방법을 설명한다.

SPSS 버전들 간의 차이

이 책은 SPSS 23버전을 활용하여 기술되었는데, 이는 이전의 SPSS 버전들과 아주 유사하며, SPSS 초기 버전(또는 PASW로 알려진 버전)과도 매우 유사하다. 도입된 변화들은 모두 이 책에서 소개하는 기법들과는 관련되지 않는다. 대화상자, 그리고 우리가 제공하는 출력 결과와 여러분이 분석한 출력 결과에 미세한 차이가 있을 수 있다. 프로그램의 외관에만 영향을 주는 표면적인 것일 수도 있으며, SPSS의 옵션 설정으로 인해 발생한 변화일 수도 있다. 제13장에서는 SPSS를 제어하기 위해 옵션 설정을 사용하는 방법을 여러분에게 보여줄 것이다.

　우리는 독자들이 이 책을 유용하게 활용하고, 심리학 연구를 즐기는 데 도움이 되기를 희망한다.

감사의 글

이 책의 여섯 번째 개정판을 찾아주신 여러분께 감사드린다. 한 번 더 이 책이 발간되도록 애써주신 많은 사람들에게 감사의 표현을 하고 싶다. 특히 우리가 만든 이전 책들에 대해 소중한 조언과 피드백을 해준 과거와 현재 동료 및 여러 검토자분들께 감사를 표현하고 싶다. 이런 노고들은 모두 새 책이 나오는 데 밑거름이 되었다. 여러분이 들인 시간에 감사드리며, 여러분들이 제공해준 비평에 따라 어떤 첨삭이 있었는지를 보실 수 있었으면 좋겠다. 또한 통계학과 데이터 분석에 대한 우리의 지식 향상에 보탬이 된 여러 동료, 감독자, 학생 및 친구들에게 감사를 표하고 싶다. 이분들이 정규 수업과 비공식적 토론, 또는 데이터 분석 문제를 해결하기 위해 제시한 여러 도전으로부터 우리는 많은 도움을 받을 수 있었다. 이분들 중 몇몇 분은 아주 친절하게도 특정 통계기법을 활용하는 과정에 대한 시범을 보여주는 데 자신의 데이터를 기꺼이 사용하도록 해주었다. 우리는 특히 Gini Harrison에게 감사표시를 하고 싶은데, 그녀로 인해 상호작용적 온라인 자원접근이 가능하게 되었으며 이 책에서 소개한 웹사이트에서 확인해볼 수 있을 것이다. Richard는, 특히 이번 판의 SPSS화면 그림을 준비하는 데 도움을 준 Xiang Yan Hong에게 감사를 표하고자 한다.

특히 초판이 출간되기 전 우리는 책을 발간하는 것에 대해 약 10년간이나 숙고를 거듭했다. 언제나 새로운 학생들과 새로운 버전의 SPSS로 강의안을 보완하였고, 책이 어떻게 평가되는지에 대해 토론하였다. 그 결과 첫 번째 교재를 발간한 후 받은 긍정적인 반응은 우리의 기쁨이었다. 우리의 목적은 심리학도들이 자신의 연구를 수행하면서 해당 분야에 적극적으로 몰두할 수 있도록 해주는 것이었다. 심리학에 대한 독서도 아주 흥미롭지만, 실제 더 큰 재미는 심리학 연구를 수행하는 과정에 있으며, 불가피하게 이런 과정에는 데이터를 수집하고 분석하는 과정과 SPSS 같은 소프트웨어를 사용하는 과정이 관련된다. 따라서 우리가 만든 책이 자신의 연구를 완수하도록 도와주었다고 말하는 학생들의 이야기를 들을 때 우리는 특히 큰 기쁨을 느낀다. 그 어떤 것보다 이런 기쁨이 우리로 하여금 기존 책을 좀 더 확장하고 내용을 더 추가해서 새 버전을 출간하도록 이끄는 원동력이 되었다. 비록 우리가 얼마나 늙었는지를 알려주는 지표가 될지라도, 우리가 제6판을 내게 되었다는 사실은 즐겁고, 우리를 무한히 기쁘게 해준다. 우리를 만나려고 시간을 내준 데 대해 감사드린다.

마지막으로 우리에게 계속된 지지를 보내준 Palgrave 팀에 감사드린다. 특히 제6판을 출간하면서 Palgrave 팀의 많은 다른 직원들과 작업을 하게 되었다. 모든 사람이 이 책에 큰 기여를 하였지만, 특히 책의 출간에 애써준 Paul Stevens, Cathy Scott, Amy Wheeler의 도움과 지원에 감사드리며, 원고 정리에 애써준 Maggie Lythgoe의 도움에 감사드린다.

Nicola Brace

Richard Kemp

Rosemary Snelgar

차례

제**01**장 도입   1

제 1 절 심리학 연구와 SPSS   1
제 2 절 통계검증에 대한 안내   13
제 3 절 SPSS를 이용하여 작업하기   14
제 4 절 SPSS 시작하기   17
제 5 절 SPSS 종료하기   19

제**02**장 데이터 입력하기   22

제 1 절 데이터 편집창   22
제 2 절 변인 정의하기   23
제 3 절 데이터 입력하기   37
제 4 절 데이터 파일 저장하기   40
제 5 절 데이터 파일 열기   41
제 6 절 데이터 입력 연습   43
제 7 절 데이터 입력 연습에 대한 해답   46
제 8 절 데이터 파일 체크와 정리하기   49

제**03**장 데이터 탐색 및 정제하기   52

제 1 절 기술통계   52
제 2 절 기술통계 명령어   53
제 3 절 검토창   57
제 4 절 빈도분석 명령어   62
제 5 절 데이터 탐색 명령어   66
제 6 절 기술통계 분석으로 데이터 점검하기   75
제 7 절 그래프 작성하기   81
제 8 절 도표 작성기   83
제 9 절 그래프보드 양식 선택기   90

제**04**장 데이터 변경하기   94

제 1 절   데이터 변경하기 소개   94
제 2 절   파일 정렬하기   95
제 3 절   파일 분할하기   97
제 4 절   케이스 선택하기   100
제 5 절   변인값 코딩변경하기   105
제 6 절   새로운 변인 계산하기   111
제 7 절   빈도변인 생성하기   114
제 8 절   순위변인 생성하기   116
제 9 절   데이터 변환하기   118
제10절   척도 혹은 설문 데이터 파일   125

제**05**장 두 표본의 차이 검증   130

제 1 절 t 검증에 대한 소개   130
제 2 절   단일표본 t 검증   131
제 3 절   독립표본 t 검증   134
제 4 절   대응표본 t 검증   142
제 5 절 t 검증의 비모수적 대체 방법   147
제 6 절   Mann – Whitney 검증   147
제 7 절   Wilcoxon 검증   151

제**06**장 상관분석과 이변량 회귀분석   156

제 1 절   상관분석 소개   156
제 2 절   산포도 소개   157
제 3 절   Pearson의 r : 모수적 상관관계 검증   166
제 4 절   Spearman의 r_s : 비모수적 상관관계 검증   170
제 5 절   상관계수의 검증력 비교   173
제 6 절   회귀분석 소개   176
제 7 절   이변량 회귀분석   177

제 **07** 장 명목 데이터 검증   188

제 1 절   명목 데이터와 이분변인   188
제 2 절   카이제곱 검증 대 카이제곱 분포   190
제 3 절   적합도 검증   190
제 4 절   다중차원 카이제곱 검증   191
제 5 절   반복 측정치에 대한 McNemar 검증   208

제 **08** 장 변량분석   218

제 1 절   변량분석(ANOVA) 소개   218
제 2 절   일원 피험자 간 ANOVA, 계획적 및 비계획적 비교, 비모수적 등가   231
제 3 절   이원 피험자 간 ANOVA   248
제 4 절   일원 피험자 내 ANOVA, 계획적 및 비계획적 비교, 비모수적 등가   255
제 5 절   이원 피험자 내 ANOVA   267
제 6 절   혼합 ANOVA   277

제 **09** 장 다중 회귀분석   286

제 1 절   다중 회귀분석 소개   286
제 2 절   다중 회귀분석의 표준 및 동시적 방법   296
제 3 절   다중 회귀분석의 순차적 및 위계적 방법   305
제 4 절   다중 회귀분석의 통계적 방법   311

제 **10** 장 공변량분석과 다중 변량분석   316

제 1 절   공변량분석 소개   316
제 2 절   SPSS를 이용한 공변량분석   319
제 3 절   다중 변량분석 소개   329
제 4 절   SPSS를 이용한 다중 변량분석   332

제**11**장 판별분석과 로그회귀분석 340

제 1 절 판별분석과 로그회귀분석	340
제 2 절 판별분석 소개	342
제 3 절 SPSS를 이용한 판별분석	345
제 4 절 로그회귀분석 소개	356
제 5 절 SPSS를 이용한 로그회귀분석	357

제**12**장 요인분석, 척도의 신뢰도 및 차원 364

제 1 절 요인분석 소개	364
제 2 절 기초적인 요인분석 수행하기	375
제 3 절 요인분석의 다른 고려사항	389
제 4 절 척도와 설문지의 신뢰도 분석	394
제 5 절 척도와 설문지의 차원	400

제**13**장 기본을 넘어서 406

제 1 절 명령문 편집기 창	406
제 2 절 명령문 예제	416
제 3 절 도움기능 활용하기	419
제 4 절 옵션 설정하기	424
제 5 절 인쇄하기	427
제 6 절 SPSS 분석 결과를 다른 문서와 합치기	430
제 7 절 SPSS와 엑셀 : 자료 파일 불러오기와 내보내기	431

부록	436
용어해설	449
참고문헌	457
찾아보기	459

제 **01** 장 도입

이 장에서 다루는 내용은

- 심리학 연구와 SPSS
- 통계검증에 대한 안내
- SPSS를 이용하여 작업하기
- SPSS 시작하기
- SPSS 종료하기

제1절 │ 심리학 연구와 SPSS

- SPSS는 가장 널리 활용되는 컴퓨터 프로그램으로서 데이터, 특히 연구 과정에서 수집된 데이터에 대한 통계적 분석에 도움을 주기 위해 설계된 프로그램이다.
- 지금까지 수년 동안 여러 가지 다른 형태로 SPSS®가 발전되었고, 데이터 분석에 관한 '산업표준' 소프트웨어가 되었다.
- SPSS는 대학 연구자들에게 가장 널리 활용되는 프로그램으로서, 특히 심리학과 사회과학 분야의 연구자들이 많이 사용하고 있다. 또한 SPSS는 민간 또는 정부 연구 기관들에서도 널리 사용되고 있으며, 대규모 민간 기업이나 비정부 조직에서도 활용되고 있다.
- 자신을 유능한 SPSS 사용자라고 기술할 수 있을 정도가 되면 고용 전망이 상당히 높아질 것이다.
- 처음 사용할 때에는 SPSS가 약간 복잡한 것처럼 보이지만, 다양한 통계분석법을 활용하는 법을 학습하는 것이 어려운 일은 아니며, 일단 여러분이 이런 기본을 익히게 되면 이런 소프트웨어의 도움 없이 가능했던 것보다 훨씬 더 복잡한 연구를 수행할 수 있게 된다.

나는 심리학을 연구하고 싶지 통계학을 연구하고 싶지는 않다 – 그런데 왜 내가 SPSS 사용법을 배워야 한단 말인가

이는 아주 흔한 질문인데, 그 대답은 심리학의 본질과 심리학자들이 다루는 연구의 본질을 이해하는 것과 관련이 있다. 심리학은 과학이고, 모든 과학이 그런 것처럼 우리 학문 분야도 관찰을 통해 연구함으로써 진보하는 것이다. 따라서 우리는 우리의 주제 문제, 즉 사람에 대한 체계적인 관찰을 함으로써 새로운 사실을 알게 된다. 문제는 사람은 관찰하기가 가장 어려운 대상이라는 것이다. 왜냐하면 사람들 간에는 차이가 있고, 시간이 지남에 따라서 그 사람 내에서도 차이가 있기 때문이다. 즉 사람은 특정 상황에서 어떻게 반응할 것인지가 상황에 따라 다르며, 오늘 반응하는 방식이 내일 반응하는 방식과는 아주 다를 수도 있다. 이는 심리학자에 의해 수집된 데이터가 다른 과학에서 수집된 자료보다 '잡음'이 많을 수 있다는 것을 의미한다. 예를 들어 마그네슘의 속성을 연구하는 화학자를 고려해보자. 화학자는 일정한 조건에서 모든 1비트의 마그네슘은 다른 모든 1비트의 마그네슘과 똑같은 방식으로 반응하고, 이 마그네슘이 오늘 반응하는 방식은 내일 반응하는 방식과 동일하다는 것을 알고 있다. 따라서 화학자는 일정량의 마그네슘을 사용해서 실험을 하면 되는 것이며, 관찰 결과를 설명하는 데 도움을 주기 위해 통계학을 굳이 사용할 필요는 없을 수도 있다. 심리학자가 직면하게 되는 상황은 이와 아주 다른데, 일반적으로 특정 상황에서 사람들이 어떻게 반응하는지를 결정하기 위해서 심리학자는 여러 가지 다른 상황에서 다른 사람들을 검증하고, 이런 데이터에 존재하는 트렌드가 무엇인지를 결정하기 위해 통계기법을 사용해야 할 필요가 있을 수 있다. 그래서 심리학자는 특히 자신의 연구를 위해 통계학을 사용할 필요가 생기게 되는 것이다.

최근 들어 심리연구에서 일상적으로 활용되며 학부 학생들에게 교육하는 통계기법의 복잡성이 상당히 발전되었다. 이런 복잡한 통계기법에 대한 일상적인 활용은 SPSS와 같이 복잡한 통계분석 소프트웨어를 널리 사용하게 되면서 가능해졌다. 따라서 학생이든 전문가든 심리연구를 수행하기 위해서는 SPSS와 같은 소프트웨어를 사용할 수 있어야 한다. 이 책은 SPSS를 소개해주기 위해 설계된 것인데, 학위 과정이나 연구에 필요한 통계분석을 수행하는 프로그램을 사용할 수 있게 하기 위한 것이다.

이 절의 나머지에서 우리는 연구 방법, 자료와 통계분석에 관련된 몇 가지 개념에 대한 간략한 개괄을 제시하고자 한다. 이들은 SPSS를 활용하여 여러분이 가진 자료를 분석하고자 할 때 염두에 두어야 하는 것들이다. 이들 중 많은 것은 다음 장에서 기술하게 될 것이다. (이들 중 많은 것은 연구 방법에 대한 강좌들을 통해 여러분에게 친숙한 것이다.) 그 외에도 각 장을 시작할 때 우리는 몇 가지 통계적 이슈들을 개괄하겠지만, 이 책은 통계학 전문서가 아니므로, 통계적 문제에 대한 전체적인 안내가 필요하다면 역시 통계학 책을 참고하기 바란다.

연구 설계와 SPSS

여러 가지 다른 방법을 사용하여 심리연구를 수행할 수 있다. 가장 일반적으로 사용되는 방법이 질문지 연구, 인터뷰, 관찰 및 실험이다. 이 연구 방법들 각각은 SPSS를 사용한 분석에 필요한 양적인 데이터를 수집할 수 있도록 한다. 실험법은 특히 두 변인 간의 인과관계에 관한 결론을 도출하게 해주는 중요한 연구 방법이다. 여러분이 채택한 연구 방법과 설계가 데이터를 SPSS에 입력하는 방법과 분석에 활용되는 통계검증의 선택에 영향을 주게 될 것이다.

심리연구에서 대응 설계와 비대응 설계

특정 연구 방법이 가지는 한 가지 중요한 특징은 이 방법이 대응 설계(related design)냐 비대응 설계(unrelated design)냐에 관한 것이다(이들은 다른 말로는 상관 및 참가자 내 설계와 비상관 및 참가자 간 설계로도 불린다). 대응 연구 설계에서는 둘 이상의 변인들이 어떤 식으로든지 연계되어 있다. 이렇게 되는 이유는 특히 이 변인들이 동일한 참가자에 의해 측정되기 때문에 발생하는 일이다. 대조적으로 각 측정치를 각기 다른 참가자로부터 구할 수 있게 설계되면 이를 비대응 설계라고 한다. 이런 구분법은 아주 중요한데, 우선 대응 설계와 비대응 설계를 사용하여 수집된 데이터는 다른 통계 절차를 활용하여 분석되기 때문이며, 또 한 가지 이유는 대응 데이터와 비대응 데이터를 사용하여 수집된 데이터는 SPSS 데이터 파일에서 다르게 코딩되기 때문이다(제2장 참조).

측정 수준

SPSS는 1개 이상의 변인 각각에 대해 일련의 측정을 하여 구성한 양적 데이터를 분석할 수 있도록 설계되었다. 변인이란 단순히 변화하고 측정할 수 있는 어떤 양적 수치일 수 있다. 예를 들어 시간, 몸무게, 성별(남성 또는 여성), IQ검사 점수 등이 모두 변인의 예가 된다. 심리연구에서 볼 수 있는 전형적인 데이터 집합은 여러 가지 사례나 여러 참가자들 각각에 대해 측정된 여러 가지 변인들로 구성될 것이다.

변인을 측정하기 위해 우리는 측정을 하게 되는데, 각 척도의 특징이 우리가 수집하는 데이터의 특징을 결정하게 되며, 우리가 SPSS를 활용해서 생성하게 되는 추론통계치와 기술통계치의 특징을 결정하게 된다. 심리학도를 위한 많은 통계학 책들에서는 네 가지 척도 유형 또는 측정 수준을 기술하고 있는데 **명목**(nominal), **서열**(ordinal), **구간**(interval), **비율**(ratio) 수준이다. SPSS에 데이터를 입력하게 될 때 데이터를 **명목**, **서열** 또는 **척도**(scale)로 구분하게 되는데, SPSS에서 척도라는 용어는 구간 또는 비율 변인을 지칭하는 것이다.

1. 명목 수준

명목(또는 '범주'로 지칭됨)변인은 관찰치를 단순히 범주화시켜주는 척도를 사용하여 측정된다. 명목변인의 값은 단순한 명칭(또는 이름, 즉 '명목') 외에 더 이상 어떤 정보도 갖지 못하는 숫자들이다. 예를 들어 데이터 파일 내 참가자들의 성별을 구분해서 기록하기로 결정하고, 부호화 체계로 1은 남성, 2는 여성이라고 할당할 수 있다. 1과 2로 할당하여 이 두 참가자 집단을 구분할 수 있는 것이다. 명목 데이터를 가지고 우리가 할 수 있는 일은 숫자를 세고 빈도를 측정하는 것뿐이다. 얼마나 많은 남성이 있고, 여성이 있는지를 보고할 수는 있지만, 이 데이터를 갖고 우리가 할 수 있는 것은 더 이상 거의 없으며, 참가자들의 성별 값에 대해 평균치와 같은 통계치를 계산하는 것 또한 거의 아무런 의미가 없는 일이다.

데이터를 수집하기 위해 사용한 측정 수준이 무엇인지에 대해서 SPSS가 자동적으로 인식하지는 않는다. SPSS를 활용하여 명목 데이터의 평균과 같은 부적절한 분석을 하도록 시키는 것이 좋을지 아닌지를 결정하는 것은 여러분에게 달려 있다.

2. 서열 수준

서열변인은 순서나 순위를 의미할 수 있는 척도를 활용하여 측정될 수 있다. 특정 서열변인은 명목변인보다 더 많은 것을 여러분에게 이야기해준다. 예를 들어 1순위를 받은 학생은 2순위를 받은 학생보다 더 우수하다고 말하는 것이 합당한 경우가 있다. 어떤 논리성을 가지고 순서화될 수 있는 숫자들이 있다. 예를 들어 교수가 통계학 시험을 치르고, 그 점수에 따라 순위를 부여할 수 있다. 제일 상위에 오는 학생은 1등을 부여받을 것이고, 다음의 성적을 받은 학생은 2등을 부여받는 식으로 순위를 매길 수 있을 것이다. 그러나 이 데이터를 갖고 우리가 할 수 있는 일은 여전히 제한적인데, 1순위의 학생이 2순위의 학생보다 얼마나 우수한지에 대해서는 알 수가 없기 때문이다. 또 다른 이유로 순위 1과 2로 지칭된 능력 간의 차이와 순위 2와 3, 또는 순위 107과 108 간의 차이가 동일한지 아닌지를 결정할 수가 없기 때문이다. 따라서 서열척도는 여전히 수행측정치로는 제한적인 것이다.

3. 구간 및 비율 수준

구간 및 비율 수준을 측정하는 것은 우리에게 훨씬 숫자다운 숫자들을 접하게 해준다. 만일 우리가 구간 혹은 비율 척도를 갖고 있다면 3은 2보다, 4는 3보다 더 나은 숫자라는 것을 알게 된다. 더욱이 독자들은 동일한 척도의 모든 점들 간의 구간도 동일하다는 것을 알게 된다. 예를 들어 23과 24 간의 차이는 102와 103 간의 차이와 동일하다.

구간척도는 인위적인 0값을 가진 척도로, 여기서 0의 값은 측정되는 양적인 것이 아무것도 없다는 것을 의미하지는 않는다. 그런데 비율척도에서 0은 측정되는 양적인 것이 아무것도 없다는 것을 의미한다. 실제로 이 두 유형의 데이터 간의 차이는 중요하지 않으며 SPSS는 이 둘 간을 구분하지 않는다. 따라서 SPSS에서 척도라는 용어는 구간변인과 비율변인 둘 다를 지칭한다.

가설

가설(hypothesis)은 연구 결과에 대한 예언이다. 종종 '연구가설'로 알려지는 가설은 '실험가설' 또는 '대안가설'인데, 조건들 간에 차이가 있을 것이라든가 또는 변인들 간에 관련성이 존재한다는 것을 예언한다. 대조적으로 영가설은 효과가 없거나 관련성이 존재하지 않는다는 것을 예측한다.

SPSS를 활용하여 데이터를 분석할 때 연구가설이 일방향인지, 양방향인지를 명확히 해야 한다. 일방향 가설은 효과가 존재한다는 것(예 : 젊은 사람과 나이 든 사람 간에 기억검사 수행에서 차이가 있을 것이다)과 동시에 이 차이 또는 관련성의 방향에 대한 예언(예 : 젊은 참가자가 나이 든 참가자보다 기억력 검사를 더 잘 수행할 것이다)을 한다. 대조적으로 양방향 가설은 효과가 존재한다는 것만을 예언하지 그 방향성은 예언하지 않는다. 특정 통계 절차를 시행할 때 SPSS는 가설이 일방향인지 양방향인지를 구체적으로 명시할 것을 요청한다.

모집단과 표본

우리가 일련의 특정 연구를 기획할 때는 모집단(population)을 염두에 두어야 한다. 통계적인 목적에서, 모집단이란 특정 변인에 대해 가능한 모든 점수들의 전체 집합을 의미한다. 어떤 연구의 경우에는 모집단이 아주 작을 수 있다. 만일 박제 전문가들의 직업 스트레스를 연구한다면 모집단은 모든 박제 전문가들이 된다. 박제 전문가들이 상대적으로 그리 많지 않을 것이기 때문에 이 사람들 모두를 인터뷰할 수가 있으며, 전체 모집단의 점수를 확보할 수 있을 것이다. 그러나 대부분의 연구에서는 특정 변인에 관해 가능한 모든 점수의 전체 모집단의 점수를 수집한다는 것이 가능하지 않은데, 모집단의 수가 너무 많기 때문이기도 하지만 몇 가지 실용적인 측면에서 제한이 있기 때문이다. 이런 상황에서 우리는 표본(sample)을 검증하는 데 의존할 수밖에 없다. 이 경우 우리는 전체 모집단을 대표하는 보다 적은 수의 하위 집단의 점수를 수집하기를 희망하게 된다. 표본의 크기는 중요한 고려사항이 되는데(이 절 뒷부분의 통계적 검증력 참조), SPSS를 이용해 여러분의 데이터를 분석할 때 통계학 책을 통해 이 부분에 대한 안내를 받는 것이 필요하다. 여러분이 원하는 분석을 수행하기에는 표본 크기가 너무 작을 경우에도 이런 도움이 필요하다.

모수치와 통계치

만일 특정 변인에 관해 전체 전집을 측정할 수 있게 되면, 평균과 같은 수치를 구할 때 모집단의 모수치(parameter)를 계산할 수 있게 된다. 그러나 대개의 경우는 모집단에서 표본을 추출하게 되고, 단지 이 표본에 대한 평균을 구할 수 있게 된다. 표본에 근거해서 얻은 평균과 표준편차 같은 측정치들을 통계치(statistic)라고 한다. 중요한 차이점은 표본에 관한 통계치는 구할 수 있지만 모집단에 관한 모수치는 추정할 수밖에 없다는 것이다. 왜냐하면 모집단에 대한 전체 점수를 구할 수 없기 때문이다. 우리의 표집 절차가 정상적으로 이루어졌고, 표본이 너무 작지만 않다면 표집의 평균이 모집단의 평균을 꽤 정확하게 추정해줄 것이라고 기대할 수 있을 것이다. 표본의 크기가 크면 클수록 우리의 추정치는 더 정확해질 것이다. 그러나 모집단을 검증해보지 않는 한 진짜 모집단의 모수치를 확실하게 알지는 못할 것이다.

기술통계

기술통계(descriptive statistics)는 많은 양의 데이터를 요약해준다. 기술통계의 역할은 몇 가지 지표나 전형적인 값을 사용하여 데이터가 어떻게 보이는지에 대해 독자들이 이해할 수 있도록 하는 것이다. 데이터의 유형에 따라 다르겠지만, 이것이 집중 경향성 측정치(예 : 평균)일 수도 있고, 분산 측정치(예 : 표준편차)일 수도 있다. 제3장에서는 기술통계치를 구하는 방법을 다룬다. 추가적으로 통계 절차를 다루는 각 장에서도 기술통계치를 구하는 방법을 보여줄 것이다. 그러나 여러분의 데이터에 가장 적절한 것이 어느 것인지에 대해서는 여러분이 스스로 결정해야 한다.

신뢰구간과 점추정치

평균과 같은 통계치를 구할 때 우리가 채택할 수 있는 접근 방법에는 두 가지가 있다. 심리연구에서 가장 일반적인 방법은 모수치를 가장 잘 대변해주는 단일값 또는 점추정치(point estimate)를 채택하는 것이다. 예를 들어 표본의 평균 키가 1.73m이고 우리는 이 수치를 모집단 평균에 대한 우리의 추정치로 사용할 수 있다. 분명히 모집단의 진짜 값이 정확하게 1.73m일지는 잘 모르겠지만 이 점추정치는 해당 값에 대한 가장 근접한 추측치가 될 것이다. 심리학에서는 널리 채택되고 있지만, 점추정치는 상당한 제한점을 갖고 있다. 왜냐하면 이 점추정치는 우리 추정치가 얼마나 정확한지에 대해 어떤 것도 말해주지 않기 때문이다. 대안적인 방법은 2개의 값, 즉 상한선과 하한선으로 이루어진 '신뢰구간(confidence interval)'이라고 하는 장치를 이용하는 것인데, 이 두 값은 우리가 진짜 값이 위치할 것이라고 기대하는 범위를 한정하게 된다. 이 값들이 모집단 모수치에 대한 우리의 추정치가 얼마나 확실한지에 관한 지침을 제공해주게 된다. 이 값들이 널리 분산되어 있을수록 우리의 추정치에 대한 확신은 줄어들 것이다. 예를 들어 95% 신뢰구간의 상한선과 하한선이 1.6m와 1.8m라고 계산할 수 있다. 이 신뢰구간은 미지의 모집단 모수치가 포함될 가능성이 있는 값들의 범위를 한정하게 된다. 보다 정확히 말하면 이 값들은 우리가 모집단에서 표본을 반복해서 추출하고 각각에 대해 95% 신뢰구간을 계산할 경우, 이 표본들의 95%에서 계산된 구간이 진짜 모집단의 모수치를 포함할 것이라는 것을 말해주는 것이다.

신뢰구간 접근법은 점추정 접근법에 비해 여러 가지 이점을 갖고 있다. 우선 모집단 추정치가 정확하다는 것을 우리에게 알려준다. 즉 추정치는 이 수치와 특정 수준의 오류가 연합되어 있다는 것을 알려준다. 둘째, 신뢰구간 접근법은 실제 값의 가능한 강도에 관한 정보를 제공해준다. 만일 우리가 모집단 평균에 관해 점추정치만 제공해준다면, 우리는 있을 법한 한계점이 무엇인지에 대해 알 수 있는 방법이 없는 것이다. 신뢰구간을 사용하는 것이 주는 또 다른 유용한 점은 결과를 그래프화할 수 있다는 것이다. 평균을 제시할 때 신뢰구간을 표시함으로써 우리는 추정된 평균값이 각기 다른 조건하에서 얼마나 충족되는지에 대해 명확한 지침을 독자에게 제공해줄 수 있다. 그래프를 이용하여 신뢰구간을 제시하는 방법은 제5장에서 사례를 보게 될 것이다.

부트스트래핑

최신 SPSS 버전에는 '부트스트래핑(bootstrapping)'이라는 강력한 절차가 들어 있다. 이 이름은 구두끈을 잡아당겨서 여러분을 마루 위로 끌어올린다는 불가능한 아이디어를 은유하는 것인데, 외부의 보조 없이 어떤 일을 이루어내는 과정을 기술하기 위해 여러 맥락에서 활용된다(예 : 우리는 컴퓨터를 시작할 때 '부팅'이라는 말을 사용한다). 통계학에서 이 용어는 모수치를 추정하기 위한 특정 접근법을 기술하기 위해 활용된다. 정상적으로 변량과 같은 모수치를 추정하고자 할 때 우리는 분포의 본질에 관한 추정을 한다. 부트스트래핑은 그러한 전제 없이 동일한 모수치를 추정해내는 대안적인 방법을 제시해준다.

우리가 인간 모집단의 키에 관심을 갖고 있고, 100명의 표본을 측정했다고 상상해보자. 이때 모집단의 평균 키를 추정하기 위해 부트스트래핑 방법을 사용할 수 있다. 100명씩 구성된 새로운 표본을 더 많이 수집하게 되면 이 일이 가능해지는데, 이 표본들 각각에 대해 평균을 구하면 된다. 그러나 이 새로운 표본들을 어디서 구한단 말인가? SPSS는 여러분이 필요로 하는 표본을 더 구해주지는 않는다. 대신 대안적인 방법으로 무선표집이라고 하는 절차를 통해 여러분이 갖고 있는 표본으로부터 새로운 표본을 추출해낸다. 이를 이해하기 쉽게 여러분이 수집한 100개의 관찰치를 100개의 종이에 기록한 다음, 이 종이묶음을 통 속에 넣었다고 생각해보자. 그런 다음 한 장의 종이를 꺼내서 통 속에 넣기 전에 종이의 값을 기록하고 다시 통 속으로 집어넣는다. 100개의 관찰치로 된 새로운 표본이 만들어질 때까지 이 절차를 99번 더 반복하면 된다. 이렇게 만들어진 것이 부트스트랩 표본이다. 원래 수치 중의 어떤 것은 부트스트랩 표본에 포함되지 않을 수도 있고, 어떤 수치는 여러 번 나타날 수도 있기 때문에, 이 새롭게 만들어진 표본의 평균은 원래 표본의 평균과 동일하지는 않을 것이다. 만일 우리가 이런 절차를 아주 여러 번 시행하게 되면(전형적으로 최소한 1,000번가량 시행), 우리가 만든 부트스트랩 표본치들의 평균을 얻을 수 있게 되고, 이 수치를 원래 표본이 추출된 모집단의 평균을 추정하기 위해 사용할 수 있게 된다.

부트스트래핑은 특히 우리가 모집단 분포를 알지 못할 때, 그리고 분포가 정상적이라는 것을 가정하고 싶지 않을 때 특히 유용하다. SPSS는 이제 평균, 표준편차, 변량 편포성, 첨도 및 기타 통계치들을 추정하기 위한 많은 통계 절차를 시행할 때 부트스트래핑 옵션을 사용한다. 우리는 이 책에서 부트스트래핑 옵션의 사용법에 관해 다루지는 않을 것이지만, 여러분이 한번 SPSS와 친숙해지고 나면 부트스트래핑 절차를 탐색해보고 싶은 마음이 생길 것이고, 각 장에서 세부적으로 기술하게 되는 전통적인 방식으로 얻은 결과치와 이 결과치를 비교하고 싶은 마음이 생길 것이다.

추론통계와 확률

추론통계(inferential statistics)는 단순히 데이터를 기술하는 것 이상을 할 수 있도록 해준다. 여러 가지 상이한 추론통계검증법을 활용하여 우리는 "남성 참가자와 여성 참가자 간에 읽기 능력에 차이가 있는가?" 또는 "참가자의 연령과 읽기 능력 간에 관계가 있는가?"와 같은 유형의 질문에 답변할 수 있게 된다. 이 모든 통계검증들이 공통으로 갖고 있는 것은 데이터를 통해 영가설이 참일 가능성을 추정하려는 수학적 절차를 사용한다는 것이다.

추론통계검증은 두 가지 가능한 설명 중에 어느 것이 가장 그럴듯한지를 결정할 수 있게 해준다. 즉 표본이 대표성을 갖지 못한다는 것이 더 있을 법한 일인가, 아니면 두 집단 간에 진짜 차이가 존재하는 것인가? 추론통계는 외현적인 차이가 표집에서의 불운 탓은 아닌지, 즉 데이터를 통해 관찰한 차이가 순전히 우연히 일어날 수 있는 가능성이 얼마인지를 계산할 수 있게 해준다. 이런 이유로 모든 추론통계검증은 확률값 또는 0과 1 사이의 범위를 갖는 p값을 계산해준다.

통계검증에서 계산되는 확률값은 데이터로부터 나타나는 어떤 패턴이 우연적인 변동값인지, '실제'의 효과를 나타내는 것이 아닐 가능성은 얼마나 되는지를 나타낸다. SPSS를 사용하게 되면 추론통계검증에서 나오는 결과물에 이 확률값이 포함되는데, 이를 종종 '유의미값(Sig. Value)'이라고 한다.

그런데 여러분은 이 값을 어떻게 해석해야 하는가? 여기서 선택할 수 있는 두 가지 접근법이 있다. 즉 확률 수준을 보고하고 이를 어떻게 해석할지를 독자들에게 남겨두는 방법, 또는 영가설이 기각되거나 연구가설을 수용할 기준을 설정하는 것이다. 이 두 번째 방법이 심리학에서 전통적으로 채택되는 것이고, 통계적 유의미성이란 개념의 기반이 된다. 심리학자들은 대개 $p = .05$(이를 종종 1종 오류율이라고 한다)를 기준으로 삼는다. 확률, 즉 우리의 데이터에서 관찰한 패턴이 단지 우연에 의해 발생할 가능성(즉 영가설이 사실일 가능성)이 .05(또는 5%)보다 작다면 우리는 영가설을 기각하고, 우리는 **통계적으로 유의미한**(statistically significant) 결과를 얻었다고 발표하게 된다. 통계검증을 다루게 되는 각 장에서 우리는 SPSS에 의해 제공된 확률값을 보고하는 방법을 보여줄 것이다.

일방가설과 양방가설을 위한 p값의 조정

기본값으로 SPSS는 대개 양방검증을 위한 p값을 제공해줄 것이고, 이 방법이 가장 안전하면서 보수적으로 채택할 수 있는 선택사항이다. 그러나 연구를 수행하기 전에 여러분이 일방가설을 설정하였다면 일방가설에 적합한 p값의 계산을 요구할 것인지(제6장에서 기술되는 상관검증 참조), 또는 양방값을 반분하여 일방의 p값을 계산할 것인지를 선택할 수 있다.

정확 유의미성과 점근적 유의미성

SPSS는 특정 추론통계검증을 할 때 정확 유의미성 또는 점근적 유의미성(exact or asymptotic significance)을 선택할 수 있는 옵션을 제공해준다. 점근적 유의미성은 점근적 분포에 대한 검증을 해주는데, 이 분포는 극도로 높거나 낮은 값이 나타날 확률이 0이어서, 분포 그래프에서 양 꼬리가 수평축과 절대로 만나지 않는다는 것을 의미한다. 정상분포는 점근적 분포의 한 예라고 할 수 있다. 실제 분포에서 그런 극단적인 값은 나타나지 않는다. 하지만 실제 분포는 점근적이지는 않다. 만일 우리가 많은 표본을 갖고 있다면 확률값을 계산하기 위해 점근적 분포를 사용하는 것이 안전하다. 그러나 소규모 표본에 대해서는 이런 접근법이 문제가 될 수 있다. 이런 문제를 극복하기 위해 '정확' 유의미성이라고 하는 검증치를 제공해주는 여러 추론검증법이 개발되었다. 가장 일반적인 예는 Fisher의 정확검증(Fisher's exact test)으로, 카이제곱 검증에서 몇몇 셀에 참가자가 소수만 있게 될 경우에 적용된다(제7장 제4절 참조). 만일 여러분이 정확검증을 사용하는 경우가 생기게 되면 분석 결과를 보고할 때 이를 명확히 해야 한다.

정확검증이 적은 수의 참가자만으로도 가설을 검증할 수 있게 해준다고 해서 처음부터 적은 수의 참가자를 대상으로 검증하려고 해도 된다는 것을 의미하는 것은 아니다. 표본 크기가 작아지면 여러분 설계의 통계적 검증력(다음 내용 참조)은 현저히 떨어지게 될 것이다.

신뢰구간과 통계적 추론

앞에서도 기술하였던 신뢰구간 접근법은 통계적 추론을 하는 데도 채택될 수 있다. SPSS는 2개의 모집단 평균치 간에 실질적인 차이가 있는지를 추정하기 위해 **평균 간 차이**(즉 두 집단 또는 두 조건 간 차이)를 계산해내는데, 우리는 점추정법이나 신뢰구간법을 활용하여 이 평균차이를 계산할 수 있다. 예를 들어 평균차이에 대해 95% 신뢰구간의 상한값과 하한값이 1.3과 2.2라면, 우리의 추정에 따르면 실제 평균차이가 이 두 값 사이 어딘가에 놓여 있을 확률이 .95(95%)라는 것을 말해주는 것이다.

신뢰구간을 활용하여 유의미한 차이를 표현하는 것은 두 집단이나 두 조건 간에 나올 법한 차이의 강도를 제시해줄 수 있고, 이와 더불어 이 차이의 변산 정도를 제시해줄 수 있다는 장점이 있다. 신뢰구간 접근법을 사용할 경우에 이 차이값이 유의미한지의 여부는 신뢰구간의 상한값과 하한값이 둘 다 정적인 값이거나 부적인 값이 되면 유의미한 것으로 받아들여진다. 즉 두 수치의 범위 안에 0이 포함되지 않으면 유의미한 것으로 여겨진다. 이 방법을 사용할 경우에 유의미하지 않은 차이는 값들의 범위가 0을 포함하는 경우라는 것을 지칭하는 것인데, 이럴 경우에 집단 간의 차이가 0이 될 것이기 때문이다.

현재 SPSS는 *t* 검증에 대한 기본적인 출력치의 일부분으로 평균차이에 대해 신뢰구간을 제공해주는데(제5장 참조), 이 경우에 이 신뢰구간은 통계적 유의미성을 추론하는 데 활용될 수 있다. 평균에 대한 신뢰구간은 ANOVA, ANCOVA, MANOVA에서는 출력물에 대한 선택사항으로 구할 수 있다. 그러나 현재까지 이런 일상적인 분석들에서 통계적 유의미성을 추론하기 위해 신뢰구간을 사용하는 것이 SPSS에서는 잘 지원되지 않으며, 이 책에서 다룰 범위를 넘어서는 것으로 보인다. 관심을 가진 독자들은 Bird(2004)의 글을 참조하기 바란다. 그는 이 복잡한 문제에 대해 아주 포괄적인 이해를 도울 것이다.

효과크기

대부분의 심리학 잡지들은 저자들로 하여금 결과가 유의미한지 아닌지를 기술하는 것과 함께 **효과크기**(effect size)를 기술할 것을 요구한다. 만일 우울증에 대한 새로운 형태의 심리학적 처치가 가진 효과성을 연구하고 있다면, 이 새로운 형태의 처치가 과거의 것보다 효과적인지 아닌지를 알고 싶을 뿐만 아니라 이 새로운 처치가 얼마나 더 효과적인지도 알고 싶을 것이다. 이런 역할을 하는 것이 효과크기이다. 즉 효과크기는 개입, 처치 및 독립변인의 조작 또는 집단들 간의 차이를 통해 우리가 기대할 수 있는 효과가 얼마나 큰지를 말해준다.

효과크기는 다양한 척도를 활용하여 측정된 후 보고된다. 가장 기본적이며 종종 아주 유용한 효과크기 측정 방법은 종속변인을 측정하기 위해 사용되는 것과 동일한 단위로 표현되는 평균의 원래 차이이다. 예를 들어 난독증을 가진 아동을 위한 중재 시도의 결과를 보고할 때, 처치 집단과 비처치 집단 간의 평균차이가 읽기 능력에 관한 표준화 검사에서 8.2점으로 나타났다고 보고할 수 있다. 이러한 읽기 능력 검사에 친숙한 연구자들은 이 차이가 큰 것인지, 보통인지, 작은 것인지를 결정할 수 있으며 이 중재 시도가 가치 있는 것이었는지도 알 수 있게 되는 것이다.

때로 종속변인을 측정할 때 사용된 것과 동일한 단위로 효과크기를 표현하는 것이 아주 유용하지 않을 수도 있다. 예를 들어 연구자가 노인 집단과 젊은 참가자 집단 간에 교재의 일부분을 기억하는 데 얼마나 많은 시간이 걸리는지를 측정한다고 가정해보자. 종속변인은 분 단위로 측정된 시간이었지만 기억에 걸리는 절대시간은 선택된 문장구절에 달려 있는 것이므로, 이를 해석하는 것은 아주 인위적이고 어려운 일일 수 있다. 이 같은 경우에 가장 널리 채택되는 방식은 표준편차 단위로 표현해줌으로써 효과크기 측정치를 표준화하는 것인데, Cohen(1988)에 의해 옹호되는 절차이다. Cohen의 d라 불리는 그런 측정치 중 하나는 우리에게 평균에서의 차이가 그 점수들의 표준편차와 비교해서 얼마나 큰지를 알려준다. 그는 0.2의 효과크기는 '소', 0.5는 '중', 0.8의 효과크기는 '대'라고 분류한다. 다만 이 값들과 이들에 붙여진 이름에 특별한 무슨 의미가 있는 것은 아니라는 것을 깨닫는 것이 중요하다. 이들은 단지 Cohen에 의해 붙여진 관습적인 이름에 불과하다.

신뢰구간과 마찬가지로 효과크기 측정치는 독자들에게 의미 있는 정보를 제공해주는 방법이다. Cohen의 d 외에도 효과크기를 나타내는 많은 다른 측정치들이 있다. 추론통계검증을 다루는 각 장에서 우리는 효과크기 측정치를 구하는 방법을 보여주겠다.

통계적 검증력

추론통계 절차의 검증력은 통계적으로 유의미한 결과를 산출해낼 확률이다. 검증력은 특정 절차가 영가설이 사실인 상황과 영가설이 거짓인 상황 간을 정확하게 결정해낼 확률이다. 통계적 검증력(statistical power)은 효과크기(앞의 내용 참조), 표본크기(검증되는 참가자 수)와 같은 여러 요인에 의해서 영향받는다. 만일 작은 효과에 대해 통계적으로 유의미한 증거를 찾아내고 싶다면 많은 수의 참가자를 검증할 필요가 있다. 특정 효과크기에 관해 통계적인 유의미 수준에 도달할 가능성을 높이려면 얼마나 많은 참가자가 필요한지를 계산하는 것이 가능하다. Cohen(1988)은 자신 및 참가자의 시간을 낭비하지 않으려면 실험자가 0.8의 검증력을 달성하는 것을 목표로 해야 한다고 제안한다. 즉 최소한 80% 정도 유의미한 결과를 얻을 수 있도록 실험을 설계해야 한다. 유의미한 효과가 나타나는 확률을 얻기 위해서는 특정 연구 설계가 달성해야 하는 검증력을 추정하고, 얼마나 많은 참가자가 필요한지를 추정하는 것이 좋은 관행이라 할 수 있다.

특정 설계의 검증력을 계산해야 하는 또 다른 이유가 있다. 만일 우리가 유의미한 결과를 얻는 데 실패한다면 이에는 두 가지 이유가 있을 수 있다. 우선 영가설이 사실인 경우, 즉 어떤 차이 또는 어떤 연합관계가 존재하지 않는 경우일 수 있다. 대안적 설명으로, 차이 또는 연합관계가 존재하지만 불충분한 통계적 검증력 때문에 그 차이를 탐지해내는 데 실패했을 수 있다. 설계의 검증력을 알지 못한다면 여러분이 이 두 가지 설명 간의 차이를 구별해내기는 어렵다. 한편 설계가 작은 효과크기($d = 0.2$)를 탐지하려면 약 0.8의 검증력을 가져야 한다는 것을 여러분이 알고 있다면, 확률이 0.8이라는 것은 아무 효과가 존재하지 않거나 효과가 있더라도 아주 작다(d가 0.2보다 작다)는 것을 알게 되는 것이다.

두 표본 간의 실제적인 등가성

연구를 수행하기 전에 우리가 특정 효과크기를 초과하는 효과에만 관심을 가지겠다고 결정할 수 있다. 만일 우울증에 대한 두 가지 처치 간의 차이를 비교하려면 새로운 처치와 연관된 '추가적인' 비용을 감안해볼 때 최소 $d = 0.15$의 효과크기면 된다고 결정할 수 있다. 이런 상황에서 사전에 0.15보다 작은 효과크기는 '사소한' 것이고, 이 양보다 작게 차이가 나는 두 처치는 실제적인 등가성(practical equivalence)을 갖고 있다고 결정하게 된다. 이 경우에 만일 0.15의 효과크기를 검증하는 데 필요한 우리의 검증력이 0.8이라면, 우리는 두 처치 집단 간에 실제적인 차이는 존재하지 않는다고 자신 있게 결론을 내린다. 만일 그런 작은 효과를 탐지해내는 설계의 통계적 검증력이 0.5 정도로 낮다면, 이 새 처치가 가치 있는 것인지 아닌지의 문제는 결정되지 않았다고 결론 내려야 한다(그렇게 낮은 통계적 검증력을 갖고 이렇게 중요한 연구를 수행한 것에 대해 우리 자신을 꾸짖어야 한다!).

통계적 검증력 계산은 네 가지 변인, 즉 연구 설계의 통계적 검증력, 표본크기, 준거 p값, 효과크기 간의 상호관계에 의해 나타나는 것이기 때문에 성가신 일처럼 보일 수 있다. 그러나 이런 계산을 할 수 있도록 해주는 여러 가지 전문적인 소프트웨어 패키지가 있다. G*Power라고 하는 소프트웨어의 일부를 특히 추천하고 싶은데, 여러분은 http://www.gpower.hhu.de에서 무료로 다운로드받을 수 있다.

통계적 검증력과 SPSS

신뢰구간과 마찬가지로 SPSS 최근 교재들은 검증력 측정치들에 대한 접근성을 높였다. 예를 들어 '관찰된 검증력(Observed power)' 측정치는 이제 AVOVA, ANCOVA, MANOVA 절차에서 '옵션(Options)' 대화상자를 통해 구할 수 있다. 보다 전문적인 사용자들은 자신의 연구를 보고할 때 이 추가적인 정보를 포함시키려고 할 것이다.

제2절 │ 통계검증에 대한 안내

정확한 통계 절차의 선택

SPSS는 여러분이 가진 데이터를 설명하기 위해 어떤 기술통계치들을 사용해야 할지, 또는 가설을 검증하기 위해 어떤 추론통계치를 사용해야 하는지에 대해 말해주지 않는다. 개괄적으로 말하면 여러분은 검증되는 가설의 본질, 채택된 연구 방법 또는 실험 설계, 조작되거나 측정된 변인의 수, 수집되는 데이터의 유형을 잘 고려해보아야 한다.

이 책에서 다루는 추론통계검증의 대부분은 모수적 검증(parametric test)인데, 이 방법은 통계적 검증력이 높은 추론검증이다. 그러나 이 방법을 사용하는 것은 데이터들이 다음과 같은 몇 가지 필요조건을 충족시켜 주는 상황에 국한된다.

1. 데이터는 구간척도나 비율척도를 활용하여 측정된다.
2. 데이터는 정상적으로 분포된 모집단에서 구해져야 한다.
3. 비교되는 표본들은 동일한 변량을 가진 모집단에서 추출되어야 한다.

여러분도 이제 보게 되겠지만, SPSS는 데이터가 이런 전제를 위반하였는지 아닌지를 평가하기 위해 여러분이 활용할 수 있는 정보를 제공해준다. 또한 몇몇 검증을 수행할 때는 앞에 열거된 것과는 다른 추가적인 전제를 하기도 하는데, 해당되는 장에서 이런 정보들을 알려줄 것이다.

심리연구에서는 데이터를 수집할 때 앞에서 설명한 필요조건들을 모두 충족시키지 못하는 경우가 종종 생기게 된다. 비모수적 검증(nonparametric test)은 데이터에 대해 최소의 전제사항만을 요구하는 것으로, 특히 데이터의 분포에 대한 필요조건이 충족되지 않을 경우에 채택되는 추론검증법이다. 그러나 이런 분석은 모수적 검증치들에 비해 검증력이 떨어지게 된다.

다음은 이 책에서 다루는 검증법에 대한 안내이다.

제5장 독립변인(IV) 또는 요인의 두 집단 또는 두 조건(또는 수준) 간의 차이 검증	**단일표본 *t* 검증** : 평균이 설정된 값과 차이가 나는지를 결정 **독립표본 *t* 검증** : 독립 집단 설계에 적합 **대응표본 *t* 검증** : 반복 측정 또는 일치시킨 피험자 설계에 적합 **Mann – Whitney 검증** : 독립 *t* 검증에 해당하는 비모수적 검증 **Wilcoxon 검증** : 독립 *t* 검증에 해당하는 비모수적 검증
제6장 두 변인 간의 관계에 관한 검증	**Pearson의 *r*** : 두 변인 간의 상관관계에 관한 검증, 선형적 관계 가정 **Spearman의 r_s** : Pearson의 *r*에 상응하는 비모수적 검증, 서열화된 데이터를 사용한 두 변인 간의 관계에 대한 검증

제7장 명목 데이터에 적합한 검증	**다중차원 카이제곱 검증** : 독립 집단 간의 차이 또는 연합에 관한 검증 **McNemar 검증** : 관련 설계에 대한 이원변인들에서의 차이 검증
제8장 두 수준 이상의 독립변인 또는 하나 이상의 독립변인과 관련된 실험 설계에서의 차이 검증	**ANOVA** : 독립 집단, 반복 측정 또는 혼합 설계로 구성된 복잡한 실험 설계로부터 얻은 데이터를 분석하기 위해 사용되는 여러 버전(일원, 이원 등) **Kruskal - Wallis 검증** : 3개 또는 그 이상의 집단 또는 조건을 가진 1개의 독립변인으로 구성된 독립 집단 설계에 적합한 비모수적 검증 **Friedman 검증** : 3개 또는 그 이상의 집단 또는 조건을 가진 반복 측정 설계에 적합한 비모수적 검증
제9장 여러 가지 IV와 하나의 DV 간의 관계에 관한 검증	**다중 회귀분석** : 다수의 독립변인(또는 예측치)으로부터 하나의 종속변인(준거변인)에 대한 점수를 예측하게 해주는 검증
제10장 ANOVA와 관련된 2개의 검증	**ANCOVA** : ANOVA와 유사하지만 하나 이상의 공변량의 효과를 통제함 **MANOVA** : ANOVA와 유사하지만 하나 이상의 종속변인이 설계에 포함될 때 사용하는 검증
제11장 여러 가지 독립변인과 범주원들 간의 관계에 관한 두 가지 검증	**판별분석** : 다중 회귀분석과 유사하나 독립변인이 범주(명목)변인임 **로그회귀분석** : 판별분석과 유사하나 독립변인의 분포에 관해 어떤 전제를 두지 않음
제12장 다양한 수의 변인들 간의 상호 관계에 관한 검증	**요인분석** : 다양한 변인들 간의 관계에 내재되어 있는 요인구조가 있는지를 확인하고 요인을 추출할 수 있도록 함

제3절 │ SPSS를 이용하여 작업하기

SPSS(Statistical Package for the Social Sciences, 사회과학용 통계 패키지)는 아주 강력한 통계분석 프로그램이다. SPSS는 40년 이상 여러 가지 형태로 존재하였는데, 2009년 IBM에 양도되기 전에는 짧은 시기 동안 PASW라 불리기도 하였다. 이 패키지는 이제 공식적으로 IBM SPSS 통계®로 불린다. SPSS 사용요령을 알게 되면 여러분은 아주 다양한 통계적 조작을 할 수 있게 되는데, 이 패키지를 사용하지 않으면 훨씬 더 복잡한 계산을 해야 할 것이다.

SPSS를 이용한 데이터 분석

SPSS를 이용하여 데이터 분석을 하는 데는 세 가지 기본 단계가 있다. 첫 번째로 원데이터를 입력시키고 파일로 저장해야 한다. 두 번째로 필요로 하는 분석법을 선택하고 지정해주어야 한다. 세 번째로 SPSS에 의해 산출된 분석 결과를 검토해보아야 한다. 이 단계들은 다음과 같이 도해화할 수 있다. 각 단계별 분석을 하기 위해 SPSS에 의해 사용되는 세부 창들은 다음에 기술되어 있다.

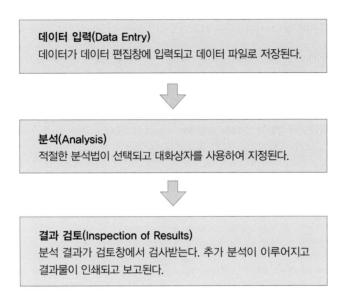

SPSS에서 사용되는 창의 유형

SPSS는 기능이 구별되는 여러 유형의 창을 가지고 있다. 그렇지만 SPSS를 처음 사용하는 사람들은 우선 이 창들 중 두 가지(데이터 편집창과 검토창)에만 익숙해지면 된다. 이 장과 다음 장에서는 이 두 창을 사용하게 될 것이다. 다른 창들은 여기서는 간략하게만 설명하고, 이 책의 다른 곳에서 상세하게 다루게 될 것이다.

데이터 편집창

데이터 편집창(Data Editor window, 또는 데이터 창)은 SPSS를 시작하게 될 때 보게 되는 창이다. 이 스프레드시트 형태의 창은 분석될 데이터를 입력할 때 사용하게 된다. 이 창은 여러분이 가지고 있는, 원래 모든 데이터 표가 자리 잡고 있는 곳이라고 생각하면 된다. SPSS를 시작할 때 이 창에 대해 보다 자세히 검토하게 될 것이다.

검토창

검토창(Viewer window)은 데이터 분석의 결과 또는 분석 결과를 보기 위해 활용된다. 이런 이유로 이 창을 때로는 '분석 결과 창(Output window)'이라고 한다. 다음 장에서 첫 번째로 간단한 분석을 하면서 보다 상세하게 설명하겠다.

SPSS에서 사용되는 기타 다른 창

1. 명령문 편집기 창(Syntax Editor window)은 '명령문 파일'이라 불리는 특정 프로그램 파일을 편집할 때 활용된다. 이 창의 사용법은 제13장에 설명되어 있고, 고급분석을 하고자 하는 사용자들에게 특히 유용할 것이다.

2. 도표 편집기 창(Chart Editor window)은 표준 도표(상호작용 도표는 제외)나 그래프를 편집하는 데 활용된다. 이 창의 사용법은 제3장에 제시되어 있다.

3. 피벗표 편집기 창(Pivot Table Editor window)은 분석 결과를 제시하기 위해 SPSS가 생성해주는 표를 편집하기 위해 사용된다. 이 창의 사용법은 제13장에 설명되어 있다.

4. 문서 분석 결과 편집기 창(Text Output Editor window)은 검토창에서 보여지는 분석 결과 중 문서 부분을 편집하는 데 활용된다. 이 창의 사용법은 제13장에 간략히 설명되어 있다.

제4절 | SPSS 시작하기

여러분이 가진 데스크톱에 있는 **SPSS** 아이콘을 더블클릭하거나 여러분이 갖고 있는 기기의 응용
프로그램들에서 IBM SPSS 23을 선택해서 SPSS를 시작하라.

 만약 여러분이 가지고 있는 컴퓨터에 SPSS 아이콘이 없다면, 모니터 화면 왼쪽 하단에 있는 시작 단
추를 누르고 **프로그램**(All programs)을 선택하라. SPSS 애플리케이션이 없다면, 폴더 속에 내장되어 있
을 수 있다. 탐색창을 이용하여 찾아내도 된다. Mac 컴퓨터의 경우 Finder, 그다음 Application을 선택
하기 바란다.

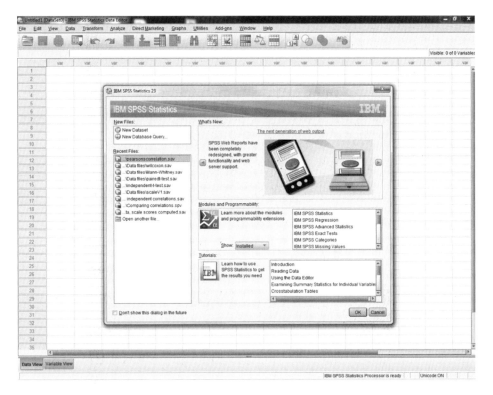

위의 화면은 SPSS 23버전의 시작화면이다. 이전 사용자가 SPSS에서 빠져나온 상태가 아니라면
열린 화면 중앙에 특정 상자가 표시될 것이다. 이 상자는 대화상자의 견본이라고 할 수 있다. SPSS
는 여러분이 대화상자를 다양하게 활용하여 프로그램을 조절할 수 있도록 해준다.

이 대화상자(다음 내용 참조)는 새로운 사용자가 프로그램을 시작할 수 있도록 설계되었지만,
우리는 이를 사용하지 않으려고 한다. 우리가 이 대화상자를 닫으려면 취소(Cancel) 단추를 눌러
라. 그러면 이제 뒤에 있던 데이터 편집창을 볼 수 있을 것이다.

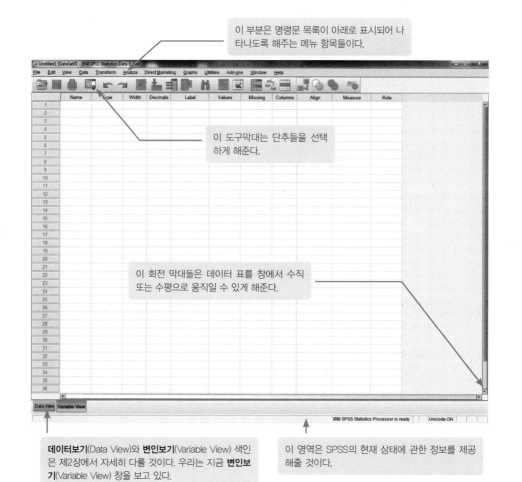

앞으로 이 상자가 나타나지 않기를 바란다면, 이곳을 클릭하라(그러면 표시가 될 것이다).

이 대화상자를 끝내려면 **취소**(Cancel) 단추를 클릭하라.

이 부분은 명령문 목록이 아래로 표시되어 나타나도록 해주는 메뉴 항목들이다.

이 도구막대는 단추들을 선택하게 해준다.

이 회전 막대들은 데이터 표를 창에서 수직 또는 수평으로 움직일 수 있게 해준다.

데이터보기(Data View)와 **변인보기**(Variable View) 색인은 제2장에서 자세히 다룰 것이다. 우리는 지금 **변인보기**(Variable View) 창을 보고 있다.

이 영역은 SPSS의 현재 상태에 관한 정보를 제공해줄 것이다.

데이터 편집창에 있는 메뉴와 도구막대

SPSS 23버전 데이터 편집창의 메뉴와 도구막대가 아래에 제시되어 있다. 단추들은 메뉴에서 활용할 수 있는 기능들을 다시 보여주는 것이다. 많이 사용되는 단추의 기능을 아래에 설명하였다.

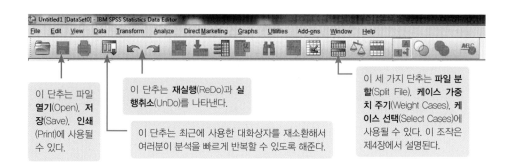

이 단추는 파일 **열기**(Open), **저장**(Save), **인쇄**(Print)에 사용될 수 있다.

이 단추는 **재실행**(ReDo)과 **실행취소**(UnDo)를 나타낸다.

이 단추는 최근에 사용한 대화상자를 재소환해서 여러분이 분석을 빠르게 반복할 수 있도록 해준다.

이 세 가지 단추는 **파일 분할**(Split File), **케이스 가중치 주기**(Weight Cases), **케이스 선택**(Select Cases)에 사용될 수 있다. 이 조작은 제4장에서 설명된다.

제5절 | SPSS 종료하기

1. 메뉴 항목 중에 **파일**(File)을 클릭하라.
2. **파일**(File) 메뉴 항목 중에서 **종료**(Exit)를 클릭하라.

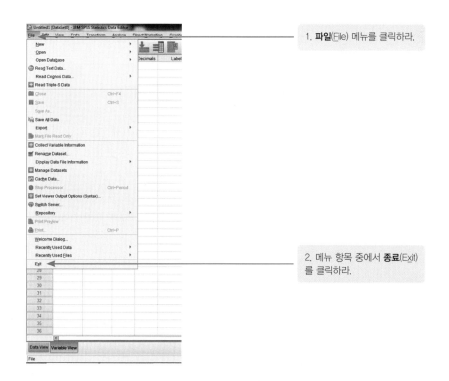

1. **파일**(File) 메뉴를 클릭하라.

2. 메뉴 항목 중에서 **종료**(Exit)를 클릭하라.

만일 여러분이 이전에 저장하였던 파일에 어떤 변화를 주었다면 SPSS는 여러분이 종료하기 전에 해당 파일을 저장하고 싶은지를 질문할 것이다.

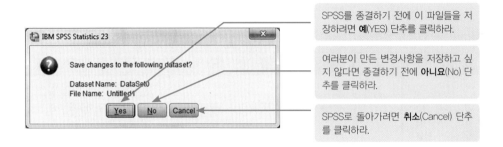

SPSS를 종결하기 전에 이 파일들을 저장하려면 **예**(YES) 단추를 클릭하라.

여러분이 만든 변경사항을 저장하고 싶지 않다면 종결하기 전에 **아니요**(No) 단추를 클릭하라.

SPSS로 돌아가려면 **취소**(Cancel) 단추를 클릭하라.

요약

▷ 이 장에서는 SPSS를 사용할 때 여러분이 이해해야 하는 통계적 개념 몇 가지에 대한 개관을 제공하였고, SPSS가 무엇인지 소개하였다.

▷ 제2절은 이 책에서 다루어지는 통계 절차에 관한 개관을 제공해준다. 이 절차들은 제5~12장에서 상세히 다루어질 것이다. 또한 SPSS를 시작하고 종결하는 방법을 보여주었다.

▷ 제2장에서는 SPSS에 데이터를 입력하는 방법을 학습하게 될 것이다.

▷ 제3장에는 데이터를 검토하는 방법을 배우게 될 것이다.

▷ 제4장에서는 데이터를 조작하는 다른 방법, 예컨대 새로운 변인을 만드는 방법을 학습하게 될 것이다.

제02장

데이터 입력하기

이 장에서 다루는 내용은

- 데이터 편집창
- 변인 정의하기
- 데이터 입력하기
- 데이터 파일 저장하기
- 데이터 파일 열기
- 데이터 입력 연습
- 데이터 입력 연습에 대한 해답
- 데이터 파일 체크와 정리하기

제1절 │ 데이터 편집창

데이터 편집창이란 무엇인가

- 데이터 편집창(Data Editor window)은 여러분이 SPSS를 시작하게 되면 활성화되는 창이다. 이 창은 여러분이 분석하기를 원하는 모든 데이터를 기록하는 데 사용된다.
- 이 창은 두 가지 화면을 제공해준다. 변인보기(Variable View) 화면과 데이터보기(Data View) 화면이다.
- 변인보기는 데이터 표의 각 세로줄에 이름을 부여하고, 이 세로줄들이 어떤 종류의 값을 갖고 있는지를 지정해준다.
- 데이터보기는 가로줄과 세로줄을 가진 많은 수의 셀로 이루어진 표로 구성되어 있다. 이 표는 아주 큰 것으로, 그중 일부만 볼 수 있으며 표를 이동해서 보려면 창의 가장자리에 있는 스크롤 바를 사용하면 된다.

- 심리학에서는 거의 언제나 동일한 방식으로 데이터를 입력하게 된다. 각 가로줄(row)은 참가자 (participant)를 나타내고, 각 세로줄(column)은 변인(variable)을 나타낸다.

데이터 편집창에 데이터 배열하기

데이터 편집창에 정확하게 데이터를 입력하는 것이 중요하며, 수행하고자 하는 연구의 세부 특성 에 따라 데이터 입력방식은 부분적으로 달라진다. 실험을 통해 얻은 자료를 입력하는 경우라면, 어떤 실험 설계가 채택되었는지를 잘 고려해야 한다. 독립 집단 설계라면 각 참가자는 하나의 수 행측정치만을 갖게 된다. 이때는 각 참가자가 실험 집단 중 어디에 할당되었는지를 추가로 지정 해줄 필요가 있다. 가장 단순한 독립 집단 설계에서는 데이터 편집창의 첫 번째 세로줄은 참가자 가 어느 집단에 속해 있는지를 기록하는 데 사용하게 되고, 이어지는 두 번째 세로줄에는 참가자 의 수행점수를 기록하게 된다. 대조적으로 반복 측정 설계를 채택하였다면, 각 참가자의 수행점수 는 여러 번 측정되었을 것이다. 따라서 여러분은 각 참가자별로 각 조건에서 나오게 되는 참가자 의 수행을 기록해주는 여러 변인이 필요하게 될 것이다.

> SPSS에서 '변인'이라는 말은 데이터 표의 세로줄을 의미한다. 즉 실험 설계에서 사용되는 변인의 의 미와 동일한 것이 아니다. 예를 들어 두 수준의 독립변인이 있는 반복 측정 설계에서는 한 가지 종속변 인에 대한 값을 기록하는 데 데이터 표의 2개 세로줄을 사용하게 된다.

제2절 | 변인 정의하기

우리의 첫 번째 과업은 변인들 각각에 대해 중요한 정보를 담은 데이터 파일을 설정하는 것이다. 이와 같이 변인을 정의하는 과정을 이제부터 설명하겠다.

데이터보기와 변인보기

만약 데이터 편집창의 좌측 하단부를 보게 되면, 2개의 '색인(tab)'을 보게 될 것이다. 한 색인은 '데이터보기(Data View)'라고 명명되어 있고, 다른 하나는 '변인보기(Variable View)'라고 되어 있 다. 여러분은 이들을 두 가지 다른 정보를 나타내는 색인표로 간주하면 된다. 데이터 편집창으로 처음 들어오면 변인보기 창이 선택되어 있는 것을 보게 될 것이다. 만일 여러분이 데이터보기 색 인을 클릭하게 되면 비어 있는 데이터 표를 보게 될 것이다. 변인보기 색인을 클릭하면 다른 정보 를 가지고 있는 화면이 나타날 것이다. 이제 이 두 가지 보기 내용을 설명하겠다.

데이터보기 창은 데이터를 SPSS에 입력할 때 사용하게 되는 화면이다. 처음에 이 보기 창은 모든 변인들(세로줄)이 'var'라고 이름이 붙은 빈 데이터 표를 보여준다. 여러분의 데이터를 이 데이터 표에 입력시키기 전에 SPSS가 데이터를 받아들일 수 있도록 환경설정을 해야 한다. SPSS가 알아야 할 첫 번째 일은 여러분의 변인 각각의 이름이다. 이 이름들은 데이터 표의 가로줄 상단부에 들어가게 된다. 그 외에도 변인에 대한 다른 중요한 정보를 SPSS에게 부여해주어야 한다. 이렇게 변인을 정의하는 과정은 변인보기 창에서 이루어진다. 변인보기 색인을 클릭하게 되면, 변인보기에서 **이름**(Name), **유형**(Type), **자릿수**(Width), **소수점 이하 자릿수**(Decimals) 등의 이름이 붙은 세로줄들을 보게 될 것이다. 데이터 표의 변인보기 창에서는 각 변인들이 표의 왼쪽 측면에서 아래로 배치되고, 각 세로줄은 해당 변인에 대한 정보를 제공해준다. 예를 들어 **이름**(Name)이라고 제목이 붙은 세로줄에는 변인의 이름을 입력하게 되고, **유형**(Type) **세로줄**에는 이 변인이 어떤 유형으로 되어 있는지를 정의하게 된다.

데이터 편집창의 데이터보기에서 데이터 표의 각 가로줄은 한 사례에서 얻는 데이터를 나타내고, 각 세로줄은 한 변인에 대한 데이터들을 나타내게 된다. 그러나 데이터 편집창의 변인보기 창에서는 세로줄과 가로줄이 다르게 사용된다. 즉 변인보기 창에서 각 가로줄은 특정 변인에 대한 정보를 제공해 주는 것이다. 이것을 혼동하지 않기 바란다. 일단 모든 변인에 대해 환경설정을 완료하였고 데이터 분석을 시행할 준비가 되어 있다면 보통의 경우처럼 가로줄이 사례(참가자)를 나타내고 세로줄이 변인을 나타내는 데이터보기 창에서 작업을 하게 된다.

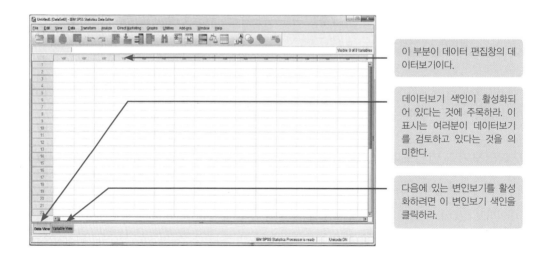

이 부분이 데이터 편집창의 데이터보기이다.

데이터보기 색인이 활성화되어 있다는 것에 주목하라. 이 표시는 여러분이 데이터보기를 검토하고 있다는 것을 의미한다.

다음에 있는 변인보기를 활성화하려면 이 변인보기 색인을 클릭하라.

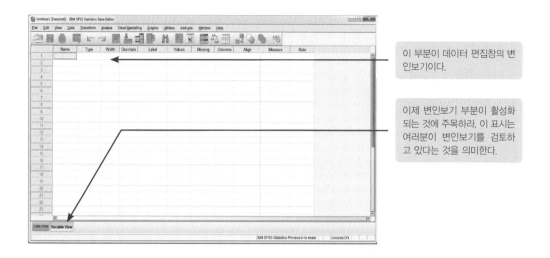

이 부분이 데이터 편집창의 변인보기이다.

이제 변인보기 부분이 활성화되는 것에 주목하라. 이 표시는 여러분이 변인보기를 검토하고 있다는 것을 의미한다.

따라서 특정 보기를 지정하지 않고 '데이터 편집창'이라고 언급하게 되면 데이터보기 창을 언급하는 것이다.

변인에 대한 환경 설정하기

데이터 편집창의 변인보기에 필요한 환경설정이 완료되지 않았다면 변인보기 색인을 클릭하라. 이제 변인 각각에 대해 우리가 필요로 하는 설정을 하기 위해 이 보기 내용을 활용하면 된다.

 데이터보기 창에서 변인보기 창으로 전환하는 또 다른 방법은 데이터보기 창에서 우리가 정의하기를 원하는 가로줄 상단부(아마 'var'라고 이름이 되어 있을 것이다)에 있는 음영이 주어진 상단부를 더블 클릭하는 것이다. 이렇게 하면 변인보기에서 해당되는 가로줄로 직접 이동할 수 있게 된다.

변인이름

여러분이 해야 할 첫 번째 작업은 변인에 의미 있는 이름을 부여하는 것이다. **이름(Name)** 세로줄의 첫 번째 가로줄에 첫 번째 변인의 이름을 타이핑해넣어라. 의미를 알아볼 수 있게 변인이름을 만들어야 나중에 내용을 잊어버리지 않게 된다. 학생들은 종종 변인이름을 단순히 'score(점수)'라고 명명한다. 그런데 이렇게 하는 것은 변인에 대해 아무것도 말해주지 않기 때문에 좋은 생각은 아니다. 변인이름을 보다 유용하게 만드는 것은 다음과 같은 것들이다. 'memscore(기억실험에 대한 참가자들의 점수)', 'introver(참가자의 내향성 점수)', 'sex(성별)' 또는 'famfaces(참가자에 의해 이름 붙여진 유명인의 수)'이다. 변인이름은 어떤 길이가 되어도 가능하지만, 이해하기 쉬운 정도에서 가능하면 짧게 만드는 것이 좋다. 변인에 이름을 부여할 때 두 가지는 지켜져야 한다. 첫 글자는 문자로 시작되어야 한다. 즉 숫자는 안 된다. 변인이름에는 빈 공간이나 마침표(.), 콜론 (:), 하이픈(−), 쉼표(,) 같은 특수기호가 들어가서는 안 된다. 단 @, #, $, _ 등의 문자는 허용된 다. 만일 허용되지 않는 변인이름이 입력되면 **이름(Name)** 설정에서 나가려고 할 때 SPSS가 경고 를 하게 된다.

 밑줄문자(_)는 변인이름에서 빈 공간을 대신해서 사용될 수 있다. 예를 들어 'Q1_1'이라는 변인명은 영역 1의 질문 1번 문항에 대한 점수를 나타내기 위해 사용될 수 있다.

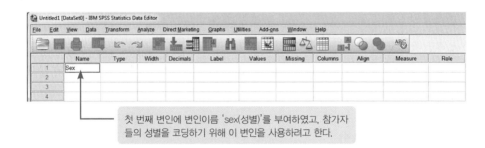

첫 번째 변인에 변인이름 'sex(성별)'를 부여하였고, 참가자 들의 성별을 코딩하기 위해 이 변인을 사용하려고 한다.

　　일단 변인이름을 입력한 후 표의 다음 세로줄로 이동하려면 마우스나 탭 키를 사용하면 된다. 커서를 움직이면, 표의 여러 다른 세로줄들은 숫자나 문자로 채워지게 될 것이다. 이들은 특정 변 인 'sex'에 대한 기본설정 사항들이다. 이런 기본설정 사항들을 그냥 내버려두어도 되고, 다음 변 인을 정의하러 옮기기 전에 이들 중 일부나 모두를 변경시켜도 된다. 다음에 이런 환경설정들 각 각과 이들을 조정하는 방법에 대해 설명하고 있다.

변인유형

변인보기 표의 두 번째 세로줄은 **유형(Type)**이라고 되어 있다. SPSS는 여러 가지 다른 유형의 변 인들을 처리할 수 있다. 예를 들어 변인들이 숫자(수를 포함하고 있는 것) 또는 문자열(문자를 포 함하고 있는 것) 또는 심지어 날짜가 될 수도 있다. **유형(Type)** 세로줄은 각 변인이 어떤 유형인 지를 지정해주기 위해 사용된다. **유형(Type)**은 대개 **숫자(Numeric)**로 지정되어 있을 것이다(SPSS 프로그램을 복사할 때 기본설정을 바꿔주지 않는 한). 변인유형을 바꾸고 싶다면, **숫자(Numeric)** 라는 단어를 클릭하고, 셀에 나타나는 단추를 클릭하라. 이를 **변인유형(Variable Type)** 대화상자라 고 한다(다음 참조).

　　여러분이 많은 경험을 쌓게 되어 능숙해질 때까지는 숫자변인만 사용할 것을 강력히 권고한다.

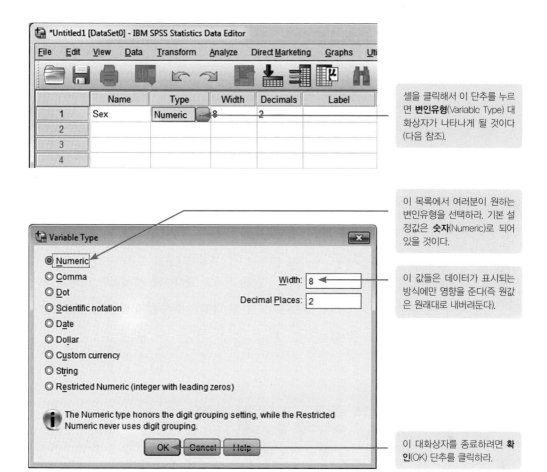

셀을 클릭해서 이 단추를 누르면 **변인유형**(Variable Type) 대화상자가 나타나게 될 것이다 (다음 참조).

이 목록에서 여러분이 원하는 변인유형을 선택하라. 기본 설정값은 **숫자**(Numeric)로 되어 있을 것이다.

이 값들은 데이터가 표시되는 방식에만 영향을 준다(즉 원값은 원래대로 내버려둔다).

이 대화상자를 종료하려면 **확인**(OK) 단추를 클릭하라.

범주를 표시하기 위해 숫자를 사용하는 것은 아주 간단한 일이며, 이렇게 하는 것이 후에 생길지도 모르는 문제를 예방해줄 것이다(즉 참가자의 성을 나타내기 위해 '남', '여'라고 하는 대신 '1'과 '2'를 사용할 수 있다). 여러분이 아주 경험 많은 SPSS 사용자가 되기 전에는 그 외의 다른 변인유형들을 사용할 일이 거의 없을 것이다.

 가급적이면 SPSS에서 문자변인을 사용하는 것을 피하라. 만일 이 충고를 무시한다면 뒤에 후회할 일이 생길 것이다!

변인의 자릿수와 소수점 이하 자릿수

앞에서 본 것처럼 **변인유형**(Variable Type) 대화상자에서는 변인의 **자릿수**(Width)와 **소수점 이하 자릿수**(Decimal Places)를 설정할 수 있게 해준다(앞 참조). 대안적인 방법으로 변인보기 창의 세 번째와 네 번째 세로줄에서 환경설정을 변경할 수도 있다(다음 참조).

　이 환경설정은 데이터 편집창과 분석결과 검토창에 변인을 표시하기 위해 사용되는 소수점 이하 자리 앞뒤의 문자 수를 결정해준다. 이 환경설정은 수치가 저장되는 방식이나 통계적 계산에 사용되는 소수점 이하 자릿수에는 아무런 영향을 주지 않는다. 그러나 소수점 이하 자릿수를 변경하는 것은 SPSS 산출 결과에 나오는 소수점 이하 자릿수에 변화를 준다. 숫자 데이터에서 기본설정 상황은 전체 **자릿수(Width)** 8과 **소수점 이하 자릿수(Decimal Places)** 2이다(예 : 12345.78). 만약 여러분이 이 자릿수 설정에 맞지 않는 데이터를 입력하려고 한다면 SPSS는 수치를 화면상에 표현하기 위해 반올림을 하게 된다. 그렇지만 여러분이 입력한 원래 수치가 SPSS에 저장되고 모든 계산에서 사용된다. 여러분이 **소수점 이하 자릿수(Decimal Places)**를 0으로 설정하지 않는 한 모든 값들(소수점 이하 자리가 없는 정수까지도)은 소수점 이하 자릿수가 2인 숫자로 표현된다. 그 결과 데이터 편집창에 '2'라고 입력하게 되면 SPSS는 '2.00'이라고 표시하게 될 것이다. 이렇게 하는 것이 약간 지저분하게 보일 수도 있지만 결과에는 아무런 영향도 주지 않기 때문에 이런 현상이 생기지 않도록 굳이 설정을 바꿀 필요는 없다.

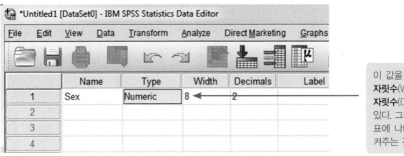

이 값을 바꿔줌으로써 변인의 **자릿수**(Width)와 **소수점 이하 자릿수**(Decimals)를 변경할 수 있다. 그러나 이렇게 하는 것은 표에 나타나는 외관만 변화시켜주는 것이다.

　모든 변인의 **유형**(Type), **자릿수**(Width), **소수점 이하 자릿수**(Decimals) 설정을 기본설정 상태로 내버려 둘 수도 있다.

변인 설명문

변인보기 표의 다섯 번째 세로줄은 **설명문**(Label)이라고 이름 붙어 있다. 이 열은 변인 설명문을 입력할 때 사용된다.

　변인 설명문(variable labels)은 변인이름과 관련된 구절로서 이 변인이 어떤 데이터를 갖고 있는지를 기억하도록 도와준다. 만약에 '성별'과 같은 변인을 갖고 있다면, 이것이 무엇을 의미하는지를 기억하기 위해 설명문을 달 필요는 없을 것이다. 그러나 아주 많은 수의 변인을 가지고 있을 경우에는 변인 설명문이 요긴하게 활용된다. 예를 들어 설문지로부터 데이터를 입력하고 있고, 'q3relbef'라는 변인을 갖고 있다고 해보자. 이럴 경우에 변인 설명문은 아주 요긴하게 된다. 왜냐하면 설명문은 '종교적 신념(religious belief)에 대해 질문한 질문 3에 대한 반응'이라는 것을 기억할 수 있게 해주기 때문이다. 여러분은 원하는 어떤 문자든지 사용하여 여러분이 원하는 방식대로 설명문 구절을 만들 수 있다. 그러나 가급적 짧게 만드는 것이 좋다. SPSS가 이 설명문을 해석해주지는 않는다. 여러분이 분석에 포함할 변인들을 선택해야 할 때 SPSS는 이들 변인들의 목록을 변인 설명문으로 보여주지, 변인이름으로 보여주지는 않는다는 것을 기억해둘 필요가 있다. 이것이 변인 설명문을 짧지만 의미 있게 만들어야 하는 또 다른 이유이다. 변인 설명문을 추가하려면 **설명문**(Label) 줄에 내용을 입력하면 된다.

> SPSS에 의해 생성되는 분석 결과에는 변인 설명문이 포함되어 출력된다. 이런 것이 필수적인 것은 아니지만 변인의 의미를 기억할 수 있게 해주고, 분석 결과를 해석하고자 할 때 아주 유용할 수 있다. 따라서 필요할 때 언제든지 이 기능을 활용할 수 있도록 시간을 들일 것을 권유한다.

변인값 설명문

변인값 설명문(value label)은 변인의 특정 수치에 부여되는 설명문이다. 여러분은 대개 명목변인 또는 범주변인을 사용할 경우에 변인값 설명문을 사용하게 된다. 예를 들어 반응자들의 종교를 나타내는 변인값을 입력할 때 나중에 이를 기억하기 위해 변인값 설명문을 사용할 수 있다. 이때 1은 불교, 2는 기독교, 3은 힌두교, 4는 이슬람교, 5는 기타, 0은 무신론자로 코딩할 수 있을 것이다.

변인값 설명문을 사용하게 되는 두 번째 경우는 집단변인이나 독립변인에 대해 사용하게 되는 경우이다. 예컨대 여러 가지 다른 분량의 알코올 시음 조건하에서 검사를 받은 참가자들의 반응시간을 비교하고 싶을 수 있다. 여러분은 집단 1은 알코올이 전혀 주어지지 않았고, 집단 2는 1단위의 알코올, 집단 3은 3단위의 알코올이 주어지게 했다는 것을 기억하기 위해 변인값 설명문을 사용할 수 있다. 변인값 설명문은 SPSS 분석 결과에 삽입되어 여러분이 이 변인값이 의미하는 것이 무엇인지를 기억할 수 있게 해줄 것이다.

변인값 설명문은 변인보기 표의 **변인값**(Values) 줄을 이용하여 입력하게 된다. 처음에 이 열에는 **없음**(None)이란 단어가 나타난다. 이 셀 위를 마우스로 클릭하거나, 탭 키를 이용하여 해당 셀로 이동하면 셀의 오른쪽에 특정 단추가 나타날 것이다. **변인값 설명문**(Value Labels) 대화상자를 불러오려면 이 단추를 클릭하라(다음 참조).

변인값 설명문은 SPSS 출력물을 해석할 때 많은 도움이 된다. 따라서 필수사항은 아니지만, 가능하면 이것을 사용할 것을 권유한다. 어떤 변인에는 변인값 설명문을 다는 것이 적절하지 않을 수도 있다. 예를 들어 반응시간과 같은 연속변인에 대해서는 설명문을 다는 것이 적절하지 않을 것이다. 변인값에 설명문을 달아야 할지, 달지 말아야 할지에 대한 일반적인 규칙은 모든 명목변인에는 변인값 설명문을 달아주고, 서열변인에 대해서는 설명문을 달 것인지 말 것인지에 대해 일단 검토해보고 결정한다는 것이다. 구간변인이나 비율변인에 대해서는 대개 설명문이 필요하지 않을 것이다.

우리는 여기서 변인 설명문을 사용하였는데, 이 경우에 반드시 필요한 것은 아니지만 대개 유용하게 활용된다.

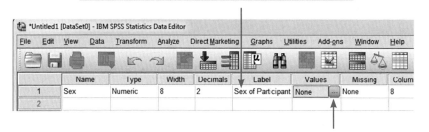

변인값 설명문을 추가하려면 이 단추를 클릭하라. 그러면 **변인값 설명문**(Value Labels) 대화상자가 나타날 것이다.

1. 변인값 설명문을 사용하려면, **변인값**(Value) 상자에 해당값을 입력하고, 이 변인값에 대한 설명문을 **설명문**(Label) 상자에 입력하라.

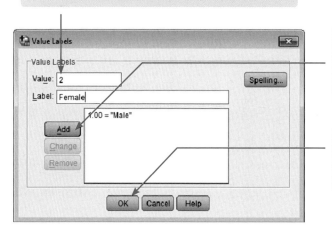

2. 이 변인값 설명문을 이 변인에 대한 설명문 목록에 추가하려면 **추가**(Add) 단추를 클릭하라. 추가되는 변인값과 설명문이 있으면 이 절차를 반복하라.

3. 변인값과 설명문이 모두 추가된 후, **확인**(OK) 단추를 클릭하면 대화상자가 종결되고 변인 보기 창으로 되돌아가게 된다.

결측치

때로 완전한 데이터 세트를 갖지 못할 경우가 있다. 예를 들어 어떤 참가자는 자신의 종교나 나이에 대해 이야기하기를 거부할 수 있다. 또는 어떤 참가자에게서 특정 데이터를 수집하는 것을 잊어버렸거나 사정으로 인해(예 : 장비 불량) 수집하지 못하였을 경우도 있다. 데이터 표 안에서 이렇게 누락된 부분을 '결측치(missing values)'라고 한다.

이렇게 결측치가 존재하게 되면 우리는 SPSS에게 이 참가자는 이 변인에 대해 타당한 데이터를 갖고 있지 않다고 알려주어야 한다. 이 과정은 특정 변인에 대해 정상적으로는 나타날 수 없는 변인값을 선택함으로써 이루어진다. 앞에서 설명한 종교에 대한 예에서 참가자가 자신의 종교를 진술하지 않은 경우에 9라고 코딩하기로 할 수 있다. 이 경우 9는 종교라는 변인에 대한 결측치를 의미한다. 결측치는 변인마다 다를 수도 있지만 반드시 그럴 필요는 없다. 예컨대 나이에 대해서는 99라고 할 수 있다(다만 아주 나이 많은 사람들이 연구 대상이 아닌 경우에 말이다). 또 다른 방법으로 부적인 수(예 : −9)를 사용할 수도 있는데, 이런 부적인 수는 여러분이 측정한 변인에서는 발생할 수 없는 수라는 것을 가정하는 것이다.

결측치를 구체적으로 지정하기 전이라면, 변인보기 표의 **결측치**(Missing) 줄의 셀은 '없음(None)'이라는 단어가 나타날 것이다. 결측치를 지정하려면 변인보기 창의 **결측치**(Missing) 줄을 클릭하라. 그러면 셀의 오른쪽 끝에 어떤 단추가 나타날 것이다. 이 단추를 클릭하면 **결측치**(Missing Values) 대화상자가 나타날 것이다(다음 참조).

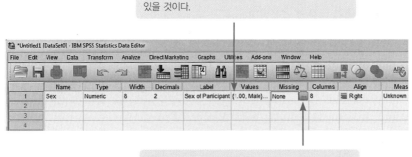

우리가 이전 단계에서 추가한 변인값 설명문을 볼 수 있을 것이다.

결측치(Missing Values) 대화상자를 불러오려면 **결측치**(Missing) 셀을 클릭하라.

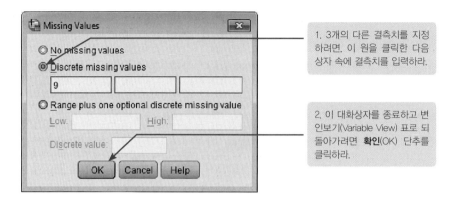

SPSS는 여러 가지 방법으로 결측치를 지정하게 해준다.

1. **결측치 없음**(No missing values) : 이것은 이 대화상자에서 기본설정 사항이다. 이 선택지를 선정하면 SPSS는 이 변인에 대한 모든 값을 타당한 값으로 간주할 것이다.

2. **이산형 결측치**(Discrete missing values) : 이 선택지는 여러분으로 하여금 세 가지 개별적인 변인값을 입력할 수 있게 해준다. 예를 들어 7, 9, 11을 모두 결측치로 선택하기 위해서는 이 선택지를 선정한 다음 세 상자에 해당 값들을 입력하면 된다. 여러분이 만약에 한 가지 결측치만을 지정하고 싶다면 세 상자 중 첫 번째에 입력하면 된다(앞의 예 참조).

3. **범위형 더하기 선택적 이산형 결측치**(Range plus one optional discrete missing value) : 이 선택지는 변인값의 범위가 결측치로 지정될 수 있도록 해준다. 예를 들어 이 선택지를 선정하고 변인값 7과 11을 **하한**(Low)과 **상한**(High) 변인값으로 지정하면 SPSS는 7, 8, 9, 10, 11을 결측치로 인식하게 된다. 만약 이러한 범위의 값들 외에 변인값 0을 **이산형 결측치**(Discrete value) 상자에 타이핑하면 7, 8, 9, 10, 11과 0을 결측치로 인식하게 된다.

여러분은 언제나 최소 1개의 결측치를 지정해야 한다. 대부분의 경우 여러분이 해야 할 일은 이것뿐이다. 그러나 간혹 여러 유형의 결측치 자료를 구분하고 싶을 때가 있다. 예를 들어 질문에 응답하지 않은 경우와 판독할 수 없는 응답, 그리고 이 참가자에게 해당되지 않는 문항을 구분해줄 수 있도록 결측치를 달리 지정하고 싶을 수가 있다.

이산형 결측치(Discrete missing values) 또는 **범위형 더하기 선택적 이산형 결측치**(Range plus one optional discrete missing value option) 중의 하나를 선택하라. 그런 다음 결측치를 나타내려고 선택한 변인값을 입력하라. 단지 1개의 결측치만 있다면 **이산형 결측치**(Discrete missing values) 상자의 첫부분에 그 숫자를 입력하라. 그런 다음 **확인**(OK) 단추를 누르면 변인보기 표로 되돌아가게 된다.

결측치(Missing Values) 대화상자는 결측치들에 대해 변인 설명(label)을 하도록 허용하지 않는다. 그러나 **변인값 설명문**(Value Labels) 대화상자에서 변인 설명을 할 수 있다(예 : 9 = 무응답, 10 = 해독 불가).

세로줄 형식

변인보기 표의 다음 열은 **세로줄 형식**(Columns)이라고 되어 있다. 표에서 이 부분에 대한 지정은 데이터 편집창의 데이터보기 표에서 변인들이 자리잡고 있는 세로줄의 자릿수를 지정하기 위해 사용된다. 데이터보기 표의 외관을 바꾸고 싶지 않다면, 이 상황설정은 기본설정대로 내버려두어도 된다. 여러분은 스크롤바를 이용하지 않고도 한 화면 내에서 더 많은 데이터를 보고 싶을 수 있다. 이런 경우에는 이 기능을 활용하여 각 세로줄의 폭을 줄이면 된다. 설정환경을 조정하고 싶다면, 셀을 클릭해서 셀의 오른쪽 끝에 나타나는 상하 조절 단추를 사용하여 값을 조정해주면 된다. 이것을 바꿈으로써 나타나는 효과는 데이터보기 창에 나타나게 된다.

마우스를 아래위로 움직여서 세로줄의 폭을 변경시킬 수도 있다. 데이터보기 창으로 전환해서 마우스를 표의 꼭대기 가로줄로 옮겨간 다음, 두 세로줄 사이의 경계선 주변에 가져다놓아라. 그러면 마우스 포인터가 양방향 화살표로 바뀌게 될 것이다. 그러면 다시 클릭해서 세로줄의 폭이 조정되도록 끌어당길 수 있게 된다. 이곳에서 만든 변화는 변인보기 설정상황에 반영될 것이다.

세로줄 정렬

정렬(Align)이라고 명명된 변인보기상의 세로줄은 데이터 편집창의 데이터보기 셀 내에서 문서를 정렬하도록 하는 데 활용된다. 이 상황설정은 SPSS의 조작에는 아무런 영향을 미치지 않고, 단지 데이터보기 표의 외관을 변경시켜줄 뿐이다. 기본설정 사항은 변인값의 소수점 이하 자리가 바르게 정렬될 수 있도록 하는 오른쪽 정렬이다. 왼쪽 정렬을 선택하게 되면 변인값들은 왼쪽 끝에 배열된다. 중앙정렬을 선택하면 셀의 한가운데에 몰리게 된다(이 경우에는 소수점은 정렬되지 않을 수도 있게 된다).

세로줄 정렬을 변경하고 싶다면, **정렬**(Align) 셀을 클릭하고 셀에 나타나게 되는 메뉴 단추를 클릭해서 나열된 목록에서 필요한 배열 상태를 선택하면 된다(다음 참조).

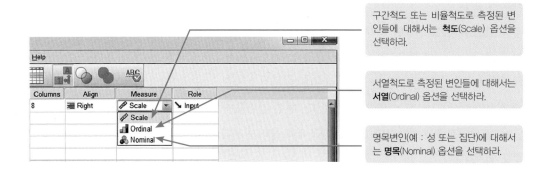

열 정렬을 변경하려면 이 단추를 클릭한 후 내려진 선택지 중에서 선택하면 된다.

측정치

변인보기 표의 다음 세로줄은 **측정치**(Measure)라고 되어 있다. 이 세로줄은 변인의 측정 수준을 지정하기 위해 사용된다. SPSS에는 세 가지 선택지, 즉 **명목**(Nominal), **서열**(Ordinal), **척도**(Scale)가 있다. 심리학자들은 대개 네 가지 측정 수준, 즉 명목, 서열, 구간, 비율 척도를 구분한다(제1장 제1절 참조). SPSS는 구간과 비율 데이터를 구분하지 않는데, **척도**(Scale)라는 용어는 이 두 가지 측정 수준을 지칭하기 위해 사용된다.

여러분이 측정 수준을 설정하고 싶다면, 변인보기의 **측정치**(Measure) 셀을 클릭하라. 그런 후 셀에 나타나는 단추를 클릭해서 아래로 내려진 목록에서 적당한 것을 선택하라(다음 참조). 이 변인의 측정 수준들을 기억할 수 있도록 SPSS 대화상자에는 관련된 아이콘이 나타나게 될 것이다.

구간척도 또는 비율척도로 측정된 변인들에 대해서는 **척도**(Scale) 옵션을 선택하라.

서열척도로 측정된 변인들에 대해서는 **서열**(Ordinal) 옵션을 선택하라.

명목변인(예 : 성 또는 집단)에 대해서는 **명목**(Nominal) 옵션을 선택하라.

만일 여러분이 SPSS 초기 버전이나 다른 프로그램을 사용하여 만든 데이터 파일을 열게 되면, **측정치**(Measure)가 자동으로 설정될 것이다. 즉 변인 설명값을 가진 변인들은 **명목**(Nominal)척도로 설정될 것이고, 작은 수의 변인값을 가진 변인이라면 **서열**(Ordinal)척도로 설정될 것이며, 그 외 나머지 다른 변인들은 모두 **척도**(Scale)로 설정될 것이다.

역할

변인보기 표의 마지막 세로줄은 **역할**(Role)이라고 되어 있다. 이 부분은 SPSS에 최근에 추가된 것으로, 복잡한 분석을 취하게 되는 사용자를 위한 것이다. 기본 생각은 여러분이 분석을 할 때 일군의 변인들이 특별한 역할을 갖도록 설정해주는 것이다. 예를 들어 독립변인으로 사용하고 싶은 변인이 여럿이 있고, 종속변인으로 사용하고 싶은 변인도 여럿이 있을 수 있다. **역할**(Role)에 대한 환경설정을 통해 이를 지정하게 되면, 여러분이 특정한 분석을 수행하게 될 경우 SPSS는 이 변인들을 자동적으로 지정한 변인군에 할당해주게 된다. 여섯 가지 **역할**(Role)설정 옵션이 있는데, **입력**(Input, 독립변인에 대한 지정 시 사용), **표적**(Target, 종속변인에 대한 지정 시 사용), **양자**(Both, 양 역할 중 아무것이나 취할 수 있는 경우 사용), **없음**(None, 어떤 역할 설정도 하지 않을 경우 사용), **분리**(partition, 부분별로 목적을 달리해서 사용되도록 데이터를 분리할 때 사용), **분할**(split, 다른 분석 패키지 사용 시 활용)이다. 이 부분은 초심자들에게는 실제로 유용하지 않을 수도 있는 기능으로, **역할**(Role)을 기본설정 상태, 즉 입력(Input) 상태로 놔둘 것을 권유한다.

대부분의 변인들에 대한 기본설정 환경을 그대로 받아들여도 된다는 것을 기억할 필요가 있다. 실제로 여러분이 해야 할 것은 변인이름을 입력하고, 측정 수준을 설정하고, 필요 시 변인 설명문과 변인값 설명문을 추가하는 것이다.

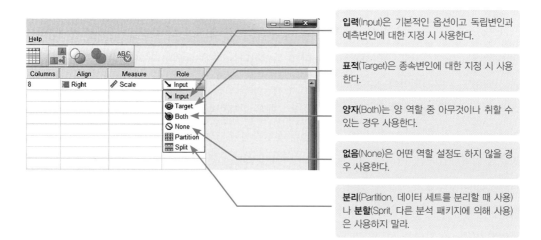

입력(Input)은 기본적인 옵션이고 독립변인과 예측변인에 대한 지정 시 사용한다.

표적(Target)은 종속변인에 대한 지정 시 사용한다.

양자(Both)는 양 역할 중 아무것이나 취할 수 있는 경우 사용한다.

없음(None)은 어떤 역할 설정도 하지 않을 경우 사용한다.

분리(Partition, 데이터 세트를 분리할 때 사용)나 **분할**(Sprit, 다른 분석 패키지에 의해 사용)은 사용하지 말라.

설정상황 체크하기

일단 여러분이 첫째 변인에 대한 정의를 완료하였다면 데이터보기 창으로 돌아와라. 즉 표의 왼쪽 하단에 있는 데이터보기 색인을 클릭하라. 여러분은 이제 데이터 편집창의 해당 세로줄의 상단부에 새 변인이름이 나타나는 것을 보게 될 것이다(다음 참조). 여러분이 세로줄의 폭과 정렬 상태를 변경하였다면, 이런 변경의 효과를 보게 될 것이다.

이제 변인보기로 돌아와서 다시 여러분의 데이터 파일에서 환경설정을 변경시키고 싶은 모든 변인들에 이 절차를 반복하면 된다.

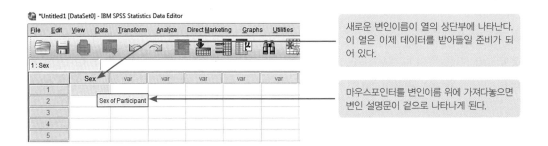

새로운 변인이름이 열의 상단부에 나타난다. 이 열은 이제 데이터를 받아들일 준비가 되어 있다.

마우스포인터를 변인이름 위에 가져다놓으면 변인 설명문이 겉으로 나타나게 된다.

변인 설정상황 복사하기

한 변인에 대한 설정사항을 복사해서 다른 변인들에게 적용하는 것을 쉽게 할 수 있다. 예를 들어 여러분이 20문항으로 되어 있는 설문조사를 하였다고 가정해보자. 각 문항들은 '매우 반대한다', '반대한다', '반대하지도 동의하지도 않는다', '동의한다', '매우 동의한다'와 같은 선택지 중 하나를 선택하도록 구성되었다. SPSS 데이터 표에서 각 질문들은 Q1, Q2 등으로 불리는 변인으로 표현된다. 이 변인들에 대해 변인값 설명문은 1='매우 반대한다', 2='반대한다' 등으로 입력될 것이다. 이 작업을 반복하려면 시간이 오래 걸리고 성가시다. 그러나 우리가 첫 번째 변인에 변인 설명문을 입력하였다면, 커서를 변인보기 표의 변인값(Value) 셀로 옮겨놓고, 편집(Edit) 메뉴로부터 복사(Copy) 기능을 선택할 수 있다[또는 마우스의 오른쪽 단추를 클릭한 다음 복사(Copy)를 선택하라]. 우리가 이 설명문을 복사하기를 원하는 셀 또는 셀의 영역에 클릭하고 편집(Edit) 메뉴에서 붙여넣기(Paste) 기능을 선택하면[또는 마우스의 오른쪽 단추를 클릭한 다음 붙여넣기(Paste) 선택], 이 변인값 설명문은 선택된 셀들 모두에 복사될 것이다.

제3절 │ 데이터 입력하기

첫 번째 데이터 입력 연습

데이터 입력에 대한 실습으로 성별(남성은 1, 여성은 2로 코딩), 연령 및 기억점수(20개 목록에서 회상한 단어의 수)를 기록한 아주 간단한 연구에서 얻은 데이터를 입력해보겠다.

이 데이터를 입력하기 전에 먼저 사용될 세 가지 변인을 정의해야 한다(변인 정의 부분은 이전 절의 설명 참조). 성별은 명목척도이므로 변인값 1과 2가 무엇을 의미하는지를 우리가 알 수 있도록 변인값 설명문을 사용해야 한다. 일단 세 변인이 정의되고 나면, 데이터 입력을 시작할 수 있다. 여러분은 다음에 제시된 화면 그림에서 앞의 5명에 대한 데이터를 확인할 수 있다.

표 왼쪽 상단부 셀을 클릭하라(스크롤바를 체크해보면 여러분이 창의 왼쪽 상단부에 있다는 것을 확신할 수 있을 것이다). 그러면 이 셀이 선택될 것이다(즉 굵은 선이 쳐지게 될 것이다). 이제 여러분이 타이핑해넣은 숫자가 창의 상단부 변인명 위의 막대에 표시되어 나타날 것이다. 다른 셀로 이동하려면 엔터키나 탭키 또는 마우스나 커서키(위, 아래, 좌, 우 화살표)를 누르면 되고, 이 숫자는 셀 안에 입력될 것이다.

데이터 편집창 움직이기

 데이터를 입력하기 전에 여러분이 지금 데이터보기(Data View)에 있는지를 확인하라.

데이터 표를 살펴보려면 마우스나 커서키를 사용하면 된다. 대안적인 방법으로 현재 변인에 대해 다음 참가자로 이동하려면 엔터키를 누르면 되고, 현재 참가자에 대해 다음 변인으로 이동하려면 탭키를 사용하면 된다.

데이터 표를 만들기 위해 데이터를 입력할 때에는 한번에 한 참가자에 대한 데이터를 입력하는 것이 좋다. 예를 들어 첫 번째 가로줄에는 첫 번째 참가자에 대해 성별, 연령, 기억점수를 각 세로줄에 입력해야 하고, 두 번째 가로줄에는 두 번째 참가자에 대한 점수들을 첫 번째와 동일한 세로줄에 입력해야 한다. 만약에 세로줄 별로 데이터를 입력하면서 세로줄에 들어가는 모든 데이터를 한번에 입력하려고 하면(즉 첫 번째는 모든 참가자의 성별, 두 번째는 연령을 입력하는 방식) 실수할 가능성이 많다. 특정 참가자에 대한 데이터를 다른 참가자에게 할당하는 것과 같은 실수가 발생할 수 있다.

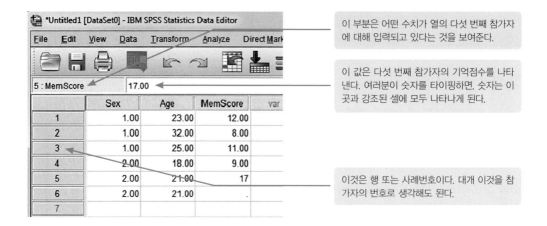

일단 데이터 표에 모든 데이터를 입력하고 난 후엔 여러분이 정확하게 입력하였는지를 신중하게 검토해보아야 한다. 분석 과정에서 데이터의 원본 기록을 SPSS에서의 데이터 파일과 교차 체크해보는 것은 매우 중요한 단계라 할 수 있다. 이것을 하는 방법에는 원본 기록을 화면상의 데이터와 비교해보거나, 데이터를 출력해서 원본 기록과 비교해보는 방법이 있다(데이터의 복사본을 인쇄하는 방법은 제13장 제5절 참조).

본의 아니게 비어 있는 데이터 행을 입력하는 경우가 흔히 일어난다. 이때는 점으로 채워진 셀들로 이루어진 가로줄이 나타나게 될 것이다. 만약에 이런 경우가 발생한다면 빈 가로줄을 삭제하는 것이 바람직하다. 그렇지 않으면 SPSS는 비어 있는 행을 데이터를 가지지 않은 참가자로 인식할 것이다. 그렇게 되면 SPSS는 여러분이 생각하는 것보다 더 많은 사례 수가 있는 것처럼 인식하게 될 것이다. 비어 있는 사례를 삭제하려면, 추가된 가로줄에 해당되는 사례번호를 클릭하라. 그러면 사례 전체가 선택될 것이다(즉 강조된다). 그런 다음 삭제키를 누르거나 **제거**(Clear)를 클릭해서 선택하라.

종종 SPSS를 처음 사용하는 사람들은 화면상으로 데이터를 볼 수 없게 되면 데이터를 '분실' 할지도 모른다는 두려움에 빠진다. 보고 있던 데이터가 스크롤바에 의해 회전되어 화면에서 사라지게 되는 경우에 종종 이런 일이 생긴다. 그럴 경우에는 스크롤바를 창의 왼쪽 상단부 구석에 위치하도록 하면 된다.

변인값 설명문 단추

만약 변인들 중 하나 이상에 변인값 설명문을 붙였다면 여러분은 SPSS 결과출력 화면에 입력한 변인값이 그대로 표시(display)되게 할지, 아니면 이 변인값과 연관된 설명문들이 표시되게 할지를 선택할 수 있다. 예를 들어 앞에서 입력한 데이터에서 'Sex(성별)'라는 변인의 변인값 1과 2에 대해 'Male(남성)'과 'Female(여성)'이라는 변인값 설명문을 부여하였다. SPSS는 변인값(즉 '1' 또는 '2')이나 설명문('Male' 또는 'Female') 중에 어떤 것이나 표시할 수 있다. 데이터 편집창의 도구상자에서 **변인값 설명문**(Value Labels) 단추를 클릭하게 되면 두 가지 표시 상태(display state)가 서로 교환이 된다(다음 참조). 이 선택지는 데이터 편집창에 데이터가 표시되는 방식에만 영향을 주지, 데이터가 입력되거나 분석되는 방식에는 영향을 주지 않는다.

그리고 여러분이 데이터 값이 아니라 변인 설명문이 표시되도록 선택했다면 SPSS는 가능한 변인값들의 목록을 보여주어 데이터 입력 과정을 도와준다.

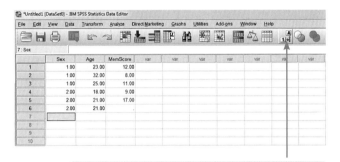

입력된 변인값으로 표시하기(현재 상태)와 관련된 설명문으로 보여주기(아래 그림) 간에 변경을 하려면 **변인값 설명문**(Value Labels) 단추를 클릭하라.

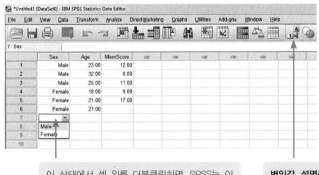

이 상태에서 셀 위를 더블클릭하면, SPSS는 이 변인과 연합된 변인값 설명문의 목록을 보여준다.

변인값 설명문(Value Labels) 단추가 눌러지면 '1'과 '2'의 변인값이 'Male', 'Female'로 바뀌게 된다(현재 그림).

여러분의 데이터에 대한 입력이 완료되고 제대로 입력되었는지 체크가 되고 나면, 이 파일을 저장해야 한다. 다음 절에서는 데이터 파일을 저장하는 방법을 설명하겠다.

한번에 여러 개의 데이터 파일을 여는 것이 가능하다. 그러나 이런 일처리는 혼동을 일으킬 수 있기 때문에 여러분이 SPSS에 익숙해지기 전에는 한 가지 데이터 파일만 가지고 작업하기를 권유한다.

제4절 │ 데이터 파일 저장하기

데이터를 입력하는 데 많은 시간이 소요된다는 것을 알았을 것이다. 따라서 데이터에 대해 신중히 검토를 하고 난 후에는 바로 바로 데이터를 저장해야 한다는 사실을 명심하라. 만약 여러분이 많은 양의 데이터를 입력하고 있다면, 몇 분 간격으로 데이터가 저장되도록 하는 것이 좋다.

데이터를 파일로 저장하기

화면 상단부에 있는 메뉴에서 **파일(File)**을 클릭하라. 그런 다음 **저장(Save)**이나 **다른 이름으로 저장(Save As)**을 클릭하라.

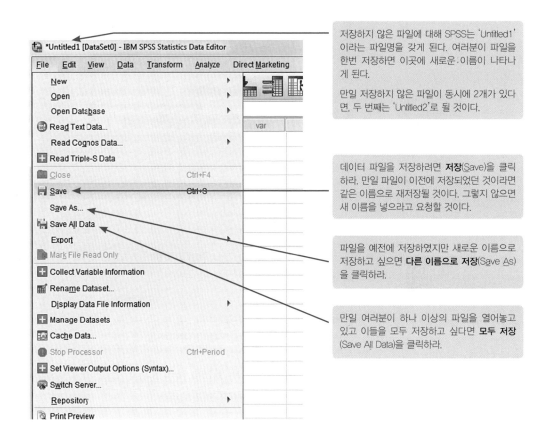

저장하지 않은 파일에 대해 SPSS는 'Untitled1'이라는 파일명을 갖게 된다. 여러분이 파일을 한번 저장하면 이곳에 새로운 이름이 나타나게 된다.
만일 저장하지 않은 파일이 동시에 2개가 있다면, 두 번째는 'Untitled2'로 될 것이다.

데이터 파일을 저장하려면 **저장(Save)**을 클릭하라. 만일 파일이 이전에 저장되었던 것이라면 같은 이름으로 재저장될 것이다. 그렇지 않으면 새 이름을 넣으라고 요청할 것이다.

파일을 예전에 저장하였지만 새로운 이름으로 저장하고 싶으면 **다른 이름으로 저장(Save As)**을 클릭하라.

만일 여러분이 하나 이상의 파일을 열어놓고 있고 이들을 모두 저장하고 싶다면 **모두 저장(Save All Data)**을 클릭하라.

기존에 존재하는 같은 이름으로 파일을 재저장하고 싶으면 **저장**(Save)을 선택하라. 재저장되는 파일이 기존의 것을 대체하게 될 것이다. 파일이 이전에 저장된 것이 아니거나 여러분이 **다른 이름으로 저장**(Save As)을 클릭하면 **데이터 저장**(Save Data As) 대화상자가 나타날 것이다(다음 참조).

파일이름(File name) 상자에 파일의 이름을 타이핑해넣어라. 여러분이 선택하는 파일이름은 데이터의 기원을 알려줄 수 있는 흔적을 가진 이름으로 정하는 것이 좋다(예 : 'DataEntryPractice'). 파일이름에는 마침표(.)를 쓰거나 파일이름에 붙는 확장자를 달지 않는 것이 좋다. SPSS는 기본설정 사항으로 여러분이 입력한 파일 이름에 '.sav'라는 확장자를 달아준다. 이 확장자를 변경하지 말아라. 만일 변경하게 되면 SPSS는 파일을 데이터 파일로 인식하지 않을 것이다. **저장**(Save) 단추를 누르기 전에 파일이 어떤 디스크 또는 디렉토리로 저장되는지를 확인해두어라. 여러분은 다른 드라이브 또는 USB에 파일을 저장하고 싶을 수도 있다.

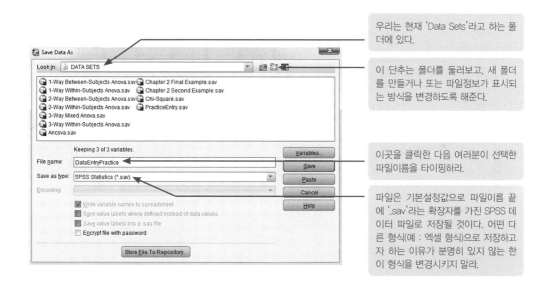

우리는 현재 'Data Sets'라고 하는 폴더에 있다.

이 단추는 폴더를 둘러보고, 새 폴더를 만들거나 또는 파일정보가 표시되는 방식을 변경하도록 해준다.

이곳을 클릭한 다음 여러분이 선택한 파일이름을 타이핑하라.

파일은 기본설정값으로 파일이름 끝에 '.sav'라는 확장자를 가진 SPSS 데이터 파일로 저장될 것이다. 어떤 다른 형식(예 : 엑셀 형식)으로 저장하고자 하는 이유가 분명히 있지 않는 한 이 형식을 변경시키지 말라.

제5절 | 데이터 파일 열기

데이터 파일을 열려면 다음의 지시사항을 따라 하면 된다.

1. 데이터 편집창이 활성창으로 되어 있는지를 확인하라. 그렇게 되어 있지 않다면 화면 하단부에 제시되는 활성 아이콘들 중에서 SPSS 아이콘을 선택하라.

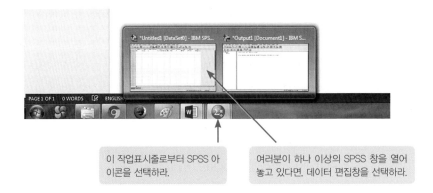

이 작업표시줄로부터 SPSS 아
이콘을 선택하라.

여러분이 하나 이상의 SPSS 창을 열어
놓고 있다면, 데이터 편집창을 선택하라.

2. 다른 데이터 파일을 열려면 **파일**(File) 메뉴를 클릭하라(다음 예 참조).

3. **열기**(Open)를 선택하라.

4. **데이터**(Data)를 클릭하라. 파일 열기(Open File) 대화상자가 나타날 것이다(다음 그림 참조).

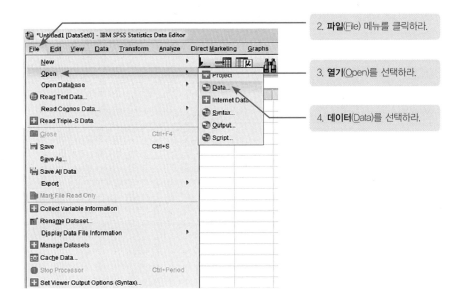

2. **파일**(File) 메뉴를 클릭하라.

3. **열기**(Open)를 선택하라.

4. **데이터**(Data)를 선택하라.

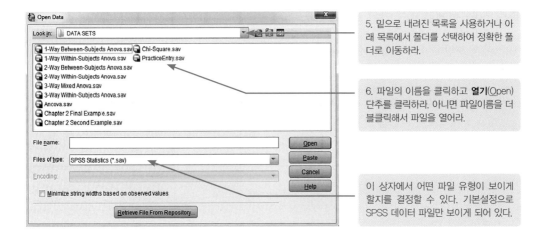

5. 밑으로 내려진 목록을 사용하거나 아래 목록에서 폴더를 선택하여 정확한 폴더로 이동하라.

6. 파일의 이름을 클릭하고 **열기**(Open) 단추를 클릭하라. 아니면 파일이름을 더블클릭해서 파일을 열어라.

이 상자에서 어떤 파일 유형이 보이게 할지를 결정할 수 있다. 기본설정으로 SPSS 데이터 파일만 보이게 되어 있다.

SPSS는 엑셀 스프레드시트를 포함해서, 여러 형식 파일의 읽고 쓰기가 가능하다. 제13장에서 우리는 엑셀 파일을 SPSS 데이터 파일로, 그리고 SPSS 데이터 파일을 엑셀 데이터 파일로 전송하는 방법을 설명할 것이다.

확장자가 '.sav'가 아닌 다른 파일을 찾고 있다면, SPSS는 그 파일을 데이터 파일로 인식하지 않을 것이며 대화상자에 나타내지도 않을 것이다. 여러분이 찾고 있는 파일을 찾을 수가 없다면, 어떤 다른 확장자명을 가진 파일로 저장되었을 수도 있다고 생각하라. 이럴 경우에는 **파일유형**(Files of type) 상자의 오른쪽 끝 단추를 클릭하고, 나타나는 목록 중에서 '모든 파일(All files (*.*))'을 선택하라. 그러면 파일 유형이나 확장자에 상관없이 현 디렉토리에 존재하는 모든 파일이 대화상자에 표시될 것이다. 만약에 여러분이 데이터 파일을 다른 확장자명으로 저장하였다면, Window상의 폴더에 복사본을 만들고 확장자를 '.sav'로 변경시켜라.

제6절 | 데이터 입력 연습

이 절에서는 두 가지 다른 형태의 실험 설계로부터 얻은 데이터를 입력하는 것을 연습하고자 한다. 이 장 후반부와 다음 장에서 이 데이터들은 다른 데이터 처리에 대한 시범을 보여주는 데 활용될 것이다. 이 실습을 마치는 데 시간을 들여보기 바란다. 그러면 여러분은 연구를 할 때 채택하는 실험 설계가 데이터 파일을 형성하는 데 어떻게 영향을 주는지를 알게 될 것이다. 다음 두 가지 데이터 파일을 만드는 것을 완료한 후, 다음 절에 제시되는 파일들과 비교해보기 바란다.

독립 집단 설계로부터 얻은 데이터

제1장에서 보았듯이 독립 집단 설계에서는 둘 이상의 집단에 소속된 서로 다른 참가자들의 수행점수를 비교하게 된다. 다음의 예에서는 전체 20개 단어를 학습하기 직전에 한 집단의 참가자들에게 주어진 기억술 지시(mnemonic instruction)의 효과를 연구하기 위해 이 실험 설계를 사용하였다. 종속변인은 정확하게 회상된 단어 수였다.

우주에 있는 설치류 : 단순기억 실험

21명의 학부 1학년 학생이 짝지어진 연합 단어 기억에 대한 기억술 방략효과를 연구하기 위해 단순기억 실험에 참가하였다. 참가자들은 무선적으로 두 집단에 할당되었다. 모든 참가자에게 쌍으로 제시된 20개의 단어 목록을 기억할 수 있도록 2분의 시간이 주어졌다. 모든 참가자에게 단어를 기억하라는 지시를 하였는데, 한 집단, 즉 기억술 활용 집단(mnemonic group)의 참가자들에게는 쌍으로 제시된 두 단어를 연결해주는 심상을 형성하도록 노력해보라는 지시가 주어졌다(예 : 로켓−햄스터쥐 단어 쌍에 대해 참가자들은 우주공간 속으로 발사되고 있는 작은 털이 난 설치류를 상상할 수 있을 것이다). 다른 집단에 있는 참가자들, 즉 기억술 비활용 집단(non-mnemonic group)의 참가자들에게는 아무런 지시도 주어지지 않았다. 2분간의 단어학습을 한 후에 참가자들은 2분 동안 간단한 수학문제를 풀도록 요구되었다. 마지막으로 그들이 기억할 수 있는 단어를 회상하도록 요구하였다. 정확히 회상된 단어의 수가 기록되었다. 데이터는 다음과 같다.

기억술 활용 집단의 기억 점수(20개 중 맞춘 점수) :

20, 18, 14, 18, 17, 11, 20, 18, 20, 19, 20

기억술 비활용 집단의 기억 점수(20개 중 맞춘 점수) :

10, 20, 12, 9, 14, 15, 16, 14, 19, 12

이 데이터를 활용해서 다음과 같이 해보자.

1. 이 데이터를 기록한 SPSS 데이터 파일을 만들어보라. 그리고 여러분이 사용하는 변인들에 적당한 이름을 부여하라.
2. 적절한 변인값 설명문과 변인 설명문을 채택하라.
3. 데이터를 입력하고 체크하라. 그리고 적절한 파일이름을 사용하여 파일을 저장하라.
4. 파일을 다시 열기 할 수 있는지를 확인하라.
5. 여러분이 구성한 데이터 파일을 제7절에 예시되어 있는 것과 비교해보라.

반복 측정 설계로부터의 데이터

반복 측정 설계에서 참가자는 독립변인의 각 조건에 노출되게 되고 독립변인의 각 수준에 대한 데이터를 구성하게 된다. 이것이 데이터 파일의 구조에 반영될 것이며, 독립변인의 각 수준에 대해 하나의 세로줄을 형성하게 될 것이다. 다음의 사례에서는 정신적 표상(mental representation)을 연구하기 위해 이러한 설계를 사용하였다.

심상의 비교

누군가에게 "여러분의 집에는 얼마나 많은 창문이 있습니까?"라고 질문을 하게 되면, 대부분의 사람들은 자신의 집에 대한 심상을 떠올려보고 그 질문에 대답하려고 할 것이다. 심상의 활용에 대해서는 많은 논란이 있다. 어떤 심리학자들은 정보는 실제로는 추상적인 형태로 저장이 된다고 하면서 우리가 느끼는 심상은 착각일 뿐(그런 것은 수반 현상일 뿐이다)이라고 주장한다. 그러나 우리가 심상의 많은 특성을 공유하고 있는 일련의 표상체계를 사용하여 정보를 조작할 수 있다는 것을 보여주는 여러 종류의 증거가 있다. 이 실험은 그런 증거 중 하나를 모델로 보고 시행한 것이다.

사자가 늑대보다 더 큰지 아닌지를 결정해달라는 요청을 받았다고 상상해보자. 여러분은 보다 추상적인 형태로 제시되는 크기에 대한 정보를 회상하면서 의사결정을 내릴 수 있다. 또는 대안적으로 나란히 서 있는 두 동물의 심상을 형성하고, 어느 것이 더 큰지를 결정할 수도 있다. 여러분이 심상 방식을 택한다면 두 동물이 매우 다른 크기를 가진 동물일 때보다 유사한 크기를 가진 동물일 때 의사결정을 하는 데 더 많은 시간이 걸릴 것이다. 의사결정이 보다 추상적인 형태의 표상에 따라 이루어진다면, 그때는 동물의 상대적인 크기의 차이가 의사결정에 아무런 영향도 미치지 않을 것이라고 기대할 수 있을 것이다. 따라서 심리학자들은 유사한 크기를 가진 두 동물을 비교하는 것이 유사하지 않은 크기를 가진 동물을 비교하는 것보다 더 많은 시간이 걸린다면, 이것은 이러한 의사결정이 심상표상과 같은 이미지 형태의 조작에 따라 이루어진다는 생각을 지지해주는 결과를 제공해주는 것이라고 주장한다.

우리의 실험에서 16명의 참가자가 20시행을 실시하였다. 각 시행에서 참가자들에게는 한 쌍의 동물 이름이 주어지고, 참가자는 가능하면 빨리 어느 동물이 더 큰지를 응답해야 하는 것이었다. 이런 의사결정에 걸린 시간이 기록되었다(1,000분의 1초 단위). 시행의 절반에서는 두 동물 크기의 차이가 컸고(예 : 모기 – 코끼리), 시행의 다른 절반에서는 크기 차이가 적었다(예 : 일반 말 – 얼룩말). 다음의 데이터 표에는 크기에서 큰 차이를 보이는 동물들에 대한 의사결정 시간의 평균(1,000분의 1초당)과 크기에서 작은 차이를 보이는 동물들에 대한 의사결정 시간의 평균(1,000분의 1초당)을 제시하였다.

데이터

참가자	큰 차이	작은 차이	참가자	큰 차이	작은 차이
1	936	878	9	941	1573
2	923	1005	10	1077	1261
3	896	1010	11	1438	2237
4	1241	1365	12	1099	1325
5	1278	1422	13	1253	1591
6	871	1198	14	1930	2742
7	1360	1576	15	1260	1357
8	733	896	16	1271	1963

앞의 데이터를 사용하여 다음과 같이 해보자.

1. 이 데이터 파일을 기록한 SPSS 데이터 파일을 만들어라. 그리고 여러분이 사용한 변인들에 적당한 이름을 부여하라.
2. 적절한 변인값 설명문과 변인 설명문을 채택하라.
3. 데이터를 입력하고 체크하라. 그리고 적절한 파일이름을 사용하여 파일을 저장하라.
4. 파일을 다시 열기 할 수 있는지를 확인하라.
5. 여러분이 구성한 데이터 파일을 제7절에 예시되어 있는 것과 비교해보라.

제7절 │ 데이터 입력 연습에 대한 해답

독립 집단 설계에 대한 데이터 파일

간단한 기억실험에서 나온 데이터 파일에 대한 입력사항을 보여주는 화면이 다음에 제시되어 있다. 여러분이 구성한 데이터 파일과 완전히 똑같지는 않을 수도 있지만, 기본적인 특성은 동일해야 한다. 이 설계에는 두 가지 중요한 변인이 있다는 것에 주목하라. 첫 번째 것은 참가자가 기억술(Mnemonic) 집단에 속하는지, 아니면 비기억술(Non-mnemonic) 집단에 속하는지를 기록한 명목변인(또는 집단구분변인)이다. 따라서 이 변인은 독립변인(또는 요인)의 수준을 나타낸다. 다른 중요한 변인은 비율변인으로서 종속변인인 각 참가자가 회상한 단어의 수를 기록하기 위해 사용되었다. 이 두 변인 외에 우리는 '참가자'라고 부르는 변인을 갖고 있는데, 이 수치는 각 참가자에게 번호를 부여한 것이다. 이 연습은 아주 좋은 예가 될 수 있다. 여러분이 **변인값 설명문**(Value Labels) 단추(도구막대에 있는)를 누르면, '조건' 열은 변인값 대신 변인값 설명문을 화면에 표시해줄 것이다(즉 1 또는 2가 아니라 Mnemonic 또는 Non-mnemonic이라고 나타날 것이다).

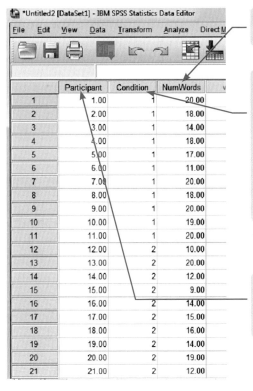

우리는 이 변인을 'NumWords'라고 한다. 우리는 변인 자릿수 8과 소수점 이하 자릿수 2를 배정하였다.

우리는 이 변인에 대하여 'Condition'이라는 이름을 사용하였다. 이것은 명목변인이므로, 변인값 1은 참가자가 Mnemonic 조건에 있다는 것을 지칭하기 위해 사용하였고, 변인값 2는 그들이 Non-mnemonic 조건에 있다는 것을 지칭하기 위해 사용하였다(아래의 변인값 설명문 대화상자의 화면 참조). 우리는 변인의 자릿수는 1로 지정하였고(소수점 이하 자릿수는 없음), 열의 자릿수는 5로 지정하였다(이들을 꼭 변경할 필요는 없다).

이 화면에서 우리는 **변인값 설명문**(Value Labels) 단추를 누르지 않았다. 만일 여러분이 사용하는 시스템에 이것이 눌러졌다면 변인값이 아니라 변인값 설명문이 나타날 것이다.

우리는 'Participant(참가자)'라고 하는 변인을 추가하였는데, 각 참가자에게 번호를 부여한 것이다. 이렇게 하는 것이 필수적인 것은 아니지만 좋은 관례라고 할 수 있다. 그 이유는 뒤에서 설명하겠다.

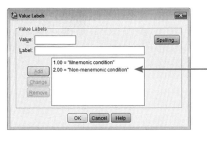

이 부분은 우리가 변인 'Condition'에 사용한 변인값 설명문이다.

 독립 집단 설계에서 채택된 실험을 위해 구성된 데이터 파일은 언제나 각 참가자가 검증되는 조건을 명시해주는 명목변인을 필요로 한다는 것을 기억하라.

반복 측정 설계에 대한 데이터 파일

다음은 심상 실험에서 나온 데이터를 기록하기 위해 구성한 데이터 파일에 대한 화면이다. 여러분이 구성한 데이터 파일과 완전히 똑같지는 않을 수도 있지만, 기본적인 특성은 동일해야 한다. 독립 집단 설계에서와 같이 전체 3개의 변인이 있는데, 이 사례에서 두 가지는 특정 조건하에서 검사를 받을 경우 참가자들이 보이는 수행점수를 기록하기 위해 사용되었다. 이 실험은 반복 측정 설계이기 때문에 각 참가자들이 두 가지 조건하에서 검사를 받게 된다. 따라서 각 참가자는 두 가지 검사 점수를 갖게 된다. 이 설계에서는 명목변인을 사용할 필요가 없다.

이 데이터 파일을 앞쪽에서 설명한 데이터 파일과 비교해보라. 이 두 파일이 왜 다른 구조를 가지는지를 확실하게 이해하는 것이 필요하다.

 반복 측정 설계를 위해 구성된 데이터 파일에서는 각 조건당 하나의 변인이 있어야 한다(즉 데이터 파일에서 세로줄 하나를 차지해야 한다)는 것을 명심하라.

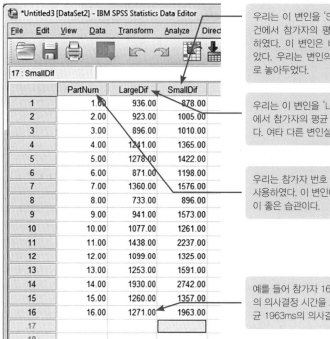

우리는 이 변인을 'SmallDif'라고 명명하고, 작은 차이 시행 조건에서 참가자의 평균 의사결정 시간을 기록하기 위해 사용하였다. 이 변인은 비율변인이므로 변인값 설명문을 달지 않았다. 우리는 변인의 자릿수와 열 자릿수는 기본설정 상태대로 놓아두었다.

우리는 이 변인을 'LargeDif'라고 명명하고, 큰 차이 시행 조건에서 참가자의 평균 의사결정 시간을 기록하기 위해 사용하였다. 여타 다른 변인설정 상황은 기본설정 상태대로 놓아두었다.

우리는 참가자 번호 변인을 위해 'PartNum'이라는 변인이름을 사용하였다. 이 변인이 필수적인 것은 아니지만 이렇게 하는 것이 좋은 습관이다.

예를 들어 참가자 16은 큰 차이 시행 조건에서는 평균 1271ms의 의사결정 시간을 보여주었고, 작은 차이 시행 조건에서는 평균 1963ms의 의사결정 시간을 보여주었다.

제8절 │ 데이터 파일 체크와 정리하기

이 장에서는 SPSS에 데이터를 입력하고 저장하는 방법을 기술하였다. 이 작업을 마친 후에 다음으로 할 작업은 반드시 파일을 신중하게 체크한 다음, 불가피하게 발생할 수 있는 오류를 없애기 위한 청소를 하는 것이다.

데이터를 체크하고 불필요한 내용을 청소하기 전에는 데이터 분석을 시작하지 말기 바란다. 이 충고를 무시하면 다음 두 가지 중에 한 가지 결과를 초래하게 될 것이다. 데이터를 체크하지 않았다가 나중에 오류를 발견하게 되면 여러분이 그때까지 시행한 모든 분석을 다시 해야 한다. 이런 일은 여러분에게 몇 시간, 며칠, 심지어는 몇 주의 시간을 허투루 소모하게 할 수 있다. 그렇지 않은 경우 여러분은 오류를 전혀 눈치채지 못할 수도 있다. 이런 결과는 잘못된 코스, 잘못된 논문 발표, 또는 부정확한 정책결정에 이르게 할 수도 있다. 목수들이 말하는 금언이 있는데, "측정은 두 번 하고, 자르는 것은 한번에 한다"는 것이다. 통계에서도 똑같은 규칙이 적용될 수 있는데, "데이터를 두 번 체크하고 한번에 분석하라"는 것이다.

신중하게 데이터를 체크하여 데이터에서 나타나는 모든 오류를 탐지해낼 수 있어야 한다. 그런 다음 이런 오류들은 '데이터 청소'라고 불리는 과정을 거쳐 교정된다. 데이터 파일을 체크하고 청소하는 것은 간단한 작업일 수도 있고 시간이 많이 소모되는 일일 수도 있다. 간단한 실험에서 얻은 데이터를 체크하고 청소하는 것은 단지 몇 분이면 족할 것이다. 그렇지만 대형 프로젝트에서 얻은 데이터를 체크하고 청소하는 일은 연구자가 몇 주에 걸쳐 처리해야 하는 것일 수도 있다. 이 작업은 수천 명의 참가자들과 수백 개의 변인에 대해 다양한 원천에서 얻은 데이터를 결합해야 하는 일일 수도 있다. 많은 프로젝트에서 데이터를 체크하고 청소하는 작업은 최종 데이터 세트를 분석하는 것보다 더 시간이 걸리는 일이다.

여러분 데이터의 오류를 체크하는 가장 좋은 방법은 제3장에서 설명하는 간단한 기술통계 분석을 사용하는 것이다. 이 간단한 분석을 통해 여러분의 데이터 파일에서 기대할 수 없고 있을 수도 없으며 타당하지 않은 수치들을 찾아낼 수 있고, 이들을 교정할 수 있다. 데이터를 점검하기 위해 기술통계 명령어 사용법을 알아야 하기 때문에, 제3장 제6절의 데이터 점검을 위한 명령어 사용법을 설명하기 전에 이 명령어들을 먼저 소개할 것이다. 실제로 데이터에 대한 최종분석에 들어가기 전에, 언제나 먼저 데이터를 체크하고 청소해야 한다는 것을 명심하기 바란다.

 수 시간이 걸리는 소모적인 작업을 피하려면, 어떠한 분석을 시행하기 이전에 항상 데이터를 신중하게 체크하고 청소해야 한다. 제3장 제6절에서 데이터 파일을 체크하고 청소하는 방법을 설명할 것이다.

요약

▷ 이 장에서는 SPSS에서 데이터 파일을 생성하는 방법을 보여주었다.

▷ 제1절과 제2절에서는 데이터 편집창의 두 가지 다른 부분을 설명하였고, 변인을 정의하는 방법을 보여주었다.

▷ 제3절에서는 데이터 파일에 대해 환경설정하는 과정을 살펴보았고, 제4절과 제5절에서는 데이터 파일을 열고 저장하는 방법을 보여주었다.

▷ 제6절과 제7절에서는 독립 집단 설계와 반복 측정 설계에서 나온 데이터를 코딩한 파일들 간의 차이를 분명히 보여주기 위해 두 가지 데이터 입력 연습을 하였다. 제3장에서는 기술통계치를 활용해서 데이터를 탐색하는 방법을 배우기 위해 이 데이터 파일을 활용할 것이다.

▷ 제8절은 데이터 파일을 체크하고 청소하는 데 시간을 들이는 것의 중요성을 기술하였다. 이것을 수행하는 절차는 제3장에서 기술될 텐데, 이런 체크를 하는 데 활용하게 될 기술통계치 몇 가지를 먼저 설명하게 될 것이다.

▷ 보고서에 여러분이 가진 데이터 파일을 포함시키거나 인쇄하는 방법에 대해 알고 싶다면 제13장을 참고하기 바란다.

제 **03** 장 | 데이터 탐색 및 정제하기

이 장에서 다루는 내용은

- 기술통계
- 기술통계 명령어
- 검토창
- 빈도분석 명령어
- 데이터 탐색 명령어
- 기술통계 분석으로 데이터 점검하기
- 그래프 작성하기
- 도표 작성기
- 그래프보드 양식 선택기

제1절 | 기술통계

- 기술통계(descriptive statistics)는 수치들 혹은 그래프와 도표를 이용하여 데이터를 요약하기 위한 분석 방법이다. 기술통계를 통해 데이터에 관한 중요한 측면을 이해할 수 있으며 더불어 데이터의 오류도 파악할 수 있다. 이에 관한 내용은 제6절에서 살펴볼 것이다.
- 기술통계는 많은 양의 데이터를 간단한 몇 개의 수치로 정확하게 요약 및 기술할 수 있도록 해주며, 일반적으로 중심경향의 측정치(예 : 평균, 중앙값, 최빈치), 신뢰구간, 변산의 측정치(예 : 범위, 최소값 및 최대값, 사분범위, 표준편차, 분산)를 포함하게 된다. 이 장에서는 SPSS를 사용하여 이러한 수치들을 산출하는 방법에 대해 다룰 것이다.
- 또한 데이터는 그래프나 도표를 이용하여 요약 및 기술할 수 있다. 이 장에서는 SPSS를 사용하여 몇몇 도표를 만드는 방법을 다룰 것이며, 이 장에서 자세히 다루지 않는 도표들은 간단히 소개만 한 후, 이후의 장에서 좀 더 자세히 살펴볼 것이다.

- SPSS에서 사용되는 추리통계 분석 명령어 대부분은 몇몇 기술통계치를 산출해주도록 설정되어 있다.
- SPSS는 기술통계치를 산출하기 위한 기능을 갖고 있으며, 이 장에서는 **기술통계**(Descriptives), **빈도분석**(Frequencies) 그리고 **데이터 탐색**(Explore)에 대한 사용 방법을 설명할 것이다.
- **기술통계**(Descriptives)와 **빈도분석**(Frequencies) 명령어를 사용하여 유용한 여러 기술통계치를 산출할 수 있다. 그러나 이들 명령어는 모든 연구 참가자에 대한 결과만을 제공해주며, 하나 혹은 그 이상의 집단변인을 기준으로 참가자들을 세분화한 결과를 산출해주지는 않는다.
- **데이터 탐색**(Explore) 명령어는 하나 혹은 그 이상의 집단변인들로 참가자들을 구분하여 기술통계분석을 할 수 있도록 해준다.
- 이들 명령어들 중 먼저 **기술통계**(Descriptives)에 대해 살펴볼 것이며, 그 과정에서 SPSS가 분석 결과(Output)를 제시해주는 검토창(Viewer window)에 대해서도 소개할 것이다.
- 연구 결과 보고서들에는 독자들이 데이터와 보고된 효과에 대해 더 잘 이해할 수 있도록 반드시 적절한 기술통계치들을 함께 제시해야 한다.

제2절 | 기술통계 명령어

이 절에서는 이미 제2장 제6절에서 입력 및 저장한 기억에 관한 독립 집단 연구의 데이터를 사용할 것이다. 이 데이터를 바탕으로 **기술통계**(Descriptives)를 이용하여 어떻게 기초적인 기술통계치들을 산출할 수 있는지, 몇몇 SPSS 작동 원리와 분석 결과가 제시되는 검토창을 보는 방식에 대해 학습할 것이다.

기술통계 명령어를 사용하여 결과 산출하기

1. 데이터를 입력하고, 확인 후 저장을 했다면 화면 상단에 있는 **분석**(Analyze)을 클릭하라(다음 그림 참조).
2. **기술통계량**(Descriptives Statistics)을 선택하라.
3. **기술통계**(Descriptives)를 선택하라.

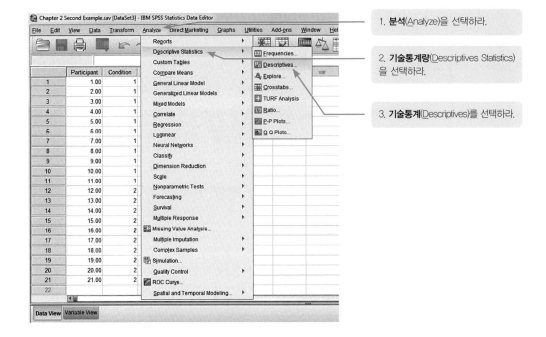

그러면 다음 그림에 제시된 **기술통계**(Descriptives) 대화상자가 나타날 것이다. SPSS 명령에서 사용하고 있는 대부분의 대화상자는 기본적으로 이러한 구조를 따르고 있다. 이 대화상자 속에는 2개의 대화상자가 제시되며 왼쪽 상자에는 데이터 파일에 있는 모든 변인들이 나열되어 있다(변인이름이나 변인 설명문으로 제시되어 있다). 반면 이 명령어의 사용이 처음이라면 오른쪽 상자는 비어 있게 되는데, 앞으로 분석할(즉 결과를 생성해줄) 변인이름들이 열거될 것이다.

4. 왼쪽 상자에 있는 변인 중 분석에 포함시키고 싶은 변인들(기술통계 분석을 하고 싶은 변인)을 클릭하여 선택하라.

5. 두 상자 사이에 있는 화살표 단추 ➡가 활성화되고, 방향은 오른쪽에 있는 **변인**(Variable(s)) 상자를 향해 있을 것이다. 이때 화살표시를 클릭하여 왼쪽에 선택해두었던 변인을 오른쪽으로 옮겨라. 여러분이 분석하고자 하는 모든 변인이 오른쪽 상자에 들어갈 때까지 이 과정을 반복하거나, 왼쪽에서 선택하고자 하는 변인들을 끌어넣기(Drag and Drop)하여 오른쪽 상자로 옮기면 된다.

6. 분석하고자 하는 모든 변인들이 선택되었다면, **옵션**(Options) 단추를 클릭하라. 그러면 해당 기술통계 명령어를 통해 산출할 수 있는 모든 기술통계치들이 나열되어 있는 **기술통계 : 옵션** (Descriptives : Options) 대화상자가 나타날 것이다(해당 그림은 56쪽에 제시되어 있다).

7. 만약 **표준화 값을 변인으로 저장**(Save standardized values as variables)을 선택했다면, 데이터에

새로운 변인이 추가될 것이다. 이 새로운 변인은 z 점수 또는 표준점수를 나타내며, 평균을 중
심으로 어느 정도의 표준편차만큼 떨어져 있는지를 의미한다. 이는 이 절의 마지막 부분에서
다시 설명할 것이다.

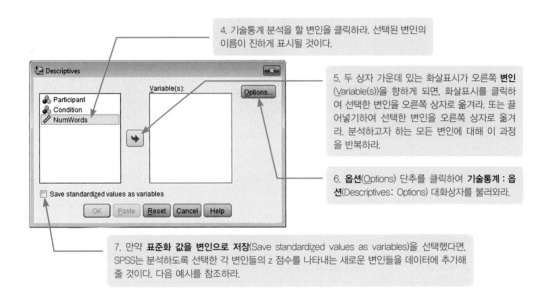

4. 기술통계 분석을 할 변인을 클릭하라. 선택된 변인의 이름이 진하게 표시될 것이다.

5. 두 상자 가운데 있는 화살표시가 오른쪽 **변인**(Variable(s))을 향하게 되면, 화살표시를 클릭하여 선택한 변인을 오른쪽 상자로 옮겨라. 또는 끌어넣기하여 선택한 변인을 오른쪽 상자로 옮겨라. 분석하고자 하는 모든 변인에 대해 이 과정을 반복하라.

6. **옵션**(Options) 단추를 클릭하여 **기술통계 : 옵션**(Descriptives : Options) 대화상자를 불러와라.

7. 만약 **표준화 값을 변인으로 저장**(Save standardized values as variables)을 선택했다면, SPSS는 분석하도록 선택한 각 변인들의 z 점수를 나타내는 새로운 변인들을 데이터에 추가해 줄 것이다. 다음 예시를 참조하라.

만약 2개 이상의 변인을 선택하고 싶다면 변인들의 이름들을 선택하는 동안 〈Shift〉 혹은 〈Ctrl〉 키를 함
께 사용하면 된다. 만약 〈Shift〉 키를 누르면서 목록에 있는 첫 번째 변인과 마지막 변인을 클릭하였다
면 모든 변인이 선택될 것이다. 반면 〈Ctrl〉 키를 누르면서 특정 변인명을 클릭한다면 해당 변인이 선택
되거나 혹은 선택 해제될 것이다.

8. **기술통계 : 옵션**(Descriptives : Options) 대화상자(다음 그림 참조)에서 필요한 기술통계치를 선
   택하라. 왼쪽 상자를 클릭하면 선택표시가 나타날 것이다.

9. 필요한 모든 통계치를 선택하였다면, **계속**(Continue) Continue 단추를 클릭하여, **기술통계**
   (Descriptives) 대화상자로 다시 돌아가라(다음 그림 참조).

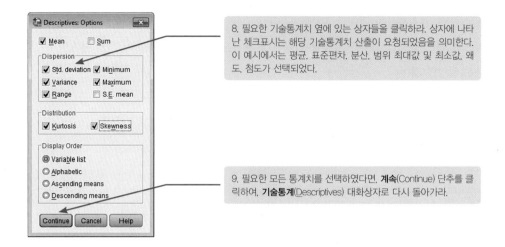

8. 필요한 기술통계치 옆에 있는 상자들을 클릭하라. 상자에 나타난 체크표시는 해당 기술통계치 산출이 요청되었음을 의미한다. 이 예시에서는 평균, 표준편차, 분산, 범위 최대값 및 최소값, 왜도, 첨도가 선택되었다.

9. 필요한 모든 통계치를 선택하였다면, **계속**(Continue) 단추를 클릭하여, **기술통계**(Descriptives) 대화상자로 다시 돌아가라.

10. 최종적으로 **기술통계**(Descriptives) 명령어를 실행하기 위해 ▭ OK ▭ 단추를 클릭하라.

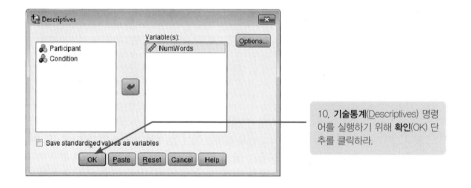

10. **기술통계**(Descriptives) 명령어를 실행하기 위해 **확인**(OK) 단추를 클릭하라.

우리는 연구의 종속변인인 'NumWords'에 대한 기술통계치들만 계산하였다. 학생들은 간혹 집단변인 또는 독립변인들을 대상으로 이와 같은 기술통계 분석을 시행하려 하는데, 범주 혹은 서열변인을 대상으로 이러한 **기술통계**(Descriptives) 분석을 시행하는 것은 보통 적합하지 않다. 범주나 서열변인에는 보다 적합한 기술통계치를 산출할 수 있는 **빈도분석**(Frequencies) 명령어를 사용하는 것이 좋으며, 이는 이 장의 제4절에서 다루게 될 것이다.

대부분의 **기술통계**(Descriptives) 분석 결과는 다음 절에서 살펴보게 될 검토창에 제시될 것이다. 하지만 만약 **표준화 값을 변인으로 저장**(Save standardized values as variables)을 선택했다면 (앞의 7단계 참조), 다음과 같이 데이터 파일에도 변화가 있을 것이다.

	Participant	Condition	NumWords	ZNumWords
1	1.00	1	20.00	1.09682
2	2.00	1	18.00	.54841
3	3.00	1	14.00	-.54841
4	4.00	1	18.00	.54841
5	5.00	1	17.00	.27420
6	6.00	1	11.00	-1.37102
7	7.00	1	20.00	1.09682
8	8.00	1	18.00	.54841
9	9.00	1	20.00	1.09682
10	10.00	1	19.00	.82261
11	11.00	1	20.00	1.09682
12	12.00	2	10.00	-1.64523

> 만약 **표준화 값을 변인으로 저장**(Save standardized values as variables)을 선택했다면(앞의 7단계 참조), 새로운 변인이 데이터 창에 생성되어 있을 것이다.

z 점수는 검사에서의 수행을 기술하는 데 유용한 방법이다. z 점수는 해당 참가자가 평균을 중심으로 표준편차의 몇 배만큼 떨어져 있는지를 나타낸다. 만약 z 점수가 0이라면, 이는 참가자의 검사 점수가 검사의 평균과 동일함을 의미한다. 반면 z 점수가 +1이라면, 검사 점수가 평균보다 1표준편차만큼 높음을 의미하며, z 점수가 -2라면 평균보다 표준편차의 2배 만큼 낮은 점수를 의미한다. 앞 그림의 예시에서 12번 참가자는 10개의 단어를 회상했음을 알 수 있는데, 이것만으로는 해석이 어렵다. 하지만 해당 참가자의 z 점수가 -1.65라는 것은 해당 검사의 평균보다 1.65표준편차만큼 낮은 점수를 받은 것임을 알려준다. Z 점수는 다음의 세 가지 측면에서 유용하다. 첫째, 기준치보다 높은 혹은 낮은 점수를 받은 참가자를 쉽게 파악할 수 있게 해주고, 둘째, 상이한 검사 간의 수행 수준을 비교할 수 있게 해주며, 셋째, 시간에 따른 수행의 변화를 추적할 수 있게 해준다.

기술통계(Descriptives) 명령어의 실행 결과를 살펴보기 전에 다음 제3절에서는 먼저 검토창의 기본적인 내용에 대해 살펴보도록 할 것이다.

제3절 │ 검토창

확인 OK 단추를 클릭하고 명령어를 실행하게 되면, 검토창(Viewer window)이라 부르는 새로운 창이 나타날 것이다. SPSS 창에서 시행된 모든 분석의 결과는 검토창에 제시된다. 만약 검토창이 이미 열려 있다면 SPSS는 이미 열려 있는 검토창의 하단 부분에 분석 결과를 제시해줄 것이다. 만약 이미 열려져 있는 검토창이 없다면 새로운 검토창이 생성될 것이다.

검토창은 2개의 부분 혹은 '판(pane)'으로 구성되어 있다. 왼쪽 부분은 '네비게이터(navigator)' 혹은 '개요(outline)'의 역할을 하는 부분으로, 좀 더 큰 영역(오른쪽의 디스플레이 부분)에 제시되는 모든 분석 결과 요소에 대한 내용 요약 목차와 같다. 개요 부분에 있는 특정 아이콘을 클릭하면 주화면 부분 혹은 '디스플레이(display)'에 제시되어 있는 해당 분석 결과의 구체적인 내용 영역으로 옮겨가게 된다. 이러한 기능은 산출결과가 방대한 분석을 실시하였거나 다양한 분석을 시행했을 때 유용할 수 있다.

분석 결과를 구체적으로 살펴보기 전에 검토창의 주요 특징에 대해 먼저 간략히 설명하도록 하겠다.

이 부분은 검토창의 네비게이터 영역이다. 화살표(스크린상에 붉은색으로 표시된다)는 우리가 현재 주 화면에서 보고 있는 분석 결과를 나타낸다.

이 부분은 SPSS를 통해 이루어진 실제 분석 결과를 보여준다. 보다 긴 분석 결과를 보려면 스크롤바를 이용하여 위아래로 움직이거나 네비게이터 영역에 표시되어 있는 아이콘을 클릭하여 해당 분석 결과로 직접 이동할 수 있다.

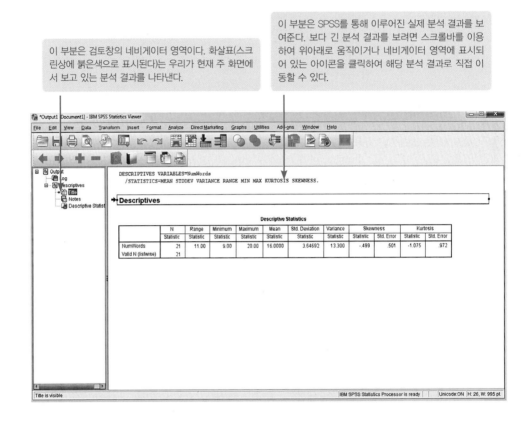

검토창의 두 영역에 대한 주의점

1. 분석 결과를 감추거나 나타나게 할 수 있다. 닫힌 책 모양의 아이콘은 분석 결과의 감추어진 영역을 나타내고, 열린 책 모양의 아이콘은 겉으로 표시되고 있는 분석 결과를 나타낸다. 책 모양의 아이콘을 더블클릭하여 분석 결과와 관련된 영역을 겉으로 표시하거나 감출 수 있다.

2. 특정 명령어를 통해 분석된 모든 분석 결과를 감추려면 마이너스(−) 표시를 클릭하라[여기에는 **기술통계**(Descriptives)에 대한 분석이 실행되어 있다]. 또한 모든 분석 결과를 표시하거나 확장하려면 플러스(+) 표시를 클릭하라.

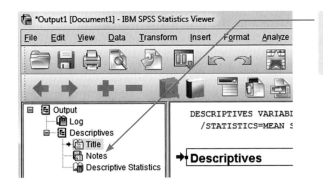

처음에는 분석 결과의 **노트**(Notes) 영역이 숨겨진 채로 나타나며, 아이콘은 닫힌 책 모양으로 표시된다. 닫힌 책 모양을 더블클릭하면, 이 부분의 분석 결과가 나타나게 된다(다음 그림 참조).

이제 열린 책 모양의 아이콘이 나타나고, 분석 결과의 **노트**(Notes) 부분이 창에 나타나게 된다.

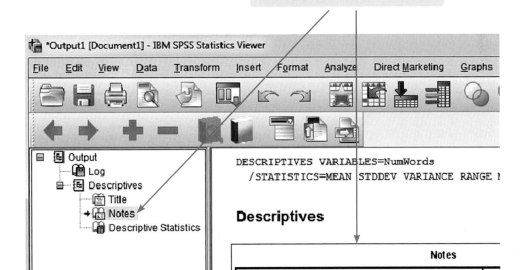

3. SPSS 명령어를 통해 생성되는 대부분의 분석 결과는 '피벗표(Pivot Table)'로 알려진 표의 형태를 따르고 있다. 위에 제시된 **기술통계량**(Descriptives Statistics) 표는 피벗표의 예라고 할 수 있다. 피벗표는 여러 가지 방법으로 편집이 가능하며, 보다 자세한 내용은 제13장의 제4절을 참조하면 된다.

4. 분석 결과 중 일부는 일반적인 텍스트(text) 형식으로 제시되는데, **기술통계**(Descriptives)라는 제목이 텍스트로 제시되는 분석 결과의 예라고 할 수 있다.

5. 분석 결과가 제시되어 있는 주 화면에서 마우스로 해당 영역을 드래그(drag)하거나 네비게이터

부분의 적절한 아이콘을 클릭하여 분석 결과를 선택할 수 있다. 특정 명령어에서 산출된 모든 분석 결과를 보려면 네비게이터 부분에서 명령어 이름을 클릭하라. 검토창에 있는 모든 분석 결과를 선택하려면 네비게이터 영역의 상단에 있는 **출력 결과**(Output)를 클릭하면 된다. 좀 더 낮은 수준의 아이콘[예 : **기술통계량**(Descriptives Statistics)]을 클릭하면 특정 분석 결과 부분만을 선택할 수 있다.

6. **편집**(Edit) 메뉴의 기능을 사용하거나 혹은 마우스의 오른쪽을 클릭한 후 원하는 작업을 선택하여, 분석 결과에 대해 잘라내기, 복사, 붙여넣기 등의 작업을 할 수 있다. **파일**(File) 메뉴에 있는 **인쇄**(Print) 명령어를 사용하여 분석 결과를 인쇄할 수도 있다(인쇄에 대한 보다 자세한 내용은 제13장 제5절 참조).

종종 검토창에 있는 모든 분석 결과를 삭제하고 싶을 때가 있다. 이를 위한 가장 간단한 방법은 네비게이터 부분에 있는 **출력 결과**(Output) 아이콘을 클릭한 후, 키보드에 있는 〈Delete〉 키를 누르면 된다. 그러면 공백의 분석 결과 창으로 새로운 분석을 시작할 수 있다.

7. 여러분은 검토창의 두 영역의 폭을 변경할 수 있다. 이는 두 영역을 구분하는 선을 클릭한 후 잡아 늘이거나 줄이면 가능해진다.

만약 네비게이터 영역의 아이콘들이 너무 작아 보기 어렵다면, **보기**(View) 메뉴에서 **개요크기**(Outline Size)를 선택하여 확장시킬 수 있다. 크기는 **소**(Small), **중**(Medium), **대**(Large) 중 선택할 수 있다.

분석 결과에 대한 주의점

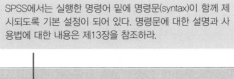

SPSS에서는 실행한 명령어 밑에 명령문(syntax)이 함께 제시되도록 기본 설정이 되어 있다. 명령문에 대한 설명과 사용법에 대한 내용은 제13장을 참조하라.

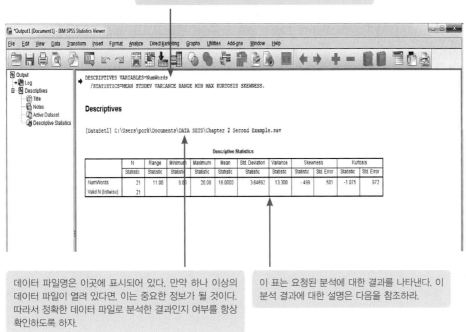

데이터 파일명은 이곳에 표시되어 있다. 만약 하나 이상의 데이터 파일이 열려 있다면, 이는 중요한 정보가 될 것이다. 따라서 정확한 데이터 파일로 분석한 결과인지 여부를 항상 확인하도록 하자.

이 표는 요청된 분석에 대한 결과를 나타낸다. 이 분석 결과에 대한 설명은 다음을 참조하라.

기술통계 분석 결과에 대한 주의점

1. 기술통계량(Descriptive Statistics) 표에 제시되는 **기술통계**(Descriptives)치들은 모든 사례를 바탕으로 산출한 결과이다. 예를 들어 16.00이라는 평균값은 데이터 파일에 있는 21명의 참가자 모두를 고려하여 계산된 값을 나타낸다. 만약 각각의 조건별로 구분하여 평균을 계산하고 싶다면, 이는 이 장의 제5절에서 설명될 **데이터 탐색**(Explore) 명령어를 이용하여 보다 손쉽게 할 수 있다.

2. 만약 하나 이상의 변인에 대한 기술통계치를 산출하고자 한다면, **기술통계**(Descriptive) 대화상자에서 **변인**(Variable(s)) 상자로 각 변인명을 선택하여 옮기면 된다(54쪽의 5단계 참조).

제4절 │ 빈도분석 명령어

빈도분석(Frequencies) 명령어는 각 변인의 특정 점수를 가지는 사례(참가자)의 수를 보여주는 빈도분포표를 생성해준다. 예를 들어 연령변인의 빈도분포표는 참가자 중 20세 참가자는 몇 명이고, 21세 참가자는 몇 명인지를 알려준다. 더불어 **빈도분석**(Frequencies) 명령어로 중심경향값, 변산측정치와 같은 기술통계치들을 산출할 수 있으며, 일부 도표도 생성해낼 수 있다. 한 가지 한계점은 **빈도분석**(Frequencies) 명령어로는 모든 사례에 대한 기술통계치만을 계산할 수 있으며, 다른 변인을 기준으로 세분화한 하위 집단별 기술통계치는 산출할 수 없다[**케이스 선택**(Select Cases)이나 **파일 분할**(Split File)을 함께 사용하면 가능하다. 자세한 내용은 제4장 제4절 참조].

빈도분석 결과 구하기

1. 데이터를 입력하고, 확인 후 저장을 했다면 화면 상단에 있는 **분석**(Analyze)을 클릭하라(다음 참조).
2. **기술통계량**(Descriptives Statistics)을 선택하라.
3. **빈도분석**(Frequencies)을 선택하여, 다음에 제시된 그림과 같이 **빈도분석**(Frequencies) 대화상자를 불러와라.

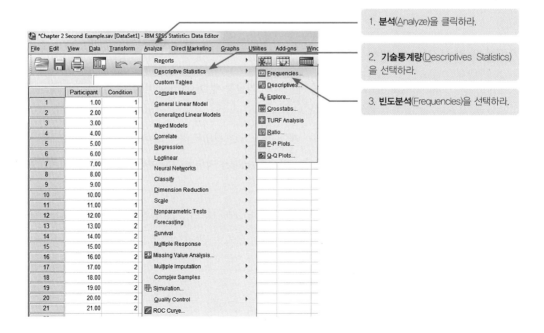

4. 빈도분석을 시행할 변인들을 선택한 후 **변인**(Variable(s)) 상자로 이동시켜라. 이때 이동은 가운 데 화살표 단추를 클릭하거나 변인들을 끌어내기 하면 된다.

5. **통계량**(Statistics) 단추를 클릭하라. 그러면 **빈도분석**(Freguencies) 명령어에서 산출할 수 있는 모든 기술통계치들이 열거되어 있는 **빈도분석 : 통계량**(Frequencies : Statistics) 대화상자가 나타 날 것이다(다음 그림 참조).

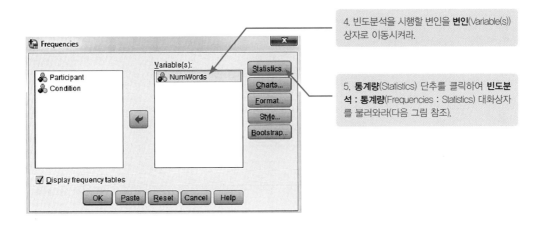

4. 빈도분석을 시행할 변인을 **변인**(Variable(s)) 상자로 이동시켜라.

5. **통계량**(Statistics) 단추를 클릭하여 **빈도분 석 : 통계량**(Frequencies : Statistics) 대화상자 를 불러와라(다음 그림 참조).

6. **빈도분석 : 통계량**(Frequencies : Statistics) 대화상자에서 필요한 기술통계치를 선택하라.

7. **계속**(Continue) 단추를 클릭하여 **빈도분석**(Frequencies) 대화상자로 돌아가라.

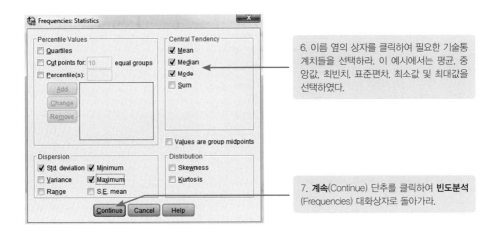

6. 이름 옆의 상자를 클릭하여 필요한 기술통 계치들을 선택하라. 이 예시에서는 평균, 중 앙값, 최빈치, 표준편차, 최소값 및 최대값을 선택하였다.

7. **계속**(Continue) 단추를 클릭하여 **빈도분석** (Frequencies) 대화상자로 돌아가라.

8. 이제 **도표(Charts)** 단추를 클릭하라. 그러면 **빈도분석 : 도표(Frequencies : Charts)** 대화상자가 나타날 것이다(다음 그림 참조).

9. 원하는 도표 유형을 선택하라. 데이터 유형에 따라 적합한 유형이 무엇인지를 고려해야 한다 (제7절 참조). 여기에서는 히스토그램을 선택하였다.

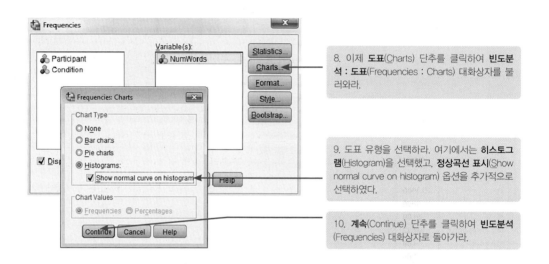

8. 이제 **도표**(Charts) 단추를 클릭하여 **빈도분석 : 도표**(Frequencies : Charts) 대화상자를 불러와라.

9. 도표 유형을 선택하라. 여기에서는 **히스토그램**(Histogram)을 선택했고, **정상곡선 표시**(Show normal curve on histogram) 옵션을 추가적으로 선택하였다.

10. **계속**(Continue) 단추를 클릭하여 **빈도분석** (Frequencies) 대화상자로 돌아가라.

10. **계속(Continue)** 단추를 클릭하여 **빈도분석(Frequencies)** 대화상자로 돌아가라(다음 그림 참조).

11. **확인(OK)** 단추를 클릭하여 **빈도분석(Frequencies)** 명령어를 실행하라.

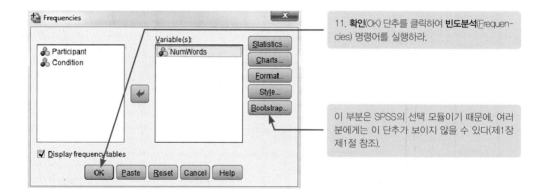

11. **확인**(OK) 단추를 클릭하여 **빈도분석**(Frequencies) 명령어를 실행하라.

이 부분은 SPSS의 선택 모듈이기 때문에, 여러 분에게는 이 단추가 보이지 않을 수 있다(제1장 제1절 참조).

빈도분석 결과는 이후에 살펴볼 것이다.

빈도분석(Frequencies) 대화상자에 있는 **형식**(Format) 단추를 클릭하면 분석 결과를 나타내는 방식을 조정할 수 있다. 분석 결과를 조직화하는 여러 가지 방법을 알아보려면 실제로 설정사항을 변경하여 확인해보라.

빈도분석 명령어로 산출한 분석 결과

Frequencies ◄──────

빈도분석(Frequencies) 명령어 시행의 결과임을 나타내는 제목 부분이다.

Statistics ◄──────

이 표는 우리가 선택한 모든 기술통계치를 나열해준다. 이 열은 (참가자들이 할당된 조건과 상관없이) 회상한 단어의 수에 관한 기술통계치들을 제공해주고 있다. 이 예시에서 회상단어 수의 평균은 16개이고, 최대값은 최빈치와 같은 20개이다.

NumWords

N	Valid	21
	Missing	0
Mean		16.0000
Median		17.0000
Mode		20.00
Std. Deviation		3.64692
Minimum		9.00
Maximum		20.00

종속변인 'NumWords'에 대한 빈도표이다.

빈도(Frequency)는 올바르게 회상한 단어 수별로 참가자가 몇 명씩 분포되어 있는지 알려준다.

백분율(Percent)은 특정 단어 수를 기억해낸 참가자의 비율이 어느 정도인지를 알려준다.

누가 백분율(Cumulative Percent)을 통해 (이 예시에서) 17개 이하의 단어를 회상해낸 사람들은 전체 참가자 중 52.4%를 차지하고 있음을 알 수 있다.

NumWords

		Frequency	Percent	Valid Percent	Cumulative Percent
Valid	9.00	1	4.8	4.8	4.8
	10.00	1	4.8	4.8	9.5
	11.00	1	4.8	4.8	14.3
	12.00	2	9.5	9.5	23.8
	14.00	3	14.3	14.3	38.1
	15.00	1	4.8	4.8	42.9
	16.00	1	4.8	4.8	47.6
	17.00	1	4.8	4.8	52.4
	18.00	3	14.3	14.3	66.7
	19.00	2	9.5	9.5	76.2
	20.00	5	23.8	23.8	100.0
	Total	21	100.0	100.0	

유효 백분율(Valid Percent)은 결측 사례(missing case)를 조정한 후의 백분율이다. 여기에서는 결측 사례가 하나도 없으므로 백분율과 동일하다.

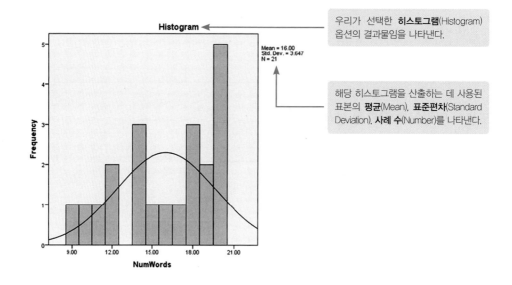

지금까지 **기술통계**(Descriptives) 명령어와 **빈도분석**(Frequencies) 명령어에 대해 살펴보았다. 이들 명령어들을 통해 매우 유용한 분석 결과를 산출할 수 있지만 집단별로 구분한 기술통계치를 산출할 수 없다는 한계점이 있다. 다음 제5절에서는 이러한 경우에 적합한 **데이터 탐색**(Explore) 명령어를 소개할 것이다.

제5절 │ 데이터 탐색 명령어

데이터 탐색(Explore) 명령어는 **기술통계**(Descriptives) 혹은 **빈도분석**(Frequencies) 명령어와 달리 참가자들은 집단별로 구분하여 기술통계치를 쉽게 구할 수 있도록 해준다. 예를 들어 기억 실험의 경우, **데이터 탐색**(Explore) 명령어로 기억 점수의 평균과 같은 요약 통계치들을 기억술(Mnemonic) 집단과 비기억술(Non-Mnemonic) 집단으로 구분하여 구할 수 있다. 또한 **데이터 탐색**(Explore) 기능을 사용하여 간단한 그래프도 산출할 수 있다.

데이터 탐색 명령어를 사용한 독립 집단 설계 데이터 분석 방법

1. 데이터를 입력하고, 확인 후 저장을 했다면 화면 상단에 있는 **분석**(Analyze)을 클릭하라(다음 그림 참조).
2. **기술통계량**(Descriptives Statistics)을 선택하라.
3. **데이터 탐색**(Explore)을 선택하라.

4. 그러면 다음에 나와 있는 그림과 같이 **데이터 탐색**(Explore) 대화상자가 나타날 것이다. 그 대화상자의 형태는 **기술통계**(Descriptives) 대화상자와 유사한 구조를 갖고 있다. 왼쪽 상자에서 분석하고자 하는 변인(들)을 선택한 후(예 : 'NumWords'), 위쪽에 있는 화살표 단추(이때 화살표의 방향은 오른쪽을 향하고 있을 것이다)를 클릭하라. 그러면 선택된 변인(들)은 가장 상단에 있는 **종속변인**(Dependent List) 상자로 이동하게 될 것이다.

5. 왼쪽 상자에서 집단변인(예 : 'Condition')을 선택하여 **요인**(Factor List) 상자로 옮겨라. 이때 중간 줄에 있는 화살표 단추를 클릭하거나 변인을 끌어오기 하면 된다.

6. 마지막으로 **데이터 탐색**(Explore) 명령어를 실행하기 위해 **확인** OK 단추를 클릭하라.

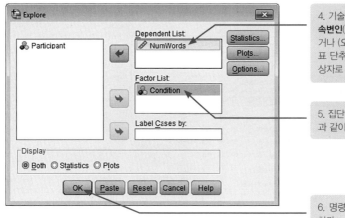

4. 기술통계 분석을 할 변인(들)을 선택하고, **종속변인**(Dependent List) 상자로 끌어오기를 하거나 (오른쪽 방향으로 향해 있는) 상단의 화살표 단추를 클릭하여 **종속변인**(Dependent List) 상자로 옮겨라.

5. 집단변인을 선택하여 여기에 나타나 있는 것과 같이 **요인**(Factor List) 상자로 옮겨라.

6. 명령어 실행을 위해 **확인**(OK) 단추를 클릭하라.

 산출되는 그래프의 유형을 변경하려면 **도표**(Plots) 단추를 클릭하면 된다. 이후에 반복 측정 설계에 대한 데이터 분석을 하면서, 도표 선택 기능에 대해 좀 더 살펴볼 것이다.

검토창이 이제 활성화되어 현재 창에 떠어져 있을 것이다. 만약 그렇지 않다면 화면의 하단에 있는 windows 작업창 메뉴에서 검토창을 선택하면 된다. 기억 실험의 데이터를 사용하여 분석한 **데이터 탐색**(Explore)의 결과는 다음에 제시되어 있다.

독립 집단 설계 자료를 사용한 데이터 탐색 명령어의 분석 결과

검토창에 **데이터 탐색**(Explore) 명령어의 결과가 아래 그림과 같이 나타날 것이다. 그럼 결과의 각
부분에 대해 좀 더 상세하게 살펴보도록 하자.

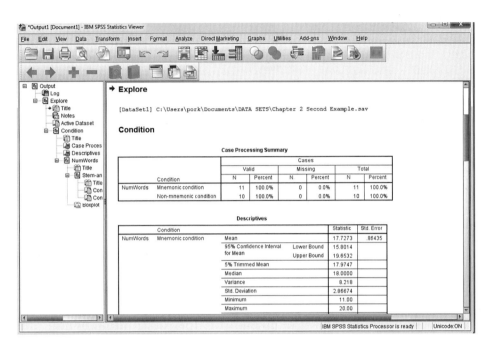

결과의 가장 처음 부분에는 **데이터 탐색**(Explore) 명령어의 분석 결과임을 나타내는 제목이 제시된다.

이 표는 분석에 포함된 사례 수, 유효 및 결측 사례에 대한 정보를 제공해준다. 정보가 올바른지 확인하라.

Explore

Condition

Case Processing Summary

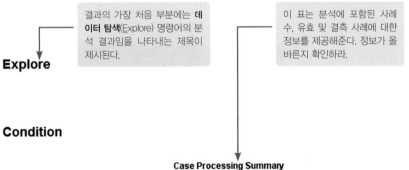

		Cases					
		Valid		Missing		Total	
	Condition	N	Percent	N	Percent	N	Percent
NumWords	Mnemonic condition	11	100.0%	0	0.0%	11	100.0%
	Non-mnemonic condition	10	100.0%	0	0.0%	10	100.0%

여기에는 종속변인의 이름이
표시되어 있다.

이 부분에는 집단변인 혹은 독
립변인의 이름이 표시되어 있다.

이 표는 각 조건에 해당하는 참가
자들의 기술통계치들을 보여주고
있다. 제시되는 기술통계 정보에
는 평균, 95% 신뢰구간, 중앙값,
분산, 표준편차 등이 있다.

해당 독립변인은 2개의 수준
으로 이루어져 있고, 여기에는
변인에 부여한 변인값 설명으
로 표시가 되어 있다.

Mnemonic(기억술)과 Non-Mnemonic
(비기억술) 조건의 평균(표준편차)은
각각 17.7(2.9)과 14.1(3.6)로 나타났다.

Descriptives

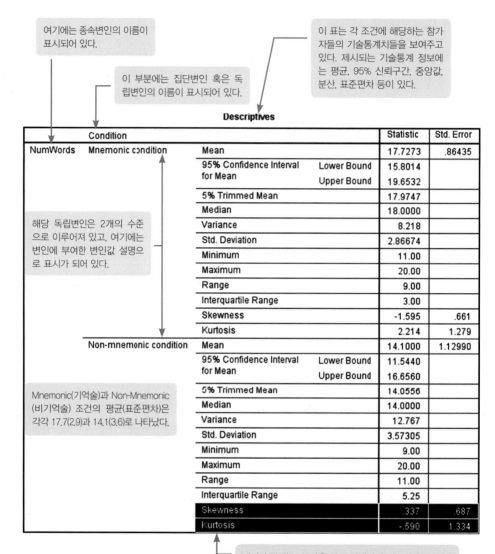

Condition			Statistic	Std. Error
NumWords	Mnemonic condition	Mean	17.7273	.86435
		95% Confidence Interval for Mean — Lower Bound	15.8014	
		95% Confidence Interval for Mean — Upper Bound	19.6532	
		5% Trimmed Mean	17.9747	
		Median	18.0000	
		Variance	8.218	
		Std. Deviation	2.86674	
		Minimum	11.00	
		Maximum	20.00	
		Range	9.00	
		Interquartile Range	3.00	
		Skewness	-1.595	.661
		Kurtosis	2.214	1.279
	Non-mnemonic condition	Mean	14.1000	1.12990
		95% Confidence Interval for Mean — Lower Bound	11.5440	
		95% Confidence Interval for Mean — Upper Bound	16.6560	
		5% Trimmed Mean	14.0556	
		Median	14.0000	
		Variance	12.767	
		Std. Deviation	3.57305	
		Minimum	9.00	
		Maximum	20.00	
		Range	11.00	
		Interquartile Range	5.25	
		Skewness	.337	.687
		Kurtosis	-.590	1.334

데이터 탐색(Explore)은 각 조건에서의 왜도와 첨도를 계
산해준다. 그러나 여기서처럼 표본의 크기가 작다면, 이
정보는 유용하지 않을 것이다. 보다 큰 표본을 사용하고
있을 때, 이들 지수를 고려하는 것이 좋다.

결과를 보고하기 전에 소수점 이하를 몇 번째 자리까지 표시할 것인지 고려하라. 이 예시에서 우리는
미국심리학회 출판 매뉴얼(APA, 2009)에 따라 소수점 두 번째 자리로 반올림하여 보고하였다.

Stem-and-Leaf Plots

```
NumWords Stem-and-Leaf Plot for
Condition= Mnemonic condition

   Frequency     Stem &   Leaf

       1.00 Extremes      (=<11)
       1.00       1 .   4
       5.00       1 .   78889
       4.00       2 .   0000

 Stem width:      10.00
 Each leaf:        1 case(s)
```

데이터 탐색(Explore) 명령어에는 제시된 결과와 같이 줄기와 잎 그림 도표(Stem-and-Leafs Plols)를 산출하도록 초기 설정이 되어 있다. 각 도표는 어떤 면에서는 일종의 히스토그램으로 생각해볼 수 있다. 히스토그램에 비해 갖는 장점은 모든 개별 데이터 수치를 확인할 수 있다는 점이다. 이 도표가 데이터를 이해하는 데 도움이 되기는 하지만, 심리학 연구보고에서는 일반적으로 상자도표(boxplots; 다음 참조) 혹은 히스토그램을 사용한다.

```
NumWords Stem-and-Leaf Plot for
Condition= Non-mnemonic condition

   Frequency     Stem &   Leaf

       1.00       0 .   9
       5.00       1 .   02244
       3.00       1 .   569
       1.00       2 .   0

 Stem width:      10.00
 Each leaf:        1 case(s)
```

이 부분은 Non-mnemonic 조건의 줄기와 잎 그림 도표를 나타낸다. 데이터는 데이터 수치의 마지막 숫자를 나타내는 잎 그리고 수치의 나머지 부분을 나타내는 줄기, 이렇게 두 부분으로 표현된다. 예시 자료에서 줄기는 10단위의 숫자를 나타내준다. 즉 숫자 9는 0의 줄기에 9의 잎을 더한 것으로 표현되는 반면, 12는 1의 줄기에 2의 잎이 더해진 것으로, 20은 2의 줄기에 0의 잎이 더해진 형태로 표현된다.

도표를 통해서 Non-mnemonic 조건의 참가자들이 회상한 단어의 수를 확인할 수 있다. 우리의 데이터에는 9개의 단어를 회상한 참가자 1명, 10~14개의 단어를 회상한 참가자 5명(10, 12, 12, 14, 14), 15~19개의 단어를 회상한 참가자 3명(15, 16, 19), 그리고 20개의 단어를 회상한 참가자 1명이 포함되어 있다.

이것은 우리 데이터의 상자도표이다. 상자도표는 데이터를 표현하는 데 매우 유용한 방법이다. 단 하나의 그림을 통해 데이터의 매우 다양한 특성, 즉 최소값 및 최대값, 중앙값, 사분위 범위(25와 75 사분위수), 중앙값과 이상치(outlier) 등을 확인할 수 있기 때문이다.

도표의 중간에 있는 이 굵은 선은 중앙값(백분위 50)을 나타낸다.

이 상자는 사분위 범위를 나타내준다. 위와 아래 끝은 각각 75 사분위와 25 사분위를 나타낸다.

이 선(또는 '수염')은 이상치라고 간주되는 값들을 제외한 데이터의 범위를 나타낸다. 이 선은 Non-Mnemonic 조건에서 회상 단어의 최소값은 9, 최대값은 20의 범위를 가지며, 이상치로 간주되는 값은 없음을 보여주고 있다.

Mnemonic 조건에서는 대부분의 값이 14~20의 범위 내에 속하는 것으로 나타났다. 하지만 11개의 단어를 회상한 한 사람의 참가자가 존재하고, 이 사례는 이상치로 간주된다. '6'이라는 숫자는 해당 수치는 나타내는 사례(참가자)의 케이스 번호가 데이터 파일에서 6임을 의미한다.

상자도표는 자료를 매우 효과적으로 요약해주며, 하나의 도표에 모든 기술통계치들의 범위를 표현할 수 있다. 이 예시의 경우 상자도표는 Mnemonic 조건 집단의 많은 참가자들이 최대 가능한 회상 단어의 수인 20 혹은 그에 가까운 단어를 회상하는, 천장 효과가 나타나고 있음을 명확하게 보여주고 있다.

데이터 탐색 명령어로 반복 측정 설계 데이터 분석하기

이에 대한 설명을 위해 제2장 제6절에서 만들었던 심상 비교 연구의 데이터를 사용할 것이다.

　　1~3단계는 66쪽에 있는 독립 집단 설계에서의 순서대로 시행하라.

4. 반복 측정 설계를 포함하는 실험의 경우 적어도 2개의 변인에 대한 기술통계치가 요구된다. 이들 변인을 **종속변인**(Dependent List) 상자로 옮겨라.

5. 예시의 경우처럼 반복 측정 설계에서는 집단변인이 없기 때문에 **요인**(Factor List) 상자에 옮길 것이 아무것도 없게 된다.

6. 이 예시에서는 도표 산출에 대한 초기 설정을 변경하는 방법을 보여줄 것이다. **도표(Plots) 단추**를 클릭하여 **데이터 탐색 : 도표(Explore: Plots) 대화상자**를 불러와라(다음 참조).

4. 예시처럼 반복 측정 설계에서는 두 종속변인에 대한 기술통계 분석이 필요하다. 이들 두 변인을 선택하여 **종속변인(Dependent List) 상자**로 옮겨라.

6. **도표**(Plots) 단추를 클릭하여 **데이터 탐색 : 도표**(Explore : Plots) 대화상자를 불러와라(다음 그림 참조).

7. **데이터 탐색 : 도표(Explore : Plots) 대화상자**에서 상자도표가 산출되는 방식을 변경할 수 있으며, **종속변인들과 함께(Dependents together)**로 설정을 변경해줘야 한다. 이는 단순 반복 측정 설계의 데이터 파일에는 요인(독립변인)이라고 할 수 있는 SPSS 변인이 없기 때문에 필요한 과정이다. 대신에 데이터상에 서로 다른 열로 구분되어 있는(즉 서로 다른 SPSS 변인) 종속변인의 수준별로 도표를 산출해준다. SPSS는 이들 변인을 '종속변인'으로 부르며, 따라서 다음 그림과 같이 **종속변인들과 함께(Dependents together)**를 선택하라.

8. 원하는 도표를 선택하고 **계속(Continue) 단추**를 클릭하여 **데이터 탐색(Explore) 대화상자**로 돌아간 다음, **확인(OK) 단추**를 클릭하라.

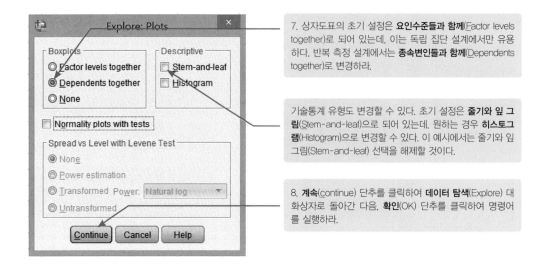

7. 상자도표의 초기 설정은 **요인수준들과 함께**(Factor levels together)로 되어 있는데, 이는 독립 집단 설계에서만 유용하다. 반복 측정 설계에서는 **종속변인들과 함께**(Dependents together)로 변경하라.

기술통계 유형도 변경할 수 있다. 초기 설정은 **줄기와 잎 그림**(Stem-and-leaf)으로 되어 있는데, 원하는 경우 **히스토그램**(Histogram)으로 변경할 수 있다. 이 예시에서는 줄기와 잎 그림(Stem-and-leaf) 선택을 해제할 것이다.

8. **계속**(continue) 단추를 클릭하여 **데이터 탐색**(Explore) 대화상자로 돌아간 다음, **확인**(OK) 단추를 클릭하여 명령어를 실행하라.

데이터 탐색 명령어로 산출한 반복 측정 설계 데이터의 상자도표

하단에 제시된 상자도표를 통해 참가자들이 보이는 두 실험 조건에서의 수행 수준을 시각적으로 비교할 수 있다. 그림을 보면 '크기 차이가 큰' 조건의 참가자들이 '크기 차이가 작은' 조건의 참가자들보다 반응을 빨리 했다는 것을 명확히 알 수 있다. 또한 이러한 현상은 상자 그림의 가운데에 굵은 수평선으로 표시된 중앙값을 통해서도 파악할 수 있다. 더불어 14번 참가자가 양 조건 모두에서 느린 반응을 보였다는 것도 알 수 있다.

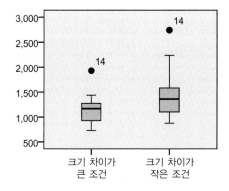

데이터 탐색 : 도표(Explore: Plots) 대화상자에서 **요인수준들과 함께**(Factor levels together)의 초기 설정을 변경하지 않는다면, 어떻게 상자도표가 산출되는지 살펴보도록 하겠다. 만약 초기 설정을 그대로 두고 상자도표를 그렸다면, 다음과 같이 2개의 구분된 도표가 생성되었을 것이다(비교

를 위해 크기를 조정하고, 그래프를 나란히 위치시켜놓았다. 크기 조절은 제7절 참조).

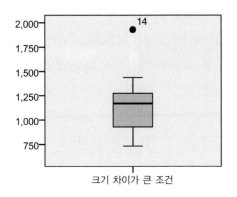

크기 차이가 큰 조건

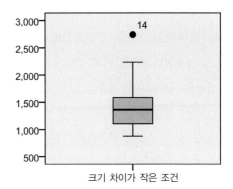

크기 차이가 작은 조건

이와 같은 방식으로 표현이 되면 참가자들의 반응이 두 조건에서 모두 유사한 것처럼 보인다. 하지만 이는 SPSS가 데이터 내용에 맞게 Y축의 값을 설정하여 도표를 생성해주기 때문이며, 실제는 그렇지 않다. 자세히 살펴보면 두 그래프의 Y축의 척도가 다르다는 것을 알 수 있다. 이러한 측면 때문에 **종속변인들과 함께**(Dependents together) 옵션을 선택해야 두 조건을 보다 쉽고 명확하게 비교할 수 있다.

제6절 │ 기술통계 분석으로 데이터 점검하기

제2장의 뒷부분에서 설명했다시피 어떤 분석을 하든지 분석 전에 데이터에 오류가 없는지 면밀히 점검하고 이를 교정하는 과정을 반드시 거쳐야 한다. 이러한 데이터 점검 및 정제(cleaning)는 기술통계 명령어를 사용하여 손쉽게 할 수 있으며, **기술통계량**(Descriptives), **빈도분석**(Frequencies), **데이터 탐색**(Explore)은 이미 제2절, 제4절, 제5절에서 간략히 살펴보았다.

데이터 점검과 정제 과정을 설명하기 위해 향후 제4장에서 보다 자세히 살펴보게 될 데이터 파일을 사용할 것이며, 실습을 위해 데이터에 의도적으로 오류를 포함시켜놓았다. 만약 이 책을 따라 데이터 점검과 정제 과정을 실습해보고 싶다면, 실습용 데이터 파일을 다운받아 할 수 있으며, 자신이 소유하고 있는 데이터를 이용하여 책의 설명에 따라 데이터를 점검해보아도 된다.

변인보기에서 변인 점검하기

먼저 데이터 파일의 형식을 점검하라.

- 데이터 파일을 연 후, 변인보기로 가라. 명목 혹은 서열 변인에 설정된 변인값 설명문을 살펴보고, 사용했던 변인값이 무엇인지 떠올려보라. 예를 들어, 성별변인에서 어떤 값을 남성과 여성 집단을 나타내도록 설정하였는가? 이 과정을 통해 해당 변인에서 기대할 수 있는 변인값이 무엇인지 알 수 있다.
- 다음으로 결측값을 점검하라. 각 변인별로 하나라도 결측값을 설정한 것이 있는가? 있다면 어떤 수치를 사용하였는가?
- 이번엔 데이터보기창으로 가서 모든 셀이 점(dot)으로 되어 있는 열은 없는지 확인하라. 이러한 열은 특히 마지막 참가자 다음에 있는 경우가 많다. 만약 이런 열들이 있다면, 삭제하라(다음 예시 참조).

기술통계로 데이터 점검하기

다음에는 **빈도분석**(Frequencies) 명령어를 이용하여 데이터 파일의 오류를 확인할 것이다. **기술통계량**(Descriptives)과 **데이터 탐색**(Explore) 명령어의 결과를 사용해서도 동일한 과정을 할 수 있지만 **빈도분석**(Frequencies) 명령어의 빈도표를 사용하는 것이 명목 혹은 서열 변인 점검에 특히 유용하다.

제4절에서 설명했던 내용에 따라 데이터 파일에 있는 모든 변인으로 빈도분석을 시작하라. 평균, 중앙값, 최빈치 옵션을 선택하고, 최대값 및 최소값, 범위도 함께 선택하라. 이 책의 예시 데이터 파일로 해당 분석을 시행하면 다음의 그림과 같은 결과가 산출될 것이고, 이 그림은 결과의 일부를 가져온 것이다.

이 부분은 **빈도분석**(Frequencies) 명령어 결과의 처음 부분이다. 이 표에는 분석에 포함한 모든 변인에 대해 요청한 통계치들이 제시되어 있다.

제일 처음 살펴봐야 하는 것은 **사례 수**(N)이다. 두 가지의 수치가 나오는데 하나는 (결측 사례를 제외한) **유효**(Valid) 사례 수이고, 다른 하나는 **결측**(Missing) 사례 수이다. 얼마나 많은 사례(참가자)가 데이터에 포함되어 있어야 하고, 결과표에 보고된 숫자는 이와 일치하는가?

→ **Frequencies**

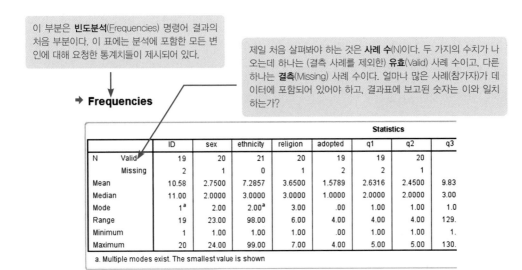

Statistics

		ID	sex	ethnicity	religion	adopted	q1	q2	q3
N	Valid	19	20	21	20	19	19	20	
	Missing	2	1	0	1	2	2	1	
Mean		10.58	2.7500	7.2857	3.6500	1.5789	2.6316	2.4500	9.83
Median		11.00	2.0000	3.0000	3.0000	1.0000	2.0000	2.0000	3.00
Mode		1ᵃ	2.00	2.00ᵃ	3.00	.00	1.00	1.00	1.0
Range		19	23.00	98.00	6.00	4.00	4.00	4.00	129.
Minimum		1	1.00	1.00	1.00	.00	1.00	1.00	1.
Maximum		20	24.00	99.00	7.00	4.00	5.00	5.00	130.

a. Multiple modes exist. The smallest value is shown

20명의 참가자를 대상으로 데이터를 수집하였기 때문에 결과에 총사례 수가 20명으로 나올 것이라 기대할 수 있다. 그러나 첫 번째 변인(ID)을 보면 19명의 유효 사례 수와 2명의 결측 사례 수가 있으며, 총사례 수는 21명으로 나타났다. 게다가 해당 변인이 사례를 구분하기 위해 할당한 번호임을 고려할 때, 실제로는 결측 사례가 나타나지 않아야 한다. 이는 분명 하나 이상의 오류가 발생한 것임을 의미한다.

이제 데이터 파일을 보고 해당 변인의 오류가 어디서 발생한 것인지를 확인해야 한다(다음 참조).

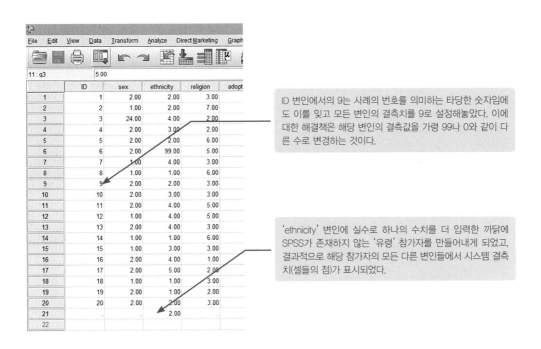

ID 변인에서의 9는 사례의 번호를 의미하는 타당한 숫자임에도 이를 잊고 모든 변인의 결측치를 9로 설정해놓았다. 이에 대한 해결책은 해당 변인의 결측값을 가령 99나 0와 같이 다른 수로 변경하는 것이다.

'ethnicity' 변인에 실수로 하나의 수치를 더 입력한 까닭에 SPSS가 존재하지 않는 '유령' 참가자를 만들어내게 되었고, 결과적으로 해당 참가자의 모든 다른 변인들에서 시스템 결측치(셀들의 점)가 표시되었다.

첫 번째 오류는 알아채기 쉬운 편이다. 해당 데이터에는 '유령' 참가자로 인한 추가 열이 있었다 (데이터표상의 21번째 열). 이는 'ethnicity(민족)' 변인에 실수로 수치를 하나 더 입력해서 발생한 것이다. SPSS는 유령 참가자의 모든 다른 변인값을 시스템 결측치로 설정해놓았다(셀 안에 점으로 표시). 중요한 것은 한 변인에 실수로 값을 하나 더 넣은 것이 모든 다른 변인들의 결과에 결측 사례를 발생시키는 결과로 이어졌다는 것이다. 어떻게 오류가 발생했고, 이것이 다른 문제를 암시해 주는 것은 아닌지 생각해보는 것이 중요하다. 예를 들어, 'ethnicity' 데이터가 다른 변인들과 달리 순서가 뒤엉켜 잘못 정리가 된 것임을 의미한다면, 이는 다른 참가자의 'ethnicity' 값이 잘못 입력된 것일 수도 있다. 이때는 원데이터 기록으로 돌아가 오류가 어느 부분에서 발생한 것인지를 확인하는 과정이 필요하다. 지금은 실습 상황이므로 단순한 입력 오류이며, 걱정스러운 문제는 발생하지 않은 것으로 가정할 것이다. 이러한 경우 해결책은 간단하다. 해당 열을 모두 선택한 후, 삭제(delete) 키를 눌러 파일에서 지워버리면 된다. 그다음 파일을 저장한다.

'ID' 변인의 두 번째 오류는 상대적으로 알아채기 어렵다. 처음에 데이터 파일을 설정할 때, 'ID' 변인을 포함한 모든 변인의 결측치로 숫자 9를 할당했었다. 'ID' 변인의 경우, 숫자 9는 아홉 번째 참가자를 의미하는 유효한 숫자였으나, SPSS는 아홉 번째 참가자 번호를 'ID' 변인의 결측치로 간주하여 결과를 산출해주었다. 해결책은 데이터 파일의 변인보기에서 해당 변인의 결측값 설정을 변경해주는 것이다. 이 예시에서는 20명의 참가자만 갖고 있기 때문에 99라는 숫자로 바꾸었다. 물론 참가자의 'ID' 번호로 쓰지 않는 숫자 0으로 바꾸어주어도 된다. 만약 데이터를 변경하였다면, 데이터를 저장하라.

두 가지의 오류를 정정한 후 제대로 된 데이터를 저장한 다음 **빈도분석**(Frequencies) 명령어로 돌아와라. 빈도분석 명령어를 설정할 때 앞선 분석에서 선택하였던 옵션들을 모두 클릭한 후, 확인(OK) 단추를 눌러라. 그다음 'ID' 변인의 문제가 의도대로 잘 해결되었는지 결과표를 보면서 확인하라.

새로운 결과표가 하단에 제시되어 있다. 지금은 전체 참가자 수가 올바르게 나타나 있으며, 'ID', 'sex(성별)', 'ethnicity(민족)', 'religion(종교)' 변인에 결측치가 없고, 'adopted'와 'q1'에는 1개의 결측값이, 'q3'에는 2개의 결측값이 나타나 있다. 현재의 결측치들을 확인해본 결과, 일부 참가자들이 해당 문항에 응답하지 않아 나타난 올바른 결측치였다.

· **Frequencies**

Statistics

		ID	sex	ethnicity	religion	adopted	q1	q2	q3	q4
N	Valid	20	20	20	20	19	19	20	18	
	Missing	0	0	0	0	1	1	0	2	
Mean		10.50	2.7500	7.5500	3.6500	1.5789	2.6316	2.4500	9.8333	2.75
Median		10.50	2.0000	3.0000	3.0000	1.0000	2.0000	2.0000	3.0000	2.00
Mode		1^a	2.00	4.00	3.00	.00	1.00	1.00	1.00^a	2.
Range		19	23.00	98.00	6.00	4.00	4.00	4.00	129.00	4.
Minimum		1	1.00	1.00	1.00	.00	1.00	1.00	1.00	1.
Maximum		20	24.00	99.00	7.00	4.00	5.00	5.00	130.00	5.

a. Multiple modes exist. The smallest value is shown

그다음으로는 이들 변인들의 **최소값**(Minimum)과 **최대값**(Maximum)을 살펴보라. 여기에 나타난 오류를 알아보겠는가? 'sex' 변인의 최대값이 24로 나타나 있다. 남성=1, 여성=2로 코딩한 상황에서 이 최대값은 분명 잘못된 것이다. 이에 대해 좀 더 면밀히 살펴보기 위해 스크롤바를 내려 'sex' 변인의 빈도표로 가보도록 하자(다음 참조).

sex

		Frequency	Percent	Valid Percent	Cumulative Percent
Valid	Male	7	35.0	35.0	35.0
	Female	12	60.0	60.0	95.0
	24.00	1	5.0	5.0	100.0
	Total	20	100.0	100.0	

이 표를 보면 데이터 파일에 7명의 남성 참가자와 12명의 여성 참가자가 있고, 24로 코딩된 1명의 참가자가 있다는 것을 알 수 있다. 데이터 파일을 확인한 결과, 24로 코딩된 참가자는 세 번째 사례이며, 실제 여성 참가자는 12명이 아닌 13명임을 알 수 있었다. 따라서 실수로 해당 사례자의 '2'를 '24'로 잘못 입력한 것으로 가정할 수 있다. 이를 올바르게 변경한 후, 데이터 파일을 다시 저장하라.

이제는 'ethnicity'와 'religion' 변인의 빈도표를 살펴보아라(다음 참조). 'ethnicity' 변인에서는 99라는 잘못된 수치가, 'religion' 변인에서는 7이라는 맞지 않는 수치가 나타났다. 만약 올바른 수치가 무엇인지 파악할 수 있다면, 데이터 파일에서 이를 수정할 수 있다. 하지만 올바른 진짜 수치를 파악할 수 없는 상황이라면, 대안적으로 해당 값들을 두 변인의 결측치를 의미하는 9로 변경할 수 있다.

ethnicity

		Frequency	Percent	Valid Percent	Cumulative Percent
Valid	Asian	4	20.0	20.0	20.0
	African	5	25.0	25.0	45.0
	Chinese	3	15.0	15.0	60.0
	European	6	30.0	30.0	90.0
	Other	1	5.0	5.0	95.0
	99.00	1	5.0	5.0	100.0
	Total	20	100.0	100.0	

religion

		Frequency	Percent	Valid Percent	Cumulative Percent
Valid	Atheist	1	5.0	5.0	5.0
	Buddhist	4	20.0	20.0	25.0
	Christian	8	40.0	40.0	65.0
	Islam	3	15.0	15.0	80.0
	Other	3	15.0	15.0	95.0
	7.00	1	5.0	5.0	100.0
	Total	20	100.0	100.0	

각 오류의 위치를 파악하고, 이를 수정한 후에는 데이터 파일을 다시 저장해야 한다. 이때 이전 데이터에 겹쳐쓰기를 하지 말고 다른 이름으로 저장하는 것을 추천한다. 그렇게 하면 실수를 하더라도 다시 이를 정정할 수 있다. 예를 들어, 이 예시에서는 'adoption_survey v2', 'adoption_survey v3' 등의 파일 이름을 사용할 수 있을 것이다.

빈도분석(Frequencies)과 데이터 탐색(Explore) 같은 기술통계 명령어의 결과를 주의 깊게 살펴보는, 이와 같은 과정을 따라 하다 보면 데이터 파일의 각 변인에게서 나타나는 부적절하거나 불가능한 수치가 있는지 점검할 수 있다.

척도변인 점검하기

지금까지는 명목 혹은 서열 변인을 점검하는 방법을 살펴보았다. 척도변인을 점검할 때에는 **빈도분석(F**requencies**)** 명령어가 그다지 유용하지 않을 수 있다. 예를 들어 1,000분의 1초 단위로 측정한 참가자 100명의 반응시간이 정리된 데이터 파일을 갖고 있다 가정해보자. 이러한 경우 각 참가자들은 고유한 'reaction time' 변인의 값을 갖게 될 것인데, 이는 **빈도분석(F**requencies**)** 명령어는 매우 길면서 오류를 파악하기는 어려운 결과표를 만들어낼 것이기 때문이다. 이러한 경우에는 **기술통계량(D**escriptives**)** 명령어를 사용하여 평균, 중앙값, 최빈치, 최소값, 최대값을 산출한 후, 보다 간단하게 모든 값이 타당하게 산출되는지 여부를 점검할 수 있다. **데이터 탐색(E**xplore**)** 명령어를 사용하여 상자도표를 산출한 후, 이상한 수치나 극단치가 있는지 확인하는 방법도 있다.

파일의 정제 마무리하기

이제 현재 데이터 파일에 남아 있는 변인들로 작업을 진행한 후, 각 결과가 만족스러운지 여부를 확인하라. 만약 확인되었던 모든 오류가 올바르게 수정되었다면 데이터가 정제된 최종 파일임을 알 수 있도록 다른 이름으로 데이터 파일을 다시 저장하라. 예를 들어 'adoption_survey_cleaned'와 같이 말이다.

데이터 파일에 존재하게 되는 오류의 주된 두 가지 원인은 잘못된 수치를 입력해서 발생한 단순 실수인 '오타(finger errors)'와 결측값 사용과 관련된 오류이다. 특정 변인의 결측치를 어떤 숫자로 설정하였는지 항상 잘 생각하고 데이터를 입력할 때 이들 값을 정확히 사용하도록 주의해야 한다.

남은 절들에서는 SPSS를 활용하여 간단한 그래프를 만들어내는 방법에 대해 살펴보도록 하겠다.

제7절 | 그래프 작성하기

그래프 만들기

SPSS를 사용하여 그래프를 만드는 방법에는 몇 가지가 있다. **분석(Analyze)** 메뉴에 있는 많은 통계적 명령어들은 결과에 그래프를 함께 산출하는 기능을 포함하고 있다. 제4절과 제5절에서 다룬 **데이터 탐색(Explore)**과 **빈도분석(Frequencies)** 명령어에서 이미 이러한 방법으로 그래프를 산출하는 예들을 살펴보았다. 다른 많은 통계적 명령어도 역시 그래프 옵션을 포함하고 있으며, 이 책의 뒷부분에서 이러한 내용을 다룰 것이다. 이 외에도 SPSS는 그래프 그리기 명령어 기능을 따로 갖고 있다. 이 장의 나머지 절에서는 이러한 그래프 그리기 명령어들을 소개할 것이다. 하지만 그 전에 SPSS에서 사용할 수 있는 그래프 유형의 일부를 먼저 간단히 설명하도록 하겠다.

그래프 유형

상자도표

상자도표(boxplot)는 이 장 제5절에 기술한 것처럼, 처음에 자신이 갖고 있는 데이터를 탐색하고자 할 때 유용한 그래프이다. 상자도표는 연구의 각 조건별로 데이터의 중앙값과 변산도(사분위범위와 이상치)를 시각적으로 표현해준다.

히스토그램

히스토그램(histogram)은 서열, 구간 혹은 비율 척도 수준으로 측정된 데이터의 빈도 분포를 도식화하는 데 사용된다. 독립 집단 설계의 경우에는 각 조건마다 별개로 그래프를 도식화해야 한다. **빈도분석(Frequencies)** 명령어를 사용하여 히스토그램을 산출하는 예시는 이 장 제4절에서 살펴보았다.

막대도표

막대도표(bar chart)는 상이한 집단에서 수집한 데이터와 명목 혹은 구간 척도로 측정한 데이터 요약에 적합하다. 예를 들어, 종교적 믿음에 대한 설문 문항 응답 결과를 막대도표로 그릴 수 있으며, 이때 각 막대는 각 종교를 믿는 사람들의 숫자(빈도)를 나타낼 것이다.

또한 막대도표는 독립변인 혹은 요인의 여러 수준 간 데이터를 요약하는 데도 사용할 수 있다. 이러한 경우 종속변인은 서열, 구간 혹은 비율 척도의 측정 수준을 갖고 있어야 하며, 각 막대는 종속변인의 평균(혹은 다른 요약 통계치들)을 나타낼 수도 있다. 막대들은 독립변인의 수준별로 산출된다.

오차막대도표

오차막대도표(error bar chart)는 상자도표의 좀 더 단순한 형태라 생각하면 된다. 중앙에 표시되는 점은 평균(혹은 다른 중심 경향 측정치)을 나타내고, 오차막대는 그에 적합한 변산도 측정치로 표시된다. 예를 들어 여러분은 평균과 표준편차 혹은 평균과 95% 신뢰구간을 표시할 수 있고, 중앙값과 사분위 범위로 표시할 수도 있다. 해당 그래프 유형의 예시는 제8장의 제3절을 참고하라.

선도표

선도표(Line chart)는 일련의 데이터 점들을 선과 함께 연결하여 그리는 데 사용된다. 구간 혹은 비율 척도로 측정된 변인(X축)에 대응되는 다른 한 변인(Y축)의 값들을 도표로 작성하고자 할 때 가장 유용하다. 그러나 심리학에서는 일반적으로 요인들 간의 상호작용을 도식화하고자 하는 보다 복잡한 연구에서 선도표를 사용한다. 이러한 경우에 선도표는 관련 데이터의 지점들을 서로 명확히 연결할 수 있다는 장점을 갖는다. '상호작용 그래프'로 불리는 이러한 예시는 앞으로 제8장의 제3절과 제5절에서 살펴보게 될 것이다.

산포도

산포도(scattergram)는 두 변인 간의 관계를 도식화하는 데 사용된다. 각 변인은 서열, 구간 혹은 비율 척도 수준으로 측정된 것이어야 한다.

다음의 표는 각 그래프 유형의 예시를 어디서 찾아볼 수 있는지를 정리해놓은 것이다.

그래프 유형	해당 장과 절
상자도표	제3장의 제5절과 제8절
히스토그램	제3장의 제4절과 제9절
막대도표	제7장의 제4절과 제5절
오차막대그래프	제5장의 제3절, 제8장의 제3절
선도표/상호작용 그래프	제8장의 제5절
산점도	제6장의 제2절

제8절 │ 도표 작성기

도표 작성기 사용하기

여기에서는 제2장 제6절에서 설명한 기억 연구 데이터를 바탕으로 상자도표를 그려보면서 **도표 작성기**(Chart Builder) 사용 방법을 살펴볼 것이다. 결과 자체는 이 장의 제5절에서 살펴본 **데이터 탐색**(Explore) 명령어 옵션으로 산출한 상자도표와 매우 유사하다. 하지만 **도표 작성기**(Chart Builder)는 도표 형태를 조정할 수 있다는 점에서 좀 더 유연한 방법이라 할 수 있으며, 이 부분은 앞으로 확인할 수 있다. 또한 도표를 산출한 이후에 어떻게 편집할 수 있는지도 함께 살펴볼 것이다.

1. 창의 상단에 있는 메뉴 중 **그래프**(**G**raphs)를 클릭하라.
2. **도표 작성기**(**C**hart Builder)를 클릭하여 **도표 작성기**(Chart Builder) 대화상자를 불러와라(다음 참조).

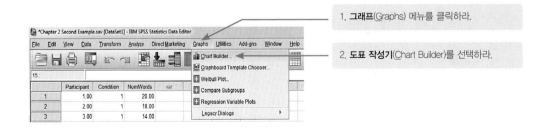

1. **그래프**(Graphs) 메뉴를 클릭하라.

2. **도표 작성기**(Chart Builder)를 선택하라.

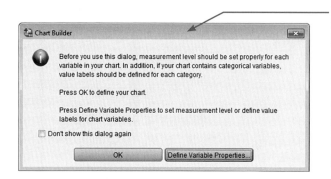

3. SPSS는 실행하기 이전에 이와 같은 주의 사항을 알려준다. **도표 작성기**(Chart Builder)를 정확히 사용할 수 있으려면, 데이터 창의 변인보기(Variable view)에 변인의 두 가지 속성이 설정되어 있어야 한다. 각 변인의 측정 수준을 설정해야 하고, 범주 혹은 서열 변인에 대해서는 변인값 설명을 정의해야 한다. 만약 이를 미리 설정해놓지 않았다면, 현재의 대화상자를 닫고 바로 데이터 창의 변인보기로 이동해야 한다. 만약 변인들의 설정이 적절하게 되어 있다면, **확인**(OK) 단추를 클릭하라.

 만약 측정수준과 변인값 설명문 정의를 설정해야 한다면, 가장 쉬운 방법은 이 대화상자를 닫고 데이터 창의 변인보기로 되돌아가는 것이다. 이 대화상자에 있는 **변인 특성 정의**(Define Variable Properties) 단추로도 설정할 수 있지만, 초보자에게는 이 방법이 다소 어려울 수 있다.

SPSS는 도표 작성기(Chart Builder)와 요소 속성(Element Properties)의 대화상자가 서로 연결된 대화상자를 제시해줄 것이다. 먼저 **도표 작성기**(Chart Builder) 대화상자를 살펴보도록 하자.

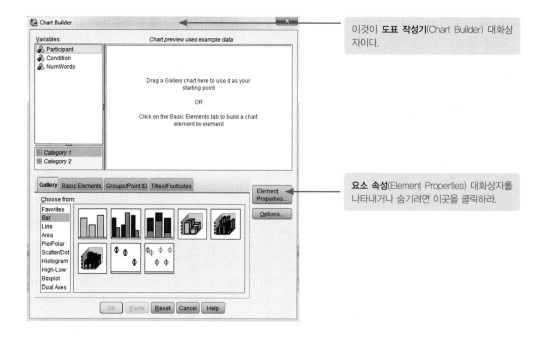

이것이 **도표 작성기**(Chart Builder) 대화상자이다.

요소 속성(Element Properties) 대화상자를 나타내거나 숨기려면 이곳을 클릭하라.

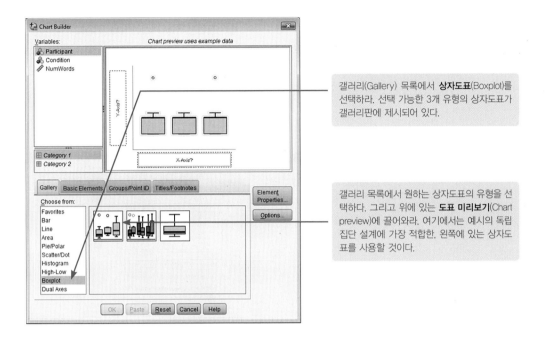

갤러리(Gallery) 목록에서 **상자도표**(Boxplot)를 선택하라. 선택 가능한 3개 유형의 상자도표가 갤러리판에 제시되어 있다.

갤러리 목록에서 원하는 상자도표의 유형을 선택하다. 그리고 위에 있는 **도표 미리보기**(Chart preview)에 끌어와라. 여기에서는 예시의 독립 집단 설계에 가장 적합한. 왼쪽에 있는 상자도표를 사용할 것이다.

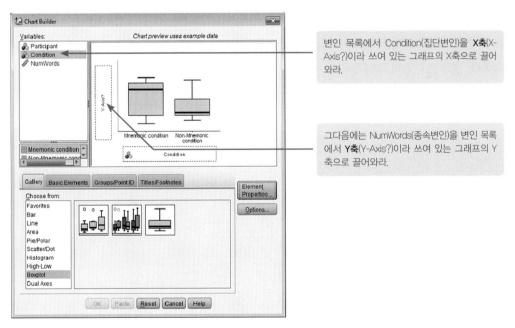

변인 목록에서 Condition(집단변인)을 **X축**(X-Axis?)이라 쓰여 있는 그래프의 X축으로 끌어와라.

그다음에는 NumWords(종속변인)을 변인 목록에서 **Y축**(Y-Axis?)이라 쓰여 있는 그래프의 Y축으로 끌어와라.

이제 **요소 속성**(Element Properties) 대화상자에서 그래프의 설정을 조정할 수 있다.

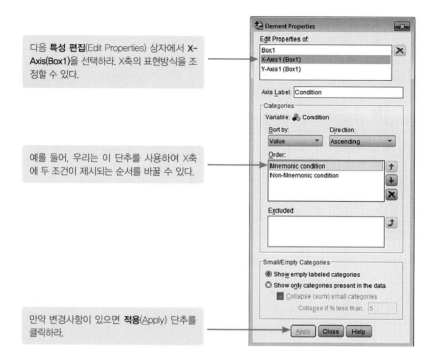

다음 **특성 편집**(Edit Properties) 상자에서 X-Axis(Box1)을 선택하라. X축의 표현방식을 조정할 수 있다.

예를 들어, 우리는 이 단추를 사용하여 X축에 두 조건이 제시되는 순서를 바꿀 수 있다.

만약 변경사항이 있으면 **적용**(Apply) 단추를 클릭하라.

마지막으로 **도표 작성기**(Chart Builder) 대화상자에 있는 **확인**(OK) 단추를 클릭하여 도표를 산출하라. 결과는 다음의 그림과 같이 나타날 것이다.

GGraph

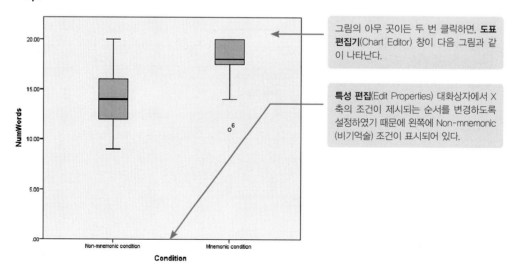

그림의 아무 곳이든 두 번 클릭하면, **도표 편집기**(Chart Editor) 창이 다음 그림과 같이 나타난다.

특성 편집(Edit Properties) 대화상자에서 X축의 조건이 제시되는 순서를 변경하도록 설정하였기 때문에 왼쪽에 Non-mnemonic (비기억술) 조건이 표시되어 있다.

도표 편집기 창에서 도표 편집하기

도표를 생성하고 나면 이를 편집할 수 있다. 출력 결과에서 도표 안의 어떤 곳이든지 더블클릭하면, 도표 편집기 창이 다음의 그림과 같이 열린다.

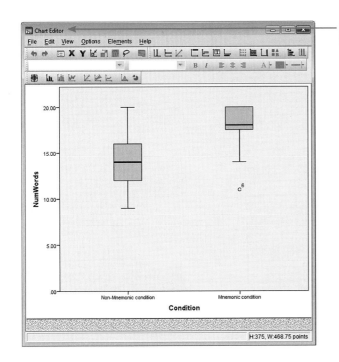

이것이 **도표 편집기**(Chart Editor) 창이다.

    도표 편집기(Chart Editor) 창의 메뉴와 도구들로 초기 도표의 형태를 변경할 수 있다. 변경할 수 있는 항목들은 도표 제목, 소제목, 범례, 축 제목, 설명, 선 특성, 표시(Marker) 등이 있고, 메뉴를 통해서 변경하거나 항목을 직접 더블클릭해서, 혹은 도구막대의 아이콘(cion) 단추를 클릭하여 변경할 수 있다. 커서를 아이콘이나 단추 위에 놓으면 해당 기능을 알려주는 메시지가 나타난다.

    예를 들어 우리는 도표의 크기를 줄여볼 것인데, 도표 편집기(Chart Editor) 명령어를 사용하게 되면 글자와 기호를 읽기 쉬운 크기로 유지할 수 있다. **편집**(Edit)을 먼저 클릭한 다음 그림과 같이 **특성**(Properties)을 클릭하라.

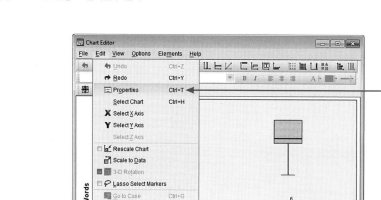

1. **편집**(Edit)을 클릭한 다음, **특성**(Properties)을 클릭하여 특성 대화상자를 다음과 같이 열어라.

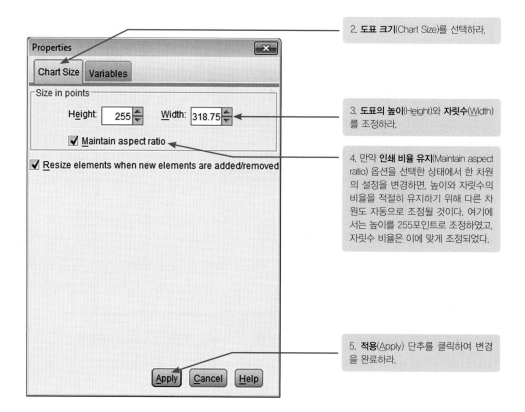

2. **도표 크기**(Chart Size)를 선택하라.

3. **도표의 높이**(Height)와 **자릿수**(Width)를 조정하라.

4. 만약 **인쇄 비율 유지**(Maintain aspect ratio) 옵션을 선택한 상태에서 한 차원의 설정을 변경하면, 높이와 자릿수의 비율을 적절히 유지하기 위해 다른 차원도 자동으로 조정될 것이다. 여기에서는 높이를 255포인트로 조정하였고, 자릿수 비율은 이에 맞게 조정되었다.

5. **적용**(Apply) 단추를 클릭하여 변경을 완료하라.

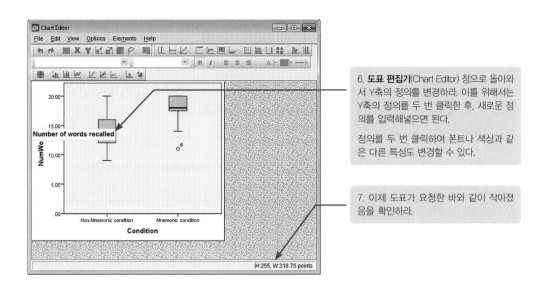

6. **도표 편집기**(Chart Editor) 창으로 돌아와서 Y축의 정의를 변경하라. 이를 위해서는 Y축의 정의를 두 번 클릭한 후, 새로운 정의를 입력해넣으면 된다.

정의를 두 번 클릭하여 폰트나 색상과 같은 다른 특성도 변경할 수 있다.

7. 이제 도표가 요청한 바와 같이 작아졌음을 확인하라.

마지막으로 **도표 편집기**(Chart Editor) 창을 닫아라. 여러분이 설정한 변경 사항들이 출력 결과에 적용되어 있을 것이다.

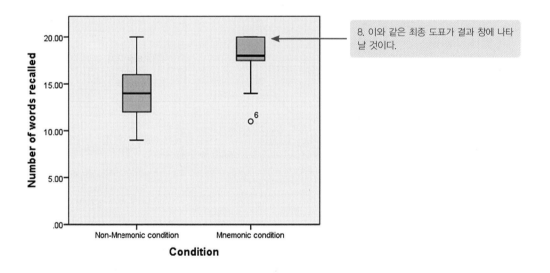

8. 이와 같은 최종 도표가 결과 창에 나타날 것이다.

도표 작성기(Chart Builder)로 산출한 도표뿐만 아니라 분석(Analyze) 메뉴로 산출한 도표도 또한 도표 편집기(Chart Editor)로 편집할 수 있다. 그래프보드 양식 선택기(Graphboard Template Chooser)로 생성한 도표의 경우에는 별도의 편집기가 있으며, 이에 대한 내용은 제9절에서 다룰 것이다.

제9절 │ 그래프보드 양식 선택기

그래프보드 양식 선택기(Graphboard Template Chooser)는 고품질의 도표를 작성하는 또 다른 방법으로, 발표 시에 유용할 수 있는 애니메이션 기능과 같은 혁신적인 기능을 포함하고 있다. 그러나 우리가 이 책에서 다루고 있는 모든 유형의 그래프를 포괄하고 있지는 않다.

여기에서는 제2장 제6절에서 설명했던 기억 연구 자료로 히스토그램을 산출해보면서 **그래프보드 양식 선택기**(Graphboard Template Chooser)의 사용 방법을 설명하도록 하겠다. 이 장의 앞부분(제4절)에서 우리는 **빈도분석**(Frequencies) 명령어를 사용하여 히스토그램을 작성했었다. 당시에는 Mnemonic(기억술) 조건과 Non-Mnemonic(비기억술) 조건으로 참가자들을 구분하여 히스토그램 도표를 그리는 것이 쉽지 않음을 언급했었다. 이제 여러분에게 **그래프보드 양식 선택기**(Graphboard Template Chooser)를 사용하여 이를 쉽게 할 수 있는 방법을 보여주도록 하겠다.

그래프보드 양식 선택기 사용하기

1. 메뉴에서 **그래프**(Graphs)를 클릭하라.
2. **그래프보드 양식 선택기**(Graphboard Template Chooser)를 클릭하라. 대화상자가 다음 페이지에 있는 그림처럼 나타날 것이다.

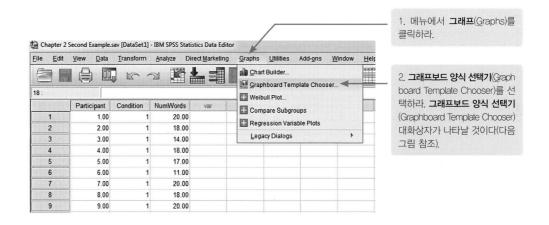

1. 메뉴에서 **그래프**(Graphs)를 클릭하라.

2. **그래프보드 양식 선택기**(Graphboard Template Chooser)를 선택하라. **그래프보드 양식 선택기**(Graphboard Template Chooser) 대화상자가 나타날 것이다(다음 그림 참조).

 도표 작성기(Chart Builder)와 마찬가지로 **그래프보드 양식 선택기**(Graphboard Template Chooser)는 사용할 각 변인의 측정 수준, 변인값 설명문의 정의를 필요로 한다. 하지만 **그래프보드 양식 선택기**(Graphboard Template Chooser)에서는 이 부분을 따로 상기시켜주지 않는다.

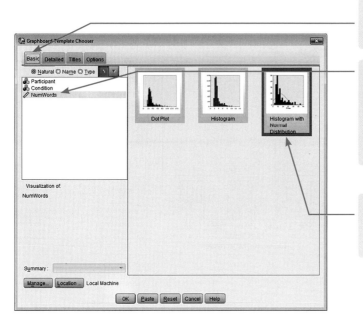

3. **그래프보드 양식 선택기**(Graphboard Template Chooser) 대화상자에서 **기본**(Basic) 탭을 선택하라.

4. 변인들 중 도표화할 하나의 변인을 선택하라. 그러면 대화상자 창의 메인 부분에 해당 변인에 맞는 그래프 유형들을 제시해줄 것이다. 제시되는 그래프의 유형들은 해당 변인의 측정 수준이 명목, 서열, 혹은 척도(구간/비율)인가 따라 다르다.

5. 제시된 그래프 유형 중 하나를 선택하라. 여기에서는 **정상분포 히스토그램**(Histogram with normal Distribution)을 선택하였다.

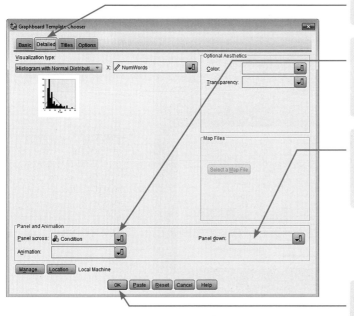

6. 이제는 **세부사항**(Detailed) 탭을 선택하라.

7. **창 교차로**(Panel across) 상자에서 이곳을 클릭하고, 집단 변인명을 선택하라. 우리는 조건에 따라 데이터를 나누려 하기 때문에 **Condition**을 선택했다.

8. 만약 여러분이 2개의 집단변인을 가지고 있다면(예 : 참가자들을 성별로도 구분하고 싶을 수 있다) **창 아래로**(Panel down) 상자에서 그 변인을 선택할 수 있다.

9. **확인**(OK) 단추를 클릭하라. 그래프가 결과 창에 나타날 것이다(다음 그림 참조).

그래프보드 양식 선택기(Graphboard Template Chooser)로 산출한 2개의 히스토그램은 다음과 같다.

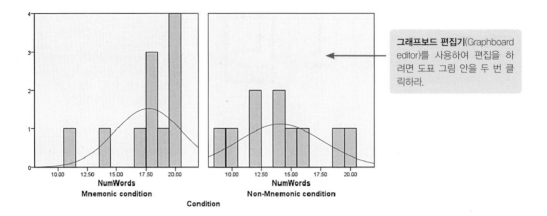

그래프보드 편집기(Graphboard editor)를 사용하여 편집을 하려면 도표 그림 안을 두 번 클릭하라.

그래프보드 편집기 창

그래프보드 편집기(Graphboard Editor) 창을 사용하여 산출한 그래프의 다양한 측면을 편집할 수 있다. 무엇을 할 수 있는지 메뉴나 단추를 살펴보면서 확인해보라.

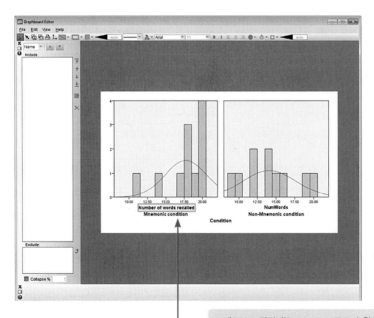

그래프보드 편집기(Graphboard Editor) 창에서 X축의 정의를 변경하고 있다. 현재 있는 정의를 더블클릭한 다음, 새로운 정의를 직접 입력한다. 만약 변인의 정의를 미리 설정해놓았다면, 이 작업은 할 필요가 없다.

요약

▷ 이 장에서 우리는 다양한 기술통계치를 산출하는 데 사용할 수 있는 SPSS의 몇몇 통계 명령어를 소개하였고, 그래프를 산출하는 다양한 방법에 대해 살펴보았다.

▷ 또한 제3절에서는 분석의 결과가 제시되는 SPSS의 검토 창(Viewer window)을 소개하였다.

▷ 기술통계치는 몇몇 상이한 방법으로 얻을 수 있다. 제2절, 제4절, 제5절에서 **기술통계**(Descriptives), **빈도분석**(Frequencies), **데이터 탐색**(Explore) 명령어를 살펴보았다.

▷ 데이터 파일을 점검하고 정제하는 작업은 중요하다. 제6절에서는 **기술통계**(Descriptives), **빈도분석**(Frequencies), **데이터 탐색**(Explore) 명령어를 사용하여 데이터 파일을 점검하고 정제하는 방법에 대해 살펴보았다.

▷ SPSS에서는 분석(Analysis) 메뉴의 하위에 있는 많은 통계적 분석 명령어들의 옵션을 사용하여 그래프를 그릴 수 있다. 뿐만 아니라 그래프는 **그래프**(Graphs) 메뉴를 사용하여 그릴 수도 있다.

▷ **그래프**(Graphs) 메뉴는 **도표 작성기**(Chart Builder)와 **그래프보드 양식 선택기**(Graphboard Template Chooser)를 포함하고 있다. 이 두 방법을 사용하여 그래프를 산출하는 방법은 제7~9절에서 살펴보았다.

제 **04** 장 데이터 변경하기

이 장에서 다루는 내용은

- 데이터 변경하기 소개
- 파일 정렬하기
- 파일 분할하기
- 케이스 선택하기
- 변인값 코딩변경하기
- 새로운 변인 계산하기
- 빈도변인 생성하기
- 순위변인 생성하기
- 데이터 변환하기
- 척도 혹은 설문 데이터 파일

제1절 | 데이터 변경하기 소개

- SPSS는 데이터를 수정, 조작 혹은 변환할 수 있는 일련의 명령어를 포함하고 있다. 우리는 이들 명령어를 데이터 변경하기 명령어라고 통칭할 것이다.

- 이들 명령어는 매우 유용한데, 특히 참가자들의 응답 변인의 수가 많은 방대한 자료를 다루어야 할 때 더욱 그러하다. 보통 조사나 설문연구에서 이러한 방대한 데이터를 사용한다.

- 보통은 설문지의 문항(질문)을 여러 개의 하위점수로 묶어 분석을 하게 되며, 특정 데이터 변경하기 명령어를 활용하여 하위점수를 산출할 수 있다.

- 데이터 변경하기 명령어를 활용하여 데이터 변환 역시 할 수 있는데, 예를 들어 log 변환(log transformation)으로 원점수의 변인을 log 점수로 변환시킬 수 있다. 이런 변환 방법을 통해 일부 분석의 타당성을 저해할 수 있는 자료의 편포(skewness)와 같은 데이터의 왜곡을 줄일 수 있다.

예시 데이터 파일

변인 변경하기 명령어들의 사용 방법을 설명하기 위해 간단한 데이터 파일을 만들었다. 해당 데이터는 부록에 제시되어 있으며, 또한 he.palgrave.com/psychology/brace에서 확인할 수 있다. 내용은 인종 간의 입양(cross-racial adoption)에 대한 사람들의 태도를 조사한 가상의 결과로 구성되어 있다. 이 데이터 파일에는 참가자 번호, 인구통계학적 특성(참가자의 연령, 성별, 민족성, 종교적 신념, 입양 경험 등) 및 입양에 관한 10개의 태도 문항에 응답한 참가자들의 반응이 포함되어 있다. 입양 태도 문항들에 대한 반응은 '매우 동의한다'(1점)부터 '전혀 동의하지 않는다'(5점)까지의 5점 척도로 만들어졌으며, 이는 변인 q1에서 q10까지의 변인명으로 정리되어 있다.

제2절 | 파일 정렬하기

SPSS를 처음 접하는 학생들은 SPSS 데이터 파일에 입력되는 참가자들의 순서에 대해 걱정을 하기도 한다. 예를 들어 다른 조건에 있는 피험자 데이터를 입력하기 전에 특정 조건에 있는 피험자들의 데이터를 먼저 모두 입력해야 하는가? 일반적으로 케이스들의 순서는 문제가 되지 않지만, 때로는 데이터 파일의 정확성을 보다 손쉽게 확인할 수 있도록 데이터 파일을 의미 있는 순서로 정렬하고 싶을 때가 있다. 여러분이 파일을 '분할(splitting)'하였을 때에는 사례들의 정렬순서가 의미가 있을 수 있다[자세한 내용은 제3절의 **파일 분할(Split File)** 명령어 부분 참조].

 만약 여러분이 **케이스 정렬**(Sort Cases) 혹은 **파일 분할**(Split File) 명령어를 사용하여 케이스들의 순서를 바꾸려 한다면, 변경 이후에는 SPSS의 케이스 번호(데이터 창의 가장 왼쪽에 있는 숫자들)에 의존하여 참가자가 누구인지를 확인할 수 없게 됨을 기억해야 한다. 그렇기 때문에 항상 데이터를 입력할 때에는 참가자를 확인할 수 있는 ID 변인을 데이터 파일에 따로 생성하여 정리하고 나중에 필요 시 확인할 수 있도록 이를 원데이터에도 표시해두는 것이 좋다.

케이스 정렬 명령어

이 예시에서는 2개의 변인을 사용하여 데이터를 정렬해볼 것이다. 구체적으로 우선 참가자를 'sex(성별)' 변인으로 정렬을 하고, 성별 내에 다시 'ethnicity(민족)' 변인으로 정렬되도록 해볼 것이다.

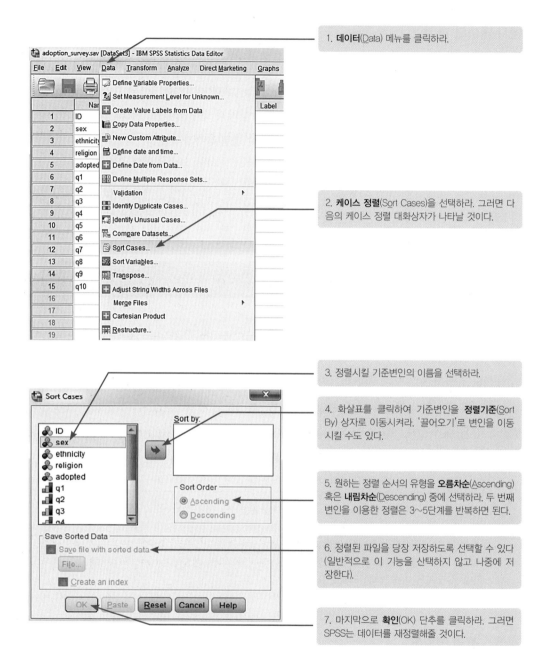

1. **데이터**(Data) 메뉴를 클릭하라.

2. **케이스 정렬**(Sort Cases)을 선택하라. 그러면 다음의 케이스 정렬 대화상자가 나타날 것이다.

3. 정렬시킬 기준변인의 이름을 선택하라.

4. 화살표를 클릭하여 기준변인을 **정렬기준**(Sort By) 상자로 이동시켜라. '끌어오기'로 변인을 이동시킬 수도 있다.

5. 원하는 정렬 순서의 유형을 **오름차순**(Ascending) 혹은 **내림차순**(Descending) 중에 선택하라. 두 번째 변인을 이용한 정렬은 3∼5단계를 반복하면 된다.

6. 정렬된 파일을 당장 저장하도록 선택할 수 있다(일반적으로 이 기능을 산택하지 않고 나중에 저장한다).

7. 마지막으로 **확인**(OK) 단추를 클릭하라. 그러면 SPSS는 데이터를 재정렬해줄 것이다.

오름차순 혹은 내림차순 중 어떤 방법으로든 정렬할 수 있다. **오름차순**(Ascending)은 낮은 변인값을 갖고 있는 참가자들이 먼저 오고, 더 높은 변인값을 갖는 참가자들이 나중에 오도록 정렬하는 것이다(예 : 남자＝1, 여자＝2로 코딩되어 있다면 남자 참가자들 다음에 여자 참가자들이 정렬된다). **내림차순**(Descending)은 그와는 반대의 순서로 정리된다. 여러분은 아마도 **오름차순**(Ascending)으로 정렬하고 싶을 것이다.

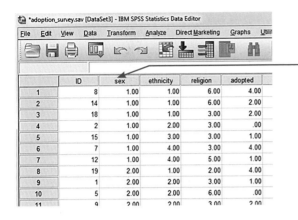

이 파일은 이제 'sex(성별)'와 'ethnicity(민족)' 변인을 기준으로 정렬되었다.

파일을 정렬한 후에는 참가자들의 일련번호(ID)와 SPSS가 부여한 케이스 번호가 일치하지 않음에 주의하라. 이것이 참가자에게 고유의 사례 번호를 부여하고 이를 별도의 변인으로 포함시켜야 하는 이유이다.

제3절 │ 파일 분할하기

파일 분할(Split File)은 SPSS가 갖고 있는 매우 유용한 기능 중 하나이다. **파일 분할**(Split File)은 반영구적으로 데이터 파일을 여러 개의 집단으로 나누어주고, 연이어 진행되는 분석들의 결과 출력물들도 파일 분할로 분리된 소집단에 따라 조직화되어 산출된다. 예를 들어 성별을 기준으로 파일을 분할하였다면, 연이어 제시되는 분석 결과 출력물은 남성과 여성 참가자 집단으로 각기 구분되어 제시된다. 다음의 절차에 따라 파일을 분할할 수 있다.

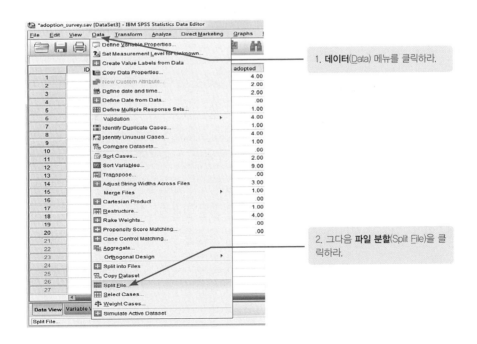

1. **데이터**(Data) 메뉴를 클릭하라.

2. 그다음 **파일 분할**(Split File)을 클릭하라.

3. **집단들 비교**(Compare groups) 혹은 **각 집단별로 출력 결과를 나타냄**(Organize output by groups) 중 하나를 선택하라. 이 기능들은 밑에서 다시 설명할 것이다.

4. 그다음 파일 분할을 할 기준변인(들)의 이름을 클릭하고, **분할 집단변인**(Groups Based on) 상자로 이동시켜라(혹은 끌어내기).

5. 집단변인 기준으로 **케이스 정렬**(Sort the file)로 선택되어 있는지 확인하라.

6. **확인**(OK) 단추를 클릭하라. 분석을 시행해보아야 어떤 변화가 있는지 알 수 있다.

옵션

집단들 비교(Compare groups)와 각 **집단별로 출력 결과를 나타냄**(Organize output by groups) 옵션 간의 차이는 확인해볼 만한 가치가 있다. 전자는 하나의 결과 출력물에 영역을 나눠 두 집단을 비교해주는 방법인 반면에 후자는 2개의 별도로 구성된 결과 출력물을 산출해준다. 각각 시행해보면 그 차이를 쉽게 이해할 수 있겠지만 일반적으로는 각 **집단별로 출력 결과를 나타냄**(Organize output by groups)이 더 유용하다.

결과 출력물

처음에는 **파일 분할**(Split File) 명령어의 결과만이 두 줄의 텍스트 형태로 결과창에 추가가 될 것이다. 이는 **파일 분할**(Split File) 명령어가 활성화되어 있음을 알려주기 위한 텍스트이다. 그 의미는 데이터 파일이 파일 분할 변인을 기준으로 정렬되어 있으며(이는 파일을 분할하기 전에 먼저 진행되는 필요 과정이다), 구분된 출력 결과물 산출 옵션을 사용하여 파일 분할을 하고 있음을 나타낸다. 이후의 모든 명령어는 두 집단으로 구분되어 각기 따로 수행될 것이다. 예를 들어 만약 성별에 따라 **파일 분할**(Split File)을 시행하고, 'adopted' 변인(입양 경험에 대해 코딩해놓은 것)에 관한 정보를 얻기 위해 **빈도분석**(Frequencies) 명령어를 사용했다면(자세한 내용은 제3장 제2절 참조), 남성 집단이 먼저, 그다음으로 여성 집단의 순서로 출력 결과물이 각기 따로 제시될 것이다.

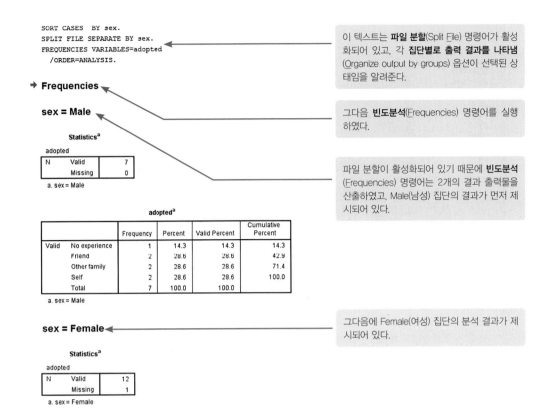

```
SORT CASES  BY sex.
SPLIT FILE SEPARATE BY sex.
FREQUENCIES VARIABLES=adopted
   /ORDER=ANALYSIS.
```

이 텍스트는 **파일 분할**(Split File) 명령어가 활성화되어 있고, 각 **집단별로 출력 결과를 나타냄**(Organize output by groups) 옵션이 선택된 상태임을 알려준다.

➡ **Frequencies**

그다음 **빈도분석**(Frequencies) 명령어를 실행하였다.

sex = Male

파일 분할이 활성화되어 있기 때문에 **빈도분석**(Frequencies) 명령어는 2개의 결과 출력물을 산출하였고, Male(남성) 집단의 결과가 먼저 제시되어 있다.

Statistics[a]

adopted

N	Valid	7
	Missing	0

a. sex = Male

adopted[a]

		Frequency	Percent	Valid Percent	Cumulative Percent
Valid	No experience	1	14.3	14.3	14.3
	Friend	2	28.6	28.6	42.9
	Other family	2	28.6	28.6	71.4
	Self	2	28.6	28.6	100.0
	Total	7	100.0	100.0	

a. sex = Male

sex = Female

그다음에 Female(여성) 집단의 분석 결과가 제시되어 있다.

Statistics[a]

adopted

N	Valid	12
	Missing	1

a. sex = Female

파일 분할 해제하기

파일 분할(Split File)은 반영구적인 변경임을 기억해야 한다. 여러분이 이 설정을 되돌려놓기 전까지는 모든 결과물들이 선택한 기준변인에 따라 별개로 산출될 것이다. 이 설정을 해제하려면 처음의 1~2단계를 반복하고, **모든 케이스 분석, 집단은 만들지 않음**(Analyze all cases, do not create group) 옵션을 선택하라. 그런 다음 OK 단추를 클릭하라. 이후의 분석 결과는 집단을 구분하지 않은 원래의 형식대로 산출될 것이다.

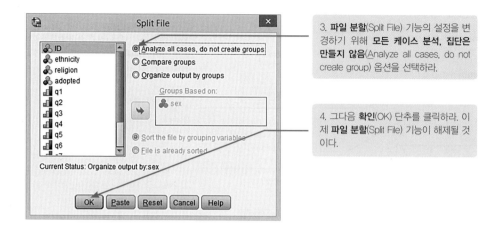

3. **파일 분할**(Split File) 기능의 설정을 변경하기 위해 **모든 케이스 분석, 집단은 만들지 않음**(Analyze all cases, do not create group) 옵션을 선택하라.

4. 그다음 **확인**(OK) 단추를 클릭하라. 이제 **파일 분할**(Split File) 기능이 해제될 것이다.

데이터(Data) 메뉴는 **파일로 분할**(Split into Files)이라는 또 다른 기능이 있다. 이름에서 알 수 있듯이, 특정 변인(예 : 성별)을 기준으로 파일을 나누고 개별 분리된 데이터 파일을 만들어 저장하는 기능이다. 유용한 기능인 듯 들리지만, 실제로는 하나의 데이터 파일을 유지한 상태에서 **파일 분할**(Split File)이나 다음 절에서 설명될 **케이스 선택**(Select Cases) 기능을 이용하여 분석하는 것이 더 효과적이다.

제4절 │ 케이스 선택하기

파일을 분리하는 또 다른 방법은 특정 조건의 사례들만을 선택하여 후속 분석을 진행하는 것이다. 예를 들어 무신론자인 응답자들의 반응에만 특히 관심을 가질 수 있다. **케이스 선택**(Select Cases) 명령어를 사용하면 이들 참가자들의 반응들만으로 분석을 할 수 있게 된다. 그 외에 선택되지 않은 데이터는 분석에서 한시적으로 제외된다.

케이스 선택과 파일 분할 명령어의 비교

케이스 선택(Select Cases)은 **파일 분할**(Split File)과 다르다. **케이스 선택**(Select Cases)은 선택되지 않은 사례들을 분석에서 제외시키는 것인 반면에, **파일 분할**(Split File)은 분석에 모든 사례가 포함되기는 하지만 기준 분류변인에 따라 결과 출력물을 따로 산출해준다. 만약 데이터 중 일부분만을 분석에 고려하고 싶다면 **케이스 선택**(Select Cases)을 사용하라. 하지만 만약 둘 혹은 그 이상의 집단으로 참가자들을 구분하여 비교하고 싶다면 **파일 분할**(Split File)을 사용하라.

케이스 선택 명령어

케이스 선택(Select Cases)의 시행은 다음의 단계를 따르면 된다.

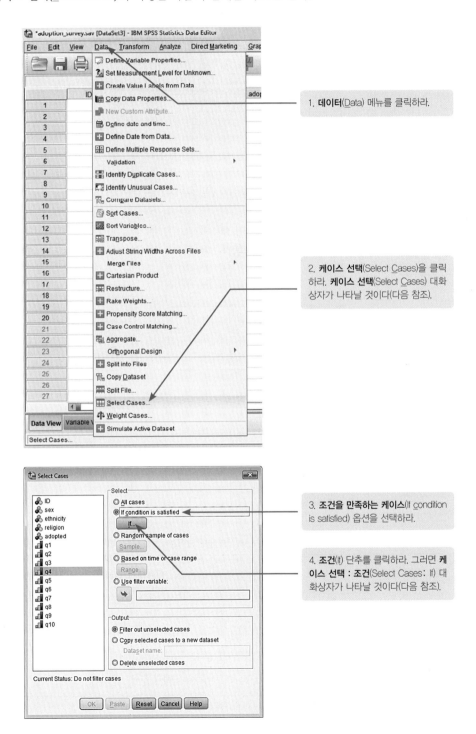

1. **데이터**(Data) 메뉴를 클릭하라.

2. **케이스 선택**(Select Cases)을 클릭하라. **케이스 선택**(Select Cases) 대화상자가 나타날 것이다(다음 참조).

3. **조건을 만족하는 케이스**(If condition is satisfied) 옵션을 선택하라.

4. **조건**(If) 단추를 클릭하라. 그러면 **케이스 선택 : 조건**(Select Cases : If) 대화상자가 나타날 것이다(다음 참조).

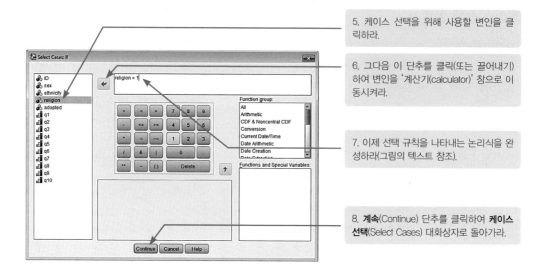

5. 케이스 선택을 위해 사용할 변인을 클릭하라.

6. 그다음 이 단추를 클릭(또는 끌어내기)하여 변인을 '계산기(calculator)' 창으로 이동시켜라.

7. 이제 선택 규칙을 나타내는 논리식을 완성하라(그림의 텍스트 참조).

8. **계속**(Continue) 단추를 클릭하여 **케이스 선택**(Select Cases) 대화상자로 돌아가라.

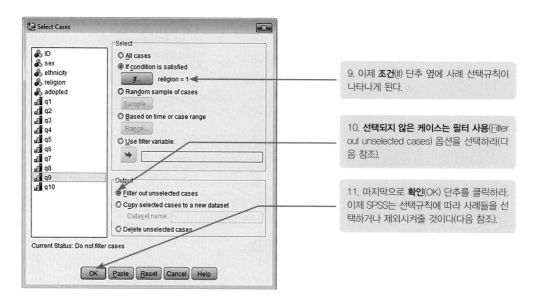

9. 이제 **조건**(If) 단추 옆에 사례 선택규칙이 나타나게 된다.

10. **선택되지 않은 케이스는 필터 사용**(Filter out unselected cases) 옵션을 선택하라(다음 참조).

11. 마지막으로 **확인**(OK) 단추를 클릭하라. 이제 SPSS는 선택규칙에 따라 사례들을 선택하거나 제외시켜줄 것이다(다음 참조).

위 그림의 열 번째 단계에는 세 가지 옵션이 있다. 기본설정은 **선택되지 않은 케이스 필터 사용**(Filter out unselected cases)으로 되어 있다. **새 데이터 파일에 선택한 케이스 복사**(Copy selected cases to a new dataset)는 선택된 케이스들만을 포함하는 새로운 데이터 파일을 생성하고, 이를 저장할 수 있다. 이 방법은 원데이터 파일을 변경하지 않고 별개의 분석을 위해 소규모의 하위 사례들만을 따로 추출하고 싶을 때 유용하다. 세 번째 옵션인 **선택하지 않은 케이스 삭제**(Delete unselected cases)는 여러분의 데이터 파일에서 선택되지 않은 케이스들을 영구적으로 삭제하는 방법이다. 만약 이 방법을 사용하고자 한다면 데이터 파일 복사본이 있는지 여부를 사전에 꼭 확인해야 한다.

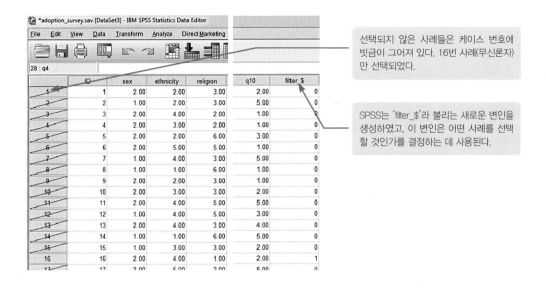

선택되지 않은 사례들은 케이스 번호에 빗금이 그어져 있다. 16번 사례(무신론자) 만 선택되었다.

SPSS는 'filter_$'라 불리는 새로운 변인을 생성하였고, 이 변인은 어떤 사례를 선택할 것인가를 결정하는 데 사용된다.

선택규칙

AND, OR, NOT 등의 논리식을 사용하여 복잡한 선택규칙(selection rule)을 만들 수 있다. 선택 규칙은 키보드를 이용하여 직접 입력을 하거나 대화상자에 나와 있는 계산기 키패드를 사용할 수 있다. 만약 입양 경험이 있는 중국계 기독교인들만을 선택하고 싶다면, 다음과 같이 선택규칙을 구성하면 된다. **religion = 3 and ethnicity = 3 and adopted > 0**. 이것이 선택규칙을 구성하는 유일한 방법은 아니며, 여러분은 다른 방법으로 시도할 수도 있다. **케이스 선택 : 조건**(Select Cases: If) 대화상자에는 선택규칙을 구성하는 데 사용할 수 있는 다양한 함수들이 포함되어 있다. 함수 들은 유사한 것들끼리 집단화되어 있다(예 : 통계 함수 집단에는 평균, 표준편차 및 관련 수치들을 계산할 수 있는 다양한 함수식이 포함되어 있다). 함수 집단을 클릭해보고, 어떤 함수식들이 포함되어 있는지 확인해보라. 함수식 이름을 클릭하면 함수 옆에 있는 상자에 간단한 설명이 나타날 것이다.

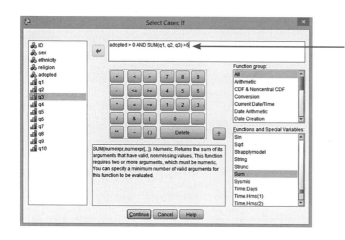

선택 방법

케이스 선택(Select Cases) 대화상자는 모두 네 가지 케이스 선택 방법을 제공해준다(101쪽 3단계 참조).

1. **조건을 만족하는 케이스**(If Condition is satisfied) 방법이 기본 설정으로 되어 있고, 가장 유용한 방법이다.

2. **케이스의 무작위 표본 추출**(Random sample of cases) 방법은 여러분의 데이터 파일에서 무선적으로 사례들을 표집해준다. 전체 사례 중 대략 몇 퍼센트를 선택할 것인지 혹은 정확히 몇 개의 사례를 선택할 것인지 설정할 수 있다.

3. **시간 또는 케이스 범위를 기준으로**(Based on time or case range) 방법은 케이스 번호, 시간 혹은 날짜 범위에 따라 사례들을 선택할 수 있도록 해준다.

4. **필터변인 사용**(Use filter variable) 방법은 선택된 변인의 값이 0이 아니면(그리고 결측치가 아니면) 케이스가 선택되는 방법이다. 이 옵션은 '예' 또는 '아니요'를 1 또는 0으로 코딩한 변인을 갖고 있을 때 특히 유용한데, 이 방법으로 여러분은 '예'라고 응답한 사례들만을 손쉽게 선택할 수 있다.

　케이스 선택(Select Cases) 대화상자의 하단부에는 현재 적용되고 있는 선택규칙이 표시되어 있다. 마지막으로 선택된 사례들로만 진행하는 분석이 모두 끝나면 **전체 케이스**(All Cases) 옵션을 다시 선택해주어야 한다.

케이스 선택 취소

케이스 선택(Select Cases) 기능은 매우 유용할 수 있지만, 반영구적이라는 점을 기억해야 한다. **케이스 선택**(Select Cases) 설정은 다른 선택규칙을 적용하거나 **케이스 선택**(Select Cases) 대화상자에서 **전체 케이스**(All Cases) 옵션을 선택하기 전까지는 계속 유지된다(101쪽 3단계 참조).

제5절 │ 변인값 코딩변경하기

데이터의 코딩값을 변경해줘야 할 경우가 종종 있다. 데이터 입력 과정에서 오류가 있었기 때문일 수도 있지만, 보통은 사전 데이터 분석 결과에 따라 변인값을 변경하고 싶어지거나 혹은 추가적인 분석을 위해 코딩변경을 하게 된다.

예를 들어 입양에 관한 설문의 초기 분석에서 '직계가족(immediate family)' 혹은 '다른 가족(other family)'을 통한 입양 경험을 보고한 참가자들이 너무 적은 것으로 나타날 수도 있다. 이러한 경우 우리는 이들 두 범주를 새로운 하나의 범주로 통합하기로 결정할 수 있다. 이때 변경을 수작업으로 일일이 해도 되겠지만 이는 시간 소모적인 작업일 뿐이다. SPSS는 이러한 필요를 해결하기 위해 **코딩변경**(Recode) 명령어를 제공하고 있다.

SPSS는 2개의 **코딩변경**(Recode) 옵션을 제공한다. 우리는 변인값을 현재의 변인 내에서 변경할 수 있으며 새로운 변인을 생성하여 변인값을 변경할 수도 있다. 이들 두 옵션은 **같은 변인으로 코딩변경**(Recode into Same Variables)과 **다른 변인으로 코딩변경**(Recode into Different Variables)이라고 한다. 일반적으로는 원데이터에 덮어 쓰는 방법보다는 새로운 다른 변인을 생성하여 코딩변경하는 것이 보다 안전하다. 새로운 다른 변인을 생성하여 코딩변경을 하면 중간에 실수가 발생하더라도 원데이터로 돌아가 다시 해볼 수 있기 때문이다. 코딩변경을 시행하려면 다음의 단계를 따르면 된다.

다른 변인으로 코딩변경

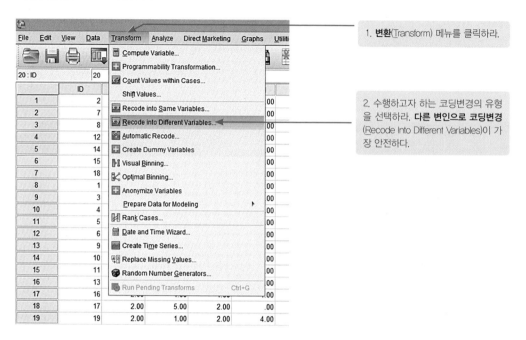

1. **변환**(Transform) 메뉴를 클릭하라.

2. 수행하고자 하는 코딩변경의 유형을 선택하라. **다른 변인으로 코딩변경**(Recode Into Different Variables)이 가장 안전하다.

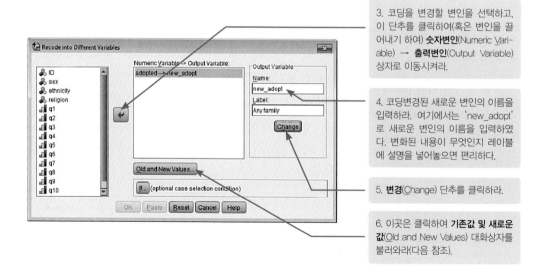

3. 코딩을 변경할 변인을 선택하고, 이 단추를 클릭하여(혹은 변인을 끌어내기 하여) **숫자변인**(Numeric Variable) → **출력변인**(Output Variable) 상자로 이동시켜라.

4. 코딩변경된 새로운 변인의 이름을 입력하라. 여기에서는 'new_adopt'로 새로운 변인의 이름을 입력하였다. 변환된 내용이 무엇인지 레이블에 설명을 넣어놓으면 편리하다.

5. **변경**(Change) 단추를 클릭하라.

6. 이곳을 클릭하여 **기존값 및 새로운 값**(Old and New Values) 대화상자를 불러와라(다음 참조).

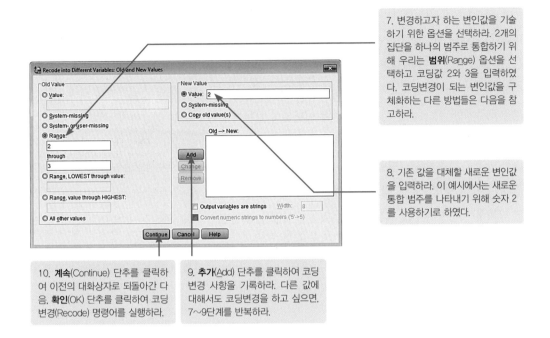

7. 변경하고자 하는 변인값을 기술하기 위한 옵션을 선택하라. 2개의 집단을 하나의 범주로 통합하기 위해 우리는 **범위**(Range) 옵션을 선택하고 코딩값 2와 3을 입력하였다. 코딩변경이 되는 변인값을 구체화하는 다른 방법들은 다음을 참고하라.

8. 기존 값을 대체할 새로운 변인값을 입력하라. 이 예시에서는 새로운 통합 범주를 나타내기 위해 숫자 2를 사용하기로 하였다.

10. **계속**(Continue) 단추를 클릭하여 이전의 대화상자로 되돌아간 다음, **확인**(OK) 단추를 클릭하여 코딩변경(Recode) 명령어를 실행하라.

9. **추가**(Add) 단추를 클릭하여 코딩변경 사항을 기록하라. 다른 값에 대해서도 코딩변경을 하고 싶으면, 7~9단계를 반복하라.

코딩변경이 되는 변인값 지정하기

다른 변인으로 코딩변경 : 기존값 및 새로운 값(Recode into Different Variables: Old and New Values) 대화상자(앞의 7단계 참조)에는 코딩변경하고자 하는 변인값들을 지정하는 일곱 가지 방법이 제시되어 있으며, 필요하다면 여러분은 이 방법들을 조합하여 사용할 수도 있다. **최저값에서 다음 값까지 범위:**(Range, LOWEST through value:)와 **다음 값에서 최고값까지 범위:**(Range, value through HIGHEST:)가 가장 흔하게 사용되는 유용한 옵션이다. 예를 들어 6과 그 이상의 모든 범주들을 함께 묶어 코딩변경을 하고 싶다면, 6이란 값을 입력하여 다음 값에서 **최고값까지 범위:**(Range, value through HIGHEST:)를 사용할 수 있다. 이 두 옵션을 사용할 때는 결측치를 염두에 두어야 한다. 예를 들어 결측치를 9로 코딩해두었다면 이런 식으로 코딩변경을 하는 것은 새로운 범주에 원치 않는 결측치까지 포함하게 만드는 결과를 불러올 수 있다.

값:(Value:) 옵션은 코딩변경하고자 하는 한 가지 변인값만을 지정할 수 있게 해준다. **기타 모든 값**(All other values) 옵션은 '아직 지정하지 않은 모든 값에 대해'로 해석할 수 있는데, 앞에서 행해진 코딩변경 지시 중 어떤 것에 포함되지 않은 모든 변인값의 코딩변경을 SPSS에 지시하는 방법이다.

시스템 − 결측값(System-missing)과 **시스템 혹은 사용자 결측값**(System-or user-missing) 옵션은 매우 중요할 수 있다. 시스템 결측치는 사용자 결측치보다 다루기가 용이하다(제2장에서는 이 모두를 결측치라고 지칭했다). 이 두 가지 용어는 모두 특정 변인에 대한 유효한 변인값이 없음을 의미한다. 그러나 시스템 결측치는 여러분, 즉 사용자보다는 SPSS가 유효하지 않은 변인값으로 여기는 것이다. 예를 들어 해당 변인에 대해 시스템 결측치를 갖는 참가자의 경우, 유효한 변인값을 계산하는 것이 불가능하다고 말하는 것이다. 이들 두 옵션은 두 가지 유형의 결측치에 대해 코딩변경을 해주지만, 이 옵션을 사용하기 전에 여러분의 선택이 갖는 의미를 신중하게 고려해야 한다.

이전에 결측치로 지정되었던 변인값을 **새로운 값**(New Value)에 입력하여(앞의 8단계 참조), 유효한 반응을 결측치로 코딩변경하고 특정 범위의 변인값들을 효과적으로 분석에서 제외시킬 수도 있다. 유사한 방법으로는 **새로운 값**(New Value) 상자에서 **시스템 - 결측값**(System-missing) 옵션을 클릭하여 특정 변인값 혹은 특정 범위의 변인값을 향후 분석에서 SPSS가 시스템 결측치로 간주하도록 지시할 수 있다.

기존값 복사(Copy old value(s)) 옵션도 매우 유용한데, 이 옵션을 통해 특정 범위의 변인값들을 변경하지 않은 채로 남아 있도록 만들 수 있다.

> **다른 변인으로 코딩변경**(Recode into Different Variables)은 [하단에서 설명될 **같은 변인으로 코딩변경**(Recode into Same Variables)보다] 잃는 것이 없다는 점에서 이점이 있다. 변경 과정에서 오류가 발생을 하더라도 원데이터는 여전히 그대로 남아 있게 되고, 여러분은 그냥 재시도만 하면 되기 때문이다.

같은 변인으로 코딩변경

만일 여러분이 자신이 현재 하고 있는 작업이 무엇인지 명확히 알고 있고, 별도의 보관 데이터 파일을 갖고 있다면 새로운 변인을 생성하는 하지 않고 기존의 동일한 변인을 유지하면서 필요 변인값만 변경할 수 있다. 이렇게 하려면 106쪽에서 설명한 2단계에서 **같은 변인으로 코딩변경**(Recode into Same Variables)을 선택하라. 이후의 절차는 새로운 변인명을 생성하는 4~6단계가 생략된다는 점을 제외하고는 **다른 변인으로 코딩변경**(Recode into Different Variables)의 절차와 상당히 유사하다. 이렇게 코딩변경을 하게 되면 데이터 파일에 있는 예전의 데이터 표에 새로운 변인값이 덧씌워지게 된다.

조건적 코딩변경

때로는 특정 조건을 만족시키는 참가자들에 대해서만 코딩변경을 하고 싶을 수 있다. 예를 들어 앞서 기술한 코딩변경을 여성 참가자들에 대해서만 수행하고자 할 수 있다. 이는 **다른 변인으로 코딩변경**(Recode into Different Variables)과 **같은 변인으로 코딩변경**(Recode into Same Variables)의 대화상자 모두에 있는 **조건**(If) 단추를 사용하여 시행할 수 있다. 106~107쪽에서 설명한 10단계의 절차를 수행하라. 10단계에서 **계속**(Continue)을 클릭한 다음, 다음에 기술된 절차를 따라 하면 된다.

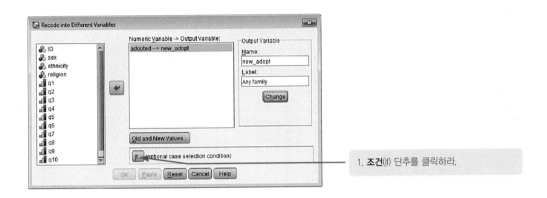

1. **조건**(If) 단추를 클릭하라.

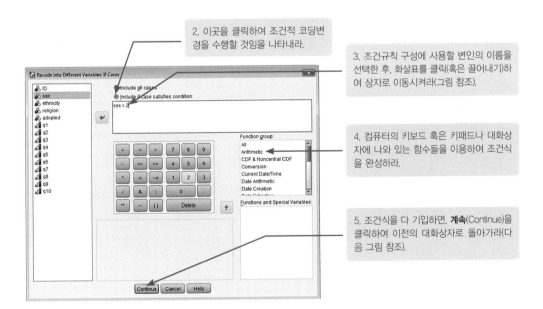

2. 이곳을 클릭하여 조건적 코딩변경을 수행할 것임을 나타내라.

3. 조건규칙 구성에 사용할 변인의 이름을 선택한 후, 화살표를 클릭(혹은 끌어내기)하여 상자로 이동시켜라(그림 참조).

4. 컴퓨터의 키보드 혹은 키패드나 대화상자에 나와 있는 함수들을 이용하여 조건식을 완성하라.

5. 조건식을 다 기입하면, **계속**(Continue)을 클릭하여 이전의 대화상자로 돌아가라(다음 그림 참조).

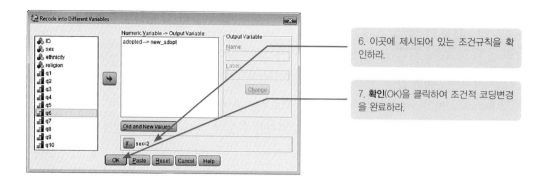

6. 이곳에 제시되어 있는 조건규칙을 확인하라.

7. **확인**(OK)을 클릭하여 조건적 코딩변경을 완료하라.

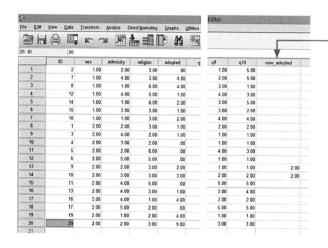

8. **다른 변인으로 코딩변경**(Recode into Different Variables) 명령어의 결과와 마찬가지로 데이터 파일에 새로운 변인('new_adopted')이 추가 생성되었다.

해당 변인의 값들 중 대부분이 계산을 할 수 없었음을 의미하는 시스템 결측치로 나타나 있다. 이는 3단계 설정으로 인해 발생한 것으로, 우리는 가족이 입양을 했던 경험이 있는 여성 집단에 대해서만('adopted' 변인의 2 또는 3) 조건적으로 코딩변경을 시행했기 때문이다.

조건규칙(혹은 논리식)을 만드는 방법은 이전에 설명한 **케이스 선택 : 조건**(Select If) 명령어와 동일하다. 여러분은 제공된 함수식과 계산기 스타일의 단추들에서 가능한 연산 기호들(더하기, 빼기 등)을 조합하여 상당히 복잡한 논리식을 구성할 수 있다. 다소 익숙하지 않은 단추들의 의미는 다음과 같다.

**   거듭제곱(예 : '3**2는 $3^2 = 9$와 같다)
< =   작거나 같음
> =   크거나 같음
~ =   동일하지 않음
&   그리고
| 또는
~   아님

제6절 │ 새로운 변인 계산하기

때로는 기존 변인들의 값을 바탕으로 새로운 변인을 만들어야 할 때가 있다. 예를 들어 여러분은 각 참가자들의 설문 응답을 개별 문항별로 입력해놓았을 것이다. 이때 SPSS를 사용하여 설문에 포함된 모든 문항들의 총합 점수를 계산하거나, 하위 차원별로 합산 점수들을 산출할 수 있다. 입양에 대한 태도를 측정한 가상의 설문에서, 우리는 2개의 하위 차원을 구성하는 10개의 설문 문항에 대한 응답을 받았다. 따라서 각 하위 차원별로 해당 문항들의 응답을 합산할 필요가 있다. 이때 SPSS의 **변인계산**(Compute Variable) 명령어를 사용하여 이를 생성할 수 있다.

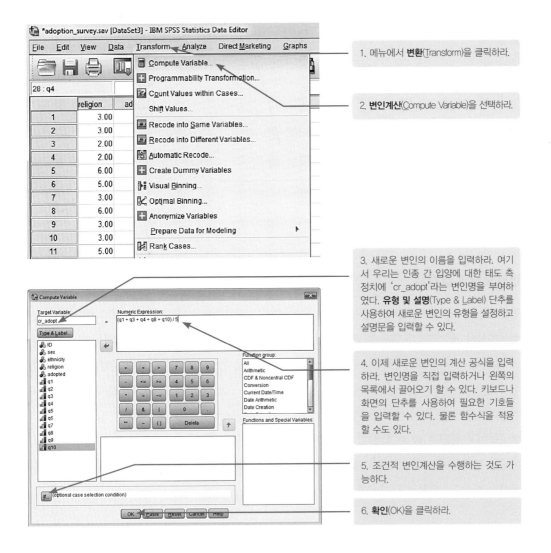

1. 메뉴에서 **변환**(Transform)을 클릭하라.

2. **변인계산**(Compute Variable)을 선택하라.

3. 새로운 변인의 이름을 입력하라. 여기서 우리는 인종 간 입양에 대한 태도 측정치에 'cr_adopt'라는 변인명을 부여하였다. **유형 및 설명**(Type & Label) 단추를 사용하여 새로운 변인의 유형을 설정하고 설명문을 입력할 수 있다.

4. 이제 새로운 변인의 계산 공식을 입력하라. 변인명을 직접 입력하거나 왼쪽의 목록에서 끌어오기 할 수 있다. 키보드나 화면의 단추를 사용하여 필요한 기호들을 입력할 수 있다. 물론 함수식을 적용할 수도 있다.

5. 조건적 변인계산을 수행하는 것도 가능하다.

6. **확인**(OK)을 클릭하라.

새로운 변인의 이름을 입력할 때(앞의 3단계 참조), 그 변인의 의미를 기억할 수 있도록 변인 설명문을 입력할 수 있다. 이는 **유형 및 설명**(Type & Label) 단추를 클릭한 다음, 설명에 직접 타이핑하여 입력하거나, **표현식을 설명으로 사용**(Use expression as label) 옵션을 선택하면 된다. 후자를 선택하게 되면 변인계산 숫자 표현식을 변인 설명문으로 사용하게 된다. 해당 예시에서는 'COMPUTE cr_adopt = (q1 + q3 + q4 + q8 + q10)/5'가 된다.

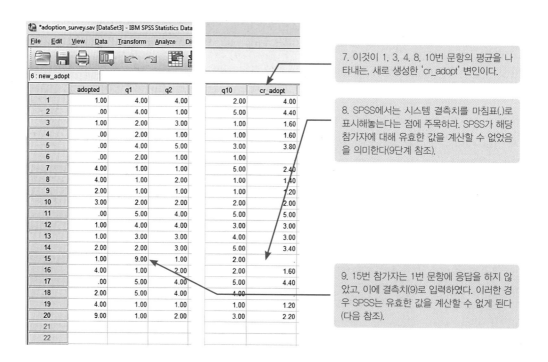

7. 이것이 1, 3, 4, 8, 10번 문항의 평균을 나타내는, 새로 생성한 'cr_adopt' 변인이다.

8. SPSS에서는 시스템 결측치를 마침표(.)로 표시해놓는다는 점에 주목하라. SPSS가 해당 참가자에 대해 유효한 값을 계산할 수 없었음을 의미한다(9단계 참조).

9. 15번 참가자는 1번 문항에 응답을 하지 않았고, 이에 결측치(9)로 입력하였다. 이러한 경우 SPSS는 유효한 값을 계산할 수 없게 된다(다음 참조).

변인계산과 결측치

변인계산(Compute Variable) 명령어를 사용할 때에는 결측치를 신중하게 고려해야 한다. SPSS는 변인계산의 표현식에 포함된 변인들의 값 중, 어느 하나라도 결측치가 존재하게 되면 새로운 변인에 대한 값을 계산하지 못하게 된다. 앞서 살펴본 경우에서 15번 참가자는 1번 문항(q1)에 응답을 하지 않았고, 이에 결측치를 나타내는 9로 입력했었다. 그렇게 되면 SPSS는 이를 유효한 응답이 아니라 인식하고, 해당 참가자에 대해 새로운 변인 'cr_adopt'의 값을 생성해주지 않게 된다. 많은 변인들이 사용되는 좀 더 복잡한 변인계산 표현식에서는 이것이 중대한 문제가 될 수도 있다. 이 문제를 해결할 수 있는 한 가지 방법은 결측치를 자동적으로 고려해주는 **Mean**과 같은 함수를 사용하는 것이다. 이 부분은 다음에 설명되어 있다.

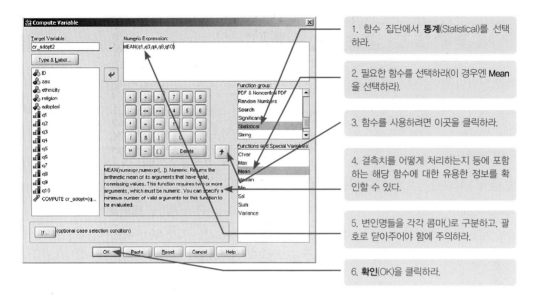

1. 함수 집단에서 **통계**(Statistical)를 선택하라.

2. 필요한 함수를 선택하라(이 경우엔 **Mean**을 선택하라).

3. 함수를 사용하려면 이곳을 클릭하라.

4. 결측치를 어떻게 처리하는지 등에 포함하는 해당 함수에 대한 유용한 정보를 확인할 수 있다.

5. 변인명들을 각각 콤마(,)로 구분하고, 괄호로 닫아주어야 함에 주의하라.

6. **확인**(OK)을 클릭하라.

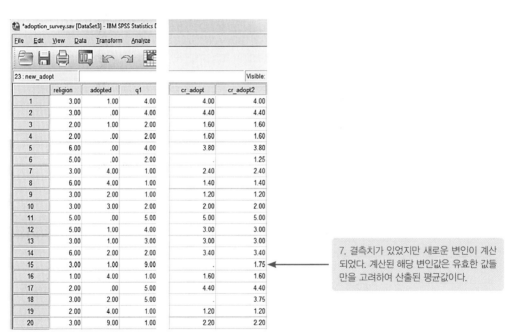

7. 결측치가 있었지만 새로운 변인이 계산되었다. 계산된 해당 변인값은 유효한 값들만을 고려하여 산출된 평균값이다.

이처럼 함수식을 사용하여 계산된 새로운 변인값이 과연 적합한지 여부에 대해서는 심사숙고해볼 필요가 있다. 예를 들어 만약 **Sum** 함수를 사용할 경우 하나 혹은 그 이상의 값이 결측되더라도 합산값을 산출해주며, 이때 매우 적은 값들로 만들어진 합산 결과가 산출될 수 있다. 이러한 결과는 연구자가 의도한 것일 수도 그렇지 않을 수도 있다. **변인계산**(Compute Variable) 명령어를 사용할 때에는 결측치와 관련하여 어떤 일이 발생할 수 있는지 신중하게 고려해야 할 것이다.

제7절 │ 빈도변인 생성하기

가끔 일련의 변인들에서 특정 변인값이 몇 번이나 나타나는지를 각 참가자별로 계산하는 것이 유용할 때가 있다. 우리의 예시 데이터에는 설문 문항들에 대한 반응을 나타내는 여러 변인이 포함되어 있는데, 각 참가자들이 '매우 동의함'에 몇 번이나 응답했는지를 알아보고 싶을 수가 있다. 이때 여러분은 SPSS에게 변인 q1부터 q10까지에서 변인값 1('매우 동의함'은 1로 코딩되었다)이 몇 번이나 나타났는지 빈도를 세어보도록 지시하여 이를 파악할 수 있다. **케이스 내 값 빈도**(Count Value within Cases)를 사용하면 SPSS는 변인 q1부터 q10까지에서 관찰된 변인값 1의 횟수를 나타내는 새로운 변인을 생성해줄 것이다.

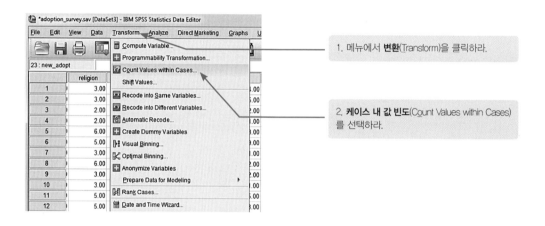

1. 메뉴에서 **변환**(Transform)을 클릭하라.

2. **케이스 내 값 빈도**(Count Values within Cases)를 선택하라.

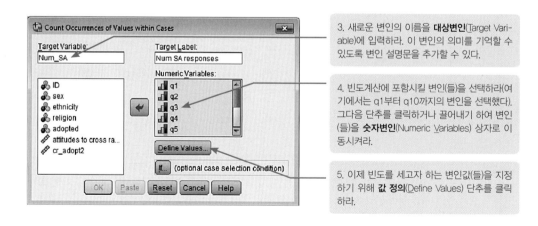

3. 새로운 변인의 이름을 **대상변인**(Target Variable)에 입력하라. 이 변인의 의미를 기억할 수 있도록 변인 설명문을 추가할 수 있다.

4. 빈도계산에 포함시킬 변인(들)을 선택하라(여기에서는 q1부터 q10까지의 변인을 선택했다). 그다음 단추를 클릭하거나 끌어내기 하여 변인(들)을 **숫자변인**(Numeric Variables) 상자로 이동시켜라.

5. 이제 빈도를 세고자 하는 변인값(들)을 지정하기 위해 **값 정의**(Define Values) 단추를 클릭하라.

하나 이상의 변인을 선택할 때(앞의 4단계), 〈shift〉 키를 누른 상태에서 첫 번째 변인에서 마지막 변인까지 클릭하면 한번에 모든 변인을 선택할 수 있다. 그다음 마우스를 사용하여 끌어내기 하여 변인들을 옮기면 된다.

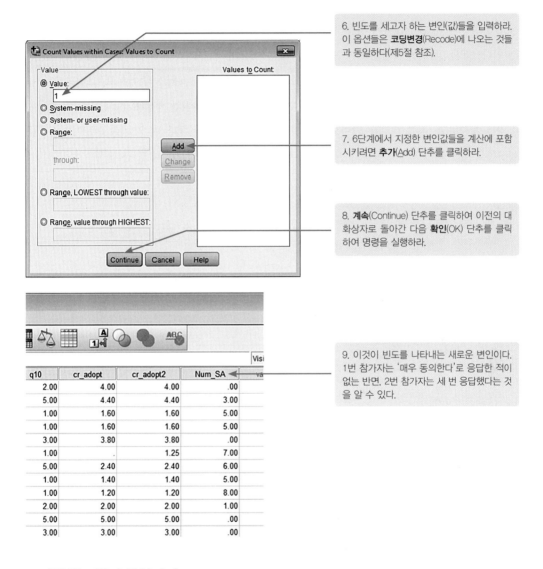

6. 빈도를 세고자 하는 변인(값)들을 입력하라. 이 옵션들은 **코딩변경**(Recode)에 나오는 것들과 동일하다(제5절 참조).

7. 6단계에서 지정한 변인값들을 계산에 포함시키려면 **추가**(Add) 단추를 클릭하라.

8. **계속**(Continue) 단추를 클릭하여 이전의 대화상자로 돌아간 다음 **확인**(OK) 단추를 클릭하여 명령을 실행하라.

9. 이것이 빈도를 나타내는 새로운 변인이다. 1번 참가자는 '매우 동의한다'로 응답한 적이 없는 반면, 2번 참가자는 세 번 응답했다는 것을 알 수 있다.

조건적 빈도변인 생성하기

조건적 빈도 계산을 통해 특정 기준에 부합하는 참가자들에 대해서만 변인값의 빈도를 계산할 수 있다. 이를 수행하려면 변인값을 지정해주는 단계(5단계) 전에, **조건**(If) 단추를 클릭하면 된다. 이 단추를 누르게 되면 제5절에서 설명하였던 조건적 코딩변경에서 사용한 것과 거의 동일한 대화상자가 나타날 것이다. 조건규칙을 설정한 다음 **계속**(Continue) 단추를 클릭하면 된다.

제8절 │ 순위변인 생성하기

때로는 구간척도나 비율척도를 서열점수로 변환시키는 것이 유용한 경우가 있다. 예를 들어 제6절에서 **변인계산(**C**ompute)**에 사용하여 계산해놓았던 'cr_adopt' 변인을 서열점수로 변환하려 할수 있다. 다시 말해 연구에 참가한 모든 참가자를 이 점수에 근거하여 서열화하고 싶을 수 있다. 이렇게 되면 가장 높은 'cr_adopt' 변인 총점을 가진 참가자에게 1순위가 주어지고, 그다음으로 높은 사람에게 2순위가 주어지는 방식으로 순위가 부여된다. **순위변인 생성(**R**ank Cases)** 명령어는 순위를 계산하고, 이를 새로운 변인으로 생성해준다. 우리는 오름차순 혹은 내림차순으로 순위를 생성할 수 있으며, 한 가지 이상의 변인을 기준하여 순위변인을 생성할 수도 있다.

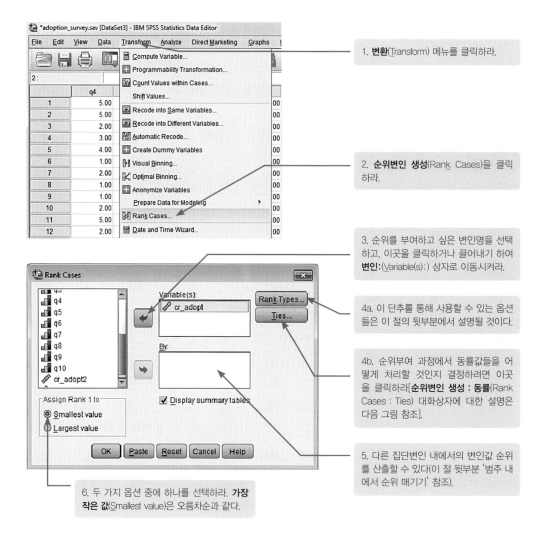

1. **변환(**T**ransform)** 메뉴를 클릭하라.

2. **순위변인 생성(**R**ank Cases)**을 클릭하라.

3. 순위를 부여하고 싶은 변인명을 선택하고, 이곳을 클릭하거나 끌어내기 하여 **변인:(**V**ariable(s):)** 상자로 이동시켜라.

4a. 이 단추를 통해 사용할 수 있는 옵션들은 이 절의 뒷부분에서 설명될 것이다.

4b. 순위부여 과정에서 동률값들을 어떻게 처리할 것인지 결정하려면 이곳을 클릭하라[**순위변인 생성 : 동률(**R**ank Cases : Ties)** 대화상자에 대한 설명은 다음 그림 참조].

5. 다른 집단변인 내에서의 변인값 순위를 산출할 수 있다(이 절 뒷부분 '범주 내에서 순위 매기기' 참조).

6. 두 가지 옵션 중에 하나를 선택하라. **가장 작은 값(**S**mallest value)**은 오름차순과 같다.

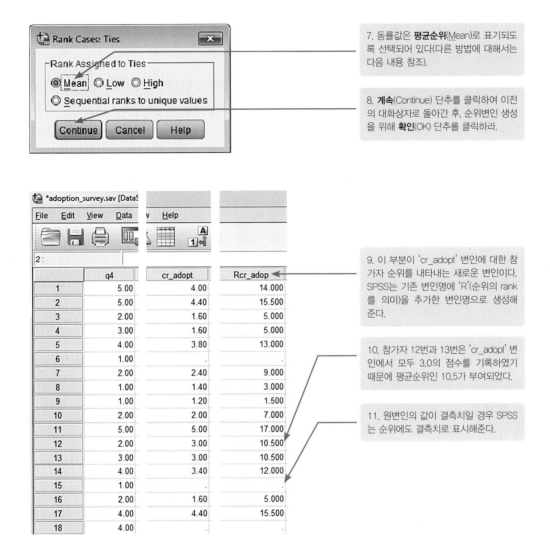

7. 동률값은 **평균순위**(Mean)로 표기되도록 선택되어 있다(다른 방법에 대해서는 다음 내용 참조).

8. **계속**(Continue) 단추를 클릭하여 이전의 대화상자로 돌아간 후, 순위변인 생성을 위해 **확인**(OK) 단추를 클릭하라.

9. 이 부분이 'cr_adopt' 변인에 대한 참가자 순위를 나타내는 새로운 변인이다. SPSS는 기존 변인명에 'R'(순위의 rank를 의미)을 추가한 변인명으로 생성해준다.

10. 참가자 12번과 13번은 'cr_adopt' 변인에서 모두 3.0의 점수를 기록하였기 때문에 평균순위인 10.5가 부여되었다.

11. 원변인의 값이 결측치일 경우 SPSS는 순위에도 결측치로 표시해준다.

동률값의 순위변인 생성

SPSS는 동률값(tied values)에 순위를 매기는 네 가지 방법을 제공하고 있다.

1. 기본으로 설정되어 있는 방법은 동률을 이루는 값에 평균순위를 부여하는 **평균순위**(Mean) 방법이다. 앞서 살펴본 경우와 같이 12번과 13번 참가자의 점수는 3.0으로 같았으며, 해당 옵션을 선택하면 두 참가자에게 10.5(10과 11의 평균순위)의 순위가 부여된다. 이 방법이 대부분의 통계학 입문서에서 소개하는 순위부여 방법이다.

2. **낮은 순위**(Low) 옵션은 동률값을 가지는 참가자들에게 그들이 얻을 수 있는 가장 낮은 숫자의 순위를 부여하는 방법이다. 예시에서는 10으로 순위가 부여된다.

3. **높은 순위(High)** 옵션은 동률의 참가자들 모두에게 얻을 수 있는 가장 높은 숫자의 순위를 부여하는 것이며, 예시의 경우에는 모두 11이 순위로 부여된다.

4. **유일한 값에 대한 연속적 순위(Sequential ranks to unique values)** 옵션은 12번과 13번 참가자 모두에게 10의 순위를 부여하지만, 다음으로 높은 점수값을 가진 참가자에게 그다음 순위인 11을 부여하는 방식이다. 이를 통해 모든 후속 등위들이 연속적인 순위를 갖게 할 수 있다. 이 방법을 사용하게 되면 가장 높은 숫자의 순위와 유효한 케이스의 수가 (다른 세 가지 방법과는 달리) 동일하지 않을 수 있다.

순위 유형

SPSS는 다양한 서열화 방법을 제공해준다. 이것은 **순위 유형(Rank Types)** 단추를 클릭(앞의 4a단계 참조)하여 사용할 수 있다. 이들 옵션에 대한 보다 자세한 설명을 알고 싶으면 도움말 단추를 사용하라. 만약 확실하지 않다면 **평균순위(Mean)** 옵션을 그대로 사용하도록 한다.

범주 내에서 순위 매기기

기준:(By:) 상자에서(116쪽 5단계) 두 번째 변인을 지정하면 해당 변인의 하위 범주별로 참가자들을 첫 번째 변인 점수에 따라 서열화시킬 수 있다. 예를 들어, 만약 '성별' 변인을 **기준:(By:)** 상자에 지정하면 SPSS는 먼저 점수에 따라 모든 남성 참가자들의 순위를 매기고, 그다음으로 여성 참가자들의 순위를 매긴다. 따라서 이러한 경우에는 1순위를 부여받은 참가자가 남녀 참가자 집단 각각에서 한 사람씩 나타나게 된다.

제9절 | 데이터 변환하기

데이터 변환은 수리 함수를 활용하여 데이터 세트에 있는 모든 값을 체계적으로 변경하는 것을 의미한다. 상수를 더하거나, 원점수를 백분율 점수로 변환하는 것은 가장 간단한 형태의 데이터 변환이라 할 수 있다. 예를 들어, 11점을 만점으로 하는 간단한 통계 시험의 원점수에 (원점수/11)*100의 공식을 적용하여 백분율 점수로 변환할 수 있다.

로그(Log) 변환은 심리학에서 가장 흔하게 사용되는 점수 변환 방법 중 하나이다. 로그 변환은 데이터 세트에 있는 모든 값을 로그값으로 바꾸는 것을 의미한다. 어떤 값의 로그는 그 값을 산출할 수 있는 밑 값의 지수임을 이미 중·고등학교에서 배웠을 것이다. 10을 밑으로 하는 로그는 상용로그($\log_{10}$)라 하고, 자연 상수 e(약 2.71828)를 밑으로 하는 로그는 자연로그($\log_e$, 혹은 ln)라고 한다. 예를 들어 $10^2=100$이기 때문에 100의 상용로그 값은 2이고, 이는 '$\log_{10}(100) = 2$'로 표현할 수 있다. 100의 자연로그 값은 약 4.605이며, '$\log_e(100) = 4.605$'와 '$e^{4.605} = 100$'으로 표현할 수 있다.

다음의 표는 원점수(x)와 해당 값의 자연로그 '$\log_{10}$', '$\log_e$' 간의 관계를 보여주고 있다.

X	1	10	100	1000	10000	100000	1000000
$\log_{10}(X)$	0	1	2	3	4	5	6
$\log_e(X)$	0	2.30	4.61	6.91	9.21	11.51	13.82

표를 보면, 우리는 로그의 유용한 특성을 파악할 수 있다. x값이 증가하는 크기에 비해 로그값은 더 작은 상수만큼씩만 증가한다는 것이다(상용로그의 경우 1씩 증가한다). 이러한 로그의 특성을 특정 유형의 데이터를 재척도화(rescale)하는 데 활용할 수 있다. 데이터는 종종 분포가 정상적이지 않고, 정적 혹은 부적으로 편포되어 있기도 한다. 예를 들어, 대부분의 값들이 평균에 가까이 있기는 하나 일부 극단적으로 큰 값이 데이터에 존재하면 우리는 이를 보고 '정적 편포'되어 있다고 한다. 히스토그램을 그려보면 평균을 중심으로 왼쪽보다는 오른쪽 꼬리가 긴 비대칭의 모양이 나타날 것이다. 이처럼 편포된 데이터에서는 특정 추리통계 검증이 타당하지 못할 수 있다. 이 문제는 각 원데이터 값을 로그값으로 변환하면 간단히 해결될 수 있다. 보통은 로그로 변환만 해도 데이터 편포의 문제가 충분히 해결되며, 이후 변환한 값으로 분석을 진행하면 된다. 이러한 과정을 앞으로 살펴보도록 하겠다.

데이터 로그 변환

로그 변환 방법을 살펴보기 위해, 2개의 사진이 서로 같은 사람들인지 혹은 다른 사람들인지를 판단하는 과제를 129번 시행한 결과가 담겨 있는 Decision Latency 데이터를 활용할 것이다. 데이터는 의사결정을 하는 데 걸린 시간으로 기록되었는데, 이와 같은 시간 기반의 데이터는 참가자들 응답 시간에 상한(upper limit)이 없기 때문에 종종 정적으로 편포된다. 참가자들이 자극에 반응하는 데까지는 반드시 최소한 특정 수준 이상의 시간이 필요하며 집중력을 잃게 되면 수십 초, 수 분 심지어는 몇 시간이 걸리기도 한다. 이렇게 되면 결국 의사결정 시간 데이터는 매우 정적으로 편포된 형태를 보이게 된다.

이 예시를 따라하려면 he.palgrave.com/psychology/brace에서 'LogTransformDemo.sav' 파일을 다운받아야 한다. 우선 **데이터 탐색(Explore)** 명령어를 사용하여 해당 데이터가 정상적으로 분포하고 있는지 여부를 먼저 확인할 것이다.

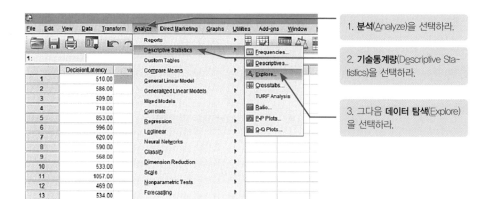

1. **분석**(Analyze)을 선택하라.

2. **기술통계량**(Descriptive Statistics)을 선택하라.

3. 그다음 **데이터 탐색**(Explore)을 선택하라.

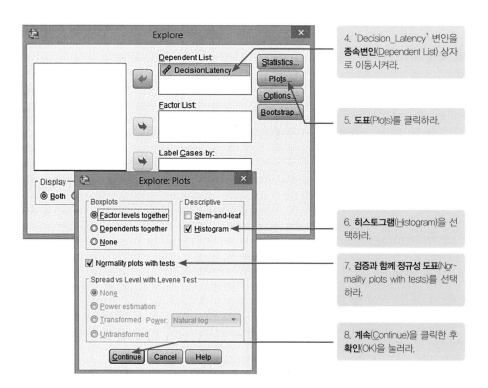

4. 'Decision_Latency' 변인을 **종속변인**(Dependent List) 상자로 이동시켜라.

5. **도표**(Plots)를 클릭하라.

6. **히스토그램**(Histogram)을 선택하라.

7. **검증과 함께 정규성 도표**(Normality plots with tests)를 선택하라.

8. **계속**(Continue)을 클릭한 후 **확인**(OK)을 눌러라.

Tests of Normality

	Kolmogorov-Smirnov[a]			Shapiro-Wilk		
	Statistic	df	Sig.	Statistic	df	Sig.
DecisionLatency	.084	129	.025	.959	129	.001

a. Lilliefors Significance Correction

표에는 두 가지의 분포 정상성 검증 결과가 산출된다(Kolmogorov-Smirnov와 Shapiro-Wilk 검증). 두 검증 결과 모두 유의확률이 .05 보다 작으며, 이는 분포가 통계적으로 유의하게 정상분포에서 벗어나 있음을 의미한다.

DecisionLatency

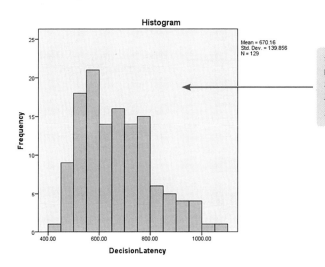

히스토그램을 보면 문제점을 명확히 알 수 있다. 해당 데이터는 오른쪽 꼬리가 왼쪽보다 긴, 정적 편포의 형태를 보이고 있다. 해당 데이터를 변형할 필요가 있으며, 방법은 다음에 기술되어 있다.

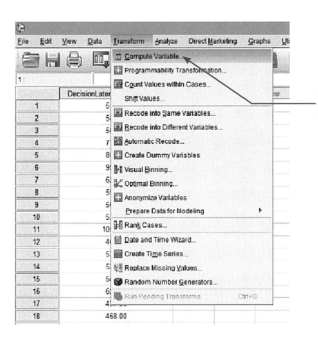

1. **변환**(Transform)을 선택한 후, **변인계산**(Compute variable)을 클릭하라.

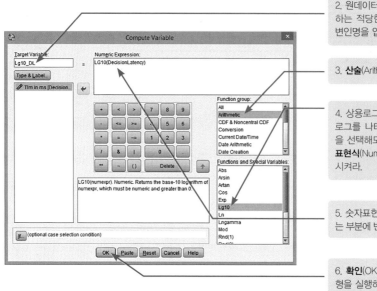

2. 원데이터를 로그로 변형한 것임을 의미하는 적당한 이름으로 생성될 새 변인의 변인명을 입력하라.

3. **산술**(Arithmetic) 함수 집단을 선택하라.

4. 상용로그를 나타내는 **Log10**이나 자연로그를 나타내는 **Ln**을 선택하라(어떤 것을 선택해도 무방하다). 그다음 이를 **숫자표현식**(Numeric Expression) 상자로 이동시켜라.

5. 숫자표현식을 편집하라(마크가 되어 있는 부분에 변형할 변인명을 입력하면 된다).

6. **확인**(OK) 단추를 눌러 변인의 로그 변형을 실행하라.

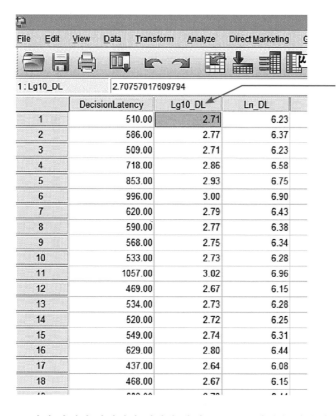

	DecisionLatency	Lg10_DL	Ln_DL
1	510.00	2.71	6.23
2	586.00	2.77	6.37
3	509.00	2.71	6.23
4	718.00	2.86	6.58
5	853.00	2.93	6.75
6	996.00	3.00	6.90
7	620.00	2.79	6.43
8	590.00	2.77	6.38
9	568.00	2.75	6.34
10	533.00	2.73	6.28
11	1057.00	3.02	6.96
12	469.00	2.67	6.15
13	534.00	2.73	6.28
14	520.00	2.72	6.25
15	549.00	2.74	6.31
16	629.00	2.80	6.44
17	437.00	2.64	6.08
18	468.00	2.67	6.15

새로운 변인이 추가되었다. 이 과정을 보여주기 위해 우리는 2개의 변인을 새로 생성하였다. 하나는 상용로그로 변환한 것이고 다른 하나는 자연로그로 변환한 것이다. 2개의 로그 변형 변인들은 서로 다른 값을 보이고 있지만, 분포의 모양은 서로 유사하다. 이는 이후에 간략히 살펴볼 것이다.

이제 앞에서 시행했던 데이터 탐색(Explore) 과정을 반복해보라. 이번에는 원변인과 변형한 변인을 모두 포함시켜라.

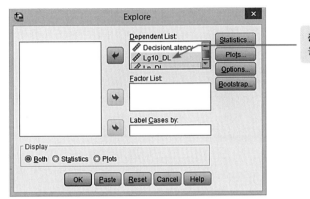

종속변인(Dependent List)에 새로 생성한 변환변인을 추가한 후, **데이터 탐색**(Explore)을 다시 시행하라.

산출된 결과는 다음과 같다. (여기에는 나와 있지 않지만) 결과 중 두 번째 표를 보면, 원데이터와 로그 변형한 데이터들의 기술통계치들이 상당히 다름을 알 수 있다. 하지만 로그 변형한 데이터들의 경우, 기술통계치들은 상이하나 분포의 모양에 대한 첨도와 왜도 값은 동일하게 나타난다.

Tests of Normality

	Kolmogorov-Smirnov[a]			Shapiro-Wilk		
	Statistic	df	Sig.	Statistic	df	Sig.
DecisionLatency	.084	129	.025	.959	129	.001
Lg10_DL	.064	129	.200[*]	.981	129	.070
Ln_DL	.064	129	.200[*]	.981	129	.070

*. This is a lower bound of the true significance.

a. Lilliefors Significance Correction

맨 위에 있는 원데이터는 정상적으로 분포되어 있지 않지만, 2개의 로그변환한 변인들은 모두 정상적으로 분포되어 있음을 알 수 있다. Kolmogorov-Smirov와 Shapiro-Wilk 검증 모두 정상성에서 벗어난 정도가 통계적으로 유의하지 않다. 그리고 두 로그를 변형한 변인들의 통계치들은 완벽하게 일치하는 것을 알 수 있다.

DecisionLatency

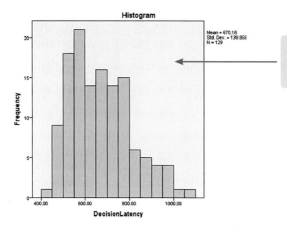

원데이터에 대한 이 히스토그램은 이미 이전에 보았던 것이다. 오른쪽으로 꼬리가 길게 늘어진 정적 편포를 보이고 있다.

Lg10_DL

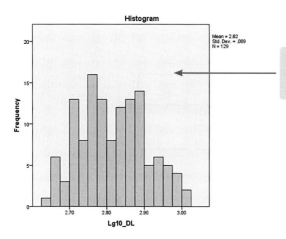

상용로그로 변형한 후의 히스토그램이다. 앞에 나타나 있는 원데이터의 히스토그램과 비교할 때, 평균을 중심으로 좀 더 대칭적인 형태를 보이고 있다.

Ln_DL

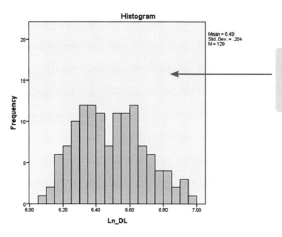

이 그림은 자연로그로 변형한 것의 히스토그램이다. 두 가지 방식으로 로그 변형한 변인들의 평균과 표준편차는 서로 상이하지만 두 변형 모두 데이터를 정상화하는 데 효과적임을 알 수 있다.

제10절 | 척도 혹은 설문 데이터 파일

이 절에서는 SPSS를 사용하여 척도 혹은 설문을 통해 얻은 데이터를 다루는 방법에 대해 설명할 것이다. 구체적으로 간단한 데이터 점검과 역산문항(reversed item)의 응답을 코딩변경하는 방법 등에 대해 다룰 것이다. 척도의 신뢰도(reliability)와 차원성(dimensionality)에 대한 내용은 제12장의 제4절과 제5절에서 살펴볼 것이다.

우리는 웨스트민스터대학교 심리학과 1학년 학생들을 대상으로 한 연구 방법 실습에서 사용되었던 데이터를 활용하였다. 총 20개의 문항으로 이루어진 Larsen(1995)의 ATR(Attitudes Toward Recycling) 척도로 측정하였으며, Larsen(1995, 표 1)의 연구에 제시된 문항 순서를 그대로 사용하였다. 다만 Larsen이 미국에서 개발했던 척도에서 두 부분이 변경되었는데, '스티로폼(styrofoam)'은 '폴리스티렌(polystyrene)'으로, '쓰레기 분리(sorting garbage)'는 '쓰레기를 다른 용기에 분리(sorting rubbish into different containers)'로 바꾸었다. 응답은 1점(매우 동의함)에서 5점(전혀 동의하지 않음)의 리커트 척도(Likert-type scale)로 측정되었다. 이 데이터 파일 'ScaleV1.sav'는 50명의 케이스를 포함하고 있으며, 이 파일을 이용하여 심리학에서의 척도 사용과 관련된 몇몇 문제들을 살펴볼 것이다(해당 파일은 부록이나 he.palgrave.com/psychology/brace에서 확인할 수 있다). 일반적으로는 보다 많은 케이스가 필요하다.

데이터 파일을 연 후 다음의 내용을 확인하라.

1. 'Qnum(설문 번호)'은 우리가 데이터 입력에 사용한 설문지에 적어 놓은 id 번호이다. 파일 정렬로 데이터 파일의 케이스 순서가 변하더라도(제2절 참조) id 번호로 케이스를 확인할 수 있도록 해당 변인을 포함시켰다.
2. 각 문항의 응답은 개별 변인으로 입력되었고, 변인은 'q_a'부터 'q_t'까지로 되어 있다. 학생들은 총합 혹은 평균 점수를 직접 구한 후, 이들 값만 입력하는 것을 선호하기도 하지만, 개별 문항의 응답을 따로 입력하는 것이 더 좋은 방법이다. 그렇게 할 경우, 데이터를 미리 다양하게 점검한 후에 **변인계산(C**ompute)을 사용하여 개별 참가자들의 총합 혹은 평균 점수를 산출할 수 있다.
3. 이 데이터 파일에서는 각 척도 문항에 대한 결측치를 9로 입력하였다.

간단한 데이터 입력 점검

제3장 제6절에서 설명했던 **기술통계량(D**escriptives) 명령어를 이용한 데이터 점검 방법을 활용할

것이다. 분석 결과는 다음에 제시되어 있다. 각 문항의 최소값 및 최대값을 확인하라. 예시의 경우 'q_c' 문항에서 1~5점 척도에서는 나올 수 없는 최대값인 6이 나타났음에 주목하라. 이와 같이 다른 이상한 점은 없는지 점검하라.

Descriptive Statistics

	N	Minimum	Maximum	Mean	Std. Deviation
q_a	50	2	5	3.96	.832
q_b	50	1	5	2.06	.913
q_c	50	2	6	3.94	1.058
q_d	50	2	5	4.34	.688

데이터 입력에서 나타날 수 있는 이러한 오류는 다음의 방법으로 확인 및 수정할 수 있다.

1. 데이터 보기에서 변인명 'q_c'를 클릭한다.
2. 메뉴에서 **편집(Edit) → 찾기(Find)**를 클릭하라. 그러면 **찾기 및 바꾸기 – 데이터 보기**(Find and Replace-Data view) 대화상자가 나타날 것이다.
3. **찾기**(Find) 영역에 6을 입력한 후, **다음 찾기**(Find Next) 단추를 클릭하라.
4. **다음 찾기**(Find Next) 단추를 클릭하면, SPSS는 이 변인에서 그다음으로 나타난 변인값 6의 위치를 알려줄 것이다.
5. 이들 값에 대해 필요한 수정을 실시하라. 이 데이터 파일에서는 단 하나의 오류가 발견되었다. 2번 설문지의 c문항에 대한 응답은 6이 아니라 5가 되어야 할 것이므로 이를 수정하고, 다음 실습에서 이를 사용할 수 있도록 데이터 파일을 'ScaleV2.sav'로 저장하라.

역산문항

좋은 척도 혹은 설문에는 참가자의 응답 편향을 피하기 위해 역(reverse)으로 코딩되어야 하는 문항들이 종종 포함된다. SPSS를 사용하여 이들 문항의 코딩을 반대로 바꿀 수 있다. 먼저 점수가 높을수록 어떻게 해석하고자 하는지 의미의 방향을 고려해야 한다. 예를 들어 도서관 만족도 설문의 다음 두 문항을 고려해볼 수 있다.

1. 대학 도서관은 수업 노트를 만들기에 매우 좋은 장소이다.
2. 대학 도서관에서는 공부하기가 매우 힘들다.

이들 문항이 1점(매우 동의함)에서 5점(전혀 동의하지 않음)으로 측정되었다는 점을 고려할 때,

도서관에 대해 매우 긍정적인 태도를 갖고 있는 사람은 두 문항에 반대로 응답했을 것이다. 여러분은 문항들의 총합을 도서관에 대한 전반적인 만족으로 해석하고 싶은가 아니면 전반적인 **불만족**으로 하고 싶은가? 그 방향에 따라 어떤 문항을 역방향으로 바꿔야 하는지가 결정된다.

 이러한 유형의 데이터는 어느 방향으로든 점수화가 가능하다. 변인 설명문을 사용하여 점수화의 방향을 확인할 수 있도록 하는 것이 좋다.

'ScaleV2.sav' 데이터 파일의 경우, 점수가 높을수록 참가자가 재활용과 관련 환경 문제에 대해 긍정적인 태도를 갖는 것으로 해석의 방향을 정하고자 한다. 이를 위해서는 b, g, h, i, k, l, m, p, q, r 문항의 점수를 역방향으로 처리해야 한다. **코딩변경(Recode)** 명령어(제5절 참조)를 사용하여 다음과 같은 과정을 통해 이를 수행할 수 있다.

1. 메뉴에서 **변환(Transform) → 다른 변인으로 코딩변경(Recode into Different Variables)**을 클릭하라.
2. **다른 변인으로 코딩변경(Recode into Different Variables)** 대화상자에서 역방향으로 코딩을 변경할 첫 번째 변인(q_b)을 선택하고, 산출된 변인에 부여할 새로운 변인명을 입력하라. 우리는 q_bR(R은 변인이 역산 처리되었음을 의미)로 하였다. 그다음 **변경(Change)** 단추를 클릭하라.
3. 역방향 처리가 필요한 모든 문항에 대해 앞의 과정을 반복하라.
4. **기존값 및 새로운 값(old and new values)** 단추를 클릭한다.
5. **다른 변인으로 코딩변경 : 기존값 및 새로운 값(Recode into Different Variables: Old and New Values)** 대화상자에서 기존값과 새로운 값을 한번에 하나씩 입력하라. 이 경우 우리는 5는 1로, 4는 2로, 2는 4로, 1은 5로 변경하길 원한다. 3은 바꾸지 않고 그대로 유지한다(다음 참조). 뿐만 아니라 여러분은 결측치를 시스템 결측값으로 코딩변경할 수 있다. 대안적인 방법으로 **기존값 복사(Copy old value(s))** 옵션을 사용할 수 있으나, 결측치를 9로 코딩했음을 기억해야 한다.

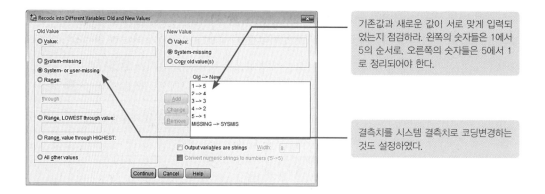

기존값과 새로운 값이 서로 맞게 입력되었는지 점검하라. 왼쪽의 숫자들은 1에서 5의 순서로, 오른쪽의 숫자들은 5에서 1로 정리되어야 한다.

결측치를 시스템 결측치로 코딩변경하는 것도 설정하였다.

6. **계속(Continue)**을 클릭한 다음 **확인(OK)**을 클릭하라. 새로운 변인은 데이터 파일의 가장 오른 쪽에 추가될 것이다.

7. **코딩변경(Recode)**이 올바르게 되었는지를 확인한 다음에는 기존의 원변인을 삭제해도 된다. 삭 제를 하게 되면 기존의 변인을 분석에 사용하는 실수를 방지할 수 있다. 하지만 원데이터 파일 의 복사본을 만들어 저장해놓은 다음에 삭제하도록 하라.

8. 데이터 파일을 'ScaleV3.sav'로 저장하라. 변인들과 첫 번째 케이스는 다음의 그림과 같이 되어 야 한다. 이제 척도의 신뢰도와 차원성을 평가하는 다른 실습(제12장 제4절과 제5절)에서 이 파 일을 사용할 수 있게 되었다.

Qnum	q_a	q_c	q_d	q_e	q_f	q_j	q_n	q_o	q_s	q_t	q_bR	q_gR	q_hR	q_iR	q_kR	q_lR	q_mR	q_pR	q_qR	q_rR
1	4	3	4	4	4	5	4	3	5	4	4	4	4	4	4	3	3	1	3

요약

▷ 이 장의 목적은 SPSS 데이터 파일의 내용을 수정할 수 있는 여러 유용한 명령어를 살펴보는 것이었다.

▷ 이들 명령어를 사용하여 변인을 코딩변경하고, 새로운 변인을 계산하고 혹은 이후의 분석에 특정 케이스들만을 선택하는 것이 가능하다.

▷ 이들 명령어들은 설문 연구에서 얻을 수 있는 대용량 데이터 세트(dataset)를 관리하는 데 특히 유용하다.

▷ 변인계산 명령어를 사용하여 추리통계검증의 가정에 부합하도록 데이터를 변환시킬 수도 있다. 가장 일반적인 데이터 변환 중 하나인 로그변환을 이용하여 편포된 데이터를 정상분포화할 수 있는 방법을 살펴보았다.

▷ 제10절에서는 설문 연구에서 이들 명령어 중 일부를 실제로 사용하는 방법에 대해 살펴보았다.

제05장 두 표본의 차이 검증

이 장에서 다루는 내용은

- t 검증에 대한 소개
- 단일표본 t 검증
- 독립표본 t 검증
- 대응표본 t 검증
- t 검증의 비모수적 대체 방법
- Mann−Whitney 검증
- Wilcoxon 검증

제1절 | t 검증에 대한 소개

- t 검증은 두 집단의 평균이 서로 유의미하게 다른지를 결정하기 위해 사용된다.
- t 검증에는 세 가지 유형이 있다.
  - 단일표본 t 검증은 가장 단순한 유형으로 관찰된 평균이 모집단 평균과 다른지 알아본다.
  - 독립표본 t 검증은 2개의 독립된 집단의 사람들로부터 나온 평균을 비교할 때 사용한다.
  - 대응표본 t 검증은 동일한 사람으로부터 또는 짝지어진 개인(예 : 짝지은 피험자 설계를 사용할 경우)으로부터 얻은 두 가지 관찰치의 평균을 비교할 때 사용한다.
- t 검증은 모두 모수적 통계검증 방법이고 데이터에 대해 다음과 같은 특한 가정을 한다. 데이터는 구간척도나 비율척도 수준에서 측정되며, 변량의 동질성 가정을 충족시키고, 정상분포를 가진 모집단으로부터 추출된다(제1장 제2절 참조).
- t 검증의 결과와 함께 기술통계치를 보고할 때 집중경향과 변산성의 측정으로 평균과 표준편차를 함께 제시해야 한다.

- 어떤 책에서는 t 검증을 Student의 t 검증으로 명칭하기도 한다. 원래 이 검증법은 William Gossett가 고안하였는데, 그가 일하고 있던 회사인 Guinness Brewing사는 그의 이름으로 출판하는 것을 허용하지 않았다. 그래서 그는 'Student'라는 가명을 활용하여 책을 출간하였다.

제2절 │ 단일표본 t 검증

제1절에서 t 검증은 2개의 평균이 서로 유의미하게 차이가 있는지 결정하기 위해 사용된다고 했다. 단일표본 t 검증은 이미 알려진 모집단의 평균과 표본의 평균을 비교하는 것이다. 예컨대 참가자 그룹의 평균이 IQ 점수와 같이 이미 기존에 설정된 특정 값이나 이전 연구를 기반으로 기대되는 값과 얼마나 다른지 비교할 때 사용된다. 이 검증은 모수 검증의 가정을 충족할 때 사용된다.

사례연구 : 기억 측정

단일표본 t 검증을 어떻게 수행하는지 보여주기 위해 가상의 데이터를 사용해보자. 심리학을 전공한 열의 있는 한 교사는 초등학교 6학년 중 몇몇 학생이 체육 준비물이나 도시락, 숙제 등을 잊어버리는 것을 발견했다. 이것이 원래 기억력이 낮기 때문인지에 대한 의문을 품게 되었다. 그래서 장기기억을 측정하는 표준화된 검사를 시행했다. 이 검사는 동일 연령대에서 75% 수준을 보인다는 규준을 가지고 있었다. 교사는 자신의 학생들을 대상으로 얻은 데이터를 가지고 단일표본 t 검증을 진행했는데, 이는 75%의 기대값(expected value)과 표본에서 얻은 평균이 얼마나 차이를 보이는지 검증하기 위한 것이다. 차이가 나타날 것이라는 참고문헌이나 기존 이론이 없었기 때문에 양방향 검증으로 실시했다. 이 결과는 표본의 평균이 기대값에 비해 현저히 낮은 것을 알 수 있다.

　이 가상 데이터를 사용하여 다음에 주어지는 지시문을 따라 하게 되면, 이 장의 끝 부분에 첨부된 표에 나타난 분석 결과를 갖게 된다(이 자료는 부록이나 he.palgrave.com/psychology/brace에서 확인할 수 있다).

단일표본 *t* 검증 수행하기

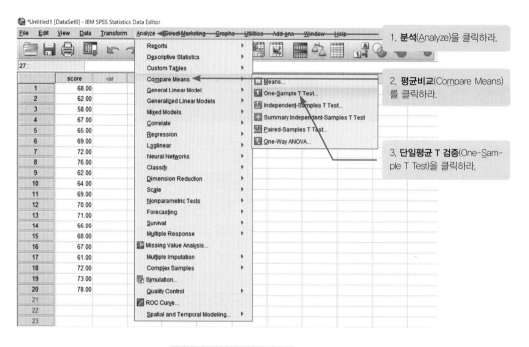

1. **분석**(Analyze)을 클릭하라.

2. **평균비교**(Compare Means)를 클릭하라.

3. **단일평균 T 검증**(One-Sample T Test)을 클릭하라.

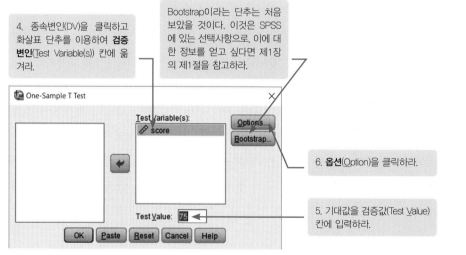

4. 종속변인(DV)을 클릭하고 화살표 단추를 이용하여 **검증변인**(Test Variable(s)) 칸에 옮겨라.

Bootstrap이라는 단추는 처음 보았을 것이다. 이것은 SPSS에 있는 선택사항으로, 이에 대한 정보를 얻고 싶다면 제1장의 제1절을 참고하라.

6. **옵션**(Option)을 클릭하라.

5. 기대값을 검증값(Test Value) 칸에 입력하라.

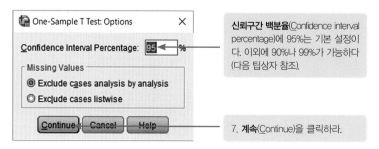

신뢰구간 백분율(Confidence interval percentage)에 95%는 기본 설정이다. 이외에 90%나 99%가 가능하다 (다음 팁상자 참조).

7. **계속**(Continue)을 클릭하라.

8. 마지막으로 **단일표본 T 검증**(One – Sample T Test) 대화상자에서 `OK` 를 클릭하라. 그러면 *t* 검증의 분석 결과가 창에 나타날 것이다. 그리고 다음의 첨부사항들이 나타난다. 또한 이 결과를 어떻게 설명할지 보여줄 것이다.

신뢰구간은 평균이 떨어질 가능성을 기술한 것이다(제1장 제1절 참조). 95%가 기본값으로, 모집단 평균이 95%의 확률로 결과에 표시된 한계점 사이에 존재하게 된다. SPSS를 통해 이 신뢰구간을 좁히거나 넓힐 수 있다. 예를 들어, 중요한 임상적 문제를 다루게 된다면, 높은 정확도로 측정할 필요가 있다. 이런 경우 99%의 신뢰구간을 사용하게 된다.

단일표본 *t* 검증에서의 SPSS 분석 결과

메뉴 항목을 통한 분석 : 평균비교 > 단일표본 T 검증

T-Test

[DataSet0]

기억검사에서 아동의 평균값(*M*)과 표준 편차의 유용한 기술통계값(*SD*)을 보여준다.

One-Sample Statistics

	N	Mean	Std. Deviation	Std. Error Mean
score	20	67.9000	5.06692	1.13300

One-Sample Test

	Test Value = 75					
					95% Confidence Interval of the Difference	
	t	df	Sig. (2-tailed)	Mean Difference	Lower	Upper
score	-6.267	19	.000	-7.10000	-9.4714	-4.7286

t = 6.27로 마이너스 부호를 무시한다.

자유도(df)는 19이다.

Sig. (2-tailed)는 양방검증의 *p*값을 의미한다. 이 값은 .05보다 작아야 결과가 유의미하다. *p*값은 절대 0이 될 수 없다. SPSS는 소수점 세 자리로 반올림되기 때문에, 즉 여기서 *p*값은 .0005보다 작은 것이다 (팁상자 참조).

결과보고

보고서에 다음과 같이 기술하면 된다. 건망증을 가진 아동 집단의 기억검사 결과는 75%의 기대값보다 낮았다($M = 67.9\%$, $SD = 5.07$). 단일표본 t 검증은 이런 차이가 유의미하다는 것을 보여준다($t = 6.27$, $df = 19$, $p < .001$, 양방검증).

미국심리학회(APA)의 지침에 따르면, t값은 소수점 이하 두 자릿수까지, p값이 .001보다 작다면 $p < .001$로 표기하도록 권고한다. 만약 p값이 .001보다 크다면, 두 자릿수 혹은 세 자릿수까지 보고한다(참조 : p값과 마찬가지로 1보다 크지 않은 값을 보고할 때 앞에 0은 사용하지 않는다).

제3절 │ 독립표본 t 검증

독립표본 t 검증은 A집단에서 참가자들의 수행 정도를 B집단에 속한 참가자들의 수행 정도와 비교하는 것이다. 이 검증은 데이터가 모수적 검증에 대한 가정을 충족하고, 독립 집단 설계를 사용하여 구해졌을 때 사용할 수 있다. 예컨대 성차를 보기 위하여 두 집단을 남성과 여성 집단으로 구분할 수가 있다. 또한 투약 조건에 따른 두 집단 간의 차이를 보기 위해 약을 적게 복용한 집단과 약을 많이 복용한 집단으로 나눌 수도 있다. 이런 형태의 t 검증을 무대응 t 검증이라고 하기도 한다.

사례연구 : 기억 실험

다음에 제시한 예는 제2장 제6절의 데이터 입력 연습에서 사용된, 기억 실험에서 얻은 데이터를 사용한 것이다. 기억술 지도를 받은 집단이 기억술에 대해 어떠한 지도도 받지 않은 집단에 비해 더 기억력이 나을 것이라는 가설을 세웠다. 이 데이터를 사용해서 다음에 주어지는 지시문을 따라 검증 절차를 거치게 되면, 이 절 뒷부분에 첨부된 표에 있는 분석 결과를 구할 수 있다.

독립 집단 *t* 검증 수행하기

4. 그러면 **독립표본 T 검증**(Independent-Samples T Test) 대화상자가 나타난다(다음 참조). SPSS 에서 전형적인 방식과 마찬가지로, 왼쪽에 있는 상자는 데이터 파일에 있는 모든 변인을 나열 해준다. 이 단계에서 자신이 분석하고자 하는 종속변인의 이름을 클릭한 다음, 가운데에 있는 화살표 단추를 누르면 **검증변인**(Test Variable(s)) 상자로 옮겨진다.

5. 다음에는 독립변인의 이름을 클릭한 다음 화살표를 누르면 **집단변인**(Grouping Variable) 상자 로 옮겨진다.

   일단 종속변인과 독립변인을 해당 위치의 상자로 옮겨놓으면 다음과 같은 대화상자가 나타난다.

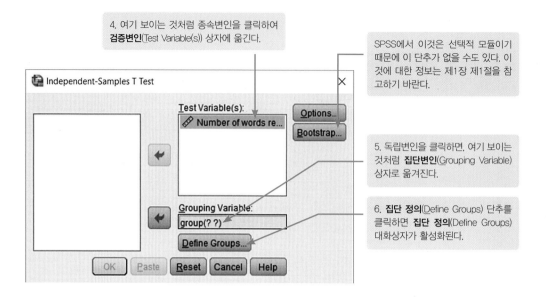

4. 여기 보이는 것처럼 종속변인을 클릭하여 **검증변인**(Test Variable(s)) 상자에 옮긴다.

SPSS에서 이것은 선택적 모듈이기 때문에 이 단추가 없을 수도 있다. 이것에 대한 정보는 제1장 제1절을 참고하기 바란다.

5. 독립변인을 클릭하면, 여기 보이는 것처럼 **집단변인**(Grouping Variable) 상자로 옮겨진다.

6. **집단 정의**(Define Groups) 단추를 클릭하면 **집단 정의**(Define Groups) 대화상자가 활성화된다.

6. **집단 정의**(Define Groups) 단추를 누르면 **집단 정의**(Define Groups) 대화상자가 나타난다(다음 참조). 이 대화상자는 분석하고자 하는 두 집단을 지정하기 위해 사용한다. 예를 들어 독립변인이 1＝남성, 2＝여성으로 코딩된 성별(sex)이라면 변인값 1과 2를 집단 1과 집단 2라는 상자에 입력해야 한다. 하지만 집단을 항상 1과 2로 부호화하여 비교하는 것은 아니다. 다른 예로 종교적 신념에 따라 정의한 두 집단의 비교를 들 수 있다(0과 2로 무신론 집단과 기독교 집단을 부호화하는 경우, 제2장 제3절의 변인값 참조). 이 경우에는 대화상자의 두 상자에 각기 0과 2의 변인값을 입력하면 된다[여기서는 **분할점**(Cut point) 옵션에 대해서는 기술하지 않는다].

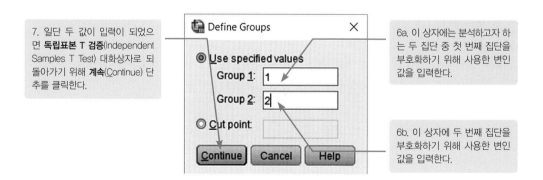

7. 일단 두 값이 입력이 되었으면 **독립표본 T 검증**(Independent Samples T Test) 대화상자로 되돌아가기 위해 **계속**(Continue) 단추를 클릭한다.

6a. 이 상자에는 분석하고자 하는 두 집단 중 첫 번째 집단을 부호화하기 위해 사용한 변인값을 입력한다.

6b. 이 상자에 두 번째 집단을 부호화하기 위해 사용한 변인값을 입력한다.

7. **집단 정의**(Define Groups) 대화상자의 **계속**(Continue) 단추를 클릭하면 **독립표본 T 검증** (Independent-Samples T Test) 대화상자로 돌아온다. 이 상태에서 두 변인값이 독립변인(즉 집단 변인) 이름 옆에 있는 괄호 안에 입력된 것을 볼 수 있다(이전에는 괄호 안에 물음표가 있었다).

8. 마지막으로 **독립표본 T 검증**(Independent-Samples T Test) 대화상자에서 <kbd>OK</kbd> 단추를 클릭하면 *t* 검증의 분석 결과가 분석 결과 창에 나타난다.

이 독립 *t* 검증의 분석 결과와 첨부사항들이 다음에 제시되었다. 또한 이 실험에 대해 보고서를 쓰는 경우에는 검증의 결과를 어떻게 서술해야 하는지도 제시하였다.

독립 집단 *t* 검증에서의 SPSS 분석 결과

메뉴 항목을 통한 분석 : 평균비교 > 독립표본 T 검증

T-Test

기억술 지도를 받은(Mnemonic condition) 사람들이 단어를 더 많이 기억했다는 것을 보여주는 기술통계치. 효과크기는 이 기술통계치를 활용하여 계산할 수 있다.

Group Statistics

	Condition	N	Mean	Std. Deviation	Std. Error Mean
Number of words recalled	Mnemonic condition	11	17.7273	2.86674	.86435
	No mnemonic condition	10	14.1000	3.57305	1.12990

상한 및 하한 신뢰도 한계는 신뢰구간을 나타낸다. 모집단의 평균차가 0.68과 6.57 사이에 존재한다고 95% 확신할 수 있다는 의미이다. 이 신뢰구간 내에 0이 없다는 것을 주목할 필요가 있다. 또한 유의한 차이를 나타낸다는 것을 기억할 필요가 있다(제1장 제1절).

Independent Samples Test

		Levene's Test for Equality of Variances		t-test for Equality of Means					95% Confidence Interval of the Difference	
		F	Sig.	t	df	Sig. (2-tailed)	Mean Difference	Std. Error Difference	Lower	Upper
Number of words recalled	Equal variances assumed	.605	.446	2.578	19	.018	3.62727	1.40721	.68194	6.57260
	Equal variances not assumed			2.550	17.288	.021	3.62727	1.42259	.62966	6.62489

Levene의 *p*값이 .05보다 작거나 같으면 변량의 동질성이 존재하지 않는다는 것을 말하는 것이므로, 아래에 있는 *t*값을 활용해야 한다(팁상자 참조).

양방검증(2-tailed)에 대한 *p*값이다. 그러나 이 가정은 일방검증(1-tailed)이었고 그래서 2로 나누었다.

분석 결과 변량의 동질성이 존재하므로, *t* = 2.578, df = 19, *p* = .009, 일방검증이다.

변량동질성. 즉 동변량성[또는 적어도 유사성(similarity)]은 모수적 통계검증을 사용하기 위한 필요조건 중 하나이다. 그러나 SPSS는 독립 집단 t 검증에서 두 가지 유형의 분석을 해준다. 즉 변량의 동질성이 존재할 때는 위 행의 분석 결과를 사용하고 변량의 동질성이 존재하지 않을 때는 아래 행의 분석 결과를 사용한다. 만약에 후자를 적용하였다면 결과 보고서에 그 사실을 밝혀야 한다.

효과크기 측정

독립표본 t 검증의 결과는 효과크기를 측정하는 것을 포함하지 않는다. 또한 SPSS에서 옵션으로 선택할 수도 없다. 그러나 다음에 제시되는 방법으로 기술통계치를 통해 직접 계산할 수 있다.

Cohen의 d(제1장, 제1절 참조)는 t 검증 결과를 게재하는 학술지에서 자주 보고되는 **효과크기**를 측정하는 방법이다(Fritz, Morris & Richler, 2012). 본질적으로 각 조건의 2개의 평균의 차이를 계산하고, 이 값을 결합된 2개의 표준편차 값으로 나눈다. 각 조건의 인원(N)이 동일하거나 유사할 때 다음의 공식을 사용하게 된다. 만약 인원수가 크게 불일치하다면 표준편차를 결합하는 다른 방법을 사용하게 된다.

$$d = \frac{x_1 - x_2}{\text{mean}SD}$$

공식은 다음의 절차를 따르게 된다.

1. **그룹 통계표**(Group statistics)에 있는 SPSS 결과값을 보고, 각 조건의 평균과 표준편차를 확인한다.

$$x_1기억술 \ 조건의 \ 평균 = 17.73, \ 표준편차 = 2.87$$
$$x_2비기억술 \ 조건의 \ 평균 = 14.10, \ 표준편차 = 3.57$$

2. 한 조건의 평균에서 다른 조건의 평균을 뺀다(어느 것에서 빼는지는 중요하지 않기 때문에, 부호는 무시한다).

$$17.73 - 14.10 = 3.63$$

3. 각 조건의 표준편차를 더해서 2로 나누어 표준편차의 평균을 구한다. 즉 (조건 1의 표준편차 + 조건 2의 표준편차)/2이다.

$$(2.87 + 3.57)/2 = 3.22$$

4. *d*를 계산하는 공식을 사용해보자.

$$d = (17.73 - 14.10)/3.22 = 3.63/3.22 = 1.13$$

이 결과는 효과크기가 크다고 볼 수 있다. Cohen(1988)은 *d*를 해석하는 가이드라인을 제시했다.

- 작은 효과크기 : 0.2 이상
- 중간 효과크기 : 0.5 이상
- 큰 효과크기 : 0.8 이상

 결과보고

보고서에 다음과 같이 쓸 수 있다.

기억술 조건(*M* = 17.73)에서 비기억술 조건(*M* = 14.10)에 비해 더 많은 단어를 회상했다. 독립표본 *t* 검증은 조건 사이의 차이가 유의미한 것을 보였으며, 효과크기는 크게 나타났다(*t* = 2.58, df = 19, *p* = .009, *d* = 1.13).

효과크기는 자동적으로 생성되는 기술통계치 이외에 더 많은 것을 보고하도록 도와줄 것이다. 제3장의 제5절에서 **데이터 탐색**(Explore) 단추를 어떻게 사용하는지 보여주었는데, 기억 실험에서 도출된 데이터로 사용한 결과는 그 절의 끝에 제시했다. 이 결과는 각 조건의 평균의 95% 신뢰구간을 제공한다. Mnemonic 조건의 모집단 평균 측정치(우리 데이터에서 기반)는 17.73이며, 신뢰구간은 95%의 확률로 진점수가 15.80~19.65 사이에 존재한다는 것을 말해준다. No mnemonic 조건의 모집단 평균 측정치는 14.10이며, 신뢰구간은 95%의 확률로 진점수가 11.54~16.66 사이에 존재한다는 것을 말한다. 이 결과를 보기 좋게 보고하기 위해서는 오차막대그래프(error bar graphs)를 사용하는 것이 좋다. 다음에는 SPSS에서 어떻게 그래프를 생성하는지 살펴보자.

오차막대그래프 그리는 방법 : 독립 집단 설계

도표 작성기를 사용하여 그리기

1. 메뉴에서 **그래프**(Graphs)를 클릭하라.
2. **도표 작성기**(Chart Builder)를 클릭하라.
3. 측정의 수준이 각 변인에 맞게 설정되었는지 확인하면서 **도표 작성기**(Chart Builder)를 닫는다 (제3장 제7절 참조). 다음은 **도표 작성기**(Chart Builder) 대화상자를 제시한 것이다.

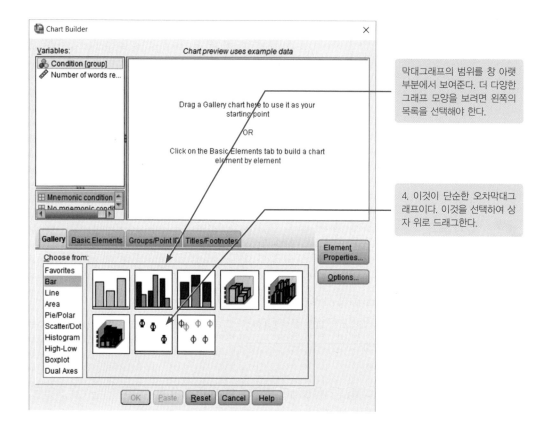

막대그래프의 범위를 창 아랫
부분에서 보여준다. 더 다양한
그래프 모양을 보려면 왼쪽의
목록을 선택해야 한다.

4. 이것이 단순한 오차막대그
래프이다. 이것을 선택하여 상
자 위로 드래그한다.

 SPSS에서 어떻게 오차막대그래프를 만드는지를 알게 되었다. 오차막대그래프는 95%의 신뢰구간을
나타낼 때 선택할 수 있다. 신뢰구간은 모집단의 평균(평균의 참값)이 포함될 것으로 추론하는 한계를
알려주는 것이다. 이 외에도 SPSS에서는 막대를 통해 표준편차 같은 변산성의 정도를 나타내는 옵션
을 선택할 수 있다.

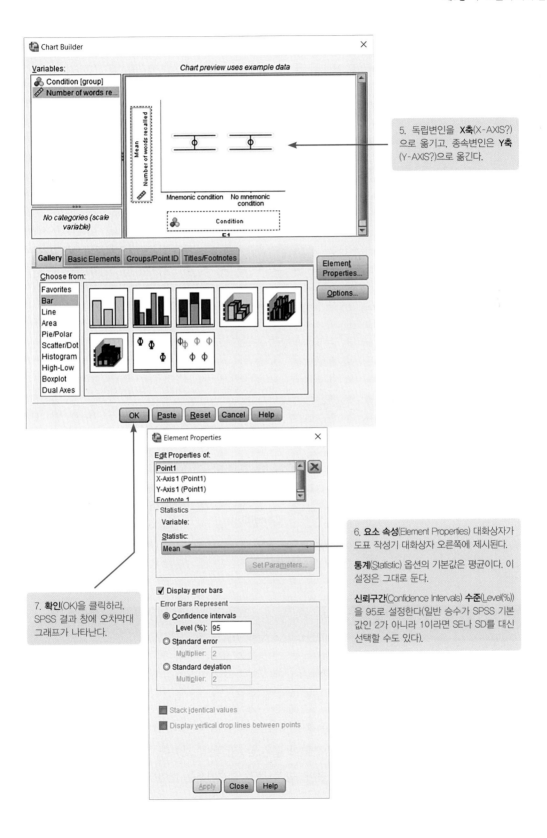

5. 독립변인을 **X축**(X-AXIS?)으로 옮기고, 종속변인은 **Y축**(Y-AXIS?)으로 옮긴다.

6. **요소 속성**(Element Properties) 대화상자가 도표 작성기 대화상자 오른쪽에 제시된다.

통계(Statistic) 옵션의 기본값은 평균이다. 이 설정은 그대로 둔다.

신뢰구간(Confidence Intervals) **수준**(Level(%))을 95로 설정한다(일반 승수가 SPSS 기본값인 2가 아니라 1이라면 SE나 SD를 대신 선택할 수도 있다).

7. **확인**(OK)을 클릭하라. SPSS 결과 창에 오차막대 그래프가 나타난다.

SPPS의 오차막대도표 결과 창

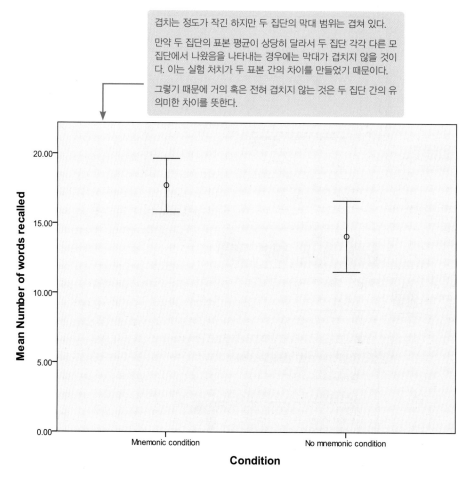

겹치는 정도가 작긴 하지만 두 집단의 막대 범위는 겹쳐 있다.

만약 두 집단의 표본 평균이 상당히 달라서 두 집단 각각 다른 모집단에서 나왔음을 나타내는 경우에는 막대가 겹치지 않을 것이다. 이는 실험 처치가 두 표본 간의 차이를 만들었기 때문이다.

그렇기 때문에 거의 혹은 전혀 겹치지 않는 것은 두 집단 간의 유의미한 차이를 뜻한다.

Error Bars: 95% CI

제4절 | 대응표본 *t* 검증

반복 측정 설계는 독립변인의 각 수준에서 동일한 참가자의 데이터를 수집한다. 예를 들어 조용한 조건에서 참가자 1의 기억 수준과 시끄러운 수준에서 참가자 1의 기억 수준을 비교하고자 한다. 이러한 상황에서 참가자의 데이터는 상호 관련성을 가질 수 있다. 예를 들어 참가자 A가 기억력이 좋다면 그는 기억력 테스트의 조건과 상관없이 좋은 점수를 받을 것이다. 그래서 반복 측정 *t* 검증을 상관 *t* 검증(correlated t-test)이라고 한다. 반복 측정 설계에서는 데이터가 올바른 순서를 유지하는 것이 중요하다. 즉 참가자 1의 변인 A에 대한 데이터가 정확히 참가자 1의 변인 B에 대한 데이터와 비교되어야 한다. 이 검증은 짝을 하나의 데이터로 간주하며, 그런 이유로 이 검증을 대응표본 t 검증(paired t-test)이라고 한다.

사례연구 : 심상 실험

대응표본 t 검증을 사용하는 방법을 익히기 위해서 제2장 제6절의 두 번째 데이터 연습에서 보여주었던 심상 실험 데이터를 사용할 것이다. 이 실험의 가설은 다음과 같다. 참가자는 두 동물의 심적 이미지를 비교하여 어느 동물이 더 큰지 결정할 때, 크기 차이가 작은 경우 결정하기 위한 시간은 크기 차이가 큰 경우 비교하는 시간보다 더 길 것이다. 이 가설을 검증하기 위해서 대응표본 t 검증을 수행한다.

대응표본 t 검증 수행하기

4. 이제 **대응표본 t 검증**(Paired-Samples T Test) 대화상자가 표시된다. 먼저 비교할 두 변인의 이름을 선택한다. 이전처럼 데이터 파일의 모든 변인은 왼쪽 상자에 열거되고, 비교할 두 변인을 각각 클릭한다. 선택한 변인이름이 강조될 것이다.

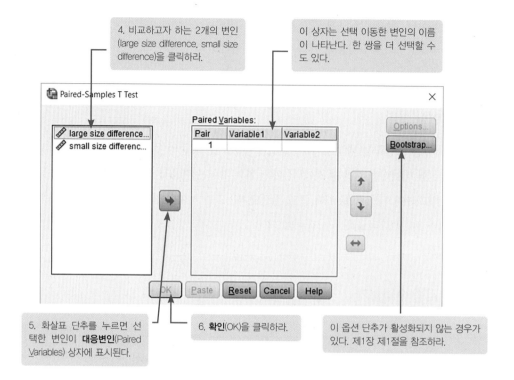

4. 비교하고자 하는 2개의 변인(large size difference, small size difference)을 클릭하라.

이 상자는 선택 이동한 변인의 이름이 나타난다. 한 쌍을 더 선택할 수도 있다.

5. 화살표 단추를 누르면 선택한 변인이 **대응변인**(Paired Variables) 상자에 표시된다.

6. **확인**(OK)을 클릭하라.

이 옵션 단추가 활성화되지 않는 경우가 있다. 제1장 제1절을 참조하라.

SPSS는 대응표본 *t* 검증을 실행한다. 결과 출력은 다음과 같이 나타난다.

대응표본 *t* 검증에서의 SPSS 분석 결과

메뉴 항목을 통한 분석 : > 평균비교 > 대응표본 T 검증

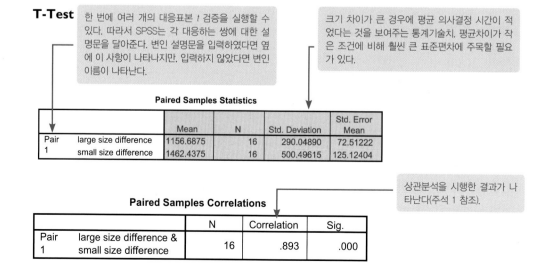

T-Test

한 번에 여러 개의 대응표본 *t* 검증을 실행할 수 있다. 따라서 SPSS는 각 대응하는 쌍에 대한 설명문을 달아준다. 변인 설명문을 입력하였다면 옆에 이 사항이 나타나지만, 입력하지 않았다면 변인 이름이 나타난다.

크기 차이가 큰 경우에 평균 의사결정 시간이 적었다는 것을 보여주는 통계기술치. 평균차이가 작은 조건에 비해 훨씬 큰 표준편차에 주목할 필요가 있다.

Paired Samples Statistics

		Mean	N	Std. Deviation	Std. Error Mean
Pair 1	large size difference	1156.6875	16	290.04890	72.51222
	small size difference	1462.4375	16	500.49615	125.12404

상관분석을 시행한 결과가 나타난다(주석 1 참조).

Paired Samples Correlations

		N	Correlation	Sig.
Pair 1	large size difference & small size difference	16	.893	.000

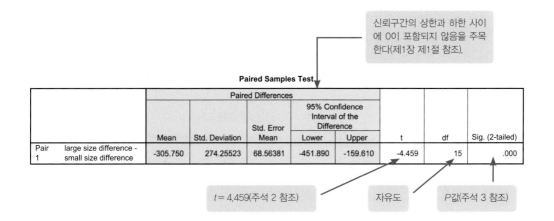

신뢰구간의 상한과 하한 사이에 0이 포함되지 않음을 주목한다(제1장 제1절 참조).

Paired Samples Test

		Paired Differences					t	df	Sig. (2-tailed)
					95% Confidence Interval of the Difference				
		Mean	Std. Deviation	Std. Error Mean	Lower	Upper			
Pair 1	large size difference - small size difference	-305.750	274.25523	68.56381	-451.890	-159.610	-4.459	15	.000

$t = 4.459$(주석 2 참조)   자유도 P값(주석 3 참조)

주석

1. 두 변인이 상관이 있는지를 알아보기 위해 SPSS는 Pearson의 상관분석(제6장 제3절 참조)을 수행한다. 오직 t 검증만 필요하다면 Pearson의 상관분석은 무시해도 괜찮다. 단, 상관관계가 유의미하다는 것은 크기 차이가 큰 경우에 빨리 응답한 참가자가 크기 차이가 작은 경우에도 빨리 응답하였다는 것을 말해준다. 이 검증이 유의미하다는 것은 두 점수가 완전히 독립적이지는 않다는 것을 의미한다.

2. t값의 마이너스(−) 표시는 단순히 **대응변인**(Paired Variables) 상자에 있는 첫 번째 변인에 대한 평균값이 두 번째 변인에 대한 평균값보다 작다는 것을 의미한다.

3. p값은 절대 0이 될 수 없다. SPSS는 소수점 3자리에서 반올림한다. 그래서 p는 .001보다 작거나 .001로 표시된다. 결과를 보고할 때 만약 가설이 양방이라면 $p < .001$로 입력한다. 여기서 가설이 일방이면 2로 나누어 $p < .0005$로 값을 준다. 그러나 유의수준이 .001 미만인 $p < .001$로 보고할 때 $p < .001$, 일방(검증)과 같이 쓴다.

효과크기 측정

독립표본의 t 검증처럼 대응표본 t 검증의 결과에서도 효과의 측정치는 포함되어 있지 않고 연구자가 선택할 수 있는 옵션도 없다. 그러나 이 결과에서 해당 식을 사용하면 제3절에서 설명했던 Cohen의 d, 즉 $d = (x_1 - x_2)/$평균표준편차를 계산할 수 있다.

1. **대응표본 통계치**(paired Sample Statistics)에 있는 SPSS 결과값을 보고, 각 조건의 평균과 표준편차를 확인한다. 여기서 사용할 데이터는 다음과 같다.

큰 차이 조건에 대한 평균, $x_1 = 1156.69$, 표준편차 $= 290.05$

작은 차이 조건에 대한 평균, $x_2 = 1462.44$, 표준편차 = 500.50

2. 한 조건의 평균에서 다른 조건의 평균을 뺀다(어느 것에서 빼는지는 중요하지 않기 때문에, 부호는 무시한다).

$$1156.69 - 1462.44 = 305.75$$

3. 각 조건의 표준편차를 더하고, 2로 나누어 표준편차의 평균을 구한다. (조건 1의 표준편차 + 조건 2의 표준편차)/2와 같다.

$$(290.05 + 500.50)/2 = 395.28$$

4. 공식을 사용하여 d를 계산한다. 이 절에서 사용되는 데이터는 다음과 같다.

$$d = (1156.69 - 1462.44)/30.95.28 = 305.75/395.28 = 0.77$$

이 값은 효과크기가 중간 이상이라고 볼 수 있다. Cohen(1988)은 d를 해석하는 가이드라인을 제시했다.

- 작은 효과크기 : 0.2(또는 그 이상)
- 중간 효과크기 : 0.5(이상)
- 큰 효과크기 : 0.8(또는 그 이상)

결과보고

보고서는 다음과 같이 작성한다.

동물의 대응 쌍 중 어느 것이 더 큰지 판단하는 시간의 평균은 큰 차이를 구분하는 경우보다 작은 차이를 구분하는 경우가 더 길었다(각각 1462.44ms, 1156.69ms). 대응표본 t 검증에서 두 조건 간 차이가 유의한 것으로 나타났으며, 효과의 크기는 중간 이상으로 나타났다($t = 4.46$, df = 15, $p < .001$, 일방검증, $d = 0.77$).

여기서는 SPSS를 사용해서 대응표본 t 검증의 분석 데이터에 오차막대를 어떻게 만드는지 설명하지 않았다. 반복 측정 설계는 동일 참가자가 두 조건에 참가하는 것이기 때문에 이 점을 고려할 필요가 있다. Brysbaert(2011, pp. 233-4)는 독립 집단 설계와 맞추기 위해서 신뢰구간을 계산할 때 어떻게 반복 설계의 특성을 수정해서 적절하게 해석할 수 있는지를 제시하였다.

제5절 | t 검증의 비모수적 대체 방법

- Mann-Whitney 검증과 Wilcoxon 짝지은 쌍 순위표시 검증(matched-pairs signed-ranks test)은 두 데이터 표본이 차이가 있는지 아닌지를 분석하는 비모수적 차이 검증이다.

- Wilcoxon 검증은 대응표본 t 검증에 대한 비모수적인 대체 검증으로, 반복된 측정과 대응 짝 설계를 포함하는 실험에서 얻은 데이터를 다루는 데 사용된다.

- Mann-Whitney 검증은 독립표본 t 검증에 대한 비모수적인 대체 검증으로, 독립 집단 설계에서 수집된 데이터를 비교하는 데 사용된다.

- 데이터가 서열척도 수준의 측정치로만 이루어져 있거나 모수적 검증에 필요한 다른 가정을 충족시키지 못할 때 이러한 비모수적 검증은 대체 t 검증에 대체되는 방법으로 사용되어야 한다.

- 두 검증은 데이터의 순위와 관련되며 계산도 순위에 의해 이루어진다. 이러한 검증에 대한 분석 결과에서는 각 검증이 어떻게 수행되었는지에 대한 간략한 설명이 첨부되어 있다.

- Mann-Whitney 검증이나 Wilcoxon 검증과 같은 비모수적 차이 검증의 결과를 수반하는 기술 통계를 보고할 때는 일반적으로 집중경향성과 변산성에 대한 측정치로서 평균이나 표준편차를 제시하는 것이 아니라 중앙값(median)과 범위(range)를 보고해야 한다. 비모수적 검증법들은 분포에서 자유로운 검증이며 정상분포를 가정하지 않기 때문에 이런 검증에서는 중앙값과 범위가 더 적절한 기술통계치라고 할 수 있다.

제6절 | Mann-Whitney 검증

사례연구 : 성차와 신체적 매력에 대한 강조

Mann-Whitney 검증을 어떻게 실시하는지 보여주기 위해 한 실험의 데이터를 사용할 것이다. 이 실험은 피험자들이 파트너의 신체적 매력에 부여하는 중요도에 있어서 남성과 여성 간에 차이가 있는지를 알아보려고 설계되었다. 사전 연구는 남성이 여성보다 이성 파트너의 신체적 매력에 더 많은 관심을 가지고 있다는 결과를 보여주었다. 하지만 이러한 결과는 최근의 광고 추세와 사회적 압력으로 인해 신체적 매력에 부여하는 강조점이 변했기 때문일 수 있다. 보다 명확히 이야기하면 이상적인 파트너를 결정해주는 다른 특성보다도 남녀 간에 '신체'나 외모에 부여하는 중요도가 달라진 것이 원인일 수도 있다는 것이다.

가설검증은 양방향으로 설정되었다. 신체에 부여하는 중요도는 남성과 여성 간에 차이가 날 것이다. 적용된 실험 설계는 독립 집단 설계였다. 독립변인은 참가자가 남성인지 여성인지의 차이였다. 동일한 수의 남성과 여성이 실험에 참가하도록 하였는데, 연애를 하는 쌍 중에서 한 사람의 파트너만 참여하게 하였다. 종속변인은 신체 외형에 부여하는 중요도였으며, 이상적인 파트너에 대한 열 가지 특성(그중 하나가 신체 외형에 대한 것임)에 대해 참가자들이 순위를 매기도록 하였다(자료는 부록이나 he.palgrave.com/psychology/brace에서 확인할 수 있다).

사용 방법

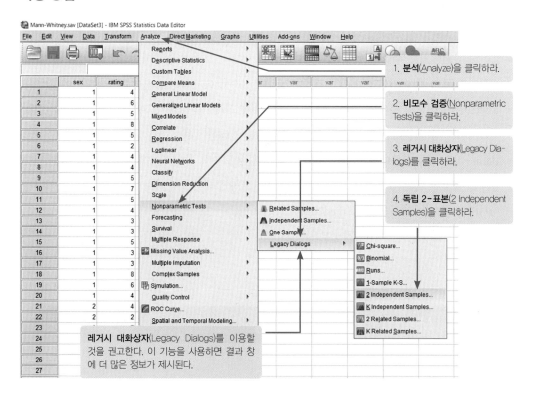

데이터는 변인이름 'sex(성별)'와 'rating(순위)'으로 입력되어 있다. 다음에 제시되어 있는 5~11단계를 따라 하고, ❚ OK ❚ 단추를 클릭한다. 잠시 후에 SPSS 분석 결과가 나타날 것이며, 다음 페이지에서 그에 대해 상세히 설명하였다.

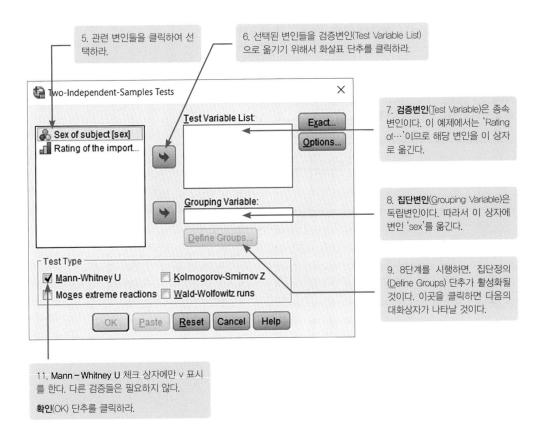

5. 관련 변인들을 클릭하여 선택하라.

6. 선택된 변인들을 검증변인(Test Variable List)으로 옮기기 위해서 화살표 단추를 클릭하라.

7. **검증변인**(Test Variable)은 종속변인이다. 이 예제에서는 'Rating 이…'이므로 해당 변인을 이 상자로 옮긴다.

8. **집단변인**(Grouping Variable)은 독립변인이다. 따라서 이 상자에 변인 'sex'를 옮긴다.

9. 8단계를 시행하면, 집단정의(Define Groups) 단추가 활성화될 것이다. 이곳을 클릭하면 다음의 대화상자가 나타날 것이다.

11. **Mann – Whitney U** 체크 상자에만 v 표시를 한다. 다른 검증들은 필요하지 않다.

확인(OK) 단추를 클릭하라.

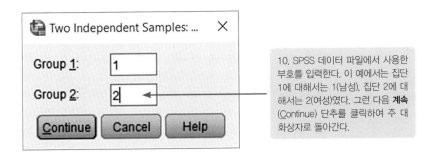

10. SPSS 데이터 파일에서 사용한 부호를 입력한다. 이 예에서는 집단 1에 대해서는 1(남성), 집단 2에 대해서는 2(여성)였다. 그런 다음 **계속**(Continue) 단추를 클릭하여 주 대화상자로 돌아간다.

Mann－Whitney U 검증에서의 SPSS 분석 결과

메뉴 항목을 통한 분석 : 비모수 검증 > 레거시 대화상자 > 독립 2 - 표본

NPAR TESTS
MANN–WHITNEY TEST

Ranks

	Sex of subject	N	Mean Rank	Sum of Ranks
Rating of the importance of body as characteristic in a partner	Male	20	17.88	357.50
	Female	20	23.13	462.50
	Total	40		

이 부분은 Mann－Whitney U 검증에 사용한 계산 정보를 알려주는 것인데, 우리는 분석 결과에서 이 부분을 사용할 필요가 없다. 우선 두 집단의 데이터들을 결합해서 가장 낮은 값부터 가장 높은 값까지 순위를 부여하게 된다. 그런 다음 한 집단에 부여된 순위를 다른 집단에 부여된 순위와 비교한다. 여기에 나타난 평균 순위는 어느 한 집단에 있는 순위들이 다른 집단에 있는 순위들보다 더 높은 순위들이라는 것을 말해준다.

Test Statistics[b]

	Rating of the importance of body as characteristic in a partner
Mann-Whitney U	147.500
Wilcoxon W	357.500
Z	-1.441
Asymp. Sig. (2-tailed)	.150
Exact Sig. [2*(1-tailed Sig.)]	.157[a]

a. Not corrected for ties.

b. Grouping Variable: Sex of subject

Mann－Whitney U 검증에서 계산된 U값. 결과 섹션에서 이 값을 보고한다.

SPSS는 또한 독립표본 집단으로 계산한 Wilcoxon 검증값을 제공해준다. 여기에서 이것은 사용할 필요가 없다.

데이터 파일의 크기에 따라 결과가 Exact Sig. 값이 포함될 수도 있고 포함되지 않을 수도 있다(여기에 보이는 값은 Exact 옵션 단추로부터 얻은 것이 아니고, SPSS에 의해 자동으로 산출된 것이다).

결과보고

보고서는 다음과 같이 작성한다.

자기 파트너의 신체적 외모에 부여하는 중요도에 있어서 남성과 여성 간에 통계적으로 유의미한 차이는 없었다($U = 147.500$, $N_1 = 20$, $N_2 = 20$, $p = .157$, 양방검증).

만약 여러분이 기술통계치를 보고한다면 SPSS 분석 결과와 다음에 기술되는 Wilcoxon 검증에서 제시된 평균 순위나 순위의 합계는 보고하지 않도록 해야 한다. 대신에 **데이터 탐색**(Explore) 명령을 사용하여 중앙값과 범위를 구하도록 한다.

제7절 | Wilcoxon 검증

사례연구 : E-FIT 몽타주의 특성

목격자가 범인의 얼굴을 회상하는 것을 도와주기 위해 경찰은 컴퓨터로 만든 얼굴 합성 시스템을 자주 사용한다. 그런 시스템 중 하나가 E-FIT(Electronic Facial Identification Technique, 전자안면확인 기법)이다. Newlands(1997)의 연구에서 참가자들은 가벼운 절도범의 사례를 묘사하는 모의범죄 시나리오에 대한 짧은 비디오를 보았다. 그런 다음 참가자들이 범죄자의 특성을 닮은 요소들을 선택하여 E-FIT로 몽타주를 만들어내도록 하였다. 마지막으로 참가자들에게 비디오를 보고 기억했던 사람과 자신이 만든 E-FIT 몽타주 간의 유사성을 평정하도록 하였다. 그런 다음 그들에게 범죄자의 사진을 보여주고, 다시 사진 속의 사람과 E-FIT 몽타주 간의 유사성을 평정하도록 요청하였다.

검증된 가설은 일방향이었다. 범죄자의 사진을 보았을 때보다 기억을 더듬어 범죄자를 떠올렸을 때 범죄자에 대한 E-FIT 평정이 더 정확할 것이다. 채택된 실험 설계는 반복 측정 설계였다. 독립변인은 범죄자 사진의 유무였다. 독립변인의 측정은 참가자들로 하여금 E-FIT의 유사성을 평정하도록 함으로써 이루어졌는데, 처음에는 범죄자를 떠올리게 한 다음 E-FIT 몽타주와의 유사성을 평정하게 하였으며, 그다음에는 범죄자의 사진을 보여주고 E-FIT 몽타주와의 유사성을 평정하게 하였다. 종속변인은 유사성에 대한 평정이며 서열척도로 측정되었다. 반응은 7점 척도로 이루어졌으며 1점은 '매우 유사하다'이고 7점은 '전혀 유사하지 않다'였다.

이 연구에서 발견된 것을 직접 실습해볼 수 있도록 하기 위해 데이터 파일을 만들었다(자료는 부록이나 he.palgrave.com/psychology/brace에서 확인할 수 있다).

사용 방법

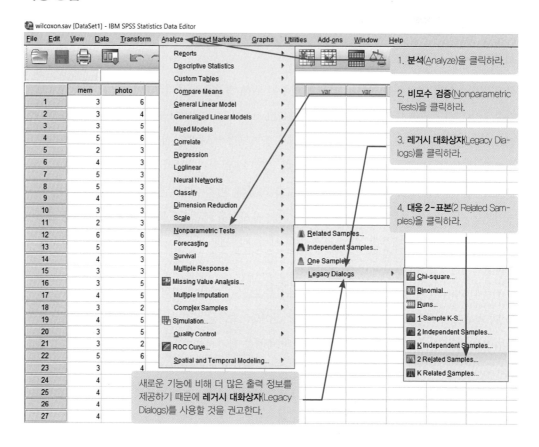

그다음에는 다음에 있는 대화상자가 나타난다. 데이터 파일에 사용된 변인 설명문과 변인이름 ('mem'과 'photo')이 왼쪽에 있는 상자에 나타난다. 다음에 있는 5~7단계의 절차를 따라 한 다음 **OK** 단추를 클릭한다. 곧바로 SPSS 분석 결과가 나타난다. 이에 관해서는 다음 페이지에서 상세하게 설명하였다.

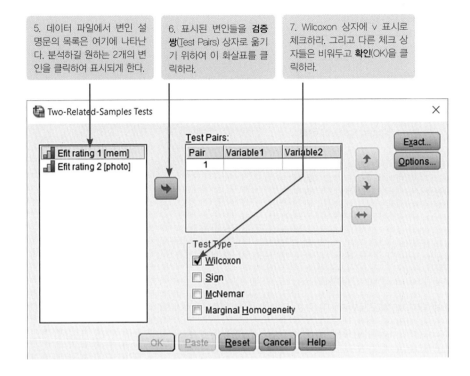

5. 데이터 파일에서 변인 설명문의 목록은 여기에 나타난다. 분석하길 원하는 2개의 변인을 클릭하여 표시되게 한다.

6. 표시된 변인들을 **검증 쌍**(Test Pairs) 상자로 옮기기 위하여 이 화살표를 클릭하라.

7. Wilcoxon 상자에 ∨ 표시로 체크하라. 그리고 다른 체크 상자들은 비워두고 **확인**(OK)을 클릭하라.

WILCOXON 짝지은 쌍 순위표시 검증에서의 SPSS 분석 결과

메뉴 항목을 통한 분석 : 비모수 검증 > 레거시 대화상자 > 대응 2 – 표본

NPAR TESTS
WILCOXON SIGNED RANKS TEST

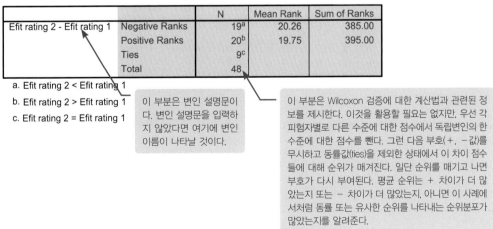

Ranks

		N	Mean Rank	Sum of Ranks
Efit rating 2 - Efit rating 1	Negative Ranks	19[a]	20.26	385.00
	Positive Ranks	20[b]	19.75	395.00
	Ties	9[c]		
	Total	48		

a. Efit rating 2 < Efit rating 1
b. Efit rating 2 > Efit rating 1
c. Efit rating 2 = Efit rating 1

이 부분은 변인 설명문이다. 변인 설명문을 입력하지 않았다면 여기에 변인 이름이 나타날 것이다.

이 부분은 Wilcoxon 검증에 대한 계산법과 관련된 정보를 제시한다. 이것을 활용할 필요는 없지만, 우선 각 피험자별로 다른 수준에 대한 점수에서 독립변인의 한 수준에 대한 점수를 뺀다. 그런 다음 부호(+, - 값)를 무시하고 동률값(ties)을 제외한 상태에서 이 차이 점수들에 대해 순위가 매겨진다. 일단 순위를 매기고 나면 부호가 다시 부여된다. 평균 순위는 + 차이가 더 많았는지 또는 - 차이가 더 많았는지, 아니면 이 사례에서처럼 동률 또는 유사한 순위를 나타내는 순위분포가 많았는지를 알려준다.

Test Statistics[b]

	Efit rating 2 - Efit rating 1
Z	-.072[a]
Asymp. Sig. (2-tailed)	.943

a. Based on negative ranks.
b. Wilcoxon Signed Ranks Test

> SPSS 결과는 대부분의 책에서 설명하는 *T*나 *W*값이 아니라 이 열에 나타난 것처럼 *z*값을 제공해준다. Howell(2013)이 설명한 것처럼, *z*값은 대개 대규모 표본에 대해 사용해야 하지만 별도의 계산을 더 필요로 한다. SPSS는 이것을 자동으로 해준다. -부호는 무시해도 된다(*t* 검증에서와 같이).

> 이 열은 *p*값을 보여준다. 이 사례에서 가설은 일방향으로 설정되었으므로 이 값을 2로 나누어주면 *p*=.4715가 된다(이 값도 .05보다는 훨씬 큰 값이다).

결과보고

보고서는 다음과 같이 작성한다.

범죄자에 대한 기억으로부터 만든 E-FIT 유사 정도와 범죄자의 사진으로부터 만든 E-FIT 유사 정도 간에 유의미한 차이는 없었다($z = 0.072$, $N - \text{Ties} = 39$, $p = .4715$, 일방검증).

요약

▷ 이 장에서는 두 집단이나 조건 간에 유의한 차이가 있는지에 대해 알려주는 통계적 검증을 소개하였다.

▷ 이것은 한 집단의 참가자를 이미 알고 있는 모집단 평균과 비교하거나, 독립 집단 설계와 같이 두 집단의 참가자들의 수행을 비교하거나, 또는 반복 측정 설계와 같이 한 집단의 참가자들이 두 조건에서 보여준 수행을 비교할 때 사용한다.

▷ 차이 검증에 대한 선택은 데이터가 모수적인지에 따라 그리고 실험 설계에 따라 달리하면 된다.

▷ 이러한 검증의 결과에 부가하여 제시하는 적절한 기술통계는 앞에서 설명한 조언을 따르는 것이 좋다. 이와 관련한 지침은 제3장을 참조하기 바란다.

▷ 종속변인이 데이터 파일에 이미 입력되어 있는 각 원점수로부터의 총점이라면, SPSS에서 그와 같은 총점을 어떻게 계산하는지에 대한 지침이 나와 있는 제4장을 참조할 것을 권한다.

▷ SPSS 분석 결과를 보고서에 구체적으로 서술하는 것에 대한 지침과 결과물을 출력하는 것에 대해서는 제13장을 참조하기 바란다.

▷ 제8장에서는 ANOVA(변량분석)를 소개할 것이다. 이것은 두 집단이나 조건을 넘는 집단 수나 하나 이상의 독립변인을 포함하는 설계에 적합한 차이 검증이다.

제 06 장

상관분석과 이변량 회귀분석

이 장에서 다루는 내용은

- 상관분석 소개
- 산포도 소개
- Pearson의 r : 모수적 상관관계 검증
- Spearman의 r_s : 비모수적 상관관계 검증
- 상관계수의 검증력 비교
- 회귀분석 소개
- 이변량 회귀분석

제1절 | 상관분석 소개

- 연구에서 두 변인 간의 관련성의 정도를 알아보고자 하는 경우가 많다. 예를 들어 아동의 나이와 독서 능력 간의 관련성을 알고 싶어 할 수 있다. 상관분석에서는 두 변인 간의 관계와 방향성에 대한 측정을 할 수 있다.

- 상관분석은 독립변인이 아닌 2개의 간단한 변인을 측정한다. 순환기 기능에 대한 흡연의 효과를 연구하는 경우, 흡연자가 피우는 담배가 몇 개피인지를 측정하고 그의 순환기 기능을 측정해서 두 변인 간의 상관관계를 알아볼 수 있다.

- 상관은 인과관계를 의미하는 것은 아니다. 상관관계에서 측정된 두 변인 사이의 관계를 설명해주는 제3의 변인이 존재할 수 있다. 예를 들어 아이스크림 판매 수량과 갈증을 느끼는 사람의 수 간에 상관관계가 존재할 수 있다. 여기에서 기온은 제3의 변인으로서 앞의 두 변인들 간의 관계를 설명해줄 수 있다. 이러한 명백한 인과관계가 존재하는 경우에도 상관분석 방법만으로 인과관계를 증명할 수는 없다.

- 상관관계 연구의 선구자인 Francis Galton은 동료 중 한 사람이었던 Pearson과 함께 모수적 데이터에 대해 상관계수(Pearson 적률상관계수, 즉 r)를 계산하는 방법을 개발하였다. 연구하는

변인 중 하나 혹은 둘 모두가 구간 혹은 비율 척도가 아닐 경우나 데이터가 모수적인 통계검증을 사용하는 데 필요한 전제를 충족시키지 못한다면, 그때는 Spearman의 r_s와 같은 비모수적인 상관관계 분석법이 사용되어야 한다.

● 상관계수가 받아들여지기 위해서는 적어도 100명 이상의 자료를 바탕으로 해야 한다. 그렇지 않고 참가자의 수가 너무 적으며 극단치 점수가 존재하는 경우 데이터가 한쪽으로 편포하게 되고, 이것은 실제로 존재하지 않는 상관관계가 나타나거나 실제로 존재하는 상관관계가 나타나지 않게 하는 원인이 될 수도 있다. 산포도는 이러한 현상이 발생했는지 확인하고, 선형관계를 알아낼 수 있는 유용한 방법이다.

제2절 │ 산포도 소개

산포도는 2개의 문항이 서로 선형으로 관련이 있는지를 알려주는 좋은 지표이다. 그림 6.1은 이에 관한 예를 보여준다. 산포도의 각 점은 아동의 연령과 독서 능력 간의 교차점을 말한다. 데이터의 점을 따라 이어지는 선은 '회귀선(regression line)'이라고 한다. 이 선은 데이터를 나타내는 점들에 대한 최적합선을 나타낸다. 예시에 나타난 자료의 선은 가장 적합한 선으로 볼 수 있다. 그림 6.1의 직선의 기울기는 왼쪽에서 오른쪽으로 감에 따라 위쪽을 향하도록 그려져 있다. 즉 한 변인이 증가할 때 다른 변인도 함께 증가하는 것을 말하며 이를 정적상관(positive correlation)이라고 한다. 각 점이 선에 가까울수록 상관은 강하다고 볼 수 있다. 만약 모든 점이 선과 겹쳐져 있다면 완벽한 상관이 존재한다고 본다. 또한 산포도는 극단치도 보여준다.

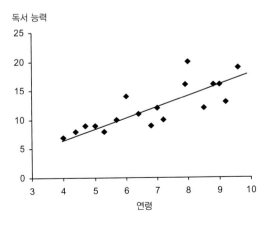

그림 6.1 정적상관 산포도 : 아동의 연령과 독서 능력 간의 관계

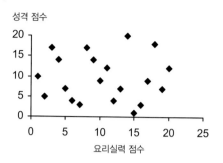

그림 6.2 0에 가까운 상관관계를 가진 두 변인을 나타내는 산포도

그림 6.2의 산포도는 각각의 점이 그래프상에 무선적으로 분포되어 있다. 이것은 어떤 의미 있는 최적합선을 그리는 것이 불가능함을 의미하며, 이런 경우 상관관계는 0에 가까워지게 된다. 즉 두 변인 간에는 어떤 관계도 존재하지 않게 된다.

한 변인의 값이 증가할 때 다른 변인의 값이 감소하는 경우도 있다. 이것을 **부적상관**(negative correlation)이라고 한다. SPSS 소프트웨어를 사용해서 산포도를 만드는 방법을 보여주는 다음의 사례에서는 부적인 상관관계를 나타내는 데이터를 사용할 것이다.

이 책에서는 그림 6.1이 보여주는 것처럼, 다음의 연구와 같이 선형관계에 대한 절차만 보여준다. 때때로 그림 6.3에서처럼 스트레스와 시험성적과 같은 두 변인의 관계가 역U자형으로 비선형적인 경우가 있다. 비선형관계에 대해서는 관련 도서를 참고하길 바란다.

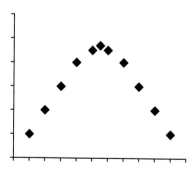

그림 6.3 두 변인의 역U자형의 관계를 보여주는 산포도

사례연구 : 연령과 CFF의 관계

Mason 등(1982)의 논문에서는 다중 경화증(multiple sclerosis)을 가진 사람과 통제 집단 간에 임계 깜박임 빈도(CFF)와 연령 간의 부적상관의 크기가 다른지에 대한 연구 결과가 제시되어 있다. 이

사례에서 통제 집단을 대상으로 발견한 결과를 일부 보여주는 데이터 파일을 만들었다. CFF는 쉽게 말해서 다음과 같은 현상을 말한다. 낮은 빈도로 빛이 깜박거리면 대부분의 사람들은 그 깜박임을 탐지해낼 수 있다. 그런데 깜박임의 빈도가 증가하게 되면 궁극적으로 깜박인다기보다 일정하게 유지되는 빛처럼 여겨지게 된다. 사람들이 더 이상 그 깜박임을 인지하지 못하게 되는 빈도를 임계 깜박임 빈도(critical flicker frequency, CFF)라고 한다(자료는 부록이나 he.palgrave.com/psychology/brace에서 확인할 수 있다).

레거시 대화상자를 사용해 산포도 구하기

1. 메뉴에서 **그래프**(Graphs)를 클릭한다.

2. **레거시 대화상자**(Legacy Dialogs)를 클릭한다.

3. **산점도/점**(Scatter/Dot) 도표를 클릭하면 **산점도/점**(Scatter/Dot) 대화상자가 나타난다.

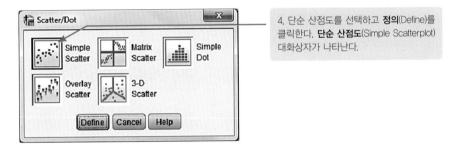

4. 단순 산점도를 선택하고 **정의**(Define)를 클릭한다. **단순 산점도**(Simple Scatterplot) 대화상자가 나타난다.

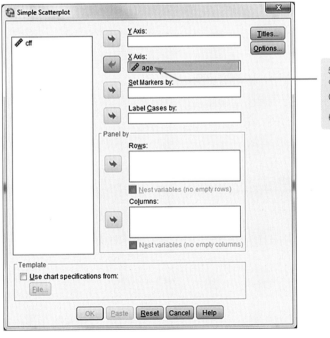

5. 여기서 한 것처럼 **X축**(X Axis) 상자에 변인을 넣는다. 다른 변인을 **Y축**(Y Axis) 상자에 넣는다.

6. 마지막으로 **확인**(OK)을 클릭한다.

결과창에서 산포도가 나타난다. 다음에서 설명할 회귀선을 추가하는 등 이를 편집할 수 있다. 먼저 **도표 작성기**(Chart Builder)로 산포도를 만드는 방법을 살펴본다.

도표 작성기를 사용해 산포도 구하기

1. 메뉴에서 **그래프**(Graphs)를 클릭한다.
2. **도표 작성기**(Chart Builder)를 클릭한다.
3. **도표 작성기**(Chart Builder) 대화상자에서 각각의 변인의 측정 수준이 적절하게 설정되어 있는 지를 확인하도록 한다(제3장 제7절 참조). 설정을 확인하였다면 확인을 클릭한다(산포도에 회귀선을 추가하고 싶다면 두 변인 모두 변인 창에서 척도가 설정되어야 한다).

도표 작성기(Chart Builder) 대화상자를 아래에서 확인할 수 있다.

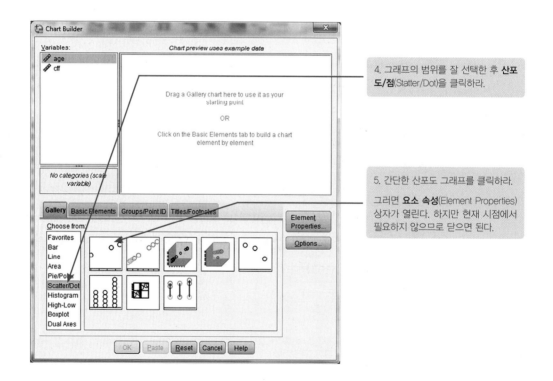

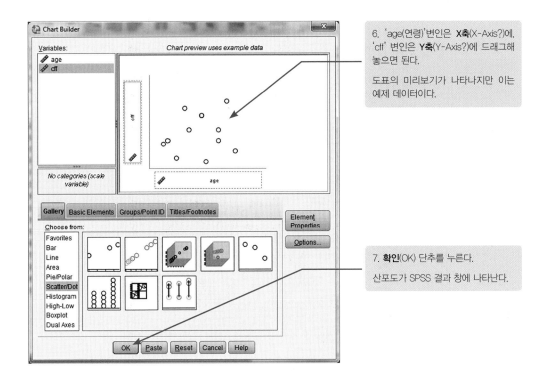

6. 'age(연령)'변인은 **X축**(X-Axis?)에, 'cff' 변인은 **Y축**(Y-Axis?)에 드래그해 놓으면 된다.

도표의 미리보기가 나타나지만 이는 예제 데이터이다.

7. **확인**(OK) 단추를 누른다.

산포도가 SPSS 결과 창에 나타난다.

회귀선으로 산포도 구하는 방법

산포도를 **레거시 대화상자**(Legacy Dialogs)로 만들든 **도표 작성기**(Chart Builder)를 통해 만들든, 회귀선을 추가하기 위해서는 그래프를 편집해야 한다. 산포도를 더블클릭하고, 그 아랫부분에 있는 SPSS 도표 편집기 창을 클릭한다. 다음과 같다.

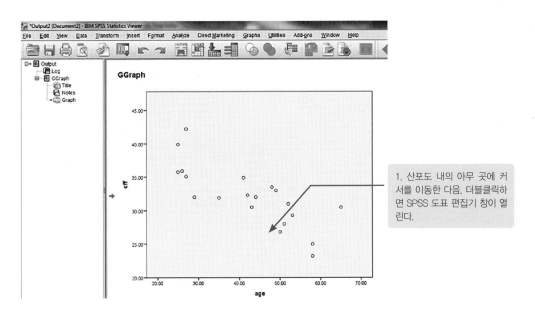

1. 산포도 내의 아무 곳에 커서를 이동한 다음, 더블클릭하면 SPSS 도표 편집기 창이 열린다.

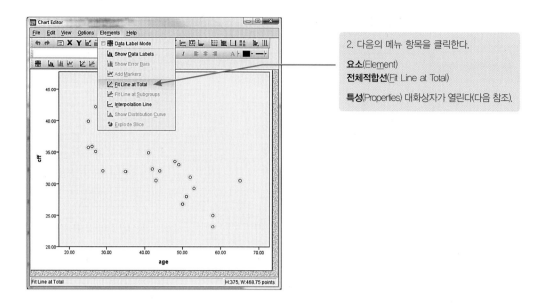

2. 다음의 메뉴 항목을 클릭한다.

요소(Element)
전체적합선(Fit Line at Total)

특성(Properties) 대화상자가 열린다(다음 참조).

 전체적합선(Fit Line at Total)이 실행되지 않으면 데이터 파일에서 모든 변인에 **척도**(Scale)가 잘 설정되어 있는지를 확인한 이후 다시 실행한다.

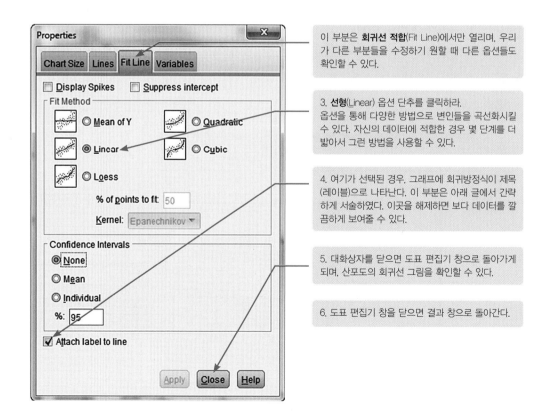

이 부분은 **회귀선 적합**(Fit Line)에서만 열리며, 우리가 다른 부분들을 수정하기 원할 때 다른 옵션들도 확인할 수 있다.

3. **선형**(Linear) 옵션 단추를 클릭하라.
옵션을 통해 다양한 방법으로 변인들을 곡선화시킬 수 있다. 자신의 데이터에 적합한 경우 몇 단계를 더 밟아서 그런 방법을 사용할 수 있다.

4. 여기가 선택된 경우. 그래프에 회귀방정식이 제목(레이블)으로 나타난다. 이 부분은 아래 글에서 간략하게 서술하였다. 이곳을 해제하면 보다 데이터를 깔끔하게 보여줄 수 있다.

5. 대화상자를 닫으면 도표 편집기 창으로 돌아가게 되며, 산포도의 회귀선 그림을 확인할 수 있다.

6. 도표 편집기 창을 닫으면 결과 창으로 돌아간다.

산포도를 복사해 보고서에 포함시킬 수 있으며, 상황에 맞게 표를 설명할 수 있다. 예시는 그림 6.4에서 확인할 수 있다.

 그림에 대한 설명은 그림의 내용을 적절히 포괄하는 설명으로 구성되어야 한다. 그림 6.4에 대한 설명은 연령과 CFF에 관한 연구로 적절하게 구성되었다. 하지만 그림 6.1, 6.2, 6.3은 이 책에서 설명하는 것을 이해할 수 있도록 구성했기 때문에 연구보고서의 체계로는 적합하지 않을 수 있다.

회귀선을 추가하는 것 외에도 다른 요소를 추가하여 그림을 좀 더 보기 좋게 수정할 수도 있다. SPSS에서 도표의 크기는 보통 다소 큰 편이다. 어떤 경우에는 두 페이지에 걸쳐 넓게 퍼지게 되어 설명을 제대로 전달하기 힘든 경우도 있다. 만약 큰 표를 작게 할 필요가 있다면 쉽게 할 수 있는 방법이 있다. MS 워드를 통해 도표의 크기를 조정하는 방법도 있지만, 도표 편집기에서 크기를 조정하는 것이 글씨체와 기호의 크기를 보다 쉽게 조정할 수 있는 방법이다. 이 방법은 이 책 제7장 제5절에 자세히 나와 있다. 많은 사례가 같은 점수에 해당할 때도 이 편집을 유용하게 사용할 수 있다. Spearman의 상관계수 r_s(제3절)에 관한 자료로 이를 설명해보자. 그림을 더 명확히 묘사하기 위해 도표 편집기에서 각 점수에 해당하는 사례 수에 따라 데이터 기호의 크기를 다양하게 편집할 수 있다. APA(2009) 규정에는 그림의 외형에 대한 가이드라인이 있다.

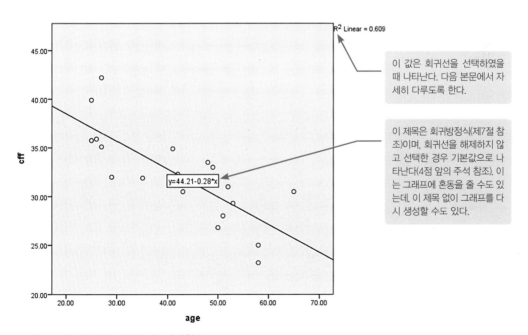

그림 6.4 연령별 임계 깜박임 빈도에 관한 SPSS 도표

산포도는 자료가 상관검증을 사용하여 분석하는 것이 적절한지를 확인하기 위해서 그림으로 나타내는 기술통계이다. 예를 들어 대부분의 표본은 회귀선에 분포하고, 일부 표본이 산포도 한쪽에 분포한다면, 이 극단치들은 실제로 두 변인 간에 관계가 없음에도 불구하고 유의미한 상관을 만들어낼 수 있다. 산포도는 관계뿐만 아니라 이것이 U자 모양과 같은 비선형인지를 나타내준다. 선형관계가 나타난다면(Pearson의 r이 선형관계를 가정한다), 상관검증의 추론통계로 이 관계가 유의미한지를 알아볼 수 있다. 상관검증으로 관계성의 강도와 유의미함 두 가지 모두를 파악할 수 있다. 상관의 강도는 0~1 사이의 상관계수를 통해 알 수 있으며, 완벽한 부적 상관계수는 −1로, 완벽한 정적 상관계수는 +1로 나타난다. 심리학에서 완벽한 상관(즉 모든 점수가 회귀선 위에 놓이는 경우)은 거의 발견하기 어려울 정도로 극히 드물다.

R^2 선형값은 산포도 옆에 표기된다. 이것은 상관계수 자체가 아닌 Pearson의 r 계수의 제곱으로서, 제3절에서 자세히 설명하는 유용한 통계치이다. 원하는 경우 R^2을 제거할 수 있다. 도표 편집기 창에서 이 표시를 더블클릭하여 선택하고 삭제키를 누르면 된다.

다음에서는 SPSS 17버전부터 포함되어 있는 **그래프보드 양식 선택기**(Graphboard Template Chooser)를 사용하여 산포도를 만드는 방법에 대해 알아본다.

그래프보드 양식 선택기를 이용하여 산포도 구하는 방법

그래프보드 양식 선택기(Graphboard Template Chooser)는 제3장 제8절에 설명되어 있다.

1. 메뉴에서 **그래프**(Graphs)를 클릭한다.
2. **그래프보드 양식 선택기**(Graphboard Template Chooser)를 클릭한다.
3. 대화상자에서 원하는 도표에 변인이 서열 또는 비율척도로 표시되어 있는지 확인한다. 나타나는 것이 없을 때는 데이터 파일로 돌아가서 설정을 한다.

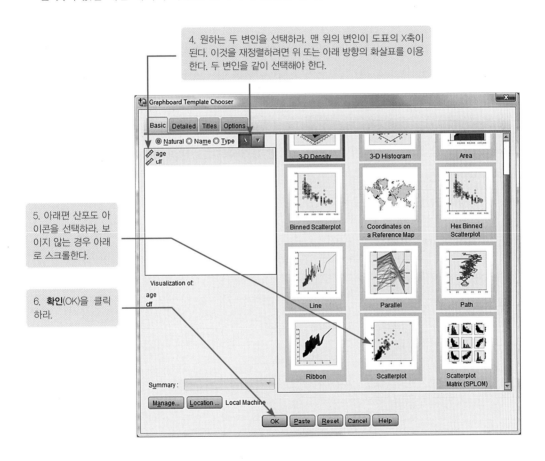

4. 원하는 두 변인을 선택하라. 맨 위의 변인이 도표의 X축이 된다. 이것을 재정렬하려면 위 또는 아래 방향의 화살표를 이용한다. 두 변인을 같이 선택해야 한다.

5. 아래편 산포도 아이콘을 선택하라. 보이지 않는 경우 아래로 스크롤한다.

6. **확인**(OK)을 클릭하라.

여기서는 **기본**(Basic) 탭을 이용하여 산포도를 나타내는 방법을 보여준다. 제3장 제8절에서 설명한 **세부사항**(Detailed) 탭을 사용할 수도 있다. **선택**(Choose) 목록에서 **산포도**(Scatterplot)를 선택한 후에 X와 Y 변인을 설정한다.

그래프는 검토창(Viewer window)에 나타나게 된다. 다른 산포도 명령과 달리 그래프보드는 R^2 선을 추가하지 않는다. 산포도를 더블클릭하면 그래프보드 편집기 창이 나타나고, 이곳에서 편집을 할 수 있다. 그러나 현재 그래프보드 편집기에서 회귀선을 추가할 수는 없다.

제3절 │ Pearson의 r : 모수적 상관관계 검증

사례연구 : 임계 깜박임 빈도와 연령

모수적 상관관계 검증을 수행하는 방법을 보여주기 위하여 계속하여 CFF와 연령 데이터를 사용해보자. 이 데이터가 상관에서의 표본크기 가이드라인인 약 100개를 만족하지 못했다는 점을 유의하자. 검증된 가설은 CFF와 연령 간에 부적 상관관계가 존재한다는 것이다.

연구는 상관분석을 위한 설계 방법을 채택하여 두 변인이 측정되었다. 첫 번째 변인은 연령으로 25~66세의 연령분포를 이루는 자발적으로 참여한 참가자들의 연령을 물어서 변인을 측정하였다. 두 번째 변인은 CFF로 각 참가자의 CFF를 측정해주는 눈깜박임 측정기를 사용하여 측정하였다. 여섯 번 측정이 되었고, 평균을 구해 각 참가자의 점수로 채택하였다.

Pearson의 r 실행 방법

SPSS는 각 변인이 다른 모든 변인과 관련되는 정도를 보여준다. 따라서 만약에 A, B, C의 세 변인을 분석에 포함시키게 되면, SPSS는 A*B, A*C, B*C의 상관계수를 산출해낼 것이다. 여기 Pearson의 r 예제에서는 두 변인만을 분석에 포함시켰지만, 제4절 Spearman의 r_s 예제에서는 세 변인을 분석에 포함하였으므로 더 큰 상관행렬표를 볼 수 있을 것이다.

4. 여러분이 상관분석을 하고자 하는 두 변인을 선택하라. 한 변인을 클릭하고 〈shift〉 키를 누른 상태에서 다른 변인을 선택하면 한 번에 하나 이상의 변인을 선택할 수 있다.

5. 선택된 변인을 **변인**(Variables) 상자로 이동시키기 위해 이곳을 클릭하라.

스타일(Style) 단추에서 표의 형식을 구체적으로 선택할 수 있다.

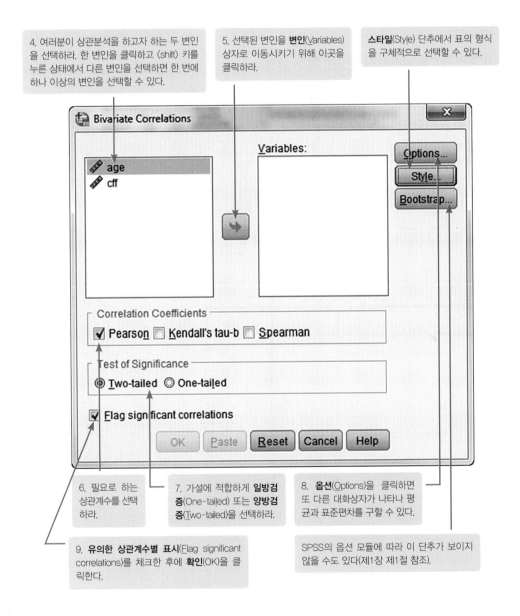

6. 필요로 하는 상관계수를 선택하라.

7. 가설에 적합하게 **일방검증**(One-tailed) 또는 **양방검증**(Two-tailed)을 선택하라.

8. **옵션**(Options)을 클릭하면 또 다른 대화상자가 나타나 평균과 표준편차를 구할 수 있다.

9. **유의한 상관계수별 표시**(Flag significant correlations)를 체크한 후에 **확인**(OK)을 클릭한다.

SPSS의 옵션 모듈에 따라 이 단추가 보이지 않을 수도 있다(제1장 제1절 참조).

이변량 상관계수(Bivariate Correlations) 대화상자에서 일방검증 또는 양방검증 중의 한 옵션을 선택할 수 있다. 그에 따라 SPSS는 적절한 *p*값을 나타내준다. 이전에 설명한 통계검증에서 SPSS는 양방향 *p*값만을 출력하였다. 만약에 일방향 가설을 세웠다면 일방향 *p*값을 주기 위해 그 값을 반으로 나누면 된다.

Pearson의 *r*에 대한 분석 결과는 다음에 나와 있다.

Pearson의 *r* 분석에서의 SPSS 분석 결과

메뉴 항목을 통한 분석 : 상관분석 > 이변량 상관계수

CORRELATIONS

Descriptive Statistics

이변량 상관계수(Bivariate Correlations) 대화상자에서 **옵션**(Options) 단추를 사용해서 여러 가지 유용한 통계량들을 구할 수 있다.

	Mean	Std. Deviation	N
age	42.4000	12.55891	20
cff	32.1375	4.58249	20

Correlations

		age	cff
age	Pearson Correlation	1	-.780**
	Sig. (1-tailed)		.000
	N	20	20
cff	Pearson Correlation	-.780**	1
	Sig. (1-tailed)	.000	
	N	20	20

Pearson의 상관계수 또는 Pearson의 *r*

*p*값(제5장 제3절의 주석 3 참조)

사례 수 *N*

. Correlation is significant at the 0.01 level (1-tailed).

추가적으로 행렬표에서 *p*값은 이 메시지와 함께 출력된다. 유의미한 상관은 별표(*)로 표시된다. 이것은 여러 변인을 투입하여 상관행렬표가 클 때 특히 유용하다.

완전한 행렬표가 인쇄된다.

셀들 중 2개는 각자 자신과 상관관계를 나타내는 것이다(이 셀들에서는 *p*가 계산되지 않는다). 다른 두 셀은 한 변인이 다른 변인과 상관되는 것을 보여준다.

상관에 대한 효과크기에 대해 설명한 후 상관검증에 관한 결과 보고서를 어떻게 작성해야 하는지 살펴보도록 하자.

 상관관계 분석에서 상관계수의 부호는 상관관계가 정적인지 부적인지를 나타내준다. 따라서 여러분은 이 부호를 꼭 보고해야 한다(t 검증 분석에서의 부호와 다르다).

상관의 효과크기

r값은 상관의 강도를 나타낸다. 그리고 이것은 효과크기의 척도이다. 개략적인 통례로 0~.2의 r값은 약하고, .3~.6은 중간 정도, .7~1은 강하다고 간주한다. 상관의 강도만으로는 그것이 중요한 상관인지 아닌지에 대한 지표로 삼을 수 없다. 일반적으로 유의미값을 함께 고려해야 한다. 표본이 작을 경우에 우연히 강한 상관이 나타나기 쉽기 때문에 유의미값은 중요하다. 그러나 표본이 매우 클 경우에는 작은 상관이라도 통계적으로 매우 유의미하게 나타날 수 있다. 이 현상을 설명하기 위하여 r의 임계값 표를 살펴보자(대부분의 통계학 책 뒷부분에 있다). 예를 들어 100개 표본의 상관연구를 실행하고 .2의 r을 얻었을 경우에 이것은 양방검증으로 .05 수준에서 유의미하다. 그러나 .2는 약한 상관이다. 그래서 효과크기, 통계적 유의미값, 그리고 다음에 설명할 설명량을 제시하는 것을 권한다.

설명된 변량의 비율(즉 설명량)에 대한 개념은 제8장 제1절에 설명되어 있다. 요약하자면 상관계수는 두 변인 사이의 관계를 설명하는 해당 데이터에서 설명량을 추정할 수 있도록 한다(이 외에도 남아 있는 변산성은 상황적 요소와 참가자 특성과 같은 외생변인에 의한 것이다). 설명량은 r^2으로 설명한다. 그래서 나이와 CFF는 $r=.78$, $r^2=.6084$로, CFF 데이터 변화는 나이에 의해 60%가 설명된다고 할 수 있다. 논리적으로 나이 데이터에서 변산성의 60%는 CFF에 의해서 나타난 것이라고 쉽게 말할 수 있다. 그러나 주의해야 할 것은 이것이 인과관계를 의미하는 것이 아니라는 점이다. 상관은 인과관계를 밝힐 수 없다. 중요한 실용적 시사점은, 두 변인은 많은 변산성을 공유하고 있고, CFF를 예측하기 위해 사람들의 연령을 사용할 수 있다는 것이다. 만약 현재 측정한 CFF가 그들의 나이에 대한 신뢰한계 범위를 벗어나면 그 후에 추가 조사를 할 수 있다.

중요성을 판단하는 데 있어 설명량이 꼭 커야 하는 것은 아니다. 얼마나 중요한지는 연구의 목적에 달려 있다(Howell, 2013, pp.312-13 참조). 제9장 다중 회귀분석에서도 상관검증 연구 설계에서 설명량을 다룰 것이다.

결과보고

보고서는 다음과 같이 작성한다.

나이와 CFF는 유의미한 부적상관이 있다($r = -.78$, $N = 20$, $p < .001$, 일방검증). 이것은 매우 강한 상관이며, 변산성의 60.8%를 설명한다. 산포도(그림 6.3)는 데이터 포인트가 극단치 없이 선형관계에서 회귀선을 따라 적절히 분포하고 있다는 것을 보여준다.

제4절 | Spearman의 r_s : 비모수적 상관관계 검증

변인 중 1~2개의 데이터가 모수검증이 아닌 경우, 예를 들어 서열 수준에서 측정하거나 또는 산포도에서 두 변인이 선형관계가 아니라면, 상관의 비모수 검증을 이용해야 한다. 여기에서는 Spearman의 r_s와 Kendall의 tau-b 두 가지 검증을 설명한다. Spearman의 r_s는 Pearson의 r과 구별된다. 이 검증은 원래 Spearman의 ρ(그리스 문자 rho)라고 불렸고, SPSS에서는 결과물을 Spearman의 rho로 나타낸다.

사례연구 : 매력, 신뢰성 그리고 확신도 간의 관계

모의 배심원들을 활용한 기존 연구에 따르면, 매력적인 용의자는 매력적이지 않은 용의자보다 유죄로 판결을 받는 경우가 적었고, 매력적인 사람이 지능처럼 바람직하게 여겨지는 특성에서 더 높은 점수를 받는 경우가 많았다. 한 연구에서 참가자들은 실제 소송에서 강간을 당했다고 주장하는 여성의 진술을 시청하였다. 그런 다음 참가자들에게 그 여성의 진술에 대해 얼마나 확신하는지를 7점 척도상에 평가하도록 하였다. 그리고 이와 함께 그녀가 얼마나 믿을 만하다고 생각되는지와 그녀가 얼마나 매력적이라고 생각하는지를 7점 척도로 평가하게 하였다(자료는 부록이나 he.palgrave.com/psychology/brace에서 확인할 수 있다).

이 연구의 설계는 상관관계 연구였다. 세 변인은 서열 데이터를 산출하는 7점 척도상에서 측정되었다. 이런 데이터는 본질적으로 구간척도로 간주할 수 있다고 종종 거론되지만 이번 절의 목적을 위해 서열 데이터로 간주할 것이다. 검증된 가설은 다음과 같았다.

1. 매력도와 진술에 대한 확신도 간에는 정적인 관계가 있을 것이다.
2. 매력도와 신뢰성 간에는 정적인 상관이 있을 것이다.
3. 진술에 대한 확신도와 신뢰성 간에는 정적인 상관이 있을 것이다.

여기서는 Spearman의 r_s와 몇몇 상관의 다른 관점을 삽화로 설명하고 있지만 상관 설계에서 변인이 3개 또는 그 이상이라면 일반적으로 다중 회귀분석(제9장)이 더 적합할 것이다.

Spearman의 r_s 실행 방법

Pearson의 r은 1~5단계로 이루어진다. 반면에 **Spearman**은 **Pearson**과 달리 여섯 번째 단계를 선택한다[다음 **이변량 상관계수**(Bivariate Correlations) 대화상자 참조]. 이 사례는 한 번에 한 가지 이상의 상관분석을 수행할 수 있다는 것을 보여준다. 세 가지 변인이 있고, 서로 다른 두 변인 간의 관계들을 알고 싶어 할 수 있다. 이렇게 하려면 간단히 세 변인을 모두 선택해서 이들을 모두 **변인**(Variable) 상자로 옮겨놓으면 된다.

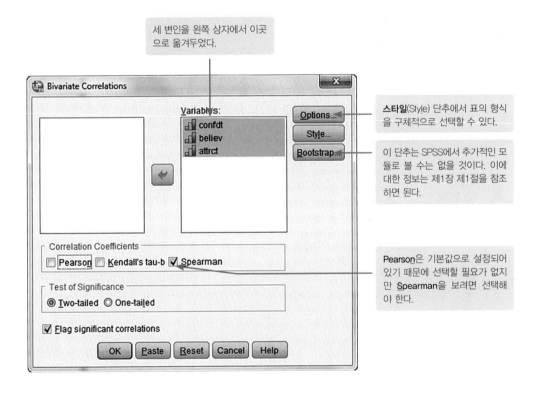

Spearman의 r_s 분석 결과의 출력물은 다음 페이지와 같다.

Spearman의 r_s 분석에서의 SPSS 분석 결과

메뉴 항목을 통한 분석 : 상관분석 > 이변량 상관계수

NONPARAMETRIC CORRELATIONS

Correlations

			confdt	believ	attrct
Spearman's rho	confdt	Correlation Coefficient	1.000	.372**	.157
		Sig. (2-tailed)	.	.000	.143
		N	89	89	89
	believ	Correlation Coefficient	.372**	1.000	.359**
		Sig. (2-tailed)	.000	.	.001
		N	89	89	89
	attrct	Correlation Coefficient	.157	.359**	1.000
		Sig. (2-tailed)	.143	.001	.
		N	89	89	89

**. Correlation is significant at the 0.01 level (2-tailed).

이 셀은 변인 'confdt'와 'believ' 간의 상관관계에 대한 값을 보여준다.
.372는 r_s
.000은 p
89는 사례 수

대각선을 보면 각 이변량 상관에 대한 결과는 두 번 제시된다. 하나는 대각선 아래이고, 다른 하나는 그 위에 있다.

Pearson의 분석 결과처럼 완전한 행렬표가 나타난다. 그러나 현재의 행렬표는 3개의 변인이 투입되었기 때문에 더 크다.

결과보고

각 상관관계의 결과를 보고할 때는 적절한 언급을 해줄 필요가 있다.

진술에 대한 확신과 신뢰성 간에는 유의미한 정적상관이 존재한다($r_s = .372$, $N = 89$, $p < .001$, 양방검증).

진술에 대한 확신도와 매력도 간에는 유의미한 정적상관이 존재하지 않았다($r_s = .157$, $N = 89$, $p = .143$, 양방검증).

매력도와 신뢰성 간에는 유의미한 정적상관이 존재한다($rs = .359$, $N = 89$, $p = .001$, 양방검증).

산포도에서는 각 변인들의 쌍을 볼 수 있다(제1절 참조). 회귀선을 추가할 때 주어진 산포도는 R^2 선형값은 Pearson의 r (r^2)이고, Spearman의 r_s가 아니라는 점에 주의해야 한다. 제2절에서 설명한 것처럼 r^2은 설명량을 나타내지만 서열 데이터에는 적합하지 않다.

Kendall의 tau-b 수행 방법

변인 간의 상관을 계산할 때 변인 중 최소한 어느 하나가 비모수적인 경우 일부 연구자들은 Kendall의 tau 계수를 선호하기도 한다. Kendall의 tau 계수를 구하려면 Pearson의 r을 구하는 것과 동일한 단계를 밟으면 된다. 단, 6단계에서는 **Kendall의 tau-b**를 선택하면 된다. 결과는 Spearman의 r_s와 같은 형태를 취한다. Kendall의 tau-b는 동률값(ties)도 계산에 포함시킨다. Kendall의 tau-c는 동률값은 무시하고 계산하는 데 **교차분석**(Crosstabs, 제7장 제4절 참조)에서 활용할 수 있다.

제5절 │ 상관계수의 검증력 비교

하나의 명목변인(예 : 성별)이 서로 다른 두 집단 참가자들로부터 같은 변인들에 대한 데이터를 수집할 수 있다. 이럴 때 두 변인 간의 상관이 두 집단에서 서로 다를 것을 가정할 수 있다. 학생 참가자들을 대상으로 수행하였던 연구를 예로 들어 살펴보자. 환경심리학의 한 분야의 연구인데, 세 가지의 변인을 수집하였다. 'threat(위협)'은 환경적 문제가 참가자 자신의 건강과 웰빙에 주는 지각된 위협에 대한 응답이고, 'recycling score(재활용 점수)'는 자기보고한 재활용 비율의 평균이며, 마지막으로는 'gender(성별)'이다. 다음은 모든 참가자를 여성 집단과 남성 집단으로 나누어서 2개의 변인 사이의 상관을 보여주는 SPSS 결과물이다.

Correlations

		threat	Recycle_score
threat	Pearson Correlation	1	.401**
	Sig. (2-tailed)		.000
	N	219	219
Recycle_score	Pearson Correlation	.401**	1
	Sig. (2-tailed)	.000	
	N	219	220

모든 참가자이다.

주 : 설문에서 2명이 성별을 표기하지 않아서 남성의 N과 여성의 N의 합이 전체 N과 같지 않다.

**. Correlation is significant at the 0.01 level (2-tailed).

Correlations

		threat	Recycle_score
threat	Pearson Correlation	1	.279**
	Sig. (2-tailed)		.004
	N	105	105
Recycle_score	Pearson Correlation	.279**	1
	Sig. (2-tailed)	.004	
	N	105	105

> 여성 참가자이다.

**. Correlation is significant at the 0.01 level (2-tailed).

Correlations

		threat	Recycle_score
threat	Pearson Correlation	1	.452**
	Sig. (2-tailed)		.000
	N	112	112
Recycle_score	Pearson Correlation	.452**	1
	Sig. (2-tailed)	.000	
	N	112	113

> 남성 참가자이다.

**. Correlation is significant at the 0.01 level (2-tailed).

상관계수 비교를 실시할 경우 반드시 이에 대한 이유가 있어야 한다. 이번 예와 같은 경우 성별에 따른 차이는 환경심리학 분야에서 종종 보고된 바 있다. 하지만 이러한 차이는 나이, 사회적 신분, 주거 지역, 교육 수준과 같은 다른 변인들의 차이에 기인했을 가능성이 있다. 만약 2개의 표본에서 다른 변인들과 일치하지 않는 상관계수의 차이를 발견했다면, 그러한 차이가 다른 변인으로부터 기인한 것인지를 반드시 확인해야 한다.

Fisher가 고안해낸 방식(예 : Howell, 2013, 284-5 참조)에 따라, z표를 이용하여 두 r값이 유의미한 차이가 있는지 판단할 수 있다. 이 방식은 다음과 같은 세 가지 단계를 따른다.

1. 각각의 r값을 r'(r 프라임)값으로 바꾼다. 이러한 과정이 필요한 이유는 두 r값의 차이의 분포들이 특정 차이가 유의미한 것인지 판단할 때 쓰이기 때문이다. 하지만 이 분포가 정상분포를 따르지 않을 수 있으며, 이럴 경우 z값의 사용이 타당하지 않을 수 있다.
2. r'값을 이용해서 z값을 계산한다.
3. 두 r값의 차이가 유의미한지를 판단하기 위해 z값을 사용한다.

다음 공식을 이용해 직접 해보거나, SPSS를 통해 변인값을 지정하여 수행할 수 있다. 이 방법은 제13장의 2절을 참조하라.

방정식 사용하기

방정식 1
$$r' = (0.5)\log_e \left| \frac{1+r}{1-r} \right|$$

방정식 2
$$z = \frac{r_1' - r_2'}{\sqrt{\dfrac{1}{N_1 - 3} + \dfrac{1}{N_2 - 3}}}$$

첫 번째, r값을 r'값으로 바꾼다.

$r_1(\text{여자}) = .279$

$$r_1' = (0.5)\ \log_e \left| \frac{1+.279}{1-.279} \right|$$

$$r_1' = (0.5)\ \log_e \left| \frac{1.279}{0.721} \right|$$

$$r_1' = (0.5)\ \log_e 1.774$$

$$r_1' = (0.5)\ 0.573$$

$$r_1' = 0.287$$

$r_2(\text{남자}) = .452$

$$r_2' = (0.5)\ \log_e \left| \frac{1+.452}{1-.452} \right|$$

$$r_1' = (0.5)\ \log_e \left| \frac{1.452}{0.548} \right|$$

$$r_2' = (0.5)\ \log_e 2.649$$

$$r_2' = (0.5)\ 0.974$$

$$r_2' = 0.487$$

두 번째, z값을 계산한다.

$$z = \frac{r_1' - r_2'}{\sqrt{\dfrac{1}{N_1 - 3} + \dfrac{1}{N_2 - 3}}}$$

$$z = \frac{.287 - .487}{\sqrt{\dfrac{1}{105 - 3} + \dfrac{1}{112 - 3}}}$$

$$z = \frac{-.200}{\sqrt{0.010 + 0.009}}$$

$$z = \frac{-.200}{0.138}$$

$$z = -1.451$$

z값의 부호는 단순히 r_1'값이 r_2'값보다 큰지 작은지를 나타내는 것이다.

세 번째, 계산된 z값을 임계값(1.96)과 비교한다. 계산된 z값의 절대값을 사용하였다(즉 부호는 무시하자). 만약 z값이 1.96보다 작다면, 두 r값의 차이는 유의미한 차이가 아니다($p >$ .05). 반면에 z값이 1.96보다 크다면 유의미한 차이라고 볼 수 있다($p <$ .05).

이 예에서는 계산된 z값의 절대값이 1.451이므로, 유의미한 차이로 볼 수 없다($p >$ .05).

결과보고

비교의 결과를 보고할 때, 만약 z값의 임계값만 사용했다면, 다음과 같이 쓸 수 있다.

여성의 상관계수는 .287, 남성의 상관계수 .487로, 두 상관계수의 차이는 유의미하지 않았다(z = 1.45, p > .05).

만약 z 표를 사용하여 좀 더 구체적인 p값을 찾았다면, 다음과 같이 쓸 수 있다.

여성의 상관계수는 .287, 남성의 상관계수 .487로 두 상관계수의 차이는 유의미하지 않았다(z = 1.45, p ≃ .147).

제6절 │ 회귀분석 소개

- 회귀란 한 변인에 대해 어떤 사람이 보여주는 점수를 하나 혹은 그 이상의 다른 변인의 점수들로부터 예언할 수 있도록 해주는 통계분석기법이다.
- 상관분석과 달리 회귀에서는 변인이 독립변인인지 종속변인인지를 명시하고자 한다.
- 회귀는 하나의 '종속변인'을 가지고, 하나 혹은 그 이상의 '독립변인'을 가진다. 이 책에서 필자들은 종속변인을 '준거변인(criterion variable)'이라 부르고, 독립변인은 '예언변인(predictor variable)'이라 부른다.
- 하나의 예언변인을 가질 경우 이변량 회귀라고 하며, 둘 혹은 그 이상의 예언변인을 가질 경우 다중 회귀(제9장 참조)라고 한다.
- 예언변인은 다양한 척도로 측정되지만(구간 또는 비율 측정이 이상적), 준거변인은 구간 또는 비율척도로 측정되어야 한다.
- 인간의 행동은 본질적으로 복잡하기 때문에 완전하고 정확한 예언을 하는 것은 불가능하다. 하지만 회귀는 예언변인(들)이 특정 참가자의 준거변인을 추정하는 데 얼마나 유용한지를 가늠하게 한다. 다중 회귀는 어떤 예언변인들의 집합이 어떤 점수를 가장 잘 예측하는지를 파악할 수

있도록 해준다.

- 변인들이 조작되지 않는 한, 이변량 상관과 마찬가지로 이변량 회귀와 다중 회귀는 인과관계를 암시하지 않는다.

모형으로서 회귀

앞서 제8장 제1절 변량분석에서 논의되었듯이 인간의 행동은 가변적이고 따라서 예측이 어렵다. 모형이란 우리가 측정한 데이터를 미래의 사건을 예측할 수 있는 방향으로 간결화하고 설명하려는 노력이다. 예를 들어 우리는 학생들이 모듈을 마친 후 SPSS 사용에 얼마나 자신이 있다고 생각하는지를 측정하였다. 가장 단순한 모형은 평균이다. 만약의 자신감의 평균 점수가 4.1(1.0~5.0 척도 사용)이라면, 우리는 다음 해에 모듈을 마친 어떤 학생의 자신감 점수가 4.1일 것이라고 예측할 수 있다. 하지만 많은 오차가 있을 것이다. 많은 학생들 각각의 측정치와 예측치(평균)와의 차이는 클 것이다. 물론 학생들은 다른 방식으로도 서로 매우 다르기 때문에 다른 변인들, 예를 들어 SPSS를 연습하는 데 할애한 시간이 SPSS 사용에 대한 자신감에 영향을 미쳤을 수도 있다. 만약 우리가 자신감뿐만 아니라 이것도 함께 측정했다면, 우리는 이 두 변인들 사이의 관계를 모형화시키는 데 회귀기법을 사용할 수 있다. 그러면 우리는 연습한 시간으로부터 어떤 학생의 자신감을 예측할 수 있다. 여기에도 오차가 있겠지만, 우리가 자신감의 평균치를 사용했을 때보다는 적을 것이다. 모형의 오차 양은 잔차(residual)로 나타난다. 잔차란 각 사례의 측정치와 예측치 간의 차이를 의미하며, 설명은 다음과 같다.

제7절 │ 이변량 회귀분석

이변량 상관으로부터 이변량 회귀까지

제6절에서 우리는 두 변인 간의 상관을 다뤘다. 이 장에서 우리는 '이변량(bivariate, 즉 2개의 변인들로만 이뤄진)'이라는 용어를 사용하여 '다중(multiple, 2개 혹은 그 이상의 변인들)'으로부터 구분하고자 한다. 이 절을 설명하기 위해 우리는 이전에 회귀선과 Pearson의 상관계수로 산포도를 구할 때 사용했던 예시인 나이와 CFF값(제2절)을 다시 사용할 것이다.

이변량 상관에서 우리는 2개의 변인 간 연합의 강도만 고려하고, 어떤 변인이 독립변인인지 종속변인인지 여부는 고려하지 않았다. 하지만 회귀기법은 다른 변인으로부터 하나의 변인을 예측할 수 있도록 하기 때문에 우리는 두 변인들을 구분할 필요가 있다. 많은 연구자들이 독립변인과 종속변인이라는 용어를 사용하지만, 예언이 꼭 직접적인 인과를 의미하지는 않기 때문에 다른 연구자들은 우리가 선호하는 다음의 용어들을 사용한다. 여기에서는 '예언변인'과 '준거변인'이라는 용어로 부르겠다. 준거변인이란 예언변인에 의해 예언된다. 또 다른 표기법은 방정식과 그래프에 사용되는 것으로 X와 Y이다. 예언변인은 X라고 나타내고, 준거변인은 Y로 나타낸다. 다음은 예시 데이터에 근거한 산포도와 회귀선이다. 나이는 예언변인 혹은 X로 분류되었고, CFF는 준거변인 혹은 Y로 분류되었다. 그 이유는 우리가 CFF가 나이 혹은 나이가 드는 과정에 영향을 미친다기보다는 나이가 드는 과정이 CFF에 영향을 미칠 것으로 간주하고 있기 때문이다. 회귀가 반대 방향으로도 동일하게 잘 작동되기 때문에 어떤 사람의 CFF로 동일한 정확도로 나이를 예측할 수도 있지만, 때로는 변인을 분류하는 데 이와 같은 논리적 이유를 들기도 한다.

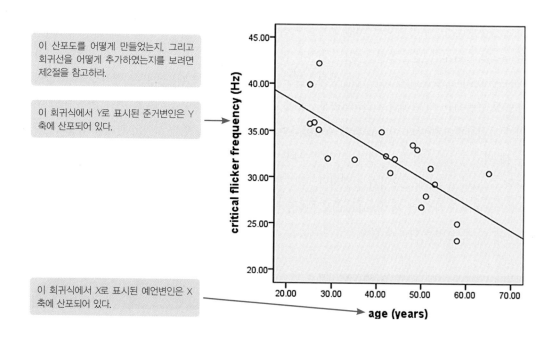

이 산포도를 어떻게 만들었는지, 그리고 회귀선을 어떻게 추가하였는지를 보려면 제2절을 참고하라.

이 회귀식에서 Y로 표시된 준거변인은 Y축에 산포되어 있다.

이 회귀식에서 X로 표시된 예언변인은 X축에 산포되어 있다.

이변량 회귀방정식

제2절에서 우리는 산포도에 회귀선을 추가하는 방법을 소개했다[162~163쪽 전체 적합선(Fit Line at Total) 사용 방법 참조]. 이제는 회귀선 기저의 방정식에 대해 설명하겠다. 선형관계를 가지는 두 변인 간의 관계는 다음 방정식에 의해 직선으로 설명된다.

$$Y = a + bX$$

- Y는 준거변인이다. 우리가 이 방정식을 사용하여 측정한 X값으로부터 Y값을 예측할 때 Y'(Y 프라임이라고 읽음)이라는 기호를 사용한다.

- X는 예언변인이다.
- a는 절편(intercept)이다. 이는 X가 0일 때 Y'의 값이다. 회귀선이 산포도에 추가되었을 때 어떤 직선이 Y축과 교차되는 지점의 Y값인 a이다(만약 X축이 0부터 시작한다면). 따라서 우리의 예시에서는, a값은 나이가 0인 어떤 사람의 CFF값(Hz)이다. 예언의 목적으로 여러분은 여러분이 측정한 값들의 범위로부터 지나치게 많이 추정하려고 하면 안 된다. 그럼에도 불구하고 회귀선의 목적으로 a는 X가 0일 때 Y'의 값인 것이다. 다음을 기억하라. 기본적으로 SPSS는 앞 예시의 데이터의 값들에 대해 축 척도를 사용하기 때문에 산포도의 축들은 0을 포함하지 않을 수도 있다. 이러한 경우 a는 그래프에서 읽히지 않을 수 있다. 그러나 SPSS는 a값뿐만 아니라 다음의 b값도 제시한다.
- b는 직선의 기울기(slope)로, '회귀상수(regression coefficient)' 또는 '회귀 가중치(regression weight)'라고도 알려져 있다. 이것은 X가 한 단위만큼 변할 때 변하는 Y'값을 의미한다. 따라서 이는 나이가 한 살 차이가 나는 두 사람 간의 예상된 CFF값의 차이인 것이다. 다중 회귀에서 회귀계수를 논할 때 다시 나올 것이다.

회귀 과정은 다음 설명과 같이 잔차를 최소화할 수 있는 방정식에 대한 답(a와 b값을 규명하는 것)을 찾는 것이다.

잔차

잔차란 참가자의 관찰된 Y값과 회귀방정식(Y')에서 예언된 값 간의 차이를 의미한다. 이 절에서의 산포도는 그것을 보여준다.

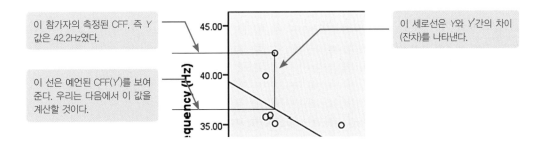

만약 2개의 변인이 완벽한 상관을 가진다면 모든 점이 하나의 일직선에 떨어지게 될 것이고, 회귀방정식으로부터 예언된 Y'값이 예측된 Y값과 일치할 것이다. 하지만 심리학 연구에서 측정된 두 변인이 완벽한 상관을 가진다는 것은 거의 불가능하다. 일반적으로 각 Y와 Y' 간에는 차이가 존재한다. Y와 Y′ 간의 차이는 오차로 간주되고, 이를 각 사례의 잔차라고 한다. 잔차는 음수 혹은 양수일 수 있기 때문에 일반적으로 사용할 때 제곱함을 명심하라(다음 문단 참조). 몇 가지 이유에서 오차는 존재한다. 측정에서 항상 오차가 있다. 이는 척도의 오차일 수도 있지만(예 : 문항들은 대개 어떤 구성의 완벽한 측정이 아니다), 개인적 혹은 상황적으로 무관한 변인 때문일 수도 있다. 또한 준거변인은 오로지 예언변인으로부터가 아닌 우리가 측정하지 않은 다른 변인들에 의해 영향을 받기 쉽다.

회귀방정식에 대한 최선의 해는 잔차를 최소화하는 a와 b의 값인 것이다. 즉 평균적으로 예언된 값이 최대한 측정된 값에 가까워지는 것이다. 최선의 해를 찾기 위해 가장 흔히 사용되는 것은 최소자승기준(least square criterion)이다. 이 기준은 $\Sigma(Y-Y')^2$ (측정된 값과 예측된 값 간의 차이의 제곱값의 합)이 최소가 되는 것이다.

설명된 변량의 비율

회귀에서 우리는 주로 데이터의 변량이라고 일컬어지는 '데이터가 분산된 정도'를 설명하고자 한다. 우리는 '준거변인의 변량 중 얼마큼이 예언변인에 의해 설명되는가?'를 물을 수 있다. 이변량 관계의 경우 r^2, 즉 상관에서의 효과크기는 제3절에서 설명된 바와 같이 변량 중 설명된 비율을 나타낸다. 설명된 변량에 대해서는 제9장의 다중 회귀분석과 제8장 제1절의 ANOVA에서 다시 다루도록 하겠다.

SPSS에서 이변량 회귀분석 수행하기

우리는 나이와 CFF 데이터를 계속 사용하겠다. 분석, 회귀분석, 곡선추정을 클릭하라. 다음과 같은 곡선추정 대화상자를 볼 수 있을 것이다. 이제 Y, 준거(종속)변인과 X, 예언(독립)변인을 선택하라. SPSS는 하나 이상의 Y 변인을 추가할 수 있게 해주지만, 여기에서 우리는 하나의 Y('cff')를 X('age')로 예측하고자 한다.

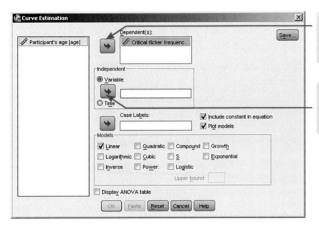

준거(또는 종속)변인을 선택하고, 이것을 **종속 변인**(Dependent) 상자로 이동시키기 위해 이곳을 클릭하라.

예언(또는 독립)변인을 선택하고, **변인**(Variable)을 독립변인으로 이동시키기 위해 이곳을 클릭하라.

종속변인 상자(Dependent box)에 2개 혹은 그 이상의 *Y* 변인들이 있으면 SPSS는 각각의 *Y*와 *X*에 대해 따로 절차를 진행할 것이다. 만약 여러분이 하나 이상의 *Y*를 가지고 있다면, 모든 *Y*에 대한 결과를 보기 위해 대화상자에서 **ANOVA 표 보기**(Display ANOVA table)를 선택하라.

　곡선추정(Curve Estimation) 대화상자의 다른 세팅들은 그대로 둔다. 대화상자에서 모형 (Models) 부분에서는 기본값으로 **선형 모형**(Linear)이 이변량 선형 회귀 모형에 적용되며, 우리가 사용하는 예시에 적절하다. 차후에 만약 여러분이 비선형 모형의 데이터를 가지고 있다면 다른 유형의 곡선을 탐색해볼 수 있을 것이다.

　다음은 아래와 같이 **저장**(Save) 단추(우측 위)를 클릭하여 **곡선추정 : 저장**(Curve Estimation : Save) 대화상자를 얻는다. SPSS는 각 사례에 대한 특정 값을 산출하고, **저장**(Save) 명령은 여러분이 이 데이터 파일을 저장할 수 있도록 해준다. 우리는 **예측값**(Predicted values)과 **잔차**(Residuals)를 선택했다.

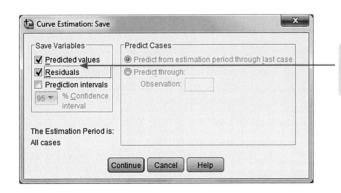

여러분의 데이터 파일에 추가하려면 **예측값**(Predicted Values)과 **잔차**(Residuals)를 선택하라.

곡선추정 : 저장(Curve Estimation : Save) 대화상자에서 **예측구간**(Prediction Intervals) 선택하기는 여러분에게 예측된 변인의 신뢰구간에 대한 두 가지 다른 변인, 상한값과 하한값을 제공한다. 만약 여러분이 이것을 선택한다면, %신뢰구간 상자(%confidence interval box)는 더 이상 회색으로 보이지 않을 것이고, 여러분은 95%에서 90% 또는 99%로 원하는 대로 변경할 수 있다.

다시 **곡선추정**(Curve Estimation) 대화상자로 돌아가려면 **계속**(Continue)을 클릭하고, 그다음 **확인**(OK)을 클릭하라. 여러분은 여러분이 데이터 파일에 변인들을 추가했는가에 대해 확인받을 것이다. 만약 모든 것이 맞는다면 **확인**(OK)을 클릭하라(만약 여러분이 무심코 원하지 않는 변인을 데이터 파일에 추가했다면 삭제하거나 수정한 데이터 파일을 저장하면 된다. SPSS는 자동적으로 데이터 파일을 저장하지 않는다).

출력 결과 파일은 다음과 같은 정보와 데이터를 담고 있다. 보이는 바와 같이 새로운 변인들이 데이터 파일에 있을 것이다.

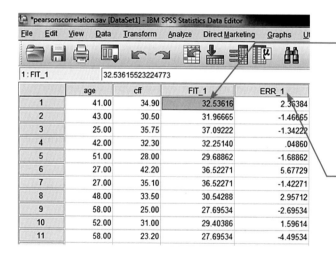

새로운 변인 'FIT_1'은 예측치 Y'을 반영한다. 따라서 회귀방정식에 따라 예측된 41세의 첫 번째 참가자의 CFF값은 32.5Hz와 같다.

두 번째 새로운 변인 'ERR_1'은 잔차(측정치 Y로부터 예측치 Y'을 뺀 값)를 반영한다. 다음 본문의 설명을 참고하라.

 만약 여러분이 **곡선추정 : 저장**(Curue Estimntion : Save) 대화상자의 예언구간(Prediction intervals)을 선택했다면 예측된 값 신뢰구간의 상위 및 하위값이 데이터 파일에 저장될 것이다. 우리는 이것을 이 장의 마지막 페이지에서 보여줄 것이다.

잔차는 측정치 Y로부터 예측치 Y'을 뺀 값과 같다. 이것은 예측의 오차량으로 간주되기 때문에 가끔 오차라고도 한다(SPSS 변인명이 'ERR_1'인 것을 확인하라). 이 예시에서 잔차는 'cff' −

'FIT_1'이다. 참가자 1의 예측치인 2.4Hz는 그/그녀의 측정치인 34.9Hz보다 작다. 'ERR_1'열을 훑어보면 잔차의 절대값(음수인지 양수인지는 무시하고)이 0에서부터 약 6까지 달라지는 것을 볼 수 있다. 절대값의 평균은 두 변인들 간의 관계의 강도를 나타내지만, 잔차가 표준화되어 있지 않다. 즉 잔차가 원본 데이터와 동일한 척도상에 있고, 표준화되어 있지 않다(표준화된 측정치의 예는 z값이다; 제3장 참조). 따라서 여러분이 변인을 측정한 척도까지 고려해야 하기 때문에 잔차를 해석하기가 어렵다.

앞에서 언급된 바와 같이 여러분은 각 Y에 대한 X의 개별적인 이변량 회귀분석을 수행하기 위해 곡선 추정 대화상자에서 하나 이상의 Y를 입력할 수 있다. 예를 들어, 여러분은 CFF 외에도 동일한 참가자들의 기억력 점수를 가지고 있을 수 있다. 만약 여러분이 2개의 Y를 입력한다면, 두 번째 Y에 대한 새로운 변인들은 'FIT_2'와 'EFF_2'로 명명될 것이다.

데이터 파일에 새로운 변인을 생성하는 것 이외에도 SPSS는 분석 결과에 이변량 회귀분석에 대한 정보를 함께 제공할 것이다. CFF와 나이 간의 이변량 회귀분석을 통해 얻은 결과는 다음에 제시되어 있다.

SPSS 산출

분석, 회귀분석, 곡선추정을 사용하여 나온 SPSS 분석 결과

Curve Fit

Model Description

Model Name		MOD_1
Dependent Variable	1	cff
Equation	1	Linear
Independent Variable		age
Constant		Included
Variable Whose Values Label Observations in Plots		Unspecified

이 첫 번째 표에는 여러분이 요청한 모형에 대한 정보가 주어진다.

Case Processing Summary

	N
Total Cases	20
Excluded Cases[a]	0
Forecasted Cases	0
Newly Created Cases	0

a. Cases with a missing value in any variable are excluded from the analysis.

변인 처리 요약(Variable Processing Summary) 표는 각 변인에 대한 사례들에 관한 정보를 준다.

Variable Processing Summary

		Variables	
		Dependent	Independent
		cff	age
Number of Positive Values		20	20
Number of Zeros		0	0
Number of Negative Values		0	0
Number of Missing Values	User-Missing	0	0
	System-Missing	0	0

이것은 r^2이다. 이전에 산포도에 회귀선을 구할 때에도 SPSS가 r^2을 추가하였다(제6장 제2절 참조).

추정값(Parameter Estimates)은 이 데이터에 대한 회귀 방정식의 값들을 준다. 상수항은 절편인 a이고, b1은 기울기인 b이다. 다음의 본문을 참고하라.

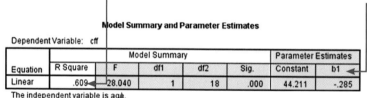

Model Summary and Parameter Estimates

Dependent Variable: cff

Equation	Model Summary					Parameter Estimates	
	R Square	F	df1	df2	Sig.	Constant	b1
Linear	.609	28.040	1	18	.000	44.211	-.285

The independent variable is age.

r^2값이 0과 유의미하게 다른지를 확인하기 위해 F 검증을 하였다. 이변량 회귀분석 시에는 단순하게 상관을 사용하므로 흔히 사용되지 않는다. F값의 사용은 다중 회귀분석 시 설명하겠다.

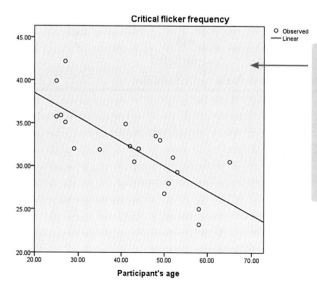

이 산포도는 이 절의 처음에 소개되었던. **그래프**(Graphs) 메뉴를 사용하여 산출한 것과 유사하다. **곡선추정**(Curve Estimation)은 자동적으로 회귀선을 포함하는 것을 참고하라. 따로 요청하지 않았다. 주요 차이점으로 Y축 텍스트(Critical flicker frequency)가 상단 중앙에 위치해 헷갈릴 수도 있다. 그래프를 더블클릭하면 **도표 편집기**(Chart Editor)에서 수정이 가능하다(제6장 제2절 참조). **도표 편집기**(Chart Editor)에서 텍스트를 선택하여 형식을 왼쪽 정렬로 바꾸면 Y축 위에 오게 할 수 있다.

모형 요약 및 모수 추정값(Model Summary and Parameter Estimates)의 모수 추정값(이전 페이지)은 다음을 보여준다.

1. 상수항 또는 *a*는 절편이다. 따라서 모형화 절차가 이 데이터 값들에 적용되었을 때 나이가 0인 사람의 추정된 CFF값은 44.21Hz와 같다.

2. b1 또는 *b*는 기울기 또는 회귀계수이다. 이 데이터에서 *b*는 음수이다. 따라서 나이가 1년 증가하면 CFF는 0.285Hz만큼 감소한다. 더 유용하기 위해 우리는 사람이 10년 나이가 들면 CFF는 2.85Hz 감소할 것으로 예측한다고 보고한다. 이는 물론 데이터에서 예측된 평균의 감소이다.

따라서 이 데이터의 일직선에 대한 방정식은 다음과 같다.

$$CFF = 44.21 + -.285 \times 나이, \ 혹은 \ CFF = 44.21 - .285 \times 나이$$

새로운 사례에 대해 동일 절차를 사용하여 *Y* 예언하기

만약 여러분이 스스로 방정식을 사용하지 않고 새로운 사례들의 *Y*값을 예언하고자 한다면 데이터 파일에 새로운 사례들을 입력하고 절차를 다시 실행하라. 예를 들어 우리는 2개의 가상의 사례, '나이' 데이터만 데이터 파일에 추가하고 절차를 다시 실행하였다. 이번 실행에서는 우리는 신뢰구간 95%를 얻기 위해 **예언구간**(Prediction intervals)을 선택하였다. 새로운 사례들이 추가된 데이터 파일은 다음에 있다.

출력 결과창의 점검(inspection)은 여러분에게 *Y*의 측정치가 없는 새로운 두 사례를 보여줄 것이고, 이 사례들은 제외된 사례들과 결측치에 영향을 줄 뿐 다른 결과에는 영향을 주지 않는다.

32세의 새로운 사례의 예언된 CFF값 (FIT_1 참조)은 35.1Hz이며, 62세의 사례가 갖는 예언된 CFF값은 26.6Hz이다.

마지막 두 열 'LCL_1'과 'UCL_1'은 요청된 신뢰구간(이 예시에서는 95%)의 하한 한계와 상한 한계를 나타낸다. 사례 20의 49세의 경우, 한계는 23.9와 36.6이다. 이 값들은 측정치가 예언치로부터 얼마나 다른지에 대한 안내(guide)가 된다.

예측을 목표로 하는 경우, 여러분이 측정한 값들의 범위를 벗어난 추론은 하면 안 된다는 것을 기억하라. 우리가 추가한 2개의 새로운 사례는 본 연구 참가자들의 나이 범위 안에 있다.

요약

▷ 이 장은 두 변인이 유의미한 관계에 있을 때 이 관계의 본질과 강도에 대한 정보를 제공할 수 있는 통계적 검증을 소개한다.

▷ 상관검증 방법을 선택하는 것은 데이터가 모수적인지 비모수적인지, 변인들의 관계가 선형인지 아닌지에 따라 달라진다.

▷ 만약 어떤 관계가 선형인지 확인하고, 데이터의 일반적인 경향을 관찰하려면 가장 먼저 SPSS에서 산포도를 확인한다.

▷ 산포도 위에 회귀선을 추가할 수 있다.

▷ 상관계수는 효과크기의 척도이고, 상관의 강도를 나타낸다.

▷ 상관계수는 관계가 정적인지 부적인지 알려주는 지표로서 중요하다.

▷ 상관은 인과관계를 추론할 수 없다.

▷ 이 장에는 두 상관계수의 강도를 비교하는 방법을 소개한다.

▷ 두 변인의 상관이 두 집단(예 : 남자, 여자)에서 다르게 나타날 것이라는 이론적 배경이 있다면, 두 상관계수 강도를 비교하는 것이 유용하다.

▷ 상관계수를 비교할 때 성별과 같은 집단변인(예 : 성별) 이외의 변인에 대해서 집단 간 차이가 있는지 반드시 확인해야 한다. 만약 다른 변인들에 따라 상관계수들이 다르다면, 두 집단 간 상관 강도의 차이가 성별 때문인지 다른 변인들 때문인지 알 수 없게 된다.

▷ 이변량 회귀분석을 이용하면 한 변인(예언변인)으로 다른 변인(준거변인)을 예측할 수 있다.

▷ 다중 회귀분석은 제9장에서 다루며, 이 방법을 통해서 예언변인이 하나 이상인 모형에서 준거변인을 예측할 수 있다.

▷ SPSS 분석 결과를 보고서에 반영하거나 출력하고 싶다면 제13장을 참고하기 바란다.

제07장

명목 데이터 검증

이 장에서 다루는 내용은

- 명목 데이터와 이분변인
- 카이제곱 검증 대 카이제곱 분포
- 적합도 검증
- 다중차원 카이제곱 검증
- 반복 측정치에 대한 McNemar 검증

제1절 | 명목 데이터와 이분변인

- '범주 데이터'로도 불리는 명목(nominal) 데이터는 남성, 여성과 같이 관찰 또는 반응들을 단순히 범주화시키는 척도를 사용하여 측정한 데이터를 의미한다.

- 명목 데이터를 IBM SPSS 통계 소프트웨어(SPSS)에 입력할 때는 편의상 각 범주에 숫자를 할당하게 된다. 이때 이들 숫자들이 순서나 서열을 의미하는 것은 아니다(만약 그렇다면 그때는 서열 데이터가 된다).

- 명목 데이터에서의 숫자들은 참가자가 속한 집단의 범주만을 나타내게 된다. 그렇기 때문에 명목 데이터는 서열, 구간, 비율 수준으로 측정된 '양적 데이터'와 대비되도록 '질적 데이터'라 부르기도 한다. 이들 용어는 질적 연구와 양적 연구를 지칭할 때 사용하는 용어와는 다르다. 양적 연구는 명목을 포함한 모든 수준의 측정을 포함할 수 있다.

- 반복 측정 설계든 독립 집단 설계든, 그리고 진정한 실험 설계든 자연 집단 실험 설계든 독립변인은 일종의 명목변인이다. 예를 들어 제5장의 제4절에서 살펴본 대응표본 t 검증에서 독립변인은 큰 차이를 갖는 집단과 작은 차이를 갖는 집단, 즉 2개의 수준을 가지고 있다. 두 변인 모두 명목 수준의 데이터일 경우에는 반드시 명목 데이터를 위해 고안된 검증을 사용해야 한다.

- 명목변인은 2개 이상의 수준을 가질 수 있다. 예를 들어 참가자들을 흡연 상태에 따라 기록하고자 한다면, 참가자를 흡연자, 비흡연자, 과거 흡연자의 세 가지 범주로 분류할 수 있다. 만약 (가령 런던과 같은 국제도시에 사는) 참가자들을 국적 혹은 문화에 따라 구분하려 한다면 매우 많은 범주가 존재하게 될 것이다. 이들 각 범주들은 SPSS와 같은 통계 패키지에서 개별의 숫자로 표현될 것이다.
- 그러나 어떤 명목변인은 두 가지 수준만을 가질 수도 있으며, 이때 이러한 변인을 '이분변인 (dichotomous variables)'이라 부른다.
- 이분변인이란 오직 2개의 값만을 취할 수 있는 변인을 말한다. 예를 들어 여러분이 흡연의 상태를 흡연자와 비흡연자로 분류한다면, 아주 가끔 흡연을 하는 사람도 흡연자로 분류될 것이고, 반면 과거에 골초였지만 지금은 흡연을 하지 않는 사람은 비흡연자로 분류될 것이다.

명목 데이터에 대한 기술통계

명목 데이터를 요약하기에 적합한 기술통계가 무엇인지 생각해보는 것이 중요하다. 만약 여러분이 참가자의 성별을 기록한 다음 그 평균을 구한다면 그 수치는 무의미한 것이 된다. 중앙값도 변산에 대한 측정치도 무의미하긴 마찬가지이다.

명목 데이터에 적합한 기술통계치는 빈도, 개수 혹은 백분율뿐이다. 따라서 우리는 20명의 참가자 중 15명(75%)은 여자이고, 5명(25%)은 남자라고만 말할 수 있다. 이러한 인원수와 비율은 표로 나타낼 수 있으며, 또한 막대도표를 사용하여 도식화할 수도 있다. 이 내용들은 모두 카이제곱 검증에서 다루게 될 것이다. 히스토그램은 최소한 서열 척도 이상의 측정 데이터를 표현할 때 사용하는 것이며, 명목 데이터에는 적합하지 않다는 점을 명심해야 한다.

SPSS에서 명목 데이터 입력하기

앞으로 다루게 될 카이제곱 검증을 처음 해보는 학생들에게는 데이터 입력이 실제보다 좀 더 복잡해 보일 수 있다. 하지만 명목척도로 측정된 변인은 범주를 표시하기 위해 선택한 숫자를 입력하기만 하면 된다. 따라서 우리는 각 참가자들에 대한 하나의 행마다 명목 데이터를 입력할 것이다. 참가자 성별의 경우, '성별' 변인의 열에 참가자가 남성이면 1, 여성이면 2를 입력하면 된다. '흡연 상태' 변인의 열에는 흡연자는 1로, 한 번도 흡연한 경험이 없는 비흡연자는 2로, 과거 흡연자는 3으로 입력하면 된다. 여러분은 각 범주를 나타내는 숫자로 코딩하면서 명목변인들을 필요한 만큼 많이 입력할 수 있다. 각 열들은 서로 별개의 변인들을 나타내기 때문에 성별과 흡연 상태에서처럼 변인 칸이 다를 경우, 범주를 표현하기 위해 동일한 숫자를 사용해도 된다. 더 많은 예는 제4

절, 제5절에서 살펴볼 수 있고, 제4장에서 데이터 다루기 실습에서 몇몇 명목변인을 사용하였었다.

제2절 | 카이제곱 검증 대 카이제곱 분포

- 카이제곱 검증에는 적합도 카이제곱 검증(goodness of fit chi-square test)과 다중차원 카이제곱 검증(multidimensional chi-square test), 이렇게 두 가지 형태가 있다.
- 적합도 카이제곱 검증은 관찰된 사건의 패턴이 우연에 의한 패턴과 유의하게 다른지 여부를 검증하는 데 사용된다.
- 다중차원 카이제곱 검증은 연관성(association) 검증 혹은 독립 집단들 간의 차이 검증으로 사용될 수 있다.

카이제곱 검증은 유의성 검증을 위해 카이제곱 분포를 사용한다. Howell(2013)은 '검증'과 '분포'의 구분을 명확하게 정리해놓았다. 이 책에서는 카이제곱 추론 검증을 주로 다루고 카이제곱 분포에 대해서는 자세하게 다루지 않을 것이다. 명목척도 수준의 측정이 아닌 다른 수준의 측정 데이터에 대해서도 카이제곱 분포를 바탕으로 통계적 유의성 검증을 할 수 있다는 점을 유념해야 한다. 제8장의 제2절과 제4절에서 각각 다루게 될 Kruskal—Wallis 검증과 Friedman 검증이 그 예라 할 수 있다. 또한 명목 데이터에 적용되는 모든 추론적 유의성 검증에 카이제곱 분포를 사용해야 하는 것도 아님을 기억해야 할 것이다. SPSS는 McNemar 검증(제5절)에 이항분포(binominal distribution)를 사용한다.

제3절 | 적합도 검증

'단일 차원 카이 검증' 혹은 '적합도 검증'이라고 하는 카이제곱 검증에서는 관찰된 사건의 패턴이 우연에 의해서만 발생할 수 있는 사건의 패턴과 유의하게 다른지 여부를 검증한다. 예를 들어 한 흡연자 집단이 B상표 담배보다 A상표 담배를 더 많이 선택하는지 여부를 알고자 할 수 있다. 여기서 우리는 "흡연자들 중 50% 이상의 사람이 한 상표보다 다른 상표를 유의하게 더 많이 선택하는가?"라고 효과적으로 물을 수 있다. 사실 이러한 유형의 카이제곱 검증은 심리학에서 잘 사용하지 않는다. 담배 상표의 예시는 필자들이 분석하였던 드문 사례 중 하나였다. 한 학부생이 담배 선택에 대한 담배광고의 효과를 검증하는 프로젝트를 실시하였다. 해당 프로젝트의 일부로 그 학생은 담배광고가 암시하고 있는 성격 특성 목록을 산출하였다. 예를 들어 어떤 담배광고는 세련된 성격을 암시할 수 있다. 흡연자들에게 이러한 성격 진술문들을 제시한 다음, 다섯 가지 담배상표 중 해당 진술문에 가장 잘 부합하는 담배상표는 무엇인지를 물었다. 각 진술문에 대한 응답들을 적합도 카이제곱 검증으로 분석하여, 관찰된 분포와 영가설(다섯 가지 상표는 균등하게 선택될 것이다)이 참일 때 기대할 수 있는 분포를 비교하였다. 흥미롭기는 하나 심리학에서 이와 같은 형태의 카이제곱 검증을 사용하는 사례는 매우 드물다. 보다 일반적인 것은 두 변인이 서로 독립적인지 여부를 알아보는, 다음의 절에서 설명될 두 번째 형태의 카이제곱 검증이다.

적합도 카이제곱 검증하기

이 분석은 **분석**(Analyze) 메뉴에 있는 **비모수적 검증**(Nonparametric tests)의 카이제곱 명령어를 통해 이루어진다는 점을 명심하라. 그러나 이러한 형태의 검증은 심리학 분야에서 잘 사용되지 않기 때문에 여기서 분석 과정을 살펴보지는 않을 것이다.

 일부 학생들은 다중차원 카이제곱 검증을 실시하려 했지만 실제로는 적합도 카이제곱 검증을 수행하는 오류를 범한다. 다중차원 카이제곱에 대해서는 다음 절에 설명될 것이다.

제4절 │ 다중차원 카이제곱 검증

다중차원 카이제곱 검증(multidimensional chi-square test)은 연관성에 대한 검증과 독립 집단 간의 차이에 대한 검증이라는 두 가지 방식으로 간주될 수 있다.

우선 두 변인이 서로 독립적인가 혹은 연계되어 있는가 여부를 검증해준다는 점에서 연관성 검증으로 볼 수 있다. 예를 들어 앞서 살펴본 담배 사례를 수정하여 50명의 흡연자와 50명의 비흡연자에게 두 가지 담배광고 중 어느 것이 더 좋은지를 선택하도록 했다고 가정해보자. 다중차원 카이제곱 검증은 "참가자의 흡연 여부와 브랜드 선택의 패턴은 서로 독립적인가?"라는 질문에 대한 답을 확인할 수 있게 해준다. 또 다른 예시로는 특정 치료를 받았는지 여부와 생존 혹은 사망은 연관성이 있는가에 대한 결정을 들 수 있다. 또는 성별과 선호 색깔 선택이 서로 독립적인지 여부를 살펴볼 수도 있다. 심리학에서는 이와 같이 명목변인들의 관계가 서로 독립적인지 여부를 확인해야 하는 경우가 종종 생긴다. 실험 연구의 가설로 두 변인이 서로 독립적이지 않다는 것을 설정할 수 있는데, 예를 들어 특정 치료를 받은 사람이 해당 치료를 받지 않은 사람보다 사망할 가능성이 더 적다고 설정할 수 있다.

마지막 가설이 "각 처치 조건 집단 간의 사망자 수에는 차이가 있는가?"로 표현될 수 있다는 것에 주목하자. 따라서 다중차원 카이제곱은 또한 일종의 차이 검증으로 간주될 수도 있다. 여러분이 어떤 방식으로 생각하든지 데이터의 유형과 카이제곱을 바탕으로 데이터를 평가하는 방식은 동일하다.

카이제곱에 대한 일반적인 고려사항

인과관계

만약 여러분이 현존하는 변인들을 측정했을 뿐 조작하지는 않았다면 어떤 인과관계를 나타낸다고 주장하기는 어렵다. 여러분은 상관에서처럼 일종의 연관성만을 보여줄 수 있으며, 자연/독립 집단 설계(설명은 용어해설 참조)에서처럼 집단 간의 차이를 보여줄 수 있다. 흡연 여부와 선호 담배광고는 인과관계에 대한 결론을 내릴 수 없는 연구의 한 예시이다. 그러나 만약 여러분이 변인들 중 하나를 조작했고, 독립 집단 설계에 필요한 정상적인 통제를 사용했다면 그때는 인과관계에 대한 결론을 이끌어낼 수 있다. 처치의 유형과 사망 가능성이 이러한 연구의 한 예시이다.

데이터 유형

카이제곱 검증을 수행하기 위해서는 다음의 기준에 데이터가 충족되어야 한다.

1. 변인들은 명목척도 수준으로 측정되어 빈도 데이터를 산출할 수 있어야 한다. 다시 말하자면 데이터가 우리에게 어떤 사건이 몇 번이나 일어났는지를 말해줄 수 있어야 한다. 물론 다른 유형의 데이터를 명목 데이터로 변환시킬 수도 있다. 예를 들어 IQ 점수를 갖고 있다면 이 데이터를 IQ 점수에 따라 '높은 IQ' 혹은 '낮은 IQ'로 각 참가자들을 구분할 수 있도록 코딩변경할 수 있다. 그러면 우리는 높은 그리고 낮은 IQ의 참가자들이 관찰된 숫자를 바탕으로 빈도 데이터를 가질 수 있게 된다(코딩변경에 대한 방법은 제4장 제5절 참조).

2. 다중차원 카이제곱 검증을 시행하기 위해서는 최소한 두 변인에 대한 빈도 데이터를 수집해야 한다. 예를 들어 높은/낮은 IQ 데이터와 더불어 이들 참가자들의 흡연 여부에 대한 정보도 알고 있어야 한다.

3. 변인들 각각에 대한 범주화는 상호배타적으로 이루어져야 한다. 다시 말해 각 참가자는 흡연자 아니면 비흡연자이고, 높은 IQ 아니면 낮은 IQ를 가진 사람이어야 한다. 따라서 각 변인은 일종의 독립 집단 변인이 되는 것이다. 이를 다른 식으로 표현해보면, 다음에 제시되어 있는 분할표에서 각 참가자들은 하나의 셀(cell)에만 해당되어야 한다(표 7.1 참조).

4. 모든 관찰은 다른 관찰과 독립적으로 이루어져야 한다. 즉 만약 참가자당 한 번 이상의 관찰이

이루어진 경우라면, 적절한 데이터 유형이 아니라 할 수 있다(반복 측정 설계에서의 명목 데이터 분석은 제5절의 McNemar 검증 참조).

N*N 분할표

기준에 맞는 명목 데이터를 갖고 있다면 빈도 혹은 개수는 분할표(contingency table)라고 하는 표를 사용하여 최적으로 표현할 수 있다. (앞서 살펴본 예시와 같이) 만약 2개의 변인을 갖고 있고, 각각 2개의 수준을 갖는다면 우리는 2*2(2 by 2) 분할표를 산출해낼 수 있다. 따라서 만약 우리가 가지고 있는 예시 데이터에 응답한 사람이 100명이라면 분할표는 표 7.1과 같이 나타날 것이다.

표 7.1 2*2 분할표 예시

	높은 IQ	낮은 IQ	행 합계
흡연자	10	20	30
비흡연자	35	35	70
열 합계	45	55	100(총합계)

명목 데이터의 분할표는 SPSS로 산출할 수 있으며, 이는 나중에 설명할 것이다. 이 표의 숫자들은 각 셀에 해당되는 참가자들의 숫자를 의미한다(각 참가자들이 한 셀에만 포함된다는 점을 기억하라). 이를 통해 우리는 연구에 30명의 흡연자가 포함되어 있으며, 이들 중 10명은 높은 IQ를, 20명은 낮은 IQ를 갖고 있음을 확인할 수 있다. 이와 유사하게 낮은 IQ 집단에는 20명의 흡연자가, 35명의 비흡연자가 속해 있다는 것도 알 수 있다. 이처럼 분할표는 데이터를 기술하는 데 유용하게 사용될 수 있다. 카이제곱의 추론 검증에 대한 논리는 다음에 설명할 것이다.

카이제곱 검증에 대한 논리적 근거

흡연과 IQ 간에 아무런 연관성이 없다면 우리는 높은 IQ 집단에서의 흡연자 비율과 전체 표본에서의 흡연자 비율이 동일할 것이라 기대할 수 있다. 즉 높은 IQ를 가진 사람 중 흡연자는 45% 혹은 45/100의 비율로 나타날 것이라 기대할 수 있다. 우리의 표본에는 총 30명의 흡연자가 있으므로, 13.5명의 흡연자(30명의 45%)가 높은 IQ 집단에 속할 것이라 기대할 수 있다. 이와 같은 방식으로 각 셀에 대한 기대빈도를 산출해낼 수 있으며, 일반적인 계산공식은 다음과 같다.

$$기대빈도 = \frac{열\ 합계 \times 행\ 합계}{전체\ 합계}$$

카이제곱 검증은 각 셀에 대한 기대빈도를 계산하고, 이를 관찰된 빈도와 비교함으로써 이루어진다. 관찰빈도와 기대빈도가 유의하게 다르다면 그때는 셀들 간 관찰빈도의 분포가 무선적이 아니라고 말할 수 있고, 따라서 두 변인 간에 유의한 연관성이 존재한다는 결론을 내릴 수 있게 된다. 즉 우리 (가상의) 참가자 표본에서는 IQ와 흡연 행동이 서로 독립적이지 않다는 의미가 된다.

카이제곱 검증을 통해 2개 이상의 변인에 대한 독립성 여부를 분석한 결과도 산출할 수 있다. 하지만 이러한 분석 결과는 해석하기 매우 복잡하고 어렵다. 따라서 여러분이 스스로 어떤 분석을 하고 있는지 정확히 알고 있다고 확신할 수 없다면 추가적인 변인을 투입하려는 욕심은 부리지 않길 바란다. 그러나 각 변인이 두 가지 이상의 범주를 갖는 것, 예를 들어 3*3과 같은 상황은 해석하는 데 별 문제가 없다.

사례연구 : 거식증 경향에 대한 연구

과거 한 학생이 수행한 연구에 기초한 가상의 데이터를 바탕으로 카이제곱 검증을 설명할 것이다. 80명의 소녀에게 섭식행동에 대한 설문조사를 실시하였고, 해당 설문을 바탕으로 참가자들을 높은 혹은 낮은 거식증(anorexia) 경향(높은 점수를 나타내는 참가자는 거식증으로 발전할 가능성이 더 높음)으로 분류하였다. 덧붙여 참가자 어머니의 고용 상태(전일제 고용, 시간제 고용, 무직), 문화적 배경(백인, 동양인 등), 재학 학교의 유형(사립 혹은 공립)에 대한 응답도 함께 얻었다. 이전의 연구에서는 공립보다 사립학교에 다니는 소녀에게서, 어머니가 전일제 고용 상태가 아닌 소녀에게서 거식증이 더 많이 발생한다고 나타났다. 뿐만 아니라 백인 소녀가 다른 문화적 배경의 소녀보다 거식증에 걸리는 사례가 더 많이 나타났다. 이를 바탕으로 우리는 이들 요인과 섭식행동 설문에서 분류된 결과 간에 연관성이 있을 것이라는 가설을 설정하였다. 가설을 검증하기 위해 일련의 카이제곱 분석을 실시하였다(자료는 부록이나 he.palgrave.com/psychology/brace에서 확인할 수 있다).

카이제곱 검증 수행하기

다중차원 카이제곱 검증은 **교차분석**(Crosstabs) 명령어로 실시할 수 있다. **교차분석**(Crosstabs)은 분
할표를 산출해주며, 카이제곱 검증이 이 명령어 내에 있는 추리 통계의 옵션 중 하나로 주어진다.

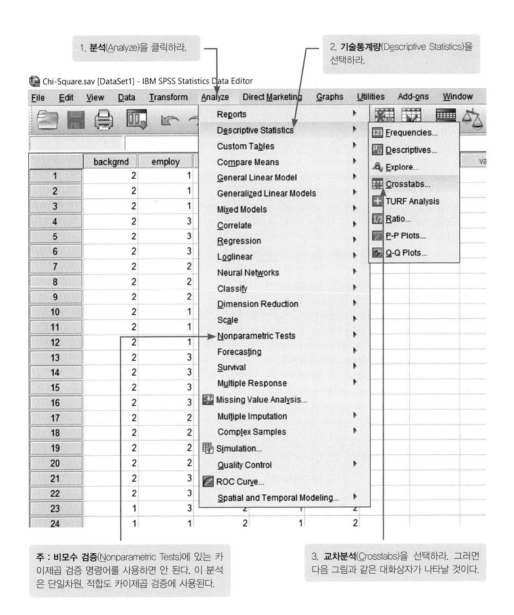

1. **분석**(Analyze)을 클릭하라.

2. **기술통계량**(Descriptive Statistics)을
선택하라.

주: **비모수 검증**(Nonparametric Tests)에 있는 카
이제곱 검증 명령어를 사용하면 안 된다. 이 분석
은 단일차원, 적합도 카이제곱 검증에 사용된다.

3. **교차분석**(Crosstabs)을 선택하라. 그러면
다음 그림과 같은 대화상자가 나타날 것이다.

4. 분할표의 행에 위치시킬 변인을 선택한 다음 **행**(Row(s)) 상자로 이동시켜라.

5. 마찬가지로 열에 위치시킬 변인을 **열**(Column(s)) 상자로 이동시켜라.

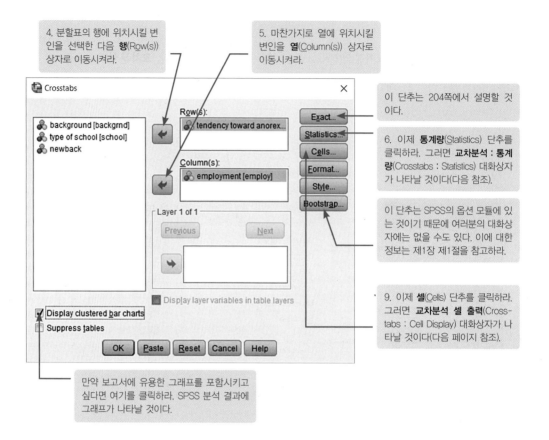

이 단추는 204쪽에서 설명할 것이다.

6. 이제 **통계량**(Statistics) 단추를 클릭하라. 그러면 교차분석 : 통계량(Crosstabs : Statistics) 대화상자가 나타날 것이다(다음 참조).

이 단추는 SPSS의 옵션 모듈에 있는 것이기 때문에 여러분의 대화상자에는 없을 수도 있다. 이에 대한 정보는 제1장 제1절을 참고하라.

9. 이제 **셀**(Cells) 단추를 클릭하라. 그러면 **교차분석 셀 출력**(Crosstabs : Cell Display) 대화상자가 나타날 것이다(다음 페이지 참조).

만약 보고서에 유용한 그래프를 포함시키고 싶다면 여기를 클릭하라. SPSS 분석 결과에 그래프가 나타날 것이다.

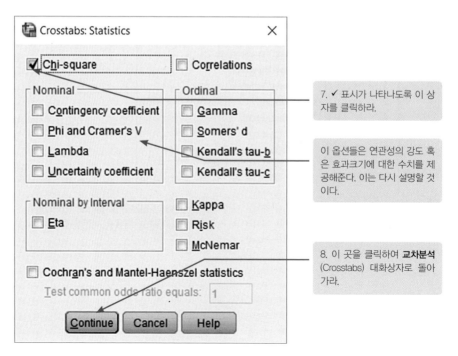

7. ✔ 표시가 나타나도록 이 상자를 클릭하라.

이 옵션들은 연관성의 강도 혹은 효과크기에 대한 수치를 제공해준다. 이는 다시 설명할 것이다.

8. 이 곳을 클릭하여 **교차분석**(Crosstabs) 대화상자로 돌아가라.

10. 여러분이 원하는 출력 옵션을 선택하라. 이들 옵션을
사용하여 분할표에 포함될 정보를 조정할 수 있다. **빈도**
(Counts)의 두 옵션과 **퍼센트**(Percentages)의 세 가지 옵션
을 모두 선택하는 것이 좋다.

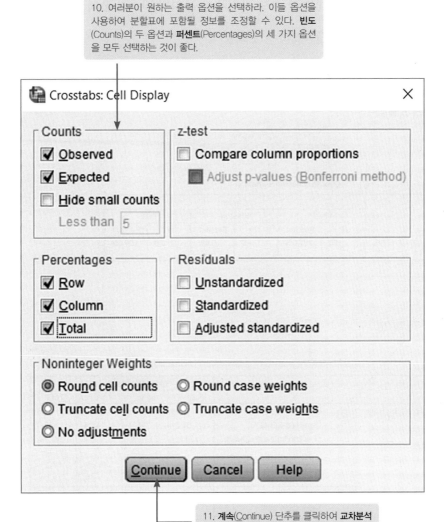

11. **계속**(Continue) 단추를 클릭하여 **교차분석**
(Crosstabs) 대화상자로 돌아가라.

마지막으로 **교차분석**(Crosstabs) 대화상자에서 ⌗OK⌗ 단추를 클릭하라. 이제 분석 결과 창으로
바뀌면서 분할표와 카이제곱 결과가 제시될 것이다. 두 가지 분석 결과가 다음에 제시되어 있다.
처음의 결과는 거식증 경향과 어머니의 고용 상태 간의 연관성을 탐색적으로 살펴볼 수 있는 2*3
카이제곱 표이다[앞의 **교차분석**(Crosstabs) 대화상자에서 보았던 예시이다]. 두 번째는 거식증 경
향성과 재학 학교 유형 간의 관련성을 탐색해주는 2*2 카이제곱 분석 결과이다.

정확도 옵션을 사용하지 않았을 경우 카이제곱 분석의 SPSS 분석 결과

메뉴 항목을 통한 분석 : 기술통계량 > 교차분석

첫 번째 카이제곱 분석 결과 : 거식증 경향 * 고용(2*3 분할표)

CROSSTABS

이 표에서 SPSS는 분석에 포함된 변인들을 알려주고, 데이터 파일에 있는 사례들에 대한 몇 가지 요약정보를 제공해준다.

Case Processing Summary

	Cases					
	Valid		Missing		Total	
	N	Percent	N	Percent	N	Percent
tendency toward anorexia * employment	80	100.0%	0	0.0%	80	100.0%

이것은 표의 행에 입력했던 변인으로, 두 수준을 갖고 있다.

이 표는 간단한 기술통계치들 (두 변인을 교차시켰을 경우의 빈도와 퍼센트)을 제공해준다.

이것은 표의 열에 입력했던 변인으로, 세 가지 수준을 갖고 있다.

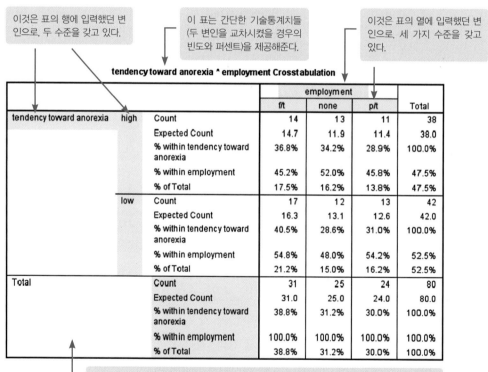

tendency toward anorexia * employment Crosstabulation

			employment			Total
			f/t	none	p/t	
tendency toward anorexia	high	Count	14	13	11	38
		Expected Count	14.7	11.9	11.4	38.0
		% within tendency toward anorexia	36.8%	34.2%	28.9%	100.0%
		% within employment	45.2%	52.0%	45.8%	47.5%
		% of Total	17.5%	16.2%	13.8%	47.5%
	low	Count	17	12	13	42
		Expected Count	16.3	13.1	12.6	42.0
		% within tendency toward anorexia	40.5%	28.6%	31.0%	100.0%
		% within employment	54.8%	48.0%	54.2%	52.5%
		% of Total	21.2%	15.0%	16.2%	52.5%
Total		Count	31	25	24	80
		Expected Count	31.0	25.0	24.0	80.0
		% within tendency toward anorexia	38.8%	31.2%	30.0%	100.0%
		% within employment	100.0%	100.0%	100.0%	100.0%
		% of Total	38.8%	31.2%	30.0%	100.0%

앞에서 제안한 것처럼 **교차분석 셀 출력**(Crosstabs : Cell Display) 대화상자에 있는 **빈도**(Counts)와 **퍼센트**(Percentages) 옵션을 모두 선택하면 이와 같은 기술통계치들이 각 셀에 제시된다. 셀의 의미는 두 번째 카이제곱 분할표에 대한 설명에서 살펴볼 것이다(다음 참조).

이 표는 카이제곱 검증 결과를 나타낸다. 만약 (예 시에서처럼) 어느 한 변인이 두 가지 이상의 수준 을 갖고 있다면, SPSS는 세 가지 카이제곱 수치를 보고해줄 것이다.

Pearson 카이제곱이 가장 일반적으로 사용 되는 것이므로, 이 행을 보고하면 된다(여 러분이 어떤 카이제곱을 사용하든지 통계적 검증 결과를 보고할 때는 사용한 검증 방식 의 이름을 함께 기술해주어야 한다).

Chi-Square Tests

	Value	df	Asymp. Sig. (2-sided)
Pearson Chi-Square	.298ª	2	.862
Likelihood Ratio	.298	2	.862
Linear-by-Linear Association	.008	1	.930
N of Valid Cases	80		

a. 0 cells (.0%) have expected count less than 5. The minimum expected count is 11.40.

 교차분석(Crosstabs) 대화상자에서 **정확**(Exact) 옵션을 사용하면 앞의 표에 3개의 열이 추가될 것이다. 이 부분은 이 절의 뒷부분에서 설명할 것이다.

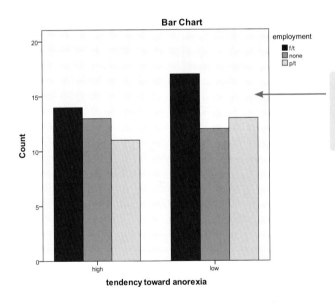

이 그래프는 **교차분석**(Crosstabs) 대화상자에 서 **수평누적 막대도표 출력**(Display clustered bar charts)을 선택했기 때문에 나타난 것이 다. 여러분의 분석 결과를 설명하는 데 도움 이 될 것이다.

 결과보고

보고서는 다음과 같이 작성한다.

거식증 경향과 어머니의 고용 상태 간에는 유의한 연관성이 존재하지 않는다.

$x^2(2, N = 80) = 0.29, p = .862$

카이제곱 검증 결과 기술에 대한 보다 자세한 내용은 이후에 다시 설명할 것이고, 우선은 거식증 경향성과 재학 학교 유형 간의 관련성을 살펴본 두 번째 카이제곱 검증 결과를 먼저 살펴보도록 하겠다.

두 번째 카이제곱 분석 결과 : 거식증 경향 * 학교유형(2*2 분할표)

하나의 행에는 열에 있는 변인의 각 수준에 대한 정보가 제시되어 있다. 이 행은 'high(높음)' 집단에 있는 소녀들에 대한 정보가 나와 있다. 공립학교 재학생과 사립학교 재학생의 수치가 분리되어 제시되어 있으며 전체는 'high' 집단에 있는 모든 소녀에 대한 수치이다. 이 표를 통해 전체 38명의 소녀가 있고, 그중 공립학교 재학생은 4명, 사립학교 재학생은 34명임을 알 수 있다.

tendency toward anorexia * type of school Crosstabulation

			type of school comp	type of school private	Total
tendency toward anorexia	high	Count	4	34	38
		Expected Count	15.7	22.3	38.0
		% within tendency toward anorexia	10.5%	89.5%	100.0%
		% within type of school	12.1%	72.3%	47.5%
		% of Total	5.0%	42.5%	47.5%
	low	Count	29	13	42
		Expected Count	17.3	24.7	42.0
		% within tendency toward anorexia	69.0%	31.0%	100.0%
		% within type of school	87.9%	27.7%	52.5%
		% of Total	36.2%	16.2%	52.5%
Total		Count	33	47	80
		Expected Count	33.0	47.0	80.0
		% within tendency toward anorexia	41.2%	58.8%	100.0%
		% within type of school	100.0%	100.0%	100.0%
		% of Total	41.2%	58.8%	100.0%

각 셀에는 다음과 같은 정보가 제공된다.

빈도(Count) : 셀에 해당하는 참가자의 수, 즉 공립학교에 다니면서 'low(낮음)' 집단에 속하는 소녀들의 관찰 빈도 수

기대빈도(Expected Count) : 어떤 연관성이 존재하지 않을 경우, 이 셀에서 기대되는 빈도 수

거식증 경향 중 %(% within tendency toward anorexia) : 이 셀의 사례들이 차지하는 열 전체에 대한 %로, 공립학교 재학생 중 'low'인 소녀들의 %

학교 유형 중 %(% within type of school) : 이 셀의 사례들이 차지하는 행 전체에 대한 %로, 'low'인 소녀들 중 공립학교 재학생의 %

전체 %(% of Total) : 이 셀의 사례들이 차지하는 전체 참가자에 대한 %

한 열에는 각 행의 수준에 대한 정보가 제시된다. 이 열은 사립학교에 다니는 소녀들에 대한 수치를 보여준다. 'high'와 'low' 집단에 속하는 소녀들에 대한 수치가 각기 분리되어 제시되고, 사립학교에 다니는 모든 소녀에 대한 수치도 함께 제공된다.

각 변인이 2개의 수준만을 갖고 있다면(2*2), SPSS는 이 표에서처럼 5개의 검증 결과를 보고해줄 것이다.

Chi-Square Tests

	Value	df	Asymp. Sig. (2-sided)	Exact Sig. (2-sided)	Exact Sig. (1-sided)
Pearson Chi-Square	28.193[a]	1	.000		
Continuity Correction[b]	25.830	1	.000		
Likelihood Ratio	30.895	1	.000		
Fisher's Exact Test				.000	.000
Linear-by-Linear Association	27.840	1	.000		
N of Valid Cases	80				

a. 0 cells (.0%) have expected count less than 5. The minimum expected count is 15.68.

b. Computed only for a 2x2 table

연속성 교정은 Yates의 교정 카이제곱(corrected chi-square)을 의미한다(다음 참조).

기대빈도의 수가 5보다 작은 셀이 없다면 Fisher의 정확검증(Exact Test)은 무시해도 된다(다음 참조).

교차분석(Crosstabs) 대화상자에서 **정확**(Exact) 옵션을 사용했다면 앞서 설명한 표에서 열이 하나 추가될 것이다. 이에 대해서는 이 절의 후반부에 설명할 것이다.

카이제곱 분석 결과의 보고와 해석

SPSS는 여러 상이한 추정치의 p값을 보고해주지만, Pearson의 결과값(Karl Pearson이 개발한 카이제곱 검증)을 사용하는 것이 가장 좋다. 카이제곱의 자유도, df 값이 참가자 수와는 무관하다는 점에 주의해야 한다. 이것은 각 변인이 갖는 수준의 수에서 1을 뺀 다음, 이를 곱한 것과 같다. 즉 2*2 카이제곱의 경우 자유도, $df = (2-1)(2-1)$, 즉 1이 된다. 또한 결과를 보고할 때에는 N값도 함께 보고해야 한다. 여기서 N은 검증에 포함된 유효한 케이스의 수를 의미하므로 전체 사례 수와 같지 않을 수 있다(카이제곱 검증 결과표 참조).

2*2표에서라면 SPSS는 또한 연속성 교정 혹은 Yates의 교정(correction) 결과를 제공해줄 수도 있고 그렇지 않을 수도 있다. 이 통계적 교정은 상대적으로 연구 참가자 수가 너무 적거나 여러분의 표본이 전체 모집단을 잘 대표한다고 보장할 수 없을 경우에 사용한다. 이 교정치의 사용 여부에 대해서는 논란이 있으며, 작은 표본에서는 이후에 설명될 정확검증을 대신 사용할 수 있다.

카이제곱 분석 결과 그 자체가 여러분에게 결과의 패턴에 대한 해석을 알려주지는 않는다. 결과의 의미를 해석하기 위해서는 분할표를 검토해보아야 한다. 예를 들어 바로 전에 살펴본 두 번째 카이제곱 분석 결과를 보고할 때는 다음과 같이 기술할 수 있다. "공립학교에 재학하는 어린 학생들 중에서는 소수(단 12%)만이 척도에서 높은 점수를 나타냈으나, 사립학교의 경우에는 다수(72%)의 어린 학생들이 척도에서 높은 점수를 나타냈다." 만약 두 변인 간에 존재하는 관계의 방향에 대해 구체적인 일방향 예측을 하였다면(여기서는 "거식증 경향성은 사립학교에 다니는 어린 학생들에게서 더 높게 나타날 것이다"라는 예측), 그리고 분할표를 통해 확인한 결과의 패턴이 예측과 일치한다면, 이러한 특정한 연계가 통계적으로 유의한지 여부를 평가하기 위해 카이제곱 검증 결과를 사용할 수 있다.

두 변인 간의 연관 정도 혹은 강도에 대한 결과도 얻을 수 있다. **교차분석 : 통계량**(Crosstabs: Statistics) 대화상자에서 Phi와 Cramer의 V를 선택하면 카이제곱 검증 결과표 아래에 다음과 같은 표가 제시될 것이다.

Symmetric Measures

		Value	Approx. Sig.
Nominal by Nominal	Phi	-.594	.000
	Cramer's V	.594	.000
	N of Valid Cases	80	

연관성의 강도는 ϕ(파이) 값으로 알 수 있다. 이 값은 Pearson의 r과 같이 해석하면 된다(제6장 제3절 참조).

두 변인이 공유하는 변량의 비율에 대한 추정치로 r의 제곱을 사용하는 것과 같이, ϕ를 제곱할 수 있다. 이 데이터에서 $\phi^2 = .35$로, 재학 학교 유형에 의해 설명되는 거식증 경향 변량의 비율은 35%이다. 상관분석에서의 예시와 마찬가지로 이 예시에서는 조작된 변인이 없다. 따라서 카이제곱 검증 결과를 인과관계로 해석해서는 안 된다. 대칭적 측도(Symmetric Measure) 표에 제시되어 있는 ϕ에 대한 유의확률은 변인 간의 연관성에 대한 유의성을 평가하는 데 사용된다. 그러나 이러한 목적을 위해 가장 일반적으로 보고되는 것은 X^2이다.

결과보고

보고서는 다음과 같이 작성한다.

거식증 경향과 재학 학교 유형 간의 관계는 통계적으로 유의했다. $X^2(1, N = 80) = 28.19$, $p < .001$. $\phi = .59$로 연관성의 강도는 중간 정도였고, 거식증 경향 척도 점수 변량의 35%가 재학 학교 유형에 의해 설명되는 것으로 나타났다.

또한 빈도와 기대빈도표, 막대도표 그리고 다른 정보들을 적절하게 보고에 포함시킬 수 있다.

카이제곱에서의 정확검증 사용

다음 페이지에 제시되어 있는 카이제곱표를 살펴보면, 기대빈도가 5보다 작을 경우 이에 대한 표시와 정보가 함께 제시되어 있다. 해당 정보가 제시되어 있지 않은지 항상 점검해야 한다. 앞서 살펴본 두 가지 카이제곱 분석에서는 이러한 문제가 발생하지 않았었다. 그러나 여러분이 카이제곱 분석을 실시하고 SPSS가 하나 이상의 셀에서 기대빈도가 5보다 작다고 보고해준다면 여러분은 반드시 다음과 같은 초지를 취해야 한다. 만약 2*2 카이제곱 검증을 실시하였다면 SPSS는 Fisher의 정확검증에 대한 추가적인 통계치를 보고해줄 것이다. 이 검증은 셀이 낮은 기대빈도를 가질 때 사용될 수 있다(Siegel & Castellan, 1988, pp. 103–11). 그러나 이 검증은 오로지 2*2 표에만 가능하다. 만약 2*2 이상의 카이제곱 검증을 수행하였고, 이러한 문제가 발생하였다면 그때는 **정확(Exact)** 옵션을 사용할 수 있다.

이 옵션 사용을 설명하기 위해 우리는 문화적 배경과 거식증 경향 간에 존재할 수 있는 연관성을 탐색하는 추가적인 카이제곱 검증 분석을 실시하였다. 다음에 제시되어 있는 이 세 번째 SPSS 결과표를 보면 2개의 셀에서 5보다 작은 기대빈도가 나타났다.

세 번째 카이제곱 검증 결과 : 거식증 경향 * 문화적 배경(2*3 분할표)

Chi-Square Tests

	Value	df	Asymp. Sig. (2-sided)
Pearson Chi-Square	7.866[a]	2	.020
Likelihood Ratio	8.078	2	.018
Linear-by-Linear Association	2.016	1	.156
N of Valid Cases	80		

a. 2 cells (33.3%) have expected count less than 5. The minimum expected count is 2.85.

문화적 배경에 대한 거식증 경향의 분석에서는 이 표를 제외한 나머지 결과표들을 생략하였다.

5보다 작은 기대빈도가 나타난 셀이 하나라도 있으면 카이제곱 결과는 유효하지 않다. 만약 SPSS가 이와 같은 메시지를 보고해주었다면, 그때는 교차분석표에서 관련 셀을 확인해보아야 한다. 이러한 상황에서는 앞으로 설명할 **정확**(Exact) 옵션을 사용할 수 있다.

이 경우는 2*3 카이제곱이기 때문에 Fisher의 정확검증이 포함되지 않는다. 대신 우리는 **교차분석**(Crosstabs) 대화상자에서 **정확**(Exact) 옵션을 사용할 것이다. 또한 여러분은 연구 가설에 따라 집단을 통합하는 것을 고려해볼 수도 있다. 예를 들어 여기서 **코딩변경**(Recode) 명령어(제4장 제5절 참조)를 사용하여 '동양인'과 '그 외' 집단을 '비백인' 집단으로 통합할 수 있다. 그러면 결과적으로 우리의 2*3 분석은 2*2 분석으로 바뀌게 되고, Fisher의 정확검증이 함께 보고될 것이다.

카이제곱 검증에서의 정확 옵션 사용

만약 **교차분석**(Crosstabs) 대화상자에서 **정확**(Exact) 옵션을 클릭하였다면, 다음과 같은 **정확검증**(Exact Teats) 대화상자가 나타날 것이다.

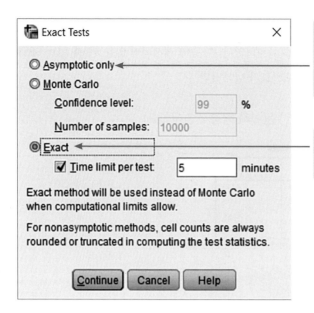

앞에 제시된 것과 같은 결과표를 산출해는 **점근적 검증**(Asymptotic only)이 기본으로 설정되어 있다. 만약 정확 검증을 사용하지 않는다면 기본으로 설정되어 있는 점근적 검증을 사용하고, Monte Carlo 옵션은 사용하지 않기를 권한다.

여기를 클릭하여 **정확**(Exact)검증을 선택하면 다음에 제시된 것과 같은 유형의 결과표를 얻을 수 있다.

정확 옵션을 사용한 세 번째 카이제곱 검증 결과(2*3 분할표)

Chi-Square Tests

	Value	df	Asymp. Sig. (2-sided)	Exact Sig. (2-sided)	Exact Sig. (1-sided)	Point Probability
Pearson Chi-Square	7.866[a]	2	.020	.015		
Likelihood Ratio	8.078	2	.018	.037		
Fisher's Exact Test	7.765			.017		
Linear-by-Linear Association	2.016[b]	1	.156	.191	.114	.065
N of Valid Cases	80					

a. 2 cells (33.3%) have expected count less than 5. The minimum expected count is 2.85.

b. The standardized statistic is -1.420.

이제 Pearson의 카이제곱을 다음에 설명하는 방식과 같이 보고할 수 있다.

정확(Exact) 옵션을 선택하게 되면 결과표에 3개의 열이 추가된다.

결과보고

보고서는 다음과 같이 작성한다.

분석 결과 2개의 셀이 5보다 작은 기대빈도를 갖는 것으로 나타나 Pearson 카이제곱에 대한 정확 유의성 검증을 실시하였다. 그 결과 거식증 경향성과 문화적 배경 간에 통계적으로 유의한 연관성이 있는 것으로 나타났다[X^2(2, $N=80$) = 7.87, 정확 $p = .015$].

정확 옵션을 사용한 두 번째 카이제곱 검증 결과(2*2 분할표)

Chi-Square Tests

	Value	df	Asymp. Sig. (2-sided)	Exact Sig. (2-sided)	Exact Sig. (1-s ded)	Point Probability
Pearson Chi-Square	28.193[a]	1	.000	.000	.000	
Continuity Correction[b]	25.030	1	.000			
Likelihood Ratio	30.895	1	.000	.000	.000	
Fisher's Exact Test				.000	.000	
Linear-by-Linear Association	27.840[c]	1	.000	.000	.000	.000
N of Valid Cases	80					

a. 0 cells (.0%) have expected count less than 5. The minimum expected count is 15.68.

b. Computed only for a 2x2 table

c. The standardized statistic is -5.276.

2*2 카이제곱의 경우에는 이 2개의 열이 기본적으로 함께 제시된다. 만약 **정확**(Exact) 옵션을 사용하지 않는다면 이들 열에 Fisher의 정확검증에 대한 p값만 제시되는 반면, **정확**(Exact) 옵션을 사용한다면 Pearson 카이제곱과 그 외의 다른 검증들에도 p값이 제시될 것이다.

정확(Exact) 옵션을 사용하는 경우에는 점 확률(Point Probability)이 이 열에 제시된다. 이 예시와 같은 2*3에서는 이 열에 선형 대 선형 결합(Linear-by-Linear Association)에 대한 값만이 제시되는데, 명목 데이터에는 적합하지 않으므로 이 열은 무시해도 된다.

정확(Exact) 옵션을 사용하여 2*2 카이제곱 검증을 실시한 결과표를 설명하기 위해 정확검증을 실시하였고, 이 예시에는 기대빈도가 5보다 작은 셀이 없었다.

가중치 케이스 옵션을 이용한 카이제곱 검증

여러분에게 연구 데이터를 수집하고 열심히 관찰빈도를 계산한 후, 관찰빈도에 대한 표를 작성한 열정적인 연구조교가 있다고 생각해보자. 카이제곱 검증을 실시하기 위해 SPSS에 데이터 값을 일일이 입력하는 대신 이러한 관찰빈도 값을 입력할 수도 있다. **가중치 케이스**(Weight Cases) 옵션을 사용하여 카이제곱 검증을 실시하는 방법에 대해 설명하는 것으로 이번 절을 마무리하겠다.

표 7.2는 이 장의 이전 예시에서 사용한 데이터의 관찰빈도 표이다. 표에는 섭식행동 질문지에 응답한 80명의 여학생을 응답 결과에 따라 높은 혹은 낮은 거식증 경향으로 분류하고, 높은 혹은 낮은 거식증 경향으로 분류된 여학생의 수가 사립학교와 공립학교별로 각각 어떻게 관찰되었는지 제시되어 있다.

표 7.2 관찰빈도

	높은 거식증	낮은 거식증
사립	34	13
공립	4	35

1. 표의 빈도를 SPSS에 입력하기 위해서는 우선 다음 그림과 같이 3개의 변인이 있는 데이터 파일을 만들어야 한다.

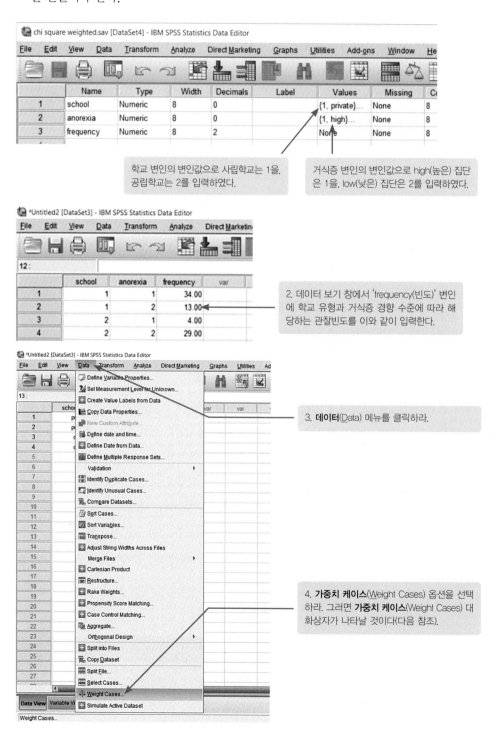

학교 변인의 변인값으로 사립학교는 1을, 공립학교는 2를 입력하였다.

거식증 변인의 변인값으로 high(높은) 집단은 1을, low(낮은) 집단은 2를 입력하였다.

2. 데이터 보기 창에서 'frequency(빈도)' 변인에 학교 유형과 거식증 경향 수준에 따라 해당하는 관찰빈도를 이와 같이 입력한다.

3. **데이터**(Data) 메뉴를 클릭하라.

4. **가중치 케이스**(Weight Cases) 옵션을 선택하라. 그러면 **가중치 케이스**(Weight Cases) 대화상자가 나타날 것이다(다음 참조).

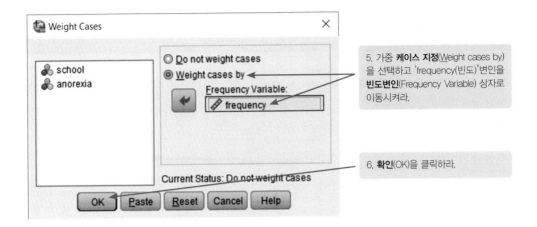

5. 가중 **케이스 지정**(Weight cases by)을 선택하고 'frequency(빈도)'변인을 **빈도변인**(Frequency Variable) 상자로 이동시켜라.

6. **확인**(OK)을 클릭하라.

7. **분석**(Analyze)을 클릭한 후, **교차분석**(Crosstabs) 대화상자를 부르기 위해(다음 참조) **기술통계량**(Descriptive Statistics) → **교차분석**(Crosstabs) 순서로 클릭하라.

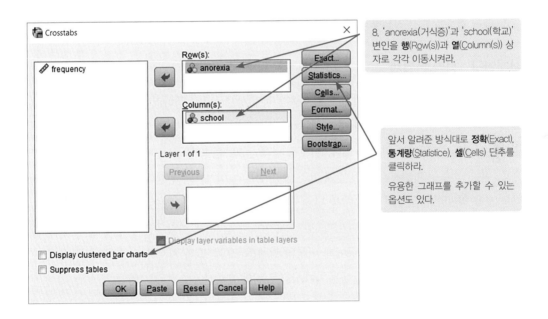

8. 'anorexia(거식증)'과 'school(학교)' 변인을 **행**(Row(s))과 **열**(Column(s)) 상자로 각각 이동시켜라.

앞서 알려준 방식대로 **정확**(Exact), **통계량**(Statistice), **셀**(Cells) 단추를 클릭하라.

유용한 그래프를 추가할 수 있는 옵션도 있다.

마지막으로 교차분석 대화상자에서 확인 OK 을 클릭하라. 분할표와 카이제곱 검증 결과가 제시된 결과 창으로 창이 전환될 것이며, 이 장의 이전 예시에서 살펴본 것과 결과표는 동일할 것이다.

제5절 | 반복 측정치에 대한 McNemar 검증

- McNemar 검증은 대응 설계(related design)에서 얻은 이분변인에 대한 측정 데이터의 분석에 사용된다. 2*2 카이제곱 검증은 독립 집단 설계를 위한 분석이란 점에서 이 검증과 차이점을 갖는다.

- 더불어 카이제곱 검증은 두 변인 사이의 연관성에 대한 검증에도 사용될 수 있는 반면(제4절 참조), McNemar 검증은 이러한 상황에는 사용할 수 없으며 오로지 차이에 대한 검증에만 사용될 수 있다.

- 이분변인은 정의상 두 가지 변인값 중 하나만을 취할 수 있음(예 : 예 혹은 아니요)을 기억해야 한다. 따라서 McNemar 검증은 동일한 것을 두 번 측정하는 상황을 위한 방법이다. 예를 들어 '처치 이전'의 '예/아니요' 응답과 '처치 이후'의 '예/아니요' 응답을 비교하는 경우와 같다.

- 만약 두 변인값 이상을 측정하였다면(예 : 예/모른다/아니요), SPSS는 자동적으로 McNemar – Bowker 검증을 대신 적용할 것이다. 이 검증에 대해서는 여기서 다루지 않을 것이다.

사례연구 : 성별과 필체

McNemar 검증의 사용에 대한 실례를 보여주기 위해 학생들과 수행하였던 실험을 설명해보도록 하겠다. 손으로 쓰인 필체 표본의 대략 3분의 2는 남성의 필체인지 혹은 여성의 필체인지 여부가 명확히 파악될 수 있다고 알려져 있다. 이것은 정확률 50%의 우연 수준보다 유의하게 높은 수준으로, 이는 (전부는 아닐지라도) 성별에 따라 많은 남성과 여성들이 정형화된 방식으로 글씨를 쓴다는 것을 의미한다. 간단하게 말하면 '남성 필체'는 불규칙하고 단정하지 못한 반면, '여성 필체'는 동글동글하고 깔끔하다고 할 수 있다. 만약 이것이 사실이라면 사람들은 자신의 필체를 선택한다는 것인가? Hartley(1991)는 아동에게 이성의 필체를 모방하도록 지시하는 방법으로 이를 연구하였다. 우리는 심리학과 1학년 학생들을 대상으로 이와 유사한 실험을 실시하였다.

이 연구에서는 수기자(handwriter)가 자신의 필체로 정상적으로 쓴 필체 표본과 이성의 필체를 흉내 내서 쓴 필체 표본을 참가자들에게 제시했을 때, 수기자의 성별을 정확히 알아맞히는 수에 차이가 있을 것이라는 가설을 설정하였다. 독립변인인 필체는 두 가지 수준으로 설정되었다. 하나는 (연구 가설을 알기 전에 쓰도록 한) 학생들의 정상적인 필기 방식이었고, 다른 수준은 자신이 반대의 성(sex)인 것처럼 필기하도록 한 방식이었다. 그다음 각 학생들은 두 필체 표본의 수기자 성별을 판단할 판정관으로 연구에 참여하였다. 따라서 이 연구는 반복 측정 설계가 된다. 필체 표본의 제시 순서는 순서 효과를 방지하기 위해 참가자들 간에 균형을 맞추어 제시되었다. 종속변인은 수기자에 대한 참가자의 성별 판단의 정확성 여부였다. 만약 참가자가 수기자의 실제 성을 정확히 판정하였다면 맞는 것으로 해석되었다. 이 가설적 자료는 부록이나 he.palgrave.com/psychology/brace에서 확인할 수 있다. 수기자의 성별은 이 데이터에 기록되어 있지 않다는 것에 유의하라. 우리는 수기자의 성이 정확히 파악되었는지 여부만 간단히 기록하였다.

McNemar 검증의 수행 방법

McNemar 검증은 두 가지 방법으로 시행될 수 있다. 하나는 **기술통계량**(Descriptive Statistics) > **교차분석**(Crosstabs) 명령어를 통해서이며, 다른 하나는 **비모수 검증**(Nonparametric Tests) > **레거시 대화상자**(Legacy Dialogs) > **대응 2 – 표본**(2 Related Sample) 명령어를 통해서이다. 후자보다는 전자가 더 나은 방법이다. **대응 2 – 표본**(2 Related Sample) 명령어는 옵션으로 평균과 표준편차를 제공해주는데, 이러한 기술통계치들이 명목 데이터에는 별 의미가 없는, 적절하지 못한 수치들임을 기억해야 할 것이다. **교차분석**(Crosstabs) 명령어에는 이런 옵션이 없기 때문에 유사한 실수를 저지를 가능성이 낮다. 따라서 우리는 **교차분석**(Crosstabs) 명령어을 사용하는 방식만 살펴볼 것이다.

교차분석 명령어를 사용한 분석

교차분석(Crosstabs)은 분할표를 산출해주며, McNemar 검증은 이 명령어의 추리 통계 옵션 중 하나이다. 제4절에서 살펴봤던 다중차원 카이제곱 검증을 수행하는 1~6단계를 따라 하도록 한다. **교차분석 : 통계량**(Crosstabs : Statistics) 대화상자가 다음의 그림과 같이 나타날 것이다.

   교차분석(Crosstabs) 대화상자에서 OK 단추를 클릭하라. 분석 결과는 다음 페이지에 제시되어 있다.

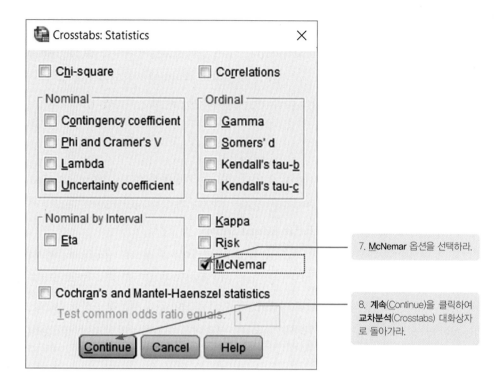

7. McNemar 옵션을 선택하라.

8. **계속(Continue)**을 클릭하여 **교차분석(Crosstabs)** 대화상자로 돌아가라.

McNemar 검증의 SPSS 분석 결과

메뉴 항목을 통한 분석 : 기술통계량 > 교차분석

Case Processing Summary

	Cases					
	Valid		Missing		Total	
	N	Percent	N	Percent	N	Percent
normal handwriting * handwriting as if opposite sex	49	100.0%	0	.0%	49	100.0%

normal handwriting * handwriting as if opposite sex Crosstabulation

Count

		handwriting as if opposite sex		
		correct	incorrect	Total
normal handwriting	correct	17	16	33
	incorrect	2	14	16
	Total	19	30	49

관찰된 빈도에 대한 표이다. 여러분은 앞서 살펴본 카이제곱 검증에서처럼 기대빈도와 다양한 퍼센트를 요청할 수 있다.

Chi-Square Tests

	Value	Exact Sig. (2-sided)
McNemar Test		.001[a]
N of Valid Cases	49	

a. Binomial distribution used.

McNemar 검증 결과이다. SPSS는 이항 분포를 사용하여 유의성을 평가하며, *p*값과 *N*수만 제시해준다. *p*값은 우리가 따로 요청하지 않아도 **정확**(Exact) *p*값으로 제공된다.

정확(Exact) 옵션을 사용하면 이 표에 2개의 열이 더 산출된다. 그러나 보통은 이 옵션을 사용하지 않는다. 그것은 SPSS가 McNemar 검증을 할 때 자동적으로 정확 유의성 검증을 수행해주기 때문이다.

결과를 도식화하여 보여주는 것은 유용할 수 있다. 대응 설계에 대한 데이터에서는 **교차분석**(Crosstabs) 대화상자에 있는 막대도표(Clusterd bar chart) 옵션을 사용하는 것보다 **그래프**(Graphs) 메뉴에서 2개의 분리된 막대도표를 상황에 맞게 편집하여 도식화하는 방법이 더 나을 것이다(다음 참조).

도표 작성기를 사용하여 막대도표 작성하기

1. 메뉴에서 **그래프**(**G**raphs)를 클릭하라.
2. **도표 작성기**(**C**hart Builder)를 클릭하라.
3. **도표 작성기**(Chart Builder) 대화상자 위에 먼저 제시되는 도표 작성에 사용될 변인의 측정 수준 설정에 대한 안내문 창을 닫아라(자세한 내용은 제3장 제7절 참조). 그러면 **도표 작성기**(Chart Builder) 대화상자가 보일 것이다.

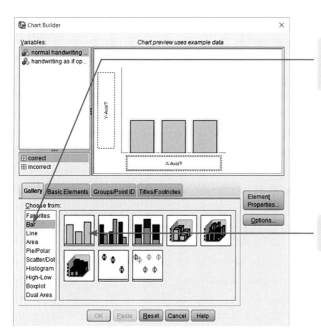

막대(Bar)가 기본 설정으로 되어 있고, 사용할 수 있는 막대그래프 종류들이 대화상자 밑 부분에 제시되어 있다.

4. 이것이 단순 막대그래프이다. 이것을 클릭하여 상단에 있는 상자로 끌어오기를 하라.

5. **요소 속성**(Element Properties) 대화상자가 나타날 것이다. **통계량**(Statistic)은 **빈도변인**(Count) 생성으로, **막대도표 유형**(Bar Style)은 **막대**(Bar)로 체크하라.

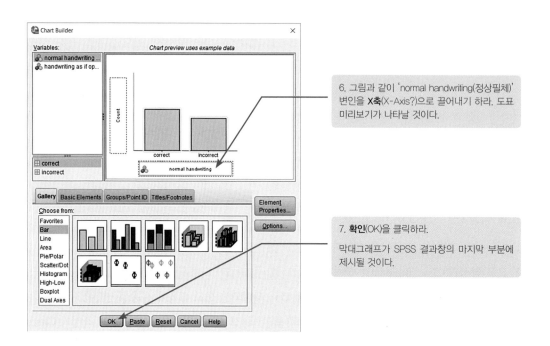

6. 그림과 같이 'normal handwriting(정상필체)' 변인을 **X축**(X-Axis?)으로 끌어내기 하라. 도표 미리보기가 나타날 것이다.

7. **확인**(OK)을 클릭하라. 막대그래프가 SPSS 결과창의 마지막 부분에 제시될 것이다.

두 번째 변인에 대한 두 번째 막대그래프를 산출하려면, 앞에서 설명된 1~3단계를 반복하고, X 축 상자에 'handwriting as if opposite sex(반대의 성을 흉내 낸 필체)'를 끌어내기 한 후 OK 단 추를 클릭하라.

다음과 같은 막대그래프들이 SPSS 분석 결과 창의 맨 마지막에 제시될 것이다. 우리는 이 책에서 편의상 두 그래프를 나란히 제시해놓았지만, 실제 결과에서는 위와 아래의 순서로 나타날 것이다.

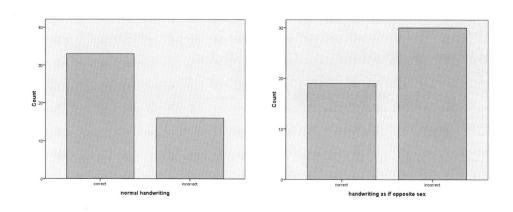

아마도 여러분은 Y축의 척도를 동일하게 만들고 싶을 수 있다. 그러려면 둘 중에 가장 짧은 척도 구간을 갖는 것이 무엇인지를 확인하라. 여기에서는 두 번째 도표가 그러하다. SPSS 분석 결과 창에서 도표를 더블클릭하라. 그러면 **도표 편집기(Chart Editor)** 창이 나타날 것이다.

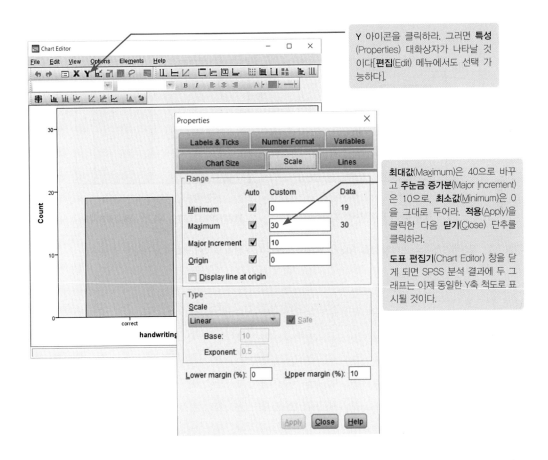

Y 아이콘을 클릭하라. 그러면 **특성 (Properties)** 대화상자가 나타날 것이다[**편집**(Edit) 메뉴에서도 선택 가능하다].

최대값(Maximum)은 40으로 바꾸고 **주눈금 증가분**(Major Increment)은 10으로, **최소값**(Minimum)은 0을 그대로 두어라. **적용**(Apply)을 클릭한 다음 **닫기**(Close) 단추를 클릭하라.

도표 편집기(Chart Editor) 창을 닫게 되면 SPSS 분석 결과에 두 그래프는 이제 동일한 Y축 척도로 표시될 것이다.

 결과보고

보고서는 다음과 같이 작성한다.

이항분포를 사용한 McNemar 검증 결과, 올바른 판단을 하는 수에 있어 필체에 대한 두 조건 간에 유의미한 차이가 나타났다($N = 49$, 정확 $p < .001$).

또한 다음과 같이 결과 패턴을 설명하는 것도 유용하다.

49명의 참가자 중 33명(67%)이 '정상적인 필체'에 대한 수기자의 성을 정확하게 판단했다. 이들 33명 중 17명은 '반대의 성을 흉내 낸 필체'에 대한 수기자의 성을 정확하게 파악하였고, 16명은 부정확하게 판단하였다. 정상적인 필체에 대해 부정확했던 16명(33%)

중 2명은 '반대의 성을 흉내 낸 필체'의 수기자의 성을 정확하게 파악하였고, 14명은 부정확하게 파악하였다. 간략히 요약하자면 부정확한 반응의 수는 반대의 성을 흉내 낸 필체의 경우에 더 많이 발생하였다. 이러한 결과의 패턴은 그림 7.1과 같이 나타낼 수 있다.

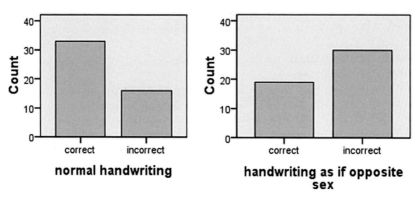

그림 7.1   정상적인 필체와 반대의 성을 흉내 낸 필체에 대한 수기자 성별 파악의 정확과 부정확 반응 패턴

 그래프를 줄이는 것은 이전 페이지에서 살펴본 방법 말고, SPSS 분석 결과에서 그래프를 더블클릭한 후, **도표 편집기**(Chart Editor) 창에서 도표 척도 조정(rescale chart) 아이콘을 클릭해도 조정할 수 있다.

[아니면 **도표 편집기**(Chart Editor) 창에서 **편집**(Edit) 메뉴의 **도표 척도 조정**(Rescale Chart)을 선택해도 된다].

다음에는 **그래프보드 양식 선택기**(Graphboard Template Chooser)를 사용하여 막대도표를 산출하는 방식에 대해 다룰 것이다.

그래프보드 양식 선택기를 사용하여 막대도표 작성하기

1. 메뉴에서 **그래프**(Graphs)를 클릭하라.
2. **그래프보드 양식 선택기**(Graphboard Template Chooser)를 클릭하라.
3. 사용하려는 변인의 측정 수준이 올바르게 설정되어 있는지를 대화상자에서 확인하라.

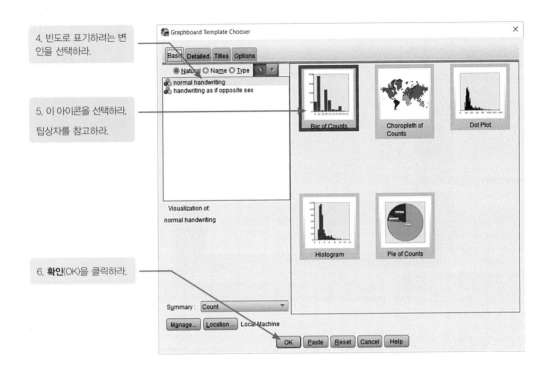

4. 빈도로 표기하려는 변인을 선택하라.

5. 이 아이콘을 선택하라.
팁상자를 참고하라.

6. **확인**(OK)을 클릭하라.

그래프보드 양식 선택기(Graphboard Template Chooser)는 명목 데이터에 적합한 '빈도막대(bar of counts)'와 서열척도 이상의 변인에 대한 요약 기술통계를 나타낼 수 있는 '막대(bar)'를 구분하여 다룬다.

두 번째 변인에 대한 두 번째 막대그래프를 산출하려면, 앞의 단계를 'handwriting as if opposite sex(반대의 성을 흉내 낸 필체)' 변인에도 동일하게 반복하면 된다. **도표 작성기**(Chart Builder)에서 살펴본 것처럼, Y축 척도가 동일하도록 두 그래프를 조정해주어야 한다. 더 작은 척도 범위를 갖는 두 번째 그래프를 더블클릭하여 **그래프보드 편집기**(Graphboard Editor)를 불러와라. 그다음 단계는 다음 페이지에 제시되어 있다. 도표를 편집했으면, 이제 이 절의 이전에 기술된 것처럼 도표를 사용하면 된다.

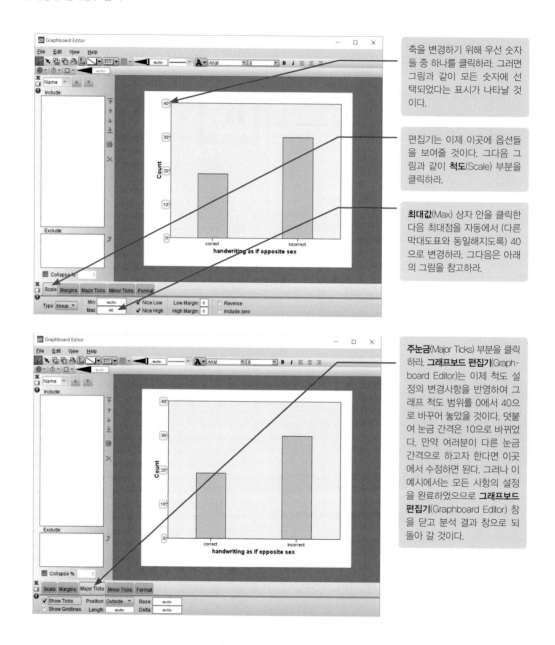

축을 변경하기 위해 우선 숫자들 중 하나를 클릭하라. 그러면 그림과 같이 모든 숫자에 선택되었다는 표시가 나타날 것이다.

편집기는 이제 이곳에 옵션들을 보여줄 것이다. 그다음 그림과 같이 **척도**(Scale) 부분을 클릭하라.

최대값(Max) 상자 안을 클릭한 다음 최대점을 자동에서 (다른 막대도표와 동일해지도록) 40으로 변경하라. 그다음은 아래의 그림을 참고하라.

주눈금(Major Ticks) 부분을 클릭하라. **그래프보드 편집기**(Graphboard Editor)는 이제 척도 설정의 변경사항을 반영하여 그래프 척도 범위를 0에서 40으로 바꾸어 놓았을 것이다. 덧붙여 눈금 간격은 10으로 바뀌었다. 만약 여러분이 다른 눈금 간격으로 하고자 한다면 이곳에서 수정하면 된다. 그러나 이 예시에서는 모든 사항의 설정을 완료하였으므로 **그래프보드 편집기**(Graphboard Editor) 창을 닫고 분석 결과 창으로 되돌아 갈 것이다.

인과관계와 McNemar 검증

대응 설계에서는 독립변인을 조작하고, 동일한 참가자들을 대상으로 독립변인 두 수준 모두에 대한 데이터를 수집하거나(반복 측정) 짝지어진 참가자들(짝지어진 쌍)을 대상으로 데이터를 수집한다. 만약 여러분이 정상적인 통제를 사용하여 연구를 설계했다면, McNemar 검증의 결과를 바탕으로 인과관계에 대한 결론을 도출할 수 있다.

요약

▷ 이 장에서는 명목 데이터와 명목 데이터에 적용할 수 있는 검증 방법에 대해 소개하였다.

▷ 분할표는 명목 데이터를 제시하는 가장 좋은 방법이다.

▷ 명목 데이터를 사용하여 평균, 중앙값 혹은 변산성을 나타내는 기술통계치를 계산하는 것에 대한 조언을 기억하도록 하라.

▷ 카이제곱 검증은 명목 데이터를 분석하는 데 자주 사용되는 비모수적 검증이다.

▷ 다중차원 카이제곱 검증을 사용하기 위해서는 데이터가 특정 기준에 부합해야 한다. 관찰은 독립적으로 이루어지고, 각 참가자들은 단 하나의 데이터 값에만 기여를 해야 한다.

▷ McNemar 검증은 대응 설계에서 이분변인으로 측정된 데이터를 분석하는 데 사용된다.

▷ 변인값을 코딩변경하는 방법은 제4장 제5절을 참조하라.

▷ SPSS 분석 결과를 보고서에 통합하는 방법과 인쇄하는 방법은 제13장을 참조하라.

이 장에서 다루는 내용은

- 변량분석(ANOVA) 소개
- 일원 피험자 간 ANOVA, 계획적 및 비계획적 비교, 비모수적 등가
- 이원 피험자 간 ANOVA
- 일원 피험자 내 ANOVA, 계획적 및 비계획적 비교, 비모수적 등가
- 이원 피험자 내 ANOVA
- 혼합 ANOVA

제1절 | 변량분석(ANOVA) 소개

- ANOVA는 광범위하게 2개 이상의 집단이나 조건 또는 하나 이상의 독립변인을 포함하는 실험 설계에서 차이를 비교하는 데 사용되는 유용한 통계 절차이다.

- 2개 이상의 집단 또는 조건을 포함한 독립변인의 경우, ANOVA는 조건에 걸쳐 점수가 유의미하게 다른지 알려주지만, 조건 중 어느 쌍이 유의미하게 다른지를 설명해주지는 않는다. 예를 들어 조건 1은 조건 2와 유의미하게 다른지, 조건 2는 조건 3과 유의미하게 다른지, 조건 2와 조건 3은 유의미하게 다른지에 대해서는 말해주지 않는다. 세부평균값 간의 이러한 비교는 계획적 비교와 비계획적 비교라고 하는 추가적인 통계분석 절차를 필요로 한다.

- ANOVA는 하나 이상의 독립변인의 효과를 연구할 수 있게 해준다. 예를 들어 단어 목록에 대한 기억에 참가자들의 연령을 비롯한 성별이 미치는 영향을 연구할 수 있다. 이 경우에 우리는 2개의 독립변인(성별과 연령)과 하나의 종속변인(기억 점수)을 가지게 된다. 단일 ANOVA 검증은 이러한 2개의 독립변인의 효과를 동시에 검증할 수 있도록 해준다. 사실 ANOVA는 단일실험 내에 독립변인의 수가 얼마가 되더라도 이를 다 처리할 수 있다. 그러나 곧 밝혀질 명백한 이유로 3~4개 이상의 독립변인을 함께 포함시키는 경우는 거의 없다.

- ANOVA의 주요한 장점은 이러한 독립변인들이 어떻게 결합하여 종속변인에 영향을 미치는지

연구할 수 있도록 해준다는 것이다. 예를 들어 참가자의 성별과 연령이 어떻게 **결합**하여 기억 점수에 영향을 주는지에 대해 의문을 가질 수 있다. 즉 남성 참가자의 수행점수는 연령이 증가함에 따라 감소하는 반면, 여성 참가자의 수행점수는 연령과 더불어 증가할 수 있다. 이 두 변인 간의 **상호작용**은 상당한 이론적 중요성을 가지며, 한 실험에서 두 변인을 함께 연구해야만 이런 상호작용이 발생하는 것을 발견할 수 있게 된다.

ANOVA를 언제 사용할 수 있는가

ANOVA는 모수적 검증이기에 다음의 조건이 충족되어야 한다.

1. 종속변인은 구간 또는 비율 데이터여야 한다.
2. 모집단이 정상분포를 이루고 있어야 한다.
3. 모집단의 변량이 모두 동일해야 한다. 즉 비교가 되는 표집들은 비슷한 변량을 가지는 모집단들로부터 추출되어야 한다.
4. 독립 집단 설계의 경우에 각 집단이 모집단으로부터 무선 표집되어야 한다.

독립변인을 구성하는 각 집단 또는 조건의 점수가 반드시 같은 개수일 필요는 없다.

ANOVA의 기본원리는 무엇인가

우리는 모두 인간의 수행 수준은 사람들 간에 차이가 있으며 시간에 따라 개인 내에서도 차이가 있다는 것을 알고 있다. 이러한 이유 때문에, 예컨대 짧은 단어 목록, 중간 정도의 단어 목록, 긴 단어 목록을 학습하는 데 걸리는 시간을 비교하는 간단한 실험을 하게 되더라도 특정 조건의 참가자들이 단어 목록을 학습하는 데 모두 같은 시간이 걸리지는 않을 것이라고 예상하게 된다. 우리는 자연적으로 몇몇 참가자들이 다른 사람보다 더 **빠를** 것이라는 것(즉 개인 간에 변량이 있을 것)을 받아들인다. 또한 동일한 참가자라도 경우에 따라 다소 시간이 더 많이 걸리거나 더 적게 걸릴 수도 있다(즉 개인 내에서 변량이 있을 것). 우리는 표준편차나 **변량**(variance) 같은 분산 측정치를 이용하여 한 세트의 점수들 안에서의 변산의 양을 측정할 수 있다는 것을 기억해야 한다.

이제 잠시 동안 우리가 로봇 심리학자라고 상상해보자. 즉 로봇의 심리학에 관심이 있다고 생각해보자(로봇들이 심리학에 관심을 가지는 것이 아니다). 우리가 R2D2 로봇 무리들을 데리고 학습 실험을 반복해서 수행하게 된다면 우리는 어느 한 조건에 배당된 모든 로봇은 정확하게 똑같은 속도로 반응하리라고 기대할 수 있을 것이다. 표 8.1은 로봇과 인간의 가설적인 데이터를 보여준다.

잠시 동안 인간들에게서 나온 데이터를 살펴보자. 원데이터를 한번 훑어보고 세 목록 간에 학습시간에서 차이가 있는지를 추측해보라고 하면, 여러분은 유의미한 차이가 나타날 것이라고 말하는 데 아무런 문제가 없을 것이다. 그러나 실제로 이러한 판단을 하려면 약간 복잡한 절차를 거쳐야 한다. 여러분이 해야 하는 것은 한 조건 내에서 일어나는 개인들 간의 자연적인 변량이 여러 조건에 따라 나타나는 참가자들의 변량과 비교해서 더 큰지 아니면 작은지를 결정하는 것이다. 이것은 여러분에게 "목록 A 조건에 있는 모든 참가자들이 동일한 시간이 걸린 것은 아니며 목록 B와 C 조건에 있는 참가자들도 모두 동일한 시간이 걸린 것은 아니다. 그러나 이런 자연스런 변량(소음)이 세 조건 간에 나타나는 시간차이와 비교해볼 때 더 큰가 아니면 작은가?"라고 질문하는 것이다. 이 예에서 각 조건 내에 있는 참가자들은 다른 피험자와 비교해볼 때 수 초씩 차이가 나지만 이 차이는 세 가지 다른 목록 조건에 따라 생성되는 커다란 차이와 비교해볼 때는 작은 차이이다.

표 8.1 인간 참가자와 로봇 참가자 집단이 세 가지 다른 단어 목록을 학습하는 데 걸리는 시간(초)

로봇			
목록 A	목록 B	목록 C	
10	20	30	
10	20	30	
10	20	30	
10	20	30	
10	20	30	
10	20	30	
10	20	30	
10	20	30	
평균＝10	평균＝20	평균＝30	전체 평균＝20

인간			
목록 A	목록 B	목록 C	
30	54	68	
40	58	75	
35	45	80	
45	60	75	
38	52	85	
42	56	90	
36	65	75	
25	52	88	
평균＝36.38	평균＝55.25	평균＝79.50	전체 평균＝57.04

이제 다시 로봇의 데이터를 살펴보자. 로봇들은 동일한 조건에서는 동일한 수행을 보여주었다 (최소한 우리가 제시한 데이터에서는 그렇다). 그래서 각 조건 내에 있는 모든 로봇은 정확하게 동일한 학습시간을 나타냈다. 그 결과 각 조건 내에서의 변량은 0이 된다. 그러나 세 조건 간의 수행 차이를 비교해보면 모든 로봇이 짧은 단어 목록을 학습하는 데 가장 짧은 시간이 걸렸고, 긴 단어 목록을 학습하는 데 가장 긴 시간이 걸렸다. 여러분은 심리학에서 로봇심리학으로 전공을 바꾸겠다고 결론을 내릴 수도 있을 것이다. 그러나 여기, 보다 중요한 것이 있다. 우리가 하려는 것은 인간의 데이터를 로봇의 데이터와 보다 유사하게 만드는 것이다. 즉 조건 내 변량을 0으로 줄이려고 하는 것이다. 사실상 모든 참가자에게 똑같은 지시사항을 주고 동일한 조건하에서 검사를 받게 하는 등의 훌륭한 실험 설계들에 대한 관행을 통해 우리는 이런 것(즉 각 조건 내에서의 변량을 줄이는 것)을 시도하는 것이다. 그러나 이런 훌륭한 실험 설계상의 관행을 통해 변량을 축소시킬 수는 있지만 완전히 제거할 수는 없다. 즉 우리 참가자들이 완전히 로봇처럼 행동할 수는 없는 것이다. 그러나 우리가 변량을 완전히 제거할 수 없다면, 그것들을 고려할 수는 있을 것이다. 우리가 필요한 것은 조건 내에서 생기는 변량을 고려해서 이것을 조건 간에 생기는 변량과 비교하게 해주는 통계적 절차이다. 조건 간의 변량이 조건 내의 변량보다 확실하게 크다면, 우리는 독립변인이 점수들에 미치는 효과가 개인차로 인해 발생하는 효과보다 더 크다고 자신 있게 말할 수 있다. 분명히 로봇에게 있어서 조건 내의 변량은 0이었고 조건 간의 변량은 이보다 훨씬 더 컸다. 우리 인간들에게 있어 상황은 이처럼 명료하지는 않지만 우리가 변량을 계산하게 되면 비슷한 패턴이 나타나는 것을 발견하게 될 것이다.

조건 간 변량 > 조건 내 변량

개인차와 같은 소음변인(nuisance factor)에 의해 발생하는 변량을 계산해서 이것을 독립변인의 조작에 의해 발생되는 변량과 비교하는 것이 ANOVA의 핵심인 것이다. 정확하게 이런 변량을 계산해내는 방법이 실험 설계에 따라 복잡해지지만, 독립변인의 조작에 의해 발생하게 된 변량이 개인차와 같은 다른 소음변인에 의해 초래된 변량보다 큰지 아닌지를 알고 싶다는 기본적인 원리는 변하지 않는다. 소음변인에 의해 생기게 되는 변량은 **오차변량**(error variance)으로 언급된다. 따라서 오차변량이 독립변인의 조작에 의해 나타나는 변량보다 더 작은지를 묻는 것이다.

이것을 표현하는 간편한 방법은 독립변인의 조작에 의해 생기는 변량과 오차변량의 비율을 계산하는 것이다. 이 비율이 F비(Fisher의 이름에서 유래)라고 하는 것이다. F비는 다음과 같이 계산된다.

$$F = IV \text{ 조작에 의해 생기는 변량/오차변량}$$

오차변량이 IV에 의해 생기는 변량보다 작다면 F 비는 1보다 크게 될 것이다(어떤 수를 그보다 작은 수로 나눌 때 나타나는 수는 언제나 1보다 큰 수가 된다). 한편 IV의 효과가 작다면, 그리고/또는 오차변량이 아주 크다면(참가자들이 아주 다르거나 실험을 적절히 통제하지 못했기 때문에), F 비는 1보다 작게 된다(어떤 수를 자기보다 큰 수로 나누게 되면 항상 1보다 작게 된다). 따라서 F 비가 1보다 작게 되면 우리는 확실히 IV의 효과가 유의미하지 못하다고 말할 수 있게 되는 것이다. 이것은 오차변량이 IV의 조작에 의해 생긴 변량보다 실질적으로 더 크기 때문에 생긴 것이다.

이와 같이 F 비는 단순히 두 가지 변량 추정치의 비율을 말하는 것이다. F 비가 클수록 데이터에 있는 소음(오차변량)에 비교해볼 때 IV의 효과가 큰 것이다. 1과 같거나 작은 F 비는 IV의 조작에 의해 발생하는 점수와 소음변인(예 : 개인차)에 의해 발생하는 것이 같거나 작다는 것을 보여주는 것이므로 이 결과는 유의미하지 않게 된다.

F 비가 유의미한지 아닌지를 어떻게 아는가

일단 F 비를 계산해서 그 값이 1보다 크다는 것이 밝혀졌다면, 그 값이 유의미한 것으로 간주될 만큼 충분히 큰 값인지를 결정해야 한다. 즉 IV의 효과가 소음변인의 효과보다 유의미할 정도로 큰지를 질문해야 한다. 계산기로 F 비를 계산할 경우 F 표에 의존하여 우리가 관찰한 수를 기준으로 F 비가 유의미하려면 어떤 값 이상이어야 하는지 확인할 수 있다. SPSS를 사용해서 ANOVA를 실행하게 되면 분석 결과에 특정 F 비에 대한 정확한 p값이 계산되어 나온다. 이 p값은 우연히 F 비를 구하게 될 확률로서 F 비가 유의미한 것으로 간주되려면 .05보다 작아야 된다.

자유도란 무엇인가

다른 차이 검증인 t 검증을 실행할 때를 회상해보면 분석과 관련된 자유도를 계산해서 보고해야 한다는 것을 기억할 수 있을 것이다. ANOVA에서 한 가지 복잡한 것은 각 F 비에 대해 두 가지 자유도를 계산해야 한다는 것이다. 이것은 오차변량을 계산하는 데 얼마나 많은 관찰이 이루어졌고, IV의 조작으로 인한 변량을 계산할 때 얼마나 많은 관찰이 이루어졌는지를 기억해야 하기 때문에 생기는 것이다. 이것들은 F 비의 하단부와 상단부에 있기 때문에 때로는 각기 분자 자유도와 분모 자유도라고 한다. 여러 통계 책은 자유도를 계산하는 방법을 상세하게 설명하고 있지만 SPSS가 여러분을 위해 이 계산을 해줄 것이므로 여러분이 실제로 알아야 할 것은 각 F 비에 대한 두 가지 값이다. 뒤에서 이 자유도를 보고하는 방법과 F 비를 보고하는 방법에 대해 상세하게 살펴보겠다.

ANOVA에 사용되는 용어에는 어떤 것이 있는가

책에 따라 ANOVA를 기술하기 위해 사용되는 용어가 약간씩 다르다. 여기서 생기는 문제를 피하기 위해 우리가 생각하기에 가장 간단한 용어를 사용하고자 한다.

요인

이들은 사실 독립변인이다. 그러나 연구에 따라 하나 이상이 있을 수 있으므로 이제부터는 이들을 요인이라고 한다.

요인 수준

이들은 조건(condition)과 유사한 말이다. 우리가 앞서 다루었던 실험들에서, 우리는 두 가지 조건을 만들어내기 위해 하나의 독립변인을 조작하였다. 이제 우리는 이들을 두 가지 수준을 가진 하나의 요인으로 기술할 것이다. ANOVA 설계에서 하나의 요인은 우리가 원하는 만큼 많은 수준을 가질 수 있다. 예를 들어 '약물복용량'이라는 요인은 0mg, 10mg, 20mg, 30mg의 4수준을 만들어내도록 조작될 수 있다.

피험자 간 요인

이들은 참가자 간에 수준이 달라지는 요인이다. 이 경우에 각 참가자는 요인의 한 수준만을 경험하게 된다. 예를 들어 어떤 한 참가자는 0mg, 10mg, 20mg, 30mg 중 어느 하나의 처치를 받게 된다. 이것은 독립 집단 설계를 사용하여 조작되는 요인으로, 이것을 피험자 간 설계라 부를 것이다.

피험자 내 요인

이들은 한 피험자 내에서 수준이 변하는 요인이다. 따라서 이 경우에 각 피험자는 한 요인에 대해 2개 이상의 수준을 체험하게 된다. 예를 들어 한 참가자가 4개의 다른 약물복용 조건을 모두 체험하는 것이다. 이것은 반복 측정 설계를 이용하여 조직된 요인으로, 이것을 피험자 내 설계라 부를 것이다.

혼합 ANOVA 설계

'혼합 ANOVA 설계'란 용어는 하나 이상의 피험자 내 요인과 하나 이상의 피험자 간 요인이 함께 포함된 설계가 되었을 때를 지칭하는 용어이다.

ANOVA 설계는 어떻게 기술되는가

ANOVA 설계를 기술할 때는 다음 세 가지를 구체화해야 한다.

1. 얼마나 많은 요인이 설계에 포함되었는가?
2. 각 요인에 얼마나 많은 수준이 있는가?
3. 각 요인이 피험자 내 요인인가 아니면 피험자 간 요인인가?

요인의 수는 일원 ANOVA(1개 요인), 이원 ANOVA(2개 요인) 등(예 : 육원 ANOVA에는 6개의 요인이 있을 것이다)으로 표현된다. 그러나 이것은 각 요인에 얼마나 많은 수준이 포함되어 있는지는 말해주지 않는다. 이것을 일반적인 기술문으로 서술해줄 수도 있지만, 간편하게 사용하는 관례가 있다. 예를 들어 첫 번째 요인 성별은 2개 수준을 가지고 있고, 두 번째 요인 연령은 3개 수준, 세 번째 요인 약물복용량은 5개 수준을 가지고 있다면, 간단하게 2*3*5 ANOVA 설계라고 기술할 수 있다. 이 용어에서 숫자들의 개수(이 경우에는 3)는 요인의 수를 나타내고, 숫자들의 값은 이런 요인들 각각의 수준의 수를 나타낸다. 이런 용어를 사용할 때 요인이 피험자 내 요인인지, 피험자 간 요인인지를 분명히 할 필요가 있다. 이것은 해당 사항을 다음과 같이 기술해줌으로써 가능해진다.

> "2*3*5(성별*연령*약물복용량) 혼합 ANOVA 설계는 성별과 연령을 포함하는 피험자 간 요인과 약물복용량과 같은 피험자 내 요인으로 이루어졌다."

주효과와 상호작용

ANOVA를 이용하여 우리는 한 가지 이상의 요인을 가지고 있는 연구에서 나온 데이터를 분석할 수 있다. 우리는 이 요인들 각각의 효과와 요인들 간의 상호작용 효과를 모두 분석할 수 있다. 주효과라는 용어는 한 요인의 독립적인 효과를 설명하기 위해 사용된다. 예를 들어 앞에서 기술한 2*3*5 ANOVA에서 세 가지 주효과가 보고될 것이다. 성별의 주효과란 연령이나 약물복용량에 관련 없이 남성이 여성과 유의미하게 다른 수행점수를 보이는지를 말해줄 것이다. 연령의 주효과는 성별과 약물복용량에 관계없이 연령이 수행에 영향을 미치는지를 말해줄 것이다. 마지막으로 약물복용량의 주효과는 연령과 참가자의 성별에 상관없이 약물복용량이 수행에 미치는 효과를 설명해줄 것이다. 이들 주효과는 단순히 한 요인의 한 수준에서의 평균과 그 요인의 다른 수준에서의 평균을 비교해주는 것이다. 예를 들어 남성의 수행 수준 평균을 여성의 수행 수준 평균과 비교하는 것이다. 한편 상호작용이란 요인들이 결합되어 나타나는 효과를 분석하는 것이다. 두 요인이 수행에 영향을 주도록 결합하는 정도를 평가하는 상호작용은 이원 상호작용이라고 한다. 3개의 요인이 관련되어 있을 때는 **삼원 상호작용**이라고 한다.

SPSS에서 ANOVA 명령의 시행으로부터 나오는 결과물을 이해하려고 할 때 우리가 얼마나 많은 결과물을 얻을 수 있는지를 미리 알 수 있다면 매우 유용할 것이다.

1. A라는 하나의 요인만이 있는 일원 ANOVA에서는 A의 주효과만 나타나게 된다.

2. A와 B라는 2개의 요인이 있는 이원 ANOVA는 2개의 주효과(A와 B의 주효과)와 하나의 이원 상호작용(A*B)이 나타날 것이다. 이 분석은 전체 3개의 결과치를 보여줄 것이다(3개의 F 비).

3. A, B, C라는 3개의 요인이 있는 삼원 ANOVA에서는 3개의 주효과(A, B, C의 주효과)와 3개의 이원 상호작용(A*B, A*C, B*C)과 1개의 삼원 상호작용(A*B*C)이 나타날 것이다. 이 분석은 전체 7개의 결과치를 보여줄 것이다.

4. A, B, C, D라는 4개의 요인을 가진 사원 ANOVA는 4개의 주효과(A, B, C, D의 주효과), 6개의 이원 상호작용(A*B, A*C, A*D, B*C, B*D, C*D)과 4개의 삼원 상호작용(A*B*C, A*B*D, A*C*D, B*C*D), 1개의 사원 상호작용(A*B*C*D)을 보여줄 것이다. 이것은 전체 15개의 결과치를 나타낼 것이다.

여러분은 이제 실험 설계에 4개 이상의 요인을 포함시키는 것이 보통 일이 아니라는 것을 알게 되었을 것이다. 가능한 상호작용의 수가 요인의 수가 증가함에 따라 급격하게 늘어나게 된다. 더구나 이런 고순위의 상호작용의 형태에 대해 가설을 세우는 것이 용이하지가 않고, 그들이 유의미한 경우라 하더라도 그들을 기술하거나 설명하기가 어렵다. SPSS를 이용하여 사원 심지어는 오원 상호작용을 취하는 것은 간단한 일이지만, 이 결과를 설명하는 것은 훨씬 더 어려운 일일 것이다. 따라서 우리가 권고하는 것은 요인의 수를 최대 3요인 이하로 제한하는 것이다.

어떻게 F 비를 계산하는가

여러분이 직접 F 비를 구하는 방법을 알 필요는 없다. 왜냐하면 SPSS가 여러분 대신 이 작업을 해 줄 것이기 때문이다. 그러나 SPSS가 생성하는 분석 결과를 완전히 이해하려면 이 절을 읽고 조작된 요인의 유형에 따라 계산 방법이 달라지는 점을 이해하는 것이 유용할 것이다.

피험자 간 일원 ANOVA 설계

우리의 학습 실험 상황으로 되돌아가보자. 그리고 각 조건에 참여하는 사람들이 서로 다르다고 가정해보자. 항목 A, B, C에 각기 8명씩의 참가자가 배치되었다.

표 8.2 피험자 간 설계에서 인간 참가자 집단별로 세 가지 다른 단어 목록을 학습하는 데 걸리는 시간(초)

인간		
목록 A	**목록 B**	**목록 C**
30	54	68
40	58	75
35	45	80
45	60	75
38	52	85
42	56	90
36	65	75
25	52	88
평균 = 36.38	평균 = 55.25	평균 = 79.50	전체 평균 = 57.04

여기에는 우리가 관심 있는 두 가지 변량이 있다.

1. 한 집단의 점수가 다른 집단의 점수와 얼마나 다른가? 우리는 각 행의 평균이 전체 평균과 얼마나 차이가 나는지 살펴볼 수 있다. 이것은 우리에게 요인에 따른 변량측정치를 제공해준다.

2. 점수들은 각 집단 내에서 얼마나 다른가? 우리는 행 내의 점수들이 각 조건에 대한 평균값과 얼마나 차이를 나타내는지를 살펴볼 수 있다. 이것은 우리에게 소음(오차)에 대한 측정치를 제공해준다.

이 두 변량이 합쳐져서 전체 변량(개별 점수와 전체 평균 간의 변량)을 구성하게 된다.

$$변량_{(전체)} = 변량_{(집단\ 내)} + 변량_{(집단\ 간)}$$

피험자 내 일원 ANOVA 설계

우리 학습실험에서 8명의 참가자가 실험에 참여하였고, 모든 개인이 요인의 각 수준을 모두 수행하였다고 생각해보자. 우리는 목록 각각에 대한 평균점수와 참가자 각각에 대한 평균점수를 구할 수 있을 것이다(표 8.3 참조).

피험자 내 설계에서 F 비를 계산하는 것은 피험자 간 설계에서 F 비를 계산하는 것보다 좀 더 복잡하다. 다시 우리는 변량의 원천이 무엇인지를 결정해야 한다. 그러나 이러한 설계에서는 모든 참가자들이 요인의 모든 수준에 참가하게 되므로 각 참가자에 대한 반복된 측정치를 가지게 된다. 따라서 개인차에 의해 초래된 변량과 참가자들이 조건에 따라 다른 수행을 보여줌으로써 야기된 변량을 구분할 수 있게 된다. 즉 참가자 변량을 오차변량과 구분할 수 있게 해준다.

표 8.3 피험자 내 설계에서 인간 참가자 집단별로 세 가지 다른 단어 목록을 학습하는 데 걸리는 시간(초)

인간				
참가자 번호	목록 A	목록 B	목록 C	참가자 평균
1	35	42	64	47
2	48	60	90	66
3	36	65	75	58.67
4	40	55	70	55
5	38	52	85	58.33
6	25	42	58	41.67
7	30	42	60	44
8	42	60	90	64
	평균 = 36.75	평균 = 52.25	평균 = 74.0	전체 평균 = 54.33

따라서 우리는 세 가지 변량의 원천을 가지게 된다.

1. 어느 한 조건에서의 점수들은 다른 조건에서의 점수들과 얼마나 차이가 있는가? 우리는 세 리스트 간의 전반적인 차이를 비교할 수 있다. 앞에서와 같이 각 행의 평균이 전체 평균과 얼마나 차이가 나는지를 살펴볼 수 있다. 이 점수는 우리에게 요인조작에 따라 생기게 된 변량에 대한 측정치를 제공해준다.

2. 참가자들은 평균점수에서 얼마나 차이가 있는가? 각 참가자들의 평균점수가 전체 평균과 얼마나 차이가 나는지를 봄으로써 개인들이 서로 얼마나 다른지에 대한 정도를 알 수 있게 된다. 이것은 우리에게 참가자 변량에 대한 측정치를 제공해준다.

3. 얼마나 많은 오차변량이 존재하는가? 우리는 각 점수가 행과 열의 평균으로부터 예측할 수 있는 점수와 차이가 나는 정도를 살펴봄으로써 이것을 알 수 있다. 이 점수는 각기 다른 참가자가 요인에서의 변화에 다르게 반응함으로써 초래된 변량이라고 할 수 있다.

예를 들어 목록 A에 있는 참가자 1에 대한 점수를 살펴보자. 그(그녀)의 평균점수는 47초이다. 이 참가자는 전체 평균 54.33초에 비교해볼 때 평균 7.33초 빠른 수행을 보여주었다. 목록 A열 평균은 36.75초이다. 따라서 목록 A에서 참가자들은 전체 평균 54.33초보다 평균 17.58초 빠른 수행을 보여준다. 그래서 우리는 이 둘을 합쳐서 생각할 때 참가자 1은 목록 A에서 17.58 + 7.33초 더 빠를 것이라고 기대할 수 있다. 따라서 참가자 1에 대해 29.42초의 기대시간을 가지게 된다. 그러나 관찰된 점수는 35초로서 이 점수는 우리가 기대한 시간보다 느리다(참가자 1의 점수를 살펴보면 목록 A에서 목록 B와 C보다 상대적으로 더 빠르다는 것을 알 수 있다).

목록 A에 있는 참가자 2의 점수를 살펴보자. 이 사람의 행 평균은 66초로, 전체 평균 54.33초에 비교해볼 때 11.67초가 느리다. 따라서 우리는 참가자 2가 학습 목록 A에서 17.58초 빠를 것으로 기대했지만 이 참가자는 평균보다 늦은 수행을 보여줌으로써 11.67초가 늦은 수행을 보여주었다. 그래서 우리는 54.33 − 17.58 + 11.67, 즉 48.42초가 걸릴 것이라고 기대하게 된다. 관찰된 점수는 48초로 우리가 기대한 점수와 유사하다.

관찰된 점수가 기대한 점수와 다른 정도는 참가자들이 일관적이지 않은 정도를 반영하는 것으로 위에서 예를 든 대로 오차변량의 측정치를 제공해준다.

F 비를 계산하기 위해 SPSS 사용하기

피험자 내 요인에 대해 *F* 비를 계산하는 것은 까다롭고, 여러분도 SPSS 결과물을 보면 알겠지만 피험자 간 설계에 비해 피험자 내 설계의 결과는 꽤 복잡하다. SPSS는 여러분에게 *F* 비 통계치 이상의 정보를 제공해줄 것이다. 왜냐하면 일반 선형 모형(General Linear Model, GLM)을 사용하여 계산해주기 때문이다. SPSS 결과물에서는 ANOVA와 다중 회귀 통계치가 함께 나타나는데, 그 이유는 ANOVA가 다중 선형회귀(multiple linear regression)의 특수 경우라고 간주되며(제9장 참조), 이는 곧 일반 선형 모형의 특수 경우이기 때문이다.

효과크기와 ANOVA

제1장에서 언급한 바와 같이 결과가 유의미한지에 대한 기술과 함께 효과크기를 보고하는 것은 유용하다. 이는 결과의 규모에 대한 정보를 제공하며, 표집 크기의 효과에 대한 관심을 주목시킨다. 예를 들어, 만약 우리의 결과가 미미하지만 유의하지 않은 수준으로 중간에서 큰 효과크기를 가진다면, 더 큰 표집을 사용하여 후속 연구를 진행할 것을 고려해보는 것이 적절할 수 있다. 두 집단 간의 차이에 대한 검증을 살펴본 제5장에서 우리는 효과크기에 대한 한 가지 측정치를 소개했다. Cohen의 *d*값은 SPSS가 제공하는 기술통계치를 통해 계산할 수 있다. 여러분은 이것을 계산할 때 점수의 표준편차 대비 평균값 간 차이의 크기를 이용한다는 것을 기억할 것이다. ANOVA에서 계산된 효과크기 추정치는 조금 다르다. 왜냐하면 이 추정치들은 ANOVA 설계(이런 의미에서 제 6장에서 묘사한 r^2, 즉 변량의 비율에 대한 측정치와 유사하다)에 포함된 각 요인(또는 요인 간 조합)에서의 변량의 비율을 묘사하기 때문이다. 에타 제곱값, 부분적 에타 제곱값, 일반화된 에타 제곱값, 관련 오메가 제곱값, 그리고 상관 측정치들이 포함된다. Fritz, Morris와 Richler(2012)는 다음 구분에 대해 설명했다.

1. 전체 표본을 고려하지 않고 관찰된 표집으로부터 얻은 효과크기를 묘사하는 추정치들이 추출되며, 이 경우에 속하는 추정치들은 에타 제곱값과 부분적 에타 제곱값과 같다.

2. 오메가 제곱값과 같은 효과크기의 추정치들은 관찰된 표집이 아닌 표집된 표본에서의 변량을 추정하려 시도하는 것이기 때문에 우연 요인에 의해 부풀려졌을 가능성이 적다.

우리는 여러분이 통계 책 또는 Fritz 등(2012)을 참고하여 효과크기에 대한 다양한 추정치를 어떻게 계산할지에 대한 조언을 구하기를 바란다. Field(2005)는 오메가 제곱 측정치를 어떻게 구하는지를 보여주었다(피험자 간 ANOVA 설계인지 피험자 내 ANOVA 설계인지에 따라 다른 공식을 사용한다). Mulhern과 Greer(2011)는 에타 제곱을 어떻게 구하는지 설명했고, SPSS가 계산해주는 유일한 효과크기 측정치인 부분적 에타 제곱값을 사용하지 않기를 권장했다. 그들은 부분적 에타 제곱값은 조정된 측정치이기 때문에 해석이 쉽지 않다고 설명한다. 에타 제곱값은 다른 요인들에 의해 설명되는 변량을 제외한 후 한 요인에 의해 설명되는 변량에 대한 값이기 때문이다. Fritz 등(2012)은 부분적 에타 제곱의 유용성을 제한적이며 동일한 설계를 사용하는 연구 간 비교를 할 때에만 유용할 것이라고 설명했다. 반면 에타 제곱은 손으로 계산하기에 상대적으로 직관적이고, 여러분의 설계에 포함된 각 요인에 의해 설명되는 전체 변량의 비율에 대해 이야기해줄 것이다. 우리는 제3절에서 이를 어떻게 하는지 보여줄 것이다.

효과크기 측정치 중 어떤 것을 사용하기로 결정했건 간에 유의 및 유의하지 않은 결과에 대해 효과크기를 보고하고, 어떤 통계를 사용했는지 규명하라.

계획적 비교와 비계획적 비교

A, B, C 3개의 조건을 가진 하나의 요인을 수반하는 설계를 가지고 있다고 가정해보자. 만약 ANOVA 분석을 통해 이 요인의 효과가 유의하다는 결과를 얻었다면, 이는 조건 간 차이가 유의함을 의미한다. 그러나 정확히 어디에 이런 차이가 있는지 살펴보려면 조건 쌍들을 비교하는 추가적인 검증을 해야 한다. 여기에는 세 가지 가능성이 있다.

1. 모든 가능한 3개의 비교가 유의미하다. 따라서 조건 A와 조건 B는 서로 간에 유의미하게 다르고, 조건 B와 조건 C, 그리고 조건 A와 조건 C도 마찬가지이다.
2. 3개의 비교 중 2개만 유의미하다. 예를 들어 조건 A와 조건 C, 그리고 조건 B와 조건 C 간의 차이만이 유의미하다.
3. 3개의 비교 중 하나만 유의미하다. 예를 들어 조건 A와 조건 C 간의 차이만이 유의미하다.

우리가 시행할 수 있는 두 유형의 비교는 다음과 같다.

1. 계획적 비교(선험적 비교). 데이터가 수집되기 전에 비교가 결정되어 있다. 연구자는 어떤 평균

치가 서로 간에 유의미하게 다를 것이라고 예언한다.

2. 비계획적 비교(사후적 비교). 평균들 간의 차이는 데이터가 수집된 이후에 분석된다.

왜 이 구분이 중요한가? 두 종류의 비교에서 각기 다른 검증을 사용할 필요가 있는데, 왜냐하면 비교가 미리 계획되어 있는 경우에는 1종 오류가 줄어들 것이기 때문이다. 1종 오류란 부당하게 영가설을 거부함으로써 발생하는 것으로, 사실상은 우연에 의해 평균 간의 차이가 발생한 사안에 대해 유의미한 효과가 있다고 결론을 내리는 것이다. 다중 비교를 할 때 1종 오류의 위험을 생각해보자. Howell(1987)은 다음과 같은 예를 들고 있다. 우리가 남성 집단과 여성 집단에 50개의 단어를 주고, 그들에게 1분 안에 가능하면 이들 단어에 대해 많은 연상을 하도록 요청하였다고 가정해보자. 그런 다음 우리는 각 단어에 대해 남성이 제공한 연상의 수와 여성이 제공한 연상의 수 간에 유의미한 차이가 있는지 아닌지를 검증한다. 우리는 50개 정도의 독립적인 t 검증을 수행할 수 있을 것이다. 그러나 우리는 이것들 중 2.5개(50*.05)는 우연에 의해 '유의미한' 것으로 판단할 위험을 가지고 있다.

왜 비계획적 비교를 할 경우에 1종 오류를 저지를 위험이 더 커지는가? 다음을 고려해보자. 일원 ANOVA 설계로 시행된 다섯 가지 소음 수준이 기억에 미치는 효과를 검토하는 실험을 생각해보자. 여러분은 다섯 가지 평균(각 조건당 1개)을 가지게 될 것이고, 전체 10개의 비교를 할 수 있을 것이다(예 : 평균 1과 평균 2, 평균 1과 평균 3, 평균 1과 평균 4 등의 비교). 영가설이 사실이라고 가정한다면 소음은 기억에 아무런 영향도 미치지 않는 것이 된다. 그러나 우연히 평균들 중 둘은 잘못해서 영가설을 기각하기에 충분할 정도로 평균에서 차이가 날 가능성이 있다. 그래서 데이터는 이러한 1종 오류를 포함하게 된다. 만약 여러분이 미리 한 번의 비교를 계획하였다면 여러분은 0.1의 확률, 즉 10개로부터 한 가지 비교에서 맞출 확률을 가지게 될 것이고, 이것이 1종 오류가 될 것이다. 그러나 여러분이 데이터를 미리 보았다면 여러분이 관찰할 수 있는 가장 큰 차이에 대해 검증할 것이기 때문에 1종 오류를 만들 것이 확실해진다.

앞으로 볼 수 있듯이 SPSS에서 계획적 또는 비계획적 비교를 수행할 수 있다. SPSS를 이용하면 비계획적 또는 **사후검증**은 간단하다. 그러나 어떤 요인이 두 수준을 가지고 있다면 SPSS는 사후검증을 수행할 필요가 없으며(주효과 분석만으로 충분하므로), 주효과가 유의하지 않은 경우에도 불필요하다. 반면 계획 비교는 수행하는 것이 덜 쉽다. 제2절과 제4절에서 두 유형의 비교를 어떻게 수행하는지 보여줄 것이다.

제2절 | 일원 피험자 간 ANOVA, 계획적 및 비계획적 비교, 비모수적 등가

사례연구 : 목격자 차단 효과

일원 피험자 간 ANOVA를 연습하기 위해 응용실험 한 가지 사례를 들어보자. 이 실험은 목격자의 얼굴을 가리는 것의 효과를 살펴보는 것이었다. 민감한 소송사건에서 목격자의 신원정보가 보호되어야 한다는 인식이 증가하고 있다. 특히 법정사례를 TV로 생중계하려는 움직임에 비추어 이런 인식이 증가하고 있다. 목격자의 얼굴을 가리는 기술을 사용할 수 있고, 미국에서는 이런 제도가 시행되고 있다. Kemp와 Pike(1996)는 목격자의 얼굴을 가리는 것이 목격자 증언에 대한 배심원의 기억에 미치는 효과와 목격자의 신뢰성에 대한 배심원의 판단에 미치는 효과를 연구한 결과를 보고하였다. 미국에서 TV로 중계된 소송에 나타났던 강간 피해자로 추정되는 사람의 증언을 참가자들에게 보여주었다.

채택된 실험 설계는 일원 피험자 간 ANOVA 설계였다. 피험자 간 요인인 제시조건은 네 가지 수준으로 되어 있었다. 바로 비차폐(unmasked), 회색반점(grey blob), 짙은 음영(pixelation), 얼굴 윤곽바꿈(negation) 조건이다. 첫째 조건의 참가자들에게는 차폐가 되지 않은 증인의 진술을 보여주어 얼굴을 모두 볼 수 있게 하였고, 둘째 조건의 참가자들에게는 회색반점으로 증인의 얼굴이 가려지도록 하였으며, 셋째 조건의 참가자들에게는 짙은 음영에 의해 증인의 얼굴이 가려지도록 하였고, 넷째 조건의 참가자들에게는 얼굴의 윤곽이 음영처리가 되어 나타나게 하였다(흑백 반전). 종속변인 중 하나는 증언으로부터 얻은 사실들이 정확하게 기억되는 백분율이었다. 가설은 차폐를 시키는 것이 기억에 부정적인 영향을 줄 것이라는 것이었다. 결과는 피해자의 증언에 대한 참가자의 기억은 제시조건에 따라 달라진다는 것이었다. 얼굴을 음영 처리하는 것은 비차폐 조건에 비교해볼 때 기억을 감소시키지는 않는 것으로 나타났지만, 회색반점과 짙은 음영으로 차폐를 시키는 조건은 기억을 손상시켰다. 이 책의 목적상 이런 결과를 다시 보기 위해 데이터 파일을 만들었다.

SPSS는 일원 피험자 간 ANOVA를 수행하는 두 가지 방법을 보여준다. 하나는 **일반 선형 모형**(General Linear Model) 명령어를 사용하여 시행되고, 또 하나는 **일원 ANOVA**(One-Way ANOVA) 명령어를 사용하여 수행된다. 첫 번째 명령어는 제3절에서 볼 수 있듯, 다원 피험자 간 ANOVA를 시행하기 위해 사용될 수도 있으며, 이는 결과 출력에 부분적 에타 제곱(Partial η^2)이라고 하는 효과크기 측정을 포함시키는 옵션을 가지고 있다. 제1절에서 우리는 이 측정치가 유용하지 않다고 한 바 있다. 그러나 설계에 오직 하나의 요인이 포함된 경우에는 부분적 에타 제곱값과 에타 제곱값 간에 차이가 없다. 두 번째 명령어는 일원 ANOVA 설계의 분석만 가능한데, 훨씬 간단한 형태의 분석 결과를 나타내준다는 장점을 가진다. 또한 변량의 등분산성 가정이 위배된 경우 대안적 F를 제공한다. 두 방법 모두 집단 평균 쌍들 간의 차이를 평가하는 데 필요한 계획적 비교와 비계획적 비교를 할 수 있도록 해준다. 이 비교들에 대해서는 제1절을 참고하라.

일원 ANOVA(One-Way ANOVA) 명령어에 앞서 우선 **일반 선형 모형**(General Linear Model) 명령어를 기술하겠다. 그 후에 우리는 계획적 비교와 비계획적 비교를 하는 방법을 보여준 후, 비모수적 등가에 대해 묘사한 후 이 절을 마치도록 하겠다.

분석 방법 : 일반 선형 모형 명령어 사용 방법

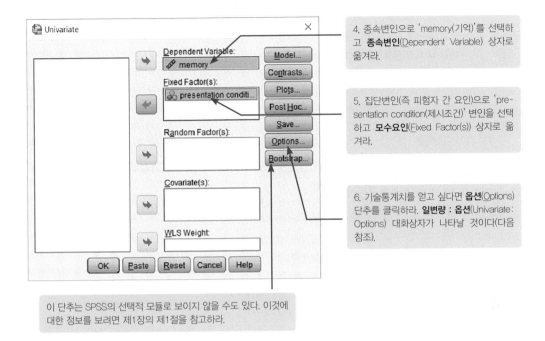

4. 종속변인으로 'memory(기억)'를 선택하고 **종속변인**(Dependent Variable) 상자로 옮겨라.

5. 집단변인(즉 피험자 간 요인)으로 'presentation condition(제시조건)' 변인을 선택하고 **모수요인**(Fixed Factor(s)) 상자로 옮겨라.

6. 기술통계치를 얻고 싶다면 **옵션**(Options) 단추를 클릭하라. **일변량 : 옵션**(Univariate: Options) 대화상자가 나타날 것이다(다음 참조).

이 단추는 SPSS의 선택적 모듈로 보이지 않을 수도 있다. 이것에 대한 정보를 보려면 제1장의 제1절을 참고하라.

 모수요인을 포함한 데이터는 연구자가 관심을 두고 있는 요인들의 모든 수준에서 수집되었다. 대안은 무선 절차로 각 수준을 선택하는 방법이 있으나, 심리학 연구에서는 거의 일어나지 않는다.

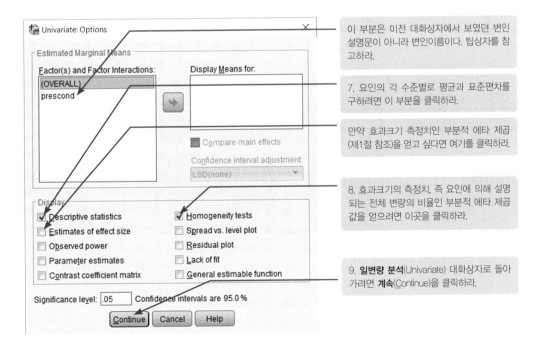

이 부분은 이전 대화상자에서 보였던 변인 설명문이 아니라 변인이름이다. 팁상자를 참고하라.

7. 요인의 각 수준별로 평균과 표준편차를 구하려면 이 부분을 클릭하라.

만약 효과크기 측정치인 부분적 에타 제곱(제1절 참조)을 얻고 싶다면 여기를 클릭하라.

8. 효과크기의 측정치, 즉 요인에 의해 설명되는 전체 변량의 비율인 부분적 에타 제곱값을 얻으려면 이곳을 클릭하라.

9. **일변량 분석**(Univariate) 대화상자로 돌아가려면 **계속**(Continue)을 클릭하라.

요인의 각 수준에 대한 평균, 표본오차, 그리고 95% 신뢰구간도는 **일변량 : 옵션**(Univariate: Options)
에서 **요인 및 요인 상호작용**(Factor(s) and Factor Interactions) 상자에서 변인 또는 요인 이름을 클릭하
고 ⬇ 단추를 클릭하면 얻을 수 있다. 여러분이 설계상 하나 이상의 요인을 가지고 있어서 주효과와
상호작용에 대한 기술통계를 얻고 싶을 경우 유용하다.

마지막으로 <kbd>OK</kbd> 단추를 클릭하면 SPSS는 여러분이 요구하는 검증을 계산해줄 것이다. **일반
선형 모형**(General Linear Model)을 통한 **일변량**(Univariate) 명령어를 사용한 결과물[**일변량 : 옵
션**(Univariate: Options)에서 **기술통계**(Descriptive statistics)를 클릭함으로써 얻을 수 있는 평균,
표준편차, N(점수의 수)를 포함]의 예시를 보려면 다음을 보아라.

일원 피험자 간 ANOVA의 SPSS 분석 결과

메뉴 항목을 통한 분석 : 일반 선형 모형 > 일변량 분석

Univariate Analysis of Variance

Between-Subjects Factors

		Value Label	N
presentation condition	1	unmasked	10
	2	greyblob	10
	3	pixelated	10
	4	negated	10

SPSS는 분석하고 있는 요인, 요인별 수준의 내용 및 각 수준별 참가자의 수를 알려준다.

Descriptive Statistics

Dependent Variable: memory

presentation condition	Mean	Std. Deviation	N
unmasked	66.7000	5.33437	10
greyblob	55.7000	3.80205	10
pixelated	57.7000	5.41705	10
negated	67.2000	4.58984	10
Total	61.8250	7.00142	40

이 표는 **일변량 : 옵션**(Univariate: Options) 대화상자에서 **기술통계량**(Descriptive statistics)를 요청하면 나타나게 된다.

요인별 각 수준에 대한 평균과 표준편차

전체 평균과 표준편차, 즉 조건에 관계없이 참가한 모든 참가자에 대한 통계치

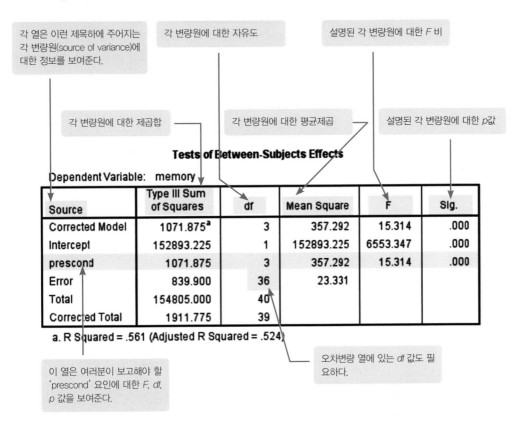

Levene's Test of Equality of Error Variancesa

Dependent Variable: memory

F	df1	df2	Sig.
.490	3	36	.692

만약에 Levene 검증이 유의미하다면 이것은 변량의 동질성 가정이 위배되었다는 것을 의미한다. 여기에서는 유의미하지 않다.

Tests the null hypothesis that the error variance of the dependent variable is equal across groups.

각 열은 이런 제목하에 주어지는 각 변량원(source of variance)에 대한 정보를 보여준다.

각 변량원에 대한 자유도

설명된 각 변량원에 대한 F 비

각 변량원에 대한 제곱합

각 변량원에 대한 평균제곱

설명된 각 변량원에 대한 p값

Tests of Between-Subjects Effects

Dependent Variable: memory

Source	Type III Sum of Squares	df	Mean Square	F	Sig.
Corrected Model	1071.875a	3	357.292	15.314	.000
Intercept	152893.225	1	152893.225	6553.347	.000
prescond	1071.875	3	357.292	15.314	.000
Error	839.900	36	23.331		
Total	154805.000	40			
Corrected Total	1911.775	39			

a. R Squared = .561 (Adjusted R Squared = .524)

오차변량 열에 있는 df 값도 필요하다.

이 열은 여러분이 보고해야 할 'prescond' 요인에 대한 F, df, p 값을 보여준다.

결과보고

보고서는 다음과 같이 작성한다.

참가자들이 목격 증언 중 올바르게 기억한 양에 대하여 일원 피험자 간 ANOVA를 시행하였다. 그 결과 제시 조건의 효과가 유의미한 것으로 나타난다[$F(3,36) = 15.31$, $p < .001$].

여러분은 결과 섹션에서 효과크기의 측정치와 각 조건의 신뢰구간에 대한 정보를 보고하고 싶을 수 있다(제1절 참조). 또한 제5장 제2절을 참고하면 오차막대그래프를 얻을 수 있다. 어떤 쌍의 조건들이 유의미하게 서로 다른지를 규명하기 위해서는 적절한 계획적 또는 비계획적 비교를 수행해야 하며, 이것은 이 절의 후반부에서 다루도록 하겠다.

분석 방법 : 일원 ANOVA 명령어 사용하기

언급한 바와 같이 일원 피험자 간 ANOVA는 SPSS에서 두 가지 방법으로 수행될 수 있다. 이것은 두 번째 방법에 대한 것으로, 더 단순한 결과물과 집단 간 변량이 동일하지 않을 때의 대안적 F를 제공한다.

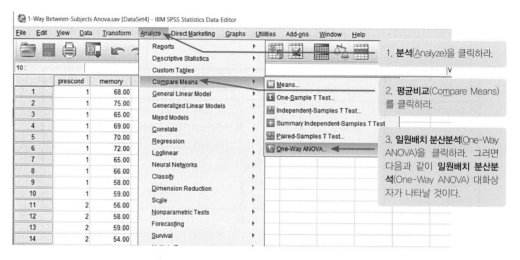

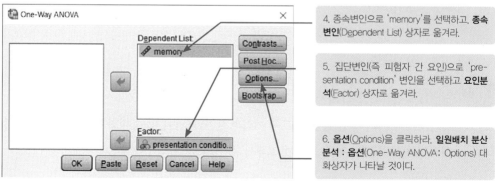

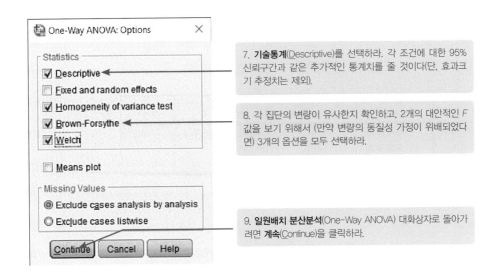

7. **기술통계**(Descriptive)를 선택하라. 각 조건에 대한 95% 신뢰구간과 같은 추가적인 통계치를 줄 것이다(단, 효과크기 추정치는 제외).

8. 각 집단의 변량이 유사한지 확인하고, 2개의 대안적인 *F* 값을 보기 위해서 (만약 변량의 동질성 가정이 위배되었다면) 3개의 옵션을 모두 선택하라.

9. **일원배치 분산분석**(One-Way ANOVA) 대화상자로 돌아가려면 **계속**(Continue)을 클릭하라.

마지막으로 OK 단추를 클릭하라. 주석이 달린 분석 결과는 다음을 참고하라.

일원 피험자 간 ANOVA의 SPSS 분석 결과

메뉴 항목을 통한 분석 : 평균비교 > 일원배치 분산분석

Oneway

이 표는 **일원배치 분산분석 : 옵션**(One-Way ANOVA: Options) 대화상자에 있는 **기술통계량**(Descriptive)을 요청하면 나타나게 된다.

Descriptives

memory

	N	Mean	Std. Deviation	Std. Error	95% Confidence Interval for Mean		Minimum	Maximum
					Lower Bound	Upper Bound		
unmasked	10	66.7000	5.33437	1.68688	62.8840	70.5160	58.00	75.00
greyblob	10	55.7000	3.80205	1.20231	52.9802	58.4198	48.00	61.00
pixelated	10	57.7000	5.41705	1.71302	53.8249	61.5751	51.00	68.00
negated	10	67.2000	4.58984	1.45144	63.9166	70.4834	58.00	74.00
Total	40	61.8250	7.00142	1.10702	59.5858	64.0642	48.00	75.00

이 표는 **일원배치 분산분석 : 옵션**(One-Way ANOVA : Options) 대화상자에 있는 **분산 동질성 검증**(Homogeneity of variance test)을 요청하면 나타나게 된다. 만약 Levene 검증이 유의미했다면, 이것은 변량의 동질성 가정이 위배되었음을 의미한다. 여기에서는 유의미하지 않다.

Test of Homogeneity of Variances

memory

Levene Statistic	df1	df2	Sig.
.490	3	36	.692

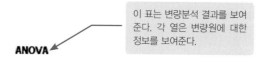

이 표는 변량분석 결과를 보여준다. 각 열은 변량원에 대한 정보를 보여준다.

ANOVA

memory

	Sum of Squares	df	Mean Square	F	Sig.
Between Groups	1071.875	3	357.292	15.314	.000
Within Groups	839.900	36	23.331		
Total	1911.775	39			

이 열은 여러분이 보고해야 할 'prescond' 요인에 대한 F, df, p 값을 보여준다.

집단 내(Within Groups) 열(오차 변량 열)에 있는 df 값도 필요하다.

이 표는 **일원배치 분산분석 : 옵션**(One-Way ANOVA : Options) 대화상자에 있는 <u>B</u>rown-Forsythe와 <u>W</u>elch를 요청하면 나타나게 된다. 이들은 대안적 F 비로, Levene 검증이 유의하여 변량의 동질성 가정이 위배되었을 때 사용할 수 있다.

Robust Tests of Equality of Means

memory

	Statistic[a]	df1	df2	Sig.
Welch	16.488	3	19.797	.000
Brown-Forsythe	15.314	3	33.733	.000

a. Asymptotically F distributed.

 결과보고

보고서는 다음과 같이 작성한다.

참가자들이 목격 증언 중 올바르게 기억한 양에 대하여 일원 피험자 간 ANOVA를 시행하였다. 그 결과 제시조건의 효과는 통계적으로 유의한 것으로 나타났다[$F(3,36) = 15.31$, $p < .001$].

 여러분은 결과에서 효과크기의 측정치(제1절 참조)와 각 집단에서의 신뢰구간에 대한 정보를 보고하고 싶을 수 있다. 오차막대도표(Error bar chart)를 얻는 방법은 제5장의 제2절을 참고하라. 어떤 조건 쌍 간의 차이가 유의미한지를 규명하기 위해서는 앞으로 우리가 보여줄 계획적 또는 비계획적 비교를 적절하게 수행해야 할 것이다.

계획적 및 비계획적 비교

일원 피험자 간 ANOVA는 제시조건의 유의미한 차이를 보여주었다. 그러나 우리는 추가 분석을 통해 조건 쌍들을 비교하여 이 효과의 근원을 정확히 찾아낼 수 있다. 제1절에서 우리는 비교에는 계획적과 비계획적, 두 가지 유형이 있음을 설명했다. 설명을 위한 목적으로 우리는 동일한 데이터를 사용하여 두 가지를 모두 수행할 것이다. 그러나 보통은 한 가지 유형만 수행하면 된다.

SPSS에서의 비계획적(사후검증) 비교

선택할 수 있는 사후검증이 많기 때문에 통계 책을 보고 여러분의 데이터에 가장 알맞은 것을 선택하기 바란다. 예를 들어, 여러분의 데이터가 동일한 표집 규모를 가졌는지 또는 표본 변량이 동일한지에 따라 몇몇은 다른 것보다 더 알맞을 수 있다(Field, 2013). 우리는 일원 피험자 간 변량분석을 수행하는 두 가지 방법을 각각의 SPSS 대화상자를 통해 보여줌으로써 어떻게 검사들을 선택하는지 보여주겠다. 결과는 240쪽에 나온 것과 동일하다.

일반 선형 모형 명령어 사용하기

분석(Analyze) → **일반 선형 모형(General Linear Model)** → **일변량(Univariate)**을 클릭하라.

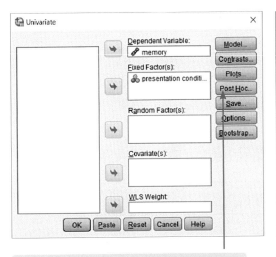

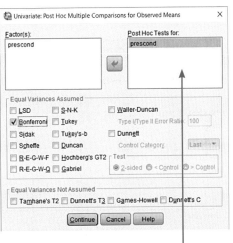

1. 비계획적 비교를 수행하려면 **사후분석(Post Hoc)** 단추를 클릭하라. 그러면 **일변량 : 관측평균의 사후분석 다중비교**(Univariate: Post Hoc Multiple Comparisons for Observed Means) 대화상자가 나타날 것이다(오른쪽).

2. 관련 요인을 **사후검증변인(Post Hoc Tests for)** 상자로 옮기고 여러분이 수행하기를 원하는 사후분석 검증을 선택하라. 여기에서 우리는 **Bonferroni**를 선택하였다. 일원 배치 분산분석 대화상자로 돌아가려면 **계속(Continue)**을 클릭하라. 그리고 **확인(OK)**을 클릭하라.

일원 ANOVA 명령어 사용하기

분석(Analyze) → 평균비교(Compare Means) → 일원배치 분산분석(One-Way ANOVA)을 클릭하라.

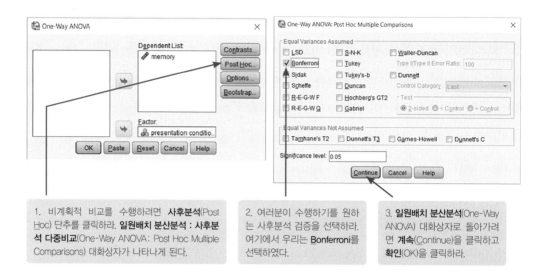

1. 비계획적 비교를 수행하려면 **사후분석(Post Hoc)** 단추를 클릭하라. 일원배치 분산분석 : 사후분석 다중비교(One-Way ANOVA: Post Hoc Multiple Comparisons) 대화상자가 나타나게 된다.

2. 여러분이 수행하기를 원하는 사후분석 검증을 선택하라. 여기에서 우리는 Bonferroni를 선택하였다.

3. **일원배치 분산분석(One-Way ANOVA)** 대화상자로 돌아가려면 **계속(Continue)**을 클릭하고 **확인(OK)**을 클릭하라.

사후검증에 대한 SPSS 결과물

Post Hoc Tests

이 제목과 **다중비교(Multiple Comparisons)** 표는 ANOVA 분석 결과에서 모든 다른 표에 나타나게 된다.

presentation condition

Multiple Comparisons

Dependent Variable: memory
Bonferroni

(I) presentation condition	(J) presentation condition	Mean Difference (I-J)	Std. Error	Sig.	95% Confidence Interval	
					Lower Bound	Upper Bound
unmasked	greyblob	11.0000*	2.16012	.000	4.9690	17.0310
	pixelated	9.0000*	2.16012	.001	2.9690	15.0310
	negated	-.5000	2.16012	1.000	-6.5310	5.5310
greyblob	unmasked	-11.0000*	2.16012	.000	-17.0310	-4.9690
	pixelated	-2.0000	2.16012	1.000	-8.0310	4.0310
	negated	-11.5000*	2.16012	.000	-17.5310	-5.4690
pixelated	unmasked	-9.0000*	2.16012	.001	-15.0310	-2.9690
	greyblob	2.0000	2.16012	1.000	-4.0310	8.0310
	negated	-9.5000*	2.16012	.001	-15.5310	-3.4690
negated	unmasked	.5000	2.16012	1.000	-5.5310	6.5310
	greyblob	11.5000*	2.16012	.000	5.4690	17.5310
	pixelated	9.5000*	2.16012	.001	3.4690	15.5310

Based on observed means.
The error term is Mean Square(Error) = 23.331.

*. The mean difference is significant at the .05 level.

SPSS는 복잡한 매트릭스를 인쇄해준다(상관관계에서처럼). 필요한 분석만을 골라내고 나머지 반복사항은 무시하면 된다.

요인들이 네 가지 수준을 가지고 있으므로, 여섯 가지 비교가 가능하다. 각각의 p값들이 여기 강조되어 있다.

결과보고

결과는 다음과 같이 기술할 수 있다.

Bonferroni 사후검증 결과, 차폐 집단과 회색반점 집단 간의 차이($p < .001$), 차폐 집단과 짙은 음영 집단 간의 차이($p = .001$), 회색반점 집단과 얼굴윤곽바꿈 집단 간의 차이($p < .001$), 짙은 음영 집단과 얼굴윤곽바꿈 집단 간의 차이($p = .001$)가 유의미한 것으로 나타났다. 차폐 집단과 얼굴윤곽바꿈 집단 간($p = 1$), 그리고 회색반점 집단과 짙은 음영 집단 간($p = 1$)에는 유의미한 차이가 없었다.

또는 간추려서 다음과 같이 기술할 수 있다.

차폐 집단과 얼굴윤곽바꿈 집단, 그리고 회색반점 집단과 짙은 음영 집단(모두 $p = 1$) 간에는 유의미한 차이가 없었다. 회색반점 집단과 짙은 음영 집단은 차폐 집단과 얼굴윤곽바꿈 집단 각각과 유의미한 차이를 보였다($p \leq .001$).

SPSS에서의 계획적 비교

일반적으로 계획적 비교를 위해서는 하나의 수준 또는 일련의 수준들을 또 다른 수준 또는 일련의 수준들과 비교할 수 있게 해주는 선형대비 기술을 사용한다. 가장 간단한 방법은 각각에 가중치를 부여하는 것이다. 이러한 가중치는 '계수'라고 알려져 있다. 이 기술은 SPSS에서 사용이 가능하고, 특정 대비를 검사하기 위해 t 검증을 사용한다. 물론 인쇄물도 t값(등분산을 가정할 때와 등분산을 가정하지 않을 때를 위해 각각)을 제공한다. 비교된 집단 간 변량이 전반적으로 유사해야 하므로 (그렇지 않으면 ANOVA를 사용할 수 없음) 여러분은 '등분산을 가정'할 수 있지만 각각의 값들과 유의도를 확인해야 한다. 여기서 기억해야 할 것은 계획적 비교를 통해 구체적인 차이들을 검증할 것이므로 전반적인 주효과는 유의할 필요가 없다는 점이다.

가중치(또는 계수)를 부여함으로써 여러분은 세 종류의 비교를 할 수 있다.

1. 한 조건과 다른 조건을 비교할 수 있다.
2. 한 조건과 둘 또는 그 이상의 조건의 평균을 비교할 수 있다.
3. 일련의 조건들의 평균값과 또 다른 일련의 조건들의 평균을 비교할 수 있다.

이 모든 사례에서 우리는 비교에 포함시키고 싶지 않은 조건(또는 조건들)에 0의 가중치를 부여해야 한다. 서로 비교될 조건(또는 조건 집단들)에는 반대의 부호(양 또는 음)가 부여된다.

따라서 여러분이 네 가지 조건 C1, C2, C3, C4를 가졌다고 가정해보자.

- 만약 여러분이 조건 1과 3만을 비교하고 싶다면 1, 0, −1, 0과 같이 가중치를 부여할 수 있다.
- 만약 여러분이 첫 두 조건의 평균과 세 번째 조건을 비교하고 싶다면 1, 1, −2, 0과 같이 가중치를 부여할 수 있다.
- 만약 여러분이 첫 두 조건의 평균과 마지막 두 조건의 평균을 비교하고 싶다면 1, 1, −1, −1과 같이 가중치를 부여할 수 있다.

 만약 같은 데이터에서 하나 이상의 계획적 비교를 수행하고자 한다면 먼저 비교들이 상호 독립적인지, 즉 비중복 비교[독립적(orthogonal) 비교]임을 확인해야 한다. 각 쌍의 비교를 두고 각 수준에 부여된 가중치를 모두 합하면 0이 되어야 한다(좋은 통계 책, 가령 Howell, 2013 참조).

만약 여러분이 **일원 ANOVA**(One-Way ANOVA) 명령어를 사용하여 계획적 비교를 수행한다면, 여러분은 대비(앞에 살펴본 바와 같이)를 직접 설계하고, 대화상자에서 가중치(계수)를 입력하면 된다. 어떻게 하는지는 다음에 보여주도록 하겠다.

일원 ANOVA 명령어 사용하기

분석(Analyze) → **평균비교**(Compare Means) → **일원배치 분산분석**(One-Way ANOVA)을 클릭하라.

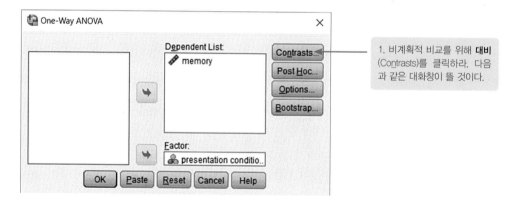

1. 비계획적 비교를 위해 **대비**(Contrasts)를 클릭하라. 다음과 같은 대화창이 뜰 것이다.

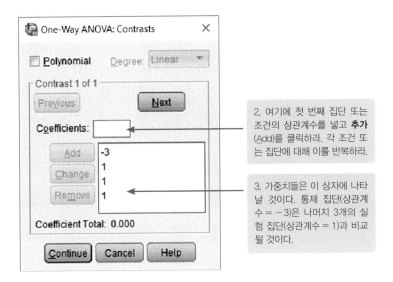

2. 여기에 첫 번째 집단 또는 조건의 상관계수를 넣고 **추가**(Add)를 클릭하라. 각 조건 또는 집단에 대해 이를 반복하라.

3. 가중치들은 이 상자에 나타날 것이다. 통제 집단(상관계수 $= -3$)은 나머지 3개의 실험 집단(상관계수 $= 1$)과 비교될 것이다.

앞의 대화상자는 통제 집단(얼굴이 공개된 목격자를 본 집단)과 세 가지 실험 집단(얼굴이 차폐된 목격자를 본 집단)을 비교하는 계획적 비교를 보여준다. 선형 대비가 요청되었고, 집단 1에, 그리고 집단 2, 3, 4에 대해 계수들이 입력되었다. 결과는 다음과 같으며 비교는 유의미했다.

대비에 대한 SPSS 결과물

메뉴 항목을 통한 분석 : 평균비교 > 일원 ANOVA

Oneway

ANOVA

memory

	Sum of Squares	df	Mean Square	F	Sig.
Between Groups	1071.875	3	357.292	15.314	.000
Within Groups	839.900	36	23.331		
Total	1911.775	39			

Contrast Coefficients

	presentation condition			
Contrast	unmasked	greyblob	pixelated	negated
1	-3	1	1	1

이 열은 여러분이 요청한 대비에서의 t, df, p 값을 포함하며, 동일한 변량을 가정한다.

Contrast Tests

		Contrast	Value of Contrast	Std. Error	t	df	Sig. (2-tailed)
memory	Assume equal variances	1	-19.5000	5.29119	-3.685	36	.001
	Does not assume equal variances	1	-19.5000	5.66539	-3.442	13.818	.004

결과보고

결과는 다음과 같이 보고할 수 있다.

계획적 비교 결과, 목격자의 얼굴을 본 피험자들은 나머지 세 가지 차폐 조건에 배정된 피험자들보다 목격자의 진술을 유의하게 더 많이 기억했다($t = 3.69$, $df = 36$, $p = .001$).

기억해야 할 점은 대비 검사는 여러분에게 여러분이 비교한 조건들이 유의미하게 서로 다른지 아닌지에 대해서는 이야기해주지만, 차이의 **방향**에 대해서는 아무것도 알려주지 않는다는 것이다. 결과를 완전히 해석하기 위해서는 비교 대상이 되는 조건 또는 집단의 기술통계를 살펴볼 필요가 있다.

일반 선형 모형 명령어 사용하기

일원 ANOVA를 수행하는 것 외의 다른 방법으로, 여러분은 미리 결정된 대비의 범위를 선택할 수도 있다.

분석(**A**nalyze) → **일반 선형 모형**(**G**eneral Liner Model) → **일변량**(**U**nivariate)을 클릭하라.

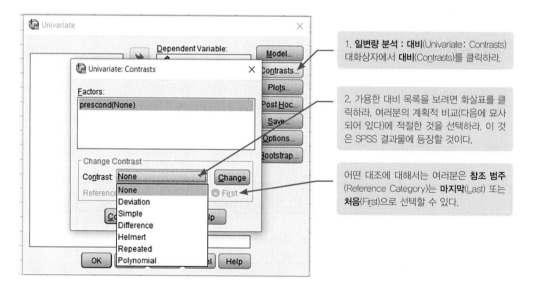

1. **일변량 분석 : 대비**(Univariate: Contrasts) 대화상자에서 **대비**(**C**ontrasts)를 클릭하라.

2. 가용한 대비 목록을 보려면 화살표를 클릭하라. 여러분의 계획적 비교(다음에 묘사되어 있다)에 적절한 것을 선택하라. 이 것은 SPSS 결과물에 등장할 것이다.

어떤 대조에 대해서는 여러분은 **참조 범주**(Reference Category)는 **마지막**(**L**ast) 또는 **처음**(**F**irst)으로 선택할 수 있다.

1. **편차 대비**(Deviation contrast)는 전체 효과 대비 요인의 각 수준의 효과(참조 범주 제외)를 비교한다. 따라서 만약에 요인에 3개의 수준이 있으면, 2개의 대비가 수행될 것이다. 만약 참조 범주가 마지막으로 설정되어 있다면, 전체 효과(1, 2, 3 수준을 합친 것)에 대해 1수준과 2수준이 비교될 것이다. 만약 여러분이 참조범주를 처음으로 선택한다면, 2수준과 3수준이 전체 효과에

대해 비교될 것이다.

2. **단순 대비**(Simple contrast)에서는 각 수준의 요인이 마지막 수준과 비교될 것이다. 그러나 여러 분은 참조 범주를 바꿔서 각 수준이 첫 번째 수준과 비교되도록 할 수 있다. 예를 들어 세 가지 수준이 있다면 2수준과 3수준이 각각 1수준과 비교되도록 말이다.

3. **차분 대비**(Difference contrast)에서는 첫 번째를 제외한 각 수준의 요인이 모든 이전 수준들의 평균 효과와 비교되는 것이다. 따라서 만약에 세 가지 수준이 있다면 3수준은 2수준과 1수준의 결합된 효과와 비교가 되는 것이고, 2수준은 1수준과 비교되는 것이다.

4. **Helmert 대비**(Helmert contrast)는 차분 대비와 반대로, 마지막 수준을 제외한 나머지 각 수준 의 요인의 효과는 뒤따르는 수준들의 평균 효과와 비교되는 것이다. 만약에 세 수준이 있다면 1 수준은 2수준과 3수준이 결합된 것과 비교될 것이고, 2수준은 3수준과 비교될 것이다.

5. **반복 대비**(Repeated contrast)는 각 수준이 이전 수준과 비교되는 것으로, 만약 세 수준이 있다 면 2수준은 1수준과, 3수준은 2수준과 비교가 된다.

6. **다항 대비**(Polynomial contrast)는 데이터의 추세를 보기 위해 사용될 수 있다. 예를 들어 선형 적 추세를 보기 위해 사용될 수 있다.

Kruskal – Wallis 검증

이 절을 마무리하며, 우리는 여러분에게 여러분의 데이터가 ANOVA의 가정을 충족시키지 못했을 때 사용할 수 있는 일원 ANOVA의 비모수적 대응기법을 소개하고자 한다. 설명을 위한 목적으로 이 절에서 사용한 동일한 데이터를 사용하여 Kruskal – Wallis 검증을 수행하겠다.

분석 방법

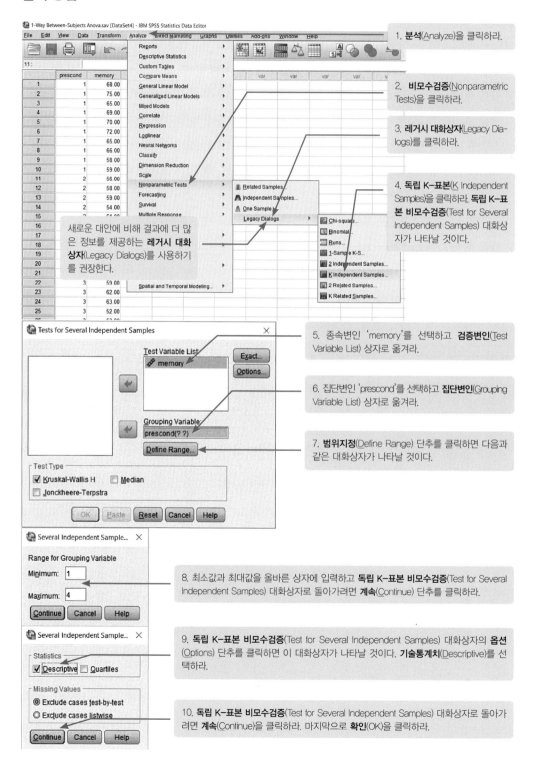

1. **분석**(Analyze)을 클릭하라.

2. **비모수검증**(Nonparametric Tests)을 클릭하라.

3. **레거시 대화상자**(Legacy Dialogs)를 클릭하라.

4. **독립 K-표본**(K Independent Samples)을 클릭하라. **독립 K-표본 비모수검증**(Test for Several Independent Samples) 대화상자가 나타날 것이다.

새로운 대안에 비해 결과에 더 많은 정보를 제공하는 **레거시 대화상자**(Legacy Dialogs)를 사용하기를 권장한다.

5. 종속변인 'memory'를 선택하고 **검증변인**(Test Variable List) 상자로 옮겨라.

6. 집단변인 'prescond'를 선택하고 **집단변인**(Grouping Variable List) 상자로 옮겨라.

7. **범위지정**(Define Range) 단추를 클릭하면 다음과 같은 대화상자가 나타날 것이다.

8. 최소값과 최대값을 올바른 상자에 입력하고 **독립 K-표본 비모수검증**(Test for Several Independent Samples) 대화상자로 돌아가려면 **계속**(Continue) 단추를 클릭하라.

9. **독립 K-표본 비모수검증**(Test for Several Independent Samples) 대화상자의 **옵션**(Options) 단추를 클릭하면 이 대화상자가 나타날 것이다. **기술통계치**(Descriptive)를 선택하라.

10. **독립 K-표본 비모수검증**(Test for Several Independent Samples) 대화상자로 돌아가려면 **계속**(Continue)을 클릭하라. 마지막으로 **확인**(OK)을 클릭하라.

Kruskal – Wallis 검증에 대한 SPSS의 결과물

메뉴 항목을 통한 분석 : 비모수적 검증법 > K 독립적 표집

이 표는 **옵션**(Options) 단추를 클릭하면 얻을 수 있다. 첫 번째 열은 참가자들이 증인 선서에서 올바르게 기억해낸 정도를 보여준다. 그러나 이것은 40명의 참가자 전체에 대한 것이지, 피험자 간 조건과는 무관하다. 보고를 할 때에는 **데이터 탐색**(Explore)을 통해 얻은 각 집단에 대한 기술통계가 훨씬 더 유용할 수 있다(제3장 제4절 참조).

NPar Tests

Descriptive Statistics

	N	Mean	Std. Deviation	Minimum	Maximum
memory	40	61.8250	7.00142	48.00	75.00
presentation condition	40	2.50	1.132	1	4

Kruskal-Wallis Test

Kruskal–Wallis 계산에 관한 정보. 이것은 Mann–Whitney 검증을 확장시킨 것이라고 보면 된다. 이 부분에 대한 설명을 위해서는 검증 결과에 첨부된 내용을 참조하라(제5장 제5절).

Ranks

	presentation condition	N	Mean Rank
memory	unmasked	10	28.70
	greyblob	10	10.40
	pixelated	10	13.45
	negated	10	29.45
	Total	40	

Kruskal–Wallis 계산에 의해 구해진 값으로 카이제곱(X^2)을 이용하여 유의미성을 평가하였다.

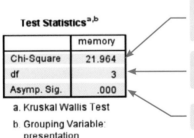

Test Statistics[a,b]

	memory
Chi-Square	21.964
df	3
Asymp. Sig.	.000

a. Kruskal Wallis Test

b. Grouping Variable: presentation condition

자유도는 k–1로, 여기서 k는 요인에 있는 수준들의 수를 말한다.

p값

결과보고

결과는 다음과 같이 보고할 수 있다.

피험자들의 목격자 진술 기억에 미치는 제시 조건의 효과를 살펴보기 위해 Kruskal – Wallis 검증을 수행하였다. 그 결과, $X^2(3, N = 40) = 21.96$, $p < .001$과 같이 제시 조건의 효과가 유의미했다.

제3절 │ 이원 피험자 간 ANOVA

사례연구 : 피고의 매력 정도와 성별이 선고량에 미치는 효과

이원 피험자 간 ANOVA에서 데이터를 분석하는 방법을 연습하기 위해 앞에서 언급했던 문제로 돌아가서 피고의 매력 정도와 선고형량 간의 관계를 검토해보겠다. ANOVA 설계를 사용하여 우리는 피고의 매력 정도뿐만 아니라 성별도 함께 고려할 수 있다. 이 연구에서 60명의 참가자에게 살인 및 받아야 할 죄목과 함께 피고의 증언이 기록된 증언록이 제시되었다. 20명의 참가자에게는 사진이 부착되지 않은 증언록이 제시되었고, 20명의 참가자들에게는 매력적인 피고의 사진과 증언록을 받았으며, 20명의 참가자는 매력적이지 않은 피고의 사진과 증언록을 제시받았다. 사진은 남자 또는 여자로 구성되었다. 참가자들에게 피고가 처벌로 몇 년이나 감옥에서 보내야 하는지를 결정하게 하였다.

설계는 3*2 피험자 간 ANOVA 설계였다. 첫 번째 피험자 간 요인은 세 수준에 따라 다르게 조작된 피고의 매력 정도에 대한 지식이었다. 이 수준은 피고의 사진을 보여주지 않는 조건(즉 매력 정도에 대해 아무 지식도 없는 조건), 매력적인 피고의 사진을 보여주는 조건, 매력적이지 않은 피고의 사진을 보여주는 조건으로 조작되었다. 두 번째 피험자 간 요인은 성별의 차이였다. 이 변인은 참가자와 동성 또는 이성의 사진을 보여줌으로써 조작되었다. 사진이 동봉되지 않은 조건의 피험자들에게는 피고의 성별을 글로 적어 알려주었다. 종속변인은 선고 구형량으로서 피고가 감옥에서 보내야 하는 수감기간(년)으로, 최소 3년에서 최대 25년까지의 분포를 보여주었다. 검증할 가설은 비매력적인 피고가 더 많은 구형량을 선고받을 것이고, 참가자의 성별에 따라 구형량의 길이가 달라질 것이라는 것이다(자료는 he.palgrave.com/psychology/brace에서 확인할 수 있다).

분석 방법

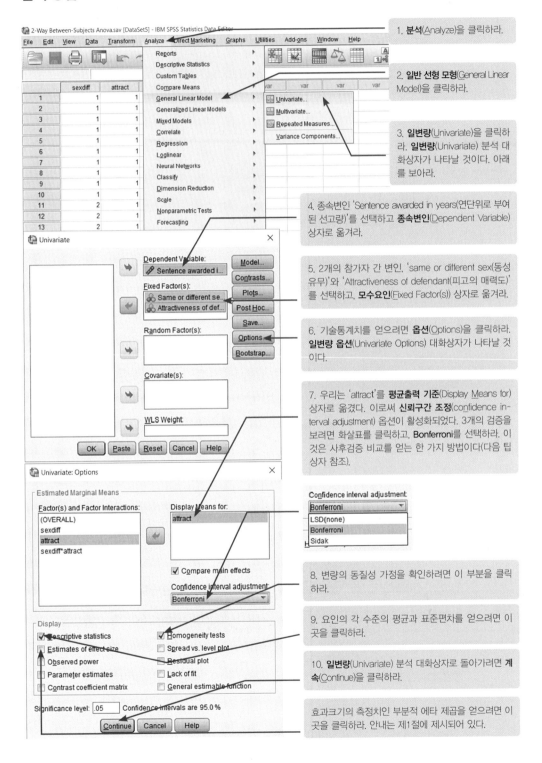

1. **분석**(Analyze)을 클릭하라.

2. **일반 선형 모형**(General Linear Model)을 클릭하라.

3. **일변량**(Univariate)을 클릭하라. **일변량**(Univariate) 분석 대화상자가 나타날 것이다. 아래를 보아라.

4. 종속변인 'Sentence awarded in years(연단위로 부여된 선고량)'를 선택하고 **종속변인**(Dependent Variable) 상자로 옮겨라.

5. 2개의 참가자 간 변인, 'same or different sex(동성 유무)'와 'Attractiveness of defendant(피고의 매력도)'를 선택하고, **모수요인**(Fixed Factor(s)) 상자로 옮겨라.

6. 기술통계치를 얻으려면 **옵션**(Options)을 클릭하라. **일변량 옵션**(Univariate Options) 대화상자가 나타날 것이다.

7. 우리는 'attract'를 **평균출력 기준**(Display Means for) 상자로 옮겼다. 이로써 **신뢰구간 조정**(confidence interval adjustment) 옵션이 활성화되었다. 3개의 검정을 보려면 화살표를 클릭하고, **Bonferroni**를 선택하라. 이것은 사후검증 비교를 얻는 한 가지 방법이다(다음 팁 상자 참조).

8. 변량의 동질성 가정을 확인하려면 이 부분을 클릭하라.

9. 요인의 각 수준의 평균과 표준편차를 얻으려면 이곳을 클릭하라.

10. **일변량**(Univariate) 분석 대화상자로 돌아가려면 **계속**(Continue)을 클릭하라.

효과크기의 측정치인 부분적 에타 제곱을 얻으려면 이곳을 클릭하라. 안내는 제1절에 제시되어 있다.

여러분은 **일변량**(Univariate) 대화상자에서 **도표**(Plots) 단추를 클릭함으로써 사후검증을 수행할 수 있다. 만약 한다면, 여러분은 선택할 수 있는 다양한 사후 검증들을 보게 될 것이다(제2절 참조). 여기에서 우리는 **일변량 : 옵션**(Univariate : Options) 대화상자에 있는 작은 사후검증 집합에서 선택하는 것을 보여줄 것이다. 사후검증들은 각각이 얼마나 보수적인지에서 차이가 난다. 고정된 LSD는 추천하지 않으며, 나머지 둘 중 Sidak은 Bonferroni보다 덜 보수적이다(Field, 2005).

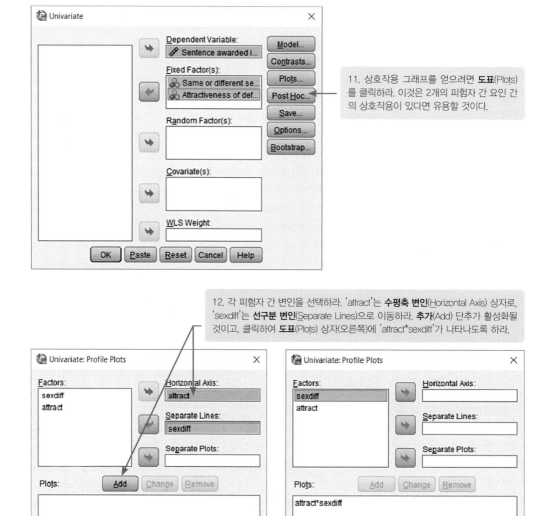

11. 상호작용 그래프를 얻으려면 **도표**(Plots)를 클릭하라. 이것은 2개의 피험자 간 요인 간의 상호작용이 있다면 유용할 것이다.

12. 각 피험자 간 변인을 선택하라. 'attract'는 **수평축 변인**(Horizontal Axis) 상자로, 'sexdiff'는 **선구분 변인**(Separate Lines)으로 이동하라. **추가**(Add) 단추가 활성화될 것이고, 클릭하여 **도표**(Plots) 상자(오른쪽)에 'attract*sexdiff'가 나타나도록 하라.

마지막으로 ⟨ OK ⟩ 단추를 클릭하라. 출력된 결과는 다음과 같다.

이원 피험자 간 ANOVA의 SPSS 분석 결과

메뉴 항목을 통한 분석 : 일반 선형 모형 > 일변량 분석

Univariate Analysis of Variance

SPSS는 여러분이 분석하고 있는 요인들에 대해 상기시켜준다. 각 요인에 어떤 수준이 있는지, 각 수준에 몇 명의 피험자가 들어 있는지에 대해 알려준다.

Between-Subjects Factors

		Value Label	N
Same or different sex	1	Same sex as defendant	30
	2	Opposite sex to defendant	30
Attractiveness of defendant	1	Attractive	20
	2	Unattractive	20
	3	No picture	20

이 표는 **일변량 : 옵션**(Univariate : Options) 대화상자에 있는 **기술통계량**(Descriptive)을 요청하면 나타나게 된다.

Descriptive Statistics

Dependent Variable: Sentence awarded in years

Same or different sex	Attractiveness of defendant	Mean	Std. Deviation	N
Same sex as defendant	Attractive	7.50	1.780	10
	Unattractive	11.20	2.300	10
	No picture	14.50	1.269	10
	Total	11.07	3.403	30
Opposite sex to defendant	Attractive	7.50	2.415	10
	Unattractive	10.30	2.058	10
	No picture	13.50	1.650	10
	Total	10.43	3.191	30
Total	Attractive	7.50	2.065	20
	Unattractive	10.75	2.173	20
	No picture	14.00	1.522	20
	Total	10.75	3.286	60

이 3개의 열은 요인 'attract'의 각 수준에 대한 기술통계치로서 다른 요인, 즉 'sexdiff' 변인은 무시한 상태에서의 통계치를 보여준다.

이 6개의 열은 연구의 조건 각각에 대한 기술통계치를 보여준다. 따라서 첫 번째 열은 매력적인 피고의 사진이 보여지며 피고와 동성인 참가자들에 대한 통계치이다.

이 두 열은 'attract' 요인은 무시한 상태에서 'sexdiff' 요인의 각 수준별 통계치이다.

Levene's Test of Equality of Error Variances a

Dependent Variable: Sentence awarded in years

F	df1	df2	Sig.
1.509	5	54	.202

Tests the null hypothesis that the error variance of the dependent variable is equal across groups.

a. Design: Intercept + sexdiff + attract + sexdiff * attract

변량의 동질성 가정이 위배되지 않았는지를 확인하기 위해 **일변량 분석 : 옵션**(Univariate : Options) 대화창에서 **동질성 검증**(Homogeneity tests)을 클릭하였다. 여기에서 보이는 것처럼 유의도가 .05 이상이었으므로, 데이터는 오차변량의 동질성 가정을 위배하지 않았다.

이 표는 변량분석 결과표이다. 각 열은 변량원에 대한 정보를 나타낸다.

Tests of Between-Subjects Effects

Dependent Variable: Sentence awarded in years

Source	Type III Sum of Squares	df	Mean Square	F	Sig.
Corrected Model	431.550[a]	5	86.310	22.658	.000
Intercept	6933.750	1	6933.750	1820.236	.000
sexdiff	6.017	1	6.017	1.579	.214
attract	422.500	2	211.250	55.457	.000
sexdiff * attract	3.033	2	1.517	.398	.674
Error	205.700	54	3.809		
Total	7571.000	60			
Corrected Total	637.250	59			

a. R Squared = .677 (Adjusted R Squared = .647)

이 열은 'sexdiff' 요인의 주효과에 대한 정보를 보여준다.

이 열은 'attract' 요인의 주효과에 대한 정보를 보여준다.

이 열은 'sexdiff'와 'attract' 요인의 상호작용 효과에 대한 정보를 보여준다.

이 표는 'attract'의 기술통계를 제공한다. 왜냐하면 우리는 **일변량 분석 : 옵션**(Univariate: Options) 대화창에서 'attract'를 **평균출력 기준**(Display Means for) 상자로 이동했기 때문이다.

그러나 이것을 하는 주된 이유는 **대응별 비교**(Pairwise Comparison) 표(다음)를 얻기 위해서이다. 이것은 Bonferroni 사후 검증 결과를 보여준다.

Estimates

Dependent Variable: Sentence awarded in years

Attractiveness of defendant	Mean	Std. Error	95% Confidence Interval	
			Lower Bound	Upper Bound
Attractive	7.500	.436	6.625	8.375
Unattractive	10.750	.436	9.875	11.625
No picture	14.000	.436	13.125	14.875

Pairwise Comparisons

Dependent Variable: Sentence awarded in years

(I) Attractiveness of defendant	(J) Attractiveness of defendant	Mean Difference (I-J)	Std. Error	Sig.[b]	95% Confidence Interval for Difference[b]	
					Lower Bound	Upper Bound
Attractive	Unattractive	-3.250*	.617	.000	-4.775	-1.725
	No picture	-6.500*	.617	.000	-8.025	-4.975
Unattractive	Attractive	3.250*	.617	.000	1.725	4.775
	No picture	-3.250*	.617	.000	-4.775	-1.725
No picture	Attractive	6.500*	.617	.000	4.975	8.025
	Unattractive	3.250*	.617	.000	1.725	4.775

Based on estimated marginal means

*. The mean difference is significant at the .05 level.

b. Adjustment for multiple comparisons: Bonferroni.

SPSS는 (상관분석에서 그러하듯) 행렬을 제공하며, 여러분은 3개의 가능한 비교를 알아보면 된다.

우리의 요인 'attract'가 세 가지 수준을 가지기 때문에 가능한 비교는 3개이다. p값은 강조되어 있다.

Profile Plots

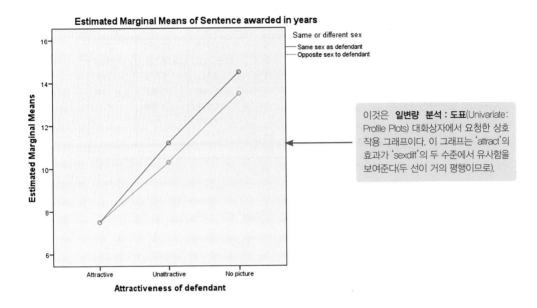

에타 제곱 구하기 : 효과크기 측정치

제1절에서 우리는 ANOVA를 수행하면서 효과크기를 어떻게 보고하는지에 대한 안내를 제공했다. 비록 SPSS가 부분 에타 제곱을 계산해줄 테지만, 이것은 조정된 측정치(다른 요인으로 인해 설명된 변량을 제외한 후의 한 요인에 의해 설명되는 변량)이기 때문에 해석하기가 쉽지 않다. 대신 Mulhern과 Greer(2011)는 손으로 계산하기에 상대적으로 직관적이고, 또 여러분의 모형에 포함된 각 요인 및 조절 효과에 의해 설명되는 변량이 전체 변량에서 차지하는 비율에 대해 알려주는 에타 제곱을 제안하였다. 우리는 이제 이것을 어떻게 수행하는지 보여주겠다. 그러나 선호되는 대안적인 측정치도 있다는 점을 명심하라. 왜냐하면 이러한 측정치들은 하나의 표집이 아닌 표본에서의 효과크기를 추정하고자 하기 때문이다(리뷰와 이것들을 어떻게 계산하는지에 대한 안내를 얻고자 한다면 Fritz, Morris, Richler, 2012 또는 여러분의 통계 책 참조). 에타 제곱은 ANOVA 결과에서 계산될 수 있다. 이것은 하나의 요인 또는 상호작용의 제곱의 합을 조정된 전체 제곱의 합으로 나눈 것으로, 이 값들은 **피험자 간 효과 검증**(Test of Between-Subjects Effects) 표에서 찾아볼 수 있다.

Tests of Between-Subjects Effects

Dependent Variable: Sentence awarded in years

Source	Type III Sum of Squares	df	Mean Square	F	Sig.
Corrected Model	431.550[a]	5	86.310	22.658	.000
Intercept	6933.750	1	6933.750	1820.236	.000
sexdiff	6.017	1	6.017	1.579	.214
attract	422.500	2	211.250	55.457	.000
sexdiff * attract	3.033	2	1.517	.398	.674
Error	205.700	54	3.809		
Total	7571.000	60			
Corrected Total	637.250	59			

a. R Squared = .677 (Adjusted R Squared = .647)

- 'sexdiff(성차)' 요인에 대해 (η^2) = 6.02/637.25 = .009
- 'attract(매력)' 요인에 대해 (η^2) = 422.50/637.25 = .663
- 'sexdiff*attract' 상호작용에 대해 (η^2) = 3.03/637.25 = .005

'attract' 요인은 종속 변인의 변량의 대략 66%를 차지하는 반면에 다른 요인인 'sexdiff'와 상호작용은 아주 작은 비율을 차지한다. 변량의 나머지는 오차에 의해 설명된다(205.7/637.25 = .32).

결과보고

보고서는 다음과 같이 작성한다.

재판 선고에 대해 피험자 간 이원 ANOVA를 수행하였다. 피고의 성별이 동일하든지 다르든지 간에 피험자의 성별은 형 기간에 영향을 미치지 않았다[$F(1,54) = 1.58$, $p = .214$, $\eta^2 = .009$]. 그러나 피고의 매력도에 대한 정보는 재판 선고에 영향을 미쳤으며 [$F(2,54) = 55.46$, $p < .001$, $\eta^2 = .663$], 다음의 그래프를 참고하라. 이 두 요인 간에 유의미한 상호작용은 없었다[$F(2,54) = 0.40$, $p = .674$, $\eta^2 = .005$]. Bonferroni 사후 비교에서는 사진 없음 조건과 매력적인 조건($p < .001$), 사진 없음과 매력적이지 않은 조건 ($p < .001$), 그리고 매력적인 조건과 매력적이지 않은 조건 간($p < .001$)에 유의미한 차이가 발견되었다.

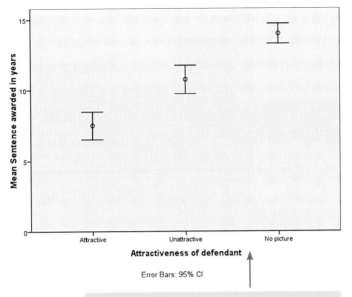

Error Bars: 95% CI

여러분은 이 오차막대그래프에서 유의미한 주효과의 효과가 나
타나도록 선택할 수 있다.

그런 그래프의 안내는 제5장 제2절을 참고하라.

여기에서 각 수준의 'attract'의 막대 간에는 겹치는 구간이 없다.
즉 대응별(pairwise) 사후검증 결과 차이가 유의미하다.

제4절 │ 일원 피험자 내 ANOVA, 계획적 및 비계획적 비교, 비모수적 등가

사례연구 : 스트룹 효과

많은 연구자들이 스트룹 효과를 연구하려고 하였다(Stroop, 1935). 이 효과를 나타내주는 가장 일
반적인 방법은 참가자들에게 글자 내용과 일치하지 않는 색깔로 인쇄된 색상의 이름(예 : 초록색
잉크로 '빨강'이라고 씀)을 보여준 다음, 잉크의 색깔을 이야기하게 하는 것이다. 결과는 우리가
단어를 읽는 특성 때문에 이 과제가 간단한 것이 아님을 보여준다. 즉 우리의 단어 읽기 특성이 잉
크의 색깔을 말하는 과제수행을 방해하게 되는 것이다. 학부생을 대상으로 하는 한 실험에서 우리
는 세 가지 목록을 고안하였다. 첫째 목록은 불일치하는 것이었고, 강한 단어 연상가를 가지는 네
단어(즉 풀밭, 석탄, 혈액, 하늘)를 포함하고 있었으며, 무선으로 세 번 반복되었다. 세 번 반복되
는 동안 각기 다른 불일치하는 색상의 잉크로 글씨가 만들어졌다(예 : '풀밭'이 검정, 빨강, 파랑으

로 인쇄되었다). 두 번째 목록은 내용과 색상이 일치하는 것이었고, 동일한 네 가지 단어가 무선적인 순서로 세 번 반복되었는데, 이때는 매번 단어의 내용과 인쇄 색상이 동일하였다(즉 '풀밭'은 초록색으로 인쇄되었다). 세 번째 목록은 중립적인 것이었고, 4개의 새로운 단어가 포함되었다. 이 단어들은 앞서 사용한 원래의 단어와 비교하여 단어 길이가 동일하도록 하였고 세 번 반복하였다. 이 단어들은 어떤 특정 색상과 연결되지 않았고, 4개의 구별되는 색상 중의 하나로 인쇄되었다(예 : 초록색 잉크로 쓰여진 '책상'). 이 세 가지 목록은 다른 실험 조건으로 구성되어 있었고, 모든 참가자들은 세 가지 목록 모두를 완성하였다. 목록의 순서는 참가자들에게 십자 균형으로 제공되었다.

채택된 설계는 일원 피험자 내 ANOVA 설계였다. 피험자 내 요인인 목록은 세 가지 수준으로 이루어졌다. 불일치조건, 일치조건, 중립조건이 그것이다. 종속변인은 목록에 있는 12단어의 잉크 색상에 이름을 부여하는 시간이 몇 초나 걸리는지를 알아보는 것이었다. 가설은 수행시간에 목록의 효과가 작용할 것, 즉 가장 짧은 이름 부여 시간은 부합하는 목록에, 가장 긴 이름 부여 시간은 부합하지 않는 목록에 효과가 있을 것이라는 것이었다(자료는 he.pelgrave.com/psychology/brace에서 확인할 수 있다).

결과 이해하기

피험자 내 ANOVA 결과는 기존 피험자 간 설계에서의 결과에서 볼 수 없었던 몇 가지 추가적인 섹션을 포함한다. 우리는 여기에서 그것을 기술하고, 결과를 다루면서 이들에게 관심을 둘 것이다.

1. **구형성에 대한 Mauchly 검증** : 이것은 중요하다. 만약에 여러분이 둘 이상의 수준이 포함된 피험자 내 요인을 가지고 있다면, SPSS는 Mauchly의 구형성(sphericity) 검증이라고 하는 검증 결과를 출력해줄 것이다. Mauchly의 구형성 검증이란 ANOVA에 입력된 데이터들이 특정 전제조건을 충족시켜주었는지를 결정해주는 통계검증이다. 이것은 독립 t 검증을 수행할 때 기술한 바 있는 변량의 동질성 유무를 검증한 Levene 검증과 유사하다고 할 수 있다. 피험자 내 ANOVA를 시행할 때 검증되어야 하는 전제사항은 모든 변인 간의 상관이 대략 동일하다는 것이다. 동일한 피험자들이 피험자 내 요인의 모든 수준을 수행하기 때문에, 수준들 간 가능한 모든 조합 간의 상관이 거의 동일할 것으로 가정할 수 있다. 만약 오직 두 수준만 있다면, 단 하나의 상관이 있을 것이기 때문에 셋 또는 그 이상의 수준이 존재할 때 이 검증은 더 가치 있게 된다. 카이 수치(chi value)가 Mauchly의 구형성 검증 절차의 유의미성을 검증해주기 위해 제시된다[따라서 분석 결과에 '근사 카이제곱(Approx. Chi-square)'값을 보고한다]. 이 카이제곱값의 유의미성 검증 결과가 보고된다. 만일 이 수치가 유의미하다면(즉 .05보다 작다면), 정상적인 피험자 내 ANOVA에 깔려 있는 전제사항이 침해된 것이다. 이런 일이 발생한다면 여러분은

Epsilon을 이용한 교정과 다중변인 검증(multivariate tests) 중 하나를 수행하면 된다.

2. **Epsilon을 이용한 교정** : SPSS는 이러한 Mauchly 검증의 전제사항 위배를 교정할 때 사용할 수 있는 Epsilon이라고 하는 세 가지 통계 추정치를 제공해준다. 위배 정도가 커질수록 Epsilon의 값은 작아진다. 여러분이 해야 할 일은 Epsilon이 사용하는 3개의 추정치 중에 어떤 것을 사용할지 선택하는 것이다. Greenhouse-Geisser Epsilon이 아마 사용하기에 가장 적절한 수치일 것이다. 그러나 여러분이 상대적으로 적은 피험자를 가지고 실험했다면 이 수치는 너무 축소될 가능성이 있다(즉 이 수치를 사용하면 유의미한 결과를 발견하게 될 가능성을 줄이게 될 것이다). 이 경우에는 Huynh-Feldt Epsilon이 적합할 것이다. Lower-bound Epsilon이라 불리는 세 번째 추정치는 가장 엄격한 교정치를 제공해주는 것으로, Epsilon에 대한 최소값을 제공해준다. SPSS는 교정된 값들을 표로 제공해준다. 특정 결과를 보고할 때 어떤 수치를 사용했는지를 분명히 해야 한다.

3. **다변량 검증** : 다변량 검증은 데이터에 대해 더 적은 가정을 만들고, 그렇기 때문에 Mauchly의 구형성 검증이 유의미할 때 더 적절하다. 다변량 검증표에서 SPSS는 4개의 서로 다른 다변량 통계치를 보고한다. Pilliai의 Trace, Wilks의 Lambda, Hotelling의 Trace, Roy의 Largest Root가 그것이다. 각각의 검증은 자유도와 관련된 F 값과 유의도를 함께 보고한다. 여러분은 아마도 4개의 보고된 F 값의 유의도 간에 오직 작은 차이만 있다는 것을 발견할 수 있을 것이다. 따라서 우리는 이것들 중 여러분이 하나를 선택하고 보고하기를 권한다. F의 다변량 값은 일변량 값보다 항상 낮다. 따라서 일변량 방법에서의 결과가 유의하지 않다면, 다변량 방법도 유의할 수 없다. 이러한 이유에서 SPSS는 일변량 검증이 유의하지 않을 때에는 다변량 추정치들을 보고하지 않는다.

4. 마지막으로 여러분의 설계가 피험자 간 요인을 포함하고 있지 않을 때 결과의 거의 마지막에 등장하는 **피험자 간 효과 검증** 표를 언급하는 것이 좋을 듯하다. 만약 설계에서 피험자 내 요인들만 가지고 있다면 무시해도 좋다. 왜냐하면 그 경우는 일원 피험자 내 ANOVA이기 때문이다. SPSS가 가정하고 있는 것은 분석에서 '피험자'란 추가적인 피험자 간 요인이라는 점이다. 즉 피험자 간 효과에서 "모든 피험자가 동일하게 수행했는가?"를 묻는 것과도 같은 것이다. 이 것은 심리학의 본성으로 피험자들은 거의 모든 과제에서 변산을 보이고, 따라서 여러분인 F 비가 언제나 높고 유의한 것을 발견할 수 있을 것이다. 여러분이 피험자들이 정말로 동일한 방식으로 항상 수행하는지에 대한 질문에 보통 관심을 두지 않듯(우리는 보통 피험자 집단에 걸친 일반적인 경향성을 알고 싶어 한다), 우리도 이 절에서의 결과는 무시하겠다. 심리학 논문에서 이 결과가 보고되는 것은 매우 드물 것이다.

분석 방법

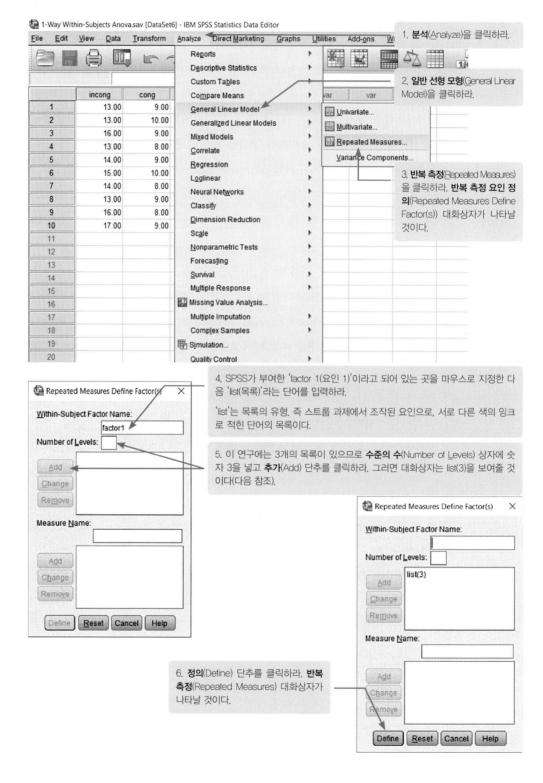

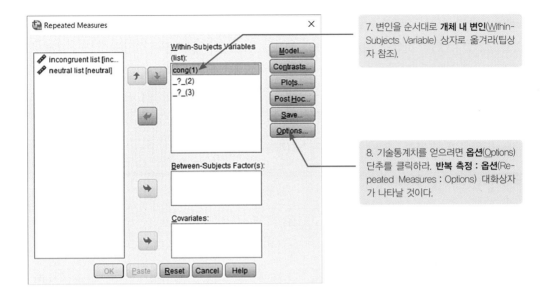

7. 변인을 순서대로 **개체 내 변인**(Within-Subjects Variable) 상자로 옮겨라(팁상자 참조).

8. 기술통계치를 얻으려면 **옵션**(Options) 단추를 클릭하라. **반복 측정 : 옵션**(Repeated Measures : Options) 대화상자가 나타날 것이다.

SPSS는 추세검증(trend test)을 해주기 때문에 특정한 순서에 입각하여 변인들을 입력하는 것이 필요하다. 이 연구에서는 목록에 있는 단어들에 대해 색깔이 무엇인지를 이름 붙이는 데 걸리는 시간이 일치된 목록에 대해 가장 적게 걸리고, 중립적인 단어 목록에 대해서는 좀 더 걸리고, 불일치하는 단어 목록에 대해서는 가장 많이 걸릴 것이라고 예상할 수 있다.

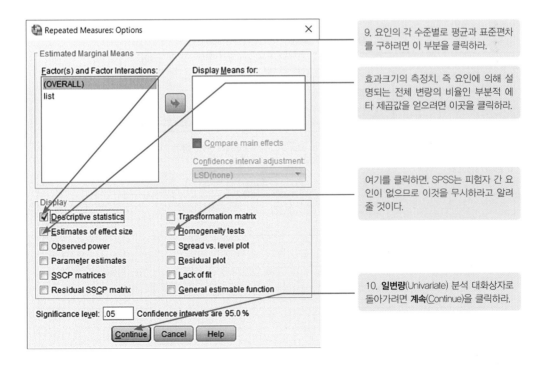

9. 요인의 각 수준별로 평균과 표준편차를 구하려면 이 부분을 클릭하라.

효과크기의 측정치, 즉 요인에 의해 설명되는 전체 변량의 비율인 부분적 에타 제곱값을 얻으려면 이곳을 클릭하라.

여기를 클릭하면, SPSS는 피험자 간 요인이 없으므로 이것을 무시하라고 알려 줄 것이다.

10. **일변량**(Univariate) 분석 대화상자로 돌아가려면 **계속**(Continue)을 클릭하라.

OK 단추를 클릭하면 다음과 같은 SPSS 결과 출력이 나타날 것이다. 여러분은 목록의 유의한 효과를 발견할 수 있을 것이고, 여러분의 결과 부분에 각 조건에 대한 평균값과 95% 신뢰구간을 표시하는 표를 포함할 수 있다(제3장 제5절 참조).

일원 피험자 내 ANOVA의 SPSS 분석 결과

메뉴 항목을 통한 분석 : 일반 선형 모형 > 반복 측정

General Linear Model

Within-Subjects Factors

Measure: MEASURE_1

list	Dependent Variable
1	cong
2	neutral
3	incong

이들은 'list' 요인의 각 수준에 대한 이름이다. 만약 **반복 측정**(Repeated Measures) 대화상자에서 이들을 입력한 순서에 의미가 있다면, 다음 쪽에 나타나는 **피험자 내 대비 검증**(Tests of Within-Subjects Contrasts) 표가 도움이 될 것이다.

Descriptive Statistics

	Mean	Std. Deviation	N
congruent list	8.9000	.73786	10
neutral list	11.1000	1.19722	10
incongruent list	14.4000	1.50555	10

보고서에 포함시킬 수 있는 기술통계치로, **반복 측정 : 옵션**(Repeated Measures : Options) 대화상자에서 **기술통계치**(Descriptive Statistics)를 선택하면 나타나게 된다.

Multivariate Tests[a]

Effect		Value	F	Hypothesis df	Error df	Sig.
list	Pillai's Trace	.920	45.993[b]	2.000	8.000	.000
	Wilks' Lambda	.080	45.993[b]	2.000	8.000	.000
	Hotelling's Trace	11.498	45.993[b]	2.000	8.000	.000
	Roy's Largest Root	11.498	45.993[b]	2.000	8.000	.000

a. Design: Intercept
   Within Subjects Design: list

b. Exact statistic

만약 **Mauchly의 구형성 검증**(Mauchly's test of Sphericity)이 유의미하다면 (다음과 같이) 여러분은 표에 제시된 네 가지 다변량 통계치 중 하나를 사용할 것을 고려해볼 수 있다. 왜냐하면 이 통계치들은 데이터에 대해 더 적은 가정들을 만들기 때문이다. 이 통계치에 대한 안내는 이 절의 도입부에 제공되어 있다.

Mauchly의 검증은 유의해야 함을 기억하라. 여기에는 두 가지 안이 있다. 다변량 접근을 택하여 위의 **다변량 검증**(Multivariate Tests) 표에 나온 네 가지 통계치 중 하나를 보고하거나, **피험자 간 효과 검증**(Tests of Within-Subjects Effects) 표에서 여러분이 선택한 Epsilon의 값을 보고하는 것이다.

Mauchly의 **구형성 검증**(Mauchly's Test of Sphericity)은 데이터가 다음의 가정을 충족시키는지를 고려한다. 'list' 요인의 모든 수준 간 상관은 대략적으로 동일하다. 여기에서 유의하지 않았으므로 이 가정은 위배되지 않았다.

Mauchly's Test of Sphericity[a]

Measure: MEASURE_1

Within Subjects Effect	Mauchly's W	Approx. Chi-Square	df	Sig.	Epsilon[b]		
					Greenhouse-Geisser	Huynh-Feldt	Lower-bound
list	.892	.914	2	.633	.903	1.000	.500

Tests the null hypothesis that the error covariance matrix of the orthonormalized transformed dependent variables is proportional to an identity matrix.

a. Design: Intercept
   Within Subjects Design: list

b. May be used to adjust the degrees of freedom for the averaged tests of significance. Corrected tests are displayed in the Tests of Within-Subjects Effects table.

Tests of Within-Subjects Effects

Measure: MEASURE_1

Source		Type III Sum of Squares	df	Mean Square	F	Sig.
list	Sphericity Assumed	153.267	2	76.633	68.741	.000
	Greenhouse-Geisser	153.267	1.805	84.906	68.741	.000
	Huynh-Feldt	153.267	2.000	76.633	68.741	.000
	Lower-bound	153.267	1.000	153.267	68.741	.000
Error(list)	Sphericity Assumed	20.067	18	1.115		
	Greenhouse-Geisser	20.067	16.246	1.235		
	Huynh-Feldt	20.067	18.000	1.115		
	Lower-bound	20.067	9.000	2.230		

이 열은 Mauchly 검증의 유의미하지 않을 때 사용하는 열이다. 이 열은 3개의 수준을 가지는 피험자 내 요인 'list'에 대한 값을 제공한다. 그 아래는 Epsilon의 세 가지 추정치이다. Mauchly 의 검증이 유의하지 않았기 때문에 조정은 필요하지 않으며, 이 표의 네 가지 다른 F 값이 모두 동일하다. 더 많은 정보를 원한다면 이 절의 처음을 참고하라.

오차항에 대한 *df*가 필요할 수 있다.

이 표는 두 가지 추세, 선형적과 곡선적 검증 결과를 보여준다.

Tests of Within-Subjects Contrasts

Measure: MEASURE_1

Source	list	Type III Sum of Squares	df	Mean Square	F	Sig.
list	Linear	151.250	1	151.250	102.736	.000
	Quadratic	2.017	1	2.017	2.663	.137
Error(list)	Linear	13.250	9	1.472		
	Quadratic	6.817	9	.757		

이 열은 선형적 추세 검증 결과이다.

Tests of Between-Subjects Effects

Measure: MEASURE_1

Transformed Variable: Average

Source	Type III Sum of Squares	df	Mean Square	F	Sig.
Intercept	3944.533	1	3944.533	1957.765	.000
Error	18.133	9	2.015		

언급한 바와 같이 이 표는 무시해도 괜찮다.

이 데이터에서 요인의 각 수준별 평균값에 대해 선형적인 추세변화가 유의미하였다[$F(1,9) =$ 102.74, $p < .001$]. 참가자들은 일치된 목록에서 12개 단어의 잉크 색을 명명하는 데 시간이 가장 적게 걸렸다. 중립 목록에 대해서는 조금 더 시간이 걸렸고, 불일치 목록에 대해서는 시간이 가장 많이 걸렸다.

이 데이터에 대해 곡선적 추세 변화(quadratic trend)는 유의미하지 않았다[$F(1,9) = 2.66$, $p = .137$]. 선형적인 추세 검증은 해당 점수들이 일직선 위에 떨어지는지를 분석하기 위해 사용된다. 곡선적 추세 분석은 U자 형태나 역U자 형태로 추세 변화가 나타나는지를 분석해준다. 여러분이 세 수준을 '일치', '불일치', '중립' 순서로 입력하였다면 곡선적 추세 변화가 유의미하였을 것이다. 여러분도 이런 분석을 수행하고 싶을 경우가 있을 수 있다.

 결과보고
보고서는 다음과 같이 작성한다.

스트룹 과제의 반응 시간에 대한 일원 피험자 내 ANOVA가 실시되었다. 목록 유형의 효과는 통계적으로 유의한 것으로, 변량의 큰 부분을 설명하는 것으로 나타났다. $F(2,18) = 68.74$, $p < .001$이다. 유의미한 선형적 관계, 즉 일치, 중립, 불일치에 따라 명명 시간이 증가하는 것으로 나타났다[$F(1,9) = 102.74$, $p < .001$].

 여러분은 결과 섹션에서 효과크기의 측정치와 각 조건의 신뢰구간에 대한 정보를 보고하고 싶을 수 있다(제1절 참조).

피험자 내 비교(Test of Within-Subjects Contrasts) 표는 경향성이 유의한지 아닌지에 대해서만 보여준다. 즉 각각의 조건이 서로 유의미하게 다른지에 대한 검증은 아니다. 그러나 **일반 선형 모형**(General Linear Model)을 통한 ANOVA 명령문은 제2절에서 소개된 일련의 비교들 중에서 여러분이 선택할 수 있도록 해준다. 또한 몇몇 비계획적(사후) 비교를 수행할 수도 있다. 우리는 앞의 데이터를 사용하여 피험자 내 요인에 대해 각각을 어떻게 수행하는지 보여줄 것이다. 계획적 대 비계획적 비교에 대한 보다 일반적인 안내가 필요하다면 제1절을 참고하기 바란다.

계획적 비교 : 피험자 내 요인을 위한 더 많은 비교

분석(Analyze) → 일반 선형 모형(General Linear Model) → 반복 측정(Repeated Measures)을 클릭하라.

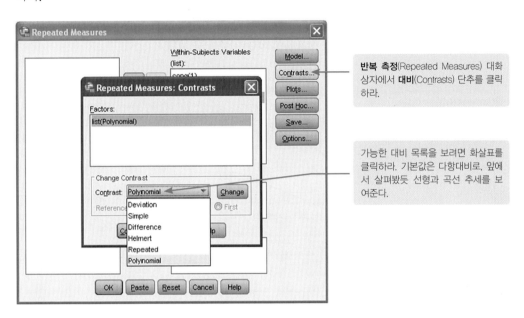

반복 측정(Repeated Measures) 대화상자에서 **대비**(Contrasts) 단추를 클릭하라.

가능한 대비 목록을 보려면 화살표를 클릭하라. 기본값은 다항대비로, 앞에서 살펴봤듯 선형과 곡선 추세를 보여준다.

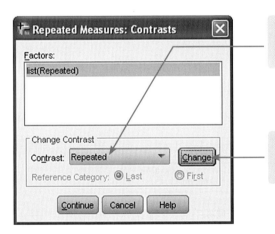

대안은 반복 대비로, 각 수준은 이전 수준(대비의 각 유형에 대한 기술은 제2절 참조)과 비교된다. 이렇게 얻은 결과는 두 쌍의 수준들 간의 차이가 유의미한지 보여준다(다음 참조).

여러분이 원하는 대비를 선택한 후, **변경**(Change) 단추를 클릭하라. **반복 측정**(Repeated Measures) 대화상자로 돌아가려면 **계속**(Continue) 단추를 클릭하라.

Tests of Within-Subjects Contrasts

Measure: MEASURE_1

Source	list	Type III Sum of Squares	df	Mean Square	F	Sig.
list	Level 1 vs. Level 2	48.400	1	48.400	27.923	.001
	Level 2 vs. Level 3	108.900	1	108.900	54.149	.000
Error(list)	Level 1 vs. Level 2	15.600	9	1.733		
	Level 2 vs. Level 3	18.100	9	2.011		

피험자 내 요인 ANOVA를 위한 비계획적 비교

비계획적(사후분석) 비교에 있어서 피험자 내 요인을 위한 선택지는 피험자 간 요인을 위한 것보다 더 제한적이다. **반복 측정**(Repeated Measures) 대화창에서 **사후분석**(Post Hoc) 단추를 클릭했다면, 여러분은 피험자 내 요인을 찾아볼 수 없을 것이다. 그러나 **반복 측정 : 옵션**(Repeated Measures: Options) 대화창에서 적은 사후분석 모음을 찾을 수 있다.

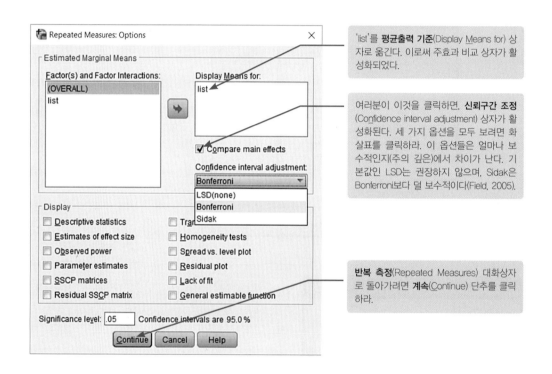

'list'를 **평균출력 기준**(Display Means for) 상자로 옮긴다. 이로써 주효과 비교 상자가 활성화되었다.

여러분이 이것을 클릭하면, **신뢰구간 조정**(Confidence interval adjustment) 상자가 활성화된다. 세 가지 옵션을 모두 보려면 화살표를 클릭하라. 이 옵션들은 얼마나 보수적인지(주의 깊은)에서 차이가 난다. 기본값인 LSD는 권장하지 않으며, Sidak은 Bonferroni보다 덜 보수적이다(Field, 2005).

반복 측정(Repeated Measures) 대화상자로 돌아가려면 **계속**(Continue) 단추를 클릭하라.

Pairwise Comparisons

Measure: MEASURE_1

(I) list	(J) list	Mean Difference (I-J)	Std. Error	Sig.[b]	95% Confidence Interval for Difference[b]	
					Lower Bound	Upper Bound
1	2	3.300*	.448	.000	2.286	4.314
	3	5.500*	.543	.000	4.272	6.728
2	1	-3.300*	.448	.000	-4.314	-2.286
	3	2.200*	.416	.001	1.258	3.142
3	1	-5.500*	.543	.000	-6.728	-4.272
	2	-2.200*	.416	.001	-3.142	-1.258

Based on estimated marginal means

*. The mean difference is significant at the .05 level.

b. Adjustment for multiple comparisons: Least Significant Difference (equivalent to no adjustments).

결과창에 **대응별 비교**(Pairwise Comparisons) 표가 나타날 것이다. 이것은 모든 쌍 간의 차이가 유의미함을 보여준다.

마지막으로 일원 피험자 간 ANOVA에서와 마찬가지로 일원 피험자 내 ANOVA에도 비모수적 버전이 있다는 것을 명심하라. 이것은 이 절의 마지막 부분에서 기술될 것이다.

Friedman 검증

Friedman 검증은 일원 피험자 내 분산분석의 비모수적 등가이다. 헷갈리게도 Friedman 검증은 'Friedman 이원 ANOVA'로도 알려져 있다(그 이유는 피험자 내 분산분석의 경우, 개인이 하나의 요인으로 간주되기 때문이다). 보여주기 위해 우리는 일원 피험자 내 ANOVA에서 사용한 것과 동일한 데이터를 사용하여 이 검증을 수행하도록 하겠다.

분석 방법

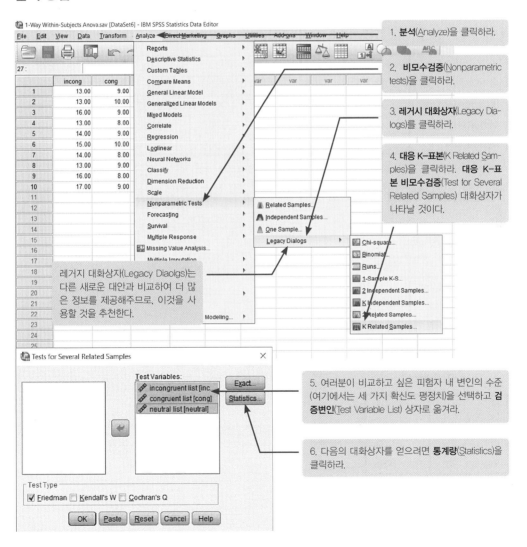

1. **분석**(Analyze)을 클릭하라.

2. **비모수검증**(Nonparametric tests)을 클릭하라.

3. **레거시 대화상자**(Legacy Dialogs)를 클릭하라.

4. **대응 K-표본**(K Related Samples)을 클릭하라. **대응 K-표본 비모수검증**(Test for Several Related Samples) 대화상자가 나타날 것이다.

레거지 대화상자(Legacy Diaolgs)는 다른 새로운 대안과 비교하여 더 많은 정보를 제공해주므로, 이것을 사용할 것을 추천한다.

5. 여러분이 비교하고 싶은 피험자 내 변인의 수준(여기에서는 세 가지 확신도 평정치)을 선택하고 **검증변인**(Test Variable List) 상자로 옮겨라.

6. 다음의 대화상자를 얻으려면 **통계량**(Statistics)을 클릭하라.

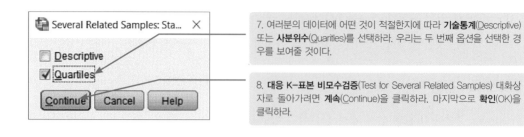

7. 여러분의 데이터에 어떤 것이 적절한지에 따라 **기술통계**(Descriptive) 또는 **사분위수**(Quartiles)를 선택하라. 우리는 두 번째 옵션을 선택한 경우를 보여줄 것이다.

8. **대응 K-표본 비모수검증**(Test for Several Related Samples) 대화상자로 돌아가려면 **계속**(Continue)을 클릭하라. 마지막으로 **확인**(OK)을 클릭하라.

Friedman 일원 피험자 내의 SPSS 분석 결과

메뉴 항목을 통한 분석 : 비모수검증 > 대응 K - 표본

NPar Tests

피험자 내 요인 각 수준, 확신도 평정시간에 대한 기술통계치는 대화상자에 있는 **통계량**(Ststistics) 단추를 누르면 구할 수 있다.

Descriptive Statistics

	N	Percentiles		
		25th	50th (Median)	75th
incongruent list	10	13.0000	14.0000	16.0000
congruent list	10	8.0000	9.0000	9.2500
neutral list	10	10.0000	11.0000	12.0000

Friedman Test

Friedman 검증에서 각 참가자에 대해 요인 각 수준의 점수는 서열순위로 입력된다. 빠른(더 작은) 반응들에게 낮은(더 작은) 순위가 부여된다. SPSS는 요인의 각 수준에 대해 평균순위를 계산해준다. (여기에서 3개의 평균순위는 모두 정수이다. 대부분의 연구에서는 그렇지 않을 것이고, 여기에서 모두 정수인 이유는 모든 피험자들이 부합 목록에서 가장 빨랐으며, 비부합 목록에서 가장 느렸기 때문이다.

Ranks

	Mean Rank
incongruent list	3.00
congruent list	1.00
neutral list	2.00

Test Statistics[a]

N	10
Chi-Square	20.000
df	2
Asymp. Sig.	.000

a. Friedman Test

Friedman 검증 계산에 의해 구해진 값으로 카이제곱(x^2)을 이용하여 유의미성을 평가하였다.

자유도는 k-1로, 여기서 k는 요인에 있는 수준의 수를 말한다.

p값

결과보고

결과는 다음과 같이 보고할 수 있다.

Friedman 검증 결과, 반응 시간과 스트룹 과제 수행 간의 곱은 불일치조건, 일치조건, 중립조건에 따라 유의하게 달랐다. $X^2(2, N = 10) = 20.00, p < .001$.

제5절 │ 이원 피험자 내 ANOVA

사례연구 : 손가락 두드리기 수행에서 두 가지 기억과제의 효과

이원 피험자 내 ANOVA에 대한 실습으로, 손가락 두드리기 수행(tapping performance)에 대한 두 가지 기억과제의 효과를 검증하기 위해 수행된 실험을 살펴보겠다. 기존의 연구들에서 오른쪽 손가락 두드리기는 좌반구에 의해 통제를 받고, 왼쪽 손가락 두드리기는 우반구에 의해 통제를 받는다는 것이 밝혀졌다. 만약 인지적 과제가 이 손가락 두드리기 과제와 동시에 수행된다면, 이 인지적 과제가 손가락 두드리기 과제를 방해하는 방식이 양 반구가 인지적 과제를 통제하는 정도에 반영되어 나타나게 될 것이다. 참가자들에게 한편으로는 언어적 과제를 수행하면서 지적된 손가락을 가능하면 빠르게 두드리라고 요구한 많은 연구들에서 오른손 두드리기가 왼손 두드리기보다 더 많이 방해를 받는 것으로 나타났다. 이 결과는 두뇌의 좌반구는 오른손 두드리기와 언어적 과제를 통제한다는 관점과 일관된 결과이다. Towell, Burton, Burton(1994)에 의해 발표된 연구에서, 참가자들은 화면에 제시된 단어를 기억하거나(언어적 기억과제), 화면상의 단어의 위치를 기억하면서(시공간 기억과제) 지적된 각 손가락을 두드리도록 요구되었다. 단어를 기억하게 하는 것은 왼손가락 두드리기보다 오른손가락 두드리기를 더 많이 방해하였다. 반면에 뇌의 우반구는 시공간 과제를 통제하기 때문에 단어의 위치를 기억하게 하는 것은 오른손 두드리기보다 왼손 두드리기를 더 많이 방해하였다.

실험 설계는 2*2 피험자 내 ANOVA였다. 각 요인은 두 가지 수준을 가지고 있었다. 첫 번째는 손가락 두드리기(왼손 또는 오른손)였고, 두 번째는 기억과제(단어 기억하기 또는 단어 위치 기억하기)였다. 모든 참가자는 두 요인의 가능한 조합 내에서 검증되었다. 종속변인은 변화 점수 백분율로서 동시에 진행되는 기억과제의 수행으로 인해 손가락 두드리기가 느려지는 정도를 나타내는 것이었다. 검증된 가설은 손가락 두드리기와 기억과제의 수행 간에는 상호작용이 있을 것이라는 것이었다. 이 가설은 지지되었고, 이 책의 목적을 위해 Towell 등(1994)의 논문의 발견 사실 중 일부를 재생하게 해주는 데이터 파일을 만들었다(자료는 he.palgrave.om/psychology/brace에서 확인할 수 있다).

피험자 내 요인 명명하기

이 사례에서 요인과 수준을 고려해보자. 이들은 표 8.4 하단부에 제시된 것처럼 배치할 수 있다. 각 요인이 두 가지 수준을 가지기 때문에 네 가지 조건이 형성된다. 즉 각 요인은 다른 요인의 첫째 수준과 둘째 수준으로 나누어지게 된다. 각 조건에 해당하는 데이터를 나타내는 각 열에 대해 SPSS 데이터 파일에서 주어지는 이름은 각 요인과 각 수준의 번호를 조합하면 된다. 다음의 표 8.4 에서 각 열에 제시된 명명어는 다음을 의미한다.

- 'h1s1'은 손 1 두드리기(즉 왼손 두드리기)와 과제 1에 대한 자극(단어 기억하기)
- 'h2s2'는 손 2 두드리기(즉 오른손 두드리기)와 과제 2에 대한 자극(위치 기억하기)

표 8.4 피험자 내 요인들의 숫자 할당 체계의 실례

Factor 1	Tapping hand			
Levels	Right		Left	
Factor2	Memory task		Memory task	
Levels	Words	Position	Words	Position
Column name, SPSS data file, for conditions	h1s1	h1s2	h2s1	h2s2

두 가지 또는 그 이상의 피험자 내 요인을 가진 설계에서 나온 데이터를 입력하기 전에 이와 같은 표를 그려보는 것이 좋다. 이런 표는 여러분이 피험자 내 요인을 정의하는 것을 도와줄 것이다. 왜냐하면 열 이름을 위해 여러분이 사용하는 숫자들이 SPSS가 변인선정을 요구할 때 사용하게 되는 숫자들과 일치하게 될 것이기 때문이다.

분석 방법

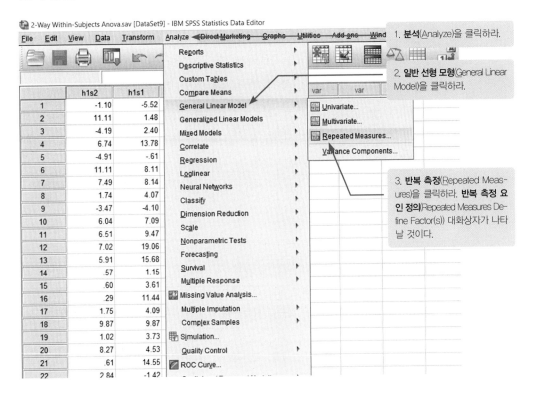

1. **분석**(Analyze)을 클릭하라.

2. **일반 선형 모형**(General Linear Model)을 클릭하라.

3. **반복 측정**(Repeated Measures)을 클릭하라. **반복 측정 요인 정의**(Repeated Measures Define Factor(s)) 대화상자가 나타날 것이다.

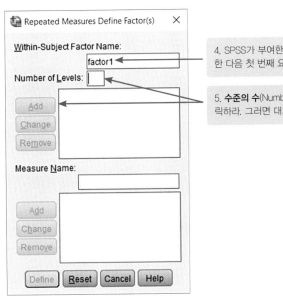

4. SPSS가 부여한 '**요인 1**(factor 1)'이라고 되어 있는 곳을 마우스로 지정한 다음 첫 번째 요인 'hand(손)'란 단어를 입력하라.

5. **수준의 수**(Number of Levels) 상자에 숫자 2를 넣고 **추가**(Add) 단추를 클릭하라. 그러면 대화상자는 **hand(2)**를 보여줄 것이다.

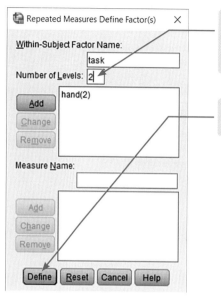

6. 두 번째 요인 입력을 위해 4~5단계를 반복하라. 즉 **개체 내 변인이름**(Within-Subject Factor Name) 상자에 요인의 이름으로 'task(과제)'라고 넣고, **수준의 수**(Number of Levels) 상자에 2를 넣고 **추가**(Add) 단추을 클릭하라.

7. **정의**(Define) 단추를 클릭하라. **반복 측정**(Repeated Measures) 대화상자가 나타날 것이다(다음 참조).

이 키는 아래에 제시되는 괄호 속에 있는 숫자들을 설명해준다. 첫 번째 숫자는 'hand'를 의미하고, 두 번째 숫자는 'task'를 의미한다. 이것은 여러분이 변인들을 올바른 순서에 따라 **개체 내 변인이름**(Within-Subject Variables) 상자에 입력할 수 있도록 도와준다.

변인의 이름들은 변인 설명문 다음에 괄호 안에 제시된다.

8. 'hand 1' 수준(오른손)과 stimulus 1(단어 기억하기)가 결합된 조건인 'Rt hand and word[h1s1]'을 선택하라. 표 8.4를 참고하라.

9. 화살표 단추를 클릭하여 이것을 **개체 내 변인**(Within-Subjects Variables) 상자의 목록에 추가하라. 'Rt hand and word[h1s1]'은 (1,1)의 옆에 나타날 것이다.

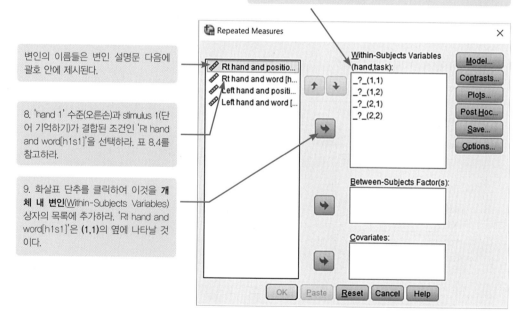

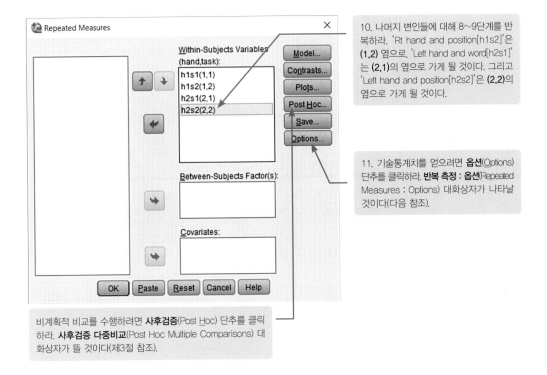

10. 나머지 변인들에 대해 8~9단계를 반복하라. 'Rt hand and position[h1s2]'은 (1,2) 옆으로, 'Left hand and word[h2s1]'는 (2,1)의 옆으로 가게 될 것이다. 그리고 'Left hand and position[h2s2]'은 (2,2)의 옆으로 가게 될 것이다.

11. 기술통계치를 얻으려면 **옵션**(Options) 단추를 클릭하라. **반복 측정 : 옵션**(Repeated Measures : Options) 대화상자가 나타날 것이다(다음 참조).

비계획적 비교를 수행하려면 **사후검증**(Post Hoc) 단추를 클릭하라. **사후검증 다중비교**(Post Hoc Multiple Comparisons) 대화상자가 뜰 것이다(제3절 참조).

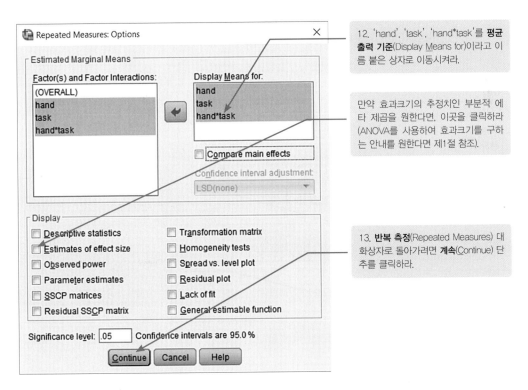

12. 'hand', 'task', 'hand*task'를 **평균 출력 기준**(Display Means for)이라고 이름 붙은 상자로 이동시켜라.

만약 효과기의 추정치인 부분적 에타 제곱을 원한다면, 이곳을 클릭하라 (ANOVA를 사용하여 효과기를 구하는 안내를 원한다면 제1절 참조).

13. **반복 측정**(Repeated Measures) 대화상자로 돌아가려면 **계속**(Continue) 단추를 클릭하라.

OK 단추를 클릭하라. SPSS은 계산을 수행할 것이다. 여러분은 상호작용 그래프를 얻어 통계적으로 유의미한 상호작용을 보여줄 수도 있다. 이 옵션은 **반복 측정(Repeated Measures)** 대화상자에서 선택 가능하다. 단계들이 아래에 제시되어 있다.

상호작용 그래프 만들기

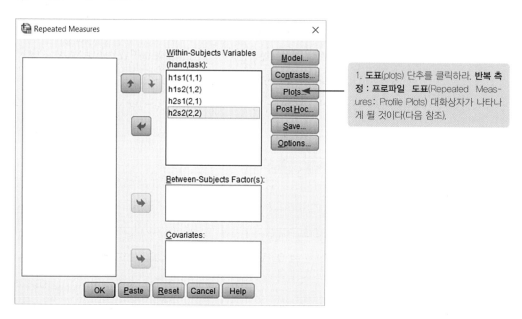

1. **도표**(plots) 단추를 클릭하라. **반복 측정 : 프로파일 도표**(Repeated Measures: Profile Plots) 대화상자가 나타나게 될 것이다(다음 참조).

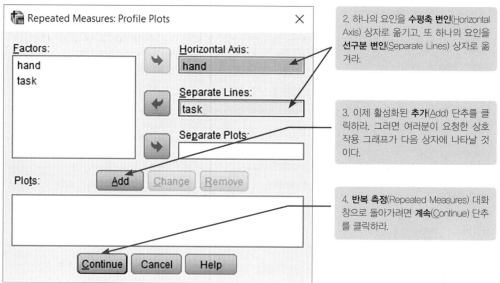

2. 하나의 요인을 **수평축 변인**(Horizontal Axis) 상자로 옮기고, 또 하나의 요인을 **선구분 변인**(Separate Lines) 상자로 옮겨라.

3. 이제 활성화된 **추가**(Add) 단추를 클릭하라. 그러면 여러분이 요청한 상호작용 그래프가 다음 상자에 나타날 것이다.

4. **반복 측정**(Repeated Measures) 대화창으로 돌아가려면 **계속**(Continue) 단추를 클릭하라.

다음에 해당하는 ANOVA 결과(상호작용 그래프 포함)를 얻으려면 [OK] 단추를 클릭하라.

 피험자 내 ANOVA 결과는 피험자 간 ANOVA 결과보다 더 길다. 그리고 우리는 제4절 도입부에 몇몇 표의 목적을 설명하였다. 만약 아직 읽지 않았다면, 지금이 보기에 좋은 때이다.

이원 피험자 내 ANOVA의 SPSS 분석 결과

메뉴 항목을 통한 분석 : 일반 선형 모형 > 반복 측정

General Linear Model

Within-Subjects Factors

Measure: MEASURE_1

hand	task	Dependent Variable
1	1	h1s1
	2	h1s2
2	1	h2s1
	2	h2s2

이 표는 피험자 내 요인에 2개 이상의 수준이 있을 때와 **Mauchly의 구형성 검증**(Mauchly's Test of Sphericity)(다음 표 참조)이 유의미할 때 중요하다. 피험자 내 ANOVA의 결과를 이해하려면 제4절에 있는 안내를 참고하라.

Multivariate Tests[a]

Effect		Value	F	Hypothesis df	Error df	Sig.
hand	Pillai's Trace	.006	.133[b]	1.000	23.000	.719
	Wilks' Lambda	.994	.133[b]	1.000	23.000	.719
	Hotelling's Trace	.006	.133[b]	1.000	23.000	.719
	Roy's Largest Root	.006	.133[b]	1.000	23.000	.719
task	Pillai's Trace	.078	1.955[b]	1.000	23.000	.175
	Wilks' Lambda	.922	1.955[b]	1.000	23.000	.175
	Hotelling's Trace	.085	1.955[b]	1.000	23.000	.175
	Roy's Largest Root	.085	1.955[b]	1.000	23.000	.175
hand * task	Pillai's Trace	.173	4.807[b]	1.000	23.000	.039
	Wilks' Lambda	.827	4.807[b]	1.000	23.000	.039
	Hotelling's Trace	.209	4.807[b]	1.000	23.000	.039
	Roy's Largest Root	.209	4.807[b]	1.000	23.000	.039

a. Design: Intercept
   Within Subjects Design: hand + task + hand * task

b. Exact statistic

이 표는 2개 이상의 수준이 있을 때 중요하다. 여기에서는 각 피험자 내 요인이 오직 두 수준만을 가지고 있다.

Mauchly's Test of Sphericity[a]

Measure: MEASURE_1

Within Subjects Effect	Mauchly's W	Approx. Chi-Square	df	Sig.	Epsilon[b] Greenhouse-Geisser	Huynh-Feldt	Lower-bound
hand	1.000	.000	0	.	1.000	1.000	1.000
task	1.000	.000	0	.	1.000	1.000	1.000
hand * task	1.000	.000	0	.	1.000	1.000	1.000

Tests the null hypothesis that the error covariance matrix of the orthonormalized transformed dependent variables is proportional to an identity matrix.

a. Design: Intercept
   Within Subjects Design: hand + task + hand * task

b. May be used to adjust the degrees of freedom for the averaged tests of significance. Corrected tests are displayed in the Tests of Within-Subjects Effects table.

이 열은 요인 'hand'에 대한 분석 결과들이다. 이 요인은 두 가지 수준(왼손과 오른손)을 가진 피험자 내 요인이다.

이 표는 변량분석 결과를 보여준다. 설명되지 않은 행에 대해서는 제4절의 도입부를 참조하라.

Tests of Within-Subjects Effects

Measure: MEASURE_1

Source		Type III Sum of Squares	df	Mean Square	F	Sig.
hand	Sphericity Assumed	2.295	1	2.295	.133	.719
	Greenhouse-Geisser	2.295	1.000	2.295	.133	.719
	Huynh-Feldt	2.295	1.000	2.295	.133	.719
	Lower-bound	2.295	1.000	2.295	.133	.719
Error(hand)	Sphericity Assumed	398.267	23	17.316		
	Greenhouse-Geisser	398.267	23.000	17.316		
	Huynh-Feldt	398.267	23.000	17.316		
	Lower-bound	398.267	23.000	17.316		
task	Sphericity Assumed	70.906	1	70.906	1.955	.175
	Greenhouse-Geisser	70.906	1.000	70.906	1.955	.175
	Huynh-Feldt	70.906	1.000	70.906	1.955	.175
	Lower-bound	70.906	1.000	70.906	1.955	.175
Error(task)	Sphericity Assumed	834.213	23	36.270		
	Greenhouse-Geisser	834.213	23.000	36.270		
	Huynh-Feldt	834.213	23.000	36.270		
	Lower-bound	834.213	23.000	36.270		
hand * task	Sphericity Assumed	21.441	1	21.441	4.807	.039
	Greenhouse-Geisser	21.441	1.000	21.441	4.807	.039
	Huynh-Feldt	21.441	1.000	21.441	4.807	.039
	Lower-bound	21.441	1.000	21.441	4.807	.039
Error(hand*task)	Sphericity Assumed	102.585	23	4.460		
	Greenhouse-Geisser	102.585	23.000	4.460		
	Huynh-Feldt	102.585	23.000	4.460		
	Lower-bound	102.585	23.000	4.460		

이 열은 두 수준(단어기억과 위치기억)을 가진 피험자 내 요인인 'TASK'에 대한 분석결과들이다.

이 열은 요인 'hand'와 요인 'task' 간의 상호작용에 대한 분석 결과들이다.

각각의 주효과와 상호작용과 관련된 자유도가 보고되어야 한다. 이 사례에서 오차변량원에 대한 자유도는 세 가지가 모두 동일하다. 그러나 언제나 이런 것은 아니다.

이 표는 추세검증의 결과를 보여준다. 각 요인은 두 가지 수준만을 가지고 있다. 따라서,
1. 선형적 검증만이 수행된다. 곡선적 검증은 수행되지 않는다.
2. 수치들은 단순히 변량분석에 대한 것들만 말해준다. 그러나 어느 한 요인이라도 세 수준 이상이 된다면 일원 피험자 내 ANOVA의 경우처럼 이 표가 아주 유용할 것이다. 추세 검증은 대비의 기본값으로, 대안적인 대비를 어떻게 선택하는지는 제4절에 소개되어 있다.

Tests of Within-Subjects Contrasts

Measure: MEASURE_1

Source	hand	task	Type III Sum of Squares	df	Mean Square	F	Sig.
hand	Linear		2.295	1	2.295	.133	.719
Error(hand)	Linear		398.267	23	17.316		
task		Linear	70.906	1	70.906	1.955	.175
Error(task)		Linear	834.213	23	36.270		
hand * task	Linear	Linear	21.441	1	21.441	4.807	.039
Error(hand*task)	Linear	Linear	102.585	23	4.460		

Tests of Between-Subjects Effects

Measure: MEASURE_1
Transformed Variable: Average

Source	Type III Sum of Squares	df	Mean Square	F	Sig.
Intercept	2544.862	1	2544.862	33.553	.000
Error	1744.438	23	75.845		

이 표는 무시해도 좋다. 제4절의 도입부를 참조하라.

Estimated Marginal Means

이 세 가지 표는 **반복 측정 : 옵션**(Repeated Measures : Options) 대화상자에서 요청한 기술통계치들을 보여준다. 'hand', 'task', 'hand*task' **가평균출력기준**(Display Means for) 대화상자에서 선택되었다.

1. hand

Measure: MEASURE_1

hand	Mean	Std. Error	95% Confidence Interval	
			Lower Bound	Upper Bound
1	4.994	1.017	2.890	7.098
2	5.303	.952	3.334	7.273

이 표는 다른 요인, 즉 'task'를 무시한 상태에서 요인 'hand'의 각 수준에 대한 기술통계치를 보여준다. 1은 오른손, 2는 왼손으로 부호화하였으므로, 첫째 열은 오른손에 대한 수치, 둘째 열은 왼손에 대한 수치를 나타낸다.

2. task

Measure: MEASURE_1

task	Mean	Std. Error	95% Confidence Interval	
			Lower Bound	Upper Bound
1	6.008	1.137	3.655	8.361
2	4.289	1.021	2.178	6.401

이 표는 다른 요인, 즉 'hand'를 무시한 상태에서 요인 'task'의 각 수준에 대한 기술통계치를 보여준다.

3. hand * task

Measure: MEASURE_1

hand	task	Mean	Std. Error	95% Confidence Interval	
				Lower Bound	Upper Bound
1	1	6.326	1.352	3.530	9.123
	2	3.662	.967	1.662	5.662
2	1	5.690	1.122	3.369	8.011
	2	4.916	1.248	2.334	7.499

이 표는 연구에 포함된 모든 조건 각각에 대한 기술통계치를 보여준다. 따라서 첫 번째 열은 참가자들이 단어를 기억하면서 오른손을 두드릴 때의 수행에 대한 것을 보여주는 것이다. 밑의 열은 단어의 위치를 기억하면서 왼손을 두드릴 때 참가자의 수행을 보여주는 것이다.

여기 보이는 상호작용 그래프는 **반복 측정**(Repeated Measures) 대화상자의 하단부에 있는 **도표**(Plots) 단추를 클릭하면 구할 수 있다. 높은 점수는 과제 수행이 두드리는 것을 더 많이 방해함을 보여준다. 설명문과 제목이 유용하지 않으므로 SPSS 결과출력에 나와 있는 그래프를 두 번 클릭하여 **도표 편집기**(Chart Editor) 대화상자로 가라. 변경하려면 설명문과 제목을 두 번 클릭하라.

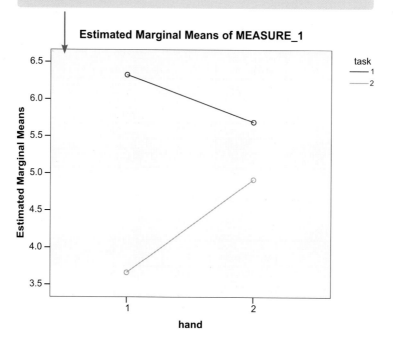

Estimated Marginal Means of MEASURE_1

결과보고

보고서는 다음과 같이 작성한다.

손가락 두드리기 속도의 감소에 대한 피험자 내 이원 ANOVA이 시행되었다. 손가락 두드리기의 주효과는 통계적으로 유의하지 않았다. $F(1,23) = 0.13$, $p = .719$이다. 과제 유형의 주효과는 통계적으로 유의하지 않았다. $F(1,23) = 1.96$, $p = .175$이다. 손가락 두드리기와 과제 유형 간에는 통계적으로 유의미한 상호작용이 있었다. $F(1,23) = 4.81$, $p = .039$이다. 이 상호작용은 위의 그래프에 나타나 있으며, 과제의 유형은 오른손 두드리기와 왼손 두드리기에 서로 다른 영향을 미쳤다는 것을 의미한다.

여러분은 결과 섹션에서 효과크기의 측정치와 각 조건의 신뢰구간에 대한 정보를 보고하고 싶을 수 있다(제1절 참조).

| 제6절 | 혼합 ANOVA |

이 절에서 우리는 동일한 실험 안에 피험자 내 요인과 피험자 간 요인이 함께 있는 경우에 ANOVA를 수행하는 방법을 보여주고자 한다. 우리는 삼원 혼합 설계를 채택한 연구를 통해 혼합 설계 자료를 분석하는 방법을 보여주고자 한다.

사례연구 : 유사얼굴 패턴 지각에 대한 전도, 부정, 점화의 효과

앞에서 얼굴이 뒤집어져서 제시되거나 사진상으로 음영 상태를 반대로 해서 제시할 경우에 인식하기가 어렵다는 것을 보여준 바 있다. 이미 발표된 논문 중에서 Kemp, McManus, Pigott(1990)는 부정(negation)과 전도 상태(inversion)는 얼굴 외양에서의 사소한 변화들(이는 위아래 또는 내외부로 눈을 움직이는 것과 같은 세부특징에 변화를 줌으로써 만들어짐)을 탐지하는 것을 어렵게 만든다는 것을 보여주었다. 이 연구는 이런 효과들을 보다 진전시킨 것으로 비얼굴 패턴(예 : 얼굴과 유사한 형태를 만들기 위해 두 눈과 입의 위치에 배치한 세 점)도 역시 이러한 형태 변화에 의해 영향을 받는지를 조사하기 위한 것이었다. 참가자들에게 한 번에 이와 같은 형태를 세 가지 보여주었다. 이 패턴 중 한 가지는 원래 위치에 점을 보여주는 것이었다. 참가자들에게 다른 두 패턴 중 어느 것이 수정되었는지를 결정하도록 요구되었다.

채택된 실험 설계는 2*2*2 혼합 ANOVA 설계였다. 첫 번째 요인은 부정을 나타내는 피험자 내 요인으로 두 가지 수준을 가지고 있었으며, 정상적인 상태로 또는 사진상에서 부정처리를 한 상태로 얼굴 형태를 띤 점들을 보여줌으로써 조작되었다. 두 번째 요인은 방향성을 나타내는 피험자 내 요인으로 두 가지 수준을 가지고 있었는데, 얼굴과 유사한 점 형태를 똑바로 보여주거나 뒤집어서 보여줌으로써 조작하였다. 세 번째 요인은 점화를 나타내는 피험자 간 요인이었는데, 한 조건의 참가자들에게는 실험에 임하기 전에 이 실험과 동일한 절차로 진행된 얼굴과제를 수행해 보도록 요청함으로써 점화를 시켰는 데 반해 다른 조건의 참가자들에게는 이런 점화 절차를 거치지 않았다.

종속변인은 참가자들에 의해 만들어진 정확한 판단의 비율(백분율)이었다. 검증된 가설은 부정과 전도의 효과가 점화조건의 집단에서만 나타날 것이라는 것이었다.

이 책의 목적상 이 연구를 통해 발견한 사실 중 일부를 재생해주는 데이터 파일을 생성하였다. 데이터 파일에서 2개의 피험자 내 요인의 수준을 결합해서 나타나는 데이터를 나타내는 열들은 제5절에서 기술된 숫자부여 체계를 사용하여 이름을 부여하였다(자료는 he.pelgrave.com/psychology/brace에서 확인할 수 있다).

분석 방법

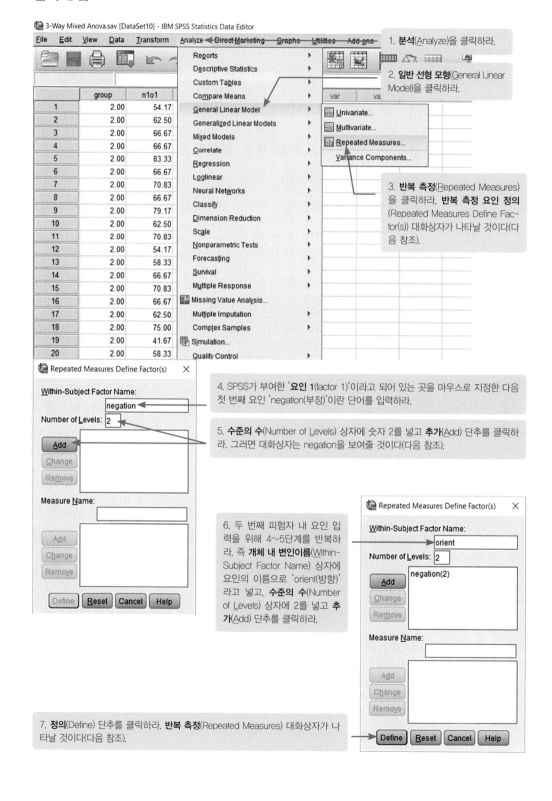

만약 8단계에서 수준 중 하나를 잘못된 곳에 넣었다면 그것을 클릭하고 위아래 화살표를 클릭해서 적당한 곳으로 옮길 수 있다.

이 키는 아래에 제시되는 괄호 속에 있는 숫자들을 설명해준다. 첫 번째 숫자는 'negation'을 의미하고, 두 번째 숫자는 'orient'를 의미한다. 이것은 여러분이 변인들을 올바른 순서에 따라 **개체 내 변인**(Within-Subjects Variables) 상자에 입력할 수 있도록 도와준다.

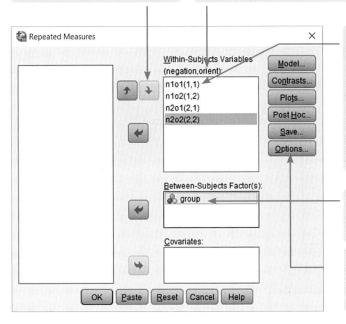

8. 정확한 순서대로 남아 있는 변인들을 선택한 다음, 이들을 **개체 내 변인**(With-in-Subjects Variables) 상자에 입력하라. 이들은 정확한 순서대로 이름이 주어지게 된다. 변인이름들은 변인 설명문 옆에 있는 괄호에 주어지게 된다. 변인이름 'n1o1'은 'negation' 요인의 첫 번째 수준, 즉 정상과 'orientation' 요인의 첫 번째 수준, 즉 똑바른 방향이 결합된 조건을 나타내는 것이다.

9. '**집단**(group)'을 선택하여 **개체 간 요인**(Between-Subjects Factor(s)) 상자로 옮겨라.

10. 기술통계치를 얻으려면 **옵션**(Options) 단추를 클릭하라. **반복 측정 : 옵션**(Repeated Measures: Options) 대화상자가 나타날 것이다(다음 참조).

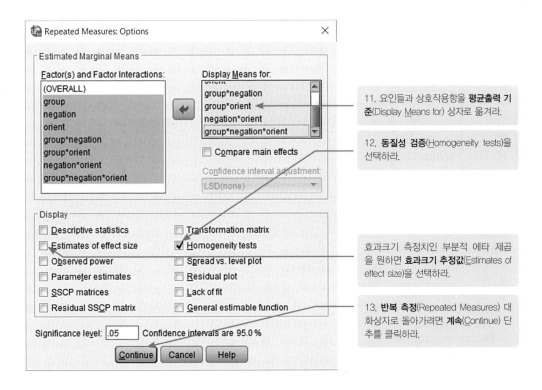

11. 요인들과 상호작용항을 **평균출력 기준**(Display Means for) 상자로 옮겨라.

12. **동질성 검증**(Homogeneity tests)을 선택하라.

효과크기 측정치인 부분적 에타 제곱을 원하면 **효과크기 추정값**(Estimates of effect size)을 선택하라.

13. **반복 측정**(Repeated Measures) 대화상자로 돌아가려면 **계속**(Continue) 단추를 클릭하라.

$\boxed{\text{OK}}$ 단추를 클릭하라. SPSS는 ANOVA를 계산하여 다음의 결과를 제공할 것이다.

삼원 혼합 ANOVA의 SPSS 분석 결과

메뉴 항목을 통한 분석 : 일반 선형 모형 > 반복 측정

General Linear Model

Within-Subjects Factors

Measure:MEASURE_1

negation	orient	Dependent Variable
1	1	n1o1
	2	n1o2
2	1	n2o1
	2	n2o2

반복 측정 : 옵션(Repeated Measures : Options) 대화상자에서 기술통계치(Descriptive statistics)를 요청하게 되면, 이 2개의 표 다음에 기술통계표들이 나타나게 된다. 이를 대신하여 우리는 모든 요인과 반복 측정 옵션(Repeated Measures Options) 대화상자의 상호작용항을 평균출력 기준(Display Means for) 상자로 옮겼기 때문에 결과의 마지막 부분에 표들이 생성된다.

Between-Subjects Factors

		Value Label	N
group	1.00	unprimed	38
	2.00	primed	23

Box's Test of Equality of Covariance Matrices[a]

Box's M	10.298
F	.947
df1	10
df2	10064.509
Sig.	.488

이 표는 우리가 반복 측정 옵션(Repeated Measures Options) 대화상자의 동질성 검증(Homogeneity test)을 선택했기 때문에 나타난다. 이것은 피험자 간 요인의 각 수준에 대해 피험자 내 요인의 모든 수준 간의 상관 패턴이 모두 동일한지를 확인한다. 이것이 유의미하지 않은지를 확인한다.

Tests the null hypothesis that the observed covariance matrices of the dependent variables are equal across groups.

a. Design: Intercept + group
Within Subjects Design: negation + orient + negation * orient

Multivariate Tests[a]

Effect		Value	F	Hypothesis df	Error df	Sig.
negation	Pillai's Trace	.002	.137[b]	1.000	59.000	.713
	Wilks' Lambda	.998	.137[b]	1.000	59.000	.713
	Hotelling's Trace	.002	.137[b]	1.000	59.000	.713
	Roy's Largest Root	.002	.137[b]	1.000	59.000	.713
negation * group	Pillai's Trace	.006	.384[b]	1.000	59.000	.538
	Wilks' Lambda	.994	.384[b]	1.000	59.000	.538
	Hotelling's Trace	.007	.384[b]	1.000	59.000	.538
	Roy's Largest Root	.007	.384[b]	1.000	59.000	.538
orient	Pillai's Trace	.009	.539[b]	1.000	59.000	.466
	Wilks' Lambda	.991	.539[b]	1.000	59.000	.466
	Hotelling's Trace	.009	.539[b]	1.000	59.000	.466
	Roy's Largest Root	.009	.539[b]	1.000	59.000	.466
orient * group	Pillai's Trace	.038	2.319[b]	1.000	59.000	.133
	Wilks' Lambda	.962	2.319[b]	1.000	59.000	.133
	Hotelling's Trace	.039	2.319[b]	1.000	59.000	.133
	Roy's Largest Root	.039	2.319[b]	1.000	59.000	.133
negation * orient	Pillai's Trace	.048	3.006[b]	1.000	59.000	.088
	Wilks' Lambda	.952	3.006[b]	1.000	59.000	.088
	Hotelling's Trace	.051	3.006[b]	1.000	59.000	.088
	Roy's Largest Root	.051	3.006[b]	1.000	59.000	.088
negation * orient * group	Pillai's Trace	.051	3.185[b]	1.000	59.000	.079
	Wilks' Lambda	.949	3.185[b]	1.000	59.000	.079
	Hotelling's Trace	.054	3.185[b]	1.000	59.000	.079
	Roy's Largest Root	.054	3.185[b]	1.000	59.000	.079

a. Design: Intercept + group
  Within Subjects Design: negation + orient + negation * orient

b. Exact statistic

이 두 표에 대한 정보를 얻으려면 제4절의 도입부를 참조하라. **Mauchly의 구형성 검증**(Mauchly's Test of Sphericity)은 수준이 피험자 내 요인들 중 하나의 수준이 둘 이상일 때 중요하다. 만약에 이것이 유의미하지 않았다면, 구형성에 대한 가정이 위배되지 않은 것이다.

Mauchly's Test of Sphericity[a]

Measure: MEASURE_1

Within Subjects Effect	Mauchly's W	Approx. Chi-Square	df	Sig.	Epsilon[b]		
					Greenhouse-Geisser	Huynh-Feldt	Lower-bound
negation	1.000	.000	0	.	1.000	1.000	1.000
orient	1.000	.000	0	.	1.000	1.000	1.000
negation * orient	1.000	.000	0	.	1.000	1.000	1.000

Tests the null hypothesis that the error covariance matrix of the orthonormalized transformed dependent variables is proportional to an identity matrix.

a. Design: Intercept + group
  Within Subjects Design: negation + orient + negation * orient

b. May be used to adjust the degrees of freedom for the averaged tests of significance. Corrected tests are displayed in the Tests of Within-Subjects Effects table.

이 표는 피험자 내 요인이 포함된 혼합 ANOVA의 일부분에 대한 분석 결과를 보여준다. 각 셀의 두 번째와 네 번째 열에 대한 설명은 제4절을 참조하라.

Tests of Within-Subjects Effects

Measure: MEASURE_1

Source		Type III Sum of Squares	df	Mean Square	F
negation	Sphericity Assumed	9.470	1	9.470	.137
	Greenhouse-Geisser	9.470	1.000	9.470	.137
	Huynh-Feldt	9.470	1.000	9.470	.137
	Lower-bound	9.470	1.000	9.470	.137
negation * group	Sphericity Assumed	26.587	1	26.587	.384
	Greenhouse-Geisser	26.587	1.000	26.587	.384
	Huynh-Feldt	26.587	1.000	26.587	.384
	Lower-bound	26.587	1.000	26.587	.384
Error(negation)	Sphericity Assumed	4079.831	59	69.150	
	Greenhouse-Geisser	4079.831	59.000	69.150	
	Huynh-Feldt	4079.831	59.000	69.150	
	Lower-bound	4079.831	59.000	69.150	
orient	Sphericity Assumed	33.631	1	33.631	.539
	Greenhouse-Geisser	33.631	1.000	33.631	.539
	Huynh-Feldt	33.631	1.000	33.631	.539
	Lower-bound	33.631	1.000	33.631	.539
orient * group	Sphericity Assumed	144.622	1	144.622	2.319
	Greenhouse-Geisser	144.622	1.000	144.622	2.319
	Huynh-Feldt	144.622	1.000	144.622	2.319
	Lower-bound	144.622	1.000	144.622	2.319
Error(orient)	Sphericity Assumed	3678.712	59	62.351	
	Greenhouse-Geisser	3678.712	59.000	62.351	
	Huynh-Feldt	3678.712	59.000	62.351	
	Lower-bound	3678.712	59.000	62.351	
negation * orient	Sphericity Assumed	201.313	1	201.313	3.006
	Greenhouse-Geisser	201.313	1.000	201.313	3.006
	Huynh-Feldt	201.313	1.000	201.313	3.006
	Lower-bound	201.313	1.000	201.313	3.006
negation * orient * group	Sphericity Assumed	213.273	1	213.273	3.185
	Greenhouse-Geisser	213.273	1.000	213.273	3.185
	Huynh-Feldt	213.273	1.000	213.273	3.185
	Lower-bound	213.273	1.000	213.273	3.185
Error(negation*orient)	Sphericity Assumed	3950.946	59	66.965	
	Greenhouse-Geisser	3950.946	59.000	66.965	
	Huynh-Feldt	3950.946	59.000	66.965	
	Lower-bound	3950.946	59.000	66.965	

이 표는 추세검증 결과를 보여준다. 각 요인은 두 가지 수준만을 가지고 있다. 따라서,
1. 곡선이 아닌 오직 선형적 추세만을 검증한다.
2. 값은 단순히 변량분석의 값들이다.
만약 여러분이 셋 혹은 그 이상의 수준을 가진 최소 하나의 요인을 가지고 있다면, 일원 피험자 내 ANOVA 예시에서처럼 이 표는 유용할 것이다.

Tests of Within-Subjects Contrasts

Measure: MEASURE_1

Source	negation	orient	Type III Sum of Squares	df	Mean Square	F	Sig.
negation	Linear		9.470	1	9.470	.137	.713
negation * group	Linear		26.587	1	26.587	.384	.538
Error(negation)	Linear		4079.831	59	69.150		
orient		Linear	33.631	1	33.631	.539	.466
orient * group		Linear	144.622	1	144.622	2.319	.133
Error(orient)		Linear	3678.712	59	62.351		
negation * orient	Linear	Linear	201.313	1	201.313	3.006	.088
negation * orient * group	Linear	Linear	213.273	1	213.273	3.185	.079
Error(negation*orient)	Linear	Linear	3950.946	59	66.965		

Levene's Test of Equality of Error Variances[a]

	F	df1	df2	Sig.
normal upright	.932	1	59	.338
normal inverted	.146	1	59	.704
negative upright	1.422	1	59	.238
negative inverted	2.472	1	59	.121

Tests the null hypothesis that the error variance of the dependent variable is equal across groups.

a. Design: Intercept + group
   Within Subjects Design: negation + orient + negation * orient

이 표는 우리가 **반복 측정 옵션**(Repeated Measures Options) 대화상자의 **동질성 검증**(Homogeneity tests)을 선택했기 때문에 나타난다. 만약 피험자 내 요인들의 모든 수준에서 유의미하지 않다면, 동질성의 가정이 위배되지 않은 것이다. 만약 어떤 것이라도 유의미하다면, 피험자 간 요인의 F 값의 정확성에 대한 함의를 제공한다.

이 마지막 표는 피험자 간 요인들에 대한 혼합 ANOVA 분석결과를 보여준다. 우리의 예시에서는 'group'이라고 표기한 priming group이라는 하나의 피험자 간 요인이 있다. 이것의 결과는 아래 강조된 곳을 보면 된다.

Tests of Between-Subjects Effects

Measure: MEASURE_1

Transformed Variable: Average

Source	Type III Sum of Squares	df	Mean Square	F	Sig.
Intercept	990995.857	1	990995.857	5833.883	.000
group	193.383	1	193.383	1.138	.290
Error	10022.271	59	169.869		

Estimated Marginal Means

1. group

Measure: MEASURE_1

group	Mean	Std. Error	95% Confidence Interval	
			Lower Bound	Upper Bound
unprimed	64.830	1.057	62.715	66.945
primed	66.667	1.359	63.948	69.386

2. negation

Measure: MEASURE_1

negation	Mean	Std. Error	95% Confidence Interval	
			Lower Bound	Upper Bound
1	65.545	1.119	63.305	67.785
2	65.952	.912	64.126	67.777

3. orient

Measure: MEASURE_1

orient	Mean	Std. Error	95% Confidence Interval	
			Lower Bound	Upper Bound
1	66.131	.958	64.215	68.048
2	65.365	1.053	63.258	67.473

4. group * negation

Measure: MEASURE_1

group	negation	Mean	Std. Error	95% Confidence Interval	
				Lower Bound	Upper Bound
unprimed	1	64.967	1.375	62.217	67.718
	2	64.693	1.120	62.451	66.934
primed	1	66.123	1.767	62.587	69.659
	2	67.211	1.440	64.329	70.092

5. group * orient

Measure: MEASURE_1

group	orient	Mean	Std. Error	95% Confidence Interval	
				Lower Bound	Upper Bound
unprimed	1	64.419	1.176	62.065	66.772
	2	65.241	1.293	62.653	67.829
primed	1	67.844	1.512	64.819	70.869
	2	65.490	1.662	62.163	68.816

6. negation * orient

Measure: MEASURE_1

negation	orient	Mean	Std. Error	95% Confidence Interval	
				Lower Bound	Upper Bound
1	1	64.991	1.187	62.616	67.366
	2	66.099	1.508	63.081	69.118
2	1	67.272	1.203	64.864	69.679
	2	64.632	1.138	62.354	66.909

7. group * negation * orient

Measure: MEASURE_1

group	negation	orient	Mean	Std. Error	95% Confidence Interval	
					Lower Bound	Upper Bound
unprimed	1	1	64.583	1.458	61.667	67.500
		2	65.351	1.852	61.644	69.058
	2	1	64.254	1.477	61.297	67.210
		2	65.131	1.398	62.334	67.928
primed	1	1	65.399	1.874	61.650	69.148
		2	66.847	2.381	62.083	71.612
	2	1	70.290	1.899	66.489	74.090
		2	64.132	1.797	60.536	67.727

이 표들은 우리가 모든 요인과 상호작용함을 **반복 측정 : 옵션**(Repeated Measures Options) 대화창에서 **평균출력 기준**(Display Means for) 상자로 옮겼기 때문에 나타났다.

첫 3개 표에 있는 기술통계는 각 요인('group', 'negation', 'orient')의 각 수준에 대한 것이다.

그다음 3개의 표는 각 이원 상호작용의 각 수준에 대한 기술통계치이다. 즉 요인들 중 2개(하나는 무시)의 각 수준의 조합이다.

마지막 표는 삼원 상호작용의 각 수준에 대한 기술통계치로, 각 8개 조건에 대한 것이다.

만약 어떤 주효과 또는 상호작용이 유의미하다면 여러분은 관련 표를 참고하여 결과를 해설하면 된다.

결과보고

보고서는 다음과 같이 작성한다.

비얼굴 패턴에 대한 참가자들의 올바른 판단의 비율에 대해 삼원 혼합 ANOVA가 시행되었다. 피험자 내 변인인 부정의 주효과는 유의미하지 않았다[$F(1,59) = 0.14$, $p = .713$]. 피험자 내 변인인 방향성의 주효과는 유의미하지 않았고[$F(1,59) = 0.54$, $p = .466$], 피험자 간 요인인 점화 집단의 주효과 역시 통계적으로 유의하지 않았다[$F(1,59) = 1.14$, $p = .290$]. 점화 집단*부정 상호작용은 유의미하지 않았다[$F(1,59) = 0.39$, $p = 0.538$]. 방향성*점화 집단 상호작용은 유의미하지 않았다[$F(1,59) = 2.32$, $p = .133$]. 부정*방향성 상호작용은 유의미하지 않았다[$F(1,59) = 3.01$, $p = .088$]. 마지막으로 부정*방향성*점화 집단의 삼원 상호작용은 유의미하지 않았다[$F(1,59) = 3.19$, $p = .079$].

여러분은 결과 섹션에서 효과크기의 측정치와 각 조건의 신뢰구간에 대한 정보를 보고하고 싶을 수 있다(제1절 참조). 만약 여러분의 요인이 둘 이상의 수준을 가지고 있고, 유의미한 결과들을 바탕으로 계획적 또는 비계획적 비교를 수행하고 싶다면, 제2절과 제4절을 참고하라.

요약

▷ 이 장에서 우리는 일원 및 다중 ANOVA, 계획적 비교와 비계획적 비교, 그리고 일원 ANOVA의 비모수적 대응에 대해 살펴보았다.

▷ 이러한 차이에 대한 검사들은 둘 이상의 집단이나 조건 또는 하나 이상의 독립변인을 수반하는 실험 설계에서 사용된다.

▷ 적절한 기술통계치(평균과 표준편차)는 제3장의 조언을 따르거나 ANOVA 대화상자에서 적절한 옵션들을 선택함으로써 얻을 수 있다.

▷ 오차막대그래프나 상호작용 그래프는 종종 통계적으로 유의한 결과를 보여주기 위해 사용된다.

▷ 만약 여러분의 종속변인이 여러분이 이미 데이터 파일에 입력한 몇몇 원점수의 총점수라면, SPSS에서 이러한 총점수를 어떻게 만드는지에 대해 제4장의 안내를 참조하라.

▷ SPSS 결과물을 보고서 작성 및 결과물 출력에 대한 안내는 제13장을 참조하라.

제 09 장 다중 회귀분석

이 장에서 다루는 내용은

- 다중 회귀분석 소개
- 다중 회귀분석의 표준 및 동시적 방법
- 다중 회귀분석의 순차적 및 위계적 방법
- 다중 회귀분석의 통계적 방법

제1절 │ 다중 회귀분석 소개

- 회귀는 제6장 제6~7절에서 처음 소개되었으며, 우리는 여러분이 이 장을 시작하기 전에 해당 절들을 다시 읽기를 권장한다.
- 제6장에서 소개한 이변량 회귀는 준거변인(criterion variable)이라고 불리는 하나의 종속변인과 단 하나의 독립변인, 즉 예언변인(predictor variable)을 가진다.
- 다중 회귀는 하나의 준거변인과 둘 또는 그 이상의 예언변인을 가진다.
- 예언변인은 다양한 척도로 측정되어도 되지만(구간 또는 비율 측정이 이상적), 준거변인은 구간 또는 비율 척도로 측정되어야 한다.
- 인간의 행동은 본질적으로 복잡하기 때문에 완전하고 정확한 예언을 하는 것은 불가능하다. 하지만 다중 회귀는 일련의 예언변인들이 특정 참가자의 준거변인을 추정하는 데 얼마나 유용한지를 가늠하게 한다.
- 변인들이 조작되지 않는 한, 이변량 상관 및 회귀과 마찬가지로 이변량 회귀와 다중 회귀는 인과관계를 암시하지 않는다.
- 우리가 제6장 제7절에서 언급한 바와 같이 회귀는 미래의 사례들을 예측하기 위한 용도로 우리가 측정한 데이터를 설명하고 단순화하는 모형으로 사용될 수 있다.

이변량에서 다중으로

이변량 상관분석은 두 변인 간 연합의 강도를 측정하고, 이변량 회귀분석은 하나의 변인이 다른 하나의 변인을 예언할 수 있도록 한다. 우리는 이를 확장할 수 있다. 다중 회귀분석은 하나의 변인과 다른 변인들 세트 간 연합의 강도를 측정하고, 하나의 준거변인으로부터 다른 변인들 세트(예언변인)를 예언할 수 있도록 한다. 실제로 다중 회귀라는 용어는 다중 상관을 포함한다.

다중 회귀분석에서 준거변인은 그대로 Y로 표시하고, 예언변인도 X로 표시한다. 이제 예언변인이 둘 이상이므로, 우리는 첨자를 사용하여 다음과 같이 표기한다. X_1, X_2, X_3 등 X_k까지(k = 예언변인의 수)이다.

하나 이상의 예언변인을 가진다는 것은 여러 가지 변인의 조합에 영향을 받는 인간의 행동, 생각, 정서를 예언하는 데 유용하다. 여러 번의 이변량 상관분석(준거변인과 각각의 예언변인 간) 대신 다중 회귀분석을 적용하는 것의 장점은 다중 회귀가 예언변인 간의 상관을 교정한다는 점이다. 특정 변인(X_1)과 준거변인 간의 이변량 상관은 부분적으로 혹은 오직 X_1과 다른 변인(X_2) 간의 상관에서 비롯되었을 수 있다(제6장 제1절 아이스크림과 기온 예시 참조). 다중 회귀분석을 사용하면, 우리는 정확하게 어떤 변인들의 조합이 행동을 예언하는가에 대한 이론(혹은 모형)을 검증할 수 있다. 다중 회귀분석을 실행할 경우, 다른 모형을 적용할 때 사용할 수 있는 몇 가지 방법이 있다. 이제 살펴보도록 하자.

좋은 책으로 Miles와 Shevlin(2001)을 추천한다.

예시

모듈을 마친 후 학생들이 SPSS에 대해 얼마나 자신감을 갖는지를 예측하는 이전의 예시를 생각해보자(우리는 이를 'SPSS 자신감'이라고 부르겠다). 이변량 회귀분석에서 우리는 연습시간이 예언변인이 될 수 있다고 제안하였다. 다른 변인들도 고려될 수 있다. 강의 출석, 특정 기간 출석, SPSS 책을 읽은 시간, 모듈 이전에 컴퓨터 사용에 대한 불안, 총모듈 공부 시간 모두 SPSS 자신감에 기여할 수도 있다. 우리는 이러한 일련의 예언변인이 SPSS 자신감을 예언한다는 모형을 제안할 수 있다. 다음으로 우리는 예컨대 200~300명의 학생으로부터 설문을 통해 모든 변인에 대한 데이터를 모으고, 얼마나 많은, 그리고 어떤 변인들이 SPSS 자신감을 가장 정확하게 예언하는지 모형을 검증해볼 수 있다. 우리는 어쩌면 연습한 시간, 특정 기간 출석, SPSS 책을 읽은 시간, 모듈 전 컴퓨터 사용에 대한 불안만이 SPSS 자신감을 가장 정확하게 예측하고, 나머지 측정한 변인들은 SPSS 자신감 예언에 도움을 주지 않는 것을 확인하게 될지도 모른다. 대부분의 변인들은 정적 효과를 예언하고, 모듈 이전의 컴퓨터 사용 불안은 부적 효과를 예언함을 기억하라.

다중 회귀분석과 변량분석은 어떻게 관련되어 있는가

우리가 ANOVA와 다중 회귀분석을 시행하는 이유는 우리가 측정한 점수들에서 나타나는 변량을 설명하기 위한 것이다. 앞의 예시에서처럼 사람들은 저마다 SPSS 자신감 수준에서 크게 차이를 보인다. 이 변량들 중 일부는 우리가 파악한 변인들에 의해 설명될 수 있을 것이다. 예컨대 연습 시간은 SPSS 자신감에서 사람들 간에 나타나는 변량의 많은 부분을 설명해줄 것이다. 따라서 SPSS 자신감을 예언하고자 할 때 그 학생의 연습 시간을 아는 것은 매우 유용할 것이다. 이러한 아이디어는 ANOVA를 수행하는 논리에 깔려 있는 생각과 매우 유사한 것이다. ANOVA를 수행할 때 우리는 변량의 얼마나 많은 부분이 독립변인에 의해 설명되는지를 고려하였다(우리가 설명할 수 없는 변량의 비율에 비교하여). 다중 회귀분석에서 우리는 독립변인을 몇 가지 수준에 제한을 두지 않았다. 대신 우리는 변인들을 측정하고, 이 변인들이 종속변인(혹은 준거변인)의 점수를 얼마나 잘 예측하는지를 검토하였다. 따라서 ANOVA란 실제로 다중 회귀분석에서 채택되는 일반적인 접근법을 특별히 제한된 조건에 적용한 경우라고 볼 수 있을 것이다.

이것을 다른 식으로 설명하면, ANOVA는 다중 회귀분석에 비해 예언변인 혹은 독립변인이 직교(orthogonal)하는지 여부를 판단하는 데 더 제한되어 있다고 볼 수 있다. 두 변인 간의 관계가 0이면 직교하는 것이다. 독립변인이 '각 수준의 조합에서 동일한 샘플 사이즈로 완전하게 교차하면'(Tabachnick & Fidell, 2014, p. 40) ANOVA 설계가 직교한다고 본다. 만약 훌륭한 실험 통제와 설계가 결합된다면, 이는 독립변인에 미치는 명확한 인과를 밝혀내는 데 좋은 장점으로 발휘될 것이다. 하지만 심리학에서는 관심이 있는 많은 변인을 완벽하게 측정할 수 없다. 다중 회귀분석은 더 흔한, 예언변인 혹은 독립변인이 서로 상관을 가지는, 즉 직교하지 않는(non-orthogonal) 상황을 가능하게 한다. 다양한 회귀분석 방법을 다룰 때 다시 이 이슈로 돌아오겠다.

다중 회귀분석과 ANOVA(그리고 이변량 상관분석과 t 검증 간)에는 유사성이 존재한다. 왜냐하면 이런 통계기법은 모두 기본적으로 같은 목표를 추구하기 때문이다. 즉 하나 혹은 그 이상의 변인이 어떤 변인의 변량을 얼마나 잘 설명하는가를 추정하고자 하는 것이다. 이 다른 변인들은 통제된 실험과 같이 직접 조작될 수도 있고(인과관계 검증을 가능하게 함), 실험이 아닌 연구에서는 자연적으로 일어나지만 기본적인 원칙은 동일하다. 각각의 절차를 별개로 다루지만, 이들은 모두 근본적으로 동일한 절차들이라고 할 수 있다. 이런 기본적인 단일한 접근법은 제8장 제1절에서 ANOVA를 다룰 때 처음 소개한 용어인 일반 선형 모형이라고 불린다.

인과

인과관계에 대한 결론을 내릴 수 있는가 여부는 당연히 변인들이 조작되었는가 혹은 단순히 측정되었는가와 조건에 참가자들이 무선으로 할당되었는가에 따라 결정된다. ANOVA에서 우리는 종종 요인들을 직접 조작하고(즉 무선 할당이 가능해지고), 결과로 초래된 종속변인들의 변화를 측정한다. 하지만 종종 요인들의 수준은 기존의 집단(예 : 학위 수준)에 의해 결정되기 때문에 무선 할당은 실현 불가능해지고, 인과관계를 간주할 수 없게 된다. 다중 회귀분석에서 우리는 보통 몇 몇의 예언변인에 대해 자연적으로 일어나는 점수를 측정하고 준거변인을 가장 잘 예측하는 측정 변인들의 세트를 밝히고자 노력한다. 어떤 연구에서는, 주요 결과가 인과관계를 암시하지 않는다. 그러나 누군가 다중 회귀분석에서 사용된 예언변인을 조작하여 인과관계에 대한 결과를 이끌어낼 수 있을 것이다(실험 연구를 적용하여). 그 대신 만약 어떤 변인도 조작되지 않았다면 또 누군가는 인과관계를 주장하며 가설들을 검증하는 차후 연구를 설계할 수도 있을 것이다.

언제 다중 회귀분석을 사용해야 하는가

1. 예언변인과 준거변인 간에 선형적인 관계(일직선)를 조사하고자 할 때 이 통계기법을 사용할 수 있다. 만약 어떤 관계가 비선형적이라면, 하나 혹은 그 이상의 변인을 전환(transform)해야 할 것이다. 그래도 관계가 여전히 비선형적이라면 다른 기법들이 채택될 것이다. 비선형적 관계는 U자형과 역U자형 관계를 포함한다(제6장 제1절과 제8장 참조).

2. 준거변인이 구간척도와 비율척도 같은 연속척도로 측정되어야 한다. 명목척도에 의해 측정된 준거변인에 대해서는 별도의 통계 절차가 있다(제11장 참조).

3. 선택한 예언변인은 비율, 구간 또는 서열 척도로 측정되어야 한다. 명목척도로 이루어진 예언변인도 가능하기는 하지만 척도는 이분척도(dichotomous)여야만 한다(제7장 제1절 참조). 예를 들어 만약 여러분이 사람들이 도시에 사는지 아닌지에 관심이 있다면, 변인은 2개의 값을 가지며 이는 수용 가능하다. 그러나 만약 사람들의 환경을 도시, 소도시, 마을로 분류했다면, 이것을 단일 변인으로 다중 회귀에 입력할 수 없다. 대신 3개의 변인을 각기 2개의 범주를 가지는 별개의 변인으로 변경하면 된다(도시/도시 아님, 소도시/소도시 아님, 마을/마을 아님). '더미변인(dummy variable)'이라는 용어는 이런 유형의 이분변인을 지칭하기 위해 사용된다.

4. 다중 회귀분석을 수행하기 위해서는 많은 수의 관찰 자료가 요구된다. R(다중 상관; 다음 참조)의 추정은 예언변인의 수와 참가자의 수(N)에 의해 결정된다. 바람직한 비율은 참가자 대 변인 수 간의 비율이 최소 10 : 1이다. Tabachnick과 Fidell(2014)에 의하면 개별 예언변인의 전체 상관과 효과성을 검증하기 위해서는 N수가 8배 더하기 50개 이상, 혹은 예언변인 수보다 104개는 많아야 한다. 물론 여러분은 이것 대신 원하는 검증력을 달성하기 위해 N수를 계산할 수도 있다.

5. 여러분은 데이터의 이상치(outlier), 정상분포(normality) 그리고 잔차의 등분산성(homoscedas-

ticity of residuals)을 확인해야 한다[Tabachnick과 Fidell(2014)의 가이드라인 참조]. SPSS는 다음과 같은 잔차확인 방법을 제공한다. 우리가 여러분에게 잔차의 등분산성을 확인하는 방법을 보여줄 테지만, 자세한 설명은 여러분의 통계 책을 참고하길 바란다.

6. 여러분은 다중 공선성(multicollinearity)도 확인해야 한다. 예언변인을 선정할 때, 여러분은 준거변인과는 상관이 되지만 다른 예언변인들과는 강한 상관관계를 나타내지 않는 변인을 선정해야 한다. 그러나 예언변인들 간에 상관관계가 나타나는 것, 즉 비직교성(non-orthogonality)은 특이한 일이 아니다. 다중 공선성(혹은 공선성)이라는 용어는 둘 또는 그 이상의 변인 간에 높은 상관관계가 나타나는 상황을 기술하기 위해 사용된다. 그런 높은 상관은 회귀 모형의 부합도에 대해 각 예언변인의 상대적인 기여도가 어느 정도인지를 추론하려고 할 때 문제를 야기하게 된다. SPSS는 이런 문제를 체크하는 수단을 제공해주며, 다음 절에서 이를 설명할 것이다.

다중 회귀방정식

이 방정식은 예언변인 X_1, X_2, X_3, X_4 등의 조합으로부터 준거변인 Y를 예언할 수 있도록 한다. 이것은 이변량 회귀분석의 확장이다.

$$Y' = A + B_1X_1 + B_2X_2 + B_3X_3 + \cdots + B_kX_k$$

이때,

- Y'는 여전히 준거변인의 예측값이다.
- A는 다중 회귀 분석의 Y절편이고, 모든 X가 0일 때 예언되는 Y의 값이다.
- B는 이변량 회귀방정식에서의 b와 같이 각 예언변인에 대한 회귀 가중치 또는 회귀계수이다. B는 X가 하나의 단위만큼 변화했을 때 Y'가 변화하는 정도를 나타낸다. 회귀계수에 대해서는 다음에 다시 언급하겠다.
- K는 예언변인의 수로, 앞의 방정식은 일반적인 형태이다. 방정식을 풀 때, A와 B는 다음을 충족시키는 값이다.

1. 이변량 회귀분석에서와 같이 최소제곱기준에 따른다. 즉 $\Sigma(Y - Y')^2$의 최소화이다.
2. Y와 Y' 간의 상관을 최대화한다. 다중 상관 R은 Y와 Y'의 Pearson 상관계수이다. 설명은 다음과 같다.

회귀계수 : B(비표준회귀계수)와 베타(표준회귀계수)

회귀계수(또는 회귀 가중치)는 모든 예언변인이 일정할 때 각각의 예언변인이 준거변인에 미치는 영향을 측정하는 것이다. B는 (다른 예언변인이 일정할 때) 하나의 예언변인이 하나의 단위만큼 변화했을 때 나타나는 준거변인의 단위의 변화를 나타낸다. 둘 또는 그 이상의 예언변인이 있을 때, 우리는 이들 중 어느 것이 준거변인에 가장 큰 영향을 주는지, 즉 가장 강력한 예언변인에 관심을 둔다. B는 비표준화되었으므로(X의 원래 단위로 측정) 해석이 어렵다. 예를 들어 '수업에 대한 불안'의 한 단위만큼의 변화가 Y'에 미치는 영향을 '연습시간'의 한 단위만큼의 변화의 효과성과 직접 비교할 수 없다. 대신 각 변인의 변산성이 다르고 이는 계수에 영향을 줄 것이다. 효과적인 대안은 베타(beta, β)로 표준회귀계수이다. 이는 표준편차단위로 측정되므로 여러 개의 예언변인의 영향력을 쉽게 비교할 수 있도록 해준다. 예를 들어 하나의 예언변인의 $\beta = 2.5$라면, 그 변인의 1표준편차만큼의 변화가 준거변인에 2.5표준편차만큼의 변화를 야기한다고 볼 수 있다. 따라서 한 변인의 β값이 높으면 그 예언변인이 준거변인에 미치는 영향이 크다는 것을 의미한다. β값은 다른 예언변인을 직접적으로 비교 가능하게 한다.

상관계수는 음수이거나 양수이다. 이는 예언변인의 증가가 준거변인을 증가시키는지 혹은 감소시키는지를 나타낸다.

하나의 예언변인만 갖는 모형에서 β는 예언변인과 준거변인 간의 상관계수와 동일하다. 두 변인 간의 상관 상황에서 이 동일성은 납득이 간다. 하지만 하나 이상의 예언변인을 가질 때에는 단순히 이변량 상관계수의 비교만으로 각 예언변인의 기여도를 비교할 수 없다. 각 이변량 관계는 하나 또는 그 이상의 다른 예언변인들에 의해 영향을 받기 때문이다. 다중 회귀분석은 이 모든 관계들을 설명하며, β는 예언변인과 준거변인 간의 관계의 강도를 비교할 수 있도록 해준다.

각 예언변인이 준거변인의 변량을 설명하는 정도의 유의도는 다음과 같이 t를 사용하여 검증한다. 제2절의 결과물에서 다시 한번 강조하도록 하겠다.

R, R^2, 조정된 R^2

R은 준거변인의 관찰된 값과 예언된 값 간의 상관관계의 측정치이다. 우리의 예에서 보자면(참가자들이 보고한) 관찰된 SPSS 자신감 점수와 예언변인에 의해 예언된 SPSS 자신감 점수 간의 상관관계를 나타낸다. 이변량 상관의 r 또는 r_s와는 다르게, 모든 개별 상관이나 ß값들이 음수일지라도 R은 오직 양수이다. 그 이유는, R은 준거변인과 예언변인 간의 관계를 반영하는 것이 아니라 준거변인의 예언된 점수와 측정된 점수 간의 관계이기 때문이다.

R제곱(R^2)은 우리의 회귀모형에 의해 설명된 준거변인에서의 변량의 비율을 지칭하는 것이다. 우리의 예에서는 일군의 예언변인(연습시간 등)에 의해 설명되는 SPSS 자신감의 변량 비율이다. 본질적으로 이 수치야말로 우리가 예언변인을 알게 됨으로써 준거변인에 대한 예측을 얼마나 잘

할 수 있는지를 나타내주는 측정치인 것이다.

하지만 R과 R^2은 종종 회귀모형의 설명력을 과다 계산해주는 경향이 있다. 하나의 이유는, r과는 다르게 R은 절대로 음수가 아니며(이는 Y와 Y' 간의 상관이기 때문), 양수인 변량은 R값을 증가시키기 때문이다. 이러한 무선 우연변량(chance variation)은 작은 샘플에서 더 자주 일어난다. 따라서 조정된 R제곱(adjusted R^2)이 계산되는 것이다. 이 조정은 회귀모형에 포함되는 예언변인의 수와 모형에 대한 관찰자의 수, 즉 참가자의 수를 고려하여 재조정되는 수치이다. 이 조정된 R^2 값은 우리 회귀모형의 적합도를 나타내주는 가장 좋은 수치 중 하나가 되는 것이다. 예를 들어, 우리가 자료분석 결과 .75의 조정된 R제곱(R^2)을 얻었다면, 우리의 회귀모형은 준거변인에서의 변량의 75%를 설명한다고 말할 수 있는 것이다(.75는 설명된 변량 중 가장 큰 비율로 간주된다). 만약 참가자의 수가 적다면, 조정된 R제곱은 R^2보다 약간 작을 수도 있고(우연변량이 작은 샘플에서는 크기 때문), 음수일 수도 있다. 그러나 음수값은 가공물(artefact)이며, 관례적으로 조정된 R^2이 음수인 경우 0으로 보고함을 기억하라.

R^2값이 유의한지 여부는 다음과 같이 F를 사용하여 검증하며, 우리는 이를 제2절의 결과 설명에서 다시 강조하겠다.

회귀분석 기법

Y의 변량을 설명하는 데 대한 각 예언변인의 상대적 기여도는 다양한 기법을 통해 평가된다. 준거변인을 예언하는 모형의 성공은 각각의 기법에 대해 평가된다. 다음 방법에 따라 기법들은 다음과 같이 달라진다.

1. 공유된 변량은 다른 방식으로 여겨진다. 공유된 변량은 직교가 아닌 상황에서는 예언변인이 다른 예언변인뿐만 아니라 준거변인과 변량을 공유한다는 점이 이슈화될 수 있다.
2. 예언변인들을 하나의 블록(block)으로 입력하거나 따로 입력할 수 있다.
3. 어떤 예언변인을 따로 입력할 것인가를 결정하는 기법들은 회귀방정식에서 예언변인들이 입력하는 순서에 대한 의사결정 과정에 의해 달라진다.

독특한, 그리고 공유된 변량

벤다이어그램(Venn diagram)은 독특한, 그리고 공유된 변량을 설명하기 위해 흔히 사용된다.

● 그림 9.1(a)는 이변량 상관분석 상황을 나타낸다. 겹치는 부분은 X에 의해 설명되는 Y의 변량의 비율이다. 이것은 간단한 상황이지만, 하나 또는 그 이상의 예언변인이 추가되면 이슈는 복잡해진다.

- 그림 9.1(b)는 다중 상관분석 상황으로, X가 Y의 일부 변량을 설명하지만 다른 변인과는 변량을 공유하지 않는다. 따라서 각각의 X는 독특한 변량을 설명하기 때문에 어떤 회귀분석 기법을 사용하는 데에도 문제가 되지 않는다.
- 그림 9.1(c)는 다중 회귀분석으로, X가 약간의 독특한 변량을 설명하지만 다른 X가 설명하는 Y의 변량 중 약간을 공유한다. 이는 직교하지 않는 상황이다. 자세한 설명은 그림 범례를 참고하라.

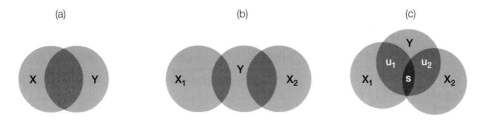

그림 9.1 벤다이어그램
주 : 겹치는 부분은 다음을 설명한다.
(a) 이변량 상관에서 X에 의해 설명되는 Y의 변량의 비율
(b) 다중 상관에서 서로 직교하는 2개의 X 각각에 의해 설명되는 Y변량의 비율. 설명된 변량은 모두 X_1 또는 X_2에 의해 독특하게(unique) 설명된다.
(c) 다중 상관에서 서로 직교하지 않는 2개의 X 각각에 의해 설명되는 Y변량의 비율. 'u'는 각 X에 의해 독특하게 설명되는 Y의 변량을 나타내고, 's'는 X_1과 X_2에 의해 공통으로 설명되는 Y의 변량을 나타낸다.

다른 회귀분석 기법이 공유된 변량을 다루는 방법은 다음에 설명되어 있다.

동시적 또는 표준 방법

동시적 또는 표준 방법에서 연구자는 모형을 구성하는 일군의 예언변인들을 지정하여 한번에 모형에 입력한다. SPSS에서 모든 예언변인을 하나의 블록에 선택하고, **입력**(enter) 옵션을 사용하면 된다. 각각의 예언변인은 나머지 변인들의 조합이 설명하는 변량에 추가적으로 설명하는 변량에 대해 평가된다. 여러분이 특정 변인(들)이 다른 변인들보다 특별히 중요하다는 특정 이론적 이유가 없는 한 아마도 가장 안전한 기법일 것이다. 하지만 이 기법에는 결점이 있다. 바로 회귀계수가 각 예언변인이 기여한 독특한 변량에 대해서만 계산된다는 점이다. 따라서 회귀계수가 계산된 후에 보면 그림 9.1(c)에서의 공유된 변량인 's'는 그 어떤 예언변인에도 귀인하지 않는 것이 되는 셈이다. 따라서 다른 예언변인들과 꽤 많은 양의 변량을 공유하기 때문에 실제로는 중요한 예언변인이 변량의 작은 비율만을 설명하는 것처럼 보일 수도 있는 것이다. 하지만 준거변인의 설명된 모든 변량은 R과 다른 통계지수에 기여하게 되어 전체 모형을 요약하게 된다. 따라서 몇몇 혹은 모

든 예언변인이 꽤 약한 것처럼 보여도 전체 모형은 꽤 강력할 수도 있다.

순차적 또는 위계적 방법

이 방법에서 연구자는 이론적 또는 경험적 고려를 통해 결정된 특정 순서대로 예언변인들을 입력하게 된다. 따라서 연구자는 예언변인의 위계(hierarchy)를 지정하게 되므로 '위계적 방법'이라는 이름이 붙게 된 것이다. 만약 입력순서에 대한 이유가 없다면 이 방법을 사용해서는 안 된다. 각 변인을 개별적으로 입력하거나 일군의 변인들에 포함시켜 몇 개의 '블록(block)'으로 입력할 수 있다. SPSS에서는 이러한 개별 입력을 변인의 개수에 상관없이 블록이라고 부름을 기억하라. 각 블록은 서로 다른 모형으로, 각각이 준거변인을 얼마나 잘 예측하는가에 따라 평가된다. 첫 번째로 입력된 예언변인은 준거변인의 설명된 변량의 전부를 설명한다. 차후의 추가적인, 독특한 변량은 각각의 변인에 할당된다. 공유된 변량은 위계상에서 높은 예언변인에 남게 된다. 각 예언변인이 모형에 입력되면, 기여도가 평가된다. 만약 모형의 예측력이 이전 모형에 비해 유의미하게 증가되지 않았다면, 그 예언변인은 제거된다. 이러한 과정은 다음 변인에게로 넘어가고, 모든 변인이 고려될 때까지 계속된다. 모형들은 서로 비교될 수 있다.

SPSS가 우리가 그린 공유된 변산성에 할당하는 것은 여러분이 각 예언변인을 입력할 때 사용하는 옵션에 따라 달라진다. 물론 하나의 옵션은 각 예언변인이 추가될 때마다 **입력**(Enter)하여, 표준 방법을 통해 각각의 성공적인 모형에 포함된 일군의 변인들이 분석하는 것이다. 이전에 설명한 바와 같이 공유된 변량은 어느 예언변인에도 기여하지 않게 된다. 이것은 제3절에서 더 자세하게 설명하겠다.

예언변인을 개별적으로 입력하는 대신 우리는 둘 또는 그 이상의 예언변인을 한 단계에서 함께 입력할 수 있다. 변량은 한번에 입력되는 예언변인들에 대해 앞서 설명한 위계적 법칙에 따라 각 블록에 할당된다. 여기에서도 역시 여러분이 선택하는 SPSS 옵션에 따라 달라진다. 하나의 블록 안에서도, 만약 하나 이상의 예언변인이 들어 있다면 그 변인들 각각에 할당되는 변량은 여러분이 선택한 SPSS 옵션의 법칙에 따르게 된다. 이것은 **입력**(Enter) 옵션일 수도 있고(앞에 설명한 표준 법칙들을 따름) 다음에 우리가 설명할 통계적 옵션 중 하나일 수도 있다. **전진**(Forward) 옵션은 입력된 예언변인들을 개별적으로 다루는 것처럼 보인다. 위계상에서 먼저 입력한 예언변인에 변량이 할당된다는 점에서 단계적(sequential) 모형과 비슷하다. 대안으로 **제거**(Remove) 옵션을 사용할 경우에는 모든 예언변인을 회귀모형에 **입력**(Enter)하고 여러분의 논리에 따라 모형으로부터 하나의 블록씩 **제거**(Remove)하는 것이다. 이 옵션의 사용법은 여기에서 더 이상 다뤄지지 않는다.

통계분석법

'단계적(stepwise)'라고도 불리는 몇 가지 통계적 회귀분석법이 있다. 모든 분석법에서 연구자는 일군의 예언변인을 명시하지만, 모형에 그것들을 입력하거나 제거하는 순서는 이론적 논리가 아닌 변인들의 강도(예측력)에 의해 결정된다. 따라서 이러한 방법들은 경험적 연구에서 유용함에도 불구하고, 논쟁적(controversial; Tabachnick & Fidell, 2014, p. 174) 또는 '현명하지 못한 회귀분석(unwise regression; Howell, 2013, p. 540 참조)'으로도 간주된다. 이러한 분석법들로부터 결과를 타당화하는 가이드라인은 다음에 제시되어 있다. SPSS는 다음의 통계적 옵션들을 제공한다. 다음의 기술은 여러분이 하나의 블록으로 모든 예언변인을 포함한 상황에 대한 것이다.

1. **전진** 선택법(Forward selection)에서 SPSS는 준거변인과의 상관의 강도를 고려한 순서에 따라 (가장 강력한 변인을 처음으로 입력) 회귀모형에 한번에 한 가지 변인씩을 추가하게 된다. 각 변인이 추가될 때마다 변인을 추가하는 효과가 평가되고, 모형의 부합도를 유의미하게 증가시켜주지 못하는 변인들은 제거된다.

2. **후진** 선택법(Backward selection)에서 SPSS는 모든 예언변인을 회귀모형에 집어넣는다. 그런 다음 가장 설명력이 약한 예언변인(준거변인과의 부분적 상관분석에 기반을 두어)을 제거하고 전체 회귀계수를 다시 구한다. 이 절차가 모형의 설명력을 유의미하게 저하시켰다면, 해당 예언변인을 다시 모형 속에 집어넣고, 그렇지 않으면 그 변인은 제거된다. 유용한 예언변인만이 회귀모형에 남을 때까지 이런 절차를 반복하게 된다.

3. **단계적** 선택법(stepwise selection)은 가장 복잡한 통계분석법이다. SPSS는 준거변인과의 상관의 강도를 고려한 순서에 따라 회귀모형 속으로 한번에 한 가지 변인씩을 추가하고, 각 예언변인이 예측력에 기여하는 강도가 평가된다. 만약 예언변인을 추가하는 것이 모형에 기여한다면 해당 변인은 남게 된다. 여태까지는 **전진** 선택법과 유사하다. 하지만 모형의 부합도를 설명하는 데 기여하는 바가 있는지를 분석하기 위해 이 모형에 남아 있는 모든 예언변인이 다시 평가된다. 더 이상 유의미하게 기여하지 않는 예언변인은 제거된다. 따라서 이 방법을 사용하면 모형에 포함되는 예언변인의 수를 가장 적게 만들 수 있다.

통계적 회귀분석법으로부터 도출된 결과를 타당화하는 방법

다중 회귀분석을 위한 통계적인 절차는 유의해서 사용해야 하며, 많은 사례 수가 있을 경우에만 사용해야 한다. 왜냐하면 표집오차로 인한 데이터에서의 사소한 변화가 변인이 추가되는 순서에 큰 영향을 주게 되고, 이로 인해 이 변인이 회귀모형에 남아 있게 될 수도 있기 때문이다. 만약 여러분이 통계분석법을 선택하기로 결정한다면, 독립적인 두 번째 일군의 데이터를 사용하여 도출되는 결과들을 타당화시켜야 한다. 이는 후속연구를 시행하거나 충분한 데이터가 있다면 데이터를 무작위 순서에 의해 두 부분으로 나누어 시행할 수 있다. **케이스 선택**(Select Cases)에서 케이스의 **무작위 표본 추출**(Random sample of cases) 방법(제4장 제4절 참조)을 사용하여 표본크기를 50%로 설정하라. 'filter_$'라는 이름의 변인이 데이터 파일에 추가될 것이다. 각각 무작위로 선별된 반쪽에 대해 분리된 분석을 시행하기 위해서는 다음의 절차를 따라야 한다.

1. **케이스 선택**(Select Cases)을 **모든 케이스**(All cases)로 리셋하라.
2. **케이스 선택**(Select Cases)에서 **조건을 만족하는 케이스**(If condition is satisfied) 방법을 선택하여 'filter_$ = 0'에 부합하는 모든 사례를 선택하고, 선택된 사례에 대해 분석을 시행하라.
3. **케이스 선택**(Select Cases)에서 **조건을 만족하는 케이스**(If condition is satisfied) 방법을 선택하여 'filter_$ = 1'에 부합하는 모든 사례를 선택하고, 선택된 사례들에 대해 분석을 시행하라. 두 분석에서 모두 일관되게 나타난 결과만을 보고해야 한다.

제2절 │ 다중 회귀분석의 표준 및 동시적 방법

Rosemary와 동료 Alan Porter와 Tina Cartwright는 꽤 흔히 발견되는 통계와 시험에 대한 학생들의 불안이 분석 방법과 통계를 배우는 수단인 모듈 수행에 영향을 미칠 수 있음에 대해 관심이 있었다. 우리는 프로젝트를 수행하였고(Snelgar, Porter & Cartwright, in preparation), 구조방정식 모형(이 책에서는 다루지 않고 있는 통계적인 절차)을 사용하여 상태 불안(state anxiety)의 탐색적 모형을 검증해보았다(Hong & Kartensson, 2002). 우리는 데이터의 부분집합(subset)을 사용하여 다중 회귀분석의 세 가지 방법(표준, 순차적, 단계적)을 보여줄 것이다. 우리는 불안의 두 요소인 '특질 불안'과 '상태 불안'을 모두 측정하였다. 불안 요소는 '통계 과목을 잘하지 못했을 경우의 결과에 대한 불안' 등을 포함하고 있다. 불안의 정서적 요소는 생리적 반응, 예를 들어 초조한 느낌(jittery)을 포함한다. 우리는 통계와 시험 불안과 관련된 것으로 알려져 있는 다른 변인들도 측정 또는 녹화하였다. 시험에 대한 특질걱정(trait test worry, tw), 시험에 대한 특질정서(trait test emotionality, te), 통계 과목의 지각된 난이도(perceived statistics course difficulty, pcd)와 통계 과목 불안(statistics course anxiety, ca)은 모듈의 초기에 측정되었다. 그다음, 시험의 지각된 난이도(perceived test difficulty, ptd)는 시험 직전에 측정되었고, 시험에 대한 상태 걱정(state test worry, sw)과 시험에 대한 상태 정서(state test emotionality, se)는 시험 직후에 측정되었다. 다른 변인들로는 나이, 성별, 그리고 학생들이 심리학에서 'A'를 받은 적이 있는가(psycha)인데, 그 이유는 A

를 받지 않은 학생들은 보통 자신들이 힘겨워할 것이라고 생각하기 때문이다. 시험에 대한 상태정서는 준거변인이다.

먼저 우리는 데이터가 왜도(skew)되었는지를 확인하였다. 학생 표본이기에 예측된 바와 같이 나이는 정적으로 왜도되었고, 'ca'도 왜도 검증에서 탈락하였다. 다른 변인들은 왜도되어 있지 않았다. 우리는 시험에 대한 상태 정서와 다른 변인들 간의 상관계수를 구하였다. 'se'와 성별, 나이, 수학 경험, 그리고 통계 과목에 대한 지각된 난이도 간의 상관관계는 매우 낮았고 유의미하지 않았기 때문에 이 변인들은 다중 회귀분석에서 제외되었다.

표준 방법을 사용하여 다중 회귀분석 시행하기

표준 방법 역시 잔차와 공선성(collinearity)에 대한 가정을 확인하기 위해 사용된다. 일반적으로 여러분은 결과를 먼저 검사하고 분석을 계속할 것인지 또는 다시 생각해야 하는지를 결정하게 된다. 전체 결과에 나타나는 관련 결과물에 대해 서술하겠다.

분석(Analyze) → **회귀분석(Regression)** → **선형(Linear)**을 클릭하라. 그러면 다음에 제시되는 것과 같은 **선형 회귀분석(Linear Regression)** 대화상자가 나타날 것이다. 여러분은 이제 준거변인, 시험에 대한 상태 정서 'se'를 선택하고, 예언변인으로 심리학 성적 'A'(psycha), 시험에 대한 특질 걱정(tw), 시험에 대한 특질정서(te), 통계 과목 불안(ca), 시험의 지각된 난이도(ptd)와 시험에 대한 상태 걱정(sw)를 선택했다. 'psycha'는 명목변인임을 보라. 하지만 이는 이분적(완료 혹은 미완료)이기 때문에 다중 회귀분석의 예언변인으로 적합하다.

부트스트랩(bootstrap) 단추는 SPSS에 포함된 옵션 모듈이므로 보이지
않을 수도 있다. 이에 관해서는 제1장 제1절을 참고하라.

준거(또는 종속)변인을 선택
하고, 우리가 한 대로 클릭
하여 **종속변인**(Dependent)
상자로 옮겨라.

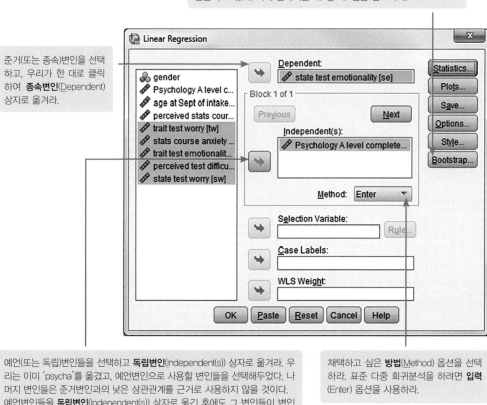

예언(또는 독립)변인들을 선택하고 **독립변인**(Independent(s)) 상자로 옮겨라. 우
리는 이미 'psycha'를 옮겼고, 예언변인으로 사용할 변인들을 선택해두었다. 나
머지 변인들은 준거변인과의 낮은 상관관계를 근거로 사용하지 않을 것이다.
예언변인들을 **독립변인**(Independent(s)) 상자로 옮긴 후에도 그 변인들이 변인
목록에 남아 있음을 확인하라.

채택하고 싶은 **방법**(Method) 옵션을 선택
하라. 표준 다중 회귀분석을 하려면 **입력**
(Enter) 옵션을 사용하라.

이제는 Statistics... 단추를 클릭하여 다음과 같은 **선형 회귀분석 : 통계량**(Linear Regression :
Statistics) 대화상자를 열어라.

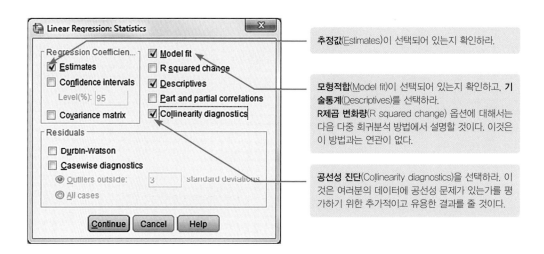

추정값(Estimates)이 선택되어 있는지 확인하라.

모형적합(Model fit)이 선택되어 있는지 확인하고, **기
술통계**(Descriptives)를 선택하라.
R제곱 변화량(R squared change) 옵션에 대해서는
다음 다중 회귀분석 방법에서 설명할 것이다. 이것은
이 방법과는 연관이 없다.

공선성 진단(Collinearity diagnostics)을 선택하라. 이
것은 여러분의 데이터에 공선성 문제가 있는가를 평
가하기 위한 추가적이고 유용한 결과를 줄 것이다.

여러분이 필요로 하는 통계적인 옵션들을 선택했으면, **계속(Continue)** 단추를 클릭하라. 그러면 **선도표 회귀분석(Linear Regression)** 대화상자로 돌아올 것이다.

이제는 **도표(Plots)** 단추를 클릭하고, **선형 회귀분석 : 도표(Linear Regression : Plots)** 대화상자에서 잔차를 확인하기에 유용한 그래프를 선택하라.

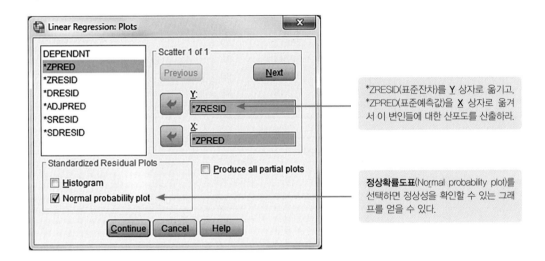

계속(Continue) 단추를 클릭하고, [OK] 단추를 클릭하라. 다음과 같은 결과를 얻을 것이다.

 SPSS 다중회귀분석 옵션은 **목록별 사례삭제**(Exclude cases listwise)로 기본설정되어 있다. 연구자가 변경하지 않는 이상, SPSS는 결측값을 가지지 않는 참가자에서 나온 자료만을 분석한다. 대안으로는 대응별(pairwise)나 평균으로 바꾸기(replace with the mean)가 있지만, 후자는 신중을 기해 사용해야 한다. 이 데이터는 모든 참가자의 완전한 데이터가 포함되어 있다.

표준 다중 회귀분석을 통한 SPSS 분석 결과

메뉴 항목을 통한 분석 : 회귀분석 > 선형(방법 = 입력)

Descriptive Statistics

	Mean	Std. Deviation	N
state test emotionality	2.5556	1.03775	90
Psychology A level completed	1.5333	.50168	90
trait test worry	2.3139	.78572	90
stats course anxiety	2.1889	.63744	90
trait test emotionality	2.5722	.87510	90
perceived test difficulty	2.8611	.71118	90
state test worry	2.7639	.75174	90

이 첫 번째 표는 **기술통계**(Descriptives) 옵션에 의해 산출되었으며, 결과를 보고할 때 유용하다.

 명목변인(여기에서는 'psycha')에 대해서는 평균값, SD 대신에 총수(count)를 보고해야 함을 기억하라.

두 번째 표는 변인 각 쌍 간의 상관관계를 세부적으로 나타내준다. 우리는 예언변인들 간의 강한 상관관계를 원하지는 않는다. 여기에서 제시된 값들은 수용할 만하다.

Correlations

		state test emotionality	Psychology A level completed	trait test worry	stats course anxiety	trait test emotionality	perceived test difficulty	state test worry
Pearson Correlation	state test emotionality	1.000	.212	.493	.500	.609	.562	.705
	Psychology A level completed	.212	1.000	.148	.173	.218	.155	.129
	trait test worry	.493	.148	1.000	.504	.644	.201	.403
	stats course anxiety	.500	.173	.504	1.000	.532	.387	.406
	trait test emotionality	.609	.218	.644	.532	1.000	.267	.346
	perceived test difficulty	.562	.155	.201	.387	.267	1.000	.529
	state test worry	.705	.129	.403	.406	.346	.529	1.000
Sig. (1-tailed)	state test emotionality	.	.022	.000	.000	.000	.000	.000
	Psychology A level completed	.022	.	.082	.051	.019	.073	.113
	trait test worry	.000	.082	.	.000	.000	.029	.000
	stats course anxiety	.000	.051	.000	.	.000	.000	.000
	trait test emotionality	.000	.019	.000	.000	.	.006	.000
	perceived test difficulty	.000	.073	.029	.000	.006	.	.000
	state test worry	.000	.113	.000	.000	.000	.000	.
N	state test emotionality	90	90	90	90	90	90	90
	Psychology A level completed	90	90	90	90	90	90	90
	trait test worry	90	90	90	90	90	90	90
	stats course anxiety	90	90	90	90	90	90	90
	trait test emotionality	90	90	90	90	90	90	90
	perceived test difficulty	90	90	90	90	90	90	90
	state test worry	90	90	90	90	90	90	90

Variables Entered/Removed[a]

Model	Variables Entered	Variables Removed	Method
1	state test worry, Psychology A level completed, trait test emotionality, perceived test difficulty, stats course anxiety, trait test worry[b]		Enter

a. Dependent Variable: state test emotionality

b. All requested variables entered.

이 세 번째 표는 우리에게 예언변인이 어느 것이고, 어떤 회귀선택법을 사용하였는지를 알려준다. 우리는 모든 예언변인이 동시적으로 입력되었음을 확인할 수 있는데, 이는 우리가 **입력**(Enter) 옵션을 선택하였기 때문이다.

Model Summary[b]

Model	R	R Square	Adjusted R Square	Std. Error of the Estimate
1	.827[a]	.683	.660	.60492

a. Predictors: (Constant), state test worry, Psychology A level completed, trait test emotionality, perceived test difficulty, stats course anxiety, trait test worry

b. Dependent Variable: state test emotionality

이 표와 다음 표는 아주 중요하다. R^2은 우리 모형의 전반적인 설명력을 보여준다. 조정된 R^2값은 우리 모형이 'se' 점수의 변량의 66.0%를 설명해준다는 것을 말해준다. 좋은 모형이라고 할 수 있다.

이 표는 R^2의 유의도를 평가하는 ANOVA를 보고해준다. 첫 번째 df는 예언변인의 수(m)이고, 잔차의 df는 $N-m-1$(여기에서는 90-6-1)이다. $p < .001$이므로 우리 모형은 유의미하다.

ANOVA[a]

Model		Sum of Squares	df	Mean Square	F	Sig.
1	Regression	65.475	6	10.913	29.822	.000[b]
	Residual	30.372	83	.366		
	Total	95.847	89			

a. Dependent Variable: state test emotionality

b. Predictors: (Constant), state test worry, Psychology A level completed, trait test emotionality, perceived test difficulty, stats course anxiety, trait test worry

각 변인에 대한 비표준화된 베타계수는 예언변인이 1단위만큼 증가했을 때 예언되는 준거변인의 증가값을 나타낸다(나머지 예언변인들은 통제). 다음 열은 β의 표준오차이다.

Coefficients[a]

Model		Unstandardized Coefficients		Standardized Coefficients	t	Sig.
		B	Std. Error	Beta		
1	(Constant)	-1.394	.344		-4.050	.000
	Psychology A level completed	.073	.132	.035	.553	.582
	trait test worry	.021	.113	.016	.190	.850
	stats course anxiety	.049	.129	.030	.381	.704
	trait test emotionality	.433	.102	.365	4.239	.000
	perceived test difficulty	.304	.110	.208	2.757	.007
	state test worry	.614	.108	.445	5.671	.000

a. Dependent Variable: state test emotionality

표준화된 베타계수는 표준분포에 의거하여 모형에 있는 각 변인의 기여도에 대한 측정치를 제공해준다. β는 예언변인이 1표준편차 증가하였을 때 준거변인의 표준편차의 변화를 나타낸다(나머지 예언변인들은 통제). 따라서 만약 시험에 대한 특질 정서가 1SD만큼 증가한다면, 우리는 시험에 대한 상태 정서는 .37SD만큼 증가할 것이라고 예언할 수 있다. 그리고 만약 상대 시험 걱정이 1SD만큼 증가한다면, 상태 시험 정서는 .45SD만큼 증가할 것이라고 예측할 수 있다.

T 검증값은 예언변인의 회귀계수가 유의미한지를 나타낸다. 하지만 표준 방법에는 예언변인에 의해 설명된 독특한 변량만을 검증한다. 따라서 예언변인은 준거변인과 상관을 가지나 유의미하지 않은 β값을 가지는 다른 예언변인과 변량을 공유할 수도 있다.

만약 여러분이 **공선성 진단**(Collinearity diagnostics)을 요청하였다면[**선형 회귀분석: 통계**(Linear Regression: Statistics) 대화상자에서], 계수 표의 오른쪽 끝에 2개의 추가적인 열이 생성되었을 것이다(바로 앞의 표). 이 추가된 열들은 여러분의 데이터가 이 가정에 부합하는지를 확인할 때 충분히 유용할 것이다.

톨러런스(Tolerance) 값은 예언변인들 간의 상관관계 측정치로서 0과 1 사이의 값을 가지게 된다. 어떤 변인에 대해 0에 가까울수록 이 변인과 다른 예언변인과의 관계는 강해진다. 아주 낮은 값의 톨러런스를 가지는 변인에 대해서는 의심해봐야 할 것이다. SPSS는 어떤 예언변인의 톨러런스 값이 .0001보다 적은 경우에는 모형에 이 변인을 포함시키지 않는다. 하지만 예컨대 그 기준을 더 높여서 톨러런스 값이 .01보다 낮은 변인들은 제거하도록 설정할 수도 있다.

t	Sig.	Collinearity Statistics	
		Tolerance	VIF
-4.050	.000		
.553	.582	.941	1.063
.190	.850	.518	1.931
.381	.704	.605	1.654
4.239	.000	.516	1.940
2.757	.007	.668	1.498
5.671	.000	.621	1.610

VIF는 공선성의 대안적인 측정치인데(실제로 톨러런스와 호혜적이다), 이 수치는 값이 클수록 예언변인들 간의 관련성이 높다는 것을 알려준다.

앞의 추가적 열들은 보통 충분하다. 하지만 이 표는 여러분이 **선형 회귀분석 : 통계**(Linear Regression : Statistics) 대화상자에서 **공선성 진단**(Collinearity diagnostics)을 요청했을 때 나타나는 표로, 이해를 원할 때는 읽어봐도 좋다.

Collinearity Diagnostics[a]

Model	Dimension	Eigenvalue	Condition Index	(Constant)	Psychology A level completed	trait test worry	stats course anxiety	trait test emotionality	perceived test difficulty	state test worry
							Variance Proportions			
1	1	6.686	1.000	.00	.00	.00	.00	.00	.00	.00
	2	.104	8.025	.02	.37	.13	.01	.10	.02	.00
	3	.078	9.251	.01	.42	.04	.01	.07	.11	.11
	4	.042	12.622	.00	.01	.32	.56	.06	.01	.18
	5	.036	13.610	.00	.01	.24	.34	.72	.08	.00
	6	.030	14.930	.60	.15	.05	.07	.00	.03	.47
	7	.024	16.663	.38	.04	.22	.01	.05	.74	.23

a. Dependent Variable: state test emotionality

Residuals Statistics[a]

	Minimum	Maximum	Mean	Std. Deviation	N
Predicted Value	1.0614	4.3618	2.5556	.85772	90
Residual	-1.27640	1.35944	.00000	.58417	90
Std. Predicted Value	-1.742	2.106	.000	1.000	90
Std. Residual	-2.110	2.247	.000	.966	90

a. Dependent Variable: state test emotionality

잔차 통계량(Residuals statistics) 표는 여러분이 도표를 요청하면 생성된다.

Charts

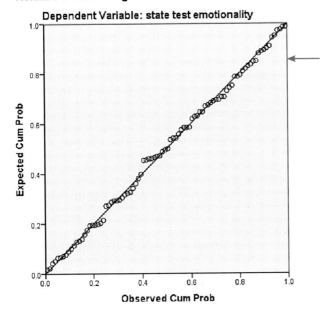

Normal P-P Plot of Regression Standardized Residual

Dependent Variable: state test emotionality

이 그래프는 **정상확률도표**(Normal probability plot) 옵션에 의해 생성되었다. 만약 점들(points)이 일직선에 상당히 가깝다면, 잔차의 정규성을 가정할 수 있다.

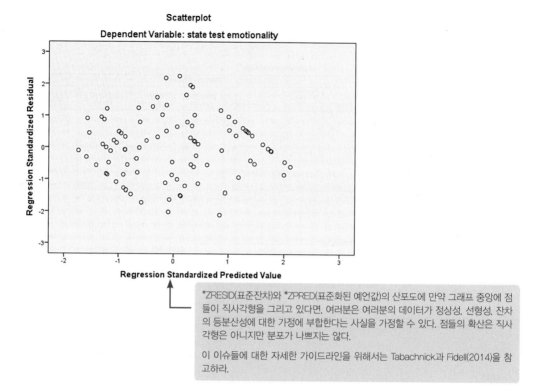

Scatterplot
Dependent Variable: state test emotionality

*ZRESID(표준잔차)와 *ZPRED(표준화된 예언값)의 산포도에 만약 그래프 중앙에 점들이 직사각형을 그리고 있다면, 여러분은 여러분의 데이터가 정상성, 선형성, 잔차의 등분산성에 대한 가정에 부합한다는 사실을 가정할 수 있다. 점들의 확산은 직사각형은 아니지만 분포가 나쁘지는 않다.

이 이슈들에 대한 자세한 가이드라인을 위해서는 Tabachnick과 Fidell(2014)을 참고하라.

다음에는 다중 회귀분석의 결과를 보고할 때 필요한 가이드라인을 제시하겠다.

우리가 여기에서 보여주지는 않았지만, 우리가 이변량 회귀분석에서 보여준 바와 같이 다중 회귀분석에서 생성된 새롭고 다양한 변인들을 저장할 수 있다(제6장 제7절). **선형 회귀분석**(Linear Regression) 대화상자에서 **저장**(Save)을 클릭하여 **선형 회귀분석 : 저장**(Linear Regression : Save) 대화상자를 열어라. 여러분은 여기에서 제공하는 옵션들을 사용하여 새로운 변인들을 탐색할 수 있다.

결과보고

방법론의 세부 항목 또는 결과 부분에서 데이터 분석을 기술할 때, 여러분은 여러분이 수행한 가정 확인 및 데이터가 그에 부합했는지, 여러분이 변환을 했는지(예 : 심하게 왜도된 데이터의 경우)에 대해 보고해야 한다.

다중 회귀분석의 결과를 보고할 때, 여러분은 모형이 설명하는 변량의 비율, 모형의 유의미성 및 예언변인의 유의미성에 대한 정보를 독자들에게 알려주고 싶을 것이다. 또한 어떤 예언변인의 회귀계수가 (예시에서와는 다르게) 음수라면, 준거변인에 미치는 영향력의 방향성에 대해 짚어주어야 한다. 몇몇의 심리적 구성은 반대 방향으로 점수화됨을 기억하라. 예를 들어, 자존감 질문지에서의 높은 점수는 높은 자존감 혹은 낮은 자존감을 나타낼 수 있다. 방법론의 세부 항목에서 각각의 구성에서의 높은 점수가 무엇을 나타내는지에 대해 명확하게 설명하는 것에 더해, 여러분은 결과 부분에서의 올바른 설명을 위해 각각의 예언변인과 준거변인 간의 관계의 방향성에 대해 주의 깊게 생각해둘 필요가 있다. 여러분은 다른 정보, 예를 들어 모든 변인에 대한 요약된 기술통계량, 다중회귀분석에 포함된 모든 변인들의 상관행렬 역시 포함할 수 있다.

다중회귀분석의 결과 보고는 다음과 같이 작성한다.

준거변인인 시험에 대한 상태 정서성과 유의미한 상관관계를 가진 변인들은 표준 방법을 사용하여 다중 회귀분석에 예언변인으로 입력했다. 모형의 유의도는 다음과 같다. $F(6, 83) = 29.82$, $p < .001$. 이 모형은 시험에 대한 상태 정서성의 변량의 66.0%를 설명한다 (조정된 $R^2 = .660$). 표 9.1은 이 모형에 입력된 예언변인들의 회귀계수에 대한 정보를 제공한다. 시험에 대한 특질 정서성, 시험에 대한 지각된 난이도, 그리고 시험에 대한 상태 걱정은 유의미한 예언변인으로, 시험에 대한 상태 정서성과 정적 관계를 가진다. 심리학 성적 A, 시험에 대한 특질 걱정, 그리고 통계 과목에 대한 불안은 유의미한 예언변인이 아니었다.

표 9.1 모형에 입력된 변인들의 비표준화, 표준화 회귀계수

Variable	B	SE B	β	p
state test worry	.61	.11	.45	< .001
trait test emotionality	.43	.10	.37	< .001
perceived test difficulty	.30	.11	.21	.007
Psychology A level completed	.07	.13	.04	.582
stats course anxiety	.05	.13	.03	.704
trait test worry	.02	.11	.02	.850

제3절 │ 다중 회귀분석의 순차적 및 위계적 방법

제1절에서 설명했다시피 여러분이 특정 순차에 따라 예언변인들을 입력하겠다는 논리가 있을 때에만 순차적 또는 위계적 방법을 사용하라. 표준 다중 회귀분석을 먼저 수행하여 공선성 진단과 잔차 도표를 구해 가정이 옳은지를 확인해야 함을 기억하라.

SPSS에서 수행하는 방법

분석(A̲nalyze) → 회귀분석(R̲egression) → 선형(L̲inear)을 클릭하라. 선형 회귀분석 대화상자에서 다음과 같이 예언변인을 블록으로 입력하라.

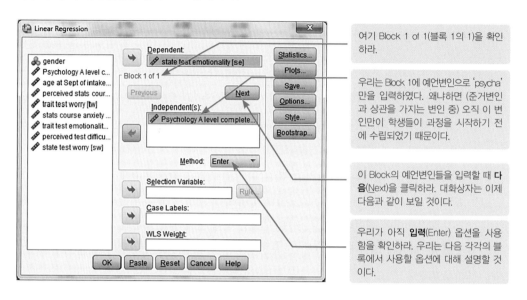

여기 Block 1 of 1(블록 1의 1)을 확인하라.

우리는 Block 1에 예언변인으로 'psycha' 만을 입력하였다. 왜냐하면 (준거변인과 상관을 가지는 변인 중) 오직 이 변인만이 학생들이 과정을 시작하기 전에 수립되었기 때문이다.

이 Block의 예언변인들을 입력할 때 **다음(Next)**을 클릭하라. 대화상자는 이제 다음과 같이 보일 것이다.

우리가 아직 **입력(Enter)** 옵션을 사용함을 확인하라. 우리는 다음 각각의 블록에서 사용할 옵션에 대해 설명할 것이다.

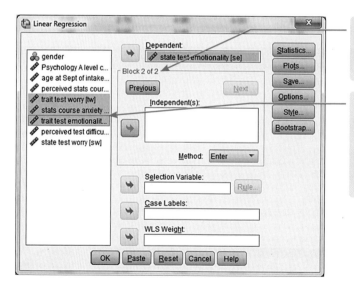

여기 Block 2 of 2와 이제는 **이전(Pre-vious)** 단추가 가용하여 여러분이 필요할 때 Block 1로 돌아갈 수 있음을 확인하라.

두 번째 Block의 예언변인들은 과정의 초기에 측정된 것들이다. **독립변인 (Indepen dents)** 상자로 이동할 수 있게 선택해두었다. 여러분이 이렇게 하면, 다시 **다음(Next)** 단추가 강조될 것이다. 그러면 클릭하여 세 번째 Block으로 이동하라.

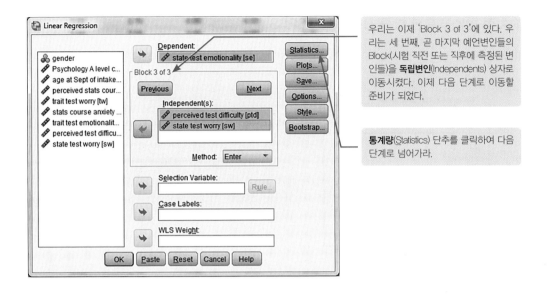

우리는 이제 'Block 3 of 3'에 있다. 우리는 세 번째, 곧 마지막 예언변인들의 Block(시험 직전 또는 직후에 측정된 변인들)을 **독립변인**(Independents) 상자로 이동시켰다. 이제 다음 단계로 이동할 준비가 되었다.

통계량(Statistics) 단추를 클릭하여 다음 단계로 넘어가라.

둘 또는 그 이상의 예언변인의 블록을 입력하면, 여러분은 **다음**(Next)과 **이전**(Previous) 단추를 사용하여 여러분이 의도한 대로 각 블록에 변인들을 입력했는지를 확인할 수 있다.

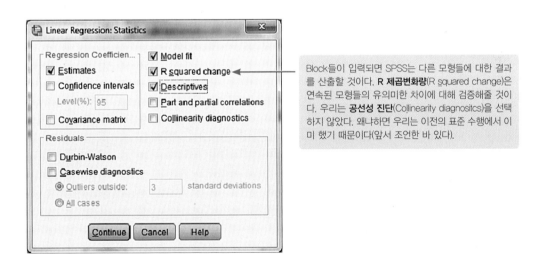

Block들이 입력되면 SPSS는 다른 모형들에 대한 결과를 산출할 것이다. **R 제곱변화량**(R squared change)은 연속된 모형들의 유의미한 차이에 대해 검증해줄 것이다. 우리는 **공선성 진단**(Collinearity diagnositcs)을 선택하지 않았다. 왜냐하면 우리는 이전의 표준 수행에서 이미 했기 때문이다(앞서 조언한 바 있다).

    여러분이 요청할 통계량들을 선택하였다면, **계속**(**Continue**) 단추를 클릭하라. 그러면 다시 **선형 회귀분석**(Linear Regression) 대화상자가 나타날 것이다. ⬛OK⬛ 단추를 클릭하라. 생성된 분석 결과 중 제2절에서 소개한 표준 또는 동시적 방법과 다른 표들은 다음에 설명되어 있다.

순차적 방법을 통한 다중 회귀분석의 SPSS 분석 결과

메뉴 항목을 통한 분석 : 회귀분석 > 선형(방법 = 입력, 3개의 블록이 입력되었음)

Variables Entered/Removed[a]

Model	Variables Entered	Variables Removed	Method
1	Psychology A level completed[b]	.	Enter
2	trait test worry, stats course anxiety, trait test emotionality[b]	.	Enter
3	perceived test difficulty, state test worry[b]	.	Enter

a. Dependent Variable: state test emotionality

b. All requested variables entered.

이 첫 번째 표는 표준 방법을 사용했을 때와 다르다. 각 블록이 소개될 때마다 새로운 모형이 형성되었고, 각 연속된 모형에 대해 다중 회귀분석이 시행되었다. 따라서 3개의 블록으로 3개의 모형이 있게 된다.

SPSS는 어떤 변인들이 각 블록에 입력되었는지를 보여준다. 우리가 각 블록에 대해 **입력**(Enter) 방법을 사용했기 때문에 그 어떤 변인도 제거되지 않았다.

Model Summary

Model	R	R Square	Adjusted R Square	Std. Error of the Estimate	Change Statistics				
					R Square Change	F Change	df1	df2	Sig. F Change
1	.212[a]	.045	.034	1.01986	.045	4.150	1	88	.045
2	.652[b]	.425	.398	.80509	.380	18.738	3	85	.000
3	.827[c]	.683	.660	.60492	.258	33.781	2	83	.000

a. Predictors: (Constant), Psychology A level completed

b. Predictors: (Constant), Psychology A level completed, trait test worry, stats course anxiety, trait test emotionality

c. Predictors: (Constant), Psychology A level completed, trait test worry, stats course anxiety, trait test emotionality, perceived test difficulty, state test worry

여기에서 우리는 'psycha'만 포함하여 변량의 3.4%만을 설명하는 모형 1을 볼 수 있다(조정된 R^2 = .034). 두 번째 블록이 포함된 모형 2는 설명된 변량의 추가 38% 설명을 야기했다(R^2 변화량 = .380). 마지막 모형 3은 설명된 변량의 추가 26%를 야기했다(R^2 변화량 = .258). 마지막 모형은 66%의 변량을 설명했다(조정된 R^2 = .660).

SPSS는 준거변인의 변량을 예측하는 비율에 근거하여 각 모형이 이전 모형과 유의미하게 다른지에 대한 검증을 제공한다. 모형 1은 예언변인이 없는 모형(R^2 = 0)과의 비교로, F값과 p값은 그 모형의 값들과 동일하다(다음 표에서 제시). 다음 열은 모형 2가 모형 1에 비해 더 많은 변량을 유의미하게 설명함을 나타낸다[$F(3,85)$ = 18.74, $p < .001$]. 그리고 세 번째 열은 모형 3이 모형 2에 비해 더 많은 변량을 유의미하게 설명함을 나타낸다[$F(2,83)$ = 33.78, $p < .001$].
여기에서의 자유도는 첫째, 그 블록에 입력되어 있는 예언변인들의 수, 둘째, $N-m-1$(이때 m은 모형에 포함된 예언변인의 총수)이다.

ANOVAᵃ

Model		Sum of Squares	df	Mean Square	F	Sig.
1	Regression	4.317	1	4.317	4.150	.045ᵇ
	Residual	91.531	88	1.040		
	Total	95.847	89			
2	Regression	40.753	4	10.188	15.718	.000ᶜ
	Residual	55.095	85	.648		
	Total	95.847	89			
3	Regression	65.475	6	10.913	29.822	.000ᵈ
	Residual	30.372	83	.366		
	Total	95.847	89			

a. Dependent Variable: state test emotionality

b. Predictors: (Constant), Psychology A level completed

c. Predictors: (Constant), Psychology A level completed, trait test worry, stats course anxiety, trait test emotionality

d. Predictors: (Constant), Psychology A level completed, trait test worry, stats course anxiety, trait test emotionality, perceived test difficulty, state test worry

> 이 표는 3개 모형에 대한 ANOVA 결과를 보고한다. 첫 번째 모형('psycha'만이 유일한 예언변인)이 간신히 유의수준에 미쳤으나, 모두 다 유의미하다.

> 이 계수표에서 SPSS는 각 모형들에 대해 B, β, t값, p값(그리고 요청했을 시 공선성 진단 결과)을 보고한다. 이 값들은 이전 순차적 방법의 분석 결과에서 설명하였다.
> 하나 이상의 모형에 포함된 예언변인에 대해서는 회귀계수가 연속된 모형에서 바뀐다(다음 본문 참조).

Coefficientsᵃ

Model		Unstandardized Coefficients		Standardized Coefficients	t	Sig.
		B	Std. Error	Beta		
1	(Constant)	1.882	.347		5.418	.000
	Psychology A level completed	.439	.215	.212	2.037	.045
2	(Constant)	-.015	.388		-.038	.970
	Psychology A level completed	.144	.175	.069	.823	.413
	trait test worry	.147	.147	.112	1.005	.318
	stats course anxiety	.350	.164	.215	2.138	.035
	trait test emotionality	.483	.135	.407	3.568	.001
3	(Constant)	-1.394	.344		-4.050	.000
	Psychology A level completed	.073	.132	.035	.553	.582
	trait test worry	.021	.113	.016	.190	.850
	stats course anxiety	.049	.129	.030	.381	.704
	trait test emotionality	.433	.102	.365	4.239	.000
	perceived test difficulty	.304	.110	.208	2.757	.007
	state test worry	.614	.108	.445	5.671	.000

a. Dependent Variable: state test emotionality

> 모형 1의 예언변인 'psycha'의 베타값은 'se'와의 상관계수와 동일하다. 제1절에서 설명했듯이 하나의 예언변인만을 가지는 경우 회귀계수와 상관계수는 동일하다.

여기에서 SPSS는 각 모형에서 제외된 예언변인들에 대한 정보를 제공한다. **선형 회귀분석**(Linear Regression) 대화상자에서 **입력**(Enter) 옵션을 사용하면, 각 모형에서 제외된 변인들은 단순히 다음 블록에서 입력된 변인들이다.

Excluded Variables[a]

Model		Beta In	t	Sig.	Partial Correlation	Collinearity Statistics Tolerance
1	trait test worry	.471[b]	5.064	.000	.477	.978
	stats course anxiety	.477[b]	5.120	.000	.481	.970
	trait test emotionality	.591[b]	6.811	.000	.590	.952
	perceived test difficulty	.542[b]	6.104	.000	.548	.976
	state test worry	.689[b]	9.117	.000	.699	.983
2	perceived test difficulty	.402[c]	5.082	.000	.485	.838
	state test worry	.542[c]	7.456	.000	.631	.779

a. Dependent Variable: state test emotionality

b. Predictors in the Model: (Constant), Psychology A level completed

c. Predictors in the Model: (Constant), Psychology A level completed, trait test worry, stats course anxiety, trait test emotionality

순차적 방법과 회귀계수에 대한 메모

앞서 설명한 바와 같이 순차적 또는 위계적 방법에서 연구자들은 이론적 또는 경험적 논리를 사용하여 어떤 순서에 따라 예언변인들을 모형에 입력할 것인지를 결정해야 한다. 이는 표준 또는 동시적 방법, 즉 모든 예언변인이 한번에 입력되는 방법과 상반된다. 앞서 보여준 바와 같이 SPSS에서 우리는 우리가 결정한 순차에 따라 변인들을 입력하는 성공적인 블록을 사용하고, 우리는 이 추가적인 예언변인들의 블록이 예측력을 유의미하게 증가시키는지에 대한 정보를 얻게 된다(R^2값이 유의미하게 증가하였는지).

그러나 앞의 회귀계수는 순차적 '원칙(rule)'을 따르지 않기 때문에 공유된 변량은 먼저 입력된 예언변인에 남게 된다. 이는 각 블록에 대해 우리가 SPSS의 입력 옵션을 사용하기 때문이다. 따라서 각 모형의 예언변인들은 표준 방법에 의거하여 분석된다. 모형 1의 'psycha' 변인의 β는 .21이지만, 모형 2에서의 β는 .06으로 훨씬 낮다. 이 감소는 'psycha'가 모형 2에 추가된 변인들 중 최소 하나의 변인과 변량을 공유하고 있음을 나타낸다. 왜냐하면 표준 방법은 회귀계수를 구할 때 공유된 변량을 제거하기 때문이다(R^2에 의해 설명되지만).

여러분은 아마도 여러분의 논리에 따라 입력된 예언변인들의 회귀계수에 특별히 관심을 가질 것이며, 위계상 앞에 있는 변인들이 준거변인의 설명된 변량을 '유지'하되 위계상 아래에 있는 변인들이 추가적 변량을 설명하기를 바랄 것이다. 각 변인을 블록에 추가할 때 **입력**(Enter) 옵션을 사용하는 대신, 여러분은 SPSS의 **전진**(Forward; 제1절 참조)과 같은 다른 옵션을 사용할 수도 있다. 그러나 만약에 여러분이 한 블록에 둘 또는 그 이상의 예언변인들을 입력한다면(우리가 앞서 했듯이), 그 변인들은 **전진**(Forward) 통계적 준거(statistical criterion)에 의해 그 블록으로 취급될 것이고, 여러분은 그것을 원치는 않을 것이다.

결과보고

순차적 다중회귀분석의 결과를 보고할 때, 여러분은 독자에게 각 모형이 설명하는 변량의 비율, 각 모형의 유의도, 그리고 차후 모형이 이전 모형에 비해 더 많은 변량을 유의미하게 설명하는지에 대해 알려줘야 할 것이다. 추가적으로 여러분은 하나 또는 그 이상의 모형에 포함된 예언변인들이 유의미한지 여부도 여러분의 보고 목적에 맞게 보고해야 할 것이다(제2절에서 제시한 결과 보고에 대한 전반적 가이드라인 참조).

결과보고는 다음과 같이 작성한다.

'심리학 성적 A 여부'를 유일한 예언변인으로 가지고 있는 모형 1은 변량의 3.4%를 설명하며, 이는 유의미했다[$F(1,88) = 4.15$, $p < .045$]. 통계 과목에 대한 불안, 시험에 대한 특질 걱정, 시험에 대한 특질 정서성이 추가된 모형 2는 더 많은 변량을 유의미하게 설명한다[R^2 변화량 = .38, $F(3,85) = 18.74$, $p < .001$]. 이 모형은 시험에 대한 상태 정서성의 변량의 40%를 설명했으며(조정된 R^2 = .398) 이는 유의미했다[$F(4,85) = 15.72$, $p < .001$]. 시험의 지각된 난이도와 시험에 대한 상태 걱정이 추가된 모형 3은 더 많은 변량을 설명했고, 이 증가는 유의미했다[R^2 변화량 = .26, $F(2,83) = 33.78$, $p < .001$]. 모형 3은 시험에 대한 상태 정서성의 변량의 66.0%를 설명하고(R^2 변화량 = .660), 유의미했다[$F(6,83) = 29.82$, $p < .001$]. 모형 3의 유의미한 예언변인은 시험에 대한 특질 정서성, 시험의 지각된 난이도, 그리고 시험에 대한 상태 걱정이었다.

제4절 | 다중 회귀분석의 통계적 방법

제1절에서 설명한 바와 같이 **단계적**(stepwise) 방법은 통계적 방법으로 주위를 기울여 사용해야 한다. 결과는 2개의 독립적인 샘플로 역검사(cross-checking)를 통해 타당화되어야 한다. 단계적 방법은 모든 예언변인이 추가될 때마다 확인하고 통계적인 준거에 부합하지 않으면 제거한다. 따라

서 이는 가장 작은 수의 예언변인을 갖는 모형을 야기한다. 더 자세한 설명을 보려면 제1절 회귀분석 방법을 참고하라.

단계적 방법을 사용하여 다중 회귀분석을 수행하는 방법

표준 다중 회귀분석을 먼저 시행하여 공선성 진단과 잔차 도표를 얻어 가정들을 확인하는 것을 기억하라.

분석(**A**nalyze) → **회귀분석**(**R**egression) → **선형**(Linear)을 클릭하라.

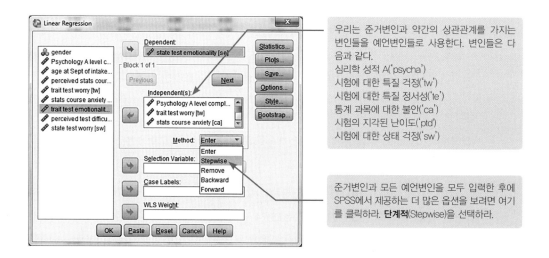

우리는 준거변인과 약간의 상관관계를 가지는 변인들을 예언변인들로 사용한다. 변인들은 다음과 같다.
심리학 성적 A('psycha')
시험에 대한 특질 걱정('tw')
시험에 대한 특질 정서성('te')
통계 과목에 대한 불안('ca')
시험의 지각된 난이도('ptd')
시험에 대한 상태 걱정('sw')

준거변인과 모든 예언변인을 모두 입력한 후에 SPSS에서 제공하는 더 많은 옵션을 보려면 여기를 클릭하라. **단계적**(Stepwise)을 선택하라.

그다음 **통계량**(Statistics) 단추를 클릭하고 R^2 **변화량**(R squared change)을 선택하여 순차적 방법이 생성하는 다른 모형들을 평가하라. 연관된 분석 결과는 다음과 같다. 분석 결과표는 순차적 모형에서 생성된 것과 유사하고, 우리가 짚고 넘어갈 필요가 없는 특정 표들은 제외되었다.

통계적 다중 회귀분석의 SPSS 분석 결과

메뉴 항목을 통한 분석 : 회귀분석 > 선형(방법=단계적)

Variables Entered/Removed[a]

Model	Variables Entered	Variables Removed	Method
1	state test worry	.	Stepwise (Criteria: Probability-of-F-to-enter <= .050, Probability-of-F-to-remove >= .100).
2	trait test emotionality	.	Stepwise (Criteria: Probability-of-F-to-enter <= .050, Probability-of-F-to-remove >= .100).
3	perceived test difficulty	.	Stepwise (Criteria: Probability-of-F-to-enter <= .050, Probability-of-F-to-remove >= .100).

a. Dependent Variable: state test emotionality

이 표는 우리 모형에 입력된 순서와 제거된 순서를 보여준다. 이 사례에서는 세 가지 변인이 성공적인 모형에 추가되었고, 제거된 것은 하나도 없다.

단계적 방법에서는 예언변인들이 준거변인과 가지는 상관의 강도 순서로 고려된다. 변인들은 다음 예언변인이 입력될 때마다 R^2에 대한 유의한 기여에 의거하여 다시 고려된다. 그리고 만약 그것이 통계적 기준에 부합하지 않으면 그 변인은 제거된다. 입력과 제거에 대한 기준은 이 표의 오른쪽 열에 제시되어 있다. 원한다면 **선형 회귀분석 : 옵션**(Linear Regression: Options) 대화상자에서 고칠 수 있다.

Model Summary

Model	R	R Square	Adjusted R Square	Std. Error of the Estimate	Change Statistics R Square Change	F Change	df1	df2	Sig. F Change
1	.705[a]	.497	.491	.74043	.497	86.830	1	88	.000
2	.805[b]	.648	.640	.62299	.151	37.303	1	87	.000
3	.825[c]	.681	.670	.59623	.033	8.985	1	86	.004

a. Predictors: (Constant), state test worry
b. Predictors: (Constant), state test worry, trait test emotionality
c. Predictors: (Constant), state test worry, trait test emotionality, perceived test difficulty

모형 요약(Model Summary) 표는 조정된 R제곱과 R제곱 변화량을 보여주며, 그 변화가 각 모형에서 유의미한지를 보여준다.

ANOVA 표는 각 모형을 독립적으로 고려하여 유의도를 검증한 것을 보여준다.

여러분은 이 두 표에서 값들을 뽑아 보고서에 사용할 것이다. 앞의 순차적 다중 회귀분석의 자세한 주석을 보라.

ANOVA[a]

Model		Sum of Squares	df	Mean Square	F	Sig.
1	Regression	47.603	1	47.603	86.830	.000[b]
	Residual	48.244	88	.548		
	Total	95.847	89			
2	Regression	62.081	2	31.040	79.977	.000[c]
	Residual	33.766	87	.388		
	Total	95.847	89			
3	Regression	65.275	3	21.758	61.206	.000[d]
	Residual	30.572	86	.355		
	Total	95.847	89			

a. Dependent Variable: state test emotionality

b. Predictors: (Constant), state test worry

c. Predictors: (Constant), state test worry, trait test emotionality

d. Predictors: (Constant), state test worry, trait test emotionality, perceived test difficulty

순차적 다중 회귀분석에서와 마찬가지로 계수표는 회귀계수를 보여주고, 그것들이 각 모형에 대해 유의미한지를 보여준다. 더 자세한 설명은 이전 2개의 다중 회귀분석의 주석을 보라.

Coefficients[a]

Model		Unstandardized Coefficients		Standardized Coefficients	t	Sig.
		B	Std. Error	Beta		
1	(Constant)	-.133	.299		-.446	.657
	state test worry	.973	.104	.705	9.318	.000
2	(Constant)	-.849	.278		-3.061	.003
	state test worry	.775	.094	.561	8.273	.000
	trait test emotionality	.491	.080	.414	6.108	.000
3	(Constant)	-1.280	.302		-4.240	.000
	state test worry	.627	.102	.454	6.121	.000
	trait test emotionality	.467	.077	.394	6.032	.000
	perceived test difficulty	.316	.105	.216	2.997	.004

a. Dependent Variable: state test emotionality

결과보고

제2절에서 보여준 표준 방법의 분석 결과 보고에 대한 일반적인 가이드라인을 참고하라. 통계적 방법을 통한 모형의 결과는 최종 모형의 계수 정보를 보여주는 표를 사용하여, 순차적 방법에서 보여줬던 것과 유사한 방법으로 보고할 수 있다. 하지만 만약 여러분이 통계적 방법을 사용한다면, 제1절의 뒷부분에서 설명한 바와 같이 결과를 타당화해야 하며, 다중 회귀분석들을 모두 보고해야 한다. 두 분석에서 공통으로 나타나는 결과만이 신뢰할 수 있다.

보고서는 다음과 같이 작성한다.

모형 1에서의 시험에 대한 상태 걱정은 변량의 49%를 설명했고, 이는 유의미했다[$F(1,88) = 86.83$, $p < .001$]. 시험에 대한 특질 정서성이 추가된 모형 2는 더 많은 변량을 유의미하게 설명했다[R^2 변화량 = .15, $F(1,87) = 37.30$, $p < .001$]. 이 모형은 시험에 대한 상태 정서성의 변량의 64%를 설명했으며(조정된 R^2 = .640) 유의미했다[$F(2,87) = 79.98$, $p < .001$]. 시험의 지각된 난이도가 추가된 모형 3은, 또 다른 3.3%의 변량을 설명했고, 이 증가는 유의미했다[R^2 변화량 = .033, $F(1,86) = 8.96$, $p = .004$]. 모형 3은 시험에 대한 상태 정서성 변량의 67.0%를 설명했으며(조정된 R^2 = .670) 이것은 유의미했다[$F(3,86) = 61.21$, $p < .001$].

요약

▷ 이 장에서 우리는 다중 회귀분석, 한 변인(준거변인)에 대한 어떤 사람의 점수를 다른 변인들의 점수들(예언변인)에 기반을 두어 예언하도록 해주는 통계적 기법을 소개했다.

▷ 다중 회귀분석은 많은 수의 관찰값이 있어야 함을 기억하라.

▷ 예언변인들을 평가할 수 있는 다른 방법이 있다. 여러분이 이론적 모형을 가지고 있지 않는 한, 입력 옵션을 사용하여 동시적 방법을 채택하는 것이 가장 안전하다.

▷ 다중 회귀분석은 데이터에 대한 특정 가정들을 만든다. 만약 여러분의 준거변인이 명목 수준으로 측정되었다면, 제 11장을 참고하라.

▷ 값을 재입력(recode)하려면 제4장 제5절의 가이드라인을 참고하라.

▷ SPSS의 분석 결과를 보고서에 포함하거나 분석 결과를 출력하려면 제13장의 가이드라인을 참고하라.

제10장

공변량분석과 다중 변량분석

이 장에서 다루는 내용은

- 공변량분석 소개
- SPSS를 이용한 공변량분석
- 다중 변량분석 소개
- SPSS를 이용한 다중 변량분석

제1절 | 공변량분석 소개

- 공변량분석(ANCOVA)은 다른 변인의 영향을 통제하거나 제거시킨 상황에서 종속변인에 대한 독립변인의 효과를 분석할 수 있게 해주는 통계기법이다.
- ANCOVA는 ANOVA와 다중 회귀분석의 교차점이라고 할 수 있다.
- ANCOVA를 이용해서 하면 종속변인에 대한 독립변인의 효과를 분석할 수 있을 뿐만 아니라 나아가 다른 변인(공변량)의 영향력에 대해서도 이해할 수 있다는 장점이 있다.
- ANCOVA는 다중 회귀분석에서처럼 회귀방정식을 사용해서 공변량의 효과를 통제(또는 제거) 한다.
- 이 장에서는 1요인 ANCOVA 분석을 기초로 하여 공변량의 분산을 통제 또는 제거한 상태에서 종속변인에 대한 독립변인의 효과를 살펴본다.

예시

ANCOVA는 사전 · 사후검사 설계가 채택되는 연구 설계에서 흔히 사용된다. 즉 참가자들은 실험조건에 할당되기 전에 한번 검사를 하게 되고(사전검사), 동일한 검사를 실험처치가 이루어진 후에 다시 받게 된다(사후검사). 이와 같은 연구 설계에서 ANCOVA를 이용하면 사전 점수들을 통제할 수 있다.

또한 참가자들을 실험조건들에 무선으로 할당하는 것이 불가능한 경우가 있다. 예를 들어 어떤 연구자가 학생들이 여러 가지 컴퓨터화된 통계패키지(SPSS가 유일한 통계 프로그램은 아니다)의 사용 방법을 배우는 속도에 관심을 가지고 있다고 가정해보자. 세 가지 통계패키지를 선택해서, 이들을 통계패키지에 대한 아무런 사전 지식을 가지고 있지 않은 1학년 학생들을 세 집단으로 나누어 통계패키지를 학습하게 하였다고 생각해보자. 여기서 종속변인(학습속도)은 다른 변인들, 예컨대 컴퓨터 소프트웨어에 대한 친숙도 등에 영향을 받을 수도 있다. 그러므로 학생들이 통계패키지 중의 한 가지를 학습하기 전에 컴퓨터 소프트웨어에 대한 친숙도를 측정하였다면 종속변인(학습속도)에 영향을 미치는 컴퓨터 소프트웨어에 대한 친숙도의 효과를 통제하거나 제거할 수 있게 된다. 이를 통해 각기 다른 통계패키지에 대한 학습속도의 차이를 보다 명확하게 이해할 수 있게 될 것이다.

ANCOVA는 무엇을 하는가

앞에서 ANOVA란 독립변인을 조작함으로써 생성된 변량을 오차변량에 의해 초래된 변량과 비교하는 것이라고 이야기한 것을 되새겨보자. 마찬가지로 ANOVA에서는 공변량에 의해 초래되는 효과를 제거함으로써 오차변량을 줄이고, 이는 결과적으로 F값을 더 크게 만들어주게 된다. 즉 공변량을 포함시킴으로써 통계 검증력을 증가시킬 수 있다.

통계패키지의 유형이 학습속도에 미치는 영향력을 살펴보던 예로 돌아가보면, 학습속도는 컴퓨터 소프트웨어에 대한 친숙도와 관련이 있을 것이기 때문에 학습속도에서 나타나는 변량은 어느 정도 친숙도에서의 차이로 인해 나타나는 것일 수 있다. 만약에 우리가 상관분석을 해본다면 이 둘 간에는 정적인 상관관계가 나타날 것이다. 즉 친숙도가 증가함에 따라 학습속도도 증가하는 것을 볼 수 있을 것이다. ANCOVA는 친숙도와 학습속도 간의 관계를 분석해서 이 관계로 인해 생기는 변량을 제거(혹은 통제)해주게 된다.

여기에서 연구 참가자들을 세 집단 중 하나에 무선 할당하였기 때문에, 세 집단 간에 친숙도에서 체계적인 차이가 나타나지는 않을 것이라고 예상할 수도 있다. 그렇다면 공변량의 평균(친숙도)은 큰 차이가 나타나지 않아야 하는 것이 이상적인 상황일 것이다. 이 경우에 ANCOVA를 사용하는 것은 공변량의 효과를 제거해줄 것이기 때문에 오차변량을 줄여주고 F값을 더 크게 해줄 것이다. 또한 공변량의 평균 차이가 유의미할 경우에도 ANCOVA를 사용하는 것이 가능하다. 예를 들어 실험조작이 잘못되었거나 혹은 우연하게 컴퓨터 소프트웨어에 대한 친숙도가 높은 사람들이 어느 한 집단에 더 많이 배치되었을 수가 있다. 이럴 경우 ANCOVA는 아주 유용하게 된다. 왜냐하면 컴퓨터 소프트웨어에 대한 친숙도에서 차이가 없다고 추정하였을 경우 종속변인, 즉 학습속도의 평균을 추정해주기 때문이다. 여기서 추정된 평균값을 조절된 평균값이라고 하며, 이는 세 집단이 공변량에서 차이가 없다면 나타나게 될 평균값에 대한 최선의 추정치가 된다.

따라서 ANCOVA를 수행하게 되면,

1. 오차변량을 줄인다.
2. 오차변량을 줄이고 종속변인의 평균값을 조정하게 된다.

언제 ANCOVA를 사용하는가

지금까지 우리가 1개의 집단 간 변인(IV)을 가지고 있을 때 어떻게 ANCOVA가 사용될 수 있는지에 대해 설명했다. 그러나 ANCOVA는 집단 간 변인이 하나 이상일 때도, 공변량이 하나 이상일 때도 사용이 가능하다. 이 경우 결과값 해석이 쉽지는 않다.

ANCOVA는 사전검사-사후검사 설계가 채택되는 연구 설계에서 흔히 사용된다. 예를 들어 이 책의 공동저자인 Richard의 연구학생인 Helen Paterson은 범죄시나리오에 대한 목격자 기억에 대한 연구를 위해 이런 설계를 사용하였다. 연구문제는 동료 목격자와 토론에서 얻은 정보에 대한 기억에 대한 효과였는데, 참가자들에게 비디오를 보여준 다음 사전검사 설문지를 나누어주었다. 그다음 참가자들은 세 집단 중 어느 하나에 무선 할당되었다. 세 집단은 토론과 잘못된 정보제공 집단, 토론과 잘못되지 않은 정보제공 집단, 아무런 토론도 주어지지 않은 통제 집단의 세 집단이었다. 그런 다음 참가자들은 사후검사 설문지가 주어졌다. 분석에서 사전검사에서의 점수가 공변량으로 사용되었다.

왜 Helen은 사전검사와 사후검사의 차이, 즉 수행상의 변화를 계산하고, 일원 ANOVA 분석을 하지 않았을까? 이 경우에 차이점수를 계산하여 사용하면 사전검사 당시 존재하던 변량을 제거할 수 없게 된다. 사전검사 점수들은 비디오로부터 얻은 정보를 기억하는 능력의 차이에 의해서일 수 있는데, 즉 비디오에 주의를 기울이는 주의집중 능력에서의 차이에 기인하는 것일 가능성일 수 있다. 이런 변량은 차이점수를 계산하는 것으로는 제거되지 않는다. 반면에 ANCOVA를 이용하면 이 점수를 통제 또는 제거함으로써, 세 집단 중의 하나에 참가함으로써 생긴 차이의 효과에 집중할 수 있었다.

다른 경우는 피험자를 무선으로 할당할 수 없을 때거나 오염변인을 통제하기 어려울 때이다. 이를 살펴보기 위해 Nicola의 동료 Gini Harrison(Mackenzie Ross, Brewin, Curran, Furlong, Abraham-Smith & Harrison, 2010)의 연구를 보도록 하자. 화학적 요인에 노출된 정도가 다른 두 피험자 집단의 신경심리학적 기능을 측정하기 위해서 신경심리검사를 실시하여 비교한다고 해보자. 한 집단은 농업 목적으로 화학물에 노출된 농부 집단이고, 다른 집단은 통제 집단으로 화학물에 노출된 적 없는 경찰 집단이다. 또한 이 연구를 위해서 연구자는 신경심리검사에 영향을 미치

는 기분, 교육 기간도 함께 측정을 하여 연구에 반영하였다. 이 두 변인을 함께 고려함으로써 연구
자는 연구 결과에 영향을 미칠 수 있는 잠재적인 오염변인을 통제할 수 있다.

공변량을 선택할 경우 주의사항

1. 공변량은 기존의 이론이나 연구에 토대를 두고 선택해야 한다.
2. 공변량은 비율, 구간, 서열 척도를 사용하여 측정된 변인이어야 한다. Howell(2013)에 따르면
   공변량은 다중 회귀분석의 예언변인처럼 명목척도로 측정된 변인일 수 있으나, 그런 경우는 이
   분변인이어야 한다.
3. 공변량은 실험조작이 일어나기 전에 측정되어야 한다.
4. 공변량은 신뢰성 있게 측정되어야 한다.
5. 공변량과 종속변인 간의 관계는 선형적(직선관계)이어야 한다. 각 집단에 대한 산포도를 체크
   해봄으로써 이를 검토할 수 있다. 또한 하나 이상의 공변량이 선택된다면 이들 간에 높은 상관
   관계가 존재해서는 안 된다.
6. 회귀의 **동질성**(homogeneity of regression)이 존재해야 한다. 회귀선이 평행선을 그릴 수 있도록
   종속변인과 공변량 간의 관계가 모든 실험 집단에서 유사해야 한다. 첫 번째 예를 사용해서 설
   명한다면 통계패키지 학습속도와 컴퓨터 소프트웨어에 대한 친숙도 간의 관계가 검사된 세 집
   단 각각에서 유사해야 한다.
7. 추가로 ANCOVA는 ANOVA와 동일한 전제조건을 가진다(제8장 제1절 참조).

제2절 | SPSS를 이용한 공변량분석

사례연구 : 낮은 수준의 유기인산화합물의 노출

특정한 화학물질의 노출이 신경심리학적 기능에 미치는 영향을 실험하는 연구를 고려해보자
(Mackenzie Ross et al., 2010). 연구에서 사용된 화학물질은 유기인산화합물(organophosphates)
로 기존의 연구에서 이 화학물질은 신경심리학적·정신의학적 장애에 영향을 미친다고 알려져 왔
다. 예를 들어 Mackenzie Ross 등은 낮은 수준의 유기인산화합물 농약에 노출되어온 농부 집단이
경찰 집단에 비하여 WAIS 검사에서 전반적으로 낮은 점수를 보였다고 보고하였다.

이 장에서 ANCOVA를 설명하기 위해서 교육기간을 공변량으로서 고려하고 유기인산화합물
농약 노출이 전반적인 WAIS에서의 점수에 어떻게 영향을 미치는지를 살펴보자. 수집된 자료의
이상치를 제거하고 모수 통계에 맞게 자료 변환을 하였다(자료는 he.palgrave.com/psychology/

brace에서 확인할 수 있다. 자료를 준비해준 Gini Harrison에게 많은 감사를 전한다).

두 수준의 피험자 간 요인분석을 하였다. 집단 1은 유기인산화합물 농약에 노출되어온 127명의 양농장 농부이고, 집단 2는 유기인산화합물 농약에 노출되지 않은 시골지역 78명의 경찰관이다. 종속변인으로는 전반적인 WAIS 점수를 사용하였다(자료파일에서 변인이름은 'wais_fsi'이다). 공변량은 교육기간이 사용되었다(자료파일에서 변인이름은 'yrs_edu'이다). 연구 가설은 교육기간을 통제했을 때 낮은 수준의 유기인산화합물 농약 노출이 WAIS 점수에 미치는 해로운 영향이며, 이 연구가설을 ANCOVA를 통하여 실행하기 위해서 Mackenzie Ross 등의 연구에서 사용된 자료를 사용하였다.

자료분석을 위해서 일원 집단 간 ANCOVA 분석 절차를 선택하였으므로 우선적으로 회귀 동질성을 체크했다. SPSS를 통하여 통계적으로 도표로 회귀 동질성을 살펴보는 방법을 우선 설명한 후 ANCOVA를 검증하는 방법을 설명하도록 하겠다.

회귀 동질성 체크 방법

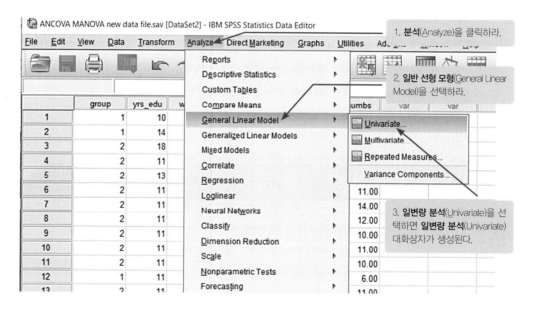

 이미 제8장을 읽었거나 SPSS에서 ANOVA를 시행해보았다면 다음에 나타나게 될 대화상자를 이미 보았을 것이다. 이것은 SPSS가 ANOVA 대화상자의 한 가지 옵션으로 ANCOVA를 채택했기 때문이다.

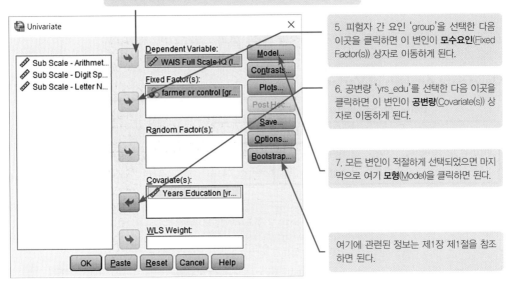

여러분이 **모형**(Model) 단추를 클릭하게 되면, 다음 **일변량 : 모형**(Univariate : Model) 대화상자가 나타나게 될 것이다.

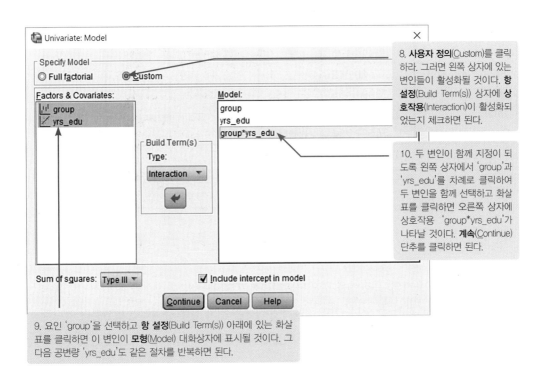

일단 **계속**(Continue) 단추를 클릭하게 되면, **일변량 분석**(Univariate) 대화상자로 되돌아가게 될 것이다. 이제 `ok` 단추를 클릭하면 결과 화면이 나오게 될 것이다.

회귀 동질성 확인 절차에서 나온 SPSS 분석 결과

Univariate Analysis of Variance

Between-Subjects Factors

		Value Label	N
farmer or control	1.00	farmer	122
	2.00	control	74

> 각 집단의 피험자 수가 줄어들었음을 확인할 수 있는데, 이것은 결측치에 영향을 받은 것이다.

> SPSS는 이곳에서 'WAIS Full Scale IQ'가 종속변인임을 여러분에게 상기시켜준다. 이곳에서 공변량 'yrs_edu'와 독립변인 'group' 간에 상호작용이 있는지를 살펴볼 수 있다.

Tests of Between-Subjects Effects

Dependent Variable: WAIS Full Scale IQ (IQ indexed score)

Source	Type III Sum of Squares	df	Mean Square	F	Sig.
Corrected Model	5585.739[a]	3	1861.913	17.030	.000
Intercept	24315.619	1	24315.619	222.405	.000
group	54.513	1	54.513	.499	.481
yrs_edu	3199.170	1	3199.170	29.261	.000
group * yrs_edu	10.549	1	10.549	.096	.756
Error	20991.465	192	109.331		
Total	2260748.000	196			
Corrected Total	26577.204	195			

a. R Squared = .210 (Adjusted R Squared = .198)

> 이 부분에서 상호작용이 유의미하게 나타난다면, 데이터가 회귀 기울기의 동질성이란 가정을 위반한 것이다. 여기에서는 상호작용이 유의미하지 않다는 것을 보여준다. 결론적으로 회귀 동질성의 전제가 깨지지 않은 것을 의미한다.

지금까지 회귀 기울기의 동질성을 확인하였다. 회귀 기울기의 동질성을 확인한 후, 우리는 ANCOVA 검증을 수행할 수 있다. 회귀 기울기 동질성은 위와 같은 통계적인 방법뿐만 아니라 산포도를 이용하여 공변량과 종속변인 간의 관계를 살펴볼 수 있다.

공변량과 종속변인 간의 선형적 관계성 확인 방법

1. **그래프**(Graphs)와 **도표 작성기**(Chart Builder)를 클릭하라(도표 작성기에 익숙하지 않다면 제3장 제8절 참조).

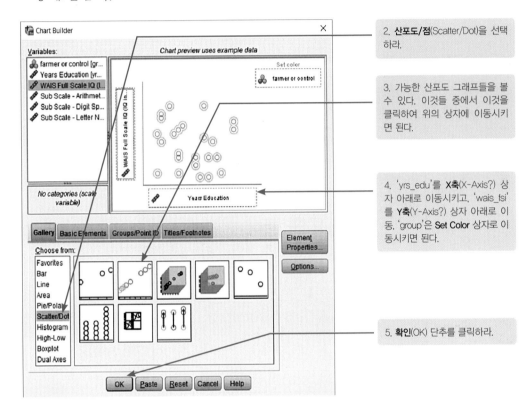

2. **산포도/점**(Scatter/Dot)을 선택하라.

3. 가능한 산포도 그래프들을 볼 수 있다. 이것들 중에서 이것을 클릭하여 위의 상자에 이동시키면 된다.

4. 'yrs_edu'를 **X축**(X-Axis?) 상자 아래로 이동시키고, 'wais_fsi'를 **Y축**(Y-Axis?) 상자 아래로 이동, 'group'은 **Set Color** 상자로 이동시키면 된다.

5. **확인**(OK) 단추를 클릭하라.

6. 산포도 그래프를 더블클릭하면 SPSS **도표 편집기**(Chart Editor) 창을 가져올 수 있다.

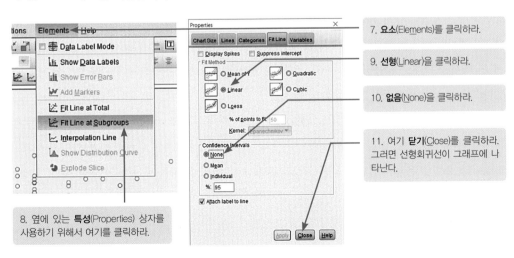

7. **요소**(Elements)를 클릭하라.

9. **선형**(Linear)을 클릭하라.

10. **없음**(None)을 클릭하라.

11. 여기 **닫기**(Close)를 클릭하라. 그러면 선형회귀선이 그래프에 나타난다.

8. 옆에 있는 **특성**(Properties) 상자를 사용하기 위해서 여기를 클릭하라.

그래프를 통한 SPSS 결과

 농부 집단과 통제 집단을 그래프에서 구별하기 위해서 **도표 편집기**(Chart Editor) 창에서 '통제(Control)' 옆의 점(dot)을 더블클릭한다. 그러면 **특성**(Properties) 대화상자가 나타나고, 여기에서 **표시**(Marker) 옵션에서 **채우기**(Fill) 옵션에서 투명을 검증으로 바꾼다.

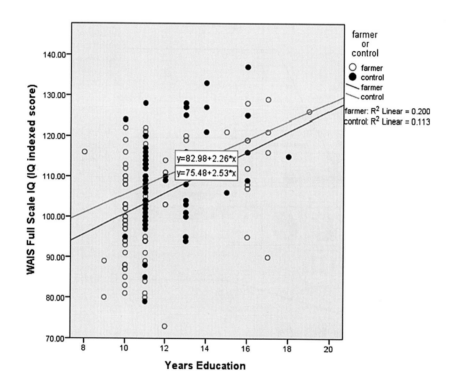

공변량과 종속변인 간에 선형적 관계가 존재하는지를 보려면 그래프들이 평행한지를 살펴보면 된다. 위 예시의 경우는 엄격하게 선형관계가 아님을 볼 수 있다. 그러나 분석 절차를 설명하기 위해서 이 예시를 그대로 사용하도록 하자. 실제 분석에서는 자료를 변형하거나 이상점을 제거할 수 있다(Tabachnick & Fidell, 2014, 제4장 참조).

회귀선의 기울기는 대략적으로라도 평행해야 한다. 즉 공변량과 종속변인 간의 관계가 모든 집단에서 유사해야 한다. 이것은 ANCOVA 분석의 기본 통계적 전제이므로 중요하게 확인해야 하는 작업이다. 또한 R^2은 종속변인과 공변량 간의 관계가 얼마나 강한지를 보여준다(제6장 제2절 참조).

이제 공변량과 종속변인 간에 선형적인 관계가 존재하고 회귀 동질성이 존재한다는 것을 확인하였으므로 ANCOVA 검증을 수행할 수 있는 단계가 되었다.

ANCOVA 수행 방법

1. **분석**(**A**nalyze) → **일반 선형 모형**(General Linear Model) → **일변량 분석**(**U**nivariate)을 클릭하라.
   그러면 **일변량 분석**(Univariate) 대화상자를 볼 수 있을 것이다. 회귀 동질성을 체크할 때 이 대
   화상자에 나타나는 활동들을 이미 수행한 적이 있다.

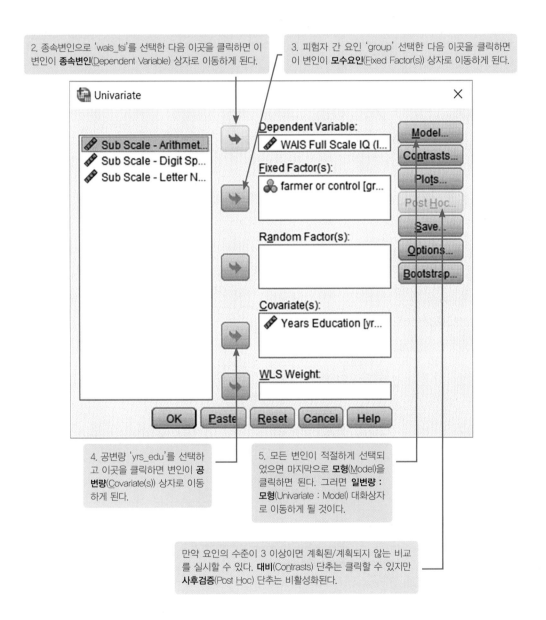

2. 종속변인으로 'wais_tsi'를 선택한 다음 이곳을 클릭하면 이 변인이 **종속변인**(Dependent Variable) 상자로 이동하게 된다.

3. 피험자 간 요인 'group' 선택한 다음 이곳을 클릭하면 이 변인이 **모수요인**(Fixed Factor(s)) 상자로 이동하게 된다.

4. 공변량 'yrs_edu'를 선택하고 이곳을 클릭하면 변인이 **공변량**(Covariate(s)) 상자로 이동하게 된다.

5. 모든 변인이 적절하게 선택되었으면 마지막으로 **모형**(Model)을 클릭하면 된다. 그러면 **일변량 : 모형**(Univariate : Model) 대화상자로 이동하게 될 것이다.

만약 요인의 수준이 3 이상이면 계획된/계획되지 않는 비교를 실시할 수 있다. **대비**(Co**n**trasts) 단추는 클릭할 수 있지만 **사후검증**(Post **H**oc) 단추는 비활성화된다.

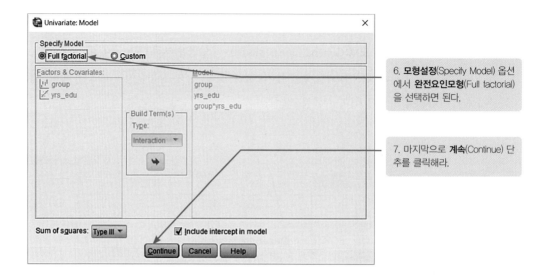

6. **모형설정**(Specify Model) 옵션에서 **완전요인모형**(Full factorial)을 선택하면 된다.

7. 마지막으로 **계속**(Continue) 단추를 클릭해라.

일변량 분석(Univariate)으로 돌아와서 **옵션**(Options) 단추를 클릭하면 **일변량 분석 : 옵션**(Univariate: Options) 상자를 볼 수 있다(다음 참조).

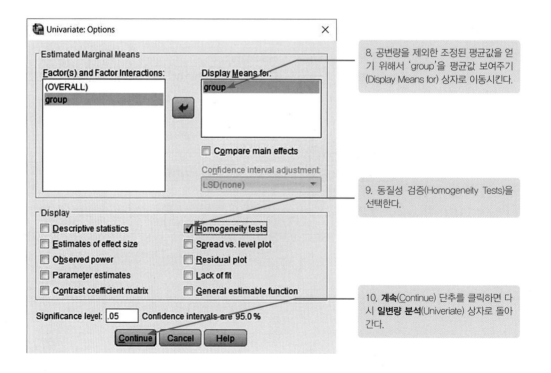

8. 공변량을 제외한 조정된 평균값을 얻기 위해서 'group'을 평균값 보여주기(Display Means for) 상자로 이동시킨다.

9. 동질성 검증(Homogeneity Tests)을 선택한다.

10. **계속**(Continue) 단추를 클릭하면 다시 **일변량 분석**(Univeriate) 상자로 돌아간다.

　OK　를 클릭하면 SPSS는 ANCOVA를 계산하고 결과값을 보여준다.

만약 공변량이 선택되면 **일변량**(Univariate) 대화상자의 **사후검증**(Post Hoc) 단추가 활성화되지 않는다. 그러나 **일변량 : 옵션**(Univariate: Options) 대화상자를 통해서 비계획적 비교를 실행하여 **주효과 비교** (Compare main effects)를 할 수 있다(제8장 제4절 참조). 또한 계획적 비교 역시 **일변량**(Univariate) 대화상자에서 **대비**(Contrasts)를 활용하여 실행할 수 있다(제8장 제2절 참조).

ANCOVA에 의한 SPSS 분석 결과

Univariate Analysis of Variance

Between-Subjects Factors

		Value Label	N
farmer or control	1.00	farmer	122
	2.00	control	74

변량 동질성 전제조건이 충족되는지를 알아보기 위해 **일변량 : 옵션**(Univariate: Options) 대화상자에서 **동질성 검증**(Homogeneity tests)을 클릭했다. 여기에서 Sig. 값이 .05값을 초과하였기 때문에 자료는 오차 변량의 동질성 전제조건을 충족하였다.

Levene's Test of Equality of Error Variances[a]

Dependent Variable: WAIS Full Scale IQ (IQ indexed score)

F	df1	df2	Sig.
.005	1	194	.943

Tests the null hypothesis that the error variance of the dependent variable is equal across groups.

a. Design: Intercept + yrs_edu + group

강조된 첫 번째 칸은 공변량이 종속변인과 유의미하게 관련되어 있다는 것을 보여준다. 두 번째 칸은 공변량이 통제되었을 때 집단의 주효과가 유의미하다는 것은 보여준다.

Tests of Between-Subjects Effects

Dependent Variable: WAIS Full Scale IQ (IQ indexed score)

Source	Type III Sum of Squares	df	Mean Square	F	Sig.
Corrected Model	5575.190[a]	2	2787.595	25.617	.000
Intercept	30770.937	1	30770.937	282.772	.000
yrs_edu	4310.391	1	4310.391	39.611	.000
group	818.381	1	818.381	7.521	.007
Error	21002.014	193	108.819		
Total	2260748.000	196			
Corrected Total	26577.204	195			

a. R Squared = .210 (Adjusted R Squared = .202)

이 부분은 공변량에 의한 설명량을 통제한 후 조정된 평균 값을 의미한다. 즉 공변량의 효과가 통계적으로 제외된 후의 두 집단의 평균값이다. 이 수치는 **일변량 : 옵션**(Univariate : Options) 대화상자에서 **평균값 보여주기**(Displaly Means for)를 클릭한 결과 나온 값들이다.

Estimated Marginal Means

farmer or control

Dependent Variable: WAIS Full Scale IQ (IQ indexed score)

farmer or control	Mean	Std. Error	95% Confidence Interval	
			Lower Bound	Upper Bound
farmer	105.165[a]	.946	103.299	107.032
control	109.403[a]	1.217	107.003	111.803

a. Covariates appearing in the model are evaluated at the following values: Years Education = 11.72.

결과보고

보고서는 다음과 같이 작성한다.

낮은 수준의 유기인산화합물의 노출이 WAIS의 전반적 수행능력에 미치는 영향을 알아보기 위해서 일원 피험자 간 ANCOVA를 실시하였다. 회귀 동질성(즉 공변량과 종속변인 간의 선형관계)을 ANCOVA를 실기하기 전에 검사하였다. 고려된 두 집단은 (1) 유기인산화합물 농약에 노출된 농부들과, (2) 통제 집단인 시골지역의 경찰관 집단이다. 공변량으로 사용된 것은 교육기간이었으며, 공변량은 종속변인과 유의미하게 관계가 있었다[$F(1,193) = 39.61$, $p < .001$]. 공변량을 조절한 후에 집단의 요인 간 효과가 유의미하게 나타났다[$F(1,193) = 7.52$, $p < .007$]. 각 집단의 조정된 평균값은 유기인산화합물에 노출된 집단은 105.17이었고, 통제 집단(경찰관 집단)은 109.40이었다.

효과크기와 신뢰구간에 대한 정보 역시 결과로 보고할 수 있다(제8장 제1절 참조).

제3절 | 다중 변량분석 소개

- ANOVA와 유사한 또 다른 분석기법은 MANOVA라고 하는 것으로, 하나 이상의 종속변인이 있는 연구 설계가 채택되었을 때 사용한다.
- AVOVA에서처럼 MANOVA에서도 하나 이상의 독립변인의 효과를 탐색해볼 수 있으며, 독립변인들 간의 상호작용을 탐색할 수가 있다. 그러나 ANOVA는 종속변인이 1개 있을 때 사용되는 반면에 MANOVA는 여러 가지 종속변인을 동시에 고려하여 분석할 수 있다.
- 이런 유형의 연구 설계는 임상연구에서 개입 프로그램의 효과를 평가할 때 흔히 볼 수 있다. 예컨대 개입 프로그램이 인지적·행동적 결과에 미치는 영향 등을 평가할 수 있다.
- MANOVA는 하나의 종속변인으로 설명하기 어려운 복잡한 변인을 종속변인으로 사용하는 연구일 경우 유용하다.

예시

만약에 여러분이 Spray Crops에 사용되는 특정 화학물질의 노출이 건강에 해로운 영향을 미치는지 여부를 연구하고자 한다면, 우선 특정 화학물질에 노출된 집단과 통제 집단으로서 화학물질에 노출되지 않는 집단을 비교하고 싶을 것이다. 이때 여러분은 여러 가지 다른 측면으로 건강을 측정할 수 있다. 예컨대 WAIS 중에서 작업기억과 관련된 하위 검사들의 점수를 선택하여 사용할 수 있을 것이다. 이와 같은 각기 다른 종류의 종속변인들 각각에 대해 일원 ANOVA를 시행할 수도 있다. 그러나 앞의 제8장 제1절에서 언급했듯이, 다중 검증을 시행하게 되면 우리가 1종 오류를 범할 가능성이 증가할 수 있다. 즉 부당하게 영가설을 기각시킬 가능성이 커질 수 있다. 이를 피하기 위해서 MANOVA를 사용할 수 있다.

MANOVA는 무엇을 하는가

MANOVA는 독립변인들의 효과를 살펴보고 이들의 상호작용을 분석할 수 있을 뿐만 아니라 종속변인들 간의 관계도 연구할 수 있다. 즉 MANOVA는 요인들의 각기 다른 수준이 하나하나의 종속변인들에 영향을 미치는 것뿐만 아니라 여러 가지 종속변인을 결합한 것에 영향을 미치는 것에 대해서도 살펴볼 수 있다. 후자는 종속변인들의 선형적인 조합이 의해 이루어진 '새로운' 종속변인을 만들어냄으로써 가능하게 되며, MANOVA는 각 집단에 따른 조합된 종속변인들의 평균차이가 우연히 기대될 수 있는 것보다 더 큰지 아닌지를 분석한다.

변인들을 조합하는 다른 분석기법들과 MANOVA를 비교해보면, 다중 회귀분석의 경우는 하나의 준거변인(종속변인)을 예측하기 위한 독립변인(예언변인)들의 조합을 찾는 분석이다. 반면에 MANOVA에서는 독립변인을 예측하기 위한 종속변인들의 조합을 찾는 분석이다. 이와 비슷한 것으로 무슨 범주에 소속되는지를 예측하기 위해서 여러 변인들이 서로 어떻게 조합되는지를 보여주는 판별분석이 다음 장에서 설명될 것이다.

ANOVA에는 독립변인의 수준에 따른 변량과 오차변량 간의 비율을 계산하는 F 비율을 계산한다. 개념적으로 MANOVA는 유사한 작업을 하는 것이지만 통계적으로 훨씬 복잡하며, SPSS에서는 네 가지 다른 통계치들을 제시하며 그중에서 하나를 선택할 수 있다. 이 모든 통계치들은 종속변인의 선형적인 조합에 대해 독립변인의 수준 간에 유의미한 차이가 있는지를 분석해준다. 이 통계치들은 다음 네 가지이다.

Pillai의 Trace

Hotelling의 Trace

Wilks의 Lambda

Roy의 Largest Root

SPSS는 각각의 통계치와 그에 대한 F 검증 결과값을 제시한다. 만약 요인이 단지 두 수준만 가지고 있을 경우, 그래서 자유도가 1일 때는 수준 또는 집단에 따라 종속변인들을 조합하는 방법이 한 가지뿐이기 때문에 위의 통계치에 따른 F 검증의 결과는 모두 동일하다. 그러나 요인이 2개 이상일 때는 위의 네 가지 통계치에 따라 다른 F 검증 결과를 가진다. 즉 어떤 것은 유의미하고 어떤 것은 유의미하지 않게 나타날 수도 있게 된다. 이런 경우에 Wilks의 Lambda값을 가장 많이 대표로 보고한다. Pillai의 통계치는 이 중에서 가장 충실한(robust) 것으로 알려져 있기 때문에 표본크기가 작을 경우에는 Pillai의 통계치를 보고하는 것이 바람직할 수도 있다.

유의미한 결과에 대한 사후검증

ANOVA 분석처럼 MANOVA에서도 위의 단계에서 유의미한 검증치를 발견했다면 다음 절차를 진행한다. 한 가지 방법은 일원 ANOVA 통계치를 살펴보는 것이다. 이 분석을 통해서 각 개별 종속변인 중 어느 것이 유의미한 전체 결과를 산출하는 데 기여했는지를 알아볼 수 있다. 이 과정에서는 1종 오류가 증가되는 가능성을 염두에 두어야 하는데, 이것을 피하는 한 가지 방법은 Bonferroni 교정을 채택하는 것이다. 대개 p값이 .05보다 작다면 그 결과치는 유의미한 것으로 간주된다. 그러나 Bonferroni 교정을 실시하면 2개의 종속변인을 포함하고 있는 경우는 2개의 ANOVA를 실행할 수 있으므로, $.05 \div 2 = .025$와 같이 교정 절차 후 p값이 .025보다 작게 나오면 유의미하다는 결과를 내린다. 다른 예로 연구 설계가 3개의 종속변인을 가지고 있고, 이에 대해 시행된 세 번의 ANOVA를 검토하기를 원한다면 .05÷3＝.017과 같은 교정 절차 후 p값이 .017보다 작은지 살펴본다. 다른 검토 방법은 판별분석을 수행해서 유의미한 MANOVA를 검토해보는 것인데, 이는 다음 장에서 기술하겠다.

언제 MANOVA를 사용하는가

MANOVA는 여러분의 연구 설계가 단순 일원 설계일 때(하나의 독립변인) 또는 하나 이상의 독립변인 또는 요인을 가지고 있는 복합 설계를 채택했을 때 모두 사용할 수 있다. 이론적으로는 여러 가지 종속변인을 함께 분석하는 논리적인 이유가 있어야 한다. 종속변인을 추가시키는 것은 검증력(power)을 떨어뜨릴 수 있다는 단점이 있으므로, MANOVA에서 여러 종속변인을 함께 고려하는 것은 그에 따른 타당한 이론적 근거가 필요하다.

분석에 있어서 종속변인들이 서로 어느 정도 상관이 있어야 하는 것인지에 대한 몇몇 논쟁이 있다(Cole, Maxwell, Arvey, & Salas, 1994 참조). 분명한 것은 다중 공선성은 피해야 한다(제9장 제1절 참조). 두 종속변인 간의 상관계수가 .9가 넘지 않아야 하며 .8 정도는 문제가 될 수 있는 가능성이 높다고 보아야 한다. Tabachnick과 Fidell(2014, p. 291)은 종속변인들은 서로 상관이 없으며 각각은 연구되는 구성 개념의 각기 다른 측면을 측정해야 한다고 제안한다. 그러므로 종속변인 간에 높은 부적상관이 있을 때 MANOVA는 가장 적합하고, 적당한 상관(약 |.6|)의 경우에도 적절하다. 그러나 확실히 종속변인들이 서로 상관이 높고, MANOVA가 유의미한 결과를 보여줄 경우에는 이 전체 효과에 각각의 종속변인들의 개별적인 기여도가 얼마인지를 분리해내는 것이 힘들다. 그러므로 종속변인들 간의 상관계수의 강도를 체크해볼 수 있도록 상관관계 검증을 수행해 보는 것을 권장한다.

MANOVA를 사용할 경우 주의사항

1. 종속변인들은 경험적 이론적 근거에 의해서 선택되어야 한다.
2. 종속변인들은 구간 혹은 비율 척도로 측정되어야 하며, 종속변인들 간의 관계는 선형적이어야 한다. 이것은 여러분이 연구하는 요인의 각 수준에 대해 종속변인들 간의 관계를 산포도를 통해서 살펴봄으로써 체크해볼 수 있다(제6장 제2절 참조).
3. 각 셀에 있는 사례의 수가 종속변인의 수보다 더 커야 한다.
4. 변량－공변량 매트릭스의 동질성 가정이 충족되어야 한다. 이것은 우리가 모수적 검증과 관련해서 앞에서 언급한 변량의 동질성 가정과 유사한 것으로서, SPSS를 통해서 이 전제를 체크할 수 있다.

5. 단일요인과 다중요인 분포의 정상성(normality of distributions)이 충족되어야 한다. 다중요인의 정상성 가정을 살펴보는 것은 SPSS상에서 쉽지 않다. 하지만 각각의 종속변인들이 정상분포를 이루고 있는지를 체크할 수 있으며, 단일요인 정상성이 보장되면 다중요인 정상성도 충족될 가능성이 높기 때문에 최소한 각 종속변인들의 정상분포를 살펴보는 작업이 선행되어야 한다. Giles(2002)는 정상성이 침해될 수 있는 두 가지 가능성으로 첫째는 *Platykurtosis*(분포의 곡선이 낮게 널리 퍼진 평면형 모양), 둘째는 이상치(outlier)의 존재(정상분포상에 위치하는 점 밖에 데이터가 존재할 때 생긴다)를 제시하였다(이상치 관련 정보는 제3장 제6절, Tabachnick & Fidell, 2014 참조).

일반적으로 동일한 표본크기를 가지고 있고, 각 집단 내의 참가자 수가 적당하고, 이상치에 대한 검증을 해보았다면, 위의 전제조건 중에 경미한 침해가 있다 하더라도 MANOVA를 실시할 수 있다.

제4절 | SPSS를 이용한 다중 변량분석

사례연구 : 낮은 수준의 유기인산화합물의 노출

사례연구의 예시로 제2절에 사용되었던 자료를 사용하도록 하자. 예시로 사용된 연구는 특정한 화학물질의 노출이 신경심리학적 기능에 미치는 영향을 조사하는 연구였다. 연구에서 사용된 화학물질은 유기인산화합물이며, Mackenie Ross 등(2010)은 낮은 수준의 유기인산화합물 농약에 노출되어온 농부 집단이 경찰 집단에 비하여 WAIS에서 전반적으로 낮은 점수를 보일 것이라는 연구 가설을 가지고 있었다.

두 집단이 비교되었다. 집단 1은 낮은 수준의 농약에 노출되어온 양농장의 농부(127명)이고, 집단 2는 시골지역의 경찰관(78명)이다. 종속변인으로는 WAIS에서 작업기억과 관련 있는 검사인 세 종류의 하위 검사(산술검사, 공간검사, 숫자빼기검사)를 사용하였다.

Mackenzie Ross 등(2010)의 연구에서는 두 집단의 비교에서 화학물에 노출된 농부 집단이 기억에 있어서 통계적으로 유의미하게 손상을 입었음을 발견하였다. 이와 같은 분석을 실시해보기 위해서 Mackenzie Ross 등에 사용된 데이터의 부분을 제공하고 있으며, 이를 통하여 MANOVA를 실시할 수 있다(자료는 he. Palgrave.com/psychology/brace에서 확인할 수 있다. 자료를 준비해준 Gini Harrison에게 많은 감사를 전한다).

분석을 실시하기 전에 수집된 자료의 이상치를 제거하고 모수 통계에 맞게 자료 변환을 하였다.

MANOVA를 실시하기 전에 우선 종속변인들 간의 상관을 검사하였다. **분석**(Analyze) → **상관
분석**(Correlate) → **이변량**(Bivariate)을 클릭하라. 그런 다음 종속변인들을 선택하라(제4장 참조).
다음에 SPSS 분석 결과가 제시되어 있다.

Correlations

		Sub Scale - Arithmetic	Sub Scale - Digit Span	Sub Scale - Letter Number Substitution
Sub Scale - Arithmetic	Pearson Correlation	1	.356**	.374**
	Sig. (2-tailed)		.000	.000
	N	197	197	197
Sub Scale - Digit Span	Pearson Correlation	.356**	1	.577**
	Sig. (2-tailed)	.000		.000
	N	197	201	201
Sub Scale - Letter Number Substitution	Pearson Correlation	.374**	.577**	1
	Sig. (2-tailed)	.000	.000	
	N	197	201	205

상관분석 결과는 종
속변인들 간에 중간
정도의 상관이 있음
을 보여준다.

**. Correlation is significant at the 0.01 level (2-tailed).

MANOVA 수행 방법

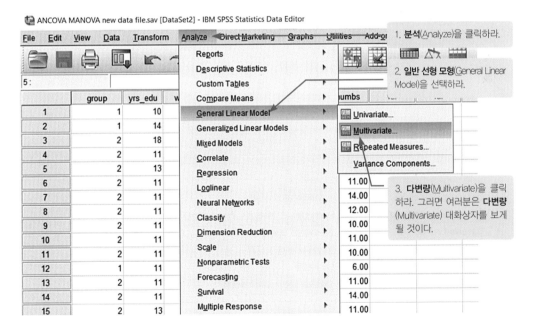

1. **분석**(Analyze)을 클릭하라.

2. **일반 선형 모형**(General Linear Model)을 선택하라.

3. **다변량**(Multivariate)을 클릭
하라. 그러면 여러분은 **다변량**
(Multivariate) 대화상자를 보게
될 것이다.

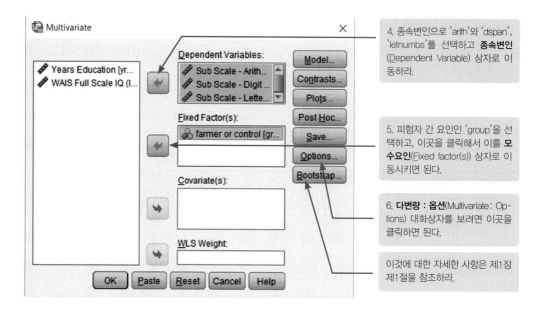

4. 종속변인으로 'arith'와 'dspan', 'letnumbs'를 선택하고 **종속변인**(Dependent Variable) 상자로 이동하라.

5. 피험자 간 요인인 'group'을 선택하고, 이곳을 클릭해서 이를 **모수요인**(Fixed factor(s)) 상자로 이동시키면 된다.

6. **다변량 : 옵션**(Multivariate: Options) 대화상자를 보려면 이곳을 클릭하면 된다.

이것에 대한 자세한 사항은 제1장 제1절을 참조하라.

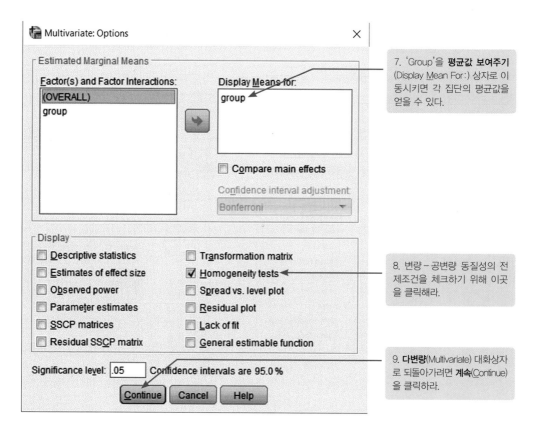

7. 'Group'을 **평균값 보여주기**(Display Mean For:) 상자로 이동시키면 각 집단의 평균값을 얻을 수 있다.

8. 변량–공변량 동질성의 전제조건을 체크하기 위해 이곳을 클릭해라.

9. **다변량**(Multivariate) 대화상자로 되돌아가려면 **계속**(Continue)을 클릭하라.

마지막으로 OK 단추를 클릭하면 SPSS는 MANOVA 분석을 실행한다.

MANOVA에 의한 SPSS 분석 결과

General Linear Model

Between-Subjects Factors

		Value Label	N
farmer or control	1.00	farmer	122
	2.00	control	75

Box's Test of Equality of Covariance Matrices[a]

Box's M	8.416
F	1.377
df1	6
df2	163196.327
Sig.	.219

Tests the null hypothesis that the observed covariance matrices of the dependent variables are equal across groups.

a. Design: Intercept + group

Box 검증은 데이터가 변량 – 공변량 행렬 동질성 전제조건을 위반했는지 여부를 체크해준다. 이 수치는 **다변량 : 옵션**(Multivariate: Options) 대화상자에서 **동질성 검증**(Homogeneity tests)을 선택하면 얻을 수 있는 값이다. 만약 이 수치가 유의미한 것으로 나타나게 되면, 이 전제조건이 위반된 것이다. 그러나 이 검증은 아주 예민해서 표본크기가 작거나 동일하지 않을 때는 가장 유용하다. 여기서는 sig. 값이 .219이므로 전제조건이 위반되지 않았음을 알 수 있다.

Multivariate Tests[a]

Effect		Value	F	Hypothesis df	Error df	Sig.
Intercept	Pillai's Trace	.985	4162.385[b]	3.000	193.000	.000
	Wilks' Lambda	.015	4162.385[b]	3.000	193.000	.000
	Hotelling's Trace	64.700	4162.385[b]	3.000	193.000	.000
	Roy's Largest Root	64.700	4162.385[b]	3.000	193.000	.000
group	Pillai's Trace	.204	16.469[b]	3.000	193.000	.000
	Wilks' Lambda	.796	16.469[b]	3.000	193.000	.000
	Hotelling's Trace	.256	16.469[b]	3.000	193.000	.000
	Roy's Largest Root	.256	16.469[b]	3.000	193.000	.000

a. Design: Intercept + group

b. Exact statistic

이 표에서 관심이 있는 결과는 'group'이므로 'intercept'에 대한 보고는 하지 않는다. SPSS는 네 가지의 MANOVA 검증 통계치를 제공한다. 이는 작업기억을 포함한 종합된 종속변인이 두 집단에 따라서 다른지를 보여준다. 여기서는 유의수준 .05보다 모든 통계치에서 작게 나왔으므로 모두 유의미하다. Wilks' Lambda, Row Highlighted, F값, 자유도, p를 보고한다.

Levene's Test of Equality of Error Variances[a]

	F	df1	df2	Sig.
Sub Scale - Arithmetic	.030	1	195	.862
Sub Scale - Digit Span	.005	1	195	.943
Sub Scale - Letter Number Substitution	.553	1	195	.458

Tests the null hypothesis that the error variance of the dependent variable is equal across groups.

a. Design: Intercept + group

이 수치는 **다변량 : 옵션**(Multivariate: Options) 대화상자에서 **동질성 검증**(Homogeneity tests)을 클릭함으로써 생성되었다. 만약 Leven의 p 값이 .05를 넘게 되면 변량의 동질성이 존재하는 것이다. 이 수치는 이어지는 결과들의 신뢰성을 지지해주는 것이기 때문에 중요한 수치이다.

Tests of Between-Subjects Effects

Source	Dependent Variable	Type III Sum of Squares	df	Mean Square	F	Sig.
Corrected Model	Sub Scale - Arithmetic	.096[a]	1	.096	.012	.913
	Sub Scale - Digit Span	3.853[b]	1	3.853	25.349	.000
	Sub Scale - Letter Number Substitution	223.241[c]	1	223.241	34.855	.000
Intercept	Sub Scale - Arithmetic	24387.812	1	24387.812	3058.878	.000
	Sub Scale - Digit Span	1884.565	1	1884.565	12397.739	.000
	Sub Scale - Letter Number Substitution	21021.617	1	21021.617	3282.098	.000
group	Sub Scale - Arithmetic	.096	1	.096	.012	.913
	Sub Scale - Digit Span	3.853	1	3.853	25.349	.000
	Sub Scale - Letter Number Substitution	223.241	1	223.241	34.855	.000
Error	Sub Scale - Arithmetic	1554.695	195	7.973		
	Sub Scale - Digit Span	29.642	195	.152		
	Sub Scale - Letter Number Substitution	1248.962	195	6.405		
Total	Sub Scale - Arithmetic	27390.000	197			
	Sub Scale - Digit Span	1988.921	197			
	Sub Scale - Letter Number Substitution	22680.000	197			
Corrected Total	Sub Scale - Arithmetic	1554.792	196			
	Sub Scale - Digit Span	33.495	196			
	Sub Scale - Letter Number Substitution	1472.203	196			

a. R Squared = .000 (Adjusted R Squared = -.005)

b. R Squared = .115 (Adjusted R Squared = .111)

c. R Squared = .152 (Adjusted R Squared = .147)

조합된 종속변인들 중에서 어떤 종속변인이 결과에 영향을 미친 것인지 알기 위해서 여기 'group'은 세 가지 일원 ANOVA 검증 통계치들을 보여준다. 3개의 종속변인이 있기 때문에 우리는 .05를 3으로 나누어 줌으로써 Bonferroni 교정을 이용할 수 있다. 그래서 결과치가 .017보다 작게 되면 유의미한 것으로 간주된다. 세 가지 종속변인 중 2개, 즉 'digit span'과 'letter number substitution'이 여기에 해당된다.

Estimated Marginal Means

farmer or control

Dependent Variable	farmer or control	Mean	Std. Error	95% Confidence Interval	
				Lower Bound	Upper Bound
Sub Scale - Arithmetic	farmer	11.434	.256	10.930	11.939
	control	11.480	.326	10.837	12.123
Sub Scale - Digit Span	farmer	3.041	.035	2.971	3.111
	control	3.329	.045	3.240	3.418
Sub Scale - Letter Number Substitution	farmer	9.541	.229	9.089	9.993
	control	11.733	.292	11.157	12.310

이 기술통계치는 **다변량 : 옵션**(Multivariate: Options) 대화상자에서 **평균출력 보여주기**(Display Means for)를 클릭함으로써 생성된다.

결과보고

보고서는 다음과 같이 작성한다.

낮은 수준의 유기인산화합물 농약이 작업기억에 미치는 영향을 조사하기 위해서 일원 집단 간 다중 변량분석을 실시하였다. 집단 간 요인으로는 낮은 수준의 농약에 노출되어 온 농부 집단과 통제 집단으로 시골지역의 경찰관 집단을 사용하였다. 종속변인들로 작업기억을 측정할 수 있는 WAIS의 세 가지 하위 검사를 통하여 얻은 측정치를 사용하였다. 변량-공변량 행렬 동질성 전제조건과 변량 동질성 전제조건은 모두 확인되었으며, 종속변인들 간에는 중간 수준의 상관관계가 있었다. 작업기억을 측정하는 조합된 종속변인들은 두 집단에 따라서 통계적으로 유의미하게 차이가 있는 것으로 나타났다 [$F(3,193) = 16.47$, $p < .001$, Wilks의 Lambda $= .8$]. 각각의 종속변인에 관한 분석으로 Bonferroni 교정 알파 수준 .017을 사용하여 각 종속변인을 분석한 결과, 산술능력은 집단에 따른 작업기억의 통계적으로 유의미한 차이에 영향을 미치지 않았다[$F(1,195) = .01$, $p = .913$]. 그러나 두 집단 간의 차이는 다른 2개의 종속변인에서는 유의미하게 나타났다. digit span[$F(1,195) = 25.35$, $p < .001$]과 letter number substitution[$F(1,195) = 34.86$, $p < .0001$]. 두 하위 검사에서 화학물에 노출된 집단의 점수의 평균($M = 3.04$와 $M = 9.54$)은 통제 집단($M = 3.33$과 $M = 11.73$)에 비하여 낮게 나왔다.

효과크기 역시 결과 부분에 보고할 수 있다. 또한 신뢰구간 역시 함께 제공이 가능하다. 또한 이 예시에서는 요인 수준이 2개지만, 요인 수준이 3개 이상이 될 수도 있다. 이런 경우에 어느 부분이 유의미하게 차이가 있는지 알고 싶을 수 있다. 가장 쉬운 방법은 일변량 피험자 간 ANOVA를 실시하고, 제8장에서 언급한 비계획적 비교를 실시하는 것이다.

집단 내 설계를 채택했을 경우에 대한 설명

MANOVA는 집단 내 설계를 선택했을 경우에도 사용할 수 있다.

예를 들어 만약에 특정 화학물질에 노출되기 전 그리고 후에 종속변인들을 측정했다고 가정해보자. SPSS는 6개의 변인을 포함하게 될 것이다. 3개는 노출되기 전에 측정된 종속변인의 값이며, 3개는 노출된 후에 측정된 종속변인의 값이 된다. 다음의 'befaft'는 독립변인이고, 'arith', 'dspan', 'letnumbs'는 종속변인들이다.

다음과 같은 방법으로 분석을 실시하면 된다. **분석(A̲nalyze)** → **일반 선형 모형(G̲eneral Linear Model)** → **반복 측정(Repeated Measures)**을 클릭하면 된다.

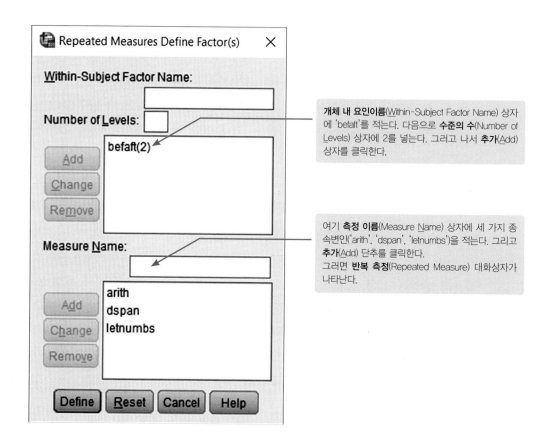

여기서 오른쪽 설명은 다음과 같다.

개체 내 요인이름(W̲ithin-Subject Factor Name) 상자에 'befaft'를 적는다. 다음으로 **수준의 수**(Number of L̲evels) 상자에 2를 넣는다. 그리고 나서 **추가**(A̲dd) 상자를 클릭한다.

여기 **측정 이름**(Measure N̲ame) 상자에 세 가지 종속변인('arith', 'dspan', 'letnumbs')을 적는다. 그리고 **추가**(A̲dd) 단추를 클릭한다.
그러면 **반복 측정**(Repeated Measure) 대화상자가 나타난다.

제8장 제4절 일원 피험자 내 **ANOVA**에서 보여주었던 대화상자를 보게 될 것이다.

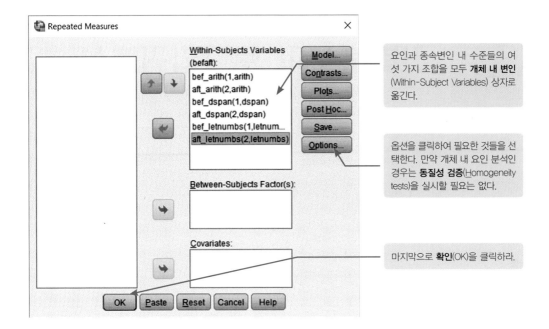

결과는 이전에 보여줬던 것과 유사하다. 일변량 ANOVA 검증 통계치와 함께 조합된 종속변인에 대한 값을 제공할 것이다.

요약

▷ 이 장에서는 ANOVA와 관련 있는 두 종류의 통계적 절차에 대하여 살펴보았다.

▷ ANCOVA는 하나 이상의 요인이 종속변인에 미치는 영향을 공변량을 통제한 후 살펴보는 통계적 방법이다.

▷ MANOVA는 종속변인이 하나 이상 존재할 때 하나 이상의 요인이 미치는 영향을 살펴보는 통계적인 방법이다.

▷ 집단 간 요인 설계에서 두 통계적 분석법이 SPSS를 통해서 어떻게 실행될 수 있는지를 살펴보았다.

▷ 두 분석방법 모두 특정한 전제조건이 필요하며, 이 전제조건이 충족되었는지를 살펴볼 수 있는 방법 역시 함께 제시하였다.

▷ 만약 종속변인이 몇 개의 문항을 합하여 생성하는 총합의 값인 경우, 총합의 변인을 사용할 수 있다. 이와 같은 총합의 변인을 생성하는 방법은 제4장을 참고하면 된다.

▷ 종속변인들의 자료를 입력하고 결과를 인쇄하는 방법은 제4장과 제13장을 참조하기 바란다. .

제**11**장 판별분석과 로그회귀분석

이 장에서 다루는 내용은

- 판별분석과 로그회귀분석
- 판별분석 소개
- SPSS를 이용한 판별분석
- 로그회귀분석 소개
- SPSS를 이용한 로그회귀분석

제1절 | 판별분석과 로그회귀분석

- 판별분석(discriminant analysis)과 로그회귀분석(logistic regression)은 소속 여부를 예언변인들로부터 예측하기 위해 사용할 수 있는 통계분석 절차이다.
- 다중 회귀분석처럼 결과를 예측하지만, 다중 회귀분석은 여러 가지 다른 측정치들에 근거해서 점수를 예측하기 위해 사용된다면, 판별분석과 로그회귀분석은 어느 집단의 소속 여부(예 : '좋은 독자'인지 '나쁜 독자'인지)를 예측하기 위해서 사용된다.
- 이 장에서는 여러 가지의 변인에 기초하여 범주 결과를 예측하기 위해서 두 가지 과정(즉 판별분석과 로그회귀분석)을 설명한다. 예를 들어 나이, 성별, 학업성취도, 취업정보 등에 따라서 운전면허를 통과할지의 여부를 예측하는 것을 보여준다.
- 판별분석은 변인들이 정상분포를 이루어야 한다는 것과 같은 다양한 전제조건을 필요로 한다. 반면에 로그회귀분석은 예언변인들의 분포에 대해 그런 전제조건을 요구하지 않는다.

예시

교도소 재소자와 함께 일하는 범죄심리학자를 예로 들어보자. 이 심리학자는 재소자가 감옥에서 나온 후에 재범을 할지 안 할지를 예측해주는 변인들을 파악하는 데 관심이 있다. 이를 위해서 심리학자는 재범을 저지를 가능성에 영향을 주리라고 생각되는 여러 가지 변인들과 재범 여부(즉 교도소 방면 후에 죄수가 재범을 저질렀는지 아닌지의 여부) 기록이 포함된 자료를 수집한다. 영향을 주리라고 생각되는 변인들로는 수감기간, 수감 중 죄수의 행동 기록, 마약 사용 기록, 사회적지지 측정치(외부인이 매달 죄수를 방문한 횟수 등)를 선택한다. 분석 방법으로는 판별분석이나 로그회귀분석을 사용할 수 있다. 기술적으로 이 두 절차가 매우 다르기는 하지만, 선택된 변인들의 어떤 조합이 재범 여부를 예측하는 데 유용한지를 파악하게 해준다는 측면에서 매우 유사하다. 연구자는 분석의 결과를 이용하여 교도소에 들어오는 새로운 죄수들에게 적용시킬 수 있을 것이다. 예컨대 교도소 방면 후에 재범을 저지를 가능성이 가장 큰 사람은 어떤 사람이며, 이런 고위험 죄수들이 재범을 저지를 가능성을 줄이기 위해서는 어디에 초점을 맞추어야 하는지에 대한 정보를 수집할 수 있을 것이다.

판별분석과 로그회귀분석의 차이점과 유사점

판별분석과 로그회귀분석은 둘 다 여러 개의 예언변인(독립변인)에 근거해서 범주적인 종속변인을 예측하게 해준다. 이 독립변인은 대개 연속변인이지만 로그회귀분석은 범주적인 독립변인 역시 처리해줄 수 있다. 일반적으로 로그회귀분석은 판별분석보다 더 다양한 상황에서 사용될 수 있다. 예를 들어 판별분석은 변인들이 정상분포를 이루어야 하는 전제조건이 필요한 반면 로그회귀분석은 독립변인들의 분포에 대해 그런 전제조건을 요구하지 않는다.

로그회귀분석과 판별분석 모두 종속변인이 2개 이상의 범주를 가지고 있는 경우에도 사용될 수 있다. 그러나 2개 이상의 범주가 존재할 경우에는 해석의 어려움이 따른다. 이 책에서는 2개의 범주만 가지고 있는 종속변인을 예로 제시하였다.

또 다른 중요한 차이는 결과의 해석에 있다. 판별분석의 분석 결과가 로그회귀분석의 분석 결과보다 해석하기가 약간 더 어렵다. 판별분석은 판별함수를 계산하는데, 이 판별함수는 범주의 소속 여부를 예측하기 위하여 사용되는 값을 계산하기 위하여 예언변인(독립변인)을 조합해주는 공식이다. 로그회귀분석이 비록 더 복잡한 기법이기는 하지만 결과값을 해석하기는 오히려 더 쉽다. 로그회귀는 어떤 사례가 특정 범주에 소속될지 아닐지에 대한 확률[실제로는 로그 가능성(log odds), 자세한 내용은 제4절 참조]을 계산해준다.

이런 이점이 있는 관계로, 최근에 들어서 많은 연구자들은 판별분석보다 로그회귀분석을 사용한다. 그러나 심리학 연구 분야에서는 아직도 판별분석이 많이 사용되고 있기 때문에 이 장에서 소개한다.

제2절 | 판별분석 소개

Tabachnick과 Fidell(2014)은 판별분석을 MANOVA 절차를 역으로 놓은 것이라고 기술한 적이 있다. 범주와 변인과의 관계를 살펴본다는 측면에서 볼 때 판별분석은 ANOVA와 유사하다. ANOVA에서는 독립변인의 수준(집단이나 범주)을 조작해서 종속변인에 미치는 효과를 연구한다. 조작된 독립변인의 수준들 중에서 어느 하나에서 유의미한 효과가 나타날 경우 참가자가 어떤 수준(범주)에 속해 있는지를 알면 참가자의 DV 점수를 예측할 수 있다. 반면에 판별분석의 핵심은 ANOVA와 반대로 범주 소속 여부를 여러 예언변인에 기초하여 예측하려고 하는 것이다.

여러 가지 예언변인에 근거해서 예측을 하려고 시도한다는 측면에서 볼 때 판별분석은 다중 회귀분석과 유사하다. 그러나 다중 회귀분석은 종속변인 참가자의 점수를 예측하기 위해 사용되는 반면에, 판별분석은 참가자가 어떤 범주 또는 어떤 집단에 속해 있는지를 예측하기 위해 여러 가지 예언변인을 사용한다.

판별분석에서 종속변인은 종종 '범주변인', '준거변인' 또는 '집단화 변인'이라고 한다. 그리고 독립변인은 예언변인이라고 한다. 이 점을 참고하고 이 장을 학습하면 도움이 될 것이다.

예시

여러분이 재소자들을 연구하는 범죄심리학자라고 생각해본다면, 교도소에서 방면된 후에 재범을 저지를 가능성이 가장 높은 사람들이 누구인지를 가리는 것은 매우 유용한 연구작업이 될 수 있다. 이 연구 결과는 여러분으로 하여금 재범 위험이 높은 사람들을 대상으로 하는 개입 프로그램을 만들 수 있게 해줄 것이고 재범률을 줄여주는 효과적인 프로그램을 설계하는 데 도움을 줄 수 있을 것이다. 이 연구를 위해서 우선 죄수들 각각에 대해 재범과 관련이 있을 만한 자료를 모을 필요가 있다. 즉 연령, 과거 범죄 횟수, 마약 사용 수준 등을 측정하고 이 변인들에 대해 어떻게 가중치가 주어진 조합이 교도소 방면 후에 재범을 저지르는 재소자 집단과 재범을 저지르지 않는 재소자 집단을 신뢰성 있게 예측할 수 있는지를 분석할 수 있다. 이와 같은 예언변인들의 조합을 **판별함수**(즉 이는 범주 간을 구별해주는 수학적 함수)라고 한다. 판별함수가 계산되면, 여러분은 이제 교도소에 새로 들어오는 모든 죄수에게 이 판별함수를 적용할 수 있다. 예언변인들 각각에 대한 새로운 죄수의 점수에 근거하여 이 죄수가 방면 후에 재범을 저지를 가능성을 예측할 수 있을 것이다. 나아가 재범을 유의미하게 예측해주는 것으로 나타난 변인들을 직접 조절함으로써 재범률을 떨어뜨려주는 프로그램을 개발할 수 있을 것이다. 예를 들어 마약 사용이 재범을 예측해주는 주요 변인이라면 마약에 대한 의존성을 떨어뜨리는 데 초점을 둔 프로그램을 추진할 수 있을 것이다.

판별분석의 두 단계

앞의 사례가 보여주는 바와 같이 판별분석에는 두 가지 구별되는 단계가 있다.

1. 범주의 소속을 이미 아는 사례를 사용하여 범주 소속을 신뢰성 있게 예측할 수 있는 판별함수를 찾는다.
2. 판별함수를 이용하여 범주 소속 여부가 알려지지 않은 새로운 집단에 대해 범주 소속 여부를 예측한다.

> 판별함수는 각기 다른 범주를 구별해주기 위해 여러 예언변인을 조합해주는 수학적 함수이다. 예를 들어 제3절에서 보여주는 결과치를 보면, 도출된 판별함수는 여러분이 재범을 저지르지 않을 것이라고 예측하는 죄수에 대해서는 높은 음수값을 가지고, 재범을 저지를 것이라고 예측되는 죄수에 대해서는 높은 양수값을 가지는 것을 볼 수 있다. 일단 판별함수가 도출되면 이 함수값은 아직 교도소에서 방면되지 않은 새로운 사람들을 예측하기 위해서 사용될 수 있다.

전제조건

범주변인은 둘 또는 그 이상의 구분되는 수준들을 포함할 수 있다. 그런데 이 범주 소속은 상호 배타적이어야 한다(즉 각 사례는 한 범주 이상에 소속되어서는 안 되며 모든 사례가 특정 범주의 구성원 중 하나여야 한다). 예언변인 또는 독립변인에 대한 요구사항은 MANOVA에 있는 종속변인에 대한 요구사항과 유사하다. 분류의 예언율이 적절하지 못하다고 판단된다면 이는 전제 중 몇 가지 사항의 위반(특히 이상치와 변량의 동질성에 대한 가정) 때문에 나타난 결과일 수 있다 (Tabachnick & Fidell, 2014 참조).

판별분석 방법

다중 회귀분석에서처럼 여러 가지 다른 방법이 채택될 수 있다. SPSS는 동시적 방법(또는 표준 방법, 입력 방법이라고 한다)이나 단계적 방법(또는 통계적 방법이라고 한다) 중 선택할 수 있다.

어떤 방법을 선택할지의 결정

1. 다른 이유가 없다면 동시적(simultaneous) 방법 또는 입력(enter) 방법을 선택하는 것이 바람직하다.
2. 단계적(통계적) 방법은 예언변인들의 최소의 수가 포함되는 판별함수를 산출하는 데 사용될 수 있다.

각 방법이 제시하는 것

예를 들어 연령, 과거 범죄 이력, 마약 사용에 근거해서 재범 유무를 예측하려고 한다고 해보자. 이때 두 유형의 분석은 우리에게 자료에 대해 약간 다른 정보를 제공해준다. 동시적 또는 입력 방법은 이 세 가지 예언변인 모두에 근거해서 얼마나 좋은 예측을 할 수 있는지를 말해준다. 또한 각각의 예언변인이 변별함수를 예측하는 데 얼마나 기여하는지를 알 수 있다(즉 전반적인 예측의 정확도와 각 예언변인들의 기여도를 알 수 있다). 단계적 또는 통계적 방법은 범주 소속 여부를 예측하기 위해 사용될 수 있는 예언변인들의 통계적인 최적의 조합이 무엇인지를 알 수 있게 해준다.

각 방법의 실행 방식

1. **동시적(입력) 방법** : 동시적 방법에서 모든 변인은 동시에 입력처리 되고, 모든 변인을 사용하여 조합했을 때의 예측력이 계산된다.

2. **단계적(통계적) 방법** : 변인들의 상대적 중요성을 예측하기 위한 이론적 근거가 없다면 가장 적은 수의 예언변인들의 조합을 결정하기 위해 단계적 방식이 사용될 수 있다. 단계적 방식에서는 변인들이 각각의 중요성에 대한 통계적 검증에 바탕을 두고 입력 혹은 제거된다. 그러나 단계적인 다중 회귀분석에서처럼 이 접근 방식은 위험할 수 있다. 왜냐하면 변인들의 채택은 자료에서의 예언변인들의 사소한 변량에 영향을 받을 수 있기 때문이다. 그러므로 다중 회귀분석에서처럼 판별분석에서 통계적 방법을 사용하면 비교타당화(cross-validation) 절차를 사용해서 판별함수의 타당성을 두 번 체크해보아야 한다. 판별분석은 (특히 통계적 방법을 사용할 때) 판별함수의 양호성을 과다 추정하는 경향이 있다. 비교타당화 절차를 통해 도출된 판별함수의 타당성을 체크함으로써 이런 과다 추정을 줄여줄 수 있다. 비교타당화 절차는 기본적으로 다음 두 가지 방식으로 진행된다.

   a. 데이터의 2분의 1에 근거해서 판별함수를 계산한 다음 나머지 절반으로 그 타당성을 계산한다(반분신뢰도 방식과 유사하다).

   b. 일정한 시간간격을 두고 두 번째에 측정된 사례들을 분류하는 결과를 보고 판별함수의 역량을 검증해본다(검사-재검사 신뢰도와 유사하다).

   판별분석에서 통계적 방법을 사용할 때에는 어떤 변인들을 채택하고 제거해야 할지 여러 가지 통계적 기준이 존재한다. 이와 관련된 주제는 Tabachnick과 Fidell(2014)이 상세히 기술했으며, SPSS에서 설정되어 있는 기본 옵션들을 그대로 사용할 수도 있다.

제3절 │ SPSS를 이용한 판별분석

사례연구 : 범죄자들의 재범

최근의 한 연구 프로젝트에서 영국 레스터대학교의 Hollin과 Palmer, Clark(2003)는 221명의 재소자로부터 데이터를 얻었다. 그들의 연구는 범법자 집단들로부터 재범률을 예측해주는 변인을 파악하고자 하는 것이 목적이었다. 변인 'age'는 죄수의 연령을 말하고, 'precons'는 재소자들의 과거 범죄 횟수이다. 변인 'recon'은 죄수가 교도소에서 방면된 후에 재범유무를 기록한 범주변인이다. 여기서 변인값 1은 재범을 했다는 것을 의미하고, 변인값 0은 죄수가 재범을 하지 않았다는 것을 의미한다. 변인 'crimhist2'와 'educemp2'는 LSI-R(Level of Service Inventory-Revised)에서 얻은 것으로, 재소자에 대한 연구를 하는 심리학자들이 사용하는 척도이다. LSI-R 측정치는 범법자의 삶에 대한 여러 가지 측면을 측정해주는데, 이들에는 이전 범법사항 기록, 약물 사용, 교도소 내에서의 행동, 가족관계, 교육 및 고용 상황 등이 포함되어 있다. 이 책에서 사용할 자료 파일에는 범죄이력에 대한 측정치(crimhist2)와 교육 및 고용 상황(educemp2)에 대한 측정치만 포함되었다. 다음에서는 연령, 과거 범법사항, 범죄이력, 그리고 교육 및 고용상황이 재범 유무를 예측하기 위해 사용될 수 있는지를 결정하기 위한 판별분석 절차를 소개하고자 한다(자료는 he.palgrave.com/psychology/brace에서 확인할 수 있다).

동시적(입력 방법) 판별분석 수행하기

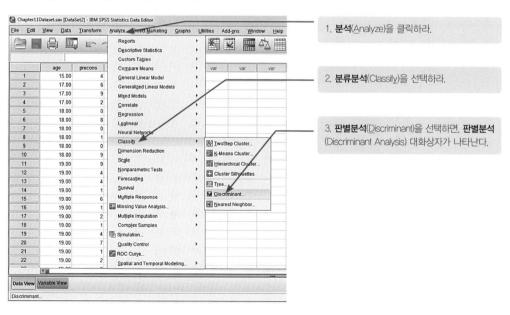

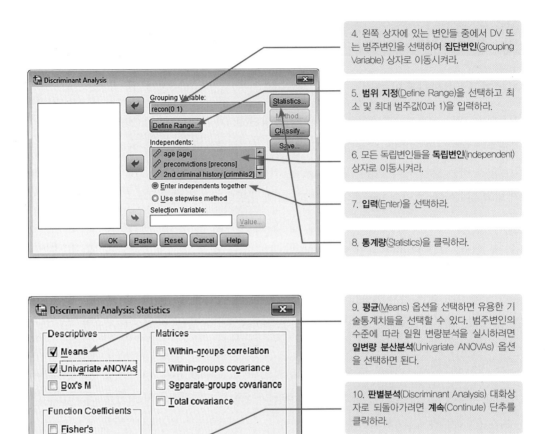

4. 왼쪽 상자에 있는 변인들 중에서 DV 또는 범주변인을 선택하여 **집단변인**(Grouping Variable) 상자로 이동시켜라.

5. **범위 지정**(Define Range)을 선택하고 최소 및 최대 범주값(0과 1)을 입력하라.

6. 모든 독립변인들을 **독립변인**(Independent) 상자로 이동시켜라.

7. **입력**(Enter)을 선택하라.

8. **통계량**(Statistics)을 클릭하라.

9. **평균**(Means) 옵션을 선택하면 유용한 기술통계치들을 선택할 수 있다. 범주변인의 수준에 따라 일원 변량분석을 실시하려면 **일변량 분산분석**(Univariate ANOVAs) 옵션을 선택하면 된다.

10. **판별분석**(Discriminant Analysis) 대화상자로 되돌아가려면 **계속**(Continute) 단추를 클릭하라.

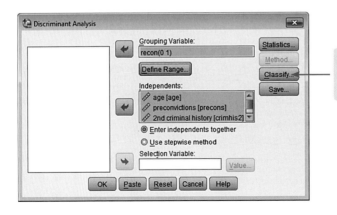

11. **분류**(Classify) 단추를 선택하라. 그러면 **판별분석 : 분류**(Discriminant Analysis: Classification) 대화상자가 나타난다.

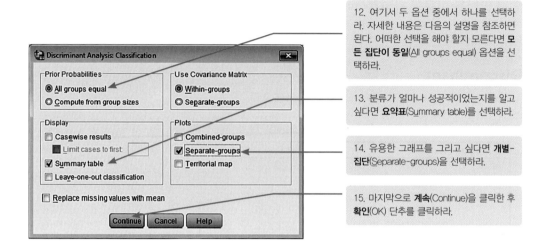

12. 여기서 두 옵션 중에서 하나를 선택하라. 자세한 내용은 다음의 설명을 참조하면 된다. 어떠한 선택을 해야 할지 모른다면 **모든 집단이 동일**(All groups equal) 옵션을 선택하라.

13. 분류가 얼마나 성공적이었는지를 알고 싶다면 **요약표**(Summary table)를 선택하라.

14. 유용한 그래프를 그리고 싶다면 **개별-집단**(Separate-groups)을 선택하라.

15. 마지막으로 **계속**(Continue)을 클릭한 후 **확인**(OK) 단추를 클릭하라.

판별분석 : 분류(Discriminant Analysis : Classification) 대화상자에서 **모든 집단이 동일**(All groups equal) 또는 **집단표본크기로 계산**(Compute from group sizes)을 선택함으로써 **사전확률**(Prior Probabilities)을 설정할 수 있다. **모든 집단이 동일**(All group equal)인 경우 다른 모든 것이 동일하면 어느 사례가 어느 한 집단에 포함될 확률이 모두 동일하는 것을 가정한다. 따라서 여러분이 2개의 집단을 가지고 있다면 사전확률은 0.5가 된다는 것을 전제하는 것이다. 물론 세 집단에 대해서는 사전확률이 약 0.333이 될 것이다. 그러나 각 집단 소속 여부의 사전확률이 동일하지 않을 경우가 있다. 예를 들어 어떤 환자들은 여러분이 제공하는 처치에 상관없이 죽을 확률보다 살 확률이 높을 수 있다. 이럴 경우에 각 집단에 해당되는 사례 수에 근거해서 사전확률을 계산하도록 SPSS에게 요청하는 것이 더 합리적일 수 있다. 그래서 여러분이 만약에 100개의 사례 중 한 집단의 사례 수는 60이고, 다른 집단의 사례 수는 40이라면 사전확률은 0.6과 0.4가 되는 것이다. 어떻게 할지에 대해 확신이 없거나 이론적 배경이 없다면 **모든 집단이 동일**(All groups equal)의 기본설정 옵션을 그대로 두는 것이 안전할 것이다.

입력 방법을 이용한 판별분석에서의 SPSS 분석 결과

메뉴 항목을 통한 분석 : 분류 > 판별식(독립변인과 함께 입력)

Discriminant

Analysis Case Processing Summary

이 결과값을 통해서 221개의 모든 사례가 분석에 사용되었음을 알 수 있다.

만약 독립변인 중에서 어떤 사례가 결측되었다면 그 사례는 분석에 사용되지 않으며 사용된 사례 수는 여기 표에서 확인할 수 있다.

Unweighted Cases		N	Per
Valid		221	
Excluded	Missing or out-of-range group codes	0	
	At least one missing discriminating variable	0	.0
	Both missing or out-of-range group codes and at least one missing discriminating variable	0	.0
	Total	0	.0
Total		221	100.0

이것은 **판별분석 : 통계치**(Discriminant Analysis: Statistics) 대화상자에서 우리가 요구한 평균표이다. 이것은 범주 소속에 따라 살펴본 독립변인 각각에 대한 평균과 표준편차를 보여준다.

Group Statistics

reconvicted		Mean	Std. Deviation	Valid N (listwise)	
				Unweighted	Weighted
no	age	31.9873	12.86966	157	157.000
	preconvictions	4.9809	6.44451	157	157.000
	2nd criminal history	5.5796	3.17063	157	157.000
	2nd education and employment	4.6115	2.86144	157	157.000
yes	age	26.0000	8.32285	64	64.000
	preconvictions	7.7656	6.55802	64	64.000
	2nd criminal history	7.5313	2.88383	64	64.000
	2nd education and employment	6.0938	2.58026	64	64.000
Total	age	30.2534	12.02872	221	221.000
	preconvictions	5.7873	6.58545	221	221.000
	2nd criminal history	6.1448	3.20891	221	221.000
	2nd education and employment	5.0407	2.85771	221	221.000

예를 들면 사례에서 전체 평균 나이가 30.25세이며, 재범을 범한 사람들의 평균 연령은 26.0세인데 비해 재범을 범하지 않는 사람들의 평균 연령은 31.99세임을 알 수 있다.

이 표는 **판별분석 : 통계치**(Discriminant Analysis: Statistics) 대화상자에서 일변량 ANOVA를 요청한 결과로 구해진 것이다. 이것은 예언변인 각각에 대해 범주의 효과가 유의미한지 아닌지를 보여준다. 예를 들어 여기서 우리는 재범을 범한 사람과 그렇지 않은 사람 간에 연령에서 유의미한 차이가 있음을 알 수 있다($F = 11.818$, df = 1,219, $p = .001$). 추가로 SPSS는 Wilks Lambda(유의미성에 대한 다중 검증)를 보여준다. 이 수치는 0과 1 사이에 있게 되는데, 변인값들이 1에 매우 가깝다. 이는 차이값들이 유의미하다는 것을 의미한다.

Tests of Equality of Group Means

	Wilks' Lambda	F	df1	df2	Sig.
age	.949	11.818	1	219	.001
preconvictions	.963	8.403	1	219	.004
2nd criminal history	.924	18.127	1	219	.000
2nd education and employment	.944	12.894	1	219	.000

Analysis1
Summary of Canonical Discriminant Functions

Canonical 함수는 범주들 또는 집단들의 쌍 사이를 변별하기 위해 사용된다. 각각의 독립적인 대비(orthogonal contrast)에 대해서 변별함수는 범주 간의 최선의 변별치를 계산해준다. Canonical 함수의 수는 범주의 수보다 1이 작거나 예언변인들의 수와 동일하거나 작다. 다음의 표는 계산된 변별함수 각각에 대한 세부사항을 제시해준다. 이 사례에서는 단지 두 가지 범주만 존재한다. 따라서 1개의 함수만이 계산되었다.

Eigenvalue는 변별함수가 범주 간을 얼마나 잘 구분하는지를 보여주는 측정치이다(값이 클수록 좋은 변별치이다).

% of Variance 칸은 함수들의 상대적인 양호도를 비교할 수 있게 해준다. 여기에서는 단지 1개의 함수만 존재하기 때문에 %는 다른 정보를 주지 않는다. 그러나 여러 개의 함수가 있는 상황에서는 어떤 함수가 집단들 간을 더 잘 유의미하게 변별해준다는 것을 알 수 있다.

Eigenvalues

Function	Eigenvalue	% of Variance	Cumulative %	Canonical Correlation
1	.150ª	100.0	100.0	.362

a. First 1 canonical discriminant functions were used in the analysis.

이 표는 영가설인 "변별함수값이 재범자와 비재범자 간에 동일할 것이다"에 대한 검증 결과를 제공해준다. p값이 .05보다 더 적게 나타났기 때문에 영가설은 기각한다.

Wilks' Lambda

Test of Function(s)	Wilks' Lambda	Chi-square	df	Sig.
1	.869	30.421	4	.000

Standardized Canonical Discriminant Function Coefficients

	Function
	1
age	-.601
preconvictions	.249
2nd criminal history	.547
2nd education and employment	.174

이 표는 여러분에게 예언변인 각각이 범주들 간을 변별에 대한 기여하는 정도를 볼 수 있게 해준다. 계수들이 표준화되어 있기 때문에 측정된 단위에 상관없이 각각의 기여도를 비교할 수 있다. 상관계수와 같이 이 값은 -1에서 +1 사이에 분포한다. 이 사례에서는 'age'와 '2nd criminal history'가 다른 예언변인들보다 더 많은 기여를 하고 있다.

Structure Matrix

	Function
	1
2nd criminal history	.742
2nd education and employment	.625
age	-.599
preconvictions	.505

Pooled within-groups correlations between discriminating variables and standardized canonical discriminant functions
Variables ordered by absolute size of correlation within function.

이 Structure Matrix 표는 각 변인들이 변별함수를 만드는 것에 대한 기여도의 또 다른 측정치를 제공해준다. 이 표에서 변인들은 기여도가 높은 순으로 순서화되어 있다. 변인 'age'의 값이 마이너스인 것은 연령은 함수값과 부적으로 상관이 있다는 것을 이야기해준다. 한편 범죄이력은 정적으로 상관되어 있음을 볼 수 있다. 이는 죄수들이 나이가 들수록 재범할 확률이 낮은 데 비해 더 많은 범죄이력을 가진 죄수들일수록 재범을 저지를 가능성이 더 크다는 것을 보여준다.

만약 여러분이 2개 이상의 범주를 가지고 있고, 1개 이상의 함수가 계산되었다면 함수 중 어떤 것에 각 변인들이 가장 기여도가 높은지를 보여줄 것이다(예 : 특정변인이 범주 a와 b 사이의 소속 여부를 예측하는 데 도움이 되는지 아니면 범주 b와 c의 소속 여부를 예측하는 데 도움이 되는지와 같은 물음에 답을 할 수 있다).

Functions at Group Centroids

reconvicted	Function
	1
no	-.247
yes	.605

Unstandardized canonical discriminant functions evaluated at group means

이 표는 범주 각각에 대한 변별함수의 평균값을 제공해준다. 이 사례에서 함수의 평균값은 재범을 한 죄수들에게는 정적인 값인 반면에 재범을 저지르지 않은 죄수들에게는 부적인 값을 보여준다. 이런 식으로 함수는 죄수들의 두 범주 사이를 변별해준다.

Classification Statistics

Classification Processing Summary

Processed		221
Excluded	Missing or out-of-range group codes	0
	At least one missing discriminating variable	0
Used in Output		221

이 표는 여러분에게 처리된 전체 사례 수, 배제된 사례 수 그리고 분석 결과에 활용된 사례 수에 대한 정보를 제공해준다.

Prior Probabilities for Groups

reconvicted	Prior	Cases Used in Analysis	
		Unweighted	Weighted
no	.500	157	157.000
yes	.500	64	64.000
Total	1.000	221	221.000

사전확률(Prior Probability)은 특정 사례가 특정 범주에 소속될 확률 추정치이다. 이 사례에서 우리는 사전확률을 **판별분석 : 분류**(Discriminant Analysis: Classification) 대화상자에서 **모든 집단이 동일**(All groups equal)로 설정하였다. 그래서 이 확률은 모든 집단에 대해 동일하다. 이 사례에서는 0.5 또는 50%이다.

Separate - Groups Graphs

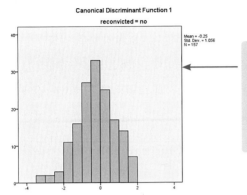

이 그래프는 **판별분석 : 분류**(Discriminant Analysis: Classification) 대화상자에서 요청한 Separate-Groups 도표이다. SPSS는 두 그래프의 X축, Y축을 동일한 척도로 사용하지 않았다.

이것은 각 그래프를 더블클릭해서 지정을 한 다음 각 축을 클릭해서 각 축의 최대값, 최소값을 조절해주면 조절이 된다. 그러나 이런 조정을 하지 않더라도 변별함수 값의 분포가 재범자 집단과 비재범자 집단 간에 차이가 있다는 것을 알 수 있다.

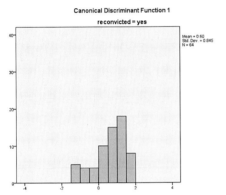

분석 결과에 있는 이 마지막 표는 **판별분석 : 분류**(Discriminan Analysis: Classification) 대화상자에서 요청한 요약(Summary) 표이다. 이것은 특히 변별함수의 양호성에 대한 유용한 요약자료를 제공해준다. 이 표는 범주 소속 여부에 대한 교차 표를 보여주는데 이를 활용해서 변별함수를 활용해서 예측할 수 있는 범주 소속 여부를 볼 수가 있을 것이다.

이 사례에서 우리는 104사례가 변별함수는 범법자가 재범하지 않을 것이라는 것을 올바르게 예측하였고, 48사례에서 재범을 저지를 것이라는 것을 올바르게 예측하였다. 그래서 221개 사례 중 152(104＋48)사례에서 올바르게 분류가 되었음을 알 수 있다. 그래서 표에 설명된 것처럼 68.8%가 성공적으로 분류되었다. 그러나 표는 또한 재범하지 않을 것이라고 예측한 죄수들의 25%와 재범할 것이라고 예측한 사례의 33.8%가 잘못되었다는 것을 보여준다. 예언율에 대한 실패확률을 어떻게 해석할지는 여러분에게 달려 있다. 어떤 경우에는 어느 한 오류의 유형을 피하는 것이 매우 중요할 수도 있다. 예를 들어 어떤 사람이 재범을 저지르지 않을 것이라고 잘못 예언하지 않는 것이 재범을 저지를 것이라고 잘못 예언하는 것보다 더 중요하다고 느낄 수도 있다.

Classification Results[a]

			Predicted Group Membership		Total
		reconvicted	no	yes	Total
Original	Count	no	104	53	157
		yes	16	48	64
	%	no	66.2	33.8	100.0
		yes	25.0	75.0	100.0

a. 68.8% of original grouped cases correctly classified.

결과보고

보고서는 다음과 같이 작성한다.

DV로 재범 유무, 그리고 예언변인으로 연령, 과거 재범횟수, LSI-R의 하위 척도인 범죄 이력, 교육 및 고용 상황을 사용하여 판별분석이 수행되었다. 전체 221개의 사례가 분석되었다. 일원 ANOVA 분석 결과들은 재범을 하는 재소자와 그렇지 않은 재소자 간에는 예언변인들 각각에서 유의미한 차이가 있다는 것을 보여주었다. 단일 변별함수가 계산되었다. 이 함수의 값은 재범을 한 죄수와 그렇지 않은 죄수 간에 유의미하게 차이가 났다 ($X^2 = 30.42$, $df = 4$, $p < .001$). 예언변인들과 변별함수 간의 상관을 통해 연령과 범죄 이력이 향후 재범률을 예측하는 데 있어 가장 좋은 예언변인임을 시사했다. 연령은 변별함수 값과 부적인 상관을 나타냈는데, 이는 재소자의 나이가 많아질수록 재범할 확률이 작아진다는 것을 의미한다. 범죄 이력은 변별함수와 정적인 상관을 나타냈는데, 이는 과거에 더 많은 수의 범법행위를 한 죄수들이 더 재범할 확률이 높다는 것을 의미한다. 전반적으로 변별함수는 사례의 68.8%의 결과를 성공적으로 예측하였다. 세부적으로 예언의 정확도를 분석한 결과, 재범을 하지 않은 죄수들에 대해서는 66.2%, 재범을 한 죄수들에 대해서는 75%의 정확도를 보여주었다.

단계적(또는 통계적) 판별분석 수행하기

단계적 판별분석을 수행하려면 동시적 판별분석을 수행하는 절차에서 기술한 7단계에서 **단계적 방법**(Use stepwise method)을 선택하는 것을 제외하고는 동일하다. 이 단계에서 **방법**(Method) 단추를 클릭하면 **판별분석 : 단계적 방법**(Discriminant Analysis: Stepwise Method) 대화상자가 나타난다.

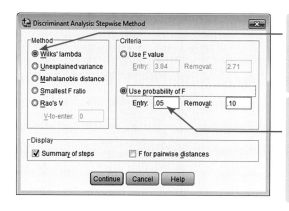

여기 방법들 중 하나를 선택하라. 어떤 변인이 방정식에 들어갈지를 결정할 때 사용되는 통계적인 규칙들을 선택하기 위해서 이들 중에서 하나를 선택하면 된다. 어떤 방법을 선택할지를 잘 모르겠으면, 기본 설정 사항인 Wilks' lambda를 선택하라.

방정식으로 포함이 될지 포함되지 않을지를 결정하는 기준은 F값이나 확률값이다. 이 값들은 조정이 가능한데, Tabachnick과 Fidell(2014)은 유입(Entry)에 대한 확률값은 .05에서 .15 사이에서 변화될 수 있다고 제안한 바 있다. 이 규칙은 어떤 중요한 변인이 방정식에 포함될지의 여부를 결정하는 데 좀 관대한 편이라 할 수 있다.

어떻게 할지에 대한 확신이 없으면 SPSS의 기본설정값을 그대로 놔두어도 된다. 방법(Method)의 기본설정값은 **Wilks' lambda**이고, 변인 유입(Entry)과 **제거(Removal)**를 결정하는 ***F***값의 준거(Use F Value)에 대한 기본설정값은 각기 3.84와 2.71이다. 그런 다음 **계속(Continue)** 단추를 클릭한다. 단계적 판별분석에서 나온 분석 결과물은 다음에 제시하는 몇 가지 표를 제외하고는 유사하다.

Analysis 1
Stepwise Statistics

이 표는 두 변인이 유입되었다는 것을 보여준다. 첫 번째 단계에서는 변인 '2nd criminal history'가 유입되었다. 두 번째 단계에서는 'age'가 또한 들어왔다.

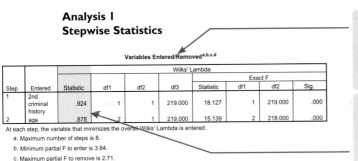

Variables Entered/Removed[a,b,c,d]

Step	Entered	Wilks' Lambda							
		Statistic	df1	df2	df3	Exact F			
						Statistic	df1	df2	Sig.
1	2nd criminal history	.924	1	1	219.000	18.127	1	219.000	.000
2	age	.878	2	1	219.000	15.139	2	218.000	.000

At each step, the variable that minimizes the overall Wilks' Lambda is entered.

a. Maximum number of steps is 8.
b. Minimum partial F to enter is 3.84.
c. Maximum partial F to remove is 2.71.
d. F level, tolerance, or VIN insufficient for further computation.

Wilks' Lambda는 범주들 간의 판별 측정치이다. 값이 적을수록 좋은 판별치임을 의미한다. 여기서 Lambda의 값이 두 번째 변인 'age'가 들어오면서 떨어졌음을 알 수 있다.

Variables in the Analysis

Step		Tolerance	F to Remove	Wilks' Lambda
1	2nd criminal history	1.000	18.127	
2	2nd criminal history	1.000	17.566	.949
	age	1.000	11.299	.924

이 표는 각 단계에서 분석에 포함된 변인들을 보여준다. 이 단순 사례에는 단지 2단계만이 있다. 다른 변수들은 **판별분석 : 단계적 방법**(Discriminant Analysis: Stepwise Method) 대화상자에서 입력기준에 부합되지 않기 때문에 추가되지 않았다.

Variables Not in the Analysis

Step		Tolerance	Min. Tolerance	F to Enter	Wilks' Lambda
0	age	1.000	1.000	11.818	.949
	preconvictions	1.000	1.000	8.403	.963
	2nd criminal history	1.000	1.000	18.127	.924
	2nd education and employment	1.000	1.000	12.894	.944
1	age	1.000	1.000	11.299	.878
	preconvictions	.794	.794	1.080	.919
	2nd education and employment	.724	.724	2.326	.914
2	preconvictions	.789	.789	1.609	.872
	2nd education and employment	.700	.700	.826	.875

이 표는 각 단계에서 방정식에 포함되지 않은 모든 변인의 목록을 보여준다.

이 표는 변별함수가 각 단계에서 얼마나 양호한지를 보여준다. Lambda값이 적을수록 범주 간의 판별이 더 좋아진다는 것을 의미한다. 여기에서는 함수가 1~2단계 모두에서 두 범주 간을 유의미하게 구분해준다는 것을 알 수 있다.

Wilks' Lambda

Step	Number of Variables	Lambda	df1	df2	df3	Exact F			
						Statistic	df1	df2	Sig.
1	1	.924	1	1	219	18.127	1	219.000	.000
2	2	.878	2	1	219	15.139	2	218.000	.000

이 표는 단계적 판별분석에서 나온 분류 결과표이다. 이 표를 동시적 판별분석에서 나온 표와 비교해보는 것도 흥미 있을 것이다. 어떤 방법이 더 양호한 결과를 산출하였는가?

Classification Results

		reconvicted	Predicted Group Membership		
			no	yes	Total
Original	Count	no	102	55	157
		yes	19	45	64
	%	no	65.0	35.0	100.0
		yes	29.7	70.3	100.0

a. 66.5% of original grouped cases correctly classified.

집단 소속 여부를 예측하기 위해 판별분석 사용하기

지금까지 우리는 적절한 정확도 수준을 가지고 범주 소속 여부를 예측하기 위한 판별함수를 만들려고 노력하였다. 이 함수가 산출되면 다음 단계는 판별함수를 이용해서 실제 상황에서 적용을 할 수 있다. 예를 들어 우리가 다른 재소자 집단으로부터 이들을 방면하기 전에 앞의 예에서와 같은 교정기록을 얻었다고 가정해보자. 이때 우리는 재소자들 중의 어떤 사람이 방면 후에 재범을 저지를지를 예측하기 위해 이 판별함수를 적용할 수 있게 된다.

이를 하려면 우리는 새로운 사례에 필요한 판별함수를 계산해내야 한다. 이것을 하는 가장 쉬운 방법은 기존의 데이터 파일에 새로운 사례를 추가시키는 것이다. 추가된 사람들이 재범을 할지 안 할지 모르기 때문에 변인 'recon'에는 결측치(missing value)를 입력해야 한다. 결과적으로 새로운 사례들은 판별함수가 계산될 때 포함되지 않게 될 것이고, 따라서 계산된 결과는 사례가 추가되기 전에 계산된 결과와 동일한 결과가 산출될 것이다.

앞에 기술된 1~15단계를 따르고(345~347쪽 참조), 7단계에서 **단계 방법**(Use stepwise method)을 선택하라. 그런 다음 **판별분석**(Discriminant Analysis) 대화상자에서 **저장**(Save) 단추를 클릭하라. 그러면 다음과 같은 **판별분석 : 저장**(Discriminant Analysis: Save) 대화상자가 나타날 것이다.

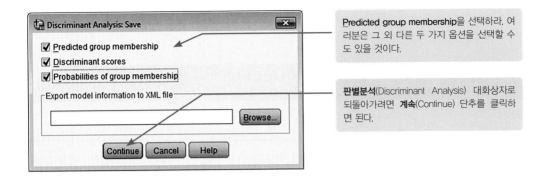

Predicted group membership을 선택하라. 여러분은 그 외 다른 두 가지 옵션을 선택할 수도 있을 것이다.

판별분석(Discriminant Analysis) 대화상자로 되돌아가려면 **계속**(Continue) 단추를 클릭하면 된다.

이제 OK 단추를 클릭하라. 앞에 기술된 분석 결과 외에 여러 가지 새로운 변인들이 계산되어서 여러분의 데이터 파일에 추가되었음을 알 수 있다(다음 참조).

이 새로운 변인은 predicted category membership을 의미한다.

이 새로운 변인은 계산된 판별함수 값이다. 이 값은 재범할 것으로 예측되는 죄수들이 더 높게 나타난다.

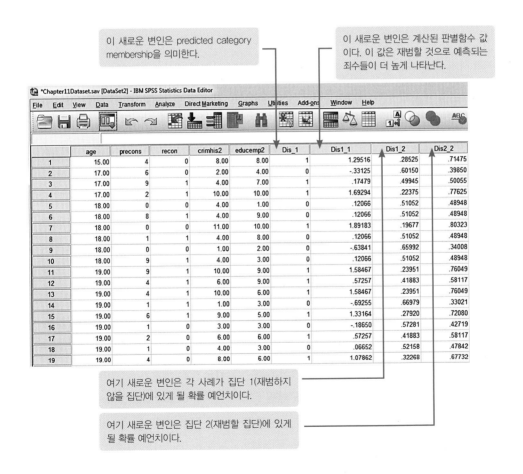

	age	precons	recon	crimhis2	educemp2	Dis_1	Dis1_1	Dis1_2	Dis2_2
1	15.00	4	0	8.00	8.00	1	1.29516	.28525	.71475
2	17.00	6	0	2.00	4.00	0	-.33125	.60150	.39850
3	17.00	9	1	4.00	7.00	1	.17479	.49945	.50055
4	17.00	2	1	10.00	10.00	1	1.69294	.22375	.77625
5	18.00	0	0	4.00	1.00	0	.12066	.51052	.48948
6	18.00	8	1	4.00	9.00	0	.12066	.51052	.48948
7	18.00	0	0	11.00	10.00	1	1.89183	.19677	.80323
8	18.00	1	1	4.00	8.00	0	.12066	.51052	.48948
9	18.00	0	0	1.00	2.00	0	-.63841	.65992	.34008
10	18.00	9	1	4.00	3.00	0	.12066	.51052	.48948
11	19.00	9	1	10.00	9.00	1	1.58467	.23951	.76049
12	19.00	4	1	6.00	9.00	1	.57257	.41883	.58117
13	19.00	4	1	10.00	6.00	1	1.58467	.23951	.76049
14	19.00	1	1	1.00	3.00	0	-.69255	.66979	.33021
15	19.00	6	1	9.00	5.00	1	1.33164	.27920	.72080
16	19.00	0	0	3.00	3.00	0	-.18650	.57281	.42719
17	19.00	2	0	6.00	6.00	1	.57257	.41883	.58117
18	19.00	1	0	4.00	3.00	0	.06652	.52158	.47842
19	19.00	4	0	8.00	6.00	1	1.07862	.32268	.67732

여기 새로운 변인은 각 사례가 집단 1(재범하지 않을 집단)에 있게 될 확률 예언치이다.

여기 새로운 변인은 집단 2(재범할 집단)에 있게 될 확률 예언치이다.

이와 같이 적정한 판별함수를 먼저 계산하고, 이를 활용해서 실제 상황에서 예측을 할 수 있게 된다. 예를 들어 피험자 1이 재범을 할 확률은 71.4%로 추정할 수 있다. 이는 상대적으로 높은 재범확률이며, 이에 따라서 재범을 할 확률을 낮추기 위한 추가의 것을 시행하도록 결정할 수 있다.

제4절 | 로그회귀분석 소개

판별분석은 두 범주를 가장 잘 구별해주는 함수를 계산해내는 반면에 로그회귀분석은 특정 결과가 발생할 로그 가능성(log odds)을 계산해낸다는 측면에서 판별분석과 차이가 있다. 예를 들어 특정 죄수가 방면된 후에 재범을 저지를 가능성을 계산하기 위해 로그회귀분석을 사용할 수 있다.

어떤 사건이 발생할 가능성은 그 사건이 일어날 확률 대 일어나지 않을 확률의 비율에 의해 계산된다. 예를 들어 네 마리의 말이 경주에서 달리고 있고, 우리가 그들 중 한 마리를 무선으로 선정했을 때 우리가 선정한 말이 이길 가능성은 $0.25/(1-0.25)=0.333$이 될 것이다. 여러분은 어떤 사건이 일어날 가능성은 0과 + 무한대 값 사이에 놓여 있다는 것을 볼 수 있을 것이다. 이 문제를 극복하기 위해 가능성에 대한 로그가 계산된다. 어떤 사건에 대한 로그 가능성은 −무한대에서 + 무한대 사이에서 변동할 것이고 이 값이 클수록 어떤 사건이 일어날 가능성이 증가한다는 것을 의미할 것이다. 정적인 값은 어떤 사건이 일어나지 않을 가능성보다 일어날 가능성이 크다는 것을 의미하고(가능성이 정적이다), 부적인 값은 어떤 사건이 일어나지 않을 가능성이 일어날 가능성보다 더 크다는 것을 의미한다(가능성이 부적이다). 가능성(odds)과 로그 가능성(log odds) 간의 차이를 실례로 들어 보기 위해 네 마리의 말의 경주 사례를 다시 검토해보자. 우리는 이미 정확한 말을 선택할 가능성이 0.333이라는 것을 보았다. 우리가 잘못된 말을 선택할 가능성은 $0.75/(1-0.75)=3$이다. 이제 이 값들 각각에 대해 로그를 취하게 되면, 정확한 말을 선택할 로그 가능성은 $\log_e(0.333)=-1.1$이다. 잘못된 말을 선택할 로그 가능성은 $\log_e(3)=1.1$이다. 가능성에 비해 로그 가능성이 가지는 이점은 이 사례에서 분명하게 드러난다. 즉 가능성과 달리 로그 가능성은 0을 중심으로 대칭적이다. 로그회귀분석이라는 이름에 있는 로그란 말은 이와 같이 로그 가능성을 사용한다는 데서 나온 용어이다.

둘 이상의 집단범주가 존재하는 상황에서도 로그회귀분석을 사용할 수 있다. 단지 두 범주를 가진 집단변인이 있는 사례에서는 SPSS 이원 로그회귀분석(binary logistic regression) 명령어가 채택되어야 한다. 2개가 넘는 범주가 있는 상황에서는 다중 로그회귀분석(multinomial logistic regression) 명령어가 사용되어야 한다. 다중 로그회귀분석은 이 책에서는 설명되지 않았지만 이원 로그회귀분석과 유사하다.

판별분석에서처럼 특정 집단에 대한 소속 여부가 알려지지 않은 사례들에 대해 범주 소속 여부를 예측하기 위해 로그회귀분석을 사용할 수 있다.

제5절 │ SPSS를 이용한 로그회귀분석

사례연구 : 범죄자들의 재범

판별분석을 설명하기 위해 사용한 죄수에 대한 데이터를 사용하여 이원 로그회귀분석을 설명하고자 한다(제3절 참조). 이를 통해 여러분은 이 두 분석에서 나오는 분석 결과를 비교할 수 있을 것이다.

이원 로그회귀분석 수행하기

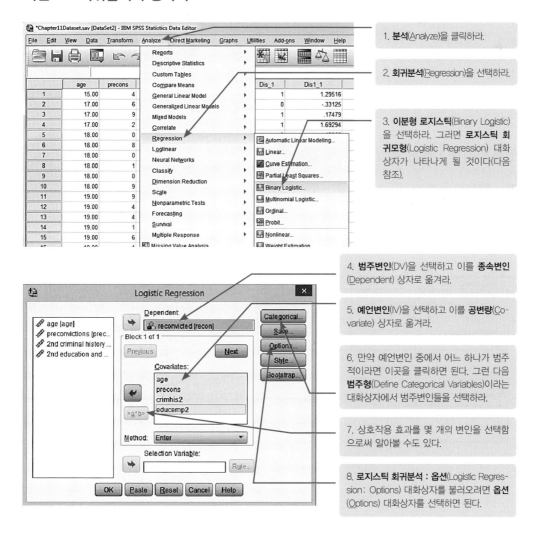

1. **분석**(Analyze)을 클릭하라.

2. **회귀분석**(Regression)을 선택하라.

3. **이분형 로지스틱**(Binary Logistic)을 선택하라. 그러면 **로지스틱 회귀모형**(Logistic Regression) 대화상자가 나타나게 될 것이다(다음 참조).

4. **범주변인**(DV)을 선택하고 이를 **종속변인**(Dependent) 상자로 옮겨라.

5. **예언변인**(IV)을 선택하고 이를 **공변량**(Co-variate) 상자로 옮겨라.

6. 만약 예언변인 중에서 어느 하나가 범주적이라면 이곳을 클릭하면 된다. 그런 다음 **범주형**(Define Categorical Variables)이라는 대화상자에서 범주변인들을 선택하라.

7. 상호작용 효과를 몇 개의 변인을 선택함으로써 알아볼 수도 있다.

8. **로지스틱 회귀분석 : 옵션**(Logistic Regression : Options) 대화상자를 불러오려면 **옵션**(Options) 대화상자를 선택하면 된다.

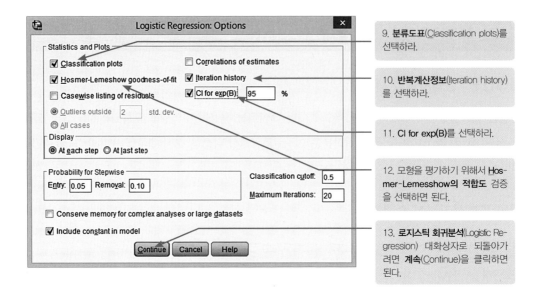

마지막으로 ██OK██ 단추를 클릭하라. 다음에 나오는 것과 같은 분석 결과가 나타날 것이다.

입력 방법을 사용한 로그회귀분석 결과

메뉴 항목을 통한 분석 : 회귀분석>이원 로그

Logistic Regression

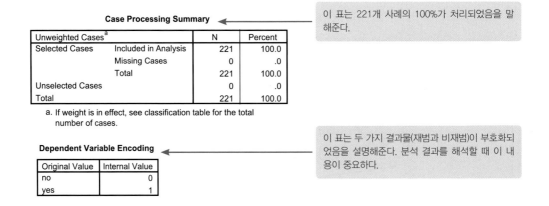

Case Processing Summary

Unweighted Cases[a]		N	Percent
Selected Cases	Included in Analysis	221	100.0
	Missing Cases	0	.0
	Total	221	100.0
Unselected Cases		0	.0
Total		221	100.0

a. If weight is in effect, see classification table for the total number of cases.

이 표는 221개 사례의 100%가 처리되었음을 말해준다.

Dependent Variable Encoding

Original Value	Internal Value
no	0
yes	1

이 표는 두 가지 결과물(재범과 비재범)이 부호화되었음을 설명해준다. 분석 결과를 해석할 때 이 내용이 중요하다.

Block 0: Beginning Block ◄

Block 0: Beginning Block이라고 제목이 붙은 이 영역에 나온 분석 결과는 결과를 예측하기 위해 시도한 가장 기본적인 분석 결과를 보고해준다.

Iteration History[a,b,c]

Iteration		-2 Log likelihood	Coefficients Constant
Step 0	1	266.132	-.842
	2	265.990	-.897
	3	265.990	-.897

a. Constant is included in the model.

b. Initial -2 Log Likelihood: 265.990

c. Estimation terminated at iteration number 3 because parameter estimates changed by less than .001.

이 부분은 iteration history를 설명해준다.

이 표는 단순예언의 결과치를 보고해준다. 죄수의 대부분은 방면된 후에 재범을 저지르지 않기 때문에 모든 사람에 대해 예측된 결과는 '재범을 저지르지 않은 사람들'에 대해 설정된 결과에 맞춰진다. 이런 초벌 분석 결과는 사례의 71%에 대해 정확한 예언이 이루어졌다. 아마도 우리의 로그회귀분석은 이보다는 나은 결과를 도출할 것이다.

Classification Table[a,b]

			Predicted		
			reconvicted		Percentage Correct
Observed			no	yes	
Step 0	reconvicted	no	157	0	100.0
		yes	64	0	.0
	Overall Percentage				71.0

a. Constant is included in the model.

b. The cut value is .500

여기의 표는 지금까지 방정식에 어떠한 예언변인도 포함시키지 않았음을 보여준다.

Variables in the Equation

		B	S.E.	Wald	df	Sig.	Exp(B)
Step 0	Constant	-.897	.148	36.612	1	.000	.408

Variables not in the Equation

			Score	df	Sig.
Step 0	Variables	AGE	11.316	1	.001
		PRECONS	8.167	1	.004
		CRIMHIS2	16.894	1	.000
		EDUCEMP2	12.288	1	.000
	Overall Statistics		28.909	4	.000

우리는 이 표를 무시할 것이다.

Block 1: Method = Enter ◄───

Block 1에서부터는 로그회귀분석 결과를 보고해준다. 이 분석 결과는 Block 0에서 보고된 것들보다는 정확한 예측치를 산출한다.

Iteration History[a,b,c,d]

Iteration		-2 Log likelihood	Coefficients				
			Constant	age	precons	crimhis2	educemp2
Step 1	1	237.530	-.888	-.031	.024	.109	.038
	2	233.181	-.797	-.052	.033	.155	.033
	3	233.002	-.727	-.058	.036	.165	.029
	4	233.001	-.722	-.058	.036	.166	.029
	5	233.001	-.722	-.058	.036	.166	.029

a. Method: Enter

b. Constant is included in the model.

c. Initial -2 Log Likelihood: 265.990

d. Estimation terminated at iteration number 5 because parameter estimates changed by less than .001.

로그회귀분석은 'iteration'이라고 알려진 처리 과정을 채택한다. 이 iteration 과정에서, 일련의 계속적인 접근법을 통해 문제에 대한 최적의 해결책을 찾으려고 시도한다. 각 iteration이 진행될수록 약간 더 정확한 근사치를 도출하게 된다. 통계치 -2 log likelihood는 모형의 양호성을 측정하기 위해 로그회귀분석에 사용되었다. 이 값이 크게 되면 모형이 결과치를 적절하게 예언하지 못한다는 것을 말해준다. iteration이 진행되면서 이 수치가 떨어지는 것을 볼 수 있다. 그러나 네 번의 iteration 이후에서는 값의 변화가 없음을 여기서 알 수 있다. 그러므로 SPSS는 더 이상의 iteration을 진행하지 않고 중단했음을 알 수 있다. 또한 여기에서 예언변인의 각각의 계수가 각 iteration에서 어떻게 조절되는지를 볼 수 있다.

Omnibus Tests of Model Coefficients

		Chi-square	df	Sig.
Step 1	Step	32.988	4	.000
	Block	32.988	4	.000
	Model	32.988	4	.000

Omnibus 검증은 전반적으로 모형이 얼마나 잘 수행하는지를 알려준다. 보고서에 우리는 이것을 제시하거나 뒤에 나오게 될 Hosmer-Lemeshow 검증을 사용할 수 있다. 이 예에서는 입력 방법이 사용되어 단지 1단계만 있다. 그래서 이 표에서는 Step, Block, Model이 모두 동일한 값으로 산출되었다.

Model Summary ◄───

Step	-2 Log likelihood	Cox & Snell R Square	Nagelkerke R Square
1	233.001[a]	.139	.198

a. Estimation terminated at iteration number 5 because parameter estimates changed by less than .001.

이 표는 다중 회귀분석에서 R^2에 상응하는 유용한 통계치를 제공해준다. 로그회귀분석에서 정확한 R^2을 계산하는 것은 가능하지 않다. 그러나 이 두 가지 통계치는 유용한 근사치를 제공해준다. 이 표에서 우리는 모형이 변량의 13.9%와 19.8% 사이를 설명해준다는 것을 알 수 있다.

Hosmer and Lemeshow Test ◄───

Step	Chi-square	df	Sig.
1	5.876	8	.661

이 표는 우리가 요청한 Hosmer-Lemeshow 검증 결과를 보여준다. 이 검증은 관찰된 결과와 예측된 결과 간의 일치도 측정치를 보여준다. 이 통계치는 영가설이 모형이 양호하다는 것을 검증한다. 그러므로 여기서 높은 p값이 의미하는 것은 양호한 모형이 된다. 우리 사례에서 $p = .661$이었다. p값이 .05보다 작다면 모형은 데이터와 적합하지 않다는 것을 의미한다.

Contingency Table for Hosmer and Lemeshow Test

		reconvicted = no		reconvicted = yes		
		Observed	Expected	Observed	Expected	Total
Step 1	1	21	20.940	1	1.060	22
	2	18	19.824	4	2.176	22
	3	20	18.573	2	3.427	22
	4	19	17.698	3	4.302	22
	5	18	16.845	4	5.155	22
	6	17	15.747	5	6.253	22
	7	12	14.333	10	7.667	22
	8	12	12.867	10	9.133	22
	9	9	10.798	13	11.202	22
	10	11	9.376	12	13.624	23

이 표는 이전 표에서 설명된 Hosmer-Lemeshow 의 통계치 계산에 사용된다. 사례들은 준거변인상에서 추정된 확률에 의해 순위가 매겨진 다음 10 'deciles of risk'로 나누어진다. 각 decile에서 정적 결과(즉 재범)에 대한 관찰치, 예측치의 수와 부적 결과(즉 비재범)에 대한 관찰치, 예측치의 수가 계산된다. 그런 다음 이 10*2 조건표로부터 Hosmer-Lemeshow 통계치(위)가 계산된다. decile 1에 있는 참가자 중 많은 비율은 재범을 저지르지 않은 반면에 decile 10에 있는 참가자 중 대다수는 재범을 저질렀다는 것에 주목하기 바란다. 이런 패턴은 우리 모형이 양호하다는 것을 말해준다.

이 표는 우리 예언의 결과를 요약해놓은 것으로 Block 0에 있는 상응하는 표와 비교될 필요가 있다. 우리 모형은 71.5%의 결과를 정확하게 예측하였다. 이 수치가 Block 0에 보고된 상황보다 훨씬 양호하지는 않지만 이제 재범을 한 죄수들 중 31.3%를 정확하게 예측해주고 있다. 이 표를 이 장의 앞에서 설명한 판별분석 결과와 비교해보라.

Classification Table[a]

			Predicted		
			reconvicted		Percentage Correct
	Observed		no	yes	
Step 1	reconvicted	no	138	19	87.9
		yes	44	20	31.3
	Overall Percentage				71.5

a. The cut value is .500

Variables in the Equation

		B	S.E.	Wald	df	Sig.	Exp(B)	95.0% C.I.for EXP(B)	
								Lower	Upper
Step 1	age	-.058	.018	10.221	1	.001	.944	.911	.978
	precons	.036	.026	1.871	1	.171	1.037	.984	1.092
	crimhis2	.166	.068	5.860	1	.015	1.180	1.032	1.349
	educemp2	.029	.070	.166	1	.684	1.029	.897	1.181
	Constant	-.722	.642	1.267	1	.260	.486		

a. Variable(s) entered on step 1: age, precons, crimhis2, educemp2.

이 표는 몇 가지 중요한 정보를 포함하고 있다.

이 표의 첫 번째 칸은 모형에 있는 각 예언변인에 대한 계수를 제공해준다. 'age'에 나타난 부적 계수는 재범의 가능성이 나이가 증가함에 따라 줄어든다는 것을 의미한다.

Wald 통계치는 각 예언변인이 얼마나 유용한지를 말해준다. 이 사례에서는 'age'와 'crimhis2' 변인만이 유의미하다. 이 변인만 포함시키고 분석을 다시 할 수도 있다.

Exp(B) 칸은 예언변인에서의 각 단위 변화에 따라 재범이 일어날 예측 가능성에서의 변화를 의미한다. 1보다 작은 값의 의미는 예언변인 값의 증가가 가능성의 감소와 관련 있다는 것을 의미한다. 따라서 연령이 한 살 증가할수록 방면된 후에 죄수가 재범을 저지를 가능성이 0.944요인에 의해 줄어들게 된다. 95% 신뢰구간은 .911~.978 사이에 있음을 보여준다.

 결과보고

보고서는 다음과 같이 작성한다.

DV로 재범 유무, 그리고 예언변인으로 연령, 과거 재범횟수, LSI-R의 하위척도인 범죄 이력, 교육 및 고용 상황을 사용하여 로그회귀분석을 실시하였다. 전체 221개의 사례가 분석되었고, 완전모형(full model)은 유의미하게 재범에 대한 상태를 예측하였다 ($X^2 = 32.99$, $df = 4$, $p < .001$). 이 모형은 재범 상태에서의 변량의 13.9~19.8% 사이를 설명해주고, 비재범 죄수의 87.9%가 성공적으로 예측되었다. 그러나 재범 집단에 대한 예언치의 31.3%만이 정확하였다. 전반적으로는 예언의 71.5%가 정확하였다. 앞의 표는 예언 변인들 각각에 대한 계수들, Wald 통계치, 관련된 자유도, 그리고 확률값을 보여준다. 이 결과는 연령과 범죄 이력만이 재범률을 신뢰성 있게 예측하는 변인이라는 것을 보여준다. 계수들의 값에 대한 분석 결과 나이가 한 살 많을수록 재범 가능성이 0.94요인만큼 감소한다(95% CI 0.91과 0.98). 그리고 범죄 이력 점수에서의 한 단위의 증가는 재범가능성에서 1.18요인만큼 증가하는 것과 관련된다는 것을 보여준다(95% CI 1.03~1.35).

집단 소속 여부를 예측하기 위해 로그회귀분석 사용하기

우리는 이제 로그회귀분석 결과를 사용하여 감옥에 들어오는 새로운 재소자가 재범을 저지를 위험 가능성을 계산해낼 수 있다. 이것을 하려면 데이터 파일에 새로 온 죄수들에 대한 데이터를 합칠 필요가 있다. 이 새 데이터의 각 사례에 대해 재범유무에 대한 범주(recon)는 결측치(missing value)로 입력된다. 이제 이전과 같이 로그회귀분석을 반복하고, **로그회귀분석**(Logistic Regression) 대화상자에서 **저장**(Save) 단추를 클릭하라. 그러면 **로그회귀분석 : 저장**(Logistic Regression : Save) 대화상자가 나타날 것이다(다음 참조).

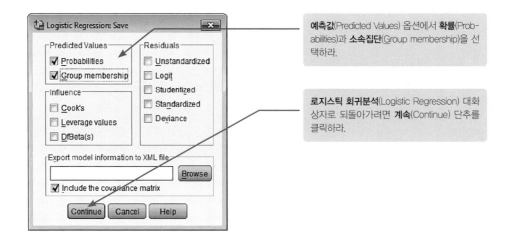

예측값(Predicted Values) 옵션에서 **확률**(Probabilities)과 **소속집단**(Group membership)을 선택하라.

로지스틱 회귀분석(Logistic Regression) 대화상자로 되돌아가려면 **계속**(Continue) 단추를 클릭하라.

이제 OK 단추를 클릭하라. 앞에 기술된 분석 결과 외에 2개의 새로운 변인이 데이터 파일에 추가될 것이다. 이들 중 첫 번째 것은 각 사례에 대해 예측된 재범확률이고, 두 번째 것은 예측된 집단(즉 재범 가능성 집단 또는 아닌 집단)이다. 여러분은 새로운 사례들에 실제 예측을 하기 위해 이 값들을 사용할 수 있을 것이다. 그러나 이와 같은 작업을 할 때 분류표를 기억하는 것은 중요하다. 이 분류표에서 보면 재범을 예측할 때 50%의 비율로 잘못 예측할 수 있음을 보여준다.

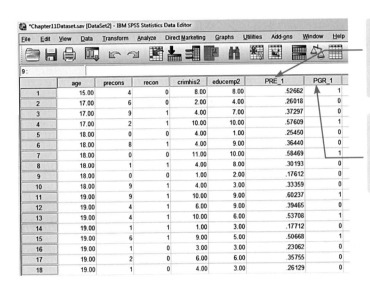

첫 번째 것은 각 사례에 대해 예측된 재범확률이다. 자세히 보면 첫 번째 참가자는 두 번째 참가자보다 재범을 할 확률이 높다는 것을 알 수 있다.

여기 두 번째 새로운 변인들은 재범에 대한 예측된 결과값이다. 참가자 1은 재범을 할 것으로 예측되었으나 참가자 2는 재범을 하지 않을 것이라고 예측되었다.

요약

▷ 이 장에서는 판별분석과 로그회귀분석을 설명하였다. 이 두 가지 분석은 소속에 대한 예측을 위해서 사용되는 분석이다. 반면에 제9장은 결과변인인 점수를 예측하는 데 사용된다.

▷ 로그회귀분석과 판별분석은 예언변인에 대한 가정이 다르다.

▷ 만약 예언변인들을 다시 입력해야 한다면 제4장을 참조하기 바란다.

▷ 결과값을 산출하여 인쇄를 하고 싶을 경우에는 제13장을 참조하기 바란다.

제 12 장

요인분석, 척도의 신뢰도 및 차원

이 장에서 다루는 내용은

- 요인분석 소개
- 기초적인 요인분석 수행하기
- 요인분석의 다른 고려사항
- 척도 및 설문지의 신뢰도 분석
- 척도와 설문지의 차원

제1절 │ 요인분석 소개

- 일반적으로 단순하게 요인분석(factor analysis)이라고 불리는 탐색적 요인분석은 다수의 변인들 간의 상관계수의 형태(크기 및 방향)에 기초하여 잠재적인 요인 구조의 존재를 검증하는 통계기법이다.

- 인간의 능력과 적성을 설명하는 요인구조를 검증하는 연구는 요인분석의 좋은 예이다(예 : Kline, 1994). 사람들이 다양한 종류의 능력이나 적성 검사를 받게 되면, 검사 점수는 다양한 검사들 중 적어도 몇 개의 검사들의 점수와는 통계적으로 유의미한 관련성을 보일 것이다(즉 검사 점수 간의 상관이 있을 것이다). 몇몇 검사 점수는 서로 간에 높은 수준의 관련성을 가지는 검사 집단으로 분류할 수 있다. 서로 다른 검사 집단에 속하는 심리검사들의 점수는 서로 낮은 수준의 상관을 보이거나 혹은 서로 관련성이 없을 것이다. 2개의 차원(즉 언어 능력, 공간 능력)이 이러한 집단 구분의 기초가 된다는 것은 잘 알려진 사실 중 하나이다.

- 이러한 논리를 일반화시키기 위해서 다수의 변인이 측정된 경우에 다수의 변인 간의 관련성이 소수의 차원으로 대표될 수 있는지를 검증하고자 한다.

- 이러한 차원들이 심리학적 변인이라면, 이것들은 **심리적 구성 개념**이라고 불리운다. 보다 일반적인 형태로는 **요인(factor)**이라고 한다.

- 요인분석은 하나 혹은 그 이상의 요인이 다수의 변인들의 기초가 되는지를 검증하고자 한다. 하

나 혹은 그 이상의 요인이 다수 변인들의 기초가 되는 경우에는 요인분석을 통해서 요인의 개수를 추정하고 어떤 변인들이 어떤 요인들에 속하는지를 식별한다.

- 다른 분석이나 연구를 위해서 원래 사용된 변인들에 기초한 자료보다는 보다 작은 수의 변인들에 근거한 결과 변인를 사용하기 때문에 요인분석은 간혹 '자료 축소 기술(data reduction technique)'이라고도 한다.

- 탐색적 요인분석은 가설을 검증하지 않는다. 대신에 변인들 간의 관계성을 설명해주는 소수의 요인들에 대한 구조의 가능성을 탐색한다. 일반적으로 탐색적 요인분석은 많은 양의 정보를 제공하는데, 이것에 기초하여 연구자는 요인에 대한 비형식적인 추론을 할 수 있다.

- 요인의 개수와 관련된 가설 검증은 IBM SPSS 통계 프로그램으로 검증할 수 있다. 이 부분에 대한 설명은 제3절에서 간략하게 이루어질 것이다.

- 요인의 구조와 변인들 간의 관련성에 대한 가설검증을 위해서 탐색적 요인분석과는 다른 접근방식을 사용하는 확인적 요인분석(confirmatory factor analysis)이 개발되었고, 주로 활용된다. SPSS 프로그램을 활용하여 확인적 요인분석이 실시되는 대신에, 구조방정식 프로그램인 AMOS(IBM을 통하여 활용할 수 있으며 현재 IBM SPSS Amos로 알려져 있다)나 LISREL이 활용된다.

이 장의 구성 방법

이 장은 다른 장들과는 약간 다르게 구성되었다. 이 첫 번째 절의 후반부에서 우리는 요인분석의 몇 가지 측면을 설명하기 위해 SPSS에서 만들어진 도표를 사용할 것이다. 요인분석을 설명하는 과정에서 우리는 이 표들을 어떻게 얻을 수 있는지에 대해서는 설명하지 않을 것이다. 대신 요인분석에 대한 설명을 하기 위해서 이 표들을 사용할 것이다. 우리는 또한 이러한 도표들이 요인분석에서 어떻게 여러분이 측정한 변인들에 유용한지 아닌지에 대한 지침을 줄 수 있는지에 대한 설명을 제공할 것이다. 이 절에서 사용되는 표들은 실제 요인분석에 적합한 자료로부터 도출되지 않았다. 대신 이 자료들은 요인분석을 설명하기 위하여 편의적으로 선택된 것이다. 여러분이 이미 요인분석의 개념과 활용에 익숙하다면 이 절을 생략하고 넘어가도 된다. 실제 연구에서 요인분석을 사용하고자 한다면, SPSS를 활용하여 요인분석을 실시하는 방법만을 설명하는 책에 기술된 것 이상의 정보가 필요하고, 연구자들도 보다 높은 수준의 요인분석에 관한 이해가 필요하다. 다음과 같은 참고문헌이 도움이 될 것이다. Cooper(2010, 제16장과 제17장), Giles(2002), Kline(1994, 요인분석의 추정 과정에 관하여 자세하게 설명하고 있음), Tabachnick과 Fidell(2014)이 그것이다.

제2절은 다시 이전의 기술방식으로 돌아가서 우선 요인분석을 실시하는 방법을 보여주고, 분석

결과를 해석하는 방법을 설명할 것이다. 제3절은 요인분석의 다른 측면에 대한 간략한 설명을 하는 절이다. 제4절과 제5절에서는 SPSS를 사용하여 척도 및 질문지의 신뢰도와 차원을 검증하는 데 필요한 고려사항을 제공하고자 한다. 우선 요인분석에 대한 간략한 소개부터 시작하자.

요인분석과 다른 통계검증 간의 관련성

상관과 공분산

이원 상관은 두 변인 간의 선형적인 관련성의 수준을 보여준다. 두 변인 간의 공분산은 두 변인이 함께 변화하는 정도를 말하며, 공분산은 상관의 비표준화계수이다. 요인분석은 변인들 간의 관련성을 탐색해봄으로써 변인들 간의 관련성을 설명할 수 있는 제3의 변인(즉 요인)을 찾고자 한다. 각 변인과 다른 모든 변인 각각과의 관련성을 정리한 이원 상관계수 혹은 공분산 행렬표에 근거한 계산을 바탕으로 이러한 과정을 수행하게 된다. SPSS에서 실행되는 요인분석은 기본값으로 상관 행렬을 사용한다.

다중 회귀분석

다중 회귀분석에서 우리는 여러 변인(예언변인)이 다른 변인(준거변인)의 점수를 예언하는 데 유용할지에 관심을 가진다. 요인분석도 어떤 사람이 특정 변인에서 갖게 될 점수를 예언하는 데 활용될 수 있다. 예를 들어 새 검사가 언어적 능력이라는 요인에 의해 설명될 수 있는지를 알아내려면 언어적 능력을 다루는 다른 검사에서 높은 점수를 얻은 사람은 새 검사에서도 높은 점수를 받아야 한다.

다중 회귀분석에서 예언변인들 간에 높은 상관(다중 공선성, multicollinearity)이 있어서는 안 된다. 변인들 간에 높은 상관이 있게 되면 그런 예언변인들은 실제로 동일한 것을 측정하는 것이 될 수도 있고, 그 결과 준거변인을 예측하는 설명력 증진에 아무런 도움이 되지 않을 수 있다. 이와 반대로 요인분석에서 다수의 변인들이 같은 것(동일 차원, 요인 또는 심리적 구성 개념)을 측정한다고 가정하고 이를 연구의 대상으로 삼기 때문에 변인들 간의 높은 상관이 기대된다. 그럼에도 불구하고 요인분석에서 관찰되는 다중 공선성의 한계에 대해 관심이 있는 독자는 Tabachnick과 Fidell(2014)을 참조하기 바란다.

변량분석

변량분석에서 이야기하는 요인과 요인분석에서 말하는 요인이 서로 다른 의미를 가지고 있음을 아는 것이 매우 중요하다. 실험(experiment)자료를 분석하는 변량분석(ANOVA)에서 실험자는 요인들과 종속변인 간의 인과관계를 탐색하기 위하여 요인의 수준을 조작하게 된다. 하나 이상의 자연적인 집단요인이 포함된 ANOVA 설계에서는 요인들이 직접 조작되는 것이 아니라 남녀라든가 혹은 높은 외향성과 낮은 외향성같이 기존에 존재하는 집단들 중에서 선정되게 된다. 조작이 이루어지지 않는 이러한 설계에서는 인과관계는 추정될 수 없게 된다. 두 가지 경우에서(즉 ANOVA 용어에서) 요인은 독립변인을 일컫는 용어일 뿐이다. 반면에 요인분석에서 요인이란 말은 여러 가지 측정된 변인에 내재되어 있는 차원(또는 심리적 구성 개념)을 의미한다. 그래서 요인분석에서 사용되는 요인이란 말은 ANOVA에서보다는 더욱 심오한 용어지만 덜 구체적인 것이다. 물론 ANOVA 설계가 채택된 특정 실험에서 하나 이상의 요인이 심리적 구성 개념을 지칭하는 것일 수도 있다.

판별분석과 로지스틱 회귀분석

판별분석과 로지스틱 회귀분석은 특정 변인이 각 개인들의 집단 소속 여부를 예측하거나 다른 변인의 여러 다른 범주들을 구별시켜주는지를 검증하는 기법들이다. 제11장에서 주어진 사례는 어떤 변인들이 재범을 저지르는 범법자와 그렇지 않은 범법자를 구별하는지에 대한 연구였다. 대조적으로 요인분석에서 우리는 특정 개별 참가자의 점수에는 관심을 가지지 않는다. 대신에 우리는 변인들 간의 상관 패턴을 설명하고 이런 변인들에 내재해(되어) 있는 요인(차원)을 확인하려고 한다.

요인분석에서 상관행렬표와 그 외 다른 행렬표

이 절에서는 상관행렬표를 사용하는 방법과 같은 요인분석의 몇몇 측면에 대한 설명을 위해 앞에서 사용한 Spearman의 r_s 상관계수를 사용하고자 한다(제6장 제4절 참조). 그 자료는 단지 3개의 변인만 있던 경우이다. 일반적으로 3개의 변인만을 가진 자료로 요인분석을 실시하는 것은 적절하지 않다. 그러나 3개의 변인은 실제 요인분석을 실시할 경우에 사용되는 많은 수의 변인을 바탕으로 산출되는 크기가 큰 행렬표보다 작은 행렬표를 제공해주기 때문에, 이 예를 활용하면 요인분석에서 상관행렬이 사용되는 방식에 대해서 보다 쉽게 설명할 수 있다.

요인분석은 연속 및 이분 자료에도 사용될 수도 있지만, 이 장에서는 연속변인에 바탕을 둔 요인분석을 설명하고자 한다. 따라서 이 장에서 실시하는 요인분석은 Spearman의 상관계수가 아니라 Pearson의 상관계수를 사용한다는 것을 염두에 두기 바란다. 연속변인는 소수점 이하의 값을 가질 수 있는 반면에 이분변인의 값은 정수이다. 하지만 2개의 변인 모두 비율, 구간, 서열 척도가 될 수 있다. 세 변인 confdt(confidence in the woman's testimony), believ(how believable the woman was), attrct(how attractive the woman was)가 모두 Pearson의 상관분석에 사용되었다. 다음에 나오는 표는 SPSS 분석 결과이다. 이 연구의 세부 내용은 제6장 제4절에서 소개되었다. Pearson의 상관계수를 구하고 해석하는 방법은 제6장 제3절에 기술되어 있다.

우선 우리는 비교를 위해 Pearson의 상관계수 분석 결과를 보여주고자 한다. 분석 결과를 제시한 이후에 요인분석 명령어를 사용하여 산출될 수 있는 여러 가지 행렬표를 보여주고자 한다. 이런 표들을 구하는 세부 방법은 이 장의 제2절에서 다루어질 것이다. 지금은 단지 요인분석의 세부 측면을 설명하기 위해 이들을 사용하는 것이다. 이들은 우리 변인들이 요인 가능성(factorability; Tabachnick & Fidell, 2014, p. 667)을 가지고 있는지 아닌지를 확인하는 데 도움이 될 것이다. 즉 우리가 측정한 변인들에 내재해 있는 요인이 있는지 아닌지를 파악하는 데 도움이 될 것이다.

Pearson의 r 분석 결과

Correlations

		confdt	believ	attrct
confdt	Pearson Correlation	1	.278**	.073
	Sig. (2-tailed)		.008	.498
	N	89	89	89
believ	Pearson Correlation	.278**	1	.429**
	Sig. (2-tailed)	.008		.000
	N	89	89	89
attrct	Pearson Correlation	.073	.429**	1
	Sig. (2-tailed)	.498	.000	
	N	89	89	89

**. Correlation is significant at the 0.01 level (2-tailed).

Pearson의 r 분석 결과에서 상관행렬표의 셀에는 r(상관값), p(유의확률), N(사례 수)이 포함되어 있어서, 각각의 이원 상관계수의 강도와 유의미성에 대한 평가를 빠르게 할 수 있게 해준다. 다음에 제시되는 요인분석에 의해 산출된 표에서, 상관계수 행렬표는 표의 윗부분에 제시되고, p값 행렬표는 여러분이 요청할 경우에 표의 아랫부분에 제시된다. 요인분석에서 정보들이 분리되어 있다는 것은 상관계수들이 요인분석에서는 계산에 활용되나 p값은 단지 정보적인 의미로 제시된다는 것을 의미한다. 이런 상관계수 값은 또한 관찰된 상관계수라고 알려져 있다. 행렬표에는 대각선상의 값과 대각선 밖의 값들 간에 구별이 된다.

요인분석 결과로부터 나온 상관계수 행렬표

> 1(a). 아래 표에서의 윗부분은 분석에서 사용된 변인들이 자기 자신 혹은 다른 변인과 가지는 상관계수 행렬이다.

> 1(b). 일반적으로 행렬의 대각선에서 보이는 것은 요인분석에서 주요하게 사용되지 않는다. 즉 상관행렬의 대각선에 보고되는 것은 해당 변인이 자기 자신과 가지는 상관값이다(따라서 대각선에 보고되는 상관값은 1.00이다).

> 1(c). 행렬의 대각선 밖에서 제시되고 있는 것은 분석에서 사용되고 있는 3개의 변인이 다른 변인들과 가지는 상관행렬이다. 상관값들은 관찰된 상관행렬이라고 불린다. 여기에서 보고된 것은 대각선의 왼쪽 아래에 보고된 것과 대칭을 이룬다[1(a) 참조].

Correlation Matrix

		confdt	believ	attrct
Correlation	confdt	1.000	.278	.073
	believ	.278	1.000	.429
	attrct	.073	.429	1.000
Sig. (1-tailed)	confdt		.004	.249
	believ	.004		.000
	attrct	.249	.000	

> 2. 표의 아랫부분에서는 상관계수에 상응하는 *p*값 행렬이다. 이 행렬표에서 대각선 값은 공란으로 제시된다.

> 요인 가능성을 검토하려면 변인들 간에 나타나는 상관계수의 크기를 보라. 이 상관계수가 대부분 적게 나타나면(.3보다 적은 경우) 요인구조가 변인들에 내재해 있을 가능성은 낮다.

요인분석 결과로부터 나온 부분상관계수

다음에 보일 역 이미지(anti-image) 행렬표는 2개의 행렬표가 포함되어 있다. 앞의 행렬표는 여러분이 역 이미지 행렬표를 요청하면 자동적으로 나오게 되는 것이지만 당분간 우리는 다음에 나올 행렬표에 더 관심을 가질 것이다. 다음 행렬표에서 대각선 밖의 값은 역전된, 즉 **부적 부분상관**이라고 하는 **부분상관계수(partial correlations)**이다. 부적 상관계수는 두 변인들 간의 상관관계에서 다른 변인의 효과가 통제된, 즉 '분리된(partialled out)' 상관계수를 말한다. 제6장에서 우리는 판매된 아이스크림의 수와 갈증을 느끼는 사람의 수 간의 상관관계가 있을 경우에 이 관계는 제3의 변인인 기온에 의해 설명될 가능성이 있다는 것을 지적한 바 있다. 이를 확인하기 위해 우리는 두 변인으로부터 기온의 효과를 분리시킬(partial out) 수 있다. 그런 다음 이들 간의 부분 상관계수를 구할 수 있다. 이 상관계수가 작아진 것을 사례에서 볼 수 있었을 것이다.

Anti-image Matrices

		confdt	believ	attrct
Anti-image Covariance	confdt	.920	-.228	.046
	believ	-.228	.755	-.335
	attrct	.046	-.335	.813
Anti-image Correlation	confdt	.515[a]	-.273	.053
	believ	-.273	.504[a]	-.427
	attrct	.053	-.427	.506[a]

a. Measures of Sampling Adequacy(MSA)

대각선값은 각 변인의 표집 적절성(sampling adequacy)에 대한 Kaiser-Meyer-Olkin(KMO)의 측정값이다. KMO의 의미는 제2절에서 논의될 것이다.

대각선 밖의 값들은 부적 부분상관 계수들이다. 이 값들은 변인들에 내재해 있는 요인구조가 존재하는지 아닌지에 대한 힌트를 제시해준다.

앞에서 언급한 것처럼 상관계수들이 대부분 작게 나타나면 변인들은 요인 가능성을 갖지 않을 가능성이 있다. 그러나 상관계수가 충분히 크게 나타난다고 해서 반드시 변인들이 요인 가능성을 가지고 있다고 결정적으로 이야기할 수는 없다. 다음에 설명하겠지만 부분상관계수의 크기가 검증되어야 한다. 여러 변인에 내재해 있는 요인구조가 존재하게 되면, 모든 변인은 서로 유의미한 상관관계를 나타내야 한다. 그래서 다른 변인의 효과가 분리되면(partial out), 두 변인 간의 상관계수가 더 약해질 것이 기대된다. 만약 두 변인 간의 부분상관계수가 그들 간의 상관계수보다 작아지지 않는다면, 두 변인 간에 강한 관계를 가지고 있지만, 우리가 측정한 다른 어떤 변인과는 거의 관계를 보이지 않을 수 있다.

요인 가능성에 대한 지표로서 부분상관의 사용은 변인들 간의 절대 크기에 달려 있다. 그래서 SPSS가 부호를 뒤집어서 부적 상관계수를 나타낸다는 사실은 적절하지 않다. 부분상관계수가 대부분 크게 나타나게 되면 요인들에 내재해 있는 요인구조가 나타날 가능성은 거의 없어진다.

요인분석의 결과에서 얻은 재생산된 상관행렬과 잔차행렬

요인분석 결과로 **재생산된 상관계수 행렬**(reproduced correlation, 다음 표의 위 행렬에 있는 대각선 밖의 값)은 요인분석이 정확하다는 전제하에 변인들 간의 상관계수에 대해 예측된 값들이다. 요인분석의 요인구조에 대한 설명이 자료에서 실제로 관찰된 것과 일치한다면 이와 같은 상관계수의 행렬이 기대될 것이다. 요인분석에서는 예언된 상관계수의 값들과 실제로 자료에서 얻은 값들을 비교한다. 표의 아래에 위치한 행렬에 있는 각 **잔차값**은 관찰된 상관계수 값에서 재생산된 상관계수 값을 뺄 것이다. 잔차행렬의 값들이 작다면, 관찰된 상관행렬값들은 요인에 의해서 예측된 행렬값과 유사함을 의미한다. 결과적으로 요인 모형이 좋은 합치도를 보이고 있음을 나타낸다(다음 팁상자 참조).

> 대각선은 재생산된 공통분(reproduced communalities)을 의미한다. 이것이 의미하는 것은 제2절에서 설명될 것이다.

> 이들은 변인들 간의 재생산된 상관계수이다. 해당 값들은 대각선 왼쪽 아래와 대칭을 이룬다.

Reproduced Correlations

		confdt	believ	attrct
Reproduced Correlation	confdt	.281[a]	.450	.391
	believ	.450	.721[a]	.627
	attrct	.391	.627	.545[a]
Residual[b]	confdt		-.172	-.318
	believ	-.172		-.197
	attrct	-.318	-.197	

Extraction Method: Principal Component Analysis.

a. Reproduced communalities
b. Residuals are computed between observed and reproduced correlations. There are 3 (100.0%) nonredundant residuals with absolute values greater than 0.05.

> 관찰된 상관행렬(이 절의 첫 번째 표 참조)에서 재생산된 상관행렬을 뺀 잔차행렬값이다(.278 − .450 = −.172).

 요인 가능성 : 잔차가 적게 나타날수록(이 사례와 달리), 요인분석이 자료에 대한 양호한 설명을 제공해줄 수 있다. 즉 추정된 요인들이 현실세계에서의 실제 상태를 설명해줄 가능성이 더 커진다.

지금까지 우리는 요인분석을 이해하는 데 유용한 몇 가지 개념을 여러분에게 소개하였다. 이런 목적을 위해 우리는 간단하면서 쉬운 자료를 활용하였다. 제2절에서는 보다 현실적인 자료를 가지고 요인분석을 수행하고 해석하는 방법을 보여줄 것이다. 우선 요인분석을 사용할 때 고려해야 할 몇 가지 점을 먼저 살펴보고, 알아야 할 용어들에 대해 소개하겠다.

요인분석을 수행할 시점

요인분석을 실시하기 위해서 필요한 자료와 참가자 수에 대해서는 다음의 기준을 준수할 것이 권장된다.

1. 변인들은 최소한 서열척도 수준으로 측정되어야 한다.

2. 변인들은 정상분포를 나타내야 한다. 정상분포의 기준을 충족시키지 못하면 자료 변환을 고려하는 것이 좋다(Tabachnick & Fidell, 2014 참조).

3. 변인들 간의 관계는 적정한 수준에서 선형적이어야 한다.

4. 참가자 수 : 요인분석을 하려면 최소 100명 이상의 참가자가 자료를 제공할 수 있어야 한다. 어떤 사람은 200명 이상이 되어야 한다고 말하기도 한다. 그러나 최소한 다음 두 가지 사항이 지켜져야 한다.

   a. 변인들의 개수보다 참가자 수가 더 많아야 한다. Kline(1994)은 최소 2 : 1의 비율을 제시했는데, 비율이 클수록 더 좋다. 따라서 여러분이 60개의 설문문항을 포함하고 있는 설문조사에 내재해 있는 요인구조를 탐색하고 싶다면, 참가자 수는 최소한 120명이 넘어야 한다.

   b. 추출된 요인의 개수보다 더 많은 수의 참가자가 있어야 한다. Kline은 최소 20 : 1의 비율을 제시하고 있다. 그러나 진짜 탐색적 요인분석에서 우리는 얼마나 많은 요인이 도출될지를 사전에 알지 못한다.

일반적으로 여러분이 조사한 참가자 수가 많을수록 측정된 변인에 내재해 있는 요인이 드러날 가능성이 더 커질 것이다. 따라서 최소한 200명가량의 표본크기를 상정하는 것이 바람직하다고 하겠다.

요인분석의 유용성과 타당성

여러 변인이 포함되어 있는 모든 자료에 대해서 요인분석을 수행하는 것이 가능하다. 하지만 아무런 가정이나 연구문제 없이 실행된 요인분석에 의해서 얻은 결과는 타당하지 않거나 쓸모없을 수도 있다. 요인분석에 포함된 변인들이 요인 가능성을 가지고 있는지 아닌지를 평가하는 여러 방법에 대해 이미 기술한 바 있다. 요인 가능성에 대한 다른 요점과 도출된 요인이 변인을 설명해주는 좋은 해결책인지를 결정하는 방식에 대한 소개를 다음에 하겠다. 이런 분석은 추출된 요인을 고려하기에 앞서 논의되어야 한다. 그런 다음 요인분석에 의해 제시된 요인구조가 의미 있는 것인지가 평가되어야 한다.

용어

앞에서 소개된 용어들 외에 아주 기본적인 요인분석을 수행하고 분석 결과를 이해하기 위해서는 다음의 용어를 알고 있어야 한다.

성분과 요인

Kline(1994, p. 36)은 "성분(component)은 상관행렬표로부터 직접 도출되기 때문에 성분은 실제 요인(factor)이다. 이에 반해서 요인분석의 공통요인(common factor)은 자료로부터 추정되는 것이기 때문에 공통요인은 가설적인 것이다"라고 진술한 바 있다. 그러므로 공통요인이란 Skinner(1965)가 '탐색적 허구(exploratory fiction)'라고 언급한 것의 사례라고 할 수 있다. 그러나 이러한 것들은 요인이 유용하지 않다는 것을 이야기하는 것은 아니다. 그보다는 요인분석으로부터 도출된 요인을 해석할 때 주의를 기울일 필요가 있다는 것이다. 요인분석의 가장 단순한 형태인 주성분분석(principal component analysis)은 그 용어가 시사해주는 대로 주성분을 도출해낸다. 반면에 다른 형태의 요인분석에서는 공통요인을 추출해낸다. 따라서 주성분분석과 요인분석은 약간 다른 것이다. 우리는 제3절에서 보다 자세히 설명할 것이다. 이 책에서는 많은 다른 책들과 마찬가지로 간단한 요인분석의 형태인 주성분분석을 논의할 때 요인과 성분이라는 말을 혼용해서 사용할 것이다. 하지만 주성분과 공통요인 사이의 차이는 항상 염두에 두고 있기를 바란다.

추출

이것은 중요한 요인이 파악되는 과정을 지칭하는 용어이다. 요인분석에서 얻은 요인들은 **추출된다**고 이야기된다. 이 책에서 우리는 주성분 추출 방법만 설명할 것이다. 그리고 제3절에서 다른 방법들에 대해 설명할 것이다. 제2절에서 보다 분명해지겠지만 추출은 정확한 과정(exact process)은 아니다.

공통분

이것은 특정변인에서 나온 자료에서의 변량이 요인 모형의 요인들에 의해서 얼마나 많이 설명되는지를 보여주는 측정치를 일컫는 용어이다. 처음에는 분석에 포함된 모든 요인(또는 성분)이 공통분을 계산하는 데 활용되고, 모든 변량이 설명된다. 따라서 주성분분석에서 **초기 공통분**은 1(모든 변량이 설명되었다는 것을 의미)이 된다. 요인과 성분 도출이 이루어진 다음에는 각 변인에 대한 **추출 공통분**(extraction communalities)이 계산된다. 이때에는 추출된 요인만을 바탕으로 공통분이 계산된다. 특정변인에 대해 추출된 공통분이 클수록 추출된 요인에 의해 설명되는 변량이 더 많아진다. 공통성은 요인 부하량으로 계산된다(다음 참조).

고유값

이것은 자료의 변인들의 전체 변량 중에서 한 요인에 의해 설명되는 정도에 대한 측정치이다. 처음의 분석은 모든 가능한 요인(즉 변인 수만큼 많은 요인)을 전부 고려한다는 것을 기억하라. 이 값이 클수록 그 요인에 의해 설명되는 변량이 크다는 것을 의미한다. 고유값의 강도는 어떤 요인이 유용한 요인이 되기에 충분할 정도로 변량을 설명하고 있는지를 결정하기 위해 사용될 수 있다. SPSS에서 기본값으로 1을 설정하고 있다. 연구자들은 고유값이 1보다 적은 요인을 추출해내도록 SPSS에 요청할 수도 있다. 이 방법도 역시 제3절에서 설명될 것이다.

스크리 도표

스크리 도표는 초기에 고려되는 모든 요인의 고유값의 변화 형태를 살펴보기 위해 제공되는 유용한 그래프이다. 이것은 추출되어야 하는 요인의 수를 결정하기 위해 사용될 수 있다. 첨부된 예시는 제2절에서 SPSS 분석 결과와 같이 소개될 것이다.

요인 부하량

요인 부하량은 개별변인과 추출된 요인 간의 관계성을 나타내기 위해서 계산된다. 이 값들은 어떤 변인들이 어떤 요인에 의해 설명되는 형태를 판단하는 데 유용하다. 요인 부하량은 성분(또는 요인)과 변인 간의 상관계수라고 생각할 수 있다. 따라서 그 수치가 클수록 해당 성분(또는 요인)이 해당 변인을 설명할 가능성이 크다고 볼 수 있다. 부하량은 정적일 수도 있고 부적일 수도 있다. 세부사항은 제3절에서 보다 자세히 기술될 것이다.

초기 요인 부하량이 변인과 요인 간의 관련성의 형태를 확인하기 위해 조사될 수 있다. 그러나 대부분의 경우 요인구조에 회전(rotation)을 사용한 이후에 나타나는 요인 부하량을 바탕으로 관련성의 형태를 파악하는 것이 보다 유용하다. SPSS는 회전하기 이전의 요인 부하량을 사용하여 추출 공통분을 계산한다. 제2절에 있는 SPSS 분석 결과에 대한 설명에서 추출 공통분의 예를 보이도록 하겠다.

회전

회전을 하기 전의 요인분석은 얼마나 많은 요인들이 변인들 기저에 깔려 있는지에 대한 설명을 제공해준다. 어떤 목적을 위해서는 이것만으로도 충분하다. 그러나 심리학에서는 기저에 깔려 있는 요인들이 의미하는 것이 무엇인지를 이해하고자 한다. 즉 우리는 어떤 심리적 구성 개념이 변인들 기저에 깔려 있는지 아닌지를 확정하고 싶어 한다. 회전은 요인분석에서 활용되는 수학적 기법으로 요인 부하량을 단순한 형태로 변화시킨다.

요인구조의 회전은 크게 두 가지 직각회전과 사각회전으로 나눌 수 있다. 직각회전에서는 요인들 간의 관련성이 독립적(즉 요인 간의 상관이 0이다)이라고 가정한 상태에서 회전을 하는 반면에 사각회전에서는 요인들 간의 상관을 허용하면서 요인구조를 회전시킨다. Kline(1994)은 심리학에서 심리적 구성 개념은 서로 간의 상관이 있고 사각구조를 가정해야 한다고 하였다(제9장 제1절에서 논의된 다중 회귀분석 내용 참조). 보다 구체적으로 그는 사각회전 방법으로 **직접 오블리민**(Direct Oblimin)을 추천하였다.

제2절 | 기초적인 요인분석 수행하기

가설 연구

요인분석의 활용에 대한 예시를 제공하기 위해 우리는 가설적인 조사 결과를 활용하고자 한다. 미적 가치관에 대해 관심을 가지고 있는 한 심리학자가 여러 종류의 식물에 대해 사람들이 가지고 있는 심미안을 연구하고자 한다고 가정해보자. 예를 들어 이 심리학자가 장소에 따라 일반적으로 발견되는 식물들이 선호하는 기저 차원(예 : 야생 식물, 별장 정원용 식물, 일반 정원용 식물 등)이 있는지 아닌지를 연구하고 싶어 한다고 가정하자. 이 심리학자는 여러 가지 식물들이 열거되어 있는 설문지를 구성하였다. 그리고 사람들에게 '매우 싫어한다'(1)에서 '매우 좋아한다'(7)까지의 반응을 각각의 식물들에 대해서 선택하게 하였다. 식물들은 야생 식물, 별장 정원용 식물, 일반 정원용 식물이 고루 포함되었다. 요인분석의 활용에 대한 예시에서는 50명의 응답자로부터 얻은 자료가 사용되었다. 그러나 앞에서 설명한 것처럼 요인분석 결과가 타당하려면 훨씬 더 많은 참가자들이 요구된다. 이 예시에서 사용된 자료는 he.palgrave.com/psychology/brace에서 확인할 수 있다. 사실 이 가상 자료는 편포되어 있기 때문에 실제 요인분석이 실행되는 경우에 문제가 야기될 수 있다(Tabachnick & Fidell, 2014 참조). 자료 파일에는 참가자의 성이 표시되어 있는데, 23명의 남성과 27명의 여성이 연구에 참여하였다. 그래서 원한다면 성별로 나누어 분석을 할 수도 있다. 사용된 자료는 가상적인 것이기 때문에 이런 연구를 직접 한다면 어떤 것을 발견하고자 할지에 대해 알지 못한다.

분석 수행 방법

이 절에서 우리는 여러분이 주성분분석을 수행하고 해석하는 방법을 보여주고자 한다. 다른 분해 방법은 제3절에서 기술될 것이다.

처음에 여러 변인을 가진 자료를 바탕으로 요인분석을 실시할 때 일반적으로 측정된 모든 변인(서열, 구간 및 비율 수준의 모든 척도)을 포함시킬 수 있다. 그런 다음 우리는 요인분석의 분석 결과로부터 요인 가능성을 확인해보고 다음과 같은 물음에 답을 구해야 한다.

1. 전체적으로 나타나는 요인구조가 있는가? 없다면 포기한다.
2. 모든 변인이 유용한가? 그렇지 않은 것이 있다면 유용한 변인들만이 포함된 새로운 요인분석을 시행한다.

분석(Analyze) → **차원 감소**(Data Reduction) → **요인분석**(Factor) 순서로 클릭하라.

그러면 다음에 나타나는 것과 같은 **요인분석**(Factor Analysis) 대화상자가 나타나게 될 것이다. 여러분이 요인분석에 포함시키고자 하는 모든 변인을 선택한 다음, 이들을 **변인**(Variables) 상자로 이동시켜라.

요인분석에서 사용될 'sex(성별)'을 제외한 모든 변인을 선택한 다음 화살표를 클릭하여 선택된 변인들을 **변인**(Variable) 상자로 이동시켜라.

여러분이 한 변인의 값에 기초해서 사례를 선택하기를 원한다면, **선택변인**(Selection Variable) 옵션을 선택하라. 예를 들어 남성 혹은 여성만으로 구성된 자료를 분석의 대상으로 삼을 수 있다.

다음으로 **기술통계**(Descriptives) 단추를 클릭하라. 그러면 다음과 같은 **요인분석 : 기술통계** (Factor Analysis : Descriptives)라는 대화상자가 나타날 것이다.

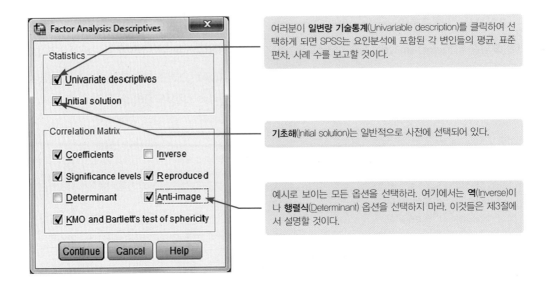

여러분이 **일변량 기술통계**(Univariable description)를 클릭하여 선택하게 되면 SPSS는 요인분석에 포함된 각 변인들의 평균, 표준편차, 사례 수를 보고할 것이다.

기초해(Initial solution)는 일반적으로 사전에 선택되어 있다.

예시로 보이는 모든 옵션을 선택하라. 여기에서는 **역**(Inverse)이나 **행렬식**(Determinant) 옵션을 선택하지 마라. 이것들은 제3절에서 설명할 것이다.

상관행렬표(Correlation Matrix) 옵션에서 나온 분석 결과는 제1절에서 설명되었다. 우리가 예시에서 선택한 모든 선택사항들은 다음에서 설명될 것이다. **역 모형**(Inverse)이나 **행렬식**(Determinant)이라는 선택사항은 제3절에서 설명된다. 필요로 하는 모든 것을 선택했으면 원래의 **요인분석**(Factor Analysis) 대화상자로 되돌아가기 위해 **계속**(Continue) 단추를 클릭하라. 그리고 **요인추출**(Extraction) 단추를 클릭하라. 그러면 다음과 같이 보이는 **요인분석 : 요인추출**(Factor Analysis: Extraction) 대화상자가 나타날 것이다.

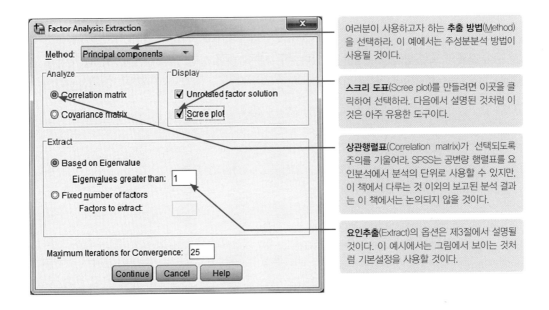

여러분이 사용하고자 하는 **추출 방법**(Method)을 선택하라. 이 예에서는 주성분분석 방법이 사용될 것이다.

스크리 도표(Scree plot)를 만들려면 이곳을 클릭하여 선택하라. 다음에서 설명된 것처럼 이것은 아주 유용한 도구이다.

상관행렬표(Correlation matrix)가 선택되도록 주의를 기울여라. SPSS는 공변량 행렬표를 요인분석에서 분석의 단위로 사용할 수 있지만, 이 책에서 다루는 것 이외의 보고된 분석 결과는 이 책에서 논의되지 않을 것이다.

요인추출(Extract)의 옵션은 제3절에서 설명될 것이다. 이 예시에서는 그림에서 보이는 것처럼 기본설정을 사용할 것이다.

요인분석 : 요인추출(Factor Analysis: Extraction) 대화상자의 다른 옵션은 제3절에서 설명하겠다. **요인분석**(Factor Analysis) 대화상자로 되돌아가려면 **계속**(Continue) 단추를 클릭하라. 그리고 **요인분석**(Factor Analysis) 대화상자 중에서 **요인회전**(Rotation) 단추를 클릭하라. 그러면 다음과 같이 **요인분석 : 요인회전**(Factor Analysis: Rotation) 대화상자가 나타날 것이다.

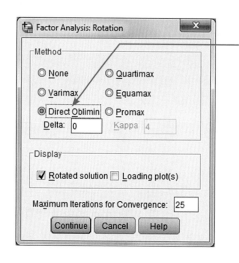

사각회전의 일종인 **직접 오블리민**(Direct Oblimin) 회전 방법을 선택하라. **델타**(Delta) 옵션을 선택할 수 있을 것이다. 이 옵션은 요인들 간의 상관되는 정도에 영향을 줄 것이다. 대부분의 경우 기본설정 값인 영(0)이 사각해를 제공해준다.

여러분이 방법을 선택한 이후에는 **출력**(Display)의 모든 옵션이 활성화될 것이다. 일반적으로 예시에서 제시된 것과 같이 설정을 변화시키지 않는다.

다른 회전법이 사용될 수도 있음을 기억하라. 우리는 제3절에서 다른 회전 방법에 대하여 소개하도록 하겠다.

요인분석 : 요인회전(Factor Analysis: Rotation) 대화상자에서 선택될 수 있는 다른 것들에 대해서는 제3절에서 자세히 설명할 것이다. 원래의 **요인분석**(Factor Analysis) 대화상자로 돌아가기 위해서 **계속**(Continue) 단추를 클릭하라. 요인분석 대화상자에서 **옵션**(Options)을 클릭하면 결측치를 다루는 방법을 지정하게 해주는 대화상자가 나타날 것이다. 또한 이 대화상자를 이용해서 분석 결과의 표현 방식을 결정할 수 있다. 이 부분에 대한 설명도 제3절에서 기술할 것이다. **점수**(Scores) 단추와 관련된 대화상자에 대한 설명도 제3절에서 이루어질 것이다. 마지막으로 확인(OK) 단추를 클릭하라. 다음에 분석 결과를 보여주겠다.

주성분 추출 방법과 사각회전을 사용한 요인분석의 결과

메뉴 항목을 통한 분석 : 분석 > 차원 감소 > 요인분석

Descriptive Statistics

	Mean	Std. Deviation	Analysis N
celandine	5.2200	1.56870	50
rose	5.2200	1.51577	50
cornflower	5.4600	1.66856	50
primrose	5.3800	1.39810	50
poppy	6.1200	1.25584	50
bluebell	5.7200	1.29426	50
buttercup	5.3400	1.63645	50
wisteria	5.3200	1.42055	50
daisy	5.6200	1.29189	50
speedwell	5.9600	1.21151	50
sweetpea	5.2800	1.57843	50
delphinium	4.3800	1.71298	50
aster	5.4000	1.55183	50
lavender	5.9400	1.50387	50
hellebore	3.9000	1.85439	50

이 표는 **요인분석 : 기술통계**(Factor Analysis: Descriptives) 대화상자에서 **일변량 기술통계**(Univariate Descriptives)에 의해서 만들어졌다.

실제 요인분석에서는 최소한 200명 이상인 참가자들의 반응이 자료에 포함되어야 함을 명심하라.

위에 제시된 표는 분석 결과 중에서 요인분석에 사용된 참가자 수를 표시해주는 유일한 부분이다. 따라서 참고용으로 사용할 수 있도록 언제나 이 도표가 출력되도록 선택하는 것이 바람직하다.

이 표의 내용은 **요인분석 : 기술통계**(Factor Analysis: Descriptives) 대화상자에서 **계수**(Coefficients)와 **유의수준**(Significance levels) 옵션에 의해 산출되었다. 이 예시에서는 전체표를 지면에 맞도록 크기를 줄여서 제시하였다. 다음에는 위쪽에 위치한 행렬표에 대한 설명이 제시되어 있다.

Correlation Matrix

		celandine	rose	cornflower	primrose	poppy	bluebell	buttercup	wisteria	daisy	speedwell	sweetpea	delphinium	aster	lavender	hellebore
Correlation	celandine	1.000	.099	.194	.566	.111	.785	.519	.206	.697	.660	.205	.014	.072	.110	-.126
	rose	.099	1.000	.355	.104	.672	.136	.027	.744	.398	.272	.554	.525	.743	.543	.516
	cornflower	.194	.355	1.000	.378	.694	.344	.188	.531	.405	.393	.725	.145	.440	.735	.279
	primrose	.566	.104	.378	1.000	.206	.782	.656	.164	.692	.612	.256	.015	.070	.186	-.142
	poppy	.111	.672	.694	.206	1.000	.235	.019	.699	.406	.379	.724	.453	.572	.868	.461
	bluebell	.785	.136	.344	.782	.235	1.000	.653	.227	.667	.722	.319	-.015	.106	.025	-.204
	buttercup	.519	.027	.188	.656	.019	.653	1.000	.154	.468	.511	.089	.048	.106	.025	.562
	wisteria	.206	.744	.531	.164	.699	.227	.154	1.000	.524	.458	.687	.603	.811	.678	.214
	daisy	.697	.398	.405	.692	.406	.667	.468	.524	1.000	.851	.584	.334	.352	.366	.180
	speedwell	.660	.272	.393	.612	.379	.722	.511	.458	.851	1.000	.582	.253	.323	.301	.512
	sweetpea	.205	.554	.725	.256	.724	.319	.089	.687	.584	.582	1.000	.458	.620	.721	.719
	delphinium	.014	.525	.145	.015	.453	-.015	.048	.603	.334	.253	.458	1.000	.556	.397	.532
	aster	.072	.743	.440	.070	.572	.106	.106	.811	.352	.323	.620	.556	1.000	.649	.444
	lavender	.110	.543	.735	.186	.868	.025	.025	.678	.366	.301	.721	.397	.649	1.000	1.000
	hellebore	-.126	.516	.279	-.142	.461	-.122	-.204	.562	.214	.512	.719	.532	.444	.444	1.000
Sig. (1-tailed)	celandine		.246	.088	.000	.222	.000	.000	.076	.000	.000	.076	.462	.309	.224	.192
	rose	.246		.006	.236	.000	.173	.427	.000	.002	.028	.000	.000	.000	.000	.000
	cornflower	.088	.006		.003	.000	.007	.095	.000	.002	.002	.000	.158	.001	.000	.025
	primrose	.000	.236	.003		.076	.000	.000	.128	.000	.000	.036	.458	.315	.098	.162
	poppy	.222	.000	.000	.076		.051	.447	.000	.002	.003	.000	.000	.000	.000	.000
	bluebell	.000	.173	.007	.000	.051		.000	.056	.000	.000	.012	.458	.094	.045	.198
	buttercup	.000	.427	.095	.000	.447	.000		.143	.000	.000	.270	.371	.232	.431	.078
	wisteria	.076	.000	.000	.128	.000	.056	.143		.000	.000	.000	.000	.000	.000	.068
	daisy	.000	.002	.002	.000	.002	.000	.000	.000		.000	.000	.009	.006	.004	.068
	speedwell	.000	.028	.002	.000	.003	.000	.000	.000	.000		.000	.038	.011	.017	.106
	sweetpea	.076	.000	.000	.036	.000	.012	.270	.000	.000	.000		.000	.000	.000	.000
	delphinium	.462	.000	.158	.458	.000	.458	.371	.000	.009	.038	.000		.000	.002	.000
	aster	.309	.000	.001	.315	.000	.094	.232	.000	.006	.011	.000	.000		.000	.001
	lavender	.224	.000	.000	.098	.000	.045	.431	.000	.004	.017	.000	.002	.000		.001
	hellebore	.192	.000	.025	.162	.000	.198	.078	.000	.068	.106	.000	.000	.000	.001	

상관계수 행렬표 부분(앞에서 제시된 표의 윗부분) : 관찰된 상관계수들로, 재생산된 상관계수들과 비교될 것이다.

		celandine	rose	cornflower	primrose	poppy
Correlation	celandine	1.000	.099	.194	.566	.111
	rose	.099	1.000	.355	.104	.672
	cornflower	.194	.355	1.000	.378	.694
	primrose	.566	.104	.378	1.000	.206
	poppy	.111	.672	.694	.206	1.000
	bluebell	.785	.136	.344	.782	.235
	buttercup	.519	.027	.188	.656	.019
	wisteria	.206	.744	.531	.164	.699
	daisy	.697	.398	.405	.692	.406
	speedwell	.660	.272	.393	.612	.379
	sweetpea	.205	.554	.725	.256	.724
	delphinium	.014	.525	.145	.015	.453
	aster	.072	.743	.440	.070	.572
	lavender	.110	.543	.735	.186	.868
	hellebore	-.126	.516	.279	-.142	.461

대각선 위와 아래에 보고된 값들은 관찰된 상관계수이다. 상관계수들 중의 일부는 매우 크게 보고되었는데 이는 변인들이 요인 가능성을 가지고 있다는 것을 의미한다(대부분의 경우 .3이 최소값이라고 여겨진다). 여러분이 직접 분석을 하게 되면 전체 행렬표에 나타난 다른 상관계수들을 볼 수 있을 것이다.

여러분이 **요인분석 : 기술통계**(Factor Analysis: Descriptives) 대화상자에서 **역 모형**(Inverse) 옵션을 선택하면 해당 값들은 위의 표에서 제시될 것이다. 일반적으로 주성분분석에서는 이것이 필요하지 않다. 그래서 제3절에서 역 모형과 관련된 표를 보게 될 것이다.

이 표는 **요인분석 : 기술통계**(Factor Analysis: Descriptives) 대화상자에서 **KMO와 Bartlett의 구형성 검증**(Test of Sphericity) 옵션에 의해서 생성되었다. 이 검증들은 여러분 자료의 요인 가능성에 대한 몇 가지 정보를 제공해줄 것이다. 이것들은 제1절에서 기술된 여러 가지 행렬표에서 나온 정보들에 추가된 것들이다.

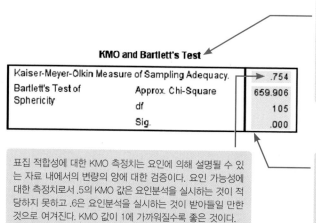

KMO and Bartlett's Test

Kaiser-Meyer-Olkin Measure of Sampling Adequacy.		.754
Bartlett's Test of Sphericity	Approx. Chi-Square	659.906
	df	105
	Sig.	.000

표집 적합성에 대한 KMO 측정치는 요인에 의해 설명될 수 있는 자료 내에서의 변량의 양에 대한 검증이다. 요인 가능성에 대한 측정치로서 .5의 KMO 값은 요인분석을 실시하는 것이 적당하지 못하고 .6은 요인분석을 실시하는 것이 받아들일 만한 것으로 여겨진다. KMO 값이 1에 가까워질수록 좋은 것이다.

여기서 KMO 값은 다음 표에서 제시되는 개별 값들의 평균이다.

Bartlett의 검증은 $p < .05$이라면 요인 가능성이 있다는 것을 의미한다. 그러나 이 검증은 사례 수에 너무 민감하기 때문에 이 값을 역으로 사용하는 것이 바람직하다. 구체적으로, p 값이 .05보다 크면 분석을 더 진행시키기 전에 요인 가능성의 다른 지표들을 점검해보는 것이 필요하다.

이 표는 **요인분석 : 기술통계**(Factor Analysis : Descriptives) 대화상자에서 **역 이미지**(Anti-image) 옵션에 의해 생성된 것이다. 위쪽에 위치한 행렬표에는 부적 부분 공분산이 제시되어 있고 아래쪽에 위치한 행렬표에는 부적 부분 상관이 제시되어 있다. 이 표는 전체 표를 지면에 맞도록 축소시킨 것이다. 아래에서 표의 아랫부분에서 제시된 행렬표에 대한 자세한 설명이 제시될 것이다.

Anti-image Matrices

		celandine	rose	cornflower	primrose	poppy	bluebell	buttercup	wisteria	daisy	speedwell	sweetpea	delphinium	aster	lavender	hellebore
Anti-image Covariance	celandine	.210	-.019	-.043	.091	.021	-.110	.004	-.017	-.076	.005	.055	-.033	.043	-.008	.044
	rose	-.019	.214	.050	-.012	-.096	.005	-.008	-.026	-.036	.068	-.019	.047	-.106	.076	-.049
	cornflower	-.043	.050	.225	-.074	-.036	.036	-.056	-.030	.029	.020	-.106	.112	-.011	-.025	-.061
	primrose	.091	-.012	-.074	.174	.001	-.091	-.058	.022	-.083	.028	.050	-.037	.025	.007	.037
	poppy	.021	-.096	-.036	.001	.112	-.008	.033	-.023	.023	-.047	.004	-.049	.073	-.087	.035
	bluebell	-.110	.005	.036	-.091	-.008	.133	-.041	.021	.044	-.045	-.025	.046	-.035	-.014	-.016
	buttercup	.004	-.008	-.056	-.058	.033	-.041	.398	-.036	.024	-.049	.050	-.098	-.007	.004	.098
	wisteria	-.017	-.026	-.030	.022	-.023	.021	-.036	.190	-.025	-.009	.012	-.027	-.080	.001	-.011
	daisy	-.076	-.036	.029	-.083	.023	.044	.024	-.025	.112	-.071	-.039	-.011	.021	-.024	-.003
	speedwell	.005	.068	.020	.028	-.047	-.045	-.049	-.009	-.071	.152	-.047	.030	-.029	.055	-.035
	sweetpea	.055	-.019	-.106	.050	.004	-.025	.050	.012	-.039	-.047	.187	-.044	-.009	-.017	.005
	delphinium	-.033	.047	.112	-.037	-.049	.046	-.098	-.027	-.011	.030	-.044	.296	-.046	.018	-.187
	aster	.043	-.106	-.011	.025	.073	-.035	-.007	-.080	.021	-.029	-.009	-.046	.179	-.071	.020
	lavender	-.008	.076	-.025	.007	-.087	-.014	.004	.001	-.024	.055	-.017	.018	-.071	.129	-.019
	hellebore	.044	-.049	-.061	.037	.035	-.016	.098	-.011	-.003	-.035	.005	-.187	.020	-.019	.329
Anti-image Correlation	celandine	.667[a]	-.090	-.200	.473	.138	-.654	.013	-.085	-.497	.029	.278	-.133	.222	-.050	.168
	rose	-.090	.714[a]	.226	-.062	-.618	.028	-.028	-.127	-.234	.379	-.093	.186	-.543	.454	-.184
	cornflower	-.200	.226	.752[a]	-.373	-.225	.210	-.187	-.146	.184	.109	-.517	.434	-.057	-.145	-.226
	primrose	.473	-.062	-.373	.660[a]	.007	-.597	-.222	.122	-.593	.170	.279	-.162	.142	.044	.156
	poppy	.138	-.618	-.225	.007	.712[a]	-.062	.156	-.156	.208	-.358	.027	-.269	.513	-.720	.183
	bluebell	-.654	.028	.210	-.597	-.062	.710[a]	-.179	.132	.361	-.313	-.157	.229	-.224	-.105	-.078
	buttercup	.013	-.028	-.187	-.222	.156	-.179	.812[a]	-.130	.115	-.198	.184	-.285	-.026	.019	.270
	wisteria	-.085	-.127	-.146	.122	-.156	.132	-.130	.922[a]	-.175	-.053	.061	-.114	-.432	.007	-.045
	daisy	-.497	-.234	.184	-.593	.208	.361	.115	-.175	.743[a]	-.542	-.267	-.061	.151	-.196	-.017
	speedwell	.029	.379	.109	.170	-.358	-.313	-.198	-.053	-.542	.770[a]	-.279	.143	-.174	.395	-.156
	sweetpea	.278	-.093	-.517	.279	.027	-.157	.184	.061	-.267	-.279	.855[a]	-.187	-.050	-.111	.019
	delphinium	-.133	.186	.434	-.162	-.269	.229	-.285	-.114	-.061	.143	-.187	.702[a]	-.199	.090	-.598
	aster	.222	-.543	-.057	.142	.513	-.224	-.026	-.432	.151	-.174	-.050	-.199	.742[a]	-.465	.082
	lavender	-.050	.454	-.145	.044	-.720	-.105	.019	.007	-.196	.395	-.111	.090	-.465	.754[a]	-.094
	hellebore	.168	-.184	-.226	.156	.183	-.078	.270	-.045	-.017	-.156	.019	-.598	.082	-.094	.780[a]

a. Measures of Sampling Adequacy(MSA)

역 이미지 상관행렬표가 제시되고 있다.

Anti-image Correlation				
celandine	.667[a]	-.090	-.200	.473
rose	-.090	.714[a]	.226	-.062
cornflower	-.200	.226	.752[a]	-.373
primrose	.473	-.062	-.373	.660[a]
poppy	.138	-.618	-.225	.007
bluebell	-.654	.028	.210	-.597
buttercup	.013	-.028	-.187	-.222
wisteria	-.085	-.127	-.146	.122
daisy	-.497	-.234	.184	-.593
speedwell	.029	.379	.109	.170
sweetpea	.278	-.093	-.517	.279
delphinium	-.133	.186	.434	-.162
aster	.222	-.543	-.057	.142
lavender	-.050	.454	-.145	.044
hellebore	.168	-.184	-.226	.156

a. Measures of Sampling Adequacy(MSA)

대각선 위아래에 부적 부분상관 값들이 제시된다. 이 값들의 많은 것들이 작은 값을 나타내고 있으므로 요인 구조가 변인들에 내재되어 있을 가능성이 있음을 의미한다.

역 이미지 상관행렬표에서 대각선상의 값들은 각 변인에 대한 KMO 값이다. 예컨대 변인 'primrose'의 경우 KMO 값이 .660이다. 만약 여러 변인 중에서 하나의 KMO 값이 .5보다 작다면 해당 변인은 분석에서 제외시키는 것을 고려하는 것이 좋다. 여러분이 요인분석을 실시해보면 'primrose'의 KMO 값이 가장 작다는 것을 알게 될 것이다. 따라서 이 예시에서는 모든 변인을 분석에 포함시켰다. 앞에서 보고된 KMO와 Bartlett 검증표에서 제시되었던 단일 KMO 값은 변인 각각의 값에 대한 평균이다.

지금까지의 행렬표들은 모두 제1절에서 기술된 것들이다. 이 장에서 아직 설명되지 않고 있지만, 요인분석과 관련된 표의 대부분 것들은 여러분에게는 생소한 것일 것이다.

Communalities

	Initial	Extraction
celandine	1.000	.721
rose	1.000	.668
cornflower	1.000	.848
primrose	1.000	.752
poppy	1.000	.837
bluebell	1.000	.850
buttercup	1.000	.606
wisteria	1.000	.814
daisy	1.000	.832
speedwell	1.000	.786
sweetpea	1.000	.779
delphinium	1.000	.788
aster	1.000	.710
lavender	1.000	.862
hellebore	1.000	.723

Extraction Method: Principal Component Analysis.

공통분은 각 변인에서 얼마나 많은 변량들이 요인에 의해 설명되는지를 나타내준다.

주성분분석에서 초기 공통분은 모든 가능한 성분들을 사용해서 계산되므로 항상 1이 된다.

분해 후 공통분(extration communalities)은 추출된 요인만을 활용하여 계산된다. 이러한 의미에서 분해 후 공통분은 매우 유용한 값이다. 'bluebell'의 경우 분산의 85%가 추출된 요인에 의해 설명된다. 만약 어떤 특정 변인이 낮은 수준의 공통분 값을 가진다면 해당 변인을 분석에서 제외시킬 것을 고려하라.

분해 후 공통분 계산에 대한 주석은 보다 아래쪽에 위치한 성분 행렬표(Component Matrix Table)에 포함되어 있다.

SPSS는 여러분이 어떤 추출 방법을 사용하였는지를 모든 표 밑에 표기해준다. 표에 나타나는 각 값은 사용된 추출법에 따라 다르게 나타난다.

이 표는 요인분석의 최종해에 의해서 설명되는 전체 변량을 요약해준다. 여기에서는 지면에 맞도록 축소되어 있다. 이 표들을 3등분해서 자세한 설명을 제시하였다.

이 부분은 요인 추출에 대한 명확한 설명을 제공하는 분석 결과의 첫 번째 부분이다. 여기에서는 얼마나 많은 요인이 얼마나 많은 변인들의 변량을 설명하는지를 보여준다. 이전에 제시된 표와 행렬표들은 요인분석을 수행하는 것이 양호한 것인지 아니었는지를 보여준다는 측면에서 중요하다.

Total Variance Explained

Component	Initial Eigenvalues			Extraction Sums of Squared Loadings			Rotation Sums of Squared Loadings[a]
	Total	% of Variance	Cumulative %	Total	% of Variance	Cumulative %	Total
1	6.810	45.403	45.403	6.810	45.403	45.403	4.663
2	3.540	23.602	69.004	3.540	23.602	69.004	4.785
3	1.226	8.176	77.180	1.226	8.176	77.180	5.152
4	.716	4.773	81.953				
5	.591	3.937	85.890				
6	.419	2.793	88.683				
7	.381	2.538	91.221				
8	.299	1.995	93.216				
9	.252	1.683	94.899				
10	.233	1.555	96.454				
11	.189	1.261	97.716				
12	.139	.924	98.639				
13	.108	.717	99.356				
14	.052	.347	99.703				
15	.045	.297	100.000				

Extraction Method: Principal Component Analysis.

a. When components are correlated, sums of squared loadings cannot be added to obtain a total variance.

이런 유형의 표에서 각 열들은 변인이 아니라 요인 또는 성분을 표시한다.

설명된 총변량의 표는 다음에서 제시되고 있는 3개의 표로 구성되어 있다.

Component	Initial Eigenvalues		
	Total	% of Variance	Cumulative %
1	6.810	45.403	45.403
2	3.540	23.602	69.004
3	1.226	8.176	77.180
4	.716	4.773	81.953
5	.591	3.937	85.890
6	.419	2.793	88.683
7	.381	2.538	91.221
8	.299	1.995	93.216
9	.252	1.683	94.899
10	.233	1.555	96.454
11	.189	1.261	97.716
12	.139	.924	98.639
13	.108	.717	99.356
14	.052	.347	99.703
15	.045	.297	100.000

Extraction Method: Principal Component Analysis.

a. When components are correlated, sums of squared loa

표의 왼쪽 세 칸은 초기의 고유값을 보여준다. 즉 가능한 모든 주성분들에 대한 고유값을 나타낸다. 주성분들은 각기 얼마나 많은 주성분을 설명하는지의 순서로 나열되었다.

15개의 주성분이 추출되는 것이 가능하다. 즉 분석에서 사용되는 변인의 개수만큼 주성분을 추출하는 것이 가능하다.

각 주성분별로 그것이 설명하는 전체 변량의 양이 제시되고, 다음 전체 변량 중 해당 주성분이 설명하는 변량의 백분율이 제시된다. 마지막으로 누적 백분율이 제시되었다.

Extraction Sums of Squared Loadings		
Total	% of Variance	Cumulative %
6.810	45.403	45.403
3.540	23.602	69.004
1.226	8.176	77.180

3개의 추출된 주성분이 모든 변량의 77.2%를 설명하고 있다.

가운데 세 칸은 고유값이 1보다 큰 주성분들에 대한 정보가 들어 있다. 이 예시에서는 3개의 주성분이 이 조건을 만족시킨다.

요인의 추출이 이루어진 후에 계산된 값들이기 때문에, 이것들은 분해된 값이라고 불린다. 주성분분석에서 이 값들은 초기값(위 첫 번째 세 열에서 제시된 값)과 동일한 것에 주목하기 바란다.

Rotation Sums of Squared Loadings[a]
Total
4.663
4.785
5.152

a. When components are correlated, sums of squared loadings cannot be added to obtain a total variance.

표의 맨 오른쪽 부분은 회전이 이루어진 후에 분해된 요인들에 대한 정보를 제공해준다(여러분이 회전을 요청하지 않으면 표의 해당 부분은 공란으로 제시된다. 특히 회전의 방식에 따라서 제시되는 값들이 약간은 다를 것이다).

고유값들이 변경된 것에 주목하기 바란다. 이 예시에서 사용된 회전 방법에서는 설명된 분산의 상대 비율과 누적 비율이 주어지지 않는다.

세 가지 주성분이 추출되었다는 사실은 고무적인 결과라 할 수 있다. 적어도 요인분석의 결과가 우리의 심미에 대한 가설적인 관점을 지지할 수도 있다. 그러나 우리는 아직 요인들이 무엇을 나타내는 것인지에 대해서는 알지 못한다. 예를 들어 요인이 꽃의 유형이 아니라 꽃의 색깔(예 : 분홍, 파랑, 노랑)을 나타내는 것일 수도 있다. 또한 우리는 어떤 변인이 어떤 요인과 연합될 것인지에 대해서도 모른다. 그래서 기뻐하기에는 아직 이르다.

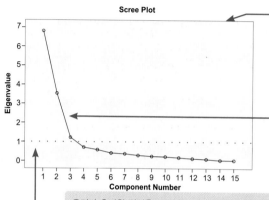

Scree Plot

이 그래프는 **요인분석 : 요인추출**(Factor Analysis: Extraction) 대화상자에서 **스크리 도표**(Scree plot) 옵션에 의해 생성되었다. 이 도표는 몇 개의 주성분이 추출되어야 하는지를 결정하는 데 사용되는 고유값이 1보다 크다는 기준에 대한 대안으로 사용될 수 있다.

스크리 도표에서 주성분의 고유값들이 내림차순으로 표시되어 있다. 곡선의 행태가 가파른 언덕을 내려와서 언덕 아래에 깔려 있는 잔자갈(scree)의 잔재처럼 보이기 때문에 스크리 도표라고 한다.

우리가 추가한 점선은 스크리 도표가 가파른 기울기를 보이는 부분과 완만한 기울기를 보이는 부분을 구분시켜 주는 지점을 의미한다. 보통 이 지점 위에 있는 주성분들이 선택된다. 이 예시에서 스크리 도표에서의 선택과 일치하는 지점은 고유값이 1보다 큰 요인을 선택하는 것이다.

다음 요인을 선택해야 할지 말아야 할지에 대한 견해에는 약간 차이가 있다. 세부적이 사항은 Cooper(2010, p. 287-8)를 참조하기 바란다.

Component Matrix[a]

	Component		
	1	2	3
celandine	.455	.701	.149
rose	.706	-.375	.170
cornflower	.709	-.044	-.587
primrose	.498	.706	-.074
poppy	.798	-.315	-.319
bluebell	.561	.731	-.034
buttercup	.353	.679	.142
wisteria	.842	-.300	.126
daisy	.772	.443	.197
speedwell	.724	.487	.158
sweetpea	.844	-.183	-.182
delphinium	.565	-.415	.544
aster	.741	-.377	.134
lavender	.774	-.316	-.403
hellebore	.517	-.585	.336

Extraction Method: Prncipal Component Analysis.
a. 3 components extracted.

이 표는 회전을 하기 전의 요인 부하량을 보여준다.

각 칸은 해당 주성분에 대한 변인들의 요인 부하량을 표시한다. 부하량이란 주성분과 변인 간의 상관관계라고 생각할 수 있다. 따라서 그 값이 클수록 해당 주성분이 해당 변인의 기저를 설명하고 있을 가능성이 높다.

어떤 부하량이 정적인 값을 나타내는 데 비해 어떤 것은 부적인 값을 보고하고 있음에 주목하기 바란다. 이 문제는 제3절에서 다시 논의될 것이다.

변인 'poppy'는 각각의 주성분들과 다음과 같은 관련성을 보인다. 첫 번째 주성분에는 상당히 높은 수준의 부하량(.798)을 갖고, 두 번째와 세 번째 주성분에는 중간 수준의 부하량(각각 -.315와 -.319)을 갖는다.

요인 부하량들은 어떤 변인들이 어떤 주성분과 가장 강하게 관련되어 있는지에 대한 형태를 파악하는 데 유용할 수 있다. 그러나 거의 대부분의 경우 성분행렬을 회전한 이후 관련성의 형태가 보다 분명하게 나타난다. 특히 부적 요인 부하량은 계산 방법상에 나타나는 인위적인 부산물일 수 있다(Kline, 1994, p. 39).

앞의 공통분(Communalities) 표에서 제시된 추출된 공통분은 Σx^2 공식을 사용하여 계산될 수 있다. 여기서 x는 표에 있는 요인 부하량을 지칭한다. 따라서 'lavender'의 공통분은 아래와 같이 계산된다.

$$(.774)^2 + (-.316)^2 + (-403)^2 = .862$$

앞에서 설명한 대로 공통분의 크기는 해당 변인의 분산 중 요인분석에 의해서 추출된 주성분에 의해 얼마나 설명되는지를 의미한다.

이 표는 **요인분석 : 기술통계**(Factor Analysis: Descriptives) 대화상자에서 재생산된 **상관행렬**(Reproduced) 옵션에 의해 생성되었다. 표의 위쪽에 위치한 행렬표는 상관계수를 나타내는 반면에 아래쪽에 위치한 것은 잔차를 나타낸다. 이 표는 지면에 맞게 크기가 조정된 전체표이다. 아래에 행렬표 내용에 대한 설명을 제공하는 주석이 제시되어 있다.

Reproduced Correlations

		celandine	rose	cornflower	primrose	poppy	bluebell	buttercup	wisteria	daisy	speedwell	sweetpea	delphinium	aster	lavender	hellebore
Reproduced Correlation	celandine	.721a	.084	.205	.711	.095	.763	.658	.192	.692	.694	.229	.048	.093	.071	-.125
	rose	.084	.668a	.417	.074	.627	.116	.019	.728	.412	.355	.634	.647	.688	.597	.642
	cornflower	.205	.417	.848a	.366	.766	.386	.137	.536	.412	.399	.713	.099	.463	.799	.195
	primrose	.711	.074	.366	.752a	.199	.798	.645	.198	.683	.305	-.052	.093	.193	-.180	
	poppy	.095	.627	.766	.199	.837a	.228	.023	.726	.414	.374	.789	.408	.667	.846	.490
	bluebell	.763	.116	.386	.798	.228	.850a	.690	.249	.750	.756	.346	-.005	.136	.217	-.149
	buttercup	.658	.019	.137	.645	.023	.690	.606a	.112	.602	.609	.148	-.005	.025	.002	-.167
	wisteria	.192	.728	.536	.198	.726	.249	.112	.814a	.542	.483	.743	.669	.754	.696	.653
	daisy	.692	.412	.412	.683	.414	.750	.602	.542	.832a	.806	.535	.360	.432	.378	.207
	speedwell	.694	.355	.399	.693	.374	.756	.609	.483	.806	.786a	.494	.293	.374	.343	.143
	sweetpea	.229	.634	.713	.305	.789	.346	.148	.743	.535	.494	.779a	.454	.671	.785	.483
	delphinium	.048	.647	.099	-.052	.408	-.005	-.005	.669	.360	.293	.454	.789a	.648	.639	.649
	aster	.093	.688	.463	.093	.667	.136	.025	.754	.432	.374	.671	.648	.719a	.862	.450
	lavender	.071	.597	.799	.193	.846	.217	.002	.696	.378	.343	.785	.639	.639	.862a	.450
	hellebore	-.125	.642	.195	-.180	.490	-.149	-.167	.653	.207	.143	.483	.649	.450	.450	.723a
Residual[b]	celandine		.016	-.010	-.145	.016	.022	-.139	.014	.005	-.035	-.024	-.034	-.021	.039	-.001
	rose	.016		-.063	.030	.045	.020	.008	.016	-.015	-.084	-.080	-.122	.055	-.054	-.126
	cornflower	-.010	-.063		.012	-.072	-.041	.051	-.005	-.007	-.006	.012	.045	-.024	-.064	.084
	primrose	-.145	.030	.012		.007	-.016	.011	-.035	.009	-.081	-.049	.067	-.024	-.007	.038
	poppy	.016	.045	-.072	.007		.006	-.003	-.027	-.007	.005	-.065	.045	.053	.026	.026
	bluebell	.022	.020	-.041	-.016	.006		-.037	-.021	-.083	-.035	-.027	-.011	.052	.081	-.037
	buttercup	-.139	.008	.051	.011	-.003	-.037		.042	-.018	-.025	-.055	-.065	.057	-.018	-.091
	wisteria	.014	.016	-.005	-.035	-.027	-.021	.042		-.018	.049	-.026	-.079	-.012	-.018	.007
	daisy	.005	-.015	-.007	.009	-.007	-.083	-.134	-.018		.045	.089	-.040	-.051	-.042	-.037
	speedwell	-.035	-.084	-.006	-.081	.005	-.035	-.097	-.025	.045		.089	.004	-.051	-.064	.029
	sweetpea	-.024	-.080	.012	-.049	-.065	-.027	-.055	-.026	.089	.004		-.040	-.092	.048	.001
	delphinium	-.034	-.122	.045	.067	.045	-.011	.052	-.079	-.040	-.051	-.051		-.092	.048	-.117
	aster	-.021	.055	-.024	-.024	.053	.081	.057	-.012	-.051	-.051	-.092	.048		.010	-.006
	lavender	.039	-.054	-.064	-.007	.022	.026	.023	-.018	-.012	-.042	-.064	.048	.010		-.006
	hellebore	-.001	-.126	.084	.038	-.029	.026	-.037	-.091	.007	.037	.029	.001	-.117	-.006	

Extraction Method: Principal Component Analysis.

a. Reproduced communalities

b. Residuals are computed between observed and reproduced correlations. There are 35 (33.0%) nonredundant residuals with absolute values greater than 0.05.

	celandine	rose	cornflower	primrose
celandine	.721a	.084	.205	.711
rose	.084	.668a	.417	.074
cornflower	.205	.417	.848a	.366
primrose	.711	.074	.366	.752a
poppy	.095	.627	.766	.199
bluebell	.763	.116	.386	.798
buttercup	.658	.019	.137	.645

이 부분은 재생산된 상관계수 행렬표를 나타낸다. 'promise'와 'celandine' 간의 재생산된 상관계수인 .711과 두 변인 간의 관찰된 상관계수인 .566(앞의 상관행렬표 참조)을 비교하라. 이 값들이 유사하지 않음을 알 수 있다. 주목해야 할 또 다른 점은 요인분석의 결과가 두 변인 간에 보다 강한 관련성이 존재한다고 예언하고 있다는 점이다.

대각선에는 재생산된 공통분이 제시되고 있다. 이 값들은 공통분 표에서 제시된 추출된 공통분과 동일하다.

	celandine	rose	cornflower	primrose
celandine		.016	-.010	-.145
rose	.016		-.063	.030
cornflower	-.010	-.063		.012
primrose	-.145	.030	.012	
poppy	.016	.045	-.072	.007
bluebell	.022	.020	-.041	-.016
buttercup	-.139	.008	.051	.011

앞에서 제안된 비교를 직접 하는 대신에 단순히 잔차 행렬값들을 살펴볼 수 있다. 'promise'와 'celandine' 간의 관계에 대한 잔차는 -.145이다(-표시는 재생산된 상관계수가 관찰된 상관계수보다 크다는 것을 의미). 이 정도의 잔차는 꽤 큰 값이다. 하지만 여러분이 컴퓨터 모니터를 통해서 전체 잔차행렬을 검토해 본다면 나머지 다른 잔차값들이 대체로 작은 것을 알 수가 있을 것이다. 잔차의 크기가 대부분 작다는 것은 요인 가능성에 대한 또 다른 지표라고 할 수 있다. 그리고 이것은 또한 요인분석의 해가 적절하다는 것을 의미하기도 한다.

재생산된 상관계수(Reproduced Correlations) 표의 내용들은 요인 추출이 수행된 후에 계산되었으며, 따라서 얼마나 많은 요인이 도출되었느냐에 따라 그 값이 달라진다는 것에 주목하라.

이 표는 회전이 이루어진 후에 추출된 요인 부하량을 보여준다(여기에서 제시되고 있는 형태행렬은 이후에 제시되는 구조행렬보다 해석하기 쉽다). 여러분이 이 표에 나타난 값들을 앞에서 제시된 성분행렬표의 값들과 비교해보면 요인 부하량 값들이 변화되었다는 것을 알 수 있을 것이다.

Pattern Matrixᵃ

	Component		
	1	2	3
celandine	-.006	.873	.104
rose	.651	.039	-.269
cornflower	-.203	.083	-.968
primrose	-.194	.823	-.147
poppy	.214	-.028	-.804
bluebell	-.141	.886	-.130
buttercup	-.046	.806	.141
wisteria	.633	.152	-.363
daisy	.304	.802	-.069
speedwell	.226	.806	-.074
sweetpea	.296	.155	-.652
delphinium	.950	.065	.177
aster	.634	.041	-.324
lavender	.128	-.068	-.879
hellebore	.822	-.176	-.056

Extraction Method: Principal Component Analysis.
Rotation Method: Oblimin with Kaiser Normalization.

a. Rotation converged in 17 iterations.

변인 'poppy'는 세 번째 주성분에서 가장 큰 부하량 값(-.804)을 가지고 첫 번째와 두 번째 주성분에서는 낮은 수준의 부하량 값(각각 .214와 -.028)을 갖는다.

회전이 실시된 이후에 주성분 1, 2, 3과 회전을 하기 이전의 주성분 1, 2, 3은 반드시 동일할 필요가 없다. 주성분들은 표에서 편의적으로 무선적인 순서로 제시되고 있다.

각 변인들에 대해 높은 요인 부하량을 나타내는 값들을 강조하였다. 이런 강조 표시는 어떤 변인들이 어떤 요인과 강한 관련성을 보이는지를 표시해준다. 이들은 다음에 설명될 것이다.

변인 'cornflower', 'poppy', 'sweetpea', 'lavender'는 세 번째 주성분에서 가장 많이 부하되었다. 즉 이들 변인은 세 번째 주성분에 가장 큰 요인 부하량 값을 가진다.

변인 'celandine', 'primrose', 'bluebell', 'buttercup', 'daisy', 'speedwell'은 두 번째 주성분에서 가장 큰 요인 부하량 값을 가진다.

변인 'rose', 'wisteria', 'delphinium', 'aster', 'hellobore'는 첫 번째 주성분에서 가장 큰 요인 부하량 값을 가진다.

요인 부하량의 추정값이 포함된 형태행렬표를 예시로 보여주기 위해서 앞의 그림에서는 추정된 모든 요인 부하량의 값들이 포함되었다. 그렇지만 SPSS에서는 제3절에서 설명된 **옵션**(Options) 대화상자를 사용하여 보다 해석하기 편하도록 분석 결과의 표시 형태를 조절할 수 있다.

Structure Matrix

	Component		
	1	2	3
celandine	.019	.843	-.143
rose	.778	.170	-.579
cornflower	.249	.343	-.899
primrose	-.058	.849	-.293
poppy	.581	.219	-.894
bluebell	-.008	.911	-.318
buttercup	-.044	.762	-.067
wisteria	.813	.308	-.697
daisy	.403	.847	-.437
speedwell	.327	.846	-.408
sweetpea	.608	.365	-.832
delphinium	.874	.093	-.278
aster	.786	.186	-.627
lavender	.526	.194	-.919
hellebore	.834	-.092	-.384

Extraction Method: Principal Component Analysis.
Rotation Method: Oblimin with Kaiser Normalization.

구조행렬은 요인과 변인 간의 상관계수 값을 보여주는 반면에 앞에서 제시된 형태행렬은 다른 요인들과의 중복을 제거한 이후에 각각의 변인과 각각의 요인 간의 고유한 관련성의 정보를 제공한다. 형태행렬은 구조행렬보다 어떤 변인이 어떤 요인에 의해서 영향을 받는지를 해석하기 쉽다.

Component Correlation Matrix

Component	1	2	3
1	1.000	.083	-.459
2	.083	1.000	-.285
3	-.459	-.285	1.000

Extraction Method: Principal Component Analysis.
Rotation Method: Oblimin with Kaiser Normalization.

이 표는 회전된 요인을 추출하고 이를 회전하는 과정에서 사용되는 요인변환행렬이다. 제1절에서 회전과 관련하여 설명한 내용을 참조하기 바란다.

지금과 이전에 제시된 2개의 표 아래에서 SPSS는 여러분이 사용한 회전 방법을 알려준다.

요인분석 결과를 기술하는 방법

어떤 변인이 어떤 요인과 관련이 되는지를 보기 위해 여러분이 회전된 성분행렬표를 조사하게 되면, 각 요인을 기술하는 데 적당한 이름을 결정할 수 있게 된다. 추출된 요인들은 여러분이 연구를 시작하기 전에 가정했던 요인들과 같을 수도 있고 다를 수도 있다. 여러분이 초기에 설정한 가설과 표에 나타난 부하량의 형태를 비교해보면 둘 간에 상당한 일치가 있다는 것을 알 수 있을 것이다. 단지 하나의 변인만이 처음에 가정했던 것과는 다른 요인에 속해 있다는 것을 알 수 있다. 그러나 앞에서도 언급했듯이 제시된 차원들이 실제 요인을 나타내는 것이 아닐 수도 있다는 것을 주의해야 한다. 즉 그것들이 꽃의 색깔에 대한 선호도나 꽃의 크기에 대한 선호도일 수도 있다. 보다 확실하게 하기 위해 여러분은 변인을 측정하는 설문지 및 문항들의 특성을 신중하게 확인해보고, 모든 가능성과 대안적인 설명 가능성을 고려해보는 것이 필요하다. 보고서의 결과 부분에 여러분은 다음에 보이는 것처럼 분석 결과를 기술하면 된다. 여러분은 제시된 표보다 더 많은 표(예 : 회전된 성분행렬)를 기술할 수도 있고, 필요하면 여러분이 전달하고자 하는 요점을 전달하기 위해 수치값(예 : 요인 부하량, KMO)을 제시할 수도 있다. 만약 여러분이 주성분분석을 사용하였다면, 여러분은 요인분석을 한 것이 아니라 주성분분석을 하였다는 사실을 보고서에 언급해야 한다.

결과보고

보고서는 다음과 같이 작성한다.

자료는 사각회전을 사용한 주성분분석을 통하여 분석되었다. 요인 가능성을 나타내주는 여러 지표는 내재된 주성분의 존재를 지지하였다. 또한 잔차에 대한 분석은 요인분석에 의해 추출된 요인들이 관찰된 자료를 잘 설명하고 있음을 말해준다. 1보다 큰 고유값을 가진 3개의 주성분이 발견되었다. 스크리 도표 역시 3개의 주성분이 관찰된 자료를 잘 요약하고 있음을 보여준다. 3개의 주성분은 각기 꽃의 다른 유형에 대한 선호도를 나타내는 것으로 보인다. 즉 주성분 1은 야생 꽃, 주성분 2는 공식적인 정원의 꽃, 주성분 3은 별장 등에 심어지는 꽃들을 의미하는 것으로 보인다. 각 요인에 높은 부하량을 보여주는 주성분과 변인이 표 12.1에 제시되었다.

표 12.1 주성분분석에 의해서 추출된 주성분과 각각의 주성분에 속하는 변인

Component 1		Component 2		Component 3	
delphinium	.95	bluebell	.89	cornflower	-.97
hellebore	.82	cealndine	.87	lavender	-.88
rose	.65	primrose	.82	poppy	-.80
aster	.63	speedwell	.81	sweetpea	-.65
wisteria	.63	buttercup	.81		
		daisy	.80		

요인분석에 대한 예시를 보여주기 위해 앞에 사용한 자료는 가상의 것이란 것을 명심하라. 따라서 우리는 여러분이 이 연구를 통해 무엇을 발견하고자 했는지에 대해서는 알지 못한다.

제3절 │ 요인분석의 다른 고려사항

기술통계치 대화상자의 다른 옵션

행렬식

행렬식(Determinant) 옵션은 **요인분석 : 기술통계**(Factor Analysis: Descriptives) 대화상자의 **상관행렬**(Correlation Matrix) 부분에 나온다. 여러분이 이것을 선택하게 되면 다음에 제시되는 것처럼 상관행렬 밑에 행렬식 값이 제시된다. 이 행렬식의 값은 주성분분석이 아닌 다른 요인분석 방법이 사용될 수 있는지의 여부를 나타내는 지표로 사용된다. 특히 행렬식의 값은 0이 아닌 값을 가져야 한다. 만약 이 값이 영이 된다면 상관행렬은 역행렬을 가지지 못한다는 것을 의미한다(다음 참조).

delphinium	.462	.000
aster	.309	.000
lavender	.224	.000
hellebore	.192	.000

a. Determinant = 2.29E-007

> 행렬식은 상관행렬표 왼쪽 아랫부분에 제시될 것이다.
> 주 : 이 값이 지수 형태로 표시되는 대신에 소수점 셋째자리로 표시될 수도 있다. 소수점 셋째 자리로 표시된다면 이 예시에서 행렬식은 .000으로 표시될 것이다(팁상자 참조).

> 행렬식이 소수점 셋째 자리로 표시될지 아니면 지수 형태로 표시될지는 **편집**(Edit), **옵션**(Options), **일반**(General)에서의 설정에 따라서 달라진다. 출력 결과 부분의 해당 색인에서 표에 소수에 대한 **지수표기 없음**(No scientific notation for small numbers in tables)을 선택하게 되면 작은 숫자들은 소수점 셋째 자리로 표시될 것이다. 하지만 소수점 셋째 자리 이하의 작은 숫자를 표현하는 경우에는 지수 형태로 표시하는 것이 보다 유용하다.

역 모형

역 모형(Inverse) 옵션은 상관행렬표의 역행렬을 제시해준다. 역행렬은 모든 변인을 포함한 전체 행렬에 대해서 계산된다. 역행렬은 다음에 제시되었다.

Inverse of Correlation Matrix

	celandine	rose	cornflower	primrose	poppy	bluebell	buttercup	wisteria
celandine	4.755	-.425	-.918	2.469	.897	-3.904	.046	-.425
rose	-.425	4.672	1.030	-.323	-3.984	.165	-.097	-.627
cornflower	-.918	1.030	4.					
primrose	2.469	-.323	-1.					
poppy	.897	-3.984	-1.					
bluebell	-3.904	.165	1.					
buttercup	.046	-.097						
wisteria	-.425	-.627						
daisy	-3.244	-1.513	1.158	-4.249	1.859	2.953	.544	-1.197
speedwell	.162	2.102	.588	1.044	-2.737	-2.198	-.805	-.313

> 이 표 안의 수치들(상관행렬을 역전시켜줌으로써 만들어진다)은 주성분분석 이외의 다른 요인 추출 방법에서 사용된다. 만약 이 표를 계산할 수 없다면 주성분석 이외의 다른 방법들을 사용할 수 없다.

행렬식과 역행렬의 세부적인 사항들에 대한 소개는 이 책의 범위를 넘는 것이다. 세부적인 사항은 Tabachnick과 Fidell(2014, pp. 23−32)의 책을 참조하기 바란다.

요인분석 : 요인추출 대화상자의 다른 옵션

방법

여러분은 SPSS가 제공하는 여러 가지 요인분해 방법을 선택할 수 있다. 적합한 선택을 하려면 이 방법들 각각이 의미하는 것을 자세히 통독하기를 권유한다. 여기서는 단지 몇 가지 고려해야 할 사항만을 언급하고자 한다.

우리가 제2절에서 사용한 주성분분석은 가장 엄격한(robust) 분해 방법이라고 할 수 있다. 성분은 요인과는 구별되는 것(Kline, 1994)이고, 주성분분석과 요인분석은 서로 다른 분석 방법이라는 것을 기억하기 바란다. 그렇지만 큰 행렬상에서는 여러 가지 다른 방법에서 나온 분해들 간에 큰 차이는 존재하지 않는다(Kline, 1994). 더욱이 요인분석 분해가 안정적이라면 여러분은 어떤 분해 방법을 사용하든지 비슷한 결과를 얻을 수 있다(Tabachnick & Fidell, 2014). 그러나 Cooper(2010)는 주성분분석은 언제나 다른 방법보다 더 큰 요인 부하량 값을 산출해주기 때문에 이 방법을 사용할 때 몇 가지 오류가 나타날 수 있다는 것을 강조한다.

다른 방법을 사용할 때 나오는 SPSS 분석 결과들은 주성분분석에서 나오는 분석 결과들과 매우 유사해 보인다. 물론 요인분해 결과를 나타내주는 특정 표들의 수치는 방법 간에 약간 다르게 나타날 것이다. 이런 차이와 유사점은 다음과 같다.

1. '성분(component)'이라는 용어는 다른 방법들에서는 '요인(factor)'이라는 말로 대체된다.

2. 일반화된 최소 제곱(generalised least squares)과 최대 우도(maximum likelihood)법을 제외하고는 동일한 표가 산출된다. 이 두 방법을 사용할 경우 SPSS는 요인의 수에 대한 가설검증을 하기 위해 사용될 수 있는 합치도 검증(Goodness-of-fit Test)을 제시해준다. 합치도 검증에 대해 세부적으로 알고자 하면 Kline(1994)을 참조하기 바란다. 여러분이 추출된 요인의 수를 변경시키면, 합치도 검증표가 산출되도록 해주는 **요인분석 : 요인추출**(Factor Analysis: Extraction) 대화상자에서 **수렴에 대한 최대반복계산수**(Maximum Iterations for Convergence)를 증가시켜주어야 한다.

3. 초기 공통분표

  a. 주성분분석의 초기 공통분 값은 1.0이다. 그러나 다른 모든 방법에서 이 값은 1.0보다 작다. 왜냐하면 다른 방법들은 변인 간에 공유되는 변량(공통변량)을 설명하고 나머지 변량(오차변량과 특이변량)은 제외해주기 때문이다.

b. 분해 공통분은 주성분분석에서 계산되는 것과 동일한 방법으로 요인행렬로부터 계산된다. 일반화된 최소 제곱법은 예외이다.

4. 전체 변량 설명표

   a. 표에 나타나는 **초기 고유값**(Initial Eigenvalues) 부분은 모든 분해 방법에서 동일한 값을 나타내준다. 왜냐하면 이 수치는 모든 변량이 얼마나 설명될 수 있는지를 보여주는 것이기 때문이다.

   b. 표 중 Extraction Sums of Squared Loadings 부분에서, 주성분분석에서 열에 나타난 값들은 각 성분에 대한 **초기 고유값**(Initial Eigenvalues)과 동일하다. 왜냐하면 이 방법은 분해된 요인에 대한 모든 변량을 설명해주기 때문이다. 그러나 다른 분해 방법에서 이 부분에 나타나는 열의 값은 **초기 고유값**(Initial Eigenvalues)과는 다르다. 왜냐하면 이 방법들은 공통변량은 설명해주고 나머지 변량들은 제거해버리기 때문이다.

요인추출 옵션

얼마나 많은 요인들이 분해될 수 있는지에 커다란 영향을 미치는 두 가지 상호 배타적인 옵션이 **요인분석 : 요인추출**(Factor Analysis : Extraction) 대화상자 아랫부분에 제시되어 있다. 이 옵션들은 최종적인 요인분석을 하기 위한 목적이든 초기 요인들에 대해 더 많은 정보를 얻기 위해서든 유용하게 활용될 수 있다. 보통 기본설정값보다 더 많은 요인이 도출될 수 있기 때문에 '분해된 요인'의 정보를 검토하고자 한다면 이런 옵션 중 하나를 사용할 필요가 있을 것이다. 여러분의 자료에서 나온 정보들과 같은 변인을 사용하여 이루어진 이전의 연구들에서 나온 정보들을 비교할 경우에도 이런 정보들이 유용할 수 있다. 어떤 보고서이든 여러분은 분해될 요인의 수를 어떻게 결정했는지에 대한 정보를 제시하는 것이 바람직하다.

첫 번째 옵션은 대개 1로 설정되어 있는 최소 고유값(eigenvalue)을 변경시켜주는 것이다. 고유값은 입력되는 변인의 수에 따라 달라지게 된다. 따라서 고유값이 추출되는 요인의 수를 나타내주는 확고한 지표라고 볼 수는 없다. 두 번째 옵션은 요인의 수를 설정하는 것이다(여러분은 스크리 도표를 검토한 후에 이 옵션을 사용할 수 있다).

회전 대화상자의 다른 옵션

방법

기본 설정값은 아무런 회전도 요구하지 않는 **없음**(None)이다. 그러나 회전기법은 요인분석에서 나오는 분해를 단순 명료화시키기 위해 고안된 기법이다. 따라서 여러분은 대개 SPSS가 허용해주는 회전 방법 중 어느 하나를 선택하게 된다. 이 방법의 선택은 **요인분석 : 요인회전**(Factor Analysis: Rotation) 대화상자에서 선택하게 된다. 우선 크게 구별되는 방법은 직각회전 방법[**베리맥스**(Varimax), **이쿼맥스**(Equamax), **쿼티맥스**(Quartimax)]과 사각회전 방법[**직접 오블리민**(Direct Oblimin), **프로맥스**(Promax)]이다. 직각회전 방법은 서로 상관을 나타내지 않는 요인들을 산출해주는 반면, 사각회전 방법은 요인들 간에 상관이 있는 것을 허용해준다. Kline(1994)은 심리학의 구성 개념은 서로 상관관계를 나타내는 경우가 많다고 지적한다. 그래서 그는 사각회전 방법 중 하나를 선택해야 한다면 **직접 오블리민**(Direct Oblimin)을 선택할 것을 권유한다.

직각회전 방법을 사용해야 하는 경우에는 **베리맥스**(Varimax)를 선택하는 것이 좋다. 이 방법은 해석하기에 가장 쉽게 회전된 결과를 제시해주는 장점을 가지고 있다. **직접 오블리민**(Direct Oblimin)에서 나온 분석 결과는 **베리맥스**(Varimax) 분석 결과에서 나온 것과 어느 정도 차이가 난다.

1. 설명된 총변량표에서 회전과 관련된 부분은 비율과 누적비율을 포함한 총 3개의 칸에 표시된다.
2. 형태행렬과 구조행렬 표의 자리에 단 하나의 회전된 성분행렬이 위치한다.

표시

여러분이 회전 방법을 선택하게 되면 **회전 해법**(Rotated solution)도 선택된다. 여러분이 이것을 선택하지 않을 수도 있지만, 이것은 요인구조를 포함한 표를 제시해준다.

여러분이 **적재값 도표**(Loading Plot(s))를 선택하면 SPSS는 요인 축상에 놓이는 변인들에 대한 그래프를 산출해줄 것이다(최대 3요인까지 가능하다). 여러분이 회전을 요청하였다면 축들은 회전된 요인들을 나타낼 것이다.

요인분석 : 옵션 대화상자

제2장에서 언급되었듯이 **요인분석 : 옵션**(Factor Analysis: Options) 대화상자는 결측값이 처리하는 방식과 분석 결과의 일부분이 제시되는 방식을 정할수 있도록 해준다. 구체적인 예시는 다음에 제시되었다.

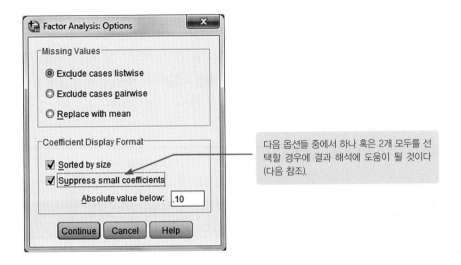

계수 출력 형식

두 가지 유용한 옵션이 결과를 해석하는 데 도움을 줄 것이다. 만일 여러분이 **크기순 정렬**(Sorted by size)을 선택하면, 성분/요인행렬과 회전된 성분/요인행렬표에서 변인들이 각 요인에 대해 요인 부하량의 크기 순서에 따라서 출력될 것이다. 만일 여러분이 **작은 계수 표시 안 함 절대값**(Suppress absolute values less than) 옵션을 선택하면, 작은 요인 부하량 값들은 표에서 나타나지 않는다. 일단 여러분이 해당 옵션을 선택하고 기준이 되는 값을 변경할 수 있지만, .10의 기본설정값이 합리적인 값으로 여겨진다. 지금 설명한 옵션을 선택해본 다음 제2절에서 보여준 표와 결과를 비교해 보기 바란다.

부적 요인 부하량과 정적 요인 부하량

이원 상관계수가 정적 또는 부적 값을 가질 수 있듯이, 요인 부하량의 값도 그럴 수 있다. 가장 간단한 예로는 특정 심리적 구성 개념을 측정하는 데 사용되는 심리검사 문항이 역으로 물어보는 형태로 제시되는 경우를 들 수 있다(참가자의 반응편파를 없앨 목적으로 흔히 사용된다). 일반적으로 역으로 물어보는 문항들의 점수는 실제 분석이 이루어지기 이전에 다시 점수의 코딩이 이루어진다(제4장 제10절 참조). 회전을 한 후 요인 부하량의 값들을 조사하면서 이 수치들이 양의 값인지 혹은 음의 값인지를 확인할 필요가 있다. 회전하기 전의 음수의 부하량은 요인을 분해하기 위해 사용된 계산 방법으로 인해 생긴 인위적인 결과일 수도 있다(Kline, 1994, p. 39).

R 요인분석

R 요인분석은 이 장에서 우리가 기술한 것처럼 변인들 간의 상관관계에 의해 수행된 일반적으로 이루어지는 요인분석을 말한다. 그런데 다른 것들이 요인으로 묶여지는 형태의 요인분석이 있다. 예를 들어 Q 요인분석은 참가자들 간의 상관을 분석에 사용한다(즉 자료 파일에서 열과 행이 바뀐다). 이런 유형 혹은 다른 유형의 요인분석에 대해 더 많은 정보를 얻기를 원하는 사람은 Kline(1994)의 글을 참조하기 바란다.

제4절 | 척도와 설문지의 신뢰도 분석

어떤 연구자들도 척도를 만들 수 있다. 특히 참고문헌에서 말하는 원칙들이 지켜지면서 문항이 만들어진다면 이것들은 척도를 구성하는 데 문제가 없어야 한다. 하지만 이미 많은 종류의 심리척도가 활용 가능하기 때문에 여러분이 관심을 가지고 있는 구성 개념을 측정하는 척도를 찾지 못할 가능성은 전무하다. 연구자들이 다른 표본과 상황에서 얻은 결과들을 비교하기 위해서는 개별의 연구자들이 자신의 연구 목적에 부합하는 척도를 개발하기보다는 이미 개발되어 많이 사용되는 척도를 사용하는 것이 보다 권장할 만하다. 특히 많은 기존 척도의 신뢰도 계수는 보고되어 있다. 그럼에도 불구하고 문화 차이, 시간, 표본, 상황의 변화로 인하여 발생하는 언어 차이는 척도에 영향을 미칠 수 있다. 여러분이 새로운 척도를 개발하거나 혹은 현존하는 척도를 사용할지를 결정하기 위해서 척도의 신뢰도 분석과 차원 분석을 실시하는 것은 바람직한 관행이다. 척도의 사용과 관련된 많은 문제는 이 책의 범위를 넘어선다. 보다 자세한 정보를 원하는 독자들은 Cooper(2010, 특히 제15장과 제18장), Fife-Schaw(2012), Rust(2012), John과 Benet-Martinez(2014)의 책을 참조하라. 여기에서는 척도의 신뢰도와 차원성(제5절 참조)만을 다룰 것이다.

검사/재검사 신뢰도를 구하기 위해서는 동일한 검사를 동일한 표본에게 두 번에 걸쳐서 실시하여 얻은 점수들 간의 상관을 계산한다. 이렇게 얻은 상관계수를 검사/재검사 신뢰도 계수라고 부르며, 이것은 시간의 흐름에 따른 척도의 안정성을 평가한다. 동형검사는 하나의 구성 개념을 측정하는 척도가 둘 이상 존재하는 경우를 일컫는다. 2개의 척도가 얼마나 유사한지를 평가하기 위해서는 2개의 동형검사를 동일한 집단에 동시에 실시하여 척도들 간의 상관계수를 구한다. 이 절에서 우리가 소개하고자 하는 신뢰도 계수는 내적 일관성 계수이다.

내적 일관성

척도 내의 문항이 동일한 구성 개념의 일부분을 측정한다면 문항들은 서로 간에 높은 수준의 관련성을 가져야 한다. 문항들 간의 관련성을 검증하는 하나의 방법은 전체 문항 간의 상관계수를 구하고 해당 상관행렬을 조사하는 것이다. 이러한 과정을 단순화시키고 요약한 통계치로 내적 일관성 계수가 개발되었다. 처음에 개발된 것은 반분법에 의해서 계산되는 신뢰도 계수이다. 반분 신뢰도 계수는 척도 내의 문항들을 두 부분으로 나눈 후에 두 부분 간의 상관계수를 구하여 이를 신뢰도 계수로 사용한다. 하지만 어떤 문항이 어느 부분에 속해야 하는가에 대해서는 명확히 정해진 규칙이 없어 논쟁의 대상이 된다. 컴퓨터의 성능이 좋아지면서 알파계수라고도 하는 Cronbach 알파값을 계산하는 것이 매우 쉬워졌다. Cronbach 알파값은 척도 내의 문항들 간의 상관값의 평균과 깊은 관련이 있으며, 이 값은 일반적으로 가장 많이 사용되는 신뢰도 계수이다. 많은 경우에서 척도가 신뢰할 수 있다고 간주되기 위해서는 Cronbach 알파값이 .7은 넘어야 한다. Cronbach 알파값은 몇 가지 단점을 가진다. 보다 구체적으로 척도는 적정한 수준의 Cronbach 알파값을 가짐에도 불구하고 척도에 속하는 개별 문항들 중 일부는 다른 문항들과 낮은 수준의 관련성을 가질 수도 있다. 그러므로 여러분은 SPSS 분석 결과에서 제공되는 다른 통계치들도 조사해야 한다. 특히 다음에 설명되는 예를 활용하여, 우리는 각각의 개별 문항들에게 제공되는 3개의 통계치를 활용하는 방법에 대하여 설명할 것이다.

1. 부분–전체상관(문항–전체상관)이 보고된다. 부분-전체상관은 하나의 문항과 그것을 뺀 나머지 문항들의 총점 간의 관련성을 의미한다.
2. 다중 상관 제곱값이 보고된다. 구체적으로 해당 문항을 준거변인으로 가지고 나머지 문항들을 예언변인으로 사용하는 다중 회귀분석에서 얻은 결정계수를 의미한다.
3. 특정 문항이 제거될 경우 척도의 Cronbach 알파값이 보고된다.

신뢰도 분석과는 별도로 여러분은 척도가 단일 차원인지를 평가해야 한다(제5절 참조).

신뢰도 분석 실시하기

이 절을 시작하기 전에 여러분은 제4장 제10절을 먼저 실행시켜야 한다. 여러분이 제4장 제10절의 마지막 실행에서 저장된 자료 파일인 'ScaleV3.sav'가 이 장에서 활용될 것이다. 일반적으로 신뢰도 분석을 실시하는 경우에는 보다 많은 사례 수가 필요함을 기억하라. 다음에서 우리는 신뢰도를 구하는 두 가지 방법을 설명할 것이다.

먼저 **분석(A**nalyze**) > 척도(Scale) > 신뢰도 분석(Reliability Analysis)**을 순서대로 클릭한다. 다음

에 보이는 것처럼 **신뢰도 분석**(Reliability Analysis) 대화상자가 나타날 것이다. 다음의 지시들을 따라 하라.

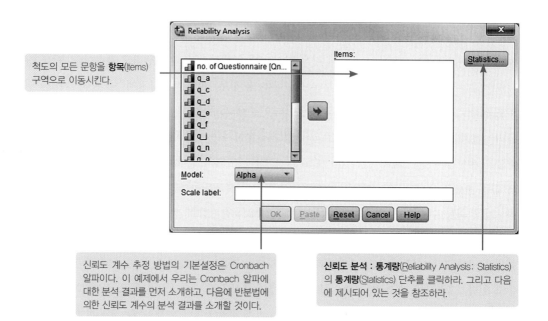

척도의 모든 문항을 **항목**(Items) 구역으로 이동시킨다.

신뢰도 계수 추정 방법의 기본설정은 Cronbach 알파이다. 이 예제에서 우리는 Cronbach 알파에 대한 분석 결과를 먼저 소개하고, 다음에 반분법에 의한 신뢰도 계수의 분석 결과를 소개할 것이다.

신뢰도 분석 : 통계량(Reliability Analysis: Statistics) 의 **통계량**(Statistics) 단추를 클릭하라. 그리고 다음 에 제시되어 있는 것을 참조하라.

척도를 검증하는 과정에서 사용될 수 있는 다양하고 유용한 옵션들이 **신뢰도 분석 : 통계량**(Reliability Analysis: Statistics) 대화상자에서 제공되고 있다. 여러분이 이러한 옵션들을 선택하지 않으면 SPSS는 여러분이 **모형**(Model)에서 요구한 신뢰도 계수에 관한 분석 결과만을 보여준다.

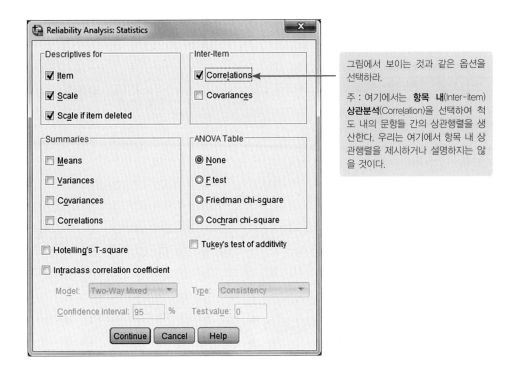

계속(Continue)을 클릭하고, **확인**(OK)을 클릭한다. 분석 결과는 다음에 제시되었다.

Cronbach 알파값을 활용한 신뢰도 분석에서의 SPSS 분석 결과

메뉴 항목을 통한 분석 : 분석 > 척도 > 신뢰도 분석(모형＝알파)

Scale: ALL VARIABLES

Case Processing Summary

		N	%
Cases	Valid	48	96.0
	Excluded[a]	2	4.0
	Total	50	100.0

a. Listwise deletion based on all variables in the procedure.

요약표는 유효한 사례 수를 보여준다. 즉 결측치를 가지고 있는 사례는 분석에서 제외하고 실제 분석에서 사용된 사례 수를 보고해준다.

Reliability Statistics

Cronbach's Alpha	Cronbach's Alpha Based on Standardized Items	N of Items
.899	.907	20

이 예시에서 사용된 척도의 Cronbach 알파계수는 .899이다. 해당 값은 이 척도가 좋은 수준의 신뢰도를 가지고 있음을 보여준다. 그럼에도 불구하고 척도 내의 개별 문항들을 살펴보는 것이 필요하다 (다음 부분에서 설명된 내용 참조).

이것은 각 문항들의 분산이 동일하다는 가정을 전제로 계산된다. 하지만 이 가정이 항상 타당할 필요는 없다. 이 신뢰도 계수는 **신뢰도 분석 : 통계량**(Reliability Analysis: Statistics) 대화상자의 **항목 내** (Inter-item) 옵션들 중 하나만 선택하게 되면 자동으로 생성된다.

아래의 표들은 **신뢰도 분석 : 통계량**(Reliability Analysis: Statistics) 대화상자의 옵션을 선택함으로써 생성된다.

Item Statistics

	Mean	Std. Deviation	N
q_a	3.96	.849	48
q_c	3.90	1.036	48
q_d	4.27	.707	48
q_e	4.46	.651	48
q_f	4.02	1.062	48
q_j	4.33	.883	48
q_n	3.69	1.114	48
q_o	4.23	.778	48

옆에 제시되고 있는 표(여기서 제시되고 있는 부분)는 **항목**(Item)에 대한 **기술통계**(Descriptives for) 옵션에 의해서 생성된 것이다.

신뢰도 분석 : 통계(Reliability Analysis: Statistics) 대화상자에서 **항목 내**(Inter-item) **상관계수**(Correlations)를 선택한다. 이 옵션을 선택하게 되면 문항 간 상관행렬이 계산되고 이 부분에서 출력된다. 이 예시에서는 이 부분에 대한 설명을 생략한다. 하지만 여러분이 원한다면 문항 간 상관행렬을 조사할 수 있다.

이 표는 **기술통계**(Descriptives for) 영역에서 **항목 제거 시 척도** (Scale if item deleted) 옵션에 의해서 생성된 것이다. 다만 다중 상관제곱값은 **항목 내**(Inter-item) 옵션이 동시에 선택되는 경우에는 보고된다.

부분–전체 상관 또는 각각의 문항과 나머지 전체 문항의 총합 간의 상관을 보여준다.

다중 상관의 제곱값은 해당 문항을 준거변인으로 가정하고 나머지 문항들을 예언변인으로 사용한 다중 회귀분석을 사용하여 추정한 결정계수이다.

Item-Total Statistics

	Scale Mean if Item Deleted	Scale Variance if Item Deleted	Corrected Item-Total Correlation	Squared Multiple Correlation	Cronbach's Alpha if Item Deleted
q_a	72.85	107.106	.546	.726	.894
q_c	72.92	106.418	.465	.842	.897
q_d	72.54	108.041	.605	.783	.893
q_e	72.35	108.617	.618	.700	.894
q_f	72.79	101.147	.710	.751	.889
q_j	72.48	105.148	.635	.813	.892
q_n	73.13	114.707	.062	.380	.910
q_o	72.58	108.248	.530	.821	.895
q_s	73.46	112.466	.240	.378	.902
q_t	72.94	106.060	.467	.785	.897
q_bR	72.85	106.766	.515	.720	.895
q_gR	72.42	106.121	.710	.769	.891
q_hR	73.02	106.489	.678	.794	.892
q_iR	73.23	105.329	.550	.761	.894
q_kR	73.21	102.722	.590	.869	.893
q_lR	72.90	103.797	.600	.733	.892
q_mR	73.79	103.530	.555	.782	.894
q_pR	72.85	106.425	.630	.695	.892
q_qR	73.81	105.219	.554	.771	.894
q_rR	73.31	106.517	.601	.615	.893

해당 문항을 신뢰도 계산에서 삭제한 경우의 Cronbach 알파값이 계산된다.

'q_n' 문항의 경우. 많은 통계치들이 해당 문항은 척도의 일관된 부분이 아님을 지지한다. 예를 들어 문항 전체 상관계수는 매우 작았고(.062), R^2값도 작았다(.38). 마지막으로 Cronbach 알파값의 계산 과정에서 제거된다면 척도의 알파값은 .91로 증가할 것이다. 그러므로 q_n 문항은 척도에서 삭제되거나 수정되어야 할 것이다.

주 : 'q_n' 문항을 척도에 포함할 경우에 Cronbach 알파값은 .899이다(앞의 분석 결과에서 제시되어 있다). 이 값은 신뢰할 수 있는 척도에 대한 일반적인 기준으로 사용되는 .7을 넘어선다. 그러므로 여기에서 사용된 예시는 Cronbach 알파값만을 사용해서 척도의 신뢰도를 평가하는 것이 충분하지 않음을 보여주고 있다.

Scale Statistics			
Mean	Variance	Std. Deviation	N of Items
76.81	117.432	10.837	20

> **척도에 대한 기술통계**(Descriptive for: Scale) 옵션을 선택하면 척도의 모든 문항의 합에 대한 기술통계치가 생성된다.

분석 결과와 관련하여

이 예시에서 사용된 척도가 최종 형태라면 다음과 같이 연구 결과를 보고할 수 있다. 이 연구에서 사용된 표본에서 계산된 ATR 척도의 Cronbach 알파 신뢰도 계수는 .899였다. 그러나 여러분이 ATR 척도를 평가하는 것이라면 SPSS 분석 결과에서 다른 것을 보고할 수도 있다. 분석 결과를 바탕으로 여러분은 'q_n' 문항을 제거하거나 혹은 수정할 수 있다. 아마도 'q_s' 문항을 고려해볼 수도 있다. 다른 문항의 제거나 수정을 고려하는 것도 가능하다. 여러분이 척도에서 문항을 삭제하였다면, 삭제한 이후에 남은 문항을 대상으로 신뢰도 분석을 다시 실시해야 한다. 덧붙여서 척도의 차원성도 고려해야 한다(제5절 참조).

반분법을 활용한 신뢰도 분석에서의 SPSS 분석 결과

메뉴 항목을 통한 분석 : 분석 > 척도 > 신뢰도 분석(모형=반분 계수)

앞에서 제시된 5단계에서 **알파**(Alpha)를 선택하는 대신에 **반분**(Split-half)을 선택하라. 이전에 제시된 분석 결과와 다른 표들만이 여기에 소개되었다.

> 전반부와 후반부에 속한 문항들이 표 아래에 기술되었다. 신뢰도 분석 대화상자의 항목 상자에서 처음 선택된 10개 문항은 전반부에 속하고 나머지 10개 문항은 후반부에 포함된다.

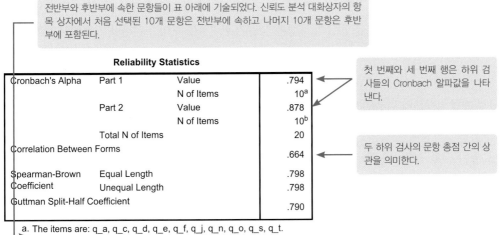

Reliability Statistics

Cronbach's Alpha	Part 1	Value	.794
		N of Items	10[a]
	Part 2	Value	.878
		N of Items	10[b]
		Total N of Items	20
Correlation Between Forms			.664
Spearman-Brown Coefficient	Equal Length		.798
	Unequal Length		.798
Guttman Split-Half Coefficient			.790

> 첫 번째와 세 번째 행은 하위 검사들의 Cronbach 알파값을 나타낸다.

> 두 하위 검사의 문항 총점 간의 상관을 의미한다.

a. The items are: q_a, q_c, q_d, q_e, q_f, q_j, q_n, q_o, q_s, q_t.

b. The items are: q_bR, q_gR, q_hR, q_iR, q_kR, q_lR, q_mR, q_pR, q_qR, q_rR.

여러분은 **신뢰도 분석**(Reliability Analysis) 대화상자에서 이동시키는 변인이름의 순서를 변경시킴으로써 각각의 하위 검사에 포함된 문항을 조정할 수 있다. 여러분이 다양한 조합에 의해서 계산된 반분 신뢰도 계수를 비교하는 경우에 해당 옵션이 유용하게 활용될 수 있다. 하지만 많은 경우에 Cronbach 알파 신뢰도 계수가 사용된다.

Scale Statistics

	Mean	Variance	Std. Deviation	N of Items
Part 1	40.08	29.142	5.398	10[a]
Part 2	36.73	41.904	6.473	10[b]
Both Parts	76.81	117.432	10.837	20

척도 통계값(Scale Statistics) 표는 전체 척도에 대한 기술 통계치 뿐만 아니라 2개의 하위 검사들의 기술통계치도 포함한다.

a. The items are: q_a, q_c, q_d, q_e, q_f, q_j, q_n, q_o, q_s, q_t.

b. The items are: q_bR, q_gR, q_hR, q_iR, q_kR, q_lR, q_mR, q_pR, q_qR, q_rR.

제5절 │ 척도와 설문지의 차원

우리는 척도의 차원성 분석이 사용될 수 있는 두 가지 경우에 대하여 기술할 것이다. 이와 관련된 참고문헌은 제4절에서 제시되었다. 첫째, 척도의 모든 문항이 하나의 구성 개념을 평가하는 척도를 원한다면 여러분은 척도의 문항이 하나의 주성분과 가지는 관련성의 정도를 평가해야 한다. 관련성이 적은 문항들은 제거되거나 혹은 수정되어야 할 것이다. 둘째, 척도에 내재된 구성 개념이 하나 이상인지를 평가하기 위해서는 여러분은 주성분분석 혹은 요인분석을 실시하여 적합한 구조를 결정할 수 있다. 여러분은 하나의 주성분과 높은 관련성을 보이는 문항을 사용해서 여러 개의 하위 척도를 구성할 수 있다(여러분은 각각의 하위 척도를 대상으로 신뢰도 분석을 따로 실시하는 것이 필요하다). 척도가 단일요인으로 구성되는지 혹은 하위 척도들이 동일한지를 평가하는 것은 구성 개념 타당도의 일부분이다.

이 절의 내용을 공부하기에 앞서 여러분은 이 장의 제1~3절까지의 내용을 충분히 숙지해야 한다. 만약 그렇지 않다면 제4장 제10절의 내용을 복습하는 것이 필요하다. 또한 제4장 제10절의 마지막 연습에서 사용된 파일인 'ScaleV3.sav'가 필요하다. 우리는 주성분분석을 사용하여 필요한 절차를 설명할 것이다. 하지만 요인분석을 사용하는 것이 보다 적절해 보인다. 주성분분석이나 요인분석을 하는 경우에는 이 예시에서 사용된 것보다 많은 사례 수가 필요하다는 것을 기억하라. 이 예시에서 사용된 자료는 하나의 요인이 추정될 경우에는 알파 요인추정법(alpha factoring)은 수렴되지 않는다.

하나의 주성분에 속하는 문항 식별하기

문항을 주성분분석에 포함시켜라(제2절 참조). 이 절에서 제시된 분석을 하기 위해서 여러분이 조정해야 할 설정은 다음과 같다.

1. **요인분석 : 요인추출**(Factor Analysis : Extraction) 대화상자에서 **고정된 요인 수**(Fixed number of factors) 옵션을 선택하고 **추출할 요인**(Factors to extract) 영역에 1을 입력한다.
2. **요인분석 : 옵션**(Factor Analysis : Options) 대화상자에서 **크기순 정렬**(Sorted by size)을 선택한다.

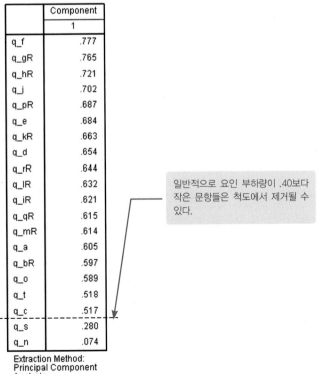

Total Variance Explained

Component	Initial Eigenvalues			Extraction Sums of Squared Loadings		
	Total	% of Variance	Cumulative %	Total	% of Variance	Cumulative %
1	7.654	38.272	38.272	7.654	38.272	38.272
2	2.416	12.081	50.353			
3	1.463	7.313	57.666			

주 : 가장 큰 주성분이 전체 분산의 38%만을 설명하고 있다.

Component Matrix³

	Component
	1
q_f	.777
q_gR	.765
q_hR	.721
q_j	.702
q_pR	.687
q_e	.684
q_kR	.663
q_d	.654
q_rR	.644
q_IR	.632
q_iR	.621
q_qR	.615
q_mR	.614
q_a	.605
q_bR	.597
q_o	.589
q_t	.518
q_c	.517
q_s	.280
q_n	.074

일반적으로 요인 부하량이 .40보다 작은 문항들은 척도에서 제거될 수 있다.

Extraction Method: Principal Component Analysis.

a. 1 components extracted.

분석 결과와 관련하여

이 절에서 제시된 분석 결과를 바탕으로 우리는 'q_s'와 'q_n' 문항을 제거하거나 수정할 수 있다. 신뢰도 분석에서도 두 문항은 유사한 형태의 결과를 보였다(앞에서 제시된 문항−총점 통계치).

　여러분이 문항을 척도에서 제거한 경우에는, 문항의 요인 부하량 값이 변화하기 때문에 제거하고 남은 문항만을 가지고 분석을 다시 실시해야 한다. 이 예시에서 사용된 자료의 경우에는 첫 번째 주성분이 설명하는 변량의 비율이 42%로 증가하고 18개 문항의 요인 부하량 값이 적어도 .5보다 크다. 18문항으로 구성된 척도의 신뢰도와 차원성 분석의 결과를 보고한다면 여러분은 18개의 문항으로 만들어진 척도 자료를 다른 분석에서 사용할 수 있다. 하지만 표본이 바뀌면 신뢰도 분석과 척도의 차원 분석의 결과가 달라질 수 있음을 기억해야 한다.

　문항이 수정된 경우에는 새롭게 만들어진 척도를 사용하여 새로운 표본을 대상으로 자료를 수집해야 한다. 이렇게 수집된 자료를 대상으로 신뢰도 분석과 척도의 차원 분석을 실시해야 한다. 그러므로 척도 개발/수정은 반복적인 과정이다.

척도의 문항 구조 평가하기

20개의 문항을 주성분분석 혹은 요인분석을 실시하기 위하여 입력하라. 척도의 문항 구조를 평가하기 위해서 다음 같은 것들을 제외하고 제2절에서 기술된 분석을 실시한다.

- **요인분석 : 옵션**(Factor Analysis: Options) 대화상자에서 **크기순 정렬**(Sorted by size)을 선택한다.
- 사각회전의 일종인 Direct Olimin 회전이 25번의 반복 추정 후에도 수렴되지 않기 때문에 우리들은 **요인분석 : 요인회전**(Factor Analysis: Rotation)에서 **프로맥스**(Promax)를 사용하였다. 여러분이 원한다면 시도해봐도 좋다.

　이 예에서 실시된 분석 결과의 일부만이 여기에서 제시되었다. 분석 결과에 대한 설명은 제2절을 참조하라. 요인 가능성 지수를 검증하라(제2절 참조). 대부분의 지수는 척도 내의 요인 가능성을 지지하는 반면에 KMO 값은 .59이다. 개별 문항들의 KMO 값들(역 이미지 행렬의 대각선에 위치한 값)은 .5보다 작다. 그러므로 척도 내 몇 개의 문항은 요인분석에 적절하지 않음을 의미한다.

　다음에 설명된 변량표에서 1보다 큰 고유값을 가지는 주성분의 개수는 총 6개이다.

Total Variance Explained

Component	Initial Eigenvalues			Extraction Sums of Squared Loadings			Rotation Sums of Squared Loadings[a]
	Total	% of Variance	Cumulative %	Total	% of Variance	Cumulative %	Total
1	7.654	38.272	38.272	7.654	38.272	38.272	5.631
2	2.416	12.081	50.353	2.416	12.081	50.353	5.544
3	1.463	7.313	57.666	1.463	7.313	57.666	4.515
4	1.185	5.924	63.590	1.185	5.924	63.590	2.199
5	1.099	5.495	69.085	1.099	5.495	69.085	2.100
6	1.059	5.297	74.381	1.059	5.297	74.381	1.290
7	.731	3.655	78.037				

스크리 도표는 주성분의 수를 2개로 가정하는 경우가 곡선의 급한 부분과 평평한 부분을 구분시켜준다는 것을 보여준다.

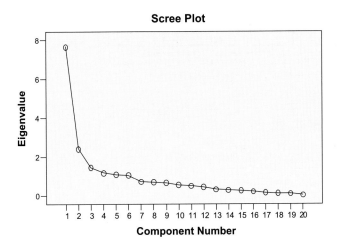

다음에 나오는 형태행렬표에서 각 문항에 대해서 6개 주성분의 요인 부하값 중에서 가장 큰 값을 가지는 경우에는 강조하였다. 20개의 문항 중에서 13개의 문항은 처음 2개의 주성분에 부하되었고, 나머지 중에서 4개는 세 번째 주성분에 부하되었다. 나머지 3개의 주성분은 오직 1개의 문항만이 가장 큰 요인 부하값을 가졌다. 여기에서 그러한 문항 중에는 'q_n'과 'q_s'이 포함됨을 상기하라.

Pattern Matrix^a

	\multicolumn{6}{c}{Component}					
	1	2	3	4	5	6
q_hR	.907	-.074	.068	.264	-.223	.054
q_iR	.885	-.141	-.119	.267	.072	-.074
q_bR	.715	.210	-.044	-.174	-.070	-.239
q_mR	.669	.387	-.380	-.028	.082	.244
q_f	.668	.064	.282	.065	-.048	-.029
q_qR	.658	-.222	.334	-.141	.267	-.016
q_rR	-.025	.845	-.042	-.052	.044	.187
q_a	-.121	.640	.093	.422	-.078	-.109
q_pR	.029	.631	-.038	.093	.414	-.072
q_kR	.521	.617	-.109	-.191	-.265	-.076
q_d	-.097	.582	.135	.496	-.054	.086
q_j	.183	.560	.181	.082	-.096	-.208
q_lR	.047	.438	.263	-.027	.131	.333
q_o	.192	-.219	.876	.116	-.098	.067
q_c	-.177	.215	.839	-.150	-.140	.147
q_e	-.099	.400	.590	-.021	.148	-.210
q_gR	.397	.161	.400	-.083	.194	.094
q_t	.216	.025	-.090	.889	.162	.082
q_s	-.084	.054	-.116	.127	.944	-.110
q_n	-.108	.048	.113	.089	-.133	.881

Extraction Method: Principal Component Analysis.
Rotation Method: Promax with Kaiser Normalization.

a. Rotation converged in 17 iterations.

분석 결과와 관련하여

충분한 사례 수를 가진 자료를 분석하여 분석 결과를 얻었다면, 여러분은 처음 2개의 주성분에 속하는 문항의 내용을 조사하여 두 문항의 집합이 2개의 하위 척도를 대표하는지를 검증할 수 있다. 분석 결과가 반복 가능한지를 평가하기 위해서 여러분은 새로운 자료를 수집하여 분석을 반복하고 결과들을 비교해야 한다. 여러분은 이 장에서 설명된 것처럼 탐색적 요인분석을 실시하거나 측정 모형의 가정을 검증하기 위해서 확인적 요인분석을 실시할 수 있다. 하지만 확인적 요인분석은 이 책에서 다루고자 하는 범위를 넘어선다.

중요!

우리가 이미 이야기했듯이 50개의 사례 수는 신뢰도 분석과 척도의 차원 분석에는 크기가 작다. 그러므로 여러분이 ATR 척도(Larsen, 1995)를 사용하여 보다 많은 수의 자료를 수집한다면, 여러분은 여기에서 제시된 결과와는 다른 것을 얻을 수 있다. 실제로 우리가 여기에서 사용된 것과는 다른 표본을 사용하여 분석을 실시한 결과, 이 절에서 제시된 것과는 다른 결과를 얻었다. 그러므로 우리는 제12장에서 주성분분석과 요인분석을 실시하는 방법을 소개하는 데 주안점을 두었다. 이러한 의미에서 이 장에서 제시된 ATR 척도 결과에 대해서 어떠한 의미도 부여하지 않고자 한다.

요약

▷ 이 장에서는 요인분석 그리고 척도의 신뢰도와 차원을 검증하는 방법을 소개하였다.

▷ 요인분석은 변인들 간의 관계성이 요인구조에 의해서 설명될 수 있는지 여부를 검증하도록 도와준다.

▷ 요인분석의 가장 간단한 형태인 주성분분석의 SPSS 결과가 제시되고 설명되었다.

▷ 요인분석은 많은 수의 사례가 필요함을 기억하자.

▷ 새로운 척도를 개발하거나 새로운 모집단에서 기존의 척도를 사용하는 경우에는 척도의 신뢰도와 차원성을 검증하는 것이 필요하다.

▷ SPSS 분석 결과를 보고서로 옮기거나 인쇄하는 방법은 제13장에 소개되어 있다.

제 13 장

기본을 넘어서

이 장에서 다루는 내용은

- 명령문 편집기 창
- 명령문 예제
- 도움기능 활용하기
- 옵션 설정하기
- 인쇄하기
- SPSS 분석 결과를 다른 문서와 합치기
- SPSS와 엑셀 : 자료 파일 불러오기와 내보내기

제1절 | 명령문 편집기 창

- SPSS를 작동시키기 위해 사용하는 대화상자는 프로그램화된 것을 시각적으로 표현해놓은 것이다. 즉 사용자들이 쉽게 각종 명령문 프로그램과 대화할 수 있도록 만들어놓은 것이다. `OK` 단추를 누르기만 하면 메뉴에서 선택한 사항들이 SPSS가 처리해야 할 작업 내용을 지시하는 명령문으로 바로 변환되는 것이다. 여러 개의 명령문을 사용해서 직접 SPSS에게 작업 내용을 지시할 수 있다. 이런 명령어를 표현하는 언어를 SPSS 명령어(syntax)라고 한다.

- SPSS 명령어를 직접 사용하게 되면 보다 효율적으로 SPSS를 활용할 수 있으며, 복잡한 일련의 분석들을 반복적으로 수행할 수 있고, 명령어를 직접 사용하지 않으면 가능하지 않은 분석을 실행할 수 있다.

- SPSS에서 명령어를 사용하는 것은 집에서 TV 프로그램을 녹화하는 방법과 유사하다. 대부분의 경우 자동 방송 계획표에서 제공하는 프로그램들 중에서 녹화를 원하는 프로그램을 선택한다. 이러한 과정에서 많은 경우에 텔레비전에 미리 설정된 기본사항을 선택한다. 하지만 미리 설정된 기본사항과는 약간 다른 것을 원하는 경우가 존재한다. 예를 들어 TV 프로그램의 앞부분만을 녹화하려고 하는 경우이다. 방송시간이 변경되는 경우에 대비하기 위해서 녹화시간을 기본

설정보다 길게 하고 싶은 경우에는 기본설정을 사용하는 대신에 녹화의 시작시간과 종료시간을 직접 설정하는 것이 보다 유용하다. 이와 같은 방식으로 SPSS 명령어를 사용함으로써 SPSS를 보다 유연하게 사용할 수 있을 것이다.

- 이 절에서는 이런 명령어를 직접 사용하여 SPSS를 실행시켜 통계분석하는 방법을 살펴보겠다.

명령문의 예시

여러분은 SPSS 명령어의 예시를 이미 경험하였다. 여러분이 SPSS 명령어가 나타나는 것을 제한하지 않는다면, 해당 명령어를 실행하기 위해서 필요한 명령어가 통계 분석의 결과가 출력되기 전에 보인다(이 책에서는 결과를 간단하게 하기 위해서 명령어들을 표시하지 않았다). 예를 들어, 제3장 제2절에서 사용된 **기술통계**(Descriptives) 대화상자를 통해서 만들어진 결과를 다시 살펴본다면, 다음과 같은 결과를 (선택된 모든 옵션을 포함하여) 생성하기 위해서는 필요한 명령문이 결과의 시작 부분에 표시된 것을 알게 될 것이다. 해당 명령어들은 매우 정확한 구조를 가지고 있으며, 그 구조를 이해하는 것이 어렵지는 않을 것이다. **기술통계**(Descriptives) 명령어는 2개의 줄로 구성되어 있다. **기술통계**(Descriptives) 명령어의 첫 번째 줄은 기술통계 명령어와 분석에 포함될 변인을 나열한다. 두 번째 줄은 여러분이 원하는 옵션을 구체화한다. 두 번째 줄은 슬래시(/)로 구분되면서 시작되기 때문에 두 번째 줄이 동일한 명령의 일부분임을 알려준다. 가장 중요한 점은 모든 명령어는 마침표(.)로 마무리되어야 한다.

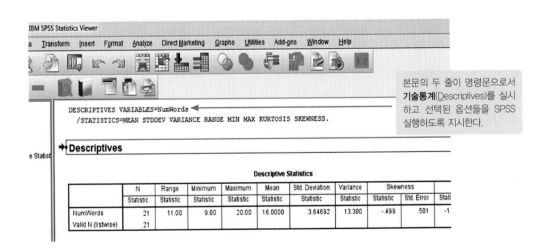

본문의 두 줄이 명령문으로서 **기술통계**(Descriptives)를 실시하고 선택된 옵션들을 SPSS 실행하도록 지시한다.

붙여넣기 단추와 명령문 편집기 창

특정 분석을 실행시키기 위해 사용되는 대화상자(OK 단추를 포함하고 있는 것)에는 붙임이라고 되어 있는 **붙여넣기**(Paste) Paste 단추가 포함되어 있는 것을 볼 수 있을 것이다. 만일 **붙여넣기**(Paste) 단추를 누르게 되면 분석은 실행되지 않고, SPSS 명령문 편집기 창(Syntax Editor window)이라고 하는 새로운 창이 화면에 나타난다. 여러분의 분석에서 실행될 명령문이 이 창에 기술된다. 그다음 여러분은 두 번째 분석을 선택하고 다시 Paste 단추를 클릭할 수 있다. 이러한 방식으로 분석을 실행하지 않으면서 일련의 명령문을 명령문 편집기 창에 복사하여 표시할 수 있다. 여러분이 분석하고 싶은 모든 분석사항을 선택하였다면, 마지막으로 '실행(Run)' 명령어를 작동시키면 된다. 간혹 이런 작업을 하는 것이 불필요하고 번거로울 수도 있지만 최소한 이런 작업을 하게 되는 네 가지 이유가 있다.

1. 반복되는 작업

복잡한 명령문을 여러 번 반복해서 실행해야 하는 경우에 명령문 편집기 창을 통해 작업하는 것이 편리하다. 예를 들어 제4장에서 기술한 입양 조사 자료 분석에서, 10개의 기존 변인의 평균을 나타내는 10개의 새로운 변인을 계산해야 하는 경우가 있을 수 있다. 이런 작업을 대화상자를 사용하여 분석한다면 아주 지루하고 귀찮은 작업이 될 것이다. 그러나 이 작업을 명령문 편집기 창을 활용하면 간단하게 수행할 수가 있다. 이 장의 뒷부분에서 구체적으로 예를 제시하도록 하겠다.

2. 분석을 기록하거나 같은 분석을 반복하는 경우

자료를 추가로 모은 이후에 일련의 복잡한 분석을 다시 실행하고자 하는 경우를 생각해보자. 분석을 실행하는 데 필요한 일련의 명령어를 저장하고 있다면 분석을 다시 하는 것은 매우 쉬운 작업이다. 연구자가 큰 자료를 가지고 분석을 하는 경우를 생각해보자. 연구자는 잘못된 분석을 하거나 정확한 분석을 하더라도 알맞은 옵션을 선택하지 못하는 실수를 범하게 되어 결과 창에는 잘못된 결과들이 출력될 가능성이 높다. 이러한 문제에 대한 한 가지 해결방안은 한글과 같은 프로그램에 오류 없이 실행된 명령문을 자세하게 저장해놓고 이를 복사해서 이후의 분석에서 사용하는 것이다. Paste 단추를 선택함으로써 연구자는 분석하고자 하는 방식을 자세하게 명령문 편집기 창에 저장할 수 있다. 이와 같은 방식을 활용함으로써 연구자는 오류가 없는 분석 결과를 생성하는 분석에 대한 영구적인 기록을 저장할 수 있다. 몇몇 연구자들은 자료 분석에 바탕을 둔 경험 논문이나 보고서를 제출하기 전에 분석에 마지막 통계 분석에 사용된 명령어를 저장한다. 이렇게 함으로써 연구자는 시간이 흐른 후에도 동료나 논문의 심사위원들이 새롭지만 유사한 분석을 요구하면 똑같은 분석이나 약간의 변화를 준 분석을 쉽게 실행할 수 있다.

3. 실행된 분석의 기술

여러분은 자료의 분석에 사용된 방법을 정확하면서 간략하게 기술하는 것을 원하는 경우가 있을 것이다. 예를 들어, 동료에게 이메일로 자료 분석 방법에 대하여 설명하거나 논문이나 보고서의 주석에서 자료 분석 방법을 기술하는 경우를 생각해보자. 명령어를 사용하는 것은 자료 분석 방법을 간명하면서 정확하게 설명할 수 있는 가장 완벽한 방법이다.

4. 명령문의 기본 설정에 대한 변경

명령문 편집기 창을 활용하는 또 다른 이유는 특정 명령문과 관련된 모수치(parameters)나 옵션사항 중 어떤 것은 명령문 편집기 창을 통해서만 접근 가능하고 변경시킬 수 있기 때문이다. SPSS의 대화상자를 보기 쉽게 만들기 위해서 SPSS는 대화상자에서 활용할 수 있는 옵션의 개수를 제한한다. 많이 활용되는 옵션의 개수를 제한하기 위해서 SPSS는 명령문들의 몇 가지 특징을 미리 설정해놓는다. 하지만 여러분은 간혹 미리 설정된 값 중 일부를 변경하고 싶을 수가 있다. 이러한 변경 작업은 명령문 편집기 창에서만 가능하다. 명령문 편집기 창을 통해서만 접근할 수 있는 명령문의 세부사항은 대화상자의 **도움말**(Help) 단추를 통해 나타나는 별도의 도움화면에 기술되어 있다.

명령문 편집기 창

명령문 편집기 창(Syntax Editor window)은 여러분이 필요로 하는 명령문을 작성하고 실행할 수 있도록 해준다. 이 창은 여러분이 실행시키고 싶은 명령어를 편집할 수 있도록 해주는 간단한 문서편집기라고 할 수 있다. 하지만 명령문 편집기 창은 몇 가지 유용한 특징을 추가함으로써 명령문의 작성을 보다 쉽게 만들었다.

편집(**E**dit) 메뉴는 삭제, 복사, 찾기, 바꾸기, 잘라내기 같은 일반적인 문서편집 기능을 가능하게 해준다. 이러한 기능을 활용함으로써 SPSS로 만들어진 명령어 부분을 복사하거나 편집을 할 수 있다. 예를 들어, 변인이름을 변경하는 것 등이 가능하다. 이런 기능을 잘 사용하면 여러분은 길고 복잡한 SPSS 실행 명령문을 간단하게 만들어낼 수 있다. 명령문 편집기 창의 상단부에 표시되는 도구상자에는 여러 가지 유용한 기능을 가지고 있는 단추가 있다.

이 단추를 활용하여 명령문에 별표(*)를 추가함으로써 별표 이후의 것들은 명령문이 아니라 명령문을 설명하는 주석이나 설명이라고 SPSS에게 지시할 수 있다. 주석이나 설명으로 표기된 부분은 실행 과정에서 SPSS에 의해서 제외된다.

이것은 선택된 명령문을 실행시키기 위해 사용되는 **선택 실행**(Run Selection) 단추이다.

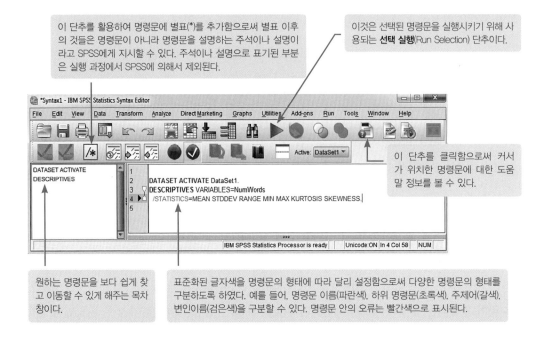

이 단추를 클릭함으로써 커서가 위치한 명령문에 대한 도움말 정보를 볼 수 있다.

원하는 명령문을 보다 쉽게 찾고 이동할 수 있게 해주는 목차 창이다.

표준화된 글자색을 명령문의 형태에 따라 달리 설정함으로써 다양한 명령문의 형태를 구분하도록 하였다. 예를 들어, 명령문 이름(파란색), 하위 명령문(초록색), 주제어(갈색), 변인이름(검은색)을 구분할 수 있다. 명령문 안의 오류는 빨간색으로 표시된다.

 하나의 명령문 집단을 작성한 이후에는 실행시키고자 하는 명령문들을 선택한 이후에 **선택 실행**(Run Selection, 커다란 초록색 화살표 단추) 단추를 클릭한다.

　　명령문 편집기 창의 또 다른 하나의 유용한 특징은 명령어 자동 완성 기능과 선택 가능한 옵션 사항의 목록을 제시해주는 기능이다. 이 기능들이 어떻게 작용하는지를 알아보기 위해서 새로운 명령문 편집기 창을 연다[**파일**(File) > **새 파일**(New) > **명령문**(Syntax)]. **Oneway**라는 명령어를 편집창에 입력시켜보자. 앞의 몇 글자를 입력하면 SPSS는 자동으로 선택 가능한 명령어의 목록을 보여준다.

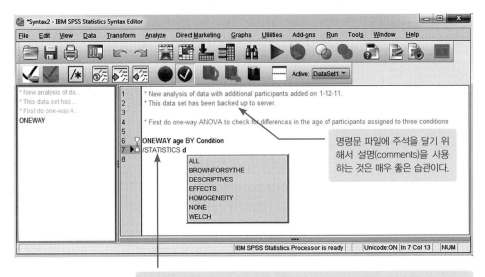

자동 완성 기능의 사용 : 연구자가 '/'로 시작되는 새로운 줄을 시작할 경우에 SPSS는 해당 명령어에서 사용될 수 있는 적절한 옵션의 목록을 보여준다. **STATISTICS**라는 글자를 입력한 경우에는 선택 가능한 통계치의 목록이 제시된다. 이러한 방식을 사용함으로써 SPSS는 사용자가 명령문을 정확하게 입력할 수 있도록 도와준다.

명령문의 기본 규칙

명령문 편집기 창에 내용을 기입하려고 할 때 기억해야 할 몇 가지 규칙이 있다.

1. 새로운 명령어를 입력할 때는 항상 문서의 새로운 행에서 시작해야 한다. 구체적으로 명령문 사이에 빈 행을 남겨두는 것이 명령문을 이해하기 쉽게 만들어준다.

2. 모든 명령문의 끝에는 마침표(.)를 넣어야 한다.

3. 하위 명령어나 옵션사항들은 '/' 표시에 의해 구분하게 된다. 각 하위 명령어를 새로운 행에 입력하거나 칸 수를 약간 안으로 들여서 시작하는 것도 좋은 방법이다(단, 필수사항은 아니다).

4. 여러분은 한 명령문을 여러 행으로 나누어서 만들 수도 있다. 새로운 하위 명령어를 시작할 때는 행을 분리해서 입력하는 것이 오류를 범할 가능성이 낮다.

5. 명령문이 의미하는 것을 기억하기 위해서 명령문 안에 주석을 추가하는 것은 유용하다. 주석은 별표(*)로 시작되어야 한다. 그리고 별표(*) 이후의 명령어는 SPSS에 의해서 실행되지 않기 때문에 별표(*)와 같은 줄에는 실행에 필요한 명령어를 입력해서는 안 된다. 주석은 반드시 한 줄에 쓸 필요는 없고 여러 줄에 걸쳐서 작성되는 것도 가능하다. 주석을 달기 위해서 주석 단추를 활용하는 것도 가능하다. 주석으로 표시된 명령문은 SPSS가 해석하거나 실행시키지 않는다.

6. 변인이름이 정확하게 기입되었는지를 확인해야 한다(즉 자료 편집창에 나타난 변인이름과 똑

같은지를 확인해야 한다). 변인이름을 잘못 기입하는 것이 명령문 편집기 창을 활용하여 분석을 실행시키는 과정에 일어나는 가장 흔한 오류사항이다.

실제로 명령문 작성을 맨 처음부터 백지 상태에서 시작하는 경우는 아주 드문 일이다. 대신 보통 대화상자를 사용하게 되는데, 분석법을 선택하거나 옵션사항을 설정하고 그런 다음 붙여넣기 Paste 단추를 사용하여 이 내용을 명령문 편집기 창으로 이동시키는 것이다. 그러면 명령문 내용을 복사할 수도 있고 명령문을 실행시키기 이전에 편집할 수도 있다. 이러한 방법을 사용함으로써 사용자는 명령문과 철자의 오류를 방지할 수 있다. **편집(Edit)** 메뉴에 있는 **찾기(Find)**와 **바꾸기(Replace)** 명령어를 잘 다룰 줄 알게 되면 명령문을 복사한 다음 손쉽게 변인이름을 변경해서 일련의 분석들을 정확하게 실행시키는 것이 가능해진다. 간단한 예시가 다음에 제시되어 있다. 이 예에서 우리는 10개의 새로운 변인을 만들려고 한다. 이 변인들 각각은 설문에 대한 10개의 응답 블록(block)의 평균을 나타내는 것들이다. 원래의 변인명은 블록과 질문번호를 의미하는 이름으로 되어 있었다. 예를 들어 'b1q3'은 첫 번째 블록에 있는 세 번째 질문을 지칭하는 것이고, 'b9q8'은 아홉 번째 블록의 여덟 번째 질문을 지칭하는 것이었다. 새로운 변인을 계산하기 위해 대화상자를 사용해도 되지만 이것은 매우 번거로운 작업이 될 것이다. 변인들에 이름을 부여하는 방식이 규칙적이기 때문에 이런 새로운 변인을 계산하는 데는 명령문 편집기 창의 명령어를 이용하는 것이 훨씬 더 쉬운 일이 될 것이다. 이 작업은 다음과 같은 방식으로 할 수 있다.

1. **변인계산(Compute Variable)** 대화상자로 들어가서, 새로운 변인 'b1mean'을 계산하는 데 필요한 세부사항을 입력하라[**계산(Compute)** 명령어의 세부사항은 제4장 제6절 참조].

2. 생성된 명령문을 명령문 편집기 창으로 옮기려면 Paste 단추를 클릭하라(다음 참조).

3. 문서의 해당 부분을 선택하고, 선택된 부분을 복사하라.

4. 두 번째 블록의 시작 부분에 커서를 갖다놓고, **바꾸기(Replace)** 기능을 이용하여 문자 'b1'이 들어가 있는 모든 사례를 'b2'로 변경하라[**다음 찾기(Find Next)** 단추를 클릭한 다음 모든 변경사항이 완료될 때까지 **바꾸기(Replace)** 단추를 계속해서 클릭하라. **모두 바꾸기(Replace All)** 단추는 사용하지 마라].

5. 각 블록에 있는 10개 변인의 평균을 계산하도록, 10개 블록에 대한 명령문이 모두 만들어질 때까지 3~4단계를 반복 실행하라. 1번 블록은 'b1mean'의 평균을 계산할 것이고, 2번블록은 'b2mean'의 평균을 계산할 것이다.

6. **변인계산(Compute)**을 위해서 만들어진 명령문을 주의 깊게 검토하라. 변인의 이름이 체계적으로 변경됨을 확인하고 모든 명령문의 마지막에 마침표가 있음을 확인하라.

7. 마지막 **변인계산(Compute)** 명령어가 제시된 이후에는 **실행(Execute)**과 마침표가 함께 포함되어 있음을 확인하라.

8. 10개의 모든 **계산(Compute)** 명령어들을 선택하고 **선택 실행(Run Selection)** 단추를 클릭하라. 그러면 새로운 변인이 계산되어 여러분의 자료파일에 추가될 것이다.

앞에서 설명한 단계들은 다음에 예시와 함께 제시되었다.

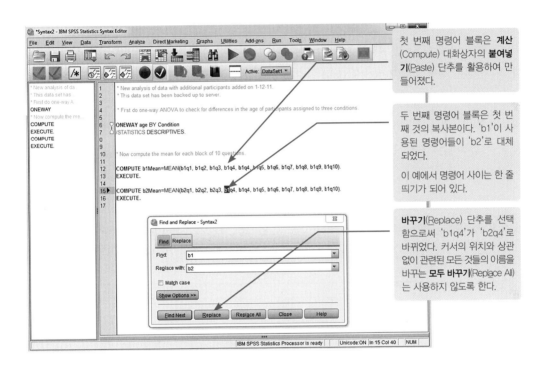

명령문 편집파일을 저장하고 불러오기

일단 작업이 완료되면 명령문 편집파일을 디스크 내에 저장할 수 있다. 명령문 편집기 창이 활성화된 창이라면(즉 현재 작업을 하고 있는 창이 명령문 편집기 창이라면), 창에 나타난 명령문 편집파일 내용은 **파일(File)** 메뉴에서 **다른 이름으로 저장(Save As)**을 선택해서 저장할 수 있다. SPSS는 자동적으로 파일명 끝의 확장자명을 '.sps'로 붙여줄 것이다. 우리는 여러분이 이 확장자명을 그대로 사용할 것을 강력히 권유한다.

동일한 프로젝트와 관련된 모든 파일의 이름은 동일한 어원의 형태를 갖도록 만드는 것이 좋다. 예를 들어 제4장에서 설명한 입양 조사 연구의 경우 자료파일은 'Adopt.sav'가 된다. 이 파일에 대한 분석에서 나온 출력물 파일은 'Adopt1.spv', 'Adopt2.spv' 등으로 만들고, 이 연구에 대한 명령문 편집파일은 'Adopt.sps'라고 이름을 붙인다. 이런 식으로 하면 어떤 파일들이 연관되어 있는지를 보는 것이 간편해진다.

명령문 편집기 창에 있는 명령문을 실행시키기

일단 여러분이 문서로 된 명령문을 만들어서 저장하게 되면 여러분은 이 내용을 실행시킬 수 있다. 이 작업은 **선택 실행**(Run Selection) 단추를 이용하거나 **실행**(<u>R</u>un) 메뉴 내의 옵션사항 중 하나를 선택함으로써 이루어지게 된다. **선택 실행**(Run Selection) 단추는 전체 명령문 중에서 강조된 일부의 명령문만을 실행시켜준다는 것을 명심해야 한다. 따라서 여러 개의 명령어를 실행시키고자 하는 경우에는 해당하는 명령문들을 모두 선택한 후에 **선택 실행**(Run Selection)을 활용하는 것이 안전하다.

저자들은 사용자가 실행시키기를 원하는 모든 명령어를 선택한 후에 **선택 실행**(Run Selection) 단추를 클릭하여 명령어를 실행시키길 권한다. 이러한 방식을 활용하게 되면 사용자가 원하는 명령어만을 실행시킬 수 있다.

명령문 오류

명령문이 실행된 이후에는 실행된 과정에서 발생한 모든 오류는 명령문 창의 아랫부분에 보고된다. 해당 경고는 일반적으로 이해하는 데 어려움이 없다. 특히 해당 오류가 발생한 명령문의 줄 번호를 포함시킴으로써 명령문 파일에서 오류가 발생한 부분을 찾는 것이 쉽게 이루어지도록 돕는다. 여러분이 여러 개의 오류에 대한 경고문을 보게 된다면, 한번에 하나씩만을 수정하는 것이 좋다. 즉 하나의 오류를 수정한 이후에 수정된 명령문을 재실행한다. 명령문을 사용하는 경우에 하나의 오류가 여러 개의 문제를 만들어내는 경우가 왕왕 있다.

다음에 제시되고 있는 명령문의 예시 화면은 오류의 한 가지 형태를 보여주고 있다. 두 번째 **빈도분석**(Frequencies) 명령어에서 우리는 변인의 이름을 잘못 기입하였다('sex' 대신에 'seex'로 입력하였다). 이러한 과정을 통해서 여러분은 명령문을 사용하는 과정에서 발생하는 오류가 어떠한 모습을 가지는지에 대한 예상을 할 수 있을 것이다. SPSS는 다섯 번째 줄에서 오류가 발생했음을 보고하고(오류가 발생한 줄은 화살표로 표기) 해당 변인이름이 지정되지 않았음을 설명한다. 이번 경우에는 여러분이 변인이름의 철자를 확인할 것을 충고한다. 해당 경고는 분석 결과 창에서도 보고된다.

정확한 자료 파일 선택하기

SPSS 명령문을 사용하여 자료 분석을 실시하는 경우에 발생하는 다른 일반적인 실수는 잘못 선택된 자료 파일에 대하여 명령문을 실행하는 것이다. 자료 분석이 이루어지는 많은 경우에 여러 개의 SPSS 자료 파일이 동시에 열려 있다. 이러한 경우는 초보자보다는 자료 분석의 경험이 많은 연구자에게 일반적이다. 자료 분석에 경험이 많은 연구자는 여러 개의 자료 파일이 포함되어 있는 프로젝트와 관련된 분석을 진행하면서 많은 자료 파일을 동시적으로 작업하게 된다. 이러한 상황에서는 명령문 파일을 실행하기 전에 먼저 확인해야 할 일은 현재 활성화되어 있는 파일이 무엇인지를 확인하는 것이다. 활성화 자료 파일은 명령문 창(다음 참조)에서 활용 가능한 목록에서 선택함으로써 활성화될 수 있다. 또한 **DATASET ACTIVATE Dataset1**이라는 명령어를, 활성화하고자 하는 자료 파일의 이름을 함께 작성함으로써 이루어질 수 있다.

 여러분이 잘못된 자료 파일에 명령문을 실행한다면, SPSS는 정의되지 않은 변인이름이 발견되는 경우와 같은 오류 및 경고문을 보여줄 것이다. 그러나 여러분이 분석하고자 하는 파일들이 공통의 변인이름을 가지고 있다면 SPSS는 당신이 저지르고 있는 실수 및 오류를 찾아낼 수 없다. 이러한 경우에는 여러분이 사용하고자 하는 자료가 원하는 것인지 대한 주의가 필요하다. 또한 잘못된 자료 파일이 분석에서 사용되는 경우를 피하기 위해서 명령어 블록의 시작 부분에 **DATASET ACTIVATE** 명령어를 포함시키는 것이 바람직하다.

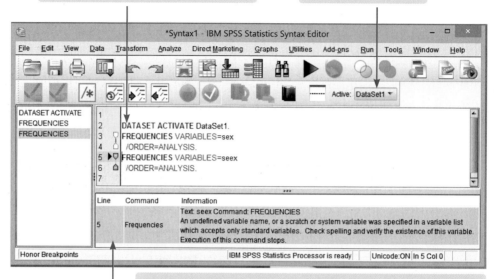

빈도분석(Frequencies)을 위한 명령어를 입력하기 이전에 **DATASET ACTIVATE**를 입력하여 분석하고자 하는 자료 파일을 지정하고 있음을 확인할 수 있다.

해당 드롭다운 목록에서 활성화하고자 하는 자료 파일을 선택할 수 있다.

빈도분석(Frequencies) 명령어의 두 번째 줄에서 'sex' 변인에서 발견된 오타 때문에 SPSS가 오류를 보고하였다. 메시지는 오류가 빈도분석(Frequencies) 명령어의 다섯 번째 줄에서 발생하고 있음을 이야기하고 있다. 덧붙여서 오류를 발생시킨 원인은 정의되지 않은 변인에 있음을 말해준다. 여러분은 변인이름이 정확하게 입력되었는지를 확인하는 습관을 가지는 것이 좋다.

제2절 | 명령문 예제

SPSS 명령문을 사용할 수 있게 됨으로써 가지게 되는 장점 중의 하나는 대화상자만을 활용하여 실행될 수 없는 다양한 통계 분석에 대한 명령문을 제공하는 수많은 웹페이지를 활용하고 참조할 수 있다는 것이다. SPSS를 소유하고 있는 IBM에서 제공하는 Knowledge center for SPSS(www-01.ibm.com/support/knowledgecenter)를 활용하여 다양한 SPSS 명령문의 예제를 얻을 수 있다. Knowledge center에서 제공하는 다양한 예제의 활용을 보여주고자 상관계수의 비교를 위해서 제공된 명령어가 사용될 것이다.

상관계수 비교하기

2개의 독립적인 집단에서 계산된 상관계수의 동일성을 검증하기 위해 제6장 제5절에서 활용된 예제를 통해서 SPSS 명령문을 사용하는 것의 유용성을 보여주도록 하겠다. 제6장에서 사용된 방법은 Fisher의 z 점수 변환식을 활용하여 상관계수를 z 점수로 변환하고 Fisher의 z 점수표에서 제공하고 있는 유의값과 비교하는 과정으로 구성된다. 보다 쉬운 방법은 이러한 과정을 SPSS 명령문을 사용하여 SPSS가 직접 계산하도록 하는 것이다. 다음에 제시된 것은 IBM Knowledge center에서 제공하고 있는 해당 분석을 위한 명령문 예제이다(www-01.ibm.com/support/docview.wss?uid = swg21480038).

```
* testing equality of independent correlations.
* H0: R1 = R2; r1 & r2 are sample corr of x,y for groups 1 & 2.
* n1 and n2 are sample sizes for groups 1 and 2.
Compute z1 = .5*ln((1+r1)/(1 − r1)).
Compute z2 = .5*ln((1+r2)/(1 − r2)).
Compute sezdiff = sqrt(1/(n1 − 3) + 1/(n2 − 3)).
Compute ztest = (z1 − z2)/sezdiff.
Compute alpha = 2*(1 − cdf.normal(abs(ztest),0,1)).
Formats z1 to alpha (f8.3).
List z1 to alpha.
Execute.
```

명령문 프로그램의 처음 세 줄은 프로그램에서 이루어지고 있는 계산 과정을 설명하고 있는 주석이다. 네 번째 줄은 제6장에서 주어진 공식과 동일한 값을 계산하기 위한 **계산**(Compute) 명령어이다. 다섯 번째 줄의 **계산**(Compute) 명령어를 계산된 z 점수에 대한 알파값(즉 유의확률)을 계산해줌으로써 표에서 제공되고 있는 유의값을 참조할 필요가 없다. **형식**(Formats) 명령어는 새롭게 만들어진 z1 변인이 소숫점 세 자리까지 보고하도록 한다. **목록**(List) 명령어는 새롭게 계산된 변인들의 값을 출력하게 한다.

앞에서 제시되고 있는 명령어를 실행하기 이전에 간단한 자료 파일이 준비되어야 한다. 자료 파일은 4개의 변인을 포함하고 있다. 구체적으로 비교될 2개의 상관계수 값과 각 집단의 사례 수가 변인으로서 포함되어 있는 파일이 다음에 제시되어 있다.

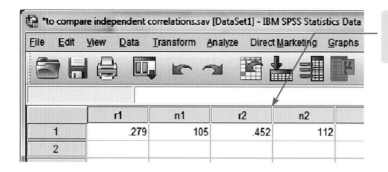

자료 파일은 두 집단의 상관계수(r1과 r2)와 사례 수(n1과 n2)만을 변인으로 가지고 있다.

앞에서 보이는 것과 같은 변인들을 입력하고 파일을 저장한 이후에 명령문을 명령문 편집기 창에 입력한다. 분석을 위하여 필요한 명령문들을 선택한 이후에 **실행**(Run)을 클릭한다. 다음과 같은 결과 파일이 생성될 것이다.

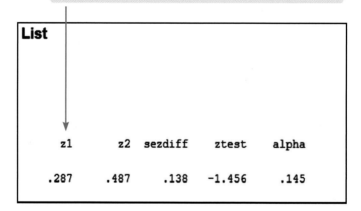

목록(List) 명령어는 Fisher의 Z 검증(ztest) 및 유의확률(alpha)를 포함하는 5개의 새로운 변인의 값을 출력한다. 제6장에서 계산된 값과 보고된 것을 비교하라(반올림으로 인하여 약간의 차이가 발생할 수 있다).

List

z1	z2	sezdiff	ztest	alpha
.287	.487	.138	-1.456	.145

앞의 예제에서 사용된 명령문 파일은 SPSS 명령어에서 제공되고 있는 주요어인 **TO**의 활용을 보여주고 있다. 이것은 연속적인 변인들의 목록을 지정하기 위해서 활용된다. 이 프로그램에서는 총 5개의 변인(z1, z2, sezdiff, ztest, alpha)을 만들었다. 5개 변인이 자료 파일에서 연속적으로 입력된 연속 변인이기 때문에 모든 변인을 'z1 to alpha'의 명령어를 사용함으로써 지정할 수 있다. List **z1 to alpha** 명령어는 결과 파일에서 보이는 것과 같이 5개의 모든 변인을 출력한다. To 명령어를 사용하는 것은 많은 수의 변인을 출력하는 것을 매우 쉽게 만들어준다.

시스템 변인

SPSS는 시스템 변인으로 지정되어 내재된 것들이 존재한다. 시스템 변인의 활용이 드문 편이지만, 명령문을 입력하면서 유용하게 활용될 수 있다. 시스템 변인은 항상 특수문자인 $를 첫 문자로 갖는다. 유용하게 사용되는 시스템 변인들의 하나인 $casenum는 사례가 자료 파일에서 위치한 줄 위치를 나타낸다. **계산(Compute)** 명령어의 활용에서 $casenum이 자주 사용된다. 예를 들어, 사례 위치를 값으로 가지는 새로운 변인인 'ParticipantNum'이 만들어졌다.

Compute ParticipantNum = $casenum.
EXECUTE.

앞에 주어진 명령문을 명령문 편집기 창에 복사 및 선택하고 실행한다(마침표의 입력을 잊지 마라). 새롭게 계산된 변인이 자료 파일에 추가되었다. $casenum은 항상 현재 파일에서 사례의 위치에 대한 정보를 제공하기 때문에 자료 파일에서 사례의 위치를 변화시키는 명령어[예 : 제4장에서 제공된 **정렬(Sort)** 명령] 전에 $casenum을 포함한 명령문이 실행되어야 한다.

SPSS에서 시스템 결측값을 지정하는 데 사용되는 $sysmis 또한 주요하게 활용되는 시스템 변인이다. 특히 새로운 변인을 만들 때 유용하게 활용될 수 있다. 예를 들어, 새로운 변인을 처음에 생성할 때 시스템 결측값으로 지정하고 일정한 조건을 만족시키는 경우에 **코딩변경(Recode)** 명령어를 활용하여 값을 변경함에 있어 유용하게 활용될 수 있다. $sysmis를 활용하여 새로운 변인을 만드는 예시가 다음에 제시되어 있다. 다음의 명령문이 실행되면 새롭게 만들어진 변인의 모든 값이 시스템 결측값으로 지정된다.

Compute NewVariable = $sysmis.
EXECUTE.

제3절 │ 도움기능 활용하기

아마 여러분은 우리가 이 책의 마지막 부분에 이를 때까지 SPSS 도움말(Help) 기능 사용 방법을 설명하지 않은 것에 대해 의구심을 가지고 있을지도 모른다. 그러나 우리는 지금까지 책에서 제시하고 설명한 내용을 통해 여러분이 궁금해하는 모든 사항을 충족시켜주었으리라고 믿는다. 그러나 이제부터는 여러분 자신이 스스로 SPSS에 관한 의문에 대한 해답을 찾아야 하는 단계에 왔다. 따라서 이 책에서 다루어지지 않은 기능이나 명령문을 사용하고자 한다면 SPSS가 제공해주는 다양한 도움기능을 사용하고자 할 필요성이 생기게 될 것이다.

대화상자에서의 도움말 단추

모든 대화상자에는 **도움말**(Help) 단추가 포함되어 있다. 이 단추를 클릭하게 되면 SPSS 내에서 활용할 수 있는 통계 절차와 옵션사항에 대해 보다 상세한 설명을 담고 있는 도움말 창을 볼 수 있다. 이 도움말 창 내에서는 해당 명령어와 관련된 도움말을 포함하는 창과 링크가 포함되어 있다(예 : 해당 통계분석과 연계된 명령문 편집에 관한 도움말을 포함하는 창과 링크가 포함되어 있다).

> **독립표본 t 검증**(Independent-Samples T Test) 대화상자에서 **도움말**(Help) 단추를 클릭할 경우 제공되는 도움말이다. 해당 분석과 관련된 도움이 여러 쪽에 걸쳐서 제시될 수 있다. 창의 왼쪽 패널을 활용하여 관련된 도움을 탐색할 수 있다. 본문에서 주어진 내용들 중의 조그만 책 표시를 클릭함으로써 부제를 확장하거나 통합할 수 있다. 도움과 관련된 보다 자세한 정보는 오른쪽 패널에 제시된다.

> 명령어 사용만을 통해서 접근 가능한 **t 검증**(T-Test)의 **부가적인 특징**(Additional Features)에 대해 알기 위해서는 다음의 링크를 클릭하라.

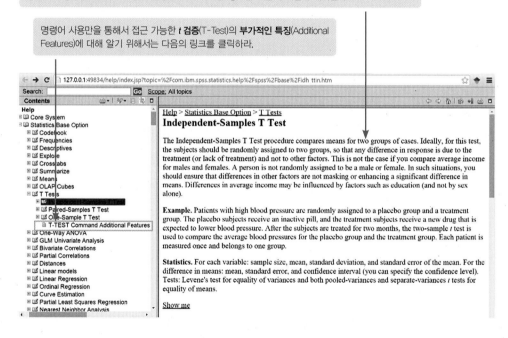

명령어 사용만을 통해서 접근 가능한 *t* **검증 명령어**(T-Test Command)의 2개의 특별한 특징을 보여주고 있다. 두 번째 특징은 **PAIRS 명령어**(PAIRS subcommand)의 사용을 설명하고 있다. PAIRS는 다수의 **독립표본** *t* **검증**(Independent-Samples T-Tests)을 실시하는 경우에 매우 유용하게 활용될 수 있다.

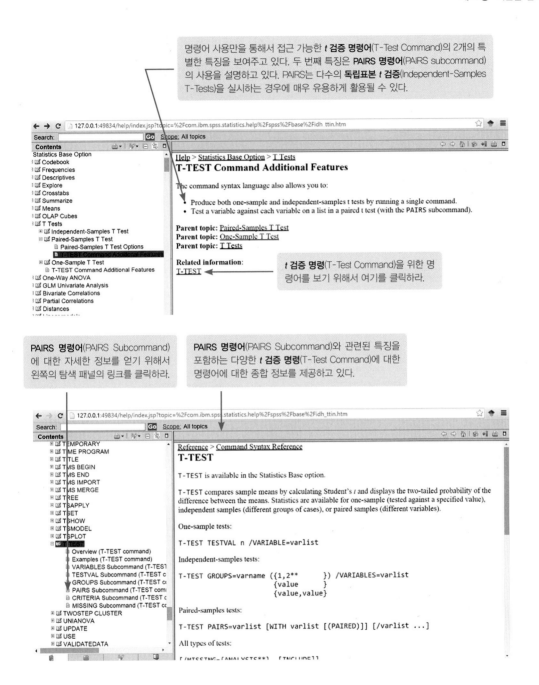

PAIRS **명령어**(PAIRS Subcommand)에 대한 자세한 정보를 얻기 위해서 왼쪽의 탐색 패널의 링크를 클릭하라.

PAIRS **명령어**(PAIRS Subcommand)와 관련된 특징을 포함하는 다양한 *t* **검증 명령어**(T-Test Command)에 대한 명령어에 대한 종합 정보를 제공하고 있다.

PAIRS 명령어(Pairs Subcommand)는 명령어 사용만을 통해서 접근 가능한 부가적인 분석의 예시이다. 제6장에서 제시된 것처럼 대화상자를 활용하여 **대응표본** *t* **검증**(Paired-Samples T-Test)을 실시하는 경우(제6장 참조), 분석되는 모든 짝을 하나씩 지정해야 한다. 이러한 방식으로 다수의 대응표본 *t* 검증을 실시하는 것은 시간이 매우 소모되는 작업이다. 명령문을 사용함으로써 이러한 과정이 매우 빠르게 실행될 수 있다. 예를 들어, 목록의 첫 번째 변인을 다른 모든 변인과 짝을 이루도록 실행할 수 있다. 다음에 PAIRS 옵션에 대한 자세한 설명이 제공되어 있다.

PAIRS **명령어**(PAIRS Subcommand)가 사용되는 방식에 대한 설명을 제공하고 있다.

Reference > Command Syntax Reference > T-TEST

PAIRS Subcommand (T-TEST command)

PAIRS requests paired-samples *t* tests.

- The minimum specification for a paired-samples test is PAIRS with an analysis list. Only numeric variables can be specified on the analysis list. The minimum analysis list is two variables.
- If keyword WITH is not specified, each variable in the list is compared with every other variable on the list.
- If keyword WITH is specified, every variable to the left of WITH is compared with every variable to the right of WITH. WITH can be used with PAIRED to obtain special pairing.
- To specify multiple analysis lists, use multiple PAIRS subcommands, each separated by a slash. Keyword PAIRS is required only for the first analysis list; a slash can be used to separate each additional analysis list.

(PAIRED). *Special pairing for paired-samples test.* PAIRED must be enclosed in parentheses and must be used with keyword WITH. When PAIRED is specified, the first variable before WITH is compared with the first variable after WITH, the second variable before WITH is compared with the second variable after WITH, and so forth. The same number of variables should be specified before and after WITH; unmatched variables are ignored and a warning message is issued. PAIRED generates an error message if keyword WITH is not specified on PAIRS.

Example

```
T-TEST  PAIRS=TEACHER CONSTRUC MANAGER.
T-TEST  PAIRS=TEACHER MANAGER WITH CONSTRUC ENGINEER.
T-TEST  PAIRS=TEACHER MANAGER WITH CONSTRUC ENGINEER (PAIRED).
```

- The first T-TEST compares *TEACHER* with *CONSTRUC*, *TEACHER* with *MANAGER*, and *CONSTRUC* with *MANAGER*.
- The second T-TEST compares *TEACHER* with *CONSTRUC*, *TEACHER* with *ENGINEER*, *MANAGER* with *CONSTRUC*, and *MANAGER* with *ENGINEER*. *TEACHER* is not compared with *MANAGER*, and *CONSTRUC* is not compared with *ENGINEER*.
- The third T-TEST compares *TEACHER* with *CONSTRUC* and *MANAGER* with *ENGINEER*.

도움말 메뉴

여러분은 각각의 창에서 **도움말**(Help) 메뉴를 선택함으로써 도움말 기능을 활용할 수 있다. 이 기능을 활용함으로써 여러분은 특정한 정보에 대한 다양한 출처에 접근할 수 있다. 특정 주제에 대한 도움말을 찾기 위해서는 **항목**(Topics)을 선택하라. 즉 창의 왼쪽에 위치한 검색 상자(search box)에 몇 개의 주제어를 입력한다. 예를 들어 여러분이 '카이제곱'이라는 질문을 입력하면 SPSS는 여러분에게 도움이 되는 관련된 파일의 목록을 제시해줄 것이다. 도움말 정보를 읽기 위해서는 관련 목록에서 하나를 선택한다(다음 참조).

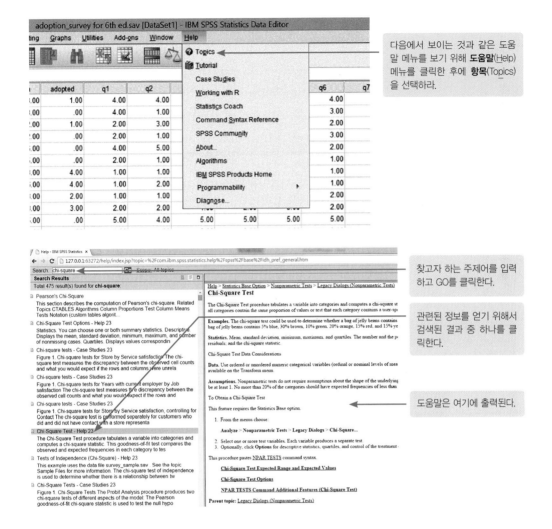

다음에서 보이는 것과 같은 도움말 메뉴를 보기 위해 **도움말**(Help) 메뉴를 클릭한 후에 **항목**(Topics)을 선택하라.

찾고자 하는 주제어를 입력하고 GO를 클릭한다.

관련된 정보를 얻기 위해서 검색된 결과 중 하나를 클릭한다.

도움말은 여기에 출력된다.

도움말(Help) 메뉴에서 활용 가능한 옵션사항으로는 **자습서**(Tutorial)와 **명령문 참조**(Command Syntax Reference)가 있다. 자습서 기능에서는 SPSS의 많은 특징들에 대한 단계별 설명이 제공된다. 명령문 참조 기능에서는 각각의 명령어에 대한 자세한 설명이 제공된다. 여러분은 도움말의 모든 형태를 찾아보는 것이 필요하다.

통계코치

통계코치(Statistics Coach)는 여러분의 자료와 해당 자료를 활용하여 실행하고자 하는 분석 유형에 대한 여러 가지 질문을 한다. 이러한 절차를 거친 후에 SPSS는 여러분의 자료와 분석 모형에 가장 적합한 통계 절차를 제안해준다. 이것은 적합한 절차가 어느 것인지를 알게 해주는 데는 유용하게 작용할 수 있지만 제안된 통계분석기법에 대한 기본적인 지식과 관련 정보를 제공해주지는 않는다.

설명

결과물 창에서 결과를 보고 있는 경우 결과를 선택하기 위해서 표를 더블클릭하고 결과물 제목을 선택한 이후에 오른쪽 단추를 클릭하라. **피벗표 편집기 창**(Pivot Table Editor window)에서 피벗표가 열려 있다면, 표의 제목에서 오른쪽 마우스 단추를 클릭한 이후에 나타나게 될 옵션 메뉴에서 **설명**(What's This?)을 선택한다. 이러한 과정을 통해서 여러분은 출력물에 대한 짧지만 유용한 설명을 보게 될 것이다. **독립 표본 검증에 대한 피벗표**(Pivot Table for the Independent Sample Test)에서 실시된 **Levene의 등분산 검증**(Levene's Test for Equality of Variance)에 대한 설명이 다음에서 제시되었다.

Pivot Table Independent Samples Test

Independent Samples Test

		Levene's Test for Equality of Variances		t-test for Equality of Means					95% Confidence Interval of the Difference	
		F	Sig.	t	df	Sig. (2-tailed)	Mean Difference	Std. Error Difference	Lower	Upper
q1	Equal variances assumed				17	.709	.29487	.77636	-1.34310	1.93284
	Equal variances not assumed			.361	8.702	.727	.29487	.81792	-1.56512	2.15486
q4	Equal variances assumed	.694	.416	-.081	18	.936	-.05495	.67879	-1.48104	1.37115
	Equal variances not assumed			-.077	10.765	.940	-.05495	.71438	-1.63150	1.52160

(설명 말풍선) A homogeneity-of-variance test that is less dependent on the assumption of normality than most tests. For each case, it computes the absolute difference between the value of that case and its cell mean and performs a one-way analysis of variance on those differences.

제4절 | 옵션 설정하기

SPSS에서 설정될 수 있는 옵션이 몇 가지 있다. 이것들은 여러 가지 창의 형태, 대화상자에 변인들이 나열되는 방법, 출력물의 형태 및 파일들의 위치와 같은 것을 결정하게 된다. 이 절에서 우리는 이런 옵션에 접근하고 변경시키는 방법에 대해 알아본다.

만약 여러분의 모니터 화면이 이 책에서 설명하는 화면과 약간 다르다면, 이것은 선택된 옵션사항 중 일부가 다르기 때문이다. 특히 변인들의 순서가 우리가 제시한 것과 다르게 나열되어 있다면, 이것은 여러분이 설치한 SPSS 프로그램의 **변인 제시**(Variable lists) 옵션이 책에 있는 것과 다르기 때문이다.

옵션 변경하기

옵션들은 다양한 SPSS 창 모두에서 접근할 수 있다. 먼저 **편집**(Edit) > **옵션**(Options)을 선택하라. 그러면 다음과 같은 **옵션**(Options) 대화상자가 열리게 될 것이다. 이런 형태의 대화상자에는 상단부에 일련의 색인표를 가지고 있다. 색인을 클릭하면 색인 내에 관련된 여러 가지 옵션이 다시 제시될 것이다.

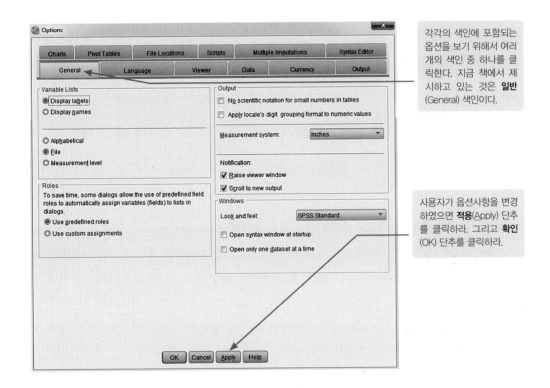

각각의 색인에 포함되는 옵션을 보기 위해서 여러 개의 색인 중 하나를 클릭한다. 지금 책에서 제시하고 있는 것은 **일반**(General) 색인이다.

사용자가 옵션사항을 변경하였으면 **적용**(Apply) 단추를 클릭하라. 그리고 **확인**(OK) 단추를 클릭하라.

몇 가지 유용한 옵션

일반

일반(General) 색인 중에서 가장 유용한 옵션사항 중 하나는 변인 나열(variable lists)의 방식을 변경시키는 것이다. 이 옵션은 변인들이 대화상자 속에서 제시되는 방식을 변화시켜준다. SPSS에서는 기본으로 **설명 표시**(Display labels) 옵션을 설정하고 있다. 설명문 표시 방식에서는 SPSS는 변인 설명문(대괄호로 표시된 변인들의 이름과 함께)을 나열해줄 것이다. 만약 복잡한 자료를 가지고 분석을 하는 경우에는 대안적으로 **이름 표시**(Display names) 옵션을 선택하여 실행하는 것이 보다 유용하다. 이 옵션사항을 조정함으로써 사용자는 변인들이 **문자순**(Alphabetical)으로 제시될 것인지 아니면 자료 **파일**(File)에 저장된 순서로 제시될 것인지 또는 **측정 수준**(Measurement level)으로 집단화되어 열거될 것인지를 결정할 수 있다.

명령문 편집

명령문 편집(Syntax Editor) 색인에서 사용자는 명령어, 하위 명령어 등에 적용되는 글자색을 바꿀 수 있다. 사용자는 또한 자동완성 기능이 적용되거나 혹은 적용되지 않도록 조정할 수 있다. 이 색인을 사용함으로써 사용자는 대화상자에서 **붙여넣기**(Paste) 단추를 클릭할 경우에 명령문 편집기 창에서 명령문에 붙여넣기가 이루어지는 지점을 바꿀 수 있다(현재 커서가 위치한 지점 혹은 명령문 편집기 창의 마지막 명령문 다음 지점).

보기

보기(Viewer) 색인의 아래 왼쪽 모서리에 있는 체크 상자(tick box)를 활용하여 작은 명령어가 결과파일에 포함될지 여부를 결정한다.

데이터

데이터(Date) 색인에 있는 **새로운 숫자변인에 대한 출력형식**(Display Format For New Numeric Variables) 옵션은 사용자가 새로운 변인을 표시하는 데 필요한 자릿수와 소수점 이하 자릿수에 대한 기본설정을 변경시키도록 해준다. 만약에 많은 변인이 동일한 조건하에서 표시되도록 하고 싶다면 이 옵션을 이용하여 환경설정을 변경시키는 것이 유용할 것이다. 다만 이 옵션의 환경설정은 숫자가 화면상에 표시되는 방식만을 변경시켜줄 뿐 계산이 행해질 때 사용되는 소수점 이하의 수를 변경시켜주는 것은 아니라는 것을 기억해두기 바란다.

출력결과 설명

출력결과 설명(Output Labels) 색인에서는 여러분이 계산한 결과가 변인 설명문, 변인이름 또는 두 가지 모두 중 어느 형태로 출력물에 나타나기를 원하는지를 결정한다. 유사하게 여러분은 변인값 설명문, 변인값 또는 두 가지 모두 중 어느 형태로 수치가 표현되기를 원하는지를 선택할 수도 있다.

파일 위치

파일 위치(File Locations) 색인을 활용하여 사용자는 자료 파일과 SPSS의 다른 파일들의 기본설정 위치를 변경시킬 수 있다. 동시에 파일 위치 색인을 통해서 현재 작업하고 있는 모든 분석의 명령어에 대한 기록을 저장하는 저널파일의 위치 또한 바꿀 수 있다.

제5절 │ 인쇄하기

이 절에서 우리는 결과, 자료 및 명령문 파일들을 인쇄하는 데 필요한 정보를 제공하고자 한다.

출력결과 창에서 분석 내용 인쇄하기

출력결과 창(Output viewer window)에서의 분석 내용을 인쇄하기 위해서 여러분은 해당 페이지의 상단부에 있는 도구상자에서 프린터 아이콘을 선택하거나 혹은 **파일**(File) 메뉴에서 **인쇄**(Print)를 선택하면 된다. **모든 가시출력결과**(All Visible output) 옵션은 분석 결과 창에서 보이는 모든 분석 결과물을 인쇄한다(즉 숨겨진 분석 결과물은 인쇄하지 않는다). 대신에 **선택한 출력**(Selected output) 옵션을 활용함으로써 여러분이 관심을 가지는 분석 결과의 일부분만을 인쇄할 수 있다.

　파일(File) 메뉴의 **페이지 속성**(Page Setup)과 **쪽 설정**(Page Attributes) 옵션은 종이 크기 및 인쇄 방향을 결정할 수 있고 해당 페이지에 머리말과 꼬릿말을 삽입하거나 여백을 조정할 수 있다.

자료파일 및 명령문 파일 인쇄하기

자료파일 및 명령문 파일의 내용을 인쇄하기 위해서는 해당 창에서의 **파일**(File) 메뉴에서 **인쇄**(Print)를 선택한다.

 보기(View) 메뉴에서 **글꼴**(Fonts) 옵션은 자료가 표시되고 인쇄되는 데 사용될 글자 꼴의 크기와 형태를 변경시켜줄 것이다.

피벗표에서의 출력결과물에 대한 특수 옵션사항

분석 결과 검토창에서의 출력결과표는 피벗표라고 한다. 피벗표를 더블클릭함으로써 피벗표를 선택할 수 있다. 이런 식으로 일단 피벗표가 선택되면 피벗표 메뉴 항목들의 내용과 특수한 형식 (Formatting) 도구막대가 나타난다. 이는 메뉴 항목하에서의 옵션과 도구의 단추를 활용하여 인쇄하기 전에 표의 형태를 조정하는 데 활용된다. 이 과정에서 사용 가능한 다양한 옵션사항이 있다. 예를 들어 표를 회전시키는 것(열과 행을 바꾸는 것), 격자선을 새롭게 넣거나 빼는 것, 사용하고 있는 종이 크기에 표를 맞추는 것 등이 있다. 다음에는 가장 유용한 기능 중 몇 가지만 기술하였다.

1. 표의 열과 행을 바꾸어 주고 싶으면 **피벗**(**P**ivot) 메뉴에서 **행과 열 전치**(Transpose Rows and Columns) 기능을 선택하라.

2. 표의 형태를 바꾸고 싶으면 **형식**(**F**ormat) 메뉴에서 **표 특성**(Table Properties) 기능을 선택하라. 인쇄 중 기능은 2개의 유용한 옵션[넓은 표를 조정하여 **쪽 맞춤**(Rescale **w**ide table to fit page)과 긴 표를 조정하여 **쪽 맞춤**(Rescale long table to fit page)]을 가지고 있는데, SPSS가 인쇄크기를 자동적으로 조정하게 하여 표가 잘리지 않고 해당 페이지 내에 적합하게 들어가도록 해준다.

3. SPSS에서 제공하는 다양한 출력 양식 중에서 하나의 표 형식을 사용하기 위해서 **형식**(**F**ormat) 메뉴에서 **표 보기**(Tab**l**eLooks)를 선택할 수도 있다. 다음의 예시를 참조하라.

독립표본 *t* 검증의 결과물에서 얻은 피벗표를 편집하고자 한다. 먼저 피벗표를 더블클릭하여 피벗표 편집기 창을 연다(다음 참조).

T-Test

[DataSet3] C:\Users\Richard\Documents\Backup of Lenovo 21 Jun 14\Documents\Documents\Publishing\Books\SPSS ed 6\Data files\adop

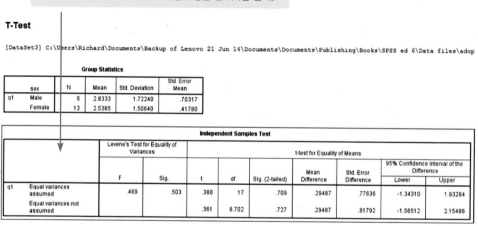

Group Statistics

	sex	N	Mean	Std. Deviation	Std. Error Mean
q1	Male	6	2.8333	1.72240	.70317
	Female	13	2.5385	1.50640	.41780

Independent Samples Test

		Levene's Test for Equality of Variances		t-test for Equality of Means						
		F	Sig.	t	df	Sig. (2-tailed)	Mean Difference	Std. Error Difference	95% Confidence Interval of the Difference	
									Lower	Upper
q1	Equal variances assumed	.469	.503	.380	17	.709	.29487	.77636	-1.34310	1.93284
	Equal variances not assumed			.361	8.702	.727	.29487	.81792	-1.56512	2.15486

피벗표 편집기 창은 표의 형태를 편집할 수 있는 다양한 도구를 제공한다. 예를 들어, **형식**(Format)을 클릭한 다음에 **표 보기**(TableLooks)를 선택하라.

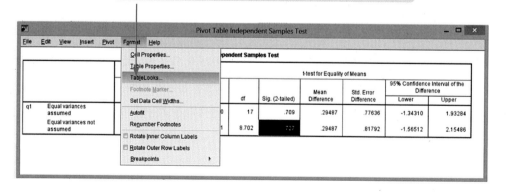

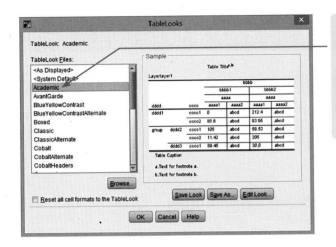

표 보기(TableLooks) 창에서 다양한 표 형식이 선택될 수 있다. 일반적으로 **Academic**이 유용하다.

여러분이 원하는 형식을 선택한 이후에 **확인**(OK)을 클릭한다. 결과 파일의 피벗표는 여러분이 지정한 형식으로 자동 변환될 것이다. 재형식화된 표를 복사한 이후에 여러분의 보고서에 붙인다.

4. **형식**(Format) 메뉴에서 **자동맞춤**(Autofit) 기능을 선택하라. 이것은 표의 열과 행 크기를 재조정해서 내용에 적합한 크기로 바꾸어준다. 이 기능은 대개 표를 더 작고 훨씬 세련되게 만들어준다.

 앞의 2번에서 기술된 크기조정의 옵션을 사용하기 전에 먼저 **자동조정**(Autofit) 옵션을 적용시킬 수 있다. 그러면 표가 재조정되기 전에 불필요한 공간을 줄여줄 것이다.

5. **삽입**(Insert) 메뉴에서 **제목**(Caption) 기능을 선택하라. 이 기능은 여러분이 표 안에 문서 제목을 달 수 있게 해준다.

6. 표의 셀들을 클릭하고 끌어내기 함으로써 표의 셀들을 선택하라. **형식**(Format) 메뉴에 **셀 특성**(Cell Properties)을 선택해서 글자의 크기와 색깔, 셀의 배경, 셀 안의 값이나 글자들이 배열되는 방식, 내용이 제시되는 형식을 조정할 수 있다. 셀의 폭을 설정하기 위한 다른 방법으로는 **형식**(Format) 메뉴에서 **데이터 셀 너비 설정**(Set Data Cell Widths) 기능을 선택하는 방법이 있다.

7. 표의 문서(예 : 표 제목, 행 혹은 열 제목, 셀 내용)를 편집하기 위해서는 문자를 더블클릭하라.

8. 여러분이 만든 수정을 저장하기 위해서는 피벗표 편집기 창을 닫아라. 결과 창의 피벗표는 수정 사항이 반영된다.

 일단 피벗표가 선택되면 열을 구분하는 격자선을 클릭하거나 끌어내기함으로써 열의 폭을 조정할 수도 있다. 한 셀을 더블클릭하면 셀의 내용을 변화시킬 수 있다.

제6절 │ SPSS 분석 결과를 다른 문서와 합치기

SPSS에서 만들어진 분석 결과는 여러분이 워드프로세서로 만들어진 연구 보고서에 직접적으로 삽입 가능할 정도로 높은 수준의 것이다. 여러분이 MS 워드 프로그램을 사용하는 경우라면 단순히 분석 결과 부분을 복사한 이후에 워드 프로그램에 붙여넣기를 실행하면 된다. 다음에 제시된 단계들을 따라 하라.

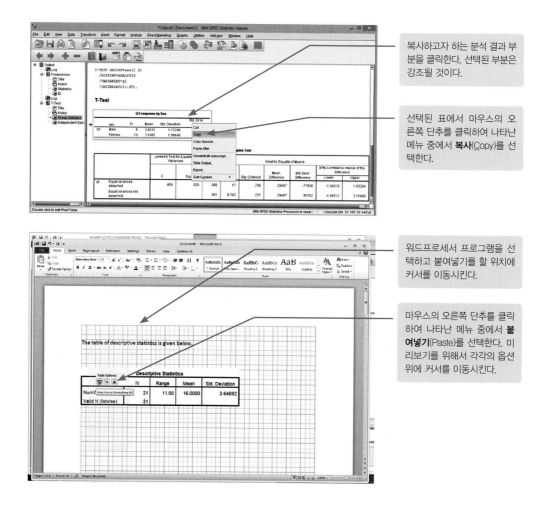

복사하고자 하는 분석 결과 부분을 클릭한다. 선택된 부분은 강조될 것이다.

선택된 표에서 마우스의 오른쪽 단추를 클릭하여 나타난 메뉴 중에서 **복사**(Copy)를 선택한다.

워드프로세서 프로그램을 선택하고 붙여넣기를 할 위치에 커서를 이동시킨다.

마우스의 오른쪽 단추를 클릭하여 나타난 메뉴 중에서 **붙여넣기**(Paste)를 선택한다. 미리보기를 위해서 각각의 옵션 위에 커서를 이동시킨다.

SPSS 분석 결과를 다른 응용 프로그램 형식으로 저장하기

SPSS 분석 결과를 일반적으로 많이 사용되고 있는 응용 프로그램의 형식으로 저장하는 것이 가능하다. 예를 들어 SPSS 분석 결과를 워드프로세서에서 읽을 수 있는 Rich Text 파일 형식으로 저장할 수 있다. 여러분이 SPSS 프로그램을 가지고 있지 않은 사람에게 분석 결과를 보내야 하는 경우에는 이 방법을 사용하는 것이 매우 유용할 것이다. **파일(File)** 메뉴에서 **내보내기(Export)**를 선택하라.

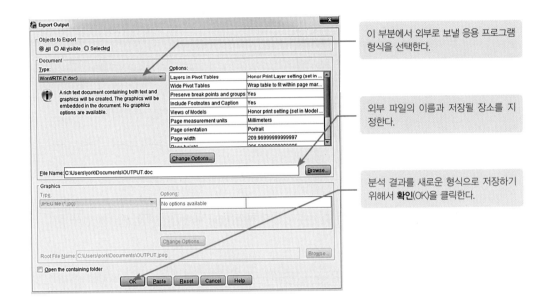

이 부분에서 외부로 보낼 응용 프로그램 형식을 선택한다.

외부 파일의 이름과 저장될 장소를 지정한다.

분석 결과를 새로운 형식으로 저장하기 위해서 **확인**(OK)을 클릭한다.

제7절 | SPSS와 엑셀 : 자료 파일 불러오기와 내보내기

자료를 수집하거나 정리하기 위해서 엑셀과 같은 스프레드시트 프로그램이 자주 사용된다. 대다수의 사람들이 엑셀과 같은 프로그램은 쉽게 사용할 수 있는 반면에 SPSS와 같은 통계 프로그램은 그렇지 못하다. 또한 엑셀 프로그램은 SPSS보다 대단위 자료를 사전에 처리하기에 쉽다. 이렇게 정리된 엑셀 파일을 SPSS로 불러들이는 것뿐만 아니라 SPSS 자료를 엑셀로 내보내는 것도 매우 쉽다. 다음에는 불러오기와 내보내기에 대한 예시를 설명한다.

불러오기 : SPSS에서 엑셀 파일 열기

엑셀 파일을 SPSS에서 여는 방법을 보여주기 위해서 간단한 엑셀 파일이 사용되었다. 엑셀 파일에는 'RT1'과 'RT2' 변인과 간단한 인구통계학 변인들이 포함되었다. 엑셀 프로그램을 활용하여 'RT1'과 'RT2'의 평균값을 가지는 'MeanRT'를 새롭게 만들었다.

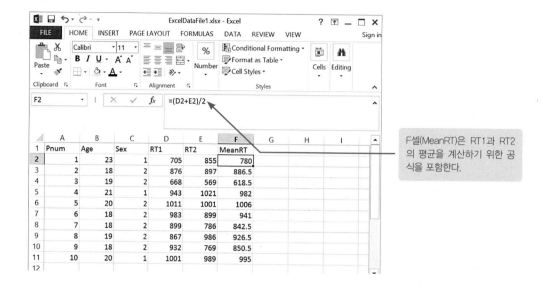

F셀(MeanRT)은 RT1과 RT2의 평균을 계산하기 위한 공식을 포함한다.

SPSS에서 엑셀 파일을 다음과 같은 순서에 따라서 **파일(File)** 메뉴를 선택함으로써 연다.

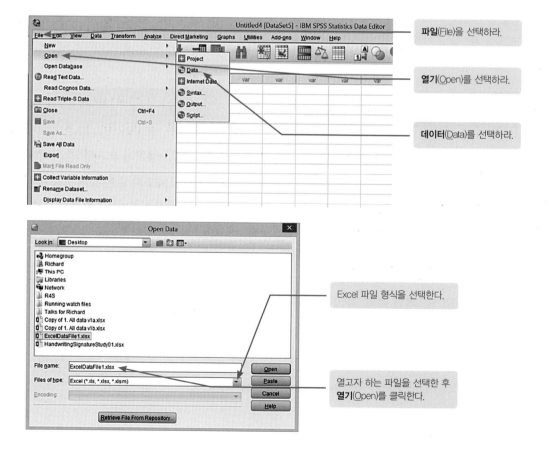

파일(File)을 선택하라.

열기(Open)를 선택하라.

데이터(Data)를 선택하라.

Excel 파일 형식을 선택한다.

열고자 하는 파일을 선택한 후 **열기(Open)**를 클릭한다.

스프레드시트 프로그램의 첫 번째 행에 변인 이름이 사용되어 있다면 이 옵션을 선택하고 **확인**(OK)을 클릭한다.

만약 스프레드시트 프로그램이 변인이름을 포함하고 있지 않다면 나중에 추가할 수 있다.

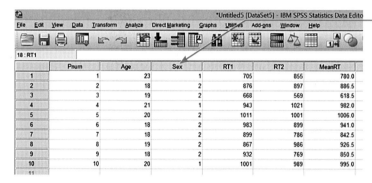

엑셀 파일이 SPSS에서 열렸다. 엑셀의 첫 번째 행에서의 문자들이 SPSS에서는 변인이름으로 사용되었다. 엑셀에서 공식으로 저장된 'MeanRT'는 SPSS에서는 계산된 값으로 대체되었다.

내보내기 : SPSS 파일을 엑셀로 보내기

SPSS 자료 파일을 엑셀 파일로 저장하는 것 또한 매우 쉽다.

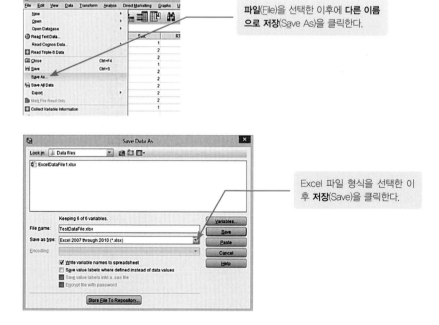

파일(File)을 선택한 이후에 **다른 이름으로 저장**(Save As)을 클릭한다.

Excel 파일 형식을 선택한 이후 **저장**(Save)을 클릭한다.

저장된 엑셀 파일에서는 SPSS에서 변인이름으로 사용된 것들이 스프레드시트의 첫 번째 행의 제목으로 사용된다. 이러한 방식으로 SPSS 파일과 엑셀 파일이 서로 교환될 수 있다.

요약

▷ 이 장에서는 SPSS 명령문이 소개되었다. 구체적으로 명령어 파일을 사용하여 SPSS를 통제하는 방법을 소개하였고 명령어를 사용함으로써 얻을 수 있는 장점을 소개하였다.

▷ SPSS를 조정하기 위해서 명령문을 사용하는 것은 여러분이 분석을 보다 효율적으로 실행할 수 있도록 도와주며 분석 과정에 대한 기록을 확인할 수 있도록 해준다. 예를 들어 자료를 업데이트한 이후에 같은 분석을 반복하기 위해서 명령문을 사용할 수 있다. 여러분이 매우 크고 복잡한 자료를 사용하여 분석을 하는 경우에 명령문을 사용하는 것은 매우 유용하다.

▷ 통계 분석에 대한 전반적인 것 뿐만 아니라 명령어에 도움말을 얻는 방법이 소개되었다.

▷ SPSS에서 옵션을 설정하는 다양한 방법을 예시하였다.

▷ 이 장의 마지막 부분에서는 SPSS 분석 결과를 인쇄하거나 외부로 보내는 방법을 설명했다. 이와 별개로 SPSS 분석 결과를 MS 워드로 이동시키는 방법도 설명하였다.

▷ 마지막으로 엑셀과 같은 스프레트시트 프로그램과 SPSS 간의 자료를 이동시키는 방법을 소개하였다. 이러한 과정을 통해서 두 종류 프로그램의 장점을 활용할 수 있다.

부록

모든 데이터 파일은 he.palgrave.com/psychology/brace에서 구할 수 있다. 데이터 입력이 숙달되려면 여기에 있는 제4~7장의 데이터를 포함하여 처음 몇 가지 데이터 파일에 먼저 들어가길 권한다.

데이터 파일	부록 제공	웹사이트 제공
데이터 변경 연습	V	V
로그변환 연습		V
척도용 데이터 변경 연습	V	V
단일표본 t 검증	V	V
독립표본 t 검증	V	V
대응표본 t 검증	V	V
Mann–Whitney U 검증	V	V
Wilcoxon 짝지은 쌍 순위표지 검증	V	V
Pearson의 r 상관분석	V	V
Spearman의 로(rho) 상관분석	V	V
카이제곱 검증	V	V
McNemer 검증	V	V
일원 피험자 간 ANOVA		V
이원 피험자 간 ANOVA		V
일원 피험자 내 ANOVA		V
이원 피험자 내 ANOVA		V
삼원 혼합 ANOVA		V
Kruskal – Wallis 검증과 Frideman 검증		V
다중 회귀분석		V
ANCOVA와 MANOVA		V
판별분석과 로그회귀분석		V
요인분석		V

데이터 변경 연습을 위한 데이터 : 제4장 제1~9절

id	sex	ethnicity	religion	adopted	q1	q2	q3	q4	q5	q6	q7	q8	q9	q10
1	2	2	3	1	4	4	4	5	2	4	3	5	2	2
2	1	2	3	0	4	1	5	5	1	3	2	3	1	5
3	2	4	2	1	2	3	2	2	1	2	1	1	1	1
4	2	3	2	0	2	1	1	3	3	3	3	1	1	1
5	2	2	6	0	4	5	3	4	4	2	4	5	4	3
6	2	5	5	0	2	1	9	1	2	1	1	1	1	1
7	1	4	3	4	1	1	1	2	1	1	1	3	2	5
8	1	1	6	4	1	2	2	1	1	1	2	2	3	1
9	2	2	3	2	1	1	2	1	2	1	2	1	1	1
10	2	3	3	3	2	2	1	2	3	2	2	3	2	2
11	2	4	5	0	5	4	5	5	5	5	5	5	5	5
12	1	4	5	1	4	3	4	3	4	3	4	3	4	3
13	2	4	3	1	3	3	3	3	2	3	3	2	3	4
14	1	1	6	2	2	3	5	4	2	3	4	1	3	5
15	1	3	3	1	9	1	2	1	1	1	1	2	3	2
16	2	4	1	4	1	2	1	2	2	2	1	2	2	2
17	2	5	2	0	5	4	4	4	3	4	3	4	5	5
18	1	1	3	2	5	4	9	4	4	3	3	2	4	4
19	2	1	2	4	1	1	1	2	1	2	2	1	1	1
20	2	2	3	9	1	2	3	2	3	2	2	2	3	3

데이터 변경 연습을 위한 데이터 : 제4장 제10절

Qnum	q_a	q_b	q_c	q_d	q_e	q_f	q_g	q_h	q_i	q_j	q_k	q_l	q_m	q_n	q_o	q_p	q_q	q_r	q_s	q_t
1	4	2	3	4	4	4	2	2	2	4	2	2	3	5	4	3	5	3	3	5
2	2	2	6	3	4	4	1	2	3	4	2	2	4	4	5	3	3	3	3	2
3	4	2	4	4	4	5	2	2	5	3	2	3	2	5	2	3	3	3	3	4
4	4	2	4	5	5	5	1	1	2	5	2	1	1	3	5	1	2	2	3	5
5	4	2	5	4	5	4	1	2	2	2	3	2	2	5	4	2	2	2	4	4
6	4	2	3	3	4	3	2	3	4	2	2	2	3	2	4	3	3	3	4	4
7	5	1	5	4	5	5	1	2	2	5	2	1	2	4	5	2	2	2	4	4
8	5	2	5	5	4	5	2	2	3	5	3	2	2	5	5	1	3	3	3	4
9	4	1	5	5	4	4	2	1	5	5	1	1	3	5	5	2	4	1	1	5
10	5	2	5	5	5	5	1	2	2	4	2	2	3	1	5	3	3	3	3	4
11	4	2	3	4	5	5	1	2	2	4	2	2	2	4	4	2	2	2	4	4
12	4	1	4	4	4	4	2	2	2	4	2	1	2	4	4	2	2	2	4	4
13	4	1	3	4	5	5	2	1	1	5	1	3	2	2	4	2	2	3	5	5
14	4	1	3	4	4	4	1	2	2	4	1	1	2	2	3	1	4	3	3	4
15	4	3	3	4	4	4	1	3	2	5	2	2	3	4	4	2	3	3	3	4
16	5	2	5	5	5	5	1	2	2	5	2	1	2	5	4	1	3	1	4	4
17	4	3	4	4	5	2	2	3	4	5	2	5	4	4	2	4	3	3	3	3
18	2	2	3	3	4	2	1	2	4	4	3	4	2	5	2	2	4	3	2	
19	4	2	5	5	5	3	1	3	3	5	1	2	3	2	4	1	3	1	4	4
20	4	2	5	5	5	5	1	2	2	5	2	1	3	5	5	2	2	2	5	5
21	4	1	4	4	4	2	2	2	2	3	2	3	3	4	2	3	4	2	3	3
22	4	2	3	4	4	3	2	2	4	3	4	3	4	4	3	3	3	2	4	
23	4	2	5	5	5	5	1	2	1	5	1	1	2	5	5	2	2	3	5	
24	5	1	4	5	5	5	1	1	5	1	1	3	4	2	4	2	2	3		
25	5	1	5	5	5	5	1	3	3	4	3	1	5	2	5	2	4	2	4	4
26	3	2	3	4	4	4	2	3	2	4	2	2	3	4	2	2	3	3	3	3
27	2	4	2	2	2	1	4	5	1	5	5	5	4	2	5	5	5	5	2	1
28	3	2	3	4	4	4	3	3	4	3	3	3	4	5	3	3	4	4	3	2

Qnum	q_a	q_b	q_c	q_d	q_e	q_f	q_g	q_h	q_i	q_j	q_k	q_l	q_m	q_n	q_o	q_p	q_q	q_r	q_s	q_t
29	4	2	4	5	5	4	2	2	2	4	2	3	2	5	4	3	2	3	4	9
30	3	2	4	4	4	3	2	2	2	4	2	2	4	4	4	2	3	2	4	4
31	4	2	5	5	5	5	1	2	2	5	3	3	4	5	5	1	2	3	4	5
32	4	3	5	5	5	9	3	3	4	4	4	4	4	3	3	4	4	4	2	4
33	3	2	3	5	4	4	1	2	2	2	5	2	2	4	5	2	3	3	5	5
34	4	2	2	5	5	4	2	2	3	5	3	4	5	4	4	2	5	3	4	4
35	4	2	5	4	4	4	2	2	4	4	2	2	4	4	2	2	4	4	4	4
36	4	3	4	5	5	5	1	2	2	5	1	1	2	5	5	3	4	2	3	4
37	4	2	5	4	5	3	2	2	3	5	2	2	4	4	5	3	3	3	3	4
38	5	2	3	4	4	2	2	2	4	2	3	2	3	3	2	3	2	3	2	4
39	5	1	4	5	5	5	1	1	1	5	1	4	3	2	4	1	1	2	3	5
40	4	1	4	4	4	3	2	2	2	4	2	2	3	4	4	2	3	2	4	4
41	4	4	4	4	4	2	4	4	4	4	2	4	3	4	2	5	3	3	3	5
42	5	1	4	5	5	5	1	3	5	5	1	1	1	5	4	1	3	1	3	1
43	5	1	5	5	5	5	1	1	1	5	1	1	2	5	5	1	2	1	3	5
44	4	2	3	4	4	5	2	2	2	5	3	1	3	4	4	2	2	3	5	5
45	2	4	2	4	4	3	2	3	3	4	3	3	3	4	3	2	4	2	3	3
46	5	4	5	5	5	5	1	2	3	4	4	2	4	5	5	2	2	3	2	5
47	3	2	5	3	5	4	2	2	2	5	2	2	3	3	5	1	2	2	4	2
48	4	2	2	4	4	5	1	2	3	5	3	1	3	3	5	2	3	2	3	5
49	3	2	2	4	3	3	2	2	2	4	3	4	2	3	4	2	3	3	3	3
50	5	5	5	5	5	1	2	4	5	4	4	2	5	5	4	2	5	2	4	4

단일표본 *t* 검증을 위한 자료 : 제5장 제2절

Score
68.00
62.00
58.00
67.00
65.00
69.00
72.00
76.00
62.00
64.00
69.00
70.00
71.00
66.00
68.00
67.00
61.00
72.00
73.00
78.00

단일표본 *t* 검증을 위한 자료 : 제5장 제3절

GROUP 1 = mnemonic condition 2 = no mnemonic condition	SCORE
1	20
1	18
1	14
1	18
1	17
1	11
1	20
1	18

GROUP 1 = mnemonic condition 2 = no mnemonic condition	SCORE
1	20
1	19
1	20
2	10
2	20
2	12
2	9
2	14
2	15
2	16
2	14
2	19
2	12

대응표본 t 검증을 위한 자료 : 제5장 제4절

LARGE SIZE DIFFERENCE	SMALL SIZE DIFFERENCE
936	878
923	1005
896	1010
1241	1365
1278	1422
871	1198
1360	1576
733	896
941	1573
1077	1261
1438	2237
1099	1325
1253	1591
1930	2742
1260	1357
1271	1963

Mann – Whitney 검증을 위한 자료 : 제5장 제6절

SEX 1 = male 2 = female	RATING	SEX 1 = male 2 = female	RATING
1	4	2	4
1	6	2	2
1	5	2	7
1	8	2	4
1	5	2	6
1	2	2	7
1	4	2	5
1	4	2	2
1	5	2	6
1	7	2	6
1	5	2	6
1	4	2	6
1	3	2	3
1	3	2	5
1	5	2	7
1	3	2	4
1	3	2	6
1	8	2	6
1	6	2	7
1	4	2	8

Wilcoxon 짝지은 쌍 순위표시 검증을 위한 자료 : 제5장 제7절

E-FIT RATING 1 (from memory)	E-FIT RATING 2 (from photograph)	E-FIT RATING 1 (from memory)	E-FIT RATING 2 (from photograph)
3	6	4	4
3	4	4	2
3	5	4	5
5	6	3	3
2	3	5	3
4	3	4	3
5	3	3	2
5	3	3	3
4	3	6	4
3	3	3	3
2	3	3	2
6	6	3	3
5	3	2	4
4	3	2	5
3	3	5	6
3	5	3	5
4	5	6	4
3	2	2	3
4	5	5	5
3	5	4	2
3	2	3	5
5	6	3	2
3	4	5	6
4	3	4	2

Pearson의 r 상관을 위한 자료 : 제6장 제3절

AGE (in years)	CFF
41	34.9
43	30.5
25	35.75
42	32.3
51	28.0
27	42.2
27	35.1
48	33.5
58	25.0
52	31.0
58	23.2
50	26.8
44	32.0
53	29.3
26	35.9
65	30.5
35	31.9
29	32.0
25	39.9
49	33.0

Spearman의 rho 상관을 위한 자료 : 제6장 제4절

CONFIDENCE	BELIEVABILITY	ATTRAC-TIVENESS
4	4	2
4	3	3
4	6	4
4	6	4
4	4	3
4	4	4
4	3	2
5	5	4
4	4	3
6	5	4
4	6	4
4	5	5
4	4	3
6	5	4
5	5	4
4	5	3
2	4	3
6	4	4
3	5	3
3	3	3
2	5	5
5	5	4
5	6	4
5	4	4
4	5	4
5	5	4
5	5	4
4	4	5
4	4	4
3	5	4
5	6	4
5	5	4
1	5	3
5	5	4
5	5	4
5	6	4
5	5	5
4	5	4
4	5	4
4	5	4
5	5	4
4	5	4
5	5	3
4	4	2
5	6	5

CONFIDENCE	BELIEVABILITY	ATTRAC-TIVENESS
4	5	3
6	5	2
3	5	4
3	5	4
4	4	3
4	3	3
6	6	4
3	5	2
4	4	3
5	5	4
3	1	3
5	6	4
5	5	4
4	5	4
4	4	4
6	1	1
5	5	4
5	5	4
6	6	5
5	5	3
6	6	5
5	5	2
2	4	4
3	4	4
3	4	4
4	4	4
4	5	4
5	5	4
5	5	3
3	4	4
2	3	5
6	5	5
4	5	3
5	4	4
4	5	4
4	5	4
4	4	4
4	4	4
4	5	4
4	5	5
5	4	4
4	6	4
5	5	3
6	5	4

카이제곱 검증을 위한 자료 : 제7장 제4절

BACKGROUND 1 = Asian 2 = Caucasian 3 = other	MOTHER'S EMPLOYMENT 1 = full time 2 = none 3 = part time	SCHOOL 1 = comprehensive 2 = private	TENDENCY TO ANOREXIA 1 = high 2 = low
2	1	1	1
2	1	1	1
2	1	1	1
2	3	1	1
2	3	2	1
2	3	2	1
2	2	2	1
2	2	2	1
2	2	2	1
2	1	2	1
2	1	2	1
2	1	2	1
2	3	2	1
2	3	2	1
2	3	2	1
2	3	2	1
2	2	2	1
2	2	2	1
2	2	2	1
2	2	2	1
2	3	2	1
2	3	2	1
1	3	2	1
1	1	2	1
1	1	2	1
1	1	2	1
3	2	2	1
3	3	2	1
3	2	2	1
3	2	2	1
3	1	2	1
3	1	2	1
3	1	2	1
3	1	2	1
3	1	2	1
3	2	2	1
3	2	2	1
3	2	2	1
2	2	1	2

BACKGROUND 1 = Asian 2 = Caucasian 3 = other	MOTHER'S EMPLOYMENT 1 = full time 2 = none 3 = part time	SCHOOL 1 = comprehensive 2 = private	TENDENCY TO ANOREXIA 1 = high 2 = low
2	1	1	2
2	1	1	2
2	3	1	2
2	3	1	2
2	2	1	2
2	2	1	2
2	2	1	2
2	2	1	2
2	3	1	2
2	3	1	2
2	3	1	2
2	3	1	2
2	3	1	2
2	3	1	2
2	3	1	2
2	3	1	2
2	2	1	2
2	2	1	2
2	2	1	2
2	3	1	2
2	3	1	2
2	2	1	2
2	2	1	2
2	2	1	2
2	2	1	2
2	3	1	2
2	1	1	2
2	1	1	2
2	1	2	2
2	1	2	2
2	1	2	2
2	1	2	2
2	1	2	2
2	1	2	2
2	1	2	2
1	1	2	2
1	1	2	2
3	1	2	2
3	1	2	2
3	1	2	2
3	1	2	2

McNemar 검증을 위한 자료 : 제7장 제5절

NORMAL HANDWRITING 1 = correct 2 = incorrect	HANDWRITING AS IF OPPOSITE SEX 1 = correct 2 = incorrect	NORMAL HANDWRITING 1 = correct 2 = incorrect	HANDWRITING AS IF OPPOSITE SEX 1 = correct 2 = incorrect
2	2	1	2
1	1	1	2
1	1	2	1
1	2	1	2
1	1	1	1
2	2	1	1
1	1	1	2
1	2	1	2
2	2	2	2
1	1	1	1
2	2	1	1
1	2	1	1
2	2	2	2
2	2	2	1
1	1	1	2
2	2	2	2
1	1	1	1
2	2	1	2
1	2	1	1
2	2	1	1
1	2	2	2
1	2	1	1
1	2	1	2
1	1	2	2

용어해설

가설(Hypothesis) 실험의 결과에 대한 예측을 하거나, 실험에서 조건 간에 차이가 발생할 것이라고 가정하거나, 특정 변인 간의 관계가 발견될 것이라고 가정하는 것이다. 가설검증에서 가설은 영가설과 대립가설이 있다.

검증력(Power) 추론통계에서의 검증력은 통계적으로 유의미한 결과를 가져올 확률이다.

검토창(Viewer Window) 통계분석에 대한 결과를 나타내주는 SPSS 내의 창. 분석 결과 창이라고도 한다.

계획적 비교(Planned Comparisons) ANOVA 설계에서 조건들 간을 비교하기 위해 사용되는 통계검증법들로, 분석되어야 할 비교 쌍들이 데이터가 수집되기 전에 결정되어 있을 때 사용한다. 부적절하게 사용하게 되면 1종 오류의 발생빈도가 증가하게 된다. 비계획적 비교 참조

공변량분석(Analysis of covariance, ANCOVA) 추론통계 절차는 1개의 종속변인이 측정되고 이와 함께 최소한 하나의 공변인(종속변인과 공변하는 변인)이 측정되는 ANOVA 설계로 얻은 데이터를 분석하는 데 사용된다. 공변인은 통계적으로 종속변인들 중 하나와 관련이 있는 변인이다. 따라서 공변량 분석은 공변인의 영향을 통제하고 종속변인에 미치는 영향을 추정할 수 있다. 다중 변량분석(MANOVA)과 비교된다.

그래프(Graphs) 도표 참조

기술통계량(Descriptive Statistics) 데이터를 요약하거나 게시함으로써 데이터를 기술해주는 절차를 통해서 나오는 통계치이다. 중앙경향 측정치와 분산 측정치가 포함된다.

다변량(Multivariate) 2개 혹은 그 이상의 종속변인이 측정되고 최소한 하나 이상의 요인이 조작된 분석. 예를 들면 다중 변량분석이 있다.

다중 변량분석(Multivariate Analysis of Variance) 둘 이상의 종속변인이 측정되고 최소한 하나의 요인이 있는 설계에서 얻은 데이터를 분석하기 위해 사용되는 추론통계 절차. 변량분석(ANOVA) 참조

다중 회귀분석(Multiple Regression) 세 가지 이상의 변인 간의 선형적 관계를 연구하기 위해 사용되는 추론통계 절차. 한 변인이 하나 이상의 다른 변인들에 의해 설명 또는 예측되는 정도를 나타낸다. 회귀분석 참조

대응 설계(Related Designs) 반복 측정과 짝지은 피험자 설계를 함께 포함하여 지칭하는 용어. 이 용어는 대개 하나의 독립변인에 대해 두 가지 수준을 가진 설계에 대해 사용된다. 피험자 내 설계 참조

대화상자(Dialogue Box) 메뉴 항목을 클릭하게 되면 화면상에 나타나는 상자. window용 컴퓨터 프로그램은 SPSS에 특정 지시를 할 수 있도록 대화상자를 사용한다. 이 책의 모든 장에서 대화상자를 보여주고, 사용 방법을 첨부하였다.

데이터 변경(Data Handling) SPSS에 데이터를 입력시킨 후에 이루어지는 데이터에 대한 조작. 여러 가지 데이터 변경유형은 데이터(Data) 메뉴에서 변환(Transform) 기능을 선택하면 접근할 수 있다. 변인계산(compute), 빈도계산(count), 코딩변경(recode), 케이스 선택(select cases), 케이스 정렬(sort cases), 분할(split) 참조

데이터 편집창(Data Editor Window) 데이터가 입

력되고 편집되는 SPSS 창. 스프레드시트 창의 형태로 나타난다.

도움말(Help) SPSS를 사용하는 중에 여러 방법으로 도움말 기능을 사용할 수 있다. 예를 들면 대화상자에서 도움말 단추, 오른쪽 마우스 클릭하기, 도움말(Help) 메뉴 항목 등이 있다.

도표(Chart) SPSS가 그래프로 제공해주는 것을 의미한다. 다양한 그래프 유형을 그래프 메뉴 항목에서 선택할 수 있다. 추가로 어떤 그래프들은 빈도(Frequencies) 명령어에서도 활용할 수 있다.

독립변인(Independent Variable) 다음의 두 가지 속성 중 하나를 가지는 특정 변인. 각기 다른 값을 가지도록 실험자에 의해 체계적으로 조작되는 것(순수실험의 경우), 또는 특정 변인값이 실험자에 의해 선택되는 것(자연적인 독립 집단 설계의 경우). 독립변인의 각 값을 수준이라고 한다. 요인 참조

독립 집단 설계(Independent Group Design) 참가자가 독립변인의 한 수준에만 참가하는 실험 설계. 이 용어는 보통 하나의 독립변인이 두 가지 수준을 가지는 설계를 위해 사용된다. 피험자 간 설계 참조

두 표본 설계(Two-Sample Designs) 독립변인의 두 가지 수준을 가진 실험 설계. 독립 집단 설계와 대응 설계 참조

막대도표(Bar Chart) 여러 가지 SPSS 변인에 대한 요약 통계치를 나타내주기 위해 사용되는 그래프. 예를 들어 두 가지 이상의 조건에서 산출된 평균값. 도표 참조

메뉴 항목(Menu Items) window 프로그램에서 화면 상단부에 막대형태로 표시되어 나타나는 항목(단어)으로, 드롭다운 메뉴들에 접근할 수 있게 해준다. SPSS에서 메뉴들은 활성화된 창에 따라 약간씩 달라지게 되는데, 그때마다 드롭다운 메뉴들이 달라지게 된다. 예를 들어 검토창에서 결과표 중 어느 하나를 클릭하기 전후의 도움말(Help) 메뉴를 비교해보라.

명령문(Syntax) window상에서 대화상자를 통해 SPSS에게 지시하는 지시사항들에 깔려 있는 프로그램 명령어. 능숙하고 경험 있는 사용자들만이 명령문을 사용하려고 할 것이다. 명령문은 결과 창에 나타나게 된다(여러분 PC의 SPSS에 대한 상황 설정에 달려 있다). 명령문 편집기 창에서 복사 및 편집이 가능하다.

명령문 편집기 창(Syntax Window) 편집할 명령문을 보여주는 SPSS 내의 창. 이 창은 정상적인 상황에서는 나타나지 않는다. 고급 사용자들만이 이것을 필요로 하게 될 것이다.

모수적(Parametric) 다음 조건을 지칭하기 위해 사용하는 용어이다. (1) 비율 및 동간 측정 수준, (2) 그런 데이터 중 어느 하나로 측정되었고, 모수적 통계검증의 다른 요구조건(변량의 동질성 및 분포의 정상성)을 충족시킨 데이터, (3) 모수적 데이터를 분석하기 위해 사용되는 추론통계검증. 모수적 통계량은 비모수적 통계검증과 달리, 각 표본에 있는 점수들의 실제값을 활용한다.

모수치(Parameter) 평균 같은 모집단의 특성. 보통은 표본의 통계치를 통해서 모집단의 모수치를 추정한다.

모집단(Population) 특정한 변인의 모든 가능한 점수들의 집합

무관변인(Irrelevant variable) 독립변인 또는 요인 및 종속변인 외의 변인. 좋은 실험 설계란 무관변인이 오염변인이 되지 않도록 확실히 해주는 설계를 말한다.

반복 측정 설계(Repeated Measures Design) 모든 참가자가 독립변인의 수준들 모두에 참가하는 실험 설계. 대응 설계의 한 유형이다.

범위(Range) 분산 측정치 중 하나. 점수들을 서열순서로 나열한 다음, 가장 낮은 점수와 가장 높

은 점수가 선택된다.

변량(Variance, 분산)　표준편차를 제곱한 것과 같다. 표본들 간의 변량의 동질성이 모수적 통계검증을 사용하기 위한 필수조건 중 하나이다. SPSS는 변량의 동질성을 검증해준다(예 : 독립 t 검증을 수행할 때). 일반적인 원리는 더 큰 변량이 작은 변량보다 3배 이상 커서는 안 된다는 것이다.

변인(Variable)　실험 설계에서 변동되는 것을 지칭한다. 즉 시간과 사례에 따라 다른 값을 가지게 되는 것을 말한다. 오염변인, 종속변인, 독립변인, 무관변인 참조. SPSS에서는 데이터 편집기 창의 한 열에 있는 내용을 말한다.

변인값 설명문(Value Label)　변인을 정의할 때 SPSS상의 변인값들에 부여하는 설명문. 명명 측정 수준(집단변인에 대한 변인값 포함)에 대해서는 항상 사용해야 한다. 가급적이면 적은 단어를 사용하는 것이 최선이지만 빈 칸을 포함해서 60자(영문)까지 사용해서 정의할 수 있다. 변인값 설명문들은 분석 결과에 인쇄되어 여러분이 해석할 때 도움을 줄 수 있을 것이다.

변인계산(Compute)　1개 이상의 기존 변인을 활용하여 새로운 변인을 계산해내는 SPSS 절차

변인 설명문(Variable Label)　SPSS에서 여러분이 변인을 정의할 때 부여하게 되는 설명문. 변인에 대한 설명문은 결과값에 인쇄되고 종종 대화상자에도 보여준다. 변인 설명문은 특히 명목 변인에 유용하게 사용된다. 여러분이 데이터 창에 있는 변인이름에 커서를 놓으면 SPSS는 변인 설명문을 보여준다. 변인 설명문은 분석 결과(output)에 인쇄되고 대화상자에서도 나타나며, 결과값을 해석할 때 도움이 된다.

변인이름(Variable Name)　SPSS에서 변인을 정의할 때 변인에 부여하게 되는 이름. 이들은 데이터 창에 있는 열의 윗부분과 분석 결과에 나타난다.

분산 측정치(Measure of Dispersion)　표본에 있는 점수들이 얼마나 변동적인지를 나타내는 정도. 범위, 표준편차, 표준오차 및 변량 참조

분석 결과 창(Output window)　검토창 참조

분할(Split)　데이터 창에 있는 사례들을 집단변인 값에 근거해서 하위 집단으로 분리해주는 SPSS 절차. 이어지는 분석에서는 각 집단에 대해 분리해서 분석을 하게 된다.

비계획적 비교(Unplanned Comparisons)　ANOVA 설계에서 조건 간에 가능한 모든 비교를 하기 위해 사용되는 추론통계검증법들로, 이들은 1종 오류를 얻을 가능성이 증가하는 것을 통제해준다. 계획적 비교 참조

비모수적(Nonparametric)　다음을 지칭하는 용어이다. (1) 명목 및 서열 측정 수준, (2) 비율 또는 구간 척도로 측정되었으나 모수적 통계검증에 깔려 있는 다른 전제사항들(변량의 동질성과 변량의 정상성)을 충족시키지 못하는 데이터, (3) 비모수적 데이터를 분석하기 위해 사용되는 추론통계검증. 모수적 통계검증과 달리 비모수적 통계치는 점수나 점수 간의 차이를 서열로 활용한다. 비모수적 통계검증은 정규분포 가정이 없기 때문에 때때로 분포자유검사라고 한다.

빈도(Frequencies)　특정 사건이나 수치가 발생한 횟수. SPSS는 메뉴 항목에 있는 분석(**Analyze**)을 활용해서 각 변인에 대해 특정 수치가 나타나는 횟수를 보여주는 빈도표를 생성하게 된다. 빈도 대화상자의 단추를 활용하면 몇 가지 도표들을 만들 수 있다. 막대도표 참조

빈도계산(Count)　데이터 편집창에 있는 하나 이상의 변인들에 대해 특정 수치가 발생한 횟수를 계산해주는 SPSS 절차

사례(Case)　일반적으로 특정 실험에 참가한 1명의 참가자를 말한다. 심리학 연구에서 나타나는

주요한 예외사항 중의 하나는 짝지은 피험자 설계(matched subjects designs)인데, 이때는 짝지어진 참가자들이 함께 하나의 사례를 구성한다. 각 사례는 SPSS 데이터 창에서 별개의 행에 입력되어야 한다. 어떤 연구에서는 사례가 사람이 아닌 경우도 있을 수 있다. 예를 들어 여러 학교 중에서 평균 A 수준의 점수를 갖는 학생들에 관심을 가질 수도 있다. 그런 경우에는 학교가 사례가 된다.

산포도(Scattergram) 산점 그래프(scatter graph)라고도 하며 SPSS는 산점도(scatter plot)라고도 한다. 하나의 점이 각 사례에 대해 도표화된 것으로, 상관관계 검증이 수행될 때는 언제나 데이터를 게시하기 위해 사용된다. 어느 특정 점은 특정 사례에 대한 X축 변인값과 Y축 변인값을 나타내준다. 도표 참조

상관(Correlation) 두 변인(서열, 구간 비율 측정 수준에 의해 측정되는 변인) 간의 선형적인 관계 또는 연합 정도를 기술하기 위해 사용되는 용어. Pearson의 r, Spearman의 rho, Kendall의 tau는 상관에 대한 추론통계검증법이다. 산포도 참조

상호작용(Interaction) 상호작용은 이원 이상의 변량분석에서 나타나는 것으로, 한 요인의 각 수준이 다른 요인의 각 수준별로 다른 효과를 나타낼 때 생기게 된다.

상호작용 그래프(Interaction Graph) 두 가지 요인의 각 수준의 효과를 보여주는 선그래프. Y축 위에는 종속변인이 나타나고 X축 위에는 한 요인의 수준들이 나타나게 된다. 두 번째 요인의 수준들은 그래프상에 그려지는 개별선으로 표시된다. 도표 참조

상황적 무관변인(Situational Irrelevant Variable) 실험이 수행되는 상황이나 실험자와 관련하여 작용되는 무관변인

선그래프(Line Graph) 만나는 점들이 선을 형성하게 되는 그래프. 각 점들은 한 표본의 평균을 나타내주거나 SPSS 변인에 있는 특정 수치의 빈도를 나타낸다. 상호작용 그래프, 도표 참조

셀(Cell) 데이터 창에 있는 한 요소(칸)를 말하는 것으로, 이곳에 수치가 입력된다. ANOVA와 카이제곱에서는 어느 한 요인의 한 수준과 또 다른 요인의 한 수준과의 결합지점을 말한다. 셀 규모(size)는 해당 셀에 해당되는 사례들(참가자들)의 수를 말한다.

수준(Level) 독립변인 또는 요인의 각 값에 대한 용어. 각 요인에 대해 둘 이상의 요인이 있을 수 있다. 한 요인만 존재한다면 그 요인의 수준은 실험에서의 조건에 해당된다. 둘 이상의 요인이 있다면 조건들은 한 요인별 수준과 같게 되거나(피험자 간 설계), 둘 이상의 요인들 각각에서 나온 수준들의 결합이 될 것이다(혼합설계 및 피험자 내 설계).

실험 설계(Experimental Design) 실험이 수행되는 구체적인 방법을 기술하기 위해 사용되는 용어로 참가자 무관변인(participant irrelevant variable)이 실험 과정을 혼란시키는 것(confounding)을 보호하기 위한 절차들이다. 예를 들어 반복 측정 설계, 이원 피험자 내 ANOVA 등을 들 수 있다. 기본적인 설계는 제1장에서 설명하였고, 다른 설계들은 특정 통계 검증법을 소개할 때 설명하였다. 이 용어는 또한 실험이 수행되는 방법을 보다 일반적인 의미로 설명하기 위해서도 사용하였다. 예컨대 상황적 무관변인(situational irrelevant variable)이 실험을 혼란시키는 것을 막는 방법 등을 설명하기 위해서도 사용되었다.

양적 연구(Quantitative Research) 요즈음 심리학에서 이 용어는 네 가지 측정 수준 중 어느 한 가지에 의해 측정되는 변인을 가지고 있는 연구를 기술하는 데 사용된다. 대비되는 용어는 질적 연구(qualitative research)라고 한다(이 책에서는 다루지 않음). 양적인 데이터라는 용어는 종종 비율, 구간 또는 서열 데이터로 측정된 데이터를 기술하기 위해 사용되고, 질적 데이터라는 용어는 명명

척도로 측정된 데이터를 기술하기 위해 사용된다는 것을 주목해라.

연합(Association) 상관과 카이제곱 참조

오차막대그래프(Error Bar Graph) 각 조건의 평균과 평균 측정치의 오차 크기를 나타내는 수직선이 표시되는 그래프. SPSS는 측정오차로서 표준오차, 표준편차, 그리고 신뢰구간을 이용할 수 있다.

옵션(Options) 대화상자에서 옵션은 추가적인 통계검증을 요청하거나 도표의 형태를 조정하기 위해 사용된다. 편집(Edit) 메뉴 항목에 있는 옵션(Options)을 선택하면 보다 일반적으로 적용되는 선택사항들을 지정할 수 있다.

요인(Factor) ANOVA에서 독립변인에 대한 또다른 명칭. 요인이라는 말은 특히 ANOVA 통계검증이나 설계법을 논의하기 위해 사용되었다. 반면에 독립변인은 두 집단 설계에 보다 자주 사용된다. 요인분석에서 여러 측정치로 표상화되는 구성개념 혹은 심리학적 구성체 개념이다. 피험자 간 설계와 피험자 내 설계 참조

요인분석(Factor Analysis) 어떤 요인 구조가 다양한 변인 간의 상관관계에 내재해 있는지를 파악하기 위해 사용되는 통계 절차

유의수준(Significance Level) 특정 결과가 우연에 의해 발생할 확률수준(p). 우리는 이 값에 근거하여 영가설을 기각하고 실험가설을 받아들인다. 심리학에서는 편의상 p값이 0.05보다 같거나 작아야 한다.

이변량(Bivariate) 어떤 두 변인이 측정된 데이터에 대한 분석. 상관, 일변량, 다변량 참조

인쇄(Print) SPSS 창에 나타나는 모든 내용과 선택사항은 적절한 창이 열려 있는 한 파일(File) 메뉴에서 인쇄(Print)를 선택한 후 인쇄할 수 있다.

일변량(Univariate) 하나의 종속변인이 하나 이상의 요인에 대해 측정되는 데이터의 분석. 이변량,

다변량 참조

자연 독립 집단 설계(Natural Independent Groups Design) 독립 집단 설계나 집단 간 설계는 자연적인(기존의) 집단으로부터 실험자가 선택하여 집단을 구성한다. 예를 들어 남성 대 여성과 흡연자 대 과거 흡연자 대 비흡연자가 있다. 자연적인 집단 연구 결과는 인과관계 추론을 위한 결론을 도출하기 위해 사용할 수는 없다. 단지 관계나 차이만 이야기할 수 이다. 이와 같은 설계를 준실험연구라고 한다.

자유도(Degrees of Freedom) 실험(t 검증, ANOVA)에 참여한 참가자 또는 실험(ANOVA, 카이제곱)에 포함된 요인(독립변인)들의 수와 관련된 수. 자유도는 통계표의 유의미성을 평가할 때 필요하게 된다. SPSS가 정확한 p값을 제공해준다 하더라도 자유도는 추론통계검증 결과에 첨부되는 분석 결과에 나타나는 대로 보고해야 한다.

점근적 유의미성(Asymptotic significance) 데이터가 대단위 표본이고 점근적 분포(asymptotic distribution)를 취한다는 가정하에서 계산된 p값. 대부분의 추론통계검증에서 SPSS에 의해 산출되는 p값은 점근적 유의미성이다. 최근에는 여러 검증법에서 SPSS는 정밀 유의미성(exact significance)을 계산하도록 하는 옵션을 포함하였다.

정확 유의미성(Exact Significance) 데이터가 매우 작은 표본이고 점근적 분포를 취하지 않는다는 전제 위에서 계산된 p값. 많은 검증들에서 SPSS는 이제 기본설정으로 점근적 유의미성을 분석해주는 것 외에도 정밀 유의미성을 계산해주는 옵션을 포함하고 있다. 카이제곱 검증의 대안인 Fisher의 정확 검증은 정확 p값만을 제공해주는 검증법이다.

조건(Condition) 수준 참조

종속변인(Dependent Variable) 실험에서 측정되는 변인으로 그 값은 독립변인(또는 요인)의 값에 의존하여 변화하게 된다.

중앙치(Median) 중심경향 측정치 중 하나. 점수들이 서열순으로 입력되었을 때 중간에 있는 값이 중앙치이다.

집단변인(Grouping Variable) 참가자의 어떤 수준이 독립 집단 설계 또는 피험자 간 요인으로 처리되어야 할지를 지정해주는 SPSS상의 변인. 각 수준에는 부호로 숫자가 주어진다. 예를 들어 1은 남성, 2는 여성 또는 1은 연습조건, 2는 기억술 조건, 3은 정교화 조건(기억 실험의 경우)으로 설정할 수 있다. 집단변인을 정의할 때는 변인값 설명문이 사용된다.

중심경향 측정치(Measures of central tendency) 한 표준의 평균 또는 전형적인 값. 평균, 중앙치, 최빈치 참조

짝지은 피험자 설계(Matched Subjects Design) 각 참가자가 다른 참가자와 밀접하게 짝지어져서 참가자 짝을 만드는 실험 설계. 그다음 각 쌍들이 독립변인의 각기 다른 수준에 무선으로 할당되게 된다. 짝지어진 쌍(matched paired) 설계라고도 한다. 대응 설계(related design)의 한 유형이다.

참가자(Participant) 실험에 참가하는 사람. 예전에는 피험자(subject)라는 말이 사용되었고 아직도 많은 통계 교과서에서 사용되고 있다. 이 책에서는 피험자라는 용어는 ANOVA 실험 설계와 분석을 설명하기 위해 사용되고 있다(예 : 2*2 피험자 내 설계).

참가자 무관변인(Participant Irrelevant Variable) 실험에서 참가자의 속성으로 인해 나타나는 특정 무관변인. 일반적인 교재에서는 종종 피험자 무관변인(Subject irrelevant variable)이라는 용어로 부른다.

척도(Scale) SPSS에서 척도는 구간 및 비율 척도 수준에서 사용된다.

최빈치(Mode) 점수들 중 가장 많이 나타나는 값.

중심경향 측정치 중 하나이다. 만약 점수들 중에 최빈치가 하나 이상 존재하게 되면 SPSS는 가장 낮은 값만 보여준다.

추론통계검증(Inferential Statistical Tests) 수집된 데이터를 통해 추론을 하도록 하는 절차. 추론통계검증의 결과물은 독립변인이 아무런 효과를 가지지 않을 경우에 우연히 나타나는 결과를 얻게 될 확률을 구해준다. 만약 그 확률이 낮으면(심리학에서는 $p \leq .05$) 실험가설이 수용된다. 그렇지 않으면 기각된다. 여러 가지 추론통계치들이 이 책에서 다루어지고 있다.

측정 수준(Levels of Measurement) 변인들을 측정하기 위해 사용되는 척도 유형. 네 가지 유형이 있다. 바로 명목, 서열, 구간, 비율이다. 처음 두 가지는 비모수적 측정 수준으로 분류되고, 뒤의 두 가지는 모수적 측정 수준으로 분류된다.

카이제곱(Chi-square) 명목 자료(측정 수준 참조)의 빈도를 계산하는 데 활용되는 추론통계 검증. 자료에 있는 관찰빈도와 우연수준에 의해 기대되는 빈도 간을 비교해준다. 심리학에서 종종 사용되는 카이제곱은 두 변인 간의 연합 정도 혹은 두 독립된 집단의 차이 검증이다. 카이제곱 분포는 몇몇 다른 통계검증들의 유의미성(significance)을 평가하기 위해서도 사용된다(예 : Friedman과 Kruskal-Wallis).

케이스 선택(Select Cases) 특정 변인에서의 값들을 기초로 특정 사례를 선택하는 SPSS 절차. 선택이 이루어진 이후의 분석은 선택된 사례에 대해서만 행해진다.

케이스 정렬(Sort Cases) 데이터 창의 사례들을 한두 가지 변인값을 기초로 하여 원하는 순서대로 정렬시키는 SPSS 절차. Spearman의 Rho 비모수적 데이터에 대한 상관관계를 분석하기 위해 사용되는 추론통계검증

코딩변경(Recode) 변인값을 다른 값으로 변경시

키는 SPSS 절차

통계(Statistics) 데이터를 요약 또는 표시해주는 절차에 대한 일반적인 용어(기술통계)이며, 데이터를 분석하는 절차에 대한 일반적인 용어(추론통계 분석).

판별분석(Discriminant Analysis) 어떤 변인이 범주의 어디에 소속되는지를 결정하기 위해 사용되는 추론통계 절차. 또는 변인들 간의 소속 범주 차이를 구별하기 위해 사용되는 통계 절차

편포된 데이터(Skewed Data) 데이터가 정상분포를 이루지 않고 낮거나 높은 점수를 가진 사례들로 인하여 분포에서 오른쪽 혹은 왼쪽으로 늘어진 꼬리를 가지게 된 경우 표본이 편포되어 있다고 이야기한다. 그런 표본은 정상분포의 전제조건을 충족시켜 주지 못한다(비모수적 참조).

평균(Mean) 중심경향 측정치 중 하나. 점수들을 합산한 다음 그 전체 값을 점수들의 수로 나누어준다.

표본(Sample) 모집단의 부분집합. 부분집합은 모집단의 대표성이 있는 것이 이상적이다.

표준오차(Standard Error) 분산 측정치 중 하나. 이 값은 N의 제곱근에 의해 나누어진 표준편차와 동일하다. 이런 측면에서 완전한 이름은 '평균의 표준오차(standard error of the mean)'이다('평균 간의 차이의 표준오차'는 t 검증을 계산할 때 결과물의 일부로 구해질 수 있다. '추정치의 표준오차'는 회귀분석에서 구할 수 있다).

표준편차(Standard Deviation) 분산 측정치 중 하나. 이 값은 점수들이 평균으로부터 벗어난 정도를 나타낸다. SPSS는 모집단보다는 표본집단에 대한 표준편차를 제공하는 것으로서 분모로 N이 아니라 $N-1$을 사용한다.

피벗표(Pivot Table) 분석 결과 검토창에 나타나는 결과표들에 SPSS가 부여하는 이름. 피벗표의 외관은 보고서의 제시목적에 따라 달라질 수 있다.

피험자 간 설계(Between-subjects design) 모든 요인이 피험자 간 요인인 실험 설계, 즉 어떤 참가자도 특정 요인에서 하나 이상의 수준에 참여하지 않는다. 이 용어는 ANOVA 용어의 일부분이다. 독립 집단 설계 참조

피험자 내 설계(Within-Subjects Design) 모든 참가자가 모든 요인의 모든 수준에 참가하는 하나 이상의 요인을 가진 설계(또한 짝지은 피험자가 각 수준에 참가하는 경우도 포함). 이 용어는 ANOVA 용어 중의 일부이다. 반복 측정설계와 대응 설계 참조

회귀(Regression) 상관 설계에서처럼 두 변인이 측정되면, 회귀분석은 한 변인에 대한 참가자의 점수를 동일인이 보여주는 다른 변인에 대한 점수로부터 예측하기 위해 사용된다. 셋 이상의 변인이 측정된다면 다중 회귀분석이 데이터를 분석하기 위하여 사용된다. 회귀선은 회귀공식을 사용하여 그려진 선으로, 산포도에 있는 데이터 들에 대한 최적선을 나타내준다.

효과크기(Effect Size) 효과크기를 나타내는 측정치. 종속변인의 단위 혹은 Cohen의 d와 같은 표준화된 단위로 나타낼 수 있다.

혼합 설계(Mixed Design) 최소한 한 요인은 피험자 간 요인이고 한 요인은 피험자 내 요인인 설계. 이 용어는 ANOVA 용어의 일부분이다.

1종 오류(Type 1 error) 실험 가설을 실수로 받아들이게 되는 상황. 유의미 수준을 0.05로 설정해놓으면(심리학 연구에서 보편적인 상황), 아무리 훌륭한 실험 설계를 채택하였더라도 1종 오류는 평균적으로 20가지 경우 중 한 번 정도 발생하게 된다. 유의미 수준을 낮추게 되면, 1종 오류가 발생하게 될 가능성은 떨어지지만 2종 오류가 발생할 가능성은 커진다. 한 가지 실험에서 얻은 데이터에 대해 하나 이상의 추론통계검증을 수행하게

되면, 1종 오류가 발생할 가능성은 커지게 된다. 계획적 비교와 비계획적 비교 참조

2종 오류(Type 2 error) 실험 가설이 실수로 기각되는 상황. 발생빈도는 부분적으로는 유의미 수준에 달려 있고, 부분적으로는 추론통계검증의 검증력에 달려 있다(검증력이라는 말은 이 책의 범위를 넘어서는 사항이지만, 제1장 제3절과 제3장 제4절에서 간략히 설명하였다).

ANOVA(Analysis of Variance) 변량분석의 약어. 두 가지 이상의 실험조건 또는 한 가지 이상의 요인을 가진 설계에서 나온 데이터를 분석하게 해주는 추론통계검증. 이 용어는 대개 데이터를 구하기 위해 사용된 실험 설계를 언급하기 위해 사용된다. 이 통계검증은 모수적 데이터를 분석하기 위한 것이다. 그러나 이 요인 또는 그 이상의 요인에 대한 비모수적 대체 분석법이 없을 경우에도 사용할 수 있다. 다행히 셀 크기만 동일하다면 모수적 검증의 가정이 완전히 충족되지 않아도 적용될 수 있는 것으로 받아들인다. ANOVA 기초, 일원 피험자 간 ANOVA(그 외 Kruskal – Wallis), 일원 피험자 내 ANOVA(그 외 Friedman), 다원 피험자 간 ANOVA, 다원 피험자 내 ANOVA, 다원 혼합 ANOVA

F 비(*F*-ratio) ANOVA 계산에서 구해지는 통계치. 요인을 조작함으로써 생기는 변량을 오차로 인해 생기는 변량으로 나누어준 것으로 설명할 수 있다.

Friedman 일원 피험자 내 ANOVA에 상응하는 비모수적 통계치

Kendall의 tau 비모수적 데이터를 분석하기 위해 사용되는 상관관계에 대한 추론통계검증

Kruskal – Wallis 검증(Kruskal – Wallis tests) 일원 피험자 간 ANOVA를 비모수적인 자료에 적용시킨 통계분석법

Mann – Whitney 검증(Mann – Whitney tests) 두 표본 독립 집단 설계에서 나온 비모수적 데이터를 분석하기 위해 사용되는 추론통계검증

Pearson의 r 모수적 데이터를 분석하기 위해 사용하는 상관관계의 추론통계검증

t 검증(*t*-test) 두 표본 설계에서 나온 모수적 데이터를 분석하기 위해 사용하는 추론통계검증. 두 가지 방법이 있다. 독립 집단 설계 시 사용하는 독립 *t* 검증과 대응설계에 사용하는 대응 *t* 검증이 있다.

Wilcoxon 짝지은 쌍 순위표시 검증(Wilcoxon Matched-Pairs Signed-Ranks Tests) 두 표본 대응설계에서 나온 비모수적 데이터를 분석하기 위해 사용되는 추론통계검증

참고문헌

* 표시된 참고문헌은 이전 판 역시 유용하다.

APA (American Psychological Association) (2009) *Publication Manual of the American Psychological Association* (6th edn). Washington, DC: APA.

Bird, K.D. (2004) *Analysis of Variance via Confidence Intervals*. London: Sage.

Brysbaert, M. (2011) *Basic Statistics for Psychologists*. Basingstoke: Palgrave Macmillan.

*Cohen, J. (1988) *Statistical Power Analysis for the Behavioural Sciences* (2nd edn). New York: Academic Press.

Cole, D.A., Maxwell, S.E., Arvey, R. and Salas, E. (1994) How the power of MANOVA can both increase and decrease as a function of the intercorrelations among the dependent variables. *Psychological Bulletin*, 115(3), 465–74.

Cooper, C. (2010) *Individual Differences and Personality* (3rd edn). London: Hodder Education.

Field, A. (2005) *Discovering Statistics Using SPSS* (2nd edn). London: Sage.

Field, A. (2013) *Discovering Statistics Using SPSS* (4th edn). London: Sage.

Fife-Schaw, C. (2012) Questionnaire design. In G.M. Breakwell, J.A. Smith and D.B. Wright (eds) *Research Methods in Psychology* (4th edn), Chapter 6. London: Sage.

Fritz, C.O., Morris, P.E. and Richler, J.J. (2012) Effect size estimates: current use, calculations and interpretation. *Journal of Experimental Psychology: General*, 141(1), 2–18.

Giles, D.C. (2002) *Advanced Research Methods in Psychology*. Hove: Routledge.

Hartley, J. (1991) Sex differences in handwriting: a comment on Spear. *British Educational Research Journal*, 17(2), 141–5.

Hollin, C.R., Palmer, E.J. and Clark, D.A. (2003) The level of service inventory – revised profile of English prisoners: a needs analysis. *Criminal Justice and Behavior*, 30, 422–40.

Hong, E. and Karstensson, L. (2002) Antecedents of state test anxiety. *Contemporary Educational Psychology*, 27(2), 348–67.

Howell, D.C. (1987) *Statistical Methods for Psychology* (3rd edn). Belmont, CA: Duxbury Press.

*Howell, D.C. (2013) *Statistical Methods for Psychology* (8th edn), International Edition. Belmont, CA: Wadsworth, Cengage Learning.

John, O.P. and Benet-Martinez, V. (2014) Measurement. In H.T. Reis and C.M. Judd (eds) *Handbook of Research Methods in Social and Personality Psychology* (2nd edn), Chapter 18. Cambridge: Cambridge University Press.

Kemp, R.I., McManus, I.C. and Pigott, T. (1990) Sensitivity to the displacement of facial features in negative and inverted images. *Perception*, 19(4), 531–43.

Kline, P. (1994) *An Easy Guide to Factor Analysis*. London: Routledge.

Larsen, K.S. (1995) Environmental waste: recycling attitudes and correlates. *Journal of Social Psychology*, 135(1), 83–8.

Mackenzie Ross, S.J., Brewin, C.R., Curran, H.V. et al. (2010) Neuropsychological and psychiatric functioning in sheep farmers exposed to low levels of organophosphate pesticides. *Neurotoxicology and Teratology*, 32(4), 452–9.

Mason, R.J., Snelgar, R.S., Foster, D.H. et al. (1982) Abnormalities of chromatic and luminance critical flicker frequency in multiple sclerosis. *Investigative Ophthalmology & Visual Science*, 23, 246–52.

Miles, J.N.V. and Shevlin, M.E. (2001) *Applying Regression and Correlation: A Guide for Students and Researchers*. London: Sage.

Mulhern, G. and Greer, B. (2011) *Making Sense of Data and Statistics in Psychology* (2nd edn). Basingstoke: Palgrave Macmillan.

Newlands, P. (1997) Eyewitness interviewing: Does the cognitive interview fit the bill? Unpublished PhD thesis, University of Westminster, London.

Paterson, H.M., Kemp, R.I. and Forgas, J.P. (2009) Co-witnesses, confederates, and conformity: effects of discussion and delay on eyewitness memory. *Psychiatry, Psychology and Law*, 16(1), 112–24.

Rust, J. (2012) Psychometrics. In G.M. Breakwell, J.A. Smith and D.B. Wright (eds) *Research Methods in Psychology* (4th edn), Chapter 7. London: Sage.

Siegel, S. and Castellan, N.J. (1988) *Nonparametric Statistics for the Behavioral Sciences* (2nd edn). New York: McGraw-Hill.

Skinner, B.F. (1965) *Science and Human Behavior*. New York: The Free Press.

Stroop, J.R. (1935) Studies of interference in serial verbal reactions. *Journal of Experimental Psychology*, 18(6), 643–62.

*Tabachnick, B.G. and Fidell, L.S. (2014) *Using Multivariate Statistics* (6th edn), International Edition. Harlow: Pearson Education.

Towell, N., Burton, A. and Burton, E. (1994) The effects of two matched memory tasks on concurrent finger tapping. *Neuropsychologia*, 32(1), 125–9.

Towell, N., Kemp, R. and Pike, G. (1996) The effects of witness identity masking on memory and person perception. *Psychology, Crime and Law*, 2(4), 333–46.

찾아보기

【ㄱ】

가설 5
가중치 케이스 옵션 205
검토창 15, 57
결측치 31, 112
계획적 비교 241
공변량분석 316
공분산 366
공통분 373
공통요인 373
관찰된 검증력 12
교차분석 195
구간 및 비율 수준 4
구형성에 대한 Mauchly 검증 256
그래프보드 양식 선택기 90, 214
기대값 131
기대빈도 193
기술통계 6, 53

【ㄴ】

내적 일관성 395

【ㄷ】

다변량 검증 257
다중 변량분석 소개 329
다중요인 분포의 정상성 332
다중차원 카이제곱 검증 191
다중 회귀분석 366
다항 대비 245
단계적 선택법 295

단계적(통계적) 방법 344
단순 대비 245
단일표본 t 검증 130
대응변인 145
대응 설계 3
대응표본 t 검증 130, 143
데이터 색인 426
데이터보기 22
데이터 탐색 53, 66
데이터 편집창 15, 22
도표 작성기 83, 211
도표 편집 87
독립 집단 설계 자료 69
독립표본 t 검증 130
동시적(입력) 방법 344

【ㄹ】

로그 가능성 356
로그 변환 119
로그회귀분석 340
로지스틱 회귀분석 367

【ㅁ】

막대도표 82, 211
명령문 편집기 406, 408
명목 데이터 188
명목 수준 4
모수적 130
모수적 검증 13
모수치 6, 409

모집단   5
무대응 t 검증   134

【ㅂ】

반복 대비   245
반복 측정 설계   72, 142
반복 측정 t 검증   142
반분법   399
방법   390, 391
변량동등성   138
변량분석   366
변인값 설명문   29
변인계산   111
변인보기   22
변인 설명문   28
변인 설정상황 복사하기   36
부분상관계수   369
부적상관   158
부적 요인 부하량   384, 393
부트스트래핑   7
붙여넣기   408
비대응 설계   3
비모수적 검증   13, 191
비표준회귀계수   290
빈도변인 생성   114
빈도분석   53
빈도분석 명령어   62

【ㅅ】

사각회전   379
산포도   82, 157
상관   366
상관 t 검증   142
상관분석   156
상관행렬   370
상자도표   72

서열 수준   4
선도표   82
선택규칙   103
선택 방법   104
설명   424
설문지   394
세로줄 형식   33
순위변인 생성   116
스크리 도표   374
신뢰구간   6, 10
신뢰도 분석   394, 395
실제적인 등가성   12

【ㅇ】

에타 제곱   253
역 모형   389
역산문항   126
역할   35
예언변인   176
오차막대그래프   139
오차막대도표   82
요인   364, 373
요인 가능성   368
요인 부하량   374
요인분석   364
유의미값   8
이분변인   189
일반 색인   425

【ㅈ】

잔차   177
잔차행렬   370
적합도 검증   190
전진 선택법   295
점근적 유의미성   9
점추정치   6

정렬   33
정적상관   157
정적 요인 부하량   393
정확검증   202
정확 유의미성   9
조절된 평균값   317
주성분   379
주성분분석   373
준거변인   176
줄기와 잎 그림 도표   71

【ㅊ】

차분 대비   245
척도   3, 394
추론통계   8
추출   373
측정치   34

【ㅋ】

케이스 선택   100
케이스 정렬   95
코딩변경   105

【ㅌ】

통계적 검증력   11
통계치   6
통계코치   423

【ㅍ】

파일 분할   97
파일 위치   426
판별분석   340, 367
판별분석 : 단계적 방법   352
편차 대비   244
표본   5
표시   392

표준화 값을 변인으로 저장   54
표준회귀계수   290
피벗표   427

【ㅎ】

행렬식   389
확인적 요인분석   365
회귀 동질성 체크 방법   320
회귀선   157
회귀의 동질성   319
회전   374
효과크기   10, 138, 169
후진 선택법   295
히스토그램   81

【기타】

ANOVA   218
Box 검증   335
Cohen의 d 11, 138, 145
Cronbach 알파값   395
Epsilon을 이용한 교정   257
Francis Galton   156
Friedman 검증   265
F 비   221
Helmert 대비   245
Hosmer – Lemeshow 검증   360
Hotelling의 Trace   330
iteration   360
Kendall의 tau–b   170
Kruskal – Wallis   245
Mann – Whitney 검증   147
McNemar 검증   208
N*N 분할표   193
Pearson의 r 368
Pearson의 상관분석   145
Pearson 적률상관계수   156

Pillai의 Trace   330

R^2 선형값   164

Roy의 Largest Root   330

R 요인분석   394

Spearman의 r_s 157, 170

SPSS   14

t 검증   130

Wilcoxon 짝지은 쌍 순위표시 검증   147

Wilks' lambda   330, 353

지은이

Nicola Brace
영국 개방대학교 심리학과 선임강의 교수

Richard Kemp
호주 뉴사우스웨일스대학교 심리학과 부교수

Rosemary Snelgar
영국 웨스트민스터대학교 심리학과 책임강의 교수

옮긴이

이주일
서울대학교 대학원 심리학 박사
현재 한림대학교 심리학과 교수

문혜진
서강대학교 대학원 조직심리학 박사
현재 서강대학교 출강

정현선
고려대학교 대학원 산업 및 조직심리학 박사
현재 고려대학교 인재발굴센터 연구교수

조영일
미국 캘리포니아대학교(데이비스 캠퍼스) 측정, 통계, 연구방법론 박사
현재 성신여자대학교 심리학과 교수

최윤영
미국 메릴랜드대학교(칼리지파크 캠퍼스) 측정, 통계, 평가학 박사
현재 한양사이버대학교 청소년상담학과 교수

한태영
미국 뉴욕주립대학교(올버니 캠퍼스) 산업 및 조직심리학 박사
현재 광운대학교 산업심리학과 교수